建邺年鉴

JIANYE YEARBOOK

2018

南京市建邺区地方志编纂委员会办公室 编

方志出版社
Publishing House of Local Records

图书在版编目（C I P）数据

建邺年鉴. 2018 / 南京市建邺区地方志编纂委员会办公室编. -- 北京 : 方志出版社，2018.8
ISBN 978-7-5144-3223-7

Ⅰ. ①建… Ⅱ. ①南… Ⅲ. ①区（城市）—南京—2018—年鉴 Ⅳ. ①Z525.31

中国版本图书馆CIP数据核字（2018）第201912号

建邺年鉴（2018）

编　　者：南京市建邺区地方志编纂委员会办公室
责任编辑：梅中英
出 版 人：冀祥德
出 版 者：方志出版社
　　　　　地址　北京市朝阳区潘家园东里9号（国家方志馆4层）
　　　　　邮编　100021
　　　　　网址　http://www.fzph.org
发　　行：方志出版社图书经销中心
　　　　　电话（010）67110500
经　　销：各地新华书店
排　　版：南京德玺文化发展有限公司
印　　刷：南京凯德印刷有限公司
开　　本：889×1194　1/16
印　　张：36.5
字　　数：870千字
版　　次：2018年8月第1版　2018年8月第1次印刷
印　　数：0001~1000册

ISBN 978-7-5144-3223-7　　定价：150.00元

编辑说明 BIANJI SHUOMING

一、《建邺年鉴》是由南京市建邺区人民政府主办、建邺区地方志编纂委员会办公室编纂、具有政府公报性质的大型年度资料性文献。旨在准确、科学、权威、系统地记述建邺区各项事业发展的基本情况、重大事件，为有关领导决策提供参考依据，为社会各界人士认识、了解和研究建邺提供基本的信息资料，也为编史修志积累史料。

二、《建邺年鉴》自1986年创刊后，每年出版一卷，向国内外公开发行。2018年版《建邺年鉴》重点记述2017年建邺区各项事业的发展状况和最新成就。收录范围以建邺区现行行政区域为界，凡建邺区所属部门、街道及驻区单位，均在收录之列。

三、2018年版《建邺年鉴》框架结构主要依据区域功能定位、主导产业进行设计，设文献、区情概览、大事纪要、功能园区、都市建设、城区经济、公共服务、社会管理、组织机构、街道社区、人物荣誉、附录、索引13个栏目。

四、2018年版《建邺年鉴》采用分类编辑法，主体内容分为类目、分目、条目3个层次，部分分目下设副分目，副分目标题前后加“·”符号，条目标题均为黑体字加【】号。

五、年鉴所采用的稿件均由建邺区区级机关各部门、各街道、各有关单位提供，并经主要负责人审阅。“组织机构名录”经区委组织部、区编办审核。“统计资料”由区统计局及相关部门提供，凡因统计口径、方法、时间不同造成与条目中数据不一致时，均以区统计局资料为准。

六、由于编纂时间有限，部分图片未能及时与作者取得联系，恳切希望相关作者在本书编印后，与建邺区地方志编纂委员会办公室联系，以表达我们的谢忱。

七、2018年版《建邺年鉴》编纂工作得到区级机关各部门、各街道、各有关单位的大力支持和配合，在此谨表诚挚谢意。

建邺区地方志编纂委员会

《建邺年鉴（2018）》编审人员名单

主　审　曹　曙　刘玉民　周　峰　夏晓燕　熊　俊　李祥森

主　编　祁玉梅

副主编　赵　辉　张远桃

编　辑　赵　辉　潘　崟

彩页设计　祁玉梅　赵　辉　潘　崟

条目主审　熊　俊　李　彬　李祥森　茆峻峰　彭卫芳　李存华　孔南钢
徐　凌　张思根　郭震环　徐文政　董志波　张鉴冰　辛崇波
翟一峰　金光明　刘杰功　林旭东　彭　超　俞丽丽　陈　杰
杨　艳　解冠华　詹　静　张革联　缪昌根　顾颖勤　朱振国
张石明　刘天鹏　严兴中　姚胜强　易善平　孙　标　顾晓振
於金勇　李烽炜　范　清　管　庆　陈　理　金　超　洪　彪
朱　毅　陈　瑛　王石城　孙　辉　刘　嫝　刘　凌　田　园
莫肖斌　祁玉梅　狄　芸　邵爱菊　陈晓峰　郑知邦　高　峰
蒋仲群　生京宁　黄　峰　钱　明　陈　旭　唐　兵　吴新益
徐新斌　翟晓黎　吴坤明　刘雪涛

2018 建邺数字

综合指标

地区生产总值 422.9 亿元，增长 8.3%
服务业增加值 357 亿元，增长 10 %，占 GDP 比重 88.1%
全社会固定资产投资 365.6 亿元，增长 12.9%
社会消费品零售总额 219 亿元，增长 10.3%
金融业增加值 116 亿元，占 GDP 比重 28%
高新技术产业产值 160 亿元，增长 11.4%
实际利用外资 2.6 亿美元
实现货物贸易出口总额 48 亿元

招商引资

新增企业 5756 家，增长 22.3%
新增规模以上企业 78 家
新增认缴注册资本 984.4 亿元，增长 29.7%
亿元以上企业数同比增长 63.4%
挂牌上市企业 2 家
金融及准金融机构新引进 72 家、累计达 506 家
在建产业载体超 1000 万平方米
竣工载体近 200 万平方米

财政

一般公共预算收入 64.2 亿元
一般公共预算支出 68.4 亿元
一般公共服务支出 4.08 亿元
国防支出 0.02 亿元
公共安全支出 2.35 亿元
教育支出 14.93 亿元
科学技术支出 7.86 亿元
文化体育与传媒支出 0.8 亿元
社会保障和就业支出 5.88 亿元
医疗卫生与计划生育支出 3.84 亿元
节能环保支出 0.91 亿元
城乡社区支出 15.94 亿元
农林水支出 0.15 亿元
资源勘探信息等支出 3.01 亿元

商业服务业等支出 1.92 亿元
金融支出 4.5 亿元
援助其他地区支出 0.33 亿元
住房保障支出 1.78 亿元

城市管理

开展城建项目 9 大类 166 项
完成排水单元雨污分流改造 63 个
为 35 条河道配备河长 87 名
整治黑臭河道 6 条
完成 5 个老旧小区 28.7 万平方米环境综合整治
完成 228 幢房屋 74 万平方米建筑立面整治
完成主次干道交叉口弱电管线下地工程 90 个
拆除违建 1580 处 27.8 万平方米
建设区级大件垃圾分拣中心 2000 平方米
新增垃圾分类示范小区 30 个
新建改造公厕 41 座
全年空气优良天数 267 天，优良率 75.4%
PM2.5 均值下降 17%

科技创新

组织首次申请高新技术企业认定 42 家
申报省民营科技企业 45 家
企业申报省高新技术产品 50 件
申请专利总量 3500 件，其中发明专利 1200 件、授权专利 1350 件
入选苏南国家自主创新示范区瞪羚企业 6 家
入选国家“千人计划” 人才 1 人
入选国家“万人计划” 人才 2 人
入选省“双创计划” 人才 3 人

人民生活

城镇居民人均可支配收入 52922 元，增长 8.5%
新增城镇就业 1.5 万人、再就业 6200 人
新建公共自行车站点 35 个
新增公共自行车 1500 辆
建设非机动车停车示范点 50 个
新增公共停车场 17 个
公共文化设施覆盖率 100%
每万人拥有公共文化服务设施面积 1400 平方米
“平价商店 +”惠及困难群体 1.5 万人次

南京青奥中心　　王斌　摄

河西中央商务区　　金洪源　摄

滨江风光带　　　林琨　摄

崛起的建邺　　　　林琨　摄

秋染莫愁湖　　朱文雄　摄

暮色中的长江三桥　　陆春南　摄

南京奥体中心　　河西管委会　供稿

江苏大剧院　　徐生业　摄

南京河西城市生态公园　　河西管委会　供稿

南京金融城　　谷昌旺　摄

河西中央商务区楼群　　刘欣　摄

滨江风光带夜景　　蔡峥嵘　摄

璀璨滨江　　　　林琨　摄

江东夜韵　　　　沈旻　摄

5月20日，首届江苏发展大会在位于建邺区的江苏大剧院开幕。　乐涛/视觉江苏网

6月23日，建邺区人民政府与阿里巴巴（中国）有限公司举行投资协议签约仪式。　区委宣传部　供稿

10月9日，建邺区人民政府与小米科技有限责任公司举行华东总部项目签约仪式。 区委宣传部 供稿

11月22日，建邺区人民政府与科大讯飞股份有限公司举行南京总部项目签约仪式。 区委宣传部 供稿

12月3日，区委书记张俊（左）、区长闵一峰（右）为南京新城高新技术产业开发区揭牌。区委宣传部　供稿

11月10日，第二届紫金知识产权国际峰会建邺专场活动举行。　区委宣传部　供稿

9月13日，2017河西·建邺金秋经贸洽谈会在南京国际青年文化中心开幕。　　区委宣传部　供稿

9月26日，建邺区“市级最美家庭”表彰暨事迹报告会在江苏省妇女儿童活动中心举行。区委宣传部　供稿

10月15日，2017南京马拉松暨全国马拉松锦标赛（南京站）在奥体中心开跑。　　王金玉　摄

11月11日，2017年首届中国南京江心洲露天电影节在白鹭社区文化活动中心开幕。　　黄弈杰　摄

莫愁湖上赛龙舟　　陈希　摄

金陵图书馆银杏大道　　叶兆祥　摄

便民新招　　　　郭建汛　摄

老有所乐　　　　张孝培　摄

莫愁湖抱月楼前留个影 王维明 摄

宜居社区 陆小燕 摄

护学　　　沈晓玲　摄

建邺书房　　　区文化馆　供稿

南京市建邺区经济综合实力图示

图一　地区生产总值

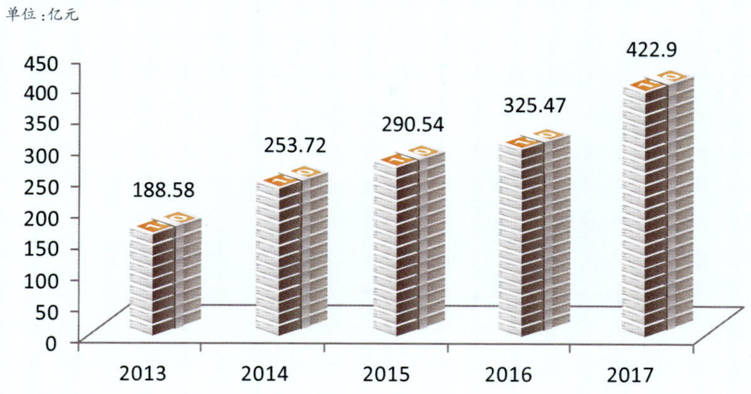

图二　服务业增加值

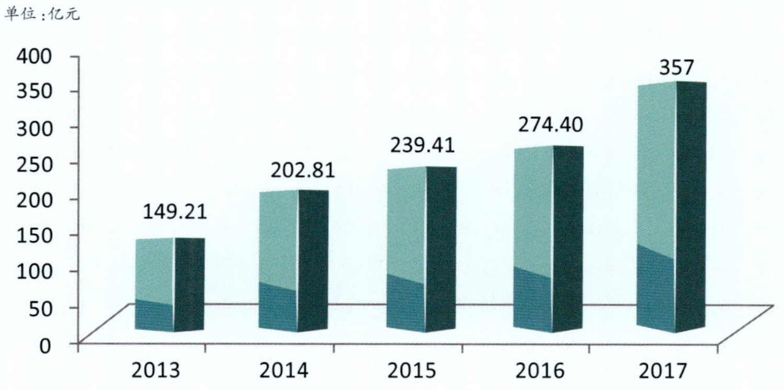

图三　固定资产投资

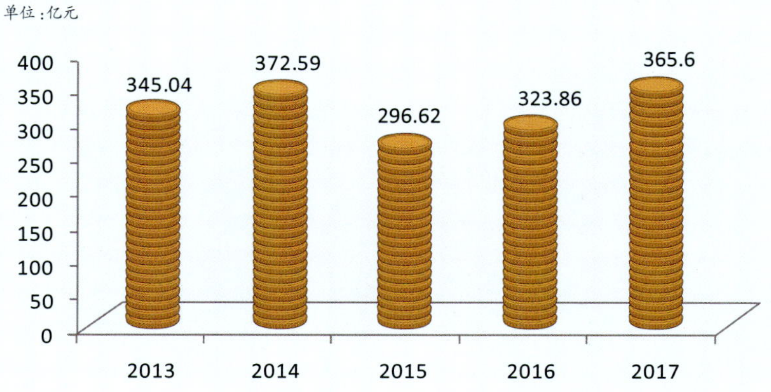

图四　社会消费品零售总值

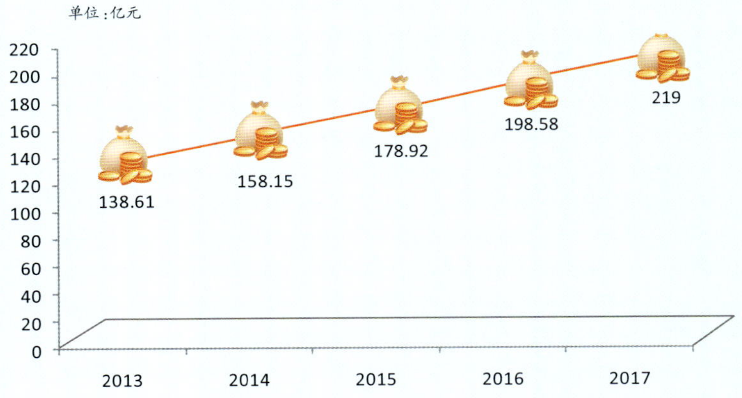

图五　一般公共预算收入

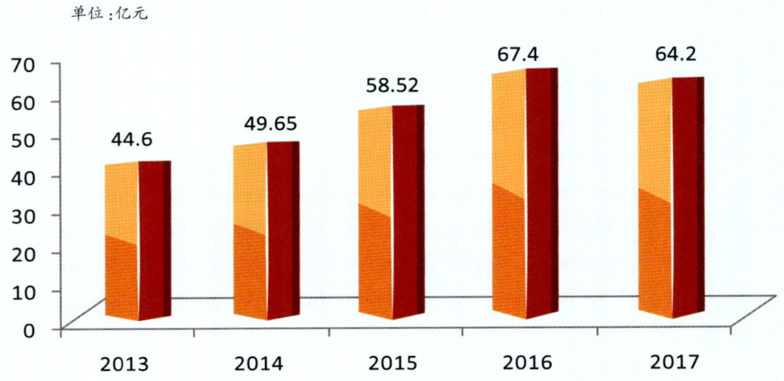

图六　一般公共预算支出

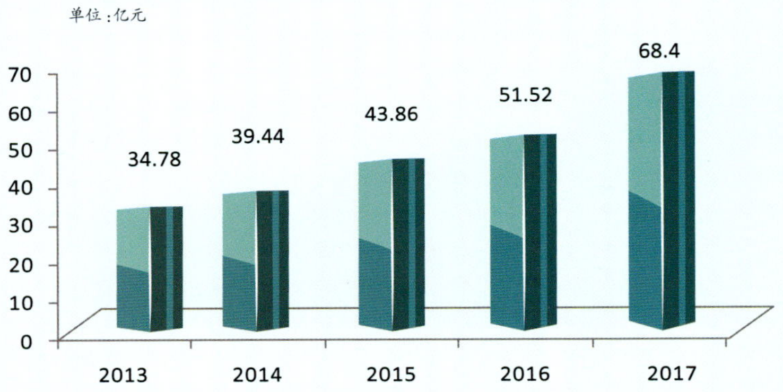

总 目

彩页目录

目 录

河西中央商务区

新加坡·南京生态科技岛

都市建设

城市规划

市政建设

城区经济

经济综述

开放型经济

金　融

商　贸

电子商务

卫生计生

劳动就业

社会保障

科 技

文　化

· 公共文化服务 ·

· 党　史 ·

· 档　案 ·

社会事务

法治建设

公共安全

· 食品药品安全监督 ·

· 安全生产监督 ·

· 人民武装 ·

· 人 防 ·

组织机构

中共建邺区委员会

· 综 述 ·

社会团体

·建邺区总工会·

·共青团建邺区委员会·

·建邺区妇联·

街道社区

莫愁湖街道

兴隆街道

南苑街道

沙洲街道

双闸街道

江心洲街道

人物荣誉

新任区级领导

先进人物

· 全国文明家庭 ·

· 全国模范人物 ·

· 江苏最美家庭 ·

· 江苏好人 ·

附　录

索　引

文献

Documents

在中共建邺区委十一届五次全会第一次全体会议上的讲话

张　俊

（2017 年 12 月 29 日）

这次会议主要任务是，深入贯彻党的十九大、省委十三届三次全会和市委十四届五次全会精神，认真总结全年工作，全面审视和把握当前形势，明确新一年乃至今后一个时期河西·建邺发展的目标任务，动员全区各级党组织和广大党员干部群众，牢固树立“四个意识”，始终坚定“四个自信”，以习近平新时代中国特色社会主义思想为行动指南，树立更高标杆，高标准加快建设现代化国际性城市中心，奋力在“两聚一高”新实践和“强富美高”新南京建设中走在前列。

下面，我代表区委常委会向全会报告工作。

一、2017 年工作回顾

即将过去的 2017 年，是建邺发展史上至关重要的一年，既是新一届区委全面履职的开局之年，也是我们在挑战中把握机遇、在困难中奋勇前行的一年。一年来，区委认真贯彻省、市党代会决策部署，以迎接党的十九大和学习宣传贯彻党的十九大精神为主线，统筹推进“五位一体”总体布局，协调推进“四个全面”战略布局，圆满完成国家公祭仪式、江苏发展大会属地保障任务，党的建设有效加强，主导产业加快集聚，城市品质不断提升，社会环境和谐稳定，各项工作取得新业绩。

（一）坚持全面从严治党，基层党建工作成效显著

深入落实全面从严治党要求，推动基层党建全面进步全面过硬，党的基层基础进一步夯实。一是“旗帜鲜明讲政治”氛围日益浓厚。推动党的十九大精神进机关、进社区、进企业、进校园，通过集中宣讲、党校轮训等多种形式，实现学习培训全覆盖。坚持正确政治方向和舆论导向，严格落实意识形态工作责任制。结合推进“两学一做”学习教育常态化制度化，组织开展“旗帜鲜明讲政治”专题培训，各级党员领导干部讲专题党课 110 余场、开展专题研讨近 80 场，赴开封、兰考举办 3 期“旗帜鲜明讲政治”党性修养专题培训班，引导全区广大党员干部牢固树立政治理想、把握政治方向、站稳政治立场、严守政治纪律。二是干部队伍建设不断加强。围绕现代化国际性城市中心建设发展需要，树立鲜明选人用人导向，严把政治关廉洁关能力关，为在基层一线、艰苦岗位上工作的干部加油鼓劲。坚持从严管理监督干部，开展干部超职数配备、企业兼职清理、

干部人事档案审查等“回头看”，组织开展大规模干部能力素质培训，先后赴清华大学、新加坡国立大学苏州研究院等地举办干部培训主体班次近50个。三是基层党建创新创优持续深化。巩固提升社区党建“12345”模式，探索实施非公企业党建“双融双提”工程，不断加大“一社一品”党建创新创优力度。建立推广“五微”数字党建平台，线上线下搭建党组织党员联系服务群众的“连心桥”“直通车”，平台注册用户达到10.5万人，微信公众号关注人数突破3.1万人，帮助党员群众实现“微心愿”24000多个。把开展好大走访活动作为常态工作法，长期坚持、长期遵循、长期问效，严格落实“访办反馈一体”工作机制，辖区居民、驻区企业走访实现全覆盖，共发放《惠民榜》13.5万册，解决问题3713个，解决率达99.9%。四是党风廉政建设和反腐败工作深入开展。出台《建邺区干部监督谈话实施办法》，修订完善《建邺区落实党风廉政建设责任五项清单》，形成主体责任报告、评议、反馈、整改、督查、追责的闭合回路。扎实开展作风建设“防隐身防变异防反弹”等四个专项行动，加大群众身边不正之风和腐败问题治理力度。加强巡察机构和力量建设，全面实施派驻机构改革，设置6个派驻纪检组，实现党内监督不留死角、没有空白。准确把握“树木与森林”关系，实践运用“四种形态”处置174人次，实现了良好的政治效果、法纪效果和社会效果。一年来，我们加强党对人大工作的领导，人大及其常委会依法履职尽责；我们高度重视和支持人民政协事业发展，政协充分发挥政治协商作用，人民民主和协商民主积极推进。法院、检察院加强自身建设，人民武装工作扎实推进，统一战线工作稳步加强，工会、共青团、妇联等群团工作取得新业绩，为促进区域发展发挥重要作用。

（二）主导产业加快集聚，区域发展动力明显增强

聚焦精准招商，聚焦主导产业培育，紧抓重大项目落地，经济发展质量和效益取得实质性跨越提升。一是龙头项目加速集聚。阿里巴巴江苏总部、小米科技华东总部、科大讯飞南京区域中心、江苏省政府投资基金、台湾彰化银行大陆子行、苏宁银行等一批产业带动力强、行业影响力高、区域辐射力大的龙头企业纷纷落户建邺，主导产业发展能级显著提升。二是产业结构不断优化。金融业首超房地产业成为全区经济增长的主引擎。以科技、互联网产业为代表的创新型经济增长点加快孕育，以人工智能、新型零售为特色的未来产业活力迸发，全区梯次型现代产业体系加快形成。预计全年服务业增加值占GDP比重达到86%，金融业增加值占比达28%。在建产业载体超1000万平方米，全年竣工近200万平方米，为未来发展提供了重要支撑。三是区域影响力不断增强。高质量举办金洽会专场、留交会专场、紫金知识产权国际峰会建邺专场等活动。世界水科学论坛成功举办，区域国际化知名度有效提升。江苏大剧

院正式运营，金鹰世界顺利开业，新鸿基国金中心、涵碧楼等项目有序推进，新引进金杜、盈科等国内知名品牌律师事务所，成功获批全市唯一一家“国家体育产业示范基地”，区工商联被评为全国“五好”工商联，全区商务商贸环境进一步优化。四是创新引领迸发强大活力。按照“两落地一融合”要求，整合功能园区科创资源，成立南京建邺高新技术产业开发区。重点布局新一代智能产业，政产学研合作不断加强，组建科技产业专家促进团，与南大共建江岛环境生态产业技术研究院，与科大讯飞共建人工智能研发中心，推动一批新成果新项目率先落地。预计全区地区生产总值415亿元；高新技术产业产值160亿元，同比增长11.4%；一般公共预算收入64.2亿元，同比增长8.7%；全社会固定资产投资360亿元，同比增长11%；主要经济指标增幅位居全市前列。

（三）维护社会安全稳定，重大活动保障圆满顺利

成立河西·建邺社会矛盾和安全隐患大排查大整治行动领导小组，扎实开展“百日安全生产执法”“四查四防”等一系列专项行动，积极推动社会矛盾化解，全力维护社会和谐稳定。一是深入排查化解社会矛盾。以大走访大落实为抓手，区、街两级广泛开展横向到边、纵向到底，全覆盖、无遗漏的拉网式滚动排查，切实掌握和解决影响全区安全稳定的突出问题和薄弱环节。坚持把解决群众合理诉求作为民生重点工程紧抓不放，为每个重点积案配备一名律师，全面开展信访积案攻坚化解工作。市交办信访积案32件，已化解29件，化解率90.6%。受理各类矛盾纠纷5197起，成功调解5190起，人民调解小助手工作平台受到司法部充分肯定，在全省司法工作领域推广应用。二是强化公共安全隐患整治。组织开展“危险化学品安全综合治理”“电气火灾综合治理”等多项整治活动，共检查企业3138家次，下发责令改正通知书1364份。建立群租房安全员制度，加大出租房安全隐患集中整治力度。大力提升街面见警率，提高快速反应和处突能力。平安志愿者参与大巡防3万余人次，对5个重点区域、22个重点路口、9个群众体育展演地点进行全面排查整治，群防群治工作取得明显成效，群众安全感稳居全市前列。三是营造文明和谐良好氛围。培育和践行社会主义核心价值观，深化“宣德堂”品牌提升，开展践行市民文明规范“八个不”系列活动，扎实推进文明城市创建，在国查和省市综合考核中名列前茅。充分发挥政务新媒体作用，加强网络正能量传播，讲好建邺故事、推介建邺美好形象，“建邺播报”政务微博、政务微信、政务头条号均被授予“南京市2017年度十佳”，政务新媒体在全市综合排名位列各区首位，建邺的知名度和美誉度不断提升。一年来，在全区上下的共同努力下，党的十九大期间，以及首届江苏发展大会等重大活动的属地保障工作中，河西·建邺良好的政治氛围、发展氛围、社会氛围，得到社会各界的

广泛赞誉，侵华日军南京大屠杀死难者国家公祭活动获得习近平总书记充分肯定。

（四）精心建设精细管理，城市功能品质更加优化

2017年共开展城建项目9大类166项，坚持精心规划、精致建设、精细管理，着力完善城市功能，着力彰显城市品质，着力提升城市环境，着力增进民生福祉。一是大力推进生态建设。把生态作为最大民生关切，深入开展“263”专项行动，完成63个排水单元的雨污分流改造。完成沙洲东河、沙洲西河、奥体北河蓝线整治工作，为35条河道配备87名河长，编制完成“一河一策”。加快推进河西南部片区、江心洲海绵城市省级示范区建设，深入开展城市修补、生态修复工作，高标准完成省环保督察整改工作，切实解决一批群众反映集中的环境问题，生态环境治理明显加强。二是扎实开展环境整治。围绕江东门纪念馆、南湖居民区等重点区域开展精细化十项行动，完成5个老旧小区28.7万平方米环境综合整治，在全市率先完成90个主次干道交叉口弱电管线下地工程。在和平广场、江东中路、青奥轴线等重要场地、主要道口周边布设城市绿雕、提升彩化效果。全面完成主干道周边夜景亮化提升工程，璀璨夜景成为建邺靓丽的新名片。三是着力完善基础设施。宁和城际一期通过竣工验收，地铁7号线启动建设，开通新道路25条，新建白龙江西街、淮河路等一批公交场站，河西南部市民公交出行更加便捷。国际青年文化中心建设运营稳步推进，南京国际博览中心一期扩建工程基本完成，三期工程完成土方施工，莲花村经适房全面建成交付，建成河西南部4号小学、仁恒江湾城小学、海峡城初级中学，中和村经适房四期启动建设，完成生态科技岛大市政水、电、气过江建设并投入使用，环岛22千米江堤夹江侧11千米完成建设，大江侧整治主体工程顺利推进。

（五）始终坚持问题导向，深化改革取得重大突破

精准把握深化改革新内涵，以供给侧结构性改革为主线，着力提高发展的质量和效益，重点领域和关键环节改革取得突破性进展。一是国资国企改革取得新突破。坚持市场化改革方向，加快国有经济布局结构优化和战略性重组。全面整合区属国企，完成城建、国资、城管、房产四大集团组建工作，以大集团战略推动国有资本做大做强做优，促进国有资产保值增值。二是基层政务公开标准化规范化试点迈出新步伐。围绕重大建设项目、财政预决算等9大领域，制定《建邺区基层政务公开标准化规范化试点工作实施方案》，明确5个方面16项重点任务，全面推进清单梳理，健全制度配套，探索高效、便捷的公开方式，同时成立以高校专家、标准化主管专家和律师为核心的智库团队，为试点工作提供智力支持。三是放管服改革展现新作为。深化推进“互联网＋政务服务”，大力推行开办企业全程电子化和全程代办服务，压缩施工许可办理时限，“3550”改革走在全

市前列。在全市率先启动街道层面不见面审批服务改革，首家试点单位沙洲街道已办理不见面审批服务930余件，省政务服务网不见面率达93%。四是社会领域改革彰显新成效。首批下放13个部门1368项综合行政检查执法事项，向街道派驻127名执法人员，组建以街道辖区为执法边界的属地综合执法力量。深化文化体制改革，成立全国首家独立设置的非物质文化遗产专业学院。深入推进社区“三委一中心”改革，进一步调整充实网格力量，强化考核绩效管理，努力把现代社区建设成为“和谐有序、绿色文明、创新包容、共建共治共享的幸福家园”。

（六）坚持以人民为中心，民生服务工作亮点纷呈

聚焦重点、务求实效，全力提升标杆推进民生幸福建设。一是聚焦惠民，不断强化社会保障。全面建立“一门受理，协同办理”救助服务窗口，建立最低生活保障托底、医疗救助扶贫、救急难工作、民生保险应赔尽赔四项机制。出台《建邺区社区救助联席会议制度》，开展了“情暖建邺”“慈善一日捐”“一助一献爱心”等活动。推进南湖社区综合服务中心、南湖体育场地下人防工程建设。推动“惠民专柜”提标扩面，探索“平价商店+”服务模式，惠及五类困难群体超过1.5万人次。落实“四个最严”要求，守好安全底线，创成首批“江苏省食品安全示范区”，连续五年被评为“质量强市工作优秀区”。二是聚焦富民，不断完善公共服务。深入实施富民惠民行动计划，全区共新增城镇就业人数15000余人，完成年度目标的127%；城镇居民人均可支配收入52922元，同比增长8.5%，增速位居全市前列。全面启动第一批50个引领作用强、服务功能优的“共享幸福圈”项目，推动园区、街道、社区公共配套和服务水平提档升级。全面实施学区制管理和集团化办学，在全省率先完成区县《教育地图》编制，教育现代化建设水平监测成绩蝉联全市第一。南京市第一医院河西院区、河西儿童医院全面投入运营，6个街道开设8个社区卫生服务中心，医疗机构实现均衡布局。创新文化服务方式，百分百覆盖公共文化设施，每万人拥有公共文化服务设施面积1400平方米。三是聚焦创新，不断加强社会治理。坚持基层党建创新和基层社会治理创新相结合，形成以“微平台、微行动、微实事、微心愿、微星光”为主题的“五微”社区共建新模式。在年度全市民生幸福指数测评中，位列全市第二，主城区第一。全面构建网格化社会服务管理体系，研究出台《建邺区关于深化社区网格化服务治理的工作意见》“1+4”文件。与清华大学合作，在江心洲挂牌成立社会治理创新研究基地。扎实推进全国社区治理和服务创新实验区工作，以优秀成绩顺利通过民政部中期评估。5个社会治理创新成果入选2017年度南京社会建设创新案例，位列全市第一。

二、以党的十九大精神引领工作全局

中国共产党第十九次全国代表大会，是

在全面建成小康社会决胜阶段、中国特色社会主义进入新时代的关键时期召开的一次十分重要的大会。学习宣传贯彻党的十九大精神，是当前和今后一段时期首要的政治任务。学习贯彻党的十九大精神要与深入落实习近平总书记视察江苏重要讲话精神结合起来。党的十八大以来，总书记先后三次对江苏工作作出重要指示，提出了“两个率先”的光荣使命，明确了“强富美高”新江苏的目标定位，指出了“五个迈上新台阶”的现实路径。最令我们鼓舞的是，习近平总书记十九大后第一次到地方视察就来到江苏，强调了坚守实体经济、坚持创新发展、深化国企改革、修复生态环境、加强基层党建等工作重点，要求江苏树立高质量发展的鲜明导向，为我们指明了前进方向，提供了根本遵循。全区上下要深入学习贯彻党的十九大和习近平总书记系列重要讲话精神，学得更加深入、领会得更加透彻、贯彻得更加自觉，以高标准推进城市中心建设的过硬成果，向市委和全区人民交上满意的答卷。

（一）深刻认识学习宣传贯彻党的十九大精神的重大意义

学习好、宣传好、贯彻好党的十九大精神，事关党和国家工作全局，事关中国特色社会主义事业长远发展，要准确把握中国特色社会主义进入新时代的重大判断，从历史长河中准确把握进入新时代的重大意义。习近平新时代中国特色社会主义思想是十九大的灵魂。全区各级党组织和广大党员干部要高举新时代中国特色社会主义伟大旗帜，更加紧密地团结在以习近平同志为核心的党中央周围，以习近平新时代中国特色社会主义思想为指导，把思想和认识统一到十九大精神上来，把智慧和力量凝聚到实现十九大确定的目标任务上来，真正用十九大精神武装头脑、指导实践、推动工作，加快推进“两聚一高”“两高两强”新实践，奋力开创城市中心建设的新局面。

（二）在学懂上下功夫，持续兴起学习宣传贯彻党的十九大精神的热潮

全区上下必须把党的十九大精神作为统领一切工作的总纲，以更高的政治站位，更强的政治意识，更为紧迫的使命担当，抓好十九大精神的贯彻落实。全区各级党组织要按照中央和省、市委部署，采取多种方式，运用多种载体，加大宣传力度，把学习宣传贯彻十九大精神精心组织好，做到干部培训全覆盖、宣讲活动全覆盖、社会宣传全覆盖，把学习十九大精神作为政治学习的中心内容，采取广大群众喜闻乐见的形式，推动党的十九大精神进企业、进机关、进校园、进课堂、进社区、进网络。切实抓好十九大精神的宣传解读。依托“五微”数字党建平台、“建邺播报”等载体，开辟专题专栏，深入宣传解读十九大报告提出的重大理论观点、重大方针政策、重大工作部署，大力宣传建邺区贯彻落实十九大精神的具体举措和实际行动，切实把十九大精神讲清楚、说明白，让老百姓听得懂、可落实，转化为实实在在的行动。

（三）在弄通上下功夫，深入领会和准确把握党的十九大精神的丰富内涵

要坚持不懈用习近平新时代中国特色社会主义思想武装头脑，做到思想上同心同向；坚决维护以习近平同志为核心的党中央权威和集中统一领导，做到政治上旗帜鲜明；坚决贯彻落实党的理论路线方针政策和中央决策部署，做到行动上紧紧跟随。要准确把握十九大关于中国特色社会主义进入新时代的重大判断，充分认识我国社会主要矛盾的变化是关系全局的历史性变化，把学习宣传贯彻的着力点聚焦到贯彻落实习近平新时代中国特色社会主义思想上，准确把握“八个明确”包含的丰富内涵。要充分认识中国特色社会主义“14个坚持”基本方略的精神实质，自觉以习近平新时代中国特色社会主义思想为指导，全面贯彻党的基本理论、基本路线、基本方略，把学习成果体现到衷心拥戴习近平总书记这个党中央的核心、全党的核心上，体现到坚定理想信念、砥砺坚强党性上，体现到指导实践、推动工作上。

（四）在做实上下功夫，以党的十九大精神为指引谋划推动城市中心建设

学习宣传贯彻好党的十九大精神，必须大力弘扬理论联系实际的学风，坚持学以致用、用以促学。省委和市委对建邺实现高质量发展寄予厚望，广大群众对建邺未来充满期待。我们要紧扣社会主要矛盾变化，紧密结合建邺实际，聚焦“两聚一高”“两高两强”和高标准建成现代化国际性城市中心目标要求，把全面开展对标找差、创新实干，推动高质量发展作为贯彻落实十九大精神的关键举措，强化创新引领，全面深化改革，增进民生福祉。同时，要坚持底线思维，坚守稳定底线、决不能发生严重危害社会稳定的问题，坚守安全底线、决不能以牺牲群众利益为代价推动发展，坚守廉政底线、决不能以工作为借口破坏廉洁纪律，坚守生态底线、决不能为了发展破坏生态环境，真正把十九大的新要求全面贯彻落实到城市中心建设发展工作中，把新时代的各项要求变成具体实在的“建邺行动”。

三、聚精会神做好明年重点工作

新时代要有新气象、新作为，全区上下要以党的十九大精神为根本遵循，使之成为我们做好各项工作的强大思想武器。更高的目标，需要更强的动力。2018年是贯彻党的十九大精神的开局之年，是改革开放40周年，也是实施“十三五”规划承前启后的关键一年。站在新的发展阶段和历史起点，我们面临许多重大机遇，拥有自身特色优势。一是资源要素再分配带来的重大机遇。十九大报告指出，要实施区域协调发展战略。从宏观层面看，资源要素将在更宽的范围内优化配置，着力解决发展不平衡不充分的问题。南京作为东部地区重要中心城市、扬子江城市群龙头城市，必将承担更多全国性的城市功能，带动区域协调发展，形成经济发展新的增长点。建邺作为全市重点打造的城市中心，要科学谋划、主动承接功能转移，努力成

为南京城市功能的主要承载地。二是发展标杆再提升树立的更高追求。作为全市第一批对标找差试点区，这既是一场必打硬仗，也是一次转型出关的重大机遇，我们必须站在省市发展大局的高度、建邺长远发展的角度，充分认清建邺在“强富美高”新南京建设中的使命和定位，坚持率先作为、奋发有为，对标先进城区，找准问题差距，拉长板、补短板，以更高标杆倒逼更高质量的发展，努力在服务全市发展战略中不断提升城区的首位度。三是动力转换再提速形成的良好态势。历经多年来的发展，建邺城市环境越来越美，优质项目越来越多，干部状态越来越好，经济发展蓄势腾飞，社会环境和谐稳定，加速崛起的内生动力不断积聚。这是我们立足新时代、开启新征程、迎接新挑战、夺取新胜利的最大底气，只要我们顺势而为、乘势而上，完全能够在新一轮改革发展中做出更大贡献。

综合上述分析，结合区域实际，经区委常委会研究，明年工作总体思路是：全面贯彻落实党的十九大精神，以习近平新时代中国特色社会主义思想为指引，牢固树立“四个意识”，按照总书记视察江苏重要讲话要求和中央经济工作会议部署安排，坚持新发展理念，紧扣高质量发展要求，统筹推进“五位一体”总体布局，协调推进“四个全面”战略布局，围绕“两聚一高”“两高两强”“一个高水平建成，六个显著”目标要求，聚焦“对标奋进年”工作主题，不忘初心、牢记使命，着力推进党的建设伟大工程，着力推动质量变革、效率变革、动力变革，着力保障和改善民生，展开基本现代化建设新探索，高标准加快建设现代化国际性城市中心，努力在“强富美高”新南京建设中走在前列。综合考虑，明年全区经济社会发展的预期目标是：地区生产总值增长8%以上；服务业增加值增长10%以上；一般公共预算收入增长8%以上；城镇居民人均可支配收入与经济增长同步；全社会固定资产投资390亿元。具体工作中，我们要把握好“四个方面”。

——迈进新时代、开启新征程，迫切需要思想武器、行动指南，这是推动城市中心发展融入大局、服务大局的必然要求。在这个大有可为的新时代，我们要切实增强学习贯彻新思想的自觉性和坚定性，必须在国家和省市发展的大背景下，牢固树立“四个意识”，结合区情落实新思想，把学习贯彻党的十九大精神与推进“两聚一高”“两高两强”新实践、与高标准加快建设城市中心紧密结合起来，坚决贯彻中央和省市决策部署，全面提升区域综合竞争力，为“强富美高”新南京建设作出更大贡献。

——迈进新时代、开启新征程，迫切需要乘势而上、改革创新，这是推动城市中心发展转型跨越、争先进位的必然要求。经过不懈奋斗，建邺经济社会建设取得明显成效，快速发展的态势已经形成，我们正处在转型升级的战略机遇期、干事创业的黄金发展期，必须始终坚持高点站位，坚持全局视野，坚持系统推进，不断提高城市中心首位度。要坚持以人民为中心的发展思想，突出“一地五中心”主攻方向，推动改革向纵深发展。构建有利于创新创业的生态体系，推动发展成果更多惠及广大群众，努力把建邺打造成为“两高两强”省会城市功能的主要承载地。

——迈进新时代、开启新征程，迫切需要对标找差、补齐短板，这是推动城市中心发展突破瓶颈、增强动能的必然要求。作为全市首批对标找差工作试点区，我们必须以更高的工作标准和更快的工作节奏，以新时代的视野审视发展现状、谋划建邺未来，需要我们在更高层面、更深层次上突破发展瓶颈、增强发展动能，这是一场攻坚硬仗，需要我们认认真真找差距、定目标、抓短板、求突破，全方位提升工作质量和水平，推动新时期建邺各方面工作迈上新台阶。

——迈进新时代、开启新征程，迫切需要敢于担当、奋发作为，这是推动城市中心发展更加平衡、更加充分的必然要求。我们要切实增强危机意识、竞争意识，要有克难奋进、舍我其谁的勇气，以永不满足、永不懈怠的姿态，打开工作新局面。要以抓铁有痕，踏石留印的韧劲和钉钉子精神抓牢抓实各项工作，实现建邺的经济发展高质量、改革开放高质量、城市建设高质量、文化建设高质量、生态环境高质量和人民生活高质量。

做好明年工作，要着力在“一全两重四争先”上求深入、见成效，就是以全面贯彻落实党的十九大精神为主线，重点抓好“对标找差创新实干”和“两落地一融合”工作，按照高质量发展最新要求，努力实现“四个争先进位”：

（一）加快创新要素集聚，在构建现代化经济体系上争先进位

深入推进“两落地一融合”，更加注重产业科技创新，努力实现质量更高效益更好的发展。一是以推进产业结构调整促进产业转型升级。围绕“一地五中心”主攻方向，聚焦“3+3”主导产业，大力推动产业转型升级。依托阿里巴巴江苏总部、小米科技华东总部等一批领军企业，精准把握“互联网 +、旅游 +、生态 +”等新模式、新业态发展机遇，打造新兴产业生态链。探索产融融合发展新模式，着力推动金融在服务实体经济和城市中心建设中发挥更大作用。二是以优化经济形态带动产业效能提升。实施总部发展战略，以总部经济带动国际化要素在区内集聚，打造区域性国际总部经济高地，力争成为国际国内知名企业区域和职能总部入驻南京的首选地。加快鱼嘴总部集聚区、金融城二期等战略性发展平台的建设，进一步增强对总部经济和楼宇经济的承载力和吸引力，形成新增长极、增长源、增长点，加快形成“高端化、集群化、国际化”的产业发展格局。三是以构建创新创业生态推动经济持续健康发展。依托建邺人才服务大厦，加快推动首批企业和机构入驻，建立人才企业分级评价常态化机制，强化人才交流合作与选拔申报。加强与阿里云团队合作，全力打造国际一流标准的公共服务平台和公共技术平台。推进建邺

高新区创新发展，按照“一区多园”布局，最大限度整合园区科技资源，着力打造新一代智能、金融和科技服务业等特色创新集群，努力把高新区建成产城融合发展的示范区和战略性新兴产业发展的核心载体。加快南大江岛环境生态产业技术研究院、科大人工智能研究院等新型研发机构建设，加速培育一批引领行业发展的高新技术企业。四是以重大项目为突破增强经济发展动能。选准具有带动作用的大项目，加快金茂鱼嘴超高层、新鸿基国金中心、华新城华采天地等高端城市综合体项目进度，以关键项目的突破带动面上项目的整体推进。加快金融城二期、胜科水务中心等项目进展，打通项目建设的关节点，畅通重点项目“绿色通道”，着力优化审批流程，确保项目早建成、早见效。加强企业服务体系建设，定期走访重点企业，及时帮助企业解决困难和问题，落实好“1+N”产业政策，申报各类扶持资金，着力打造成本低、服务优、更具吸引力的营商环境。

（二）突出滨江滨河特色，在提升城市功能品质上争先进位

坚持绿色发展，依水就势，融入自然，加大生态系统保护力度，加快建设大美河西、锦绣建邺。一是强化规划引领，建设一流的城市基础设施。进一步提升城市功能布局，编制出台建邺区2035年发展规划大纲，完成河西CBD地下空间方案研究、鱼嘴地块城市设计研究及项目策划。配合市地铁集团做好地铁2号线西延、7号线、9号线建设工作，新建江心洲6千米市政道路，加快推进长江五桥和扬子江大道节点改造等项目规划建设工作，新建、续建8条市政道路。二是突出精细精准，打造一流的城市功能品质。按照国际一流标准，进一步完善青奥村国际社区商业、教育、生活配套设施，全面开工建设河西国际医院，全面建成国际青年文化中心等项目。加快国际博览中心三期建设，完成南部市政综合体土建施工，积极推进金地中心、正荣财富中心、华侨城“欢乐滨江”等项目建设。坚持不懈推进“厕所革命”，实施应天大街道路综合整治、全区主次干道供电管线下地专项工程，启动云锦城项目，加快推进海峡城社区服务中心、中和村保障房四期、新加坡·南京生态科技岛二期、三期经济适用住房项目，建成华山路邻里中心。三是坚持国际视野，打造一流的生态智慧城区。探索城市智慧治理模式，加快“云尚建邺”“生态科技岛智慧城市一期”“网格化社会治理”等重点项目建设，不断提升“智慧建邺”建设和应用成效。按照“应交尽交、加快移交”的原则，变委托管养为统一管养，对全区市政设施实施全覆盖、全时段、精细化的养护。大力推广建筑节能技术，持续开展“增绿添彩”工程，完成一批河道整治工作，进一步提升城市环境面貌，持续改善人居环境质量。

（三）更加注重系统集成，在推动全面深化改革上争先进位

始终突出供给侧结构性改革主线，不断拓展改革深度与广度，充分发挥改革对发展

的“深刺激、强刺激”作用，推动经济发展质量、效率、动力“三大变革”，释放更多改革红利。一是推动供给侧改革，发力三大变革。持续落实“三去一降一补”任务，优化存量资源配置，扩大优质增量供给。以深化功能园区改革为主轴，深化国有企业改革，充分发挥国有企业在供给侧结构性改革中的引领作用。建立健全现代企业管理制度，加快构建以股权为纽带、以资产为依托、以管理为核心的“1+N”公司治理结构，形成与产业功能板块发展相适应的国有资本布局，全力推动城建、国资等四大集团加速发展，不断增强国企集团内生动力。二是厚植创新基因，引领三大变革。深化科技体制改革，建立以企业为主体、市场为导向、政产学研深度融合的技术创新体系。要加快构建有利于“两落地一融合”的体制机制，形成“见事早、动作快”的先手决断，积极建设区科技成果转化中心，加快打造区国资科创投资平台，推动省技术交易市场建邺工作站建设，培育特色科技服务中介机构，健全和完善覆盖科技创新全链条的科技服务体系；依托高校院所，建立高校、人才团队、企业和政府共同持股的新型研发机构，促进产业关键技术研发；联合大院大所共建各类技术创新平台，推动海内外高校科技资源向区内集聚，实现校地融合发展，形成建邺科技创新特色发展优势。三是优化管理服务，支撑三大变革。以首批国家基层政务公开标准化规范化试点为契机，加快构建“互联网＋政务服务”体系，力争政务公开标准规范、政务服务智能高效。全面推进以“集中高效审批、分类监管服务、综合行政执法”为重点的“放管服”改革，打造审批项目最少、办事效率最高、营商环境最优区。积极引入第三方评估，重点围绕改革方案是否科学、改革过程是否落实、改革成效是否明显，建立第三方改革评估机制，不断增强企业和群众获得感。

（四）聚焦共建共治共享，在加强社会治理创新上争先进位

践行以人民为中心的发展思想，不断提升社会治理社会化、法治化、智能化、专业化水平，不断推进改革发展成果更多、更公平地惠及广大群众，善于发挥群众的主体作用，引导和带领群众在参与的过程中提升幸福感，在奋斗的过程中增强获得感。一是着力保障和改善民生，切实增强居民群众获得感。坚持把扩大就业、促进创业作为富民增收的重要抓手，全面落实更加积极的就业政策，为劳动者提供优质高效的公共就业服务。大力推进社会保障体系建设，不断完善困难群体兜底保障机制，确保城镇居民基本医疗保险覆盖率达到98%。全面建立“养医康教”融合养老服务体系，不断提升重点人群保障水平。加快推进一批新校开办和新校建设，持续推进区域内义务教育优质均衡发展，继续保持教育现代化建设水平全市领先。加快落实卫生基础设施建设，努力完善家庭医生签约服务，探索建立家庭医生团队管理体制和医联体项目化管理机制，努力

推进流动人口卫生计生均等化服务。二是着力满足美好生活需要，切实提升居民群众幸福感。启动新一批“共享幸福圈”项目建设，高标准完成全国社区治理和服务创新试验区创建工作，推动公共服务供给更平衡、更充分。加强“大美河西·锦绣建邺”“精彩365·快乐每一天”品牌建设，不断深化、丰富公共文化服务体系，不断满足居民群众的美好生活需要。积极开展首批南京市“书香城区”创建，做好优秀传统文化价值内涵的深度挖掘。持续推进“南京非遗专业学院”建设，促进与现代职业教育体系建设的深度融合。三是着力深化“平安建邺”建设，切实增强居民群众安全感。强化源头防治，做好重大工程、重大事项和重大政策风险评估，持续开展“大排查大整治”专项行动。加大矛盾纠纷化解力度，扎实推进信访积案化解攻坚，加强敏感节点维稳安保，确保区域社会大局持续安全稳定。狠抓安全生产，推动企业落实安全生产主体责任，坚持开展安全生产教育“五进”活动，增强全民安全意识和防灾减灾救灾能力。加快社会治安防控体系建设，深入推进“雪亮工程”，促进政法大数据联网应用，全面提升预测预警预防各类风险的能力。深入推进“法治建邺”建设，确保社会安定有序。四是着力加强社区治理体系建设，切实提高社会治理水平。深化“政社互动、三社联动”，扎实推进社区治理“一张网”建设，做细做实全要素网格化管理与服务。推进区、街、社区三级综治中心建设，持续抓好政务热线办理工作。深入推进“三位一体”法律服务模式，全面提升基层法治建设水平。积极培育和践行社会主义核心价值观，深入推进群众性精神文明建设工作，提升新城文明程度。不断强化大数据思维，积极探索以问题导向和需求导向为主的现代社区服务新模式，推进社会治理精准化，精心打造建邺城市社区样本。建立完善社区协商议事制度，积极发挥社会组织作用，完善民主化自治机制，实现政府治理和社会调节、居民自治良性互动，着力打造更有温度更有质感的新时代城市中心。

四、全力推动对标找差工作落地生根、取得实效

按照党的十九大的总体部署，自觉运用习近平新时代中国特色社会主义思想武装头脑，在全区深入开展对标找差、创新实干活动，以更高标准建设现代化国际性城市中心，是认真学习和坚决贯彻落实十九大精神的自觉行动，也是推动“两聚一高”“两高两强”要求在建邺落地生根的扎实举措。

（一）对标找差、创新实干要有“知不足”的清醒、“不知足”的冲劲。站在新的历史起点，理性看待优势，清醒地看到自身不足，在对标中精准查找短板弱项和矛盾问题，不断提升目标定位和工作境界，不断创新工作方法和路径，是更好完成新时代新目标新任务的关键一招。“不知足”体现在干事创业上，体现在自我的严格要求上，要自觉克服小进即满、小富即安心理，不停步、不懈怠，撸起

袖子加油干。各部门、园区、街道要按照“跳一跳、够得着”的要求，围绕“创新驱动、产业发展、生态环境、对外开放、社会民生、城市建设”六大方面，围绕全区核心指标和支撑指标体系，明确近期、中期和远期发展目标，积极开展板块、条线专项对标工作，找准对标的关键要素和着力重点，形成上下联动、同频共振的工作合力。未承担目标体系任务的单位也要根据主要工作职责，对标先进、见贤思齐，提出可考核的工作指标任务，努力在更高质量、更有效率上实现争先进位。

（二）对标找差、创新实干要有“敢担当”的勇气、“善作为”的能力。敢于担当本身也是一种责任和勇气，对标找差、创新实干没有局外人、没有旁观者。既要开展经济社会发展的对标找差，也要开展党建工作的对标找差。要充分发挥“双百制”考核的导向作用、激励作用和抓手作用，定期开展跟踪监督和考核，构建敢想善为、宽容失误的制度环境，形成全区上下人人对标、人人赶超的责任机制和良好氛围。各部门、园区、街道要形成系统全面、层次合理、特色鲜明的对标体系，按照年度倒排工作进度，建立工作任务清单、问题清单、责任清单，力求可量化、能比较、易操作，注重整体推进，在借鉴先进地区经验做法的同时，结合建邺发展实际，建立完善发现问题、改进工作、提高标准、追赶超越的常态化循环模式，创造性地推动新时代河西·建邺各项事业发展，力争通过2018、2020、2025年“三步走”战略，以目标项目化、项目责任化确保工作落实，实现转型升级提速、创新发展争先、整体排名进位。

（三）对标找差、创新实干要有“打基础”的坚韧、“利长远”的智慧。对标找差、创新实干是不断巩固优势、发现差距的举措，也是不断改进工作方法、提高目标追求的过程。功成不必在我，建功必须有我。改革发展任务越是艰巨繁重，就越要做好抓基层、打基础的工作。要自觉践行新发展理念。以系统性思维推动工作，把高标准建成现代化国际性城市中心的目标要求，放到全市全省乃至全国发展的大格局中定位、思考、谋划，紧扣“两聚一高”“两高两强”“一个高水平建成、六个显著”工作部署，主动融入“1+3”重点功能区发展战略，真正做到胸怀全局、统筹兼顾、科学谋划、善于留白，以长远的眼光、国际的视野、战略的思维谋划建邺的未来，奋力开创建邺发展的新局面，确保各项工作始终沿着正确方向前进。

五、坚决落实全面从严治党要求，为河西·建邺各项事业发展提供坚强保证

进行伟大斗争、建设伟大工程、推进伟大事业、实现伟大梦想，起决定性作用的是党的建设新的伟大工程。全区各级党组织要以新时代党的建设总要求为指引，坚持和加强党的全面领导，切实加强党的长期执政能力建设、先进性和纯洁性建设，全面推进党的政治建设、思想建设、组织建设、作风建设、纪律建设，把制度建设贯穿其中，持续推动全面从严治党向纵深发展，不断提高党的

建设质量，汇聚起高标准建成现代化国际性城市中心的强大力量。

一是将党的政治建设摆在首位，在全面从严治党上持续发力。把党的政治建设作为党的根本性建设，旗帜鲜明讲政治，把坚决服从党中央、坚持党中央权威和集中统一领导作为政治建设的首要任务，牢固树立“四个意识”，坚决维护习近平总书记党的领袖和核心地位，自觉向以习近平同志为核心的党中央看齐。把加强党的全面领导贯彻到全领域，确保广大党员干部群众与党中央思想一致、步调一致、行动一致，时时铭记在心，事事对标对表，确保党中央和省、市委的各项决策部署在建邺落地落实。增强尊崇党章、遵守党章、维护党章的思想自觉和行动自觉，严格执行新形势下党内政治生活若干准则，增强党内政治生活的政治性、时代性、原则性、战斗性。全区各级党组织要切实履行全面从严管党治党的政治责任和主体责任，坚定执行党的政治路线，严格遵守政治纪律和政治规矩，加强和规范党内政治生活。各级党员领导干部要自觉加强党性锻炼，把对党忠诚、为党分忧、为党尽职、为民造福作为根本政治担当，永葆共产党人政治本色。

二是扎实开展“不忘初心、牢记使命”主题教育，用习近平新时代中国特色社会主义思想武装头脑。按照中央和省、市委统一部署，结合推进“两学一做”学习教育常态化制度化，以县处级以上领导干部为重点，扎实开展“不忘初心、牢记使命”主题教育。把坚定理想信念作为思想建设的首要任务，教育引导全区广大党员干部牢记党的宗旨，挺起共产党人的精神脊梁，解决好世界观、人生观、价值观这个“总开关”问题。坚持意识形态领域情况分析研判联席会议制度，充分发挥意识形态领域主阵地作用。坚持领导干部带头，深入领会习近平新时代中国特色社会主义思想的时代背景、科学体系、精神实质、实践要求，深入领会这一思想的重大政治意义、理论意义、实践意义，切实把思想和行动统一到习近平新时代中国特色社会主义思想上来。结合建邺实际，采取切实有效措施，创新方式方法，建立有效载体，形成推动高质量发展的强大合力。

三是着眼现代化国际性城市中心要求，打造高素质专业化的干部队伍。坚持正确选人用人导向，突出政治标准，提拔重用牢固树立“四个意识”和“四个自信”、坚决维护党中央权威、全面贯彻执行党的理论和路线方针政策、忠诚干净担当的干部。落实好“789”青年干部培养计划，加快选配和储备80后处级干部、90后科级干部，有计划地选派后备干部、年轻干部赴基层一线和急难险重岗位实践锻炼。以提高学习本领、政治领导本领、改革创新本领、科学发展本领、依法执政本领、群众工作本领、狠抓落实本领、驾驭风险本领等“八种本领”为重点，抓好专业能力、专业精神培养，增强干部队伍适应城市中心建设发展要求的能力。坚持从严管理和激励担当相结合，健全鼓励激励、容错纠错、能上能下三项机制，让能干实干者扬眉吐气、敢闯敢干者不挫锐气、得过且过者羞愧服气，多措并举调动党员干部干事创业的积极性主动性，提振精气神、焕发正能量，让敢于担当、奋发作为在河西·建邺蔚然成风。

四是致力提升基层党组织组织力，着力构建城市基层党建工作新格局。充分发挥街道社区党组织领导核心作用，加强党的政治引领、组织引领、能力引领和机制引领，完善优化网格化党建工作机制，积极探索党建引领基层治理的有效途径。深入实施非公企业党建“双融双提”工程，统筹推进功能园区、商务楼宇、商圈市场等新兴领域党建，推动基层党建从生活社区向产业社区拓展。突出基层党组织政治功能，严明政治纪律、严肃政治生活、严格基本制度，使基层党组织成为宣传党的主张、贯彻党的决定、领导基层治理、团结动员群众、推动改革发展的坚强战斗堡垒。强化基层党组织服务功能，用好用活“五微”数字党建平台，整合服务资源，创新服务载体，深化大走访大落实活动，组织党员干部常态化走入基层、走进群众，面对面开展服务、解决问题。着力提升基层党建保障水平，选好配强“政治引领作用强、改革创新意识强、服务群众能力强、社会治理能力强”的基层党组织书记，继续推进街道社区、功能园区党群服务中心标准化建设。坚持党员发展政治标准，完善发展党员工作链，建立全区党内关爱资金，强化党内激励关怀帮扶。进一步加强党的群团工作，按照政治性、先进性、群众性要求，积极推动群团改革工作。

五是聚焦全面从严治党，强化监督执纪问责，进一步营造风清气正的政治生态。把全面从严治党纳入全区经济社会发展总体布局，坚持以上率下，逐级传导压力，形成一级抓一级，层层抓落实的工作格局。围绕党的政治建设，深化纪律执行，加强对十九大的重大决策部署执行情况的监督检查，确保中央和省市区委决策部署不折不扣执行到位。深刻领会《中共中央政治局贯彻落实中央八项规定的实施细则》精神实质，坚持问题导向，巩固深化“四个专项”行动成果。强化基层党风廉政建设，加强审计监督，对领导干部履行经济责任情况实行审计全覆盖。实践运用“四种形态”，进一步完善谈话函询工作，增强监督执纪效果。加强对巡察工作的统筹和指导，完善派驻监督体制机制，着力提高发现问题的能力水平。严格按照“时间表”和“路线图”，扎实推进监察体制改革试点工作，实现对所有行使公权力的公职人员监察全覆盖，为高标准加快建成现代化国际性城市中心提供坚强政治保证。

河西·建邺已进入新的发展阶段，肩负着高标准加快建设现代化国际性城市中心的光荣使命。让我们紧紧围绕在以习近平同志为核心的党中央周围，在市委、市政府的坚强领导下，全面贯彻落实高质量发展要求，同心同德，开拓进取，创新实干，为推动河西·建邺跨越发展，高标准加快建设现代化国际性城市中心而努力奋斗！

政府工作报告

区人民政府区长　闵一峰

2018年1月2日

各位代表：

现在，我代表区人民政府向大会报告2017年工作，对2018年工作提出建议，请予审议，并请区政协委员和其他列席人员提出意见。

攻坚克难锐意进取
城市中心提速发展

2017年是党的十九大胜利召开之年，也是本届政府履职的第一年。全区上下紧密团结在以习近平同志为核心的党中央周围，贯彻落实党的十九大精神，学习领会习近平新时代中国特色社会主义思想，切实增强“四个意识”，在区委的坚强领导下，紧扣“城市中心提速年，基层党建创优年”的工作主题，锐意进取、改革创新，攻坚克难、真抓实干，全面完成了本届政府开局之年各项目标任务，认真兑现了在区十八届人大一次会议上就2017年工作所作的庄严承诺：经济总量突破400亿元，跃上新的台阶；一般公共预算收入增长8.7%，全社会固定资产投资同比增长11%，经济增长持续向好；供给侧结构性改革深入推进，产业结构调整取得重大进展，金融业超过房地产业成为第一主导产业，服务业增加值占GDP比重达86%，占比持续提升；市场主体培育速度加快，新增规上企业78家，2家企业挂牌上市；新城环境品质更加优良，全年空气优良天数较上年增加48天，优良率上升13.7个百分点，PM2.5均值下降17%，大力实施黑臭河道治理，水环境质量进一步提升；圆满完成党的十九大、国家公祭活动、江苏发展大会、紫金山峰会等一批重大活动的属地保障工作；人民生活水平稳步提升，城镇居民人均可支配收入同比增长8.5%，新增就业、再就业超过2.1万人；政府系统党建工作扎实推进，“两学一做”“党员干部大走访”等专题活动富有实效，走访企业9090家、居民160992户、重点困难群体2615户，解决问题3286个，政府与群众、企业联系更加紧密。所有这些，体现了“城市中心提速年，基层党建创优年”的主题，标志着建邺的综合实力进一步增强，我们朝着高标准建成现代化国际性城市中心的目标又迈出了坚实一步。

过去一年，我们着力推进主导产业培育，聚焦重大项目落地和营商环境提升，产业结构优化取得实质性突破

精准招商集聚优质项目。招商机制进一

步优化，整合招商资源，强化招商组织，用好世界智能制造大会、南京金秋经贸洽谈会、紫金知识产权国际峰会等重要招商平台，高质量举办40余场招商活动。优质项目进一步集聚，阿里巴巴江苏总部、小米科技华东总部、科大讯飞南京区域中心、江苏省政府投资基金产业集聚区等一批体量规模大、科技含量高、产业带动性强的龙头项目相继落户。新增企业5756家，同比增长22.3%，新增认缴注册资本984.4亿元，同比增长29.7%，亿元以上企业数同比增长63.4%。

高效推进刷新“建邺速度”。产业项目推进提速，金融城二期、建邺科技创新产业园、世茂广场、仁恒国际广场等重大项目加速推进，河西中央商务区新引进金融及准金融机构72家，江东商贸区精准服务保障金鹰世界如期开业。产业载体建设提速，新城科技园交付产业载体超70万平方米，生态科技岛科技研发载体加快建设，全区在建产业载体超1000万平方米，全年竣工近200万平方米，为未来发展提供了重要支撑。产业项目招引提速，区领导牵头成立专门团队，主动对接、密切跟进、靠前服务，小米科技华东总部项目从初次对接到正式签约仅用70天。

产业培育助推结构优化。坚定不移、一以贯之地培育、发展主导产业，工作成效日益显现。产业结构调整取得重大突破，以金融业为代表的主导产业地位不断巩固，金融业增加值占GDP比重达28%。新经济增长点迅速壮大，检验检测、法律服务、知识产权、设计等科技服务业发展迅猛，重点布局新一代智能产业，主导产业梯次接续发展的良好格局加快构建。主导产业业态不断优化，区内金融及准金融机构累计达506家，全省首家民营银行苏宁银行、台资彰化银行大陆子行先后落户，以传统金融为支撑、新兴金融为特色、中外金融机构并存的全要素金融体系逐步形成。主导产业对区域发展的贡献度不断提升，金融业等非房地产行业税收占比超过房地产业，达51.2%，贡献度较去年提高21个百分点。非房地产行业税收规模百万元以上、千万元以上、亿元以上企业数量分别增长了39%、33%、100%，经济主体成长迅速，为经济持续稳定增长提供有力支撑。

创新创业凝聚发展活力。贯彻落实南京“121”战略部署，积极推进科技园区整合，组建南京建邺高新技术产业开发区，按照“一区多园”发展思路，加快创新要素集聚。“两落地一融合”扎实推进，完善科技创新政策体系，组建科技产业专家促进团，与南京大学共建江岛环境生态产业技术研究院，与科大讯飞共建人工智能研发中心，搭建汇江创业投资基金平台。企业创新活力不断增强，初步建立包含80家企业的高新技术企业培育库，组织42家企业首次申请高新技术企业认定，预计新入选高新技术企业26家，总量实现两年翻番。6家企业入选苏南国家自主创新示范区瞪羚企业。全年高新技术产业产值达160亿元，同比增长11.4%。成功举办第二届新加坡·南京生态科技岛国际水环境治理高峰论坛、紫金知识产权国际峰会建邺专场等活动，江苏知识产权首次拍卖在建邺诞生，全区首家知识产权巡回法庭正式挂牌。深入实施“创业建邺”英才计划，1名人才入选国家“千人计划”，2名人才入选国家“万人计划”，3名人才入选省“双创计划”。

完善服务优化营商环境。健全体制机制，完善“1+N”产业政策体系，为200家企业兑现扶持资金。优化审批流程，推行工商营业执照全程电子化和投资建设项目预审代办服务，“开办企业”和“施工许可”最优范例已达省、市领先水平。政府的高效服务赢得广泛赞誉，阿里巴巴江苏总部项目被阿里巴巴评价为“与政府合作中推进效率最高、速度最快的项目”。加强产业服务，打造产业服务链，成立建邺会奖旅游联盟，连续七次被评为中国会展名区，新引进金杜等10家国内知名品牌律所，打造河西·建邺法律服务产业园，法律、财务、知识产权等产业配套服务日趋完善。

过去一年，我们着力推进城市功能优化，聚焦精品工程建设和城市精细化管理，新城宜居宜业品质日益提升

高水准保障大赛要事。为党的十九大胜利召开营造了安定团结的社会环境，成功保障国家公祭活动、省人代会、江苏发展大会等重大活动以及世界全项目轮滑锦标赛、南京国际马拉松赛等大型赛事，保障各类展览会议超过2000场。我们全区动员、全员参与、全力以赴，高标准做好活动组织、环境整治、安全稳定等方面工作，充分展示了现代化新城一流的城市形象、一流的服务水平、一流的环境氛围，影响力、美誉度持续快速提升。

高质量打造城建精品工程。区内侵华日军南京大屠杀遇难同胞纪念馆三期工程等6项工程荣获2016~2017中国建设工程最高奖“鲁班奖”，占全市10项上榜工程的六成，集中代表了全市建筑工程质量最高水平。按照“新建一批、改造一批、交付一批”的思路，全面启动江东门、南河风光带、南湖等片区环境提升工程，按照AAAA级景区标准实施莫愁湖公园景观提升，推进河西南部和江心洲省级海绵城市示范片区建设。夜景照明提升一期亮化工程全面完成，在国际青年文化中心组织高水准的灯光秀表演，吸引市民观众近20万人次，璀璨夜景成为建邺靓丽新名片。

高标准深化环境综合整治。完成爱达花园等5个老旧小区28.7万平方米环境综合整治，北部地区环境面貌显著提升。完成汉中门大街沿线、外秦淮河沿线等228幢房屋74万平方米建筑立面整治和90个道路交叉口管线下地工程，沿线环境面貌焕然一新。落实“河长制”，为35条河道配备87名河长，编制完成“一河一策”。依托智慧管线系统、河道水质在线监测系统，整治黑臭河道6条，国考河道顺利通过上级组织的首次考核验收，河道整治初见成效。加快滨河绿地建设，完成63个排水单元雨污分流改造以及怡康街、金穗花园积淹水点改造。大力开展“263”专项行动，执行最严环境准入制度。在全市率先实现区环保联合执法中心实体化运作，率先实行建设工地智能化扬尘防控措施，全区空气优良天数267天，优良率达75.4%。认真整改中央和省环保督察发现的问题，切实解决一批群众关注的环境问题，全年办理环保信访投诉3333件，回复办结率达100%。

高起点推进城市精细化管理。大力推进城市精细化建设管理十项行动。完成环卫、园林、河道、市政养护设施全面普查并建库，为深化精细化管理奠定基础。全面落实“门前三包”责任制，完成长虹路、云锦路等一批道路以及28条背街小巷综合整治，拆除违建1580处27.8万平方米。建设2000平方米的区级大件垃圾分拣中心，新增垃圾分类示范小区30个。推进“公厕革命”，新建改造公厕41座。依托智慧防汛系统，扎实抓好防汛消险工作，经受住了今年较大雨情的考验。

过去一年，我们着力推进体制机制创新，聚焦关键领域改革和治理模式创新，新城发展活力持续释放

关键领域改革全面深化。经济体制改革方面，在全面深化街道、功能园区经济管理体制改革的基础上，进一步优化国有资本布局，强化国有资产监管，国资、城建集团完成组建，城管水务、房产集团加快组建。政府机构改革方面，审计、环保、水务等机构改革有序推进，江苏南京生态科技岛经济开发区、南京建邺高新技术产业开发区机构正式获批。行政审批制度改革方面，深化“放管服”改革，在全市率先出台简政放权优化创业创新环境整改方案，梳理24个部门169项公共服务事项、7个部门16项涉及中介服务行政审批事项清单，并向社会公布。建邺区被国务院选为全国百家、全省七家、全市唯一一家基层政务公开标准化规范化试点单位，试点工作稳步开展。

城市治理改革纵深推进。全面深化街道综合行政执法体制改革，打造“一个分离、三个结合”的建邺模式。成立6个街道综合行政执法检查大队，首批下放13个部门1368项行政检查执法事项，派驻127名执法人员，划分综合行政执法网格，形成网格责任体系。研发综合行政执法信息平台，完善执法流程，加强执法培训，强化执法考核，实现综合行政执法全程线上监管。利用互联网技术和大数据应用，研发“人民调解小助手”，引导专业法律力量参与矛盾化解，“人民调解信息平台”被省司法厅在全省重点推广，社会矛盾调处工作迈上新台阶。

社会管理改革探索创新。探索现代社区服务新模式，成立全国首家现代社区研究院，加快建设全国社区治理和服务创新实验区，以优异成绩通过国家中期评估验收。深化社区“三委一中心”改革，构建网格化社会服务管理体系，出台深化社区网格化服务治理“1+4”文件，加快政务服务、城市治理、公共服务、社会治安多网融合，做优街道、做强社区、做实网格，形成“社区治理到门口、网格服务到家庭”的社区网格化服务治理新格局。成立建邺区“一家亲”巾帼志愿服务联盟，社会综合治理能力不断提升。

过去一年，我们着力推进社会民生改善，聚焦民生实事落地和公共事业发展，群众获得感幸福感安全感不断增强

富民惠民工程加快推进。明确“收入、教育、健康、保障、住房、文化”6个方面20项富民惠民行动清单，预计新增城镇就业1.5万人、再就业6200人，城镇居民人均可支配收入达52922元，群众生活更加富裕。地铁S3号线（宁和城际一期）开通运营，地铁7号线启动建设，新开通道路25条，新建公共自行车站点35个，新增公共自行车1500辆，加速公交站点与公共自行车“无缝对接”，群众出行更加便利。建设非机动车停车示范点50个，新增公共停车场17个，停车难问题有效缓解。完成既有住宅增设电梯目标任务。推动“惠民专柜”提标扩面，探索“平价商店+”服务模式，惠及困难群体1.5万人次，惠民举措更加务实。民生幸福满意度综合测评位居全市第二、主城区第一。

社会公共服务持续优化。教育资源布局更加完善，实施学区制管理和集团化办学，在全省率先完成区域教育地图编制。新开办2所小学、1所幼儿园，区少年宫新址正式启用，一批学校新建扩建进入方案设计和建设实施阶段，全国首家独立设置的非物质文化遗产专业学院正式挂牌，在全省教育现代化建设水平监测中成绩蝉联全市第一。医疗服务网络全面覆盖，整合后的市第一医院河西院区正式运行，市儿童医院河西分院全面投入运营，区二级医院完成初步论证及选址，南湖社区卫生服务中心入选2017年全国百强社区卫生服务中心，在全市率先建成2家由区级承办的120急救分站。为全区所有计划生育特扶人员落实家庭医生签约等帮扶措施，智慧养老平台荣获全国养老服务产业信息化创新金奖。群众文化体育事业蓬勃发展，出台全区全民健身实施计划，荣获2017年世界全项目轮滑锦标赛优秀组织奖，先后成为江苏省体育产业基地和全市唯一一家国家体育产业示范基地。建设15个省级社区综合文化服务中心，公共文化设施覆盖率达100%，每万人拥有公共文化服务设施面积1400平方米。区图书馆新建4家分馆，区档案馆创成全国示范数字档案馆，《建邺年鉴（2016）》荣获全国地方志优秀成果一等奖、省优秀年鉴综合一等奖。人防、宗教、双拥等工作取得新进展，圆满完成年度征兵任务。

社会保障能力逐步提升。建立低保兜底、医疗救助、救急难工作、民生保险应赔尽赔四项机制，社会兜底保障实现全覆盖。编制实施“十三五”妇女儿童发展规划，新增残疾人辅助性就业人数、残疾人实名就业完成率居全市前列，被评为省残疾人工作先进区。街道工会法律援助站加快建设，职工法律援助基本覆盖。以最严谨的标准、最严格的监管、最严厉的处罚、最严肃的问责抓好食品安全，成为首批江苏省食品安全示范区，连续五年被评为质量强市工作优秀区。在全市首创安全生产检查日制度，区安监局被评为全省安全生产监管监察系统先进集体。群众安全感均值达96%，居全市第二。

过去一年，我们着力推进政府自身建设，聚焦依法行政和政务服务优化，行政效能进一步提升

强化依法行政。坚持重大事项向区人大及其常委会报告、向区政协通报制度，健全与人大代表、政协委员的沟通联络机制，高质量办好建议提案，全年办理人大代表建议168件、政协提案129件，满意和基本满意率达100%。出台《建邺区人民政府工作规则》《建邺区法治政府建设实施方案》等一系列文件，增强行政决策和应诉行为的规范性、民主性、科学性。选聘新一届区政府法律顾问委员会委员和特邀行政执法监督员，主动接受各界监督。

提升服务效能。有序推进“互联网＋政务服务”，出台工作方案，启动“云尚建邺”项目，打造智慧政务服务体系。优化政务中心运行机制，组建区投资建设代办服务中心，开展预审代办服务。完成审批服务事项“应进必进”，600余项与群众、企业密切相关的事项实行“一门式”受理。大力推进审批服务“网上办”，不见面审批占比达93%。政府门户网获得中国政务网站优秀奖。全年办理12345热线工单42544条，办结率99.9%，综合满意率87.7%，位居全市前列。开展“民意110”工作，对53个行政部门实施民意跟踪监测，群众满意度提高5.2个百分点。

狠抓作风建设。认真学习贯彻党的十九大精神，推进“两学一做”学习教育常态化制度化，按照“全覆盖”要求，积极开展“党员干部大走访”活动，切实做到走深访透与边访边做并重。自觉履行“一岗双责”，真正做到两手抓、两手都要硬。强化行政监察和审计监督，党风廉政建设进一步加强。

各位代表！过去一年的成绩鼓舞人心，催人奋进！成绩的取得，离不开我们的团结拼搏和不懈坚持，回顾一年工作：

——我们始终坚持党的领导。一年来，我们把坚持党的领导作为抓好一切工作的最高政治原则，紧紧围绕迎接党的十九大和学习贯彻党的十九大精神开展工作，各项事业蓬勃发展。我们紧紧依靠市委、市政府的坚强领导，在经济下行压力较大的形势下继续保持了平稳可持续发展的良好态势。我们始终按照区委的决策部署，遵循城市发展规律，紧扣新城发展实际，坚持规划先行、政策先导、民生优先，大力推动产城融合、民生改善、协调发展，确保了城市中心功能、品质、内涵的稳步提升。

——我们始终紧盯目标任务。一年来，我们聚焦“城市中心提速年，基层党建创优年”这个主题，紧扣本届政府开局之年各项目标任务积极开展工作，特别是针对经济发展、城市建设、民生保障、环境保护等重点领域，我们明确目标、真抓实干，强化组织领导、强化项目带动、强化激励监督，以具体举措贯彻落实全年工作主题，以实际成效积极呼应社会关注、群众关切。

——我们始终依靠干部群众。一年来，我们成绩的取得，得益于社会各界的鼎力支持和全区干部的团结奉献。区内广大市民、企事业单位积极参与新城建设，共同推动了区域发展；平安志愿者常年活跃在建邺大街小巷，为维护和谐稳定贡献了强大力量；全区干部职工立足岗位埋头实干，保障了各项工作推进落实。产业招商、税收组织、企业服务等经济战线的干部职工展现出严谨、务实、高效的优良作风，有力推动了一个又一个重大项目高效落地和快速发展；城建、维稳、民生保障战线以及街道、社区的干部职工加班加点，舍小家为大家，涌现出一批又一批感人事迹，有力保障了重大活动开展和社会安全稳定。特别是各位人大代表和政协委员，始终胸怀大局、心系建邺，主动为经济社会发展出谋献策，提出了一件又一件高质量的建议提案，有力促进了政府工作。

所有这些，凝聚起了推动建邺过去一年发展的强大合力！在此，我代表区人民政府，向为建邺发展作出贡献的同志们、朋友们，表示衷心的感谢！感谢你们长期以来对政府工作的理解和信任，感谢你们长期以来对新城建设的鞭策和参与，感谢你们长期以来对建邺发展的支持和贡献！

贯彻党的十九大精神
定位建邺发展新坐标

党的十九大是在全面建成小康社会决胜阶段召开的一次极其重要的大会，标志着中国特色社会主义进入新时代。习近平总书记在大会上所作的报告，是指引中国特色社会主义事业迈进新时代、开启新征程、续写新篇章的总纲领、总部署、总动员。我们要认真学习领会，自觉运用党的十九大精神指导实际工作、解决实际问题、推动区域发展。

*我们要在学习贯彻党的十九大精神中准确把握建邺发展的新形势。*发展的根本目的是为了人民。党的十九大提出，我国社会主要矛盾已经转化为人民日益增长的美好生活需要和不平衡不充分的发展之间的矛盾。这一全局性的新判断，对全区工作具有重要指导意义。近年来，建邺发展取得了瞩目成就，一些重要领域的积极探索走在全市、全省乃至全国前列，但我们也清醒地认识到，全区发展中还存在着不平衡不充分的问题。发展不充分突出表现为城市中心的影响力和辐射带动力还不够强，主导产业的集聚效应和贡献程度还不够高，公共服务供给还不够充分，生态环境保护还存在短板。发展不平衡突出表现为不同板块之间、不同区域之间

在经济发展、城市建设、民生保障等方面还不平衡。对此，我们必须以党的十九大精神为统揽，更加注重构建现代化经济体系，更加注重维护社会公平正义，更加注重推动基本公共服务均等化，更加注重加强生态文明建设，在争取更多发展成果的同时，把发展成果更多更公平地惠及广大群众。

我们要在“两个阶段”的历史维度中准确把握建邺发展的新阶段。党的十九大对今后发展提出“两个阶段”的战略安排。党的十九大到二十大是“两个一百年”奋斗目标的历史交汇期，是承前启后的关键阶段。这个阶段，也是建邺乘势而上、高标准建成现代化国际性城市中心的决胜期，覆盖了本届政府履职的关键期。这个阶段，建邺要实现由“城市新中心”向“城市中心”的实质跨越，必然要求我们进一步准确把握新阶段建邺的发展定位、发展理念和发展使命。在发展定位方面，今后一个时期，建邺要在全市发展战略和区域发展格局中准确把握新的定位，要从发展自身向服务全市乃至南京都市圈、扬子江城市群转型升级，努力成为“塔尖城区”“引擎城区”。在发展理念方面，今后一个时期，与新城起步阶段相比，我们要实现由“从无到有”向“由大变强”的转变，要更加注重系统性谋划和规律性把握，不断增强工作的原则性、系统性、预见性、创造性，加快推动质量变革、效率变革、动力变革。在发展使命方面，今后一个时期，我们要自觉把建邺发展放到党的十九大作出的战略安排中去谋划，放到省、市、区委的决策部署中去安排，紧密结合建邺区实际，确立更高目标追求，丰富拓展“两聚一高”“两高两强”“一个高水平建成、六个显著”新目标内涵，在推进现代化的探索实践方面努力走在全市、全省乃至全国前列。

我们要在城市中心建设进程中准确把握建邺发展的新要求。一方面，要对照先进区域的发展标杆。落实市委、区委对标找差工作要求，确定追赶城区和标杆城区，围绕“创新驱动、产业发展、生态环境、对外开放、社会民生、城市建设”六大方面建立核心指标体系，实行“打基础、学赶超、争进位”三步走：2018 年，全面开展对标找差创新实干推动高质量发展各项工作，力争缩小与对标城区的差距；2020 年，努力在更高质量、更可持续发展上争先进位；2025 年，基本建成国际知名、国内一流的现代化城市中心区。另一方面，要对照本届政府的五年目标。按照区十八届人大一次会议上提出的本届政府工作目标，把各项工作放到五年目标中去谋划，注重项目化推进，以抓项目的思路和方法稳步推进产业集聚、社会保障、公共事业发展等各项工作，不断为全面实现本届政府工作目标打下坚实基础。

对标找差创新实干
新的一年有新作为

2018 年是贯彻党的十九大精神的开局之年，是本届政府履职的第二年，也是实施

"十三五"规划承上启下的关键一年。我们要在去年工作的基础上,一年接着一年干,持之以恒、脚踏实地地抓好年度各项工作。今年政府工作的基本思路是:全面贯彻党的十九大精神,以习近平新时代中国特色社会主义思想为指导,深入落实习近平总书记视察江苏重要讲话精神,按照省、市的决策部署,围绕区委确定的"对标奋进年"工作主题,坚持新发展理念,按照高质量发展要求,深入开展对标找差、全面加快"两落地一融合"、大力发展主导产业、积极推动基本公共服务均等化,努力在发展动力转化、现代产业体系构建、社会民生改善、城市品质提升、环境治理保护、行政效能提高等方面有新作为,高标准加快建设现代化国际性城市中心。

全区经济社会发展的主要目标是:GDP增长8%以上;服务业增加值增长10%以上;服务业增加值占GDP比重达87%;一般公共预算收入增长8%以上;全社会固定资产投资390亿元;社会消费品零售总额增长10%;城镇居民人均可支配收入增长与经济增长同步;生态环境指标确保完成市下达的目标任务。

按照上述基本思路,瞄准年度目标,努力在新时代展现新气象新作为。

一、在对标找差中明晰创新驱动新路径,推进"两落地一融合",在发展动力转化上有新作为

创新是推动发展的不竭动力。我们将坚持创新发展新理念,加快推进"两落地一融合",形成动能转化的"加速度"。

增加新城"黏度",集聚创新人才。大力实施"创业建邺"英才计划,积极申报国家"千人计划""万人计划"以及省"双创计划"等重点人才计划,加大人才自主培育力度,构建多元化引才育才留才机制。加快建设建邺人才服务大厦,引进人力资源服务机构、金融机构、国际孵化机构等一流服务机构,打造人才创新创业的立体化生态体系。加快实施人才安居政策,探索全区人才集中孵化、集中培育新模式,提升人才服务的集约化、精准度和系统性。力争新引进"创业建邺"区级高层次创业人才56人,新入选"创业南京"高层次创业人才引进计划14人,进一步壮大人才队伍规模。

强化平台"高度",打造创新载体。按照"两落地一融合"要求,瞄准新一代智能、金融、科技服务业等产业方向,依托南京建邺高新区,进一步整合四大功能园区的科创资源。加快科创投资基金实体化运作,做实做强科技投融资平台。加快推进新型研发机构落地,重点推进优质科研成果项目落地,努力打造检验检测、文化创意、金融服务等产业创新特色示范园区。高新技术企业总数达110家,新建新型研发机构3家,全区技术平台及孵化机构达96个,科技服务业总收入达170亿元。

提升创业"热度",优化创新环境。发挥重点研发机构的引领带动作用,重点集聚一批行业领先的科技型企业,拓展上下游产业

链。依托国家专利运营平台建邺分中心、省技术交易市场河西分中心以及区知识产权法庭，打造集知识产权研究、运营、保护、服务为一体的知识产权生态链。加快建设区科技成果转化中心，搭建技术转移公共服务平台，大力引进培育研发设计、法律服务等科技服务机构，打造具有建邺特色的科技服务体系。力争落地科技成果转化项目100项，组织创业创新辅导活动100场，发明专利申请量达700件。

二、在对标找差中明晰产业发展新趋势，做强做优主导产业，在现代产业体系构建上有新作为

建设现代产业体系是推动新一轮发展的迫切要求和战略目标。我们将深化供给侧结构性改革，紧扣南京“4+4+1”主导产业培育方向，坚持质量第一，加快结构调整，加强招商选资，优化企业服务，努力构建现代产业体系。

聚焦主导产业，以结构调整促进转型升级。进一步发挥四大功能园区产业发展“主战场”“主阵地”作用，围绕建邺区“3+3”主导产业发展目标，进一步巩固金融、现代商务商贸等主导产业地位，进一步提高科技服务业、旅游业、文化体育业等重点产业占比，进一步加快新一代智能等未来产业布局。深入研究产业发展新趋势，精准把握“金融+、互联网+、生态+、文化+”等新模式、新业态发展机遇，打造新兴产业生态链。充分发挥金融服务实体经济发展和城市中心建设的作用，探索推进产融融合发展。激发各类市场主体活力，支持民营企业发展，以大集团战略做强做优做大国有企业。

强化招商组织，以项目建设提升经济能级。更加注重招商模式创新，以国际、国内500强企业为主攻方向，进一步统筹招商资源，加强招商活动组织，强化以商招商、产业链招商，不断形成招商新动力、新机制。更加注重发挥政策引导作用，不断完善“1+N”产业政策体系，做好政策宣传和兑现。更加注重发挥龙头产业项目的带动效应，联合龙头企业举办全国性会议、论坛，提升产业影响力和吸引力。高质量举办各类招商活动，新引进一批优秀企业总部和重点项目。

紧扣精准服务，以企业成长积聚发展后劲。抓好企业服务，做好第四次全国经济普查工作，加快组建区企业服务中心。落实好定向联系、定期走访、定期会商、绿色通道、跟踪督办五项制度，切实为企业办实事解难题，加快构建亲清型政商关系。不断完善法律服务体系，加快建设河西·建邺法律服务产业园，全面推动“十百千”工程。继续做好企业上市服务，推动3家企业挂牌上市，形成滚动发展、梯次上市的良好态势。

三、在对标找差中明晰城市建管新标准，坚持“现代化国际性”，在城市品质提升上有新作为

坚持“现代化国际性”是提升城市中心品质的必然选择和现实要求。我们将坚持开放发展新理念，一手抓硬环境建设，一手

抓软环境打造，努力提升新城现代化国际化水平。

完善“硬环境”，加快城市基础设施建设。全年排定8大类240项城建任务，总投资330.9亿元。配合做好地铁2号线西延、7号线建设工作，服务推进长江五桥、扬子江大道节点改造、龙翔西立交等项目规划建设工作，新建续建8条市政道路，加快构建成网成环的交通体系。续建公交场站4座，力争实现公共交通站点500米覆盖率达到100%。续建中和村保障房四期等3个保障房项目。持续推进北部区域环境优化提升，实施10个老旧小区改造、南湖西和南湖中片区综合整治以及梦都大街等42条道路管线下地工程，持续推进架空强弱电管线下地工作。深化“公厕革命”，按照规划高标准新建公厕，加快改造辖区社会类公厕。

优化“软环境”，推进城市精细化管理。加快市政养护体制改革，整合养护力量组建国有集团，实现市政、园林、环卫、河道管养一体化。加快环卫作业市场化，充分运用市场竞争机制，优化环卫资源配置。对照先进城市，按照“核心片区、重要节点、常态化片区”对全区重点区域和道路实施划片分级管理，逐年加大投入，提高保洁标准和水平。大力建设“平安建邺”，全面推进“雪亮工程”，切实提升群众安全感。

着眼“现代化”，提升新城建设现代化水平。高水平规划、高标准建设，推动基础设施现代化、新城治理现代化。加快河西南部、江心洲等重点区域土地运作，实施江东15号地等一批土地挂牌出让，开展中北部地区低效用地再开发，提升土地节约集约利用水平，打造海绵城市先行示范区。对标国内先进城市，持续推进城市亮化工作，完成核心区亮化工程，打造富有建邺特色的现代化一流夜景。对照现代化指标体系，以建设新型智慧城市为抓手，加快推进“智慧建邺”重点项目建设，持续推进“智慧城管”等项目深度应用，不断提高新城建设与管理的现代化水平。依托新加坡·南京生态科技岛加快布局人工智能产业，加强顶层设计和规划布局，全面打造基础设施智能化、公共服务智能化、生活环境智能化的人工智能产业示范区。

突出“国际性”，提升对外开放合作水平。积极融入“一带一路”倡议，扩大对外开放，鼓励引导区内企业“引进来”“走出去”，全面加强区域经济、文化、人员的国际交流合作。加快打造国际生活示范街区、国际总部集聚街区、国际商务商贸街区、国际教育示范校区、国际医疗综合体，推进城市经济、城市空间、城市要素、综合环境国际化。集聚国际化要素，积极引进一批国际化企业和人才。加强国际合作，拓展建立国际友好城区关系。力争外商投资企业数增长10%。

四、在对标找差中明晰民生服务新需求，推动公共服务优质均等，在社会民生改善上有新作为

群众日益增长的美好生活需要就是我们

的工作目标。我们将坚持以人民为中心的发展思想，突出问题导向，推动协调发展、共享发展，不断提升群众的获得感、幸福感。

以人民为中心，深入实施民生工程。坚持把扩大就业、促进创业作为提高收入、推动富民的重要抓手，落实更加积极的就业政策，大力扶持居民就业创业，建设创业型街道 2 个、创业型社区 10 个，为就业困难人员提供职业指导培训、职业介绍、岗位推荐等援助服务。全年新增城镇就业 1.2 万人、再就业 4500 人，培育自主创业者 1050 人、创业带动就业 7200 人。健全社会保障体系，完善困难群体兜底保障机制，努力提高低收入人群收入水平，城镇居民基本医疗保险覆盖率达到 98%。加快整合服务资源，不断提升残疾人托养服务水平。

优化资源配置，均衡发展公共事业。大力发展教育事业，实现教育优质均衡发展。新建河西南部高中、新城科技园学校、生态科技岛中小学等一批学校，续建新城小学北校区等一批扩建工程，建成莫愁职校（南京非物质文化遗产专业学院）新校区，新开办中和、海峡城等学校。坚持小班额教学，减轻中小学生课外负担，实施街道、部门办园管理体制改革，力争全区义务教育入学率和巩固率达 100%，教育现代化建设水平监测保持全市领先。大力发展医疗卫生事业，守护群众健康。筹建区二级医院及海峡城等社区卫生服务中心，加快区疾控中心异地重建选址以及兴隆社区卫生服务中心、区妇保所、区卫生监督所异地新建，配合推动河西国际医院、省第二中医院、市第一医院河西院区扩建工程，实施沙洲、莲花社区卫生服务中心扩建工程。探索家庭医生团队管理和医联体项目化管理机制，推进流动人口卫生计生均等化服务。大力发展文化体育事业，丰富图书馆、文化馆数字化资源，巩固全国示范数字档案馆建设成果。

加强社会治理，实现共建共治共享。提高社会治理社会化、法治化、专业化水平，以培养全科社工为重点，打造一支业务技能好、服务能力强、综合素质高的全科社工队伍。引进专业化社会组织，开展公益性法律服务，组织律师进学校、入社区，举办法律知识讲座、提供法律咨询服务、办理法律援助案件。完善物价惠民体系，推动“惠民专柜”活动常态化制度化，深化“平价商店 +”服务模式，提升平价商店建设水平。深入实施商标品牌战略和质量强区战略。积极创建国家食品安全城市，保障市民餐桌上的安全。狠抓安全生产，加强督促检查，实现“双降一控一杜绝”目标。

五、在对标找差中明晰绿色发展新理念，突出生态文明建设，在环境治理保护上有新作为

绿水青山就是金山银山。我们将坚持绿色发展新理念，解决好群众反映突出的环境问题，不断加强生态文明建设。

大力推进环保专项行动。深入实施“263”专项行动，严格产业和区域环保准入标准，

把阶段性重点整治与全面整治有机结合，全面强化环境整治工作。加强大气污染防治，PM2.5平均浓度低于去年平均水平，全年达标天数比例达到市级要求。认真做好国考、省考河道的常态化治理养护，确保国考河道全面达标。加强土壤和危废防治，建立污染地块开发利用负面清单制度，开展“减存量、控风险”专项行动。

切实解决突出环境问题。开展区域环境问题网格化摸排，下大气力解决群众反映强烈的水体黑臭、扬尘污染、背街小巷环境脏乱、水源地隐患、餐饮油烟污染、噪声扰民等问题。加快推进91个排水单元雨污分流改造，切实改善河道水质。力争建成区黑臭水体全面消除、雨污分流工程全面完成。

保护用好滨江生态资源。认真落实“不搞大开发、抓好大保护”要求，重点做好夹江饮用水源保护区的安全管理，强化生态规划编制，严格生态红线管控，提升区域生态功能。在加强保护的基础上，依托滨江生态资源，进一步提升滨江风光带环境品质，科学规划布局，按照AAAAA级景区标准打造极具滨江特色的都市生态旅游目的地，加快建设24千米长的环岛健身绿道。

六、在对标找差中明晰党风廉政新要求，聚焦政府自身建设，在行政效能提高上有新作为

作风建设永远在路上。我们将坚决把全面从严治党要求落实到政府工作的全过程、各方面，进一步规范政府工作、转变政府职能、提升政府形象。

坚持依法治区，持续提高治理能力。面对新时代推动高质量发展的新要求，进一步加强理论武装、知识更新和信息获取，依靠学习增强本领。切实提高风险防范能力，扎实抓好非法集资、互联网金融等重点领域风险防范和处置工作，坚决守住不发生系统性金融风险的底线。加大法治政府建设力度，加快建设法治政府信息平台。

坚持转变职能，积极推进简政放权。进一步推进行政审批制度改革，积极做好“3550”简政放权创业创新环境评价工作，大力降低实体经济成本，降低制度性交易成本。完成基层政务公开标准化规范化试点工作，形成基层政务公开的“南京建邺模板”。深入推进“云尚建邺”“互联网+政务服务”应用，优化审批服务和公共服务，转变政府职能，改进管理方式，降低企业和群众办事成本，不断提升企业和群众满意度。

坚持勤政廉洁，切实提升政府形象。严格遵守党风廉政建设各项规定，强化廉政风险点防控。扎实推进惩治和预防腐败体系建设，加强领导干部经济责任审计和重点部门、重点领域的审计监督，从源头预防腐败行为。加强对政府干部队伍的教育、监督和管理，努力消除行政不作为、乱作为、慢作为现象，树立廉洁勤政为民的良好形象。

各位代表！新思想引领新时代，新使命开启新征程！让我们以党的十九大精神为引领，紧密团结在以习近平同志为核心的党中

央周围，坚决贯彻落实市委、市政府和区委的决策部署，团结依靠全区人民群众，锐意进取，扎实工作，为高标准建成现代化国际性城市中心而努力奋斗！

附件 1

2017 年主要指标完成情况及 2018 年安排

序号	指标名称	2016 年完成情况	2017 年目标	2017 年预计完成	2018 年目标（暂定）
1	地区生产总值	325.5 亿元	8%	415 亿元	8%
2	一般公共预算收入（区本级同口径）	59.1 亿元	8%	64.2 亿元	8%
3	服务业增加值	274 亿元	10%	357 亿元	10%
4	服务业增加值占 GDP 比重	84%	83%	86%	87%
5	全社会固定资产投资（含河西）	324 亿元	320 亿元	360 亿元	390 亿元
6	社会消费品零售总额	199 亿元	10%	219 亿元	10%
7	城镇居民人均可支配收入	48776 元	8%	52922 元	8%
8	实际利用外资	2.5 亿美元	2.6 亿美元	2.6 亿美元	2.7 亿美元
9	外贸出口总额	6.8 亿美元	45 亿元	48 亿元	50 亿元
10	文化产业增加值占 GDP 比重	9.2%	9%	9.5%	9.5%

附件 2

2018 年为民办实事安排

2018 年，建邺区将深入学习贯彻党的十九大精神，以习近平新时代中国特色社会主义思想为指导，践行以人民为中心的发展思想，加快推进基本公共服务均等化，广泛听取民意，主攻薄弱环节，鼓励多方参与，扎实办好 10 个方面 30 项民生实事。

一、推进教育惠民

1. 扎实推进幼有所育。新改扩建幼儿园 3 所，新创建省、市优质园 3 所。新增幼儿园学位 1000 个。

2. 实现高质量的学有所教。江苏省教育现代化建设水平监测保持全市领先。继续完善小学“弹性离校”工作机制。

3. 加快教育基础设施建设。新开办中和、海峡城等学校。新建新城科技园学校、河西南部高中，建成莫愁职校新校区。启动生态科技岛 1 所高中、2 所初中、1 所小学建设。

二、优化医疗服务

4. 深入推进病有所医。推进区疾控中心异地重建选址工作。推进兴隆社区卫生服务中心、区妇保所、区卫生监督所异地新建工作。实施沙洲、莲花社区卫生服务中心扩建工程。开工建设南苑社区卫生服务中心涟城社区分中心装修改造工程。创建2个市级以上特色科室。完善医联体建设。

5. 拓展公众健康服务。全面推进重点人群家庭医生签约服务，重点人群家庭医生签约率达70%，计划生育特扶人员做到应签尽签。免费为辖区居民提供健康支持性环境监测，新增健康小屋2个，健康自助检测点10个。免费为6万名食品及公共场所从业人员、2.1万名企业退休人员提供健康体检。基本公共卫生服务人均补助经费提高至90元，65岁以上老年人健康管理率达77%。

6. 完善妇幼健康服务。新建1~2个街道0~3岁婴幼儿早期发展指导站。在公园景区、图书馆、医疗场所、政务服务大厅、商业中心、企事业单位等公共场所，新建扩建8个标准化母婴室。推进免费一站式婚（孕）检服务。免费为辖区内1万名妇女提供“两癌”筛查。孕产妇保健管理率超过95%。

三、促进居民增收

7. 积极扶持居民创业。全年培育自主创业者1050人，创业带动就业7200人。建设创业型街道2个、创业型社区10个。

8. 推进居民劳有所得。增加居民就业机会，全年新增城镇就业人数1.2万人，实现再就业4500人。开展春风行动等招聘活动18场，提供就业岗位8000个。重点对有强烈就业意愿和培训需求的青年大学生、新生代农民工等人群开展培训，全年开展政府补贴性职业培训3500人次。城镇居民人均可支配收入增速与经济增长同步。

9. 扶持高校毕业生就业创业。扶持320名青年大学生创业。资助优秀大学生创业项目，遴选20个优秀项目，最高资助50万元。落实就业创业高校毕业生租房补贴政策，补助高校毕业生5000人次。

10. 援助困难人员就业。开展“就业帮扶、真情相助”等专项就业援助活动，为就业困难人员提供职业指导培训、职业介绍、岗位推荐等援助工作，确保零就业家庭动态清零。全年帮扶就业困难人员600人。

四、健全社会保障

11. 提高社会保障水平。依法扩大社保覆盖面，严格落实社保标准，企业职工基本养老保险缴费人数净增2500人。提高居民基本医疗保障水平，城镇居民基本医疗保险覆盖率达98%。

12. 扎实推进老有所养。提升养老服务水平，社区办公服务用房的40%面积用于养老服务，整合智慧养老资源，尊老金发放率达100%。加快建设区社会福利院。

13. 深入实施弱有所扶。定向帮扶困难群体，对低保户以及特困户，采取“先征后返”和“先征后补”的方式免缴垃圾费。落实困境未成年人分类保障政策。推广平价商店优惠券制度，确保全区稳定运营的农副产品平价商店不低于18家。

五、美化城市环境

14. 提升水环境质量。完成下圩沟（扬子江大道至清河路段）等8条河道水环境整治，提升南湖、莫愁湖水体水质，推进91个排水单元雨污分流改造。

15. 优化空气质量。加大扬尘管控，完成10家“智慧工地”创建工作。控制餐饮油烟污染，在城市干道两侧、居民区禁止露天烧烤。PM2.5平均浓度低于2017年全市平均水平，全年达标天数比例达到市级要求。

16. 加强道路综合整治。完成应天大街环境综合整治。开展南湖片区、南河片区、莲花保障房片区等重点片区环境整治。对30条背街小巷进行环境治理。强化共享单车停放管理，在地铁站周边等开展重点整治。

17. 深化“公厕革命”。新建公厕6座，全区改造出新37座社会类公厕，为居民提供整洁卫生的如厕环境。

18. 提升城市绿色景观。完成梦都大街（嵩山路至泰山路段）游园、向阳河（泰山路以东）绿化景观等9处游园绿地建设。开展绿雕、花墙布置、绿道建设等城市绿化整治提升。完成南河风光带可实施部分绿化建设。

六、改善居住条件

19. 保障百姓住有所居。建设中和村四期，完成生态科技岛二期保障房建设。推进建设生态科技岛三期保障房。启动生态科技岛四期保障房前期工作。

20. 优化小区居住环境。实施兴宏园等10个老旧小区环境整治，提升老旧小区品质。开展既有住宅增设电梯工作。

七、方便交通出行

21. 改善道路出行条件。服务推进长江五桥、扬子江大道节点改造、龙翔西立交等项目规划建设工作，新建续建8条市政道路。贯通友谊路、元前路等14条道路。配合市地铁集团推进地铁2号线西延、7号线建设，开展9号线一期前期工作。

22. 增加城区停车泊位。续建泰山路、白龙江西街站等4个公交场站，投放安装自主缴费机30台。新增非机动车标准化停车区域50个。实施110个道路收费岗亭出新改造。

八、推进文体惠民

23. 丰富群众文化生活。强化“精彩365·快乐每一天”文化惠民品牌建设，全年举办各类文化活动不少于365场。办好“建邺书房”，全年组织全民阅读活动100场。加快完善社区文化设施，全区每万人拥有公共文化服务设施面积达1600平方米。

24. 增强体育惠民力度。更新全民健身器材23套。推动全民健身，开展各类群体性体育竞赛与活动，全年不少于150项次。抓好国民体质监测服务规范化、标准化建设，全年体质监测服务人数超过3000人。

九、完善便民服务

25. 创新推进智慧便民。推进“云尚建邺”“互联网+政务服务”应用，优化审批服务和公共服务。

26. 完善便民服务设施。推进农贸市场提档升级，新建涟城小区农贸市场。续建华山路邻里中心。建设海峡城社区中心。

27. 开展公益性法律服务。组织律师走

访30所学校、50家社区，举办100场法律讲座、100次法律咨询服务、办理500件法律援助案件。

十、强化公共安全

28. 保护少年儿童安全健康。开展全区幼儿园办园行为常态化监测，强化准入管理、技术手段监管和安全管理，旗帜鲜明"零容忍"损害幼儿身心健康的行为。对辖区内学校开展护学工作。

29. 保障百姓餐桌上的安全。按照常住人口每千人6份的标准，加大对所有33大类食品的日常抽检力度，并及时发布抽检信息。在2家大型农贸市场建设食品安全快检室。推进农贸市场信息化监管及食品溯源平台建设。在辖区90%的大型超市商场建立完善12315投诉工作站。

30. 提升安全防护等级。在幼儿园、养老院、困难独居老人家庭安装独立式烟感器、独立式燃气报警器以及喷淋设施，实施安全生产检查日制度，消除安全隐患。

附件3

名词解释

1. 规上企业：现阶段我国统计中对达到一定规模、资质、限额及以上企业的统称。规上企业的数量，很大程度上反映了区域经济的活跃程度。其中：规模以上工业企业指年主营业务收入在2000万元及以上的工业法人企业。房地产企业和资质等级以上建筑业企业指在辖区内全部房地产开发经营业法人单位及所属的产业活动单位、具有建筑业资质的所有独立核算建筑业企业。限额以上批发和零售业、住宿和餐饮业企业，指年主营业务收入2000万元以上的批发业企业，年主营业务收入500万元以上的零售业企业，年主营业务收入200万元以上的住宿业企业，年主营业务收入200万元以上的餐饮业企业。规模以上服务业企业指年度营业收入1000万元及以上，或者从业平均人数50人及以上的法人单位。

2. 南京"121"战略：建设一个名城，具有全球影响力的创新名城；打造两个中心，综合性国家科学中心和科技产业创新中心；构建一流创新生态体系，把南京建成最鼓励创新、最适合创新、最具创新创业活力的城市。

3. "两落地一融合"：市委、市政府对科技产学研合作单项工作所作出的决策部署，通过"科技成果项目落地、新型研发机构落地，校地融合发展"，加强产学研合作，努力将科教人才优势转化为发展优势。

4. 瞪羚企业：指创业后跨过死亡谷进入高成长期的企业，具有成长速度快、创新能力强、专业领域新、发展潜力大的特征。

5. 城市精细化建设管理十项行动：市委、市政府聚焦城市精细化建设管理，开展"道路综合整治、建筑立面综合整治、沿河环境整治、管线下地改造、绿化景观提升、老旧小区整治、交通秩序整治、城市亮化提升、城市公厕改造、强化建设管理"十项行动，进一步提升城市品质，完善城市功能，改善人居环境。

6.“公厕革命”:《南京市城市公厕革命实施方案》明确,为推进城市精细化管理进程,切实提升公厕建设水平,根据市委、市政府总体部署,在全市开展“公厕革命”。用一年时间,新改建、出新645座城市公共厕所,达到二类及以上标准;升级繁华场所、旅游景点、主干道周边公厕,达到一类标准。彻底取缔城镇范围公共旱厕,补充设置一批活动式公厕。

7.“一个分离、三个结合”:行政检查与行政处罚相对分离、派驻执法与联系执法相结合、联合执法与专项执法相结合、专业执法与网格巡查相结合。

8. 建邺区“一家亲”巾帼志愿服务联盟:2017年6月正式成立。联盟由女性社会组织志愿服务队、社区妇联巾帼志愿服务队、巾帼文明岗志愿服务队、高校巾帼志愿服务队四大类共110支巾帼志愿服务队组成,以“邻里守望·姐妹相助·与爱同行”为主题,组织巾帼志愿者广泛开展关爱空巢老人、关爱流动儿童、帮扶单亲贫困母亲、情感心理疏导抚慰、普及文明礼仪、社区环境清理、参与文明城市创建、美丽家园共建等志愿服务活动,推动巾帼志愿服务工作健康持续发展,打造巾帼志愿服务品牌。

9.“平价商店+”服务模式:①“平价商店+物业”。果香汇平价商店进入南京万科物业管理的42个楼盘小区开展惠民活动,居民可通过社区APP订购果香汇平价商店的平价商品。②“平价商店+生鲜网”。金马骊城平价商店借助京东到家生鲜网,直接服务周边3千米范围内的居民。③“平价商店+社区”。平价商店在社区开展平价商品直销活动,面对面服务社区居民。④“平价商店+单位”。邦诚平价商店通过平价商店规范化经营,竞标成为江苏大剧院供应商,先后为江苏发展大会、戏剧节等大型社会活动提供高品质平价菜。

10.“云尚建邺”:建邺区与阿里云计算有限公司合作,共同打造基于阿里云平台,涵盖政务服务、公共信息管理、经济管理、大数据分析等元素的信息化应用平台。

11. 南京“4+4+1”主导产业:市委、市政府出台《关于加快推进全市主导产业优化升级的意见》,将7大类14个战略性新兴产业优化为“4+4+1”主导产业体系。第一个“4”是打造四大先进制造业:新型电子信息、绿色智能汽车、高端智能装备、生物医药与节能环保新材料。第二个“4”是打造四大服务业主导产业:软件和信息服务业、金融和科技服务业、现代物流和高端商务商贸业、文旅健康产业。“1”是围绕具有重大产业变革前景的颠覆性技术及其新产品、新业态,布局人工智能、未来网络、增材制造,以及前沿新材料、生命健康等交叉应用领域。

12.“十百千”工程:到“十三五”末期,全区法律服务业产值10亿元以上,集聚100家优质品牌律师事务所和法律服务中介机构,1000名知识产权、金融证券、文化创意、公司上市、科技信息、环境保护等领域的法律服务领军型人才。

13.“双降一控一杜绝”:生产安全事故起数和死亡人数双下降,控制较大事故,杜绝重特大事故。

14.“3550”:为贯彻落实全国深化简政放权放管结合优化服务改革,江苏省出台《关于全省推行“3550”改革的意见》,全面推行“开办企业3个工作日内完成、不动产登记5个工作日内完成、工业建设项目施工许可50个工作日内完成”的改革目标。

区情概览

Jianye Overview

【地理气候】建邺区位于南京市区西南部，东、南紧邻外秦淮河和秦淮新河，西临长江，北至汉中门大街，总面积80.87平方千米。境地大部分地貌属于秦淮河河谷平原和长江洲地，海拔4~10米。长江洲地地势低平，海拔4~7米，由沿江洲地和江心洲两部分组成，均处于长江洪水位以下，靠筑堤围圩挡住洪水。境地属北亚热带湿润气候区，四季分明，季风显著，雨水充足。春季（3~5月）以风和日丽的天气为主，多东北偏东风；夏季（6~8月）气温急剧升高，成为低压区，多东南风，天气炎热，雨水充沛，6月左右受太平洋暖湿空气与北方冷空气交汇影响，形成一年一度的梅雨季节；秋季（9~11月）受北方冷气团控制，形成干燥凉爽天气；冬季（12月~次年2月）受欧亚大陆气团影响，多偏北风，天气晴朗、寒冷、干燥。

境内交通发达，至2017年年底有长江过江隧道、应天大街、梦都大街、扬子江大道（建邺段）、绕城公路（建邺段）等快速通道，水西门大街、集庆门大街、汉中门大街、江东中路、奥体大街、河西大街等主干道，北圩路、燕山路、庐山路、黄山路、泰山路、富春江西街、富春江东街等次干道，莫愁湖东路、纪念馆东路等支路。境内过境公交路线50余条。南京地铁2号线、10号线横贯全区。

【历史沿革】"建邺"之名源于南京古地名。东汉建安十七年（212年），东吴孙权为建帝王大业，改秣陵县（今南京）为建业县。晋太康元年（280年），武帝司马炎改建业为秣陵，并将其西南部划分为临江县。太康二年（281年），改临江县为江宁县，设秣陵县秦淮河以北为建业县。翌年，改建业为建邺，"建邺"之名由此开始。邺者，邺城，河南古地名，系司马氏发迹地，以建邺为名，寓不忘故土之意。隋、唐、宋、元时，区境先后隶属江宁县、归化县、金陵县、白下县。明、清两朝分属上元、江宁两县。太平天国时代，境内一度成为军政指挥中枢要地。民国元年（1912年），以秦淮河为界，河东、河西分属江宁市和江东乡。民国二十二年（1933年），南京开始设置区级建置，区境为第五区。翌年，秦淮河

生态建邺　　（林琨　摄）

南京市政务服务中心 （张健　摄）

以西划归上新河区。1949年4月，境地解放。1950年6月南京重新划区，原第五区改称第四区，原上新河区改称第十一区。1955年8月定名为建邺区，1967年3月改为红卫区，1973年12月恢复现称。1978年，撤销街道革命委员会，恢复街道办事处。1984年，江东公社凤凰二队、三队、跃进生产队及上新河镇的凤凰西街、茶亭居委会所属地段划归建邺区。后经多次调整，至1995年4月，建邺区下辖朝天宫、止马营、安品街、莫愁湖、南湖、兴隆6个街道。2002年10月，南京市进行新一轮区划调整，划出朝天宫、止马营2个街道以及莫愁湖街道的部分地区，划入江心洲镇以及沙洲、双闸街道的部分地区，形成南湖、滨湖、南苑、兴隆、沙洲、双闸、江心洲7个街道。2012年6月，南湖、滨湖街道合并为莫愁湖街道，形成莫愁湖、兴隆、南苑、沙洲、双闸、江心洲6个街道。

【行政区划】2017年，建邺区辖莫愁湖、兴隆、南苑、沙洲、双闸、江心洲6个街道，59个社区，7个社区筹备组。其中，莫愁湖街道辖13个社区，兴隆街道辖11个社区、2个社区筹备组，南苑街道辖12个社区，沙洲街道辖11个社区、1个社区筹备组，双闸街道辖8个社区、2个社区筹备组，江心洲街道辖4个社区、2个社区筹备组。（区方志办）

表1　2017年建邺区各街道下辖社区名单一览表

街　道	社区数量（个）	社区名称	社区筹备组数量（个）	社区筹备组名称
莫愁湖街道	13	莫愁湖、水西门、长虹路、沿河、凤栖苑、明园、江东门、北圩路、艺苑、文体、蓓蕾、茶亭、兆园	0	—
兴隆街道	11	仁河、积善、桃园居、月安、正达、金典、奥体、乐山路、香山路、苍山路、融侨	2	河南、河北
南苑街道	12	国泰民安、虹苑、兴达、爱达、健园、话园、鹭鸣苑、吉庆、庐山、怡康、泰山、黄山	0	—

续表 1

街　道	社区数量（个）	社区名称	社区筹备组数量（个）	社区筹备组名称
沙洲街道	11	中城、科技园、双和园、中奥、中胜、中央商务区、莲花北苑、清荷北园、金穗花园、莲花南苑、莲花嘉园	1	中瑞
双闸街道	8	红旗、五星、双闸、天保、江南、双闸街、江湾、新亭	2	青奥、新月
江心洲街道	4	永定、白鹭、洲泰、洲岛家园	2	洲岛紫园、洲岛绿园

（区方志办）

【户籍人口】2017 年，全区常住人口 47.26 万人，其中户籍人口 331689 人，总户数 119213 户。户籍人口中男性 163850 人，女性 167839 人，性别比为 97.62。年内户籍人口出生率 13.51‰，死亡率 5.29‰，人口自然增长率 8.22‰。

【民族宗教】2017 年，全区有 39 个族别，少数民族约 9400 人、3100 户，其中回族约 9000 人、3000 户。信教群众约 2300 人，经登记的宗教场所 5 处（不含圣训堂）。（区委统战部）

莫愁湖公园　（阮忠　摄）

【文化遗存】2017 年，区内被列入国家级非物质文化遗产名录的有 1 项：南京云锦木机妆花手工织造技艺；被列入市级非物质文化遗产名录的有 1 项：水八鲜饮食习俗；被列入区级非物质文化遗产名录的有 15 项：莫愁女的传说、江心洲歌谣、建邺歌谣、楹联、泥塑、剪纸、南京白话、南京吆喝、南京云锦木机妆花手工织造技艺、南京朝中炒货技艺、江心洲韭菜种植习俗、江心洲农具习俗、水八仙饮食习俗、建邺区“五节”习俗、江心洲治水方法。区内有文物保护单位 10 点 11 处。其中，国家级文物保护单位 1 点 2 处：侵华日军南京大屠杀死难同胞丛葬地（江东门、上新河）；省级文物保护单位 1 处：粤军阵亡将士墓；市级文物保护单位 6 处：恽代英烈士殉难处、胜棋楼、太阳宫、江汉会馆旧址、赛虹桥、郁金堂及水院和赏荷园；区级文物保护单位 2 处：双闸遗址、王汉洲故居。

（区文旅局）

江湾宜居　　（包庆平　摄）

【风景名胜】南京鱼嘴湿地公园　该公园位于南京市建邺区最南端，为长江、夹江、秦淮新河交汇处。该地块为一头形状较尖的绿色湿地，形似一条游弋在江中的鱼，因此得名“鱼嘴”。鱼嘴湿地公园项目总面积84万平方米，是以湿地为主题，将生态水处理系统、树屋、湿地工作站等设施巧妙融合，营造出充满野趣的城市生态公园。江边湿地主要种植垂柳、杨树，堤岸有香樟、马褂木等观叶树种。在湿地中，还点缀着蒲草、芦苇等植物，木栈道从柳树林中蜿蜒而行，一派野趣。长江三桥近在咫尺、装卸货物的码头改造成为观江平台，指引来往船只注意江心洲修葺一新的灯塔。同时，为保护沿江野生动植物，在修建湿地公园的小池塘时还预留许多只可远观的小岛，黑水鸡、水雉等湿地水鸟可以安全地成家、繁殖。公园内还设有自行车道、绿道、车行道等道路，满足游客不同需求。

青奥森林公园　位于江心洲生态科技岛东南部，与南京国际青年文化公园隔江相对，北至青奥北路、南至长江五隧结构边线南侧保护线、西至南环路、东至环岛东路，总占地面积71万平方米。分为两期工程实施，其中一期建设面积31万平方米。2014年，为迎接南京青奥会，首先启动一期示范区建设。示范区包含青春广场、演艺草坪、游船码头、水岸森林、江岛印象与音乐喷泉等景点，设计因地制宜，把人对环境的负面影响控制在最小程度。选择适生树种和乡土树种，贯彻物种多样性、景观多样性的原则。水景满足100%生态堤岸、水质达到地表水Ⅳ类等指标要求。该公园定位以森林为特色、以青奥为主题的综合性公园，设计贯彻以人为本的理念，以野区入城、城市田园的整体景观风貌为切入点，进行开创设计，打造环境景观、休闲娱乐和体育健身新亮点，彰显中新南京生态科技岛生态野趣、时尚高端的国际新形象。公园还专题设计亚洲、欧洲、非洲、美洲、大洋洲生态园，让游客欣赏到世界上不同的生态植物。

滨江公园　坐落于河西大街以北、北河口水厂以南，东接奥体中心，西靠长江夹江，占地面积约220万平方米。公园融入体育文化、观江休闲慢生活理念，将世纪轴线现代体育的大气、流畅同滨江轴线亲水亲江文化的自然、优雅有机结合，营造人、时代、自然和谐共生的江岸环境。公园分为A区、B区、C区、D区和万景园区5个部分，其中C区因成功举办首届中国绿化博览会而得名“绿博园”。公园景区主要包括文体轴线、艺术喷泉广场、古太阳宫景区、观江亲水平台、左岸花海景区、夹江大桥公园及万景园景区等。公园（绿博园以外区域）自2006年建成之日便对游客免费开放，并结合公园内外交通情况，设置多处停车场。作为南京城重要的水源涵养地之一及滨江风光带的重要组成部分，滨江公园因其良好的绿化环境成为南京主城西一道重要的绿色屏障。

【地标建筑】南京国际博览中心　位于南京市建邺区燕山路199号，是集展览、会议、酒店、配套服务于一体，专业承接各类展会活动的场所，于2008年9月建成并投入使用。南京国际博览中心由南京市河西新城区国有资产经营控股（集团）有限责任公司投资建设，南京河西会议展览有限责任公司经营管理，是美国TVS公司集合中西方建筑设计精髓之力作，融汇世界最新会展理念和南京地域特色，形成“虎踞龙盘”的独特建筑风格，规模宏大，气势磅礴。南京国际博览中心规划用地42.7万平方米，总建筑规模约36万平方米，内部交通无缝相连。南京国际博览中心展馆部分共有9座展馆成弧形排列，由1条室内连廊全部贯穿。总室内展览面积近11万平方米，室外展览面积3万平方米。8座展馆净展览面积约1.2万平方米的单层无柱式结构展馆，沿着主轴连廊分为4组，相邻展馆之间共享约2500平方米的登录厅，可用于展览及其他活动。路上展馆共2层，1层为架空层，下通市政道路白龙江西街，道路两侧设有登录厅、办证大厅和餐厅等综合配套设施；2层主要为约8300平方米综合厅，可灵活分割为3~4个独立区域兼作会议和展览。1、2号展馆下设2层地下停车场，拥有车位约1200个，可用于停放各类小型车及大型客车，停车场设有电动扶梯直达展馆，保证展会期间人流畅通。

南京金融城　位于河西中央商务区二期核心区域，定位为具有国际水准、地标性的

CBD步行街之美　（包庆平　摄）

南京眼步行桥 （科技岛办 供稿）

金融企业集聚区，是南京区域金融中心规划建设的核心功能载体，也是推动南京金融服务业转型升级的重点项目。一期工程东至庐山路、西至江东中路、南至雨润大街、北至嘉陵江东街，占地面积8万平方米，总建筑面积74万平方米，地面以上建设超高层AAAAA级甲级写字楼10栋，总投资约80亿元。中国工商银行南京分行、邮储银行江苏省分行、紫金农商银行、紫金保险、江苏金融租赁、南京证券等10余家具有影响力的金融机构签约入驻。二期工程位于河西中央商务区轴线与青奥轴线的交汇处，东至庐山路、西至江东路、南至江山大街、北至金沙江东街，占地面积6.5万平方米，总建筑面积80万平方米，地面以上建设超高层建筑5栋，其中主塔楼高度超过400米，总投资约100亿元。建筑群外观线条流畅，气势挺拔，建筑表面开口由底部直接贯穿至顶部，构成一道绝美的城市天际线。二期项目业态更加多元化，除商务办公外，引入高星级酒店、观光娱乐、服务型公寓和高端商业，顶部区域兼具城市展示观看台、娱乐、餐饮、观光会晤等多重功能，建成后将成为南京市的一座极具现代感、智能化的地标式摩天大楼集群，预计2021年竣工。

南京眼步行桥　起点位于河西一侧南京国际青年文化公园内，终点位于江心洲一侧青奥森林公园内，是南京首座跨长江的景观步行桥。工程于2013年1月15日开工，2014年6月建成，2014年8月正式开通。主体结构为主跨240米的双塔双索面钢塔钢箱梁斜拉桥，全桥总长827.5米，主桥长531.5米，引桥长296米。桥上两个圆形主塔形似人的两只眼睛，格外醒目。桥面采用变宽构造，在最佳观景和留影处自然变宽，方便游客拍照留念，在节日时还可为文化艺术活动留下较大空间。桥体栏杆设有2层扶手，第1层高扶手供普通成年人扶靠，第2层矮扶手供儿童或是乘坐轮椅的残障人士扶靠。步行桥供旅游电瓶车和行人通行使用。（区方志办）

【经济发展】全年完成地区生产总值422.9亿元，增长8.3%。其中，第三产业增加值372.7

亿元，增长10.1%；服务业增加值占地区生产总值88.1%；文化产业增加值占地区生产总值9.5%。一般公共预算收入64.4亿元，增长9%；全社会固定资产投资365.6亿元，增长12.9%；社会消费品零售总额219亿元，增长10.3%；实际利用外资2.6亿美元；城市居民人均可支配收入53215元，增长9.1%。

用好世界智能制造大会、南京金秋经贸洽谈会、紫金知识产权国际峰会等重要招商平台，高质量举办40余场招商活动。阿里巴巴江苏总部、小米科技华东总部、科大讯飞南京区域中心、江苏省政府投资基金产业集聚区等一批体量规模大、科技含量高、产业带动性强的龙头项目相继落户。新增企业5756家，同比增长22.3%，新增认缴注册资本984.4亿元，同比增长29.7%，亿元以上企业数同比增长63.4%。新城科技园交付产业载体超70万平方米，生态科技岛科技研发载体加快建设，全区在建产业载体超1000万平方米，全年竣工近200万平方米。产业结构调整取得重大突破，金融业增加值占GDP比重达28.4%。区内金融及准金融机构累计达506家，全省首家民营银行苏宁银行、台资彰化银行大陆子行先后落户。金融业等非房地产行业税收占比超过房地产业，达51.2%，贡献度比2016年增加21个百分点。非房地产行业税收规模百万元以上、千万元以上、亿元以上企业数量分别增长了39%、33%、100%。

组建南京建邺高新技术产业开发区，与南京大学共建江岛环境生态产业技术研究院，与科大讯飞共建人工智能研发中心，搭建汇江创业投资基金平台。初步建立包含80家企业的高新技术企业培育库，组织42家企业首次申请高新技术企业认定，新入选高新技术企业26家，总量实现2年翻番。6家企业入选苏南国家自主创新示范区瞪羚企业。全年高新技术产业产值达160亿元，同比增长11.4%。成功举办第二届新加坡·南京生态科技岛国际水环境治理高峰论坛、紫金知识产权国际峰会建邺专场等活动，江苏知识产权首次拍卖在建邺诞生，全区首家知识产权巡回法庭正式挂牌。深入实施“创业建邺”英才计划，1名人才入选国家“千人计划”（海外高层次人才引进计划），2名人才入选国家“万人计划”（国家高层次人才特殊支持计划），3名人才入选江苏省“双创计划”（江苏省高层次创新创业人才引进计划）。

【城区环境】侵华日军南京大屠杀遇难同胞纪念馆三期工程等6项工程荣获2016~2017年度中国建设工程最高奖“鲁班奖”，占全市10项上榜工程的六成，集中代表全市建筑工程质量最高水平。全面启动江东门、南河风光带、南湖等片区环境提升工程，按照AAAA级景区标准实施莫愁湖公园景观提升，推进河西南部和江心洲省级海绵城市示范片区建设。夜景照明提升一期亮化工程全面完成，在国际青年文化中心组织高水准灯光秀表演，吸引市民观众近20万人次，璀璨夜景成为建邺靓丽新名片。

河西中央公园　　（张春燕　摄）

执法中心实体化运作，率先实行建设工地智能化扬尘防控措施，全区空气优良天数267天，优良率达75.4%。

推进城市精细化建设管理10项行动。完成环卫、园林、河道、市政养护设施全面普查并建库。完成长虹路、云锦路等一批道路以及28条背街小巷综合整治，拆除违建1580处27.8万平方米。建设2000平方米的区级大件垃圾分拣中心，新增垃圾分类示范小区30个。推进公厕革命，新建改造公厕41座。依托智慧防汛系统，抓好防汛消险工作，经受住2017年较大雨情的考验。

完成爱达花园等5个老旧小区28.7万平方米环境综合整治，北部地区环境面貌显著提升。完成汉中门大街沿线、外秦淮河沿线等228幢房屋74万平方米建筑立面整治和90个道路交叉口管线下地工程，沿线环境面貌焕然一新。落实“河长制”，为35条河道配备87名河长，编制完成“一河一策”。依托智慧管线系统、河道水质在线监测系统，整治黑臭河道6条，国考河道顺利通过上级组织的首次考核验收，河道整治初见成效。加快滨河绿地建设，完成63个排水单元雨污分流改造以及怡康街、金穗花园等积淹水点改造。开展专项行动，执行最严环境准入制度。在全市率先实现区环保联合

【社会事业】明确收入、教育、健康、保障、住房、文化6个方面20项富民惠民行动清单，城镇居民人均可支配收入达53215元。地铁S3号线（宁和城际一期）开通运营，地铁7号线启动建设，新开通道路25条，新建公共自行车站点35个，新增公共自行车1500辆。建设非机动车停车示范点50个，新增公共停车场17个。完成既有住宅增设电梯目标任务。推动“惠民专柜”提标扩面，探索“平价商店+”服务模式，惠及困难群体

1.5万人次。民生幸福满意度综合测评位居全市第二、主城区第一。实施学区制管理和集团化办学，在全省率先完成区域教育地图编制。新开办2所小学、1所幼儿园，区少年宫新址正式启用，一批学校新建扩建进入方案设计和建设实施阶段，全国首家独立设置的非物质文化遗产专业学院正式挂牌，在全省教育现代化建设水平监测中成绩蝉联全市第一。整合后的南京市第一医院河西院区正式运行，南京市儿童医院河西分院全面投入运营，区二级医院完成初步论证及选址，南湖社区卫生服务中心入选2017年全国百强社区卫生服务中心，在全市率先建成2家由区级承办的120急救分站。为全区所有计划生育特扶人员落实家庭医生签约等帮扶措施，智慧养老平台荣获全国养老服务产业信息化创新金奖。出台全区全民健身实施计划，荣获2017年世界全项目轮滑锦标赛优秀组织奖，先后成为江苏省体育产业基地和全市唯一一家国家体育产业示范基地。建设15家省级社区综合文化服务中心，公共文化设施覆盖率达100%，每万人拥有公共文化服务设施面积1400平方米。区图书馆新建4家分馆，区档案馆创成全国示范数字档案馆，《建邺年鉴（2016）》荣获全国地方志优秀成果一等奖、江苏省优秀年鉴综合一等奖。建立低保兜底、医疗救助、救急难工作、民生保险应赔尽赔4项机制，社会兜底保障实现全覆盖。编制实施建邺区“十三五”妇女儿童发展规划，新增残疾人辅助性就业人数、残疾人实名就业完成率居全市前列，被评为江苏省残疾人工作先进区。街道工会法律援助站加快建设，职工法律援助基本覆盖。成为首批江苏省食品安全示范区，连续5年被评为质量强市工作优秀区。在全市首创安全生产检查日制度，区安监局被评为全省安全生产监管监察系统先进集体。群众安全感均值达96%，居全市第二。

青奥村全景　（赵海琴　摄）

【居民收入】2017年全区城镇居民人均可支配收入53215元，增长9.1%，人均消费支出31418.9元。居民文教娱乐支出占家庭消费支出比重18.1%，恩格尔系数24.9%。城镇居民人均住房面积28平方米，每百户家庭电话拥有量为移动电话259部，固定电话69部，每百户家庭电脑拥有量115台。（区政府办）

大事纪要

Summary of Events

建邺区2017年民生实事

1. 完善路网布局，新建河西南部18条市政道路、江东门北街等一批道路，全面建设江心洲全岛基础设施和路网框架，加快建设中新大道。

2. 加快公共交通设施配建，启动江心洲有轨电车前期工作。

3. 新建白龙江西街等4个公交场站。

4. 新建35个公共自行车服务站点，新增2500辆公共自行车。

5. 建设科技园、南湖体育场地下人防停车场等一批公共停车场，有效缓解停车难问题。

6. 建设河西南部公交停保场。

7. 加快江心洲排涝泵站等防汛泵站建设，确保汛期前投入使用。

8. 新改造提升茶南、文体路等35座公厕，新建油坊桥片区、河西中部片区等7座公厕，翻改建福园街、清荷园、吉庆等3个垃圾中转站，方便群众生活。

9. 推进江心洲污水处理厂提标扩容和污水收集分流配套管网建设。

10. 推进胡家闸河、怡康河等河道整治工程。

11. 改造怡康街和金穗花园积淹水片区，创建61个排水达标区，力争水源地水质100%达标。

12. 推进江心洲生态科技岛中部片区江苏省海绵城市试点建设。

13. 建设华山路邻里中心等社区服务载体。

14. 实施爱达花园等4个老旧小区改造及30条背街小巷整治。

15. 投入500万元以上补助支持老旧小区加装电梯。

16. 完成金虹花园等25个老旧小区二次供水设施改造。

17. 加快建设生态科技岛四期等一批保障房项目，全年建设保障房87万平方米，交付33万平方米。

18. 实施以侵华日军南京大屠杀遇难同胞纪念馆为中心的江东门片区环境提升工程，推动建设集商业餐饮、旅游休闲为一体的城市综合体，打造“庄重大气”的爱国主义旅游文化街区。

19. 实施南河风光带片区环境提升工程，推进南河、秦淮新河、外秦淮河沿岸绿化带建设，打造“绿色休闲”的特色景观廊道。

20. 实施南湖生活圈片区环境提升工程，加快以莫愁湖、南苑区域为主的老城区改造，以国家AAAA级旅游景区标准改造莫愁湖公园，打造“宜居宜业”的居住创业示范片区。

21. 实施江心洲生态科技岛大江侧江堤加固及江心洲片区环境提升工程，建设环岛景观风光带，建成环岛公路。

22. 实施莲花片区环境提升工程。

23. 实施江东路沿线、奥体片区、滨江岸线（河西段）城市景观照明提升工程。

24. 推动大众创业万众创新，坚持把创业作为富民增收之源，全年新增城镇就业1.3万人，再就业5800人，培育大学生创业者300人，争创26个市大学生优秀创业项目。

25. 提高低收入人群收入水平，保障低保户和边缘户中的老年人、未成年人、重度残疾人等重点对象的基本生活，分类施策帮助居民提高收入，推动居民收入增长与经济增长同步，努力让居民生活更加富足。

26. 优化教育资源布局，深化全国学前教育改革发展试点区工作，公办园和惠民园比例超过80%。推进学区制管理和集团化办学，优质教育资源100%覆盖。

27. 加快莫愁中专新校区建设，实施积善初中、乐山路小学建设工程以及海峡城小学、中和村小学等新校工程。

28. 启用建邺新少年宫。

29. 推进南京市第一医院和建邺医院整合，新开设病床300张。

30. 推动区二级医院选址，实施江心洲、兴隆社区卫生服务中心以及3家公共卫生单位异地新建。

31. 加快引进江心洲国际医院。

32. 加快建设社区养老服务中心和区社会福利院。

33. 新建1家医养融合机构。

34. 建立计划生育特困家庭联系人制度。

35. 有效利用区图书馆、文化馆资源，争取更多体育场所向市民开放，做强“精彩365·快乐每一天”文化品牌，努力让居民生活更加快乐。

36. 强化街道便民服务中心功能，完善社区生活服务网点配建，扶持发展便民的社区商业中心和小型社区商业综合体。

37. 新添一批小区菜市场、生活小超市，完善肉菜检测和追溯系统，打造环境好、品质高、服务优的农贸市场体系。

38. 推动“惠民专柜”常态化，提高平价店管理制度化、规范化水平，打造更多惠民便民品牌。

39. 深化质量强区工作，加强食品药品和安全生产监管，有效防范重特大事故发生，争创食品安全城区，努力让居民生活更加安全。

2017年建邺大事记

1月

3日 河西·建邺经济工作会议召开。河西管委会全体负责人,区各部门、园区、街道主要负责人和分管负责人参加会议。会议贯彻落实中央和省、市经济工作会议精神,总结2016年全区经济工作,并对2017年全区经济工作进行部署。

4日 中国人民政治协商会议南京市建邺区第十二届委员会第一次全体会议开幕,会期4天。南京市政协副主席吴卫国,中共建邺区委书记、河西管委会主任、党组书记张俊,区委、区人大、区政府全体负责人,区法院、区检察院主要负责人出席会议。大会执行主席庄立主持开幕式,区十一届政协主席庄立作《政协南京市建邺区第十一届委员会常务委员会工作报告》,区十一届政协副主席刘雯禾代表常委会作《政协建邺区第十一届委员会常务委员会提案工作情况的报告》。

7日 中国人民政治协商会议南京市建邺区第十二届委员会第一次全体会议选举庄立为区政协第十二届委员会主席,刘雯禾、郁宁一、刘芝平、王善坤为副主席,茆峻峰为秘书长,王帆、王华、王瑄、王利波、丰志勇、仇波、方贵平、任琳、刘嘉、刘士坤、刘希开、刘晓章、孙达华、杨艳、杨雷、杨荣庆、沈洁、陈晖、陈辉、陈德勇、罗春寿、郑杰、陶化东、章泳、程湘宁、蔡跃军、廖闻剑共计27人为常务委员。

8日 建邺区第十八届人民代表大会第一次会议选举杨春燕为区第十八届人大常委会主任,许联潮、汤志平、洪国浩、申卫为副主任,王峥、王加龙、王爱军、司明秀、回宏亮、朱国美、杜国平、李洵、李彬、李祥森、杨世琴、张芳、张明浩、范嵘、周立群、俞丽丽、施翔、姜国忠、宣峥、姚广秀、秦智平、夏秀华、钱年华、高海萍、诸敏、彭超、谢玉强、滕宏明共计28人为委员。

△ 建邺区第十八届人民代表大会第一次会议选举闵一峰为建邺区人民政府区长,李方毅、夏晓燕、宗仁、王国平、曹国圣、杨晨为建邺区人民政府副区长。

9日 中共建邺区委十一届三次全体(扩大)会议召开,区委委员、候补委员共计30人参加会议。会议研究中国共产党第十九次全国代表大会代表候选人初步酝酿推荐工作。

14日 区政府党组民主生活会征求意见座谈会在区机关多媒体会议室召开，区委副书记、区长闵一峰参加会议。

17日 区委、区政府开展“情暖建邺”活动，区负责人张俊、杨春燕、曹曙、杨晨带队看望慰问大病低保家庭、低保困难党员家庭、建邺区社会福利院和江苏省老年公寓。

19日 建邺区2017年迎新春军地联席会议在区机关多媒体会议室召开，区负责人张俊、闵一峰、杨春燕、庄立、曹曙、张瑞国、刘玉民、杨晨参加会议。

20日 根据宁委〔2016〕477号文件，赵建国任中共建邺区委委员、常委（挂职）。

△ 江苏省省长石泰峰到建邺区检查春节市场工作，区负责人张俊、闵一峰、李方毅、夏晓燕陪同检查。

△ 区委、区人大、区政府、区政协原老领导情况通报会在区机关多媒体会议室召开，区负责人张俊、闵一峰等参加会议。

21日 河西·建邺党风廉政建设大会在区机关小礼堂召开。区委、区人大、区政府、区政协全体负责人，区法院、区检察院主要负责人，河西管委会全体负责人，河西管委会各处室、公司正职负责人，全区各部门、单位正职负责人，区纪委委员，区委巡察办、巡察组全体人员，各纪检监察组织负责人、纪检干事，区纪委、监察局全体人员，区党风联络员、特邀监察员代表参加会议。

23日 南京市副市长华静到建邺区开展“263”专项行动推进情况检查，副区长曹国圣陪同检查。

1月19日，建邺区国防教育培训基地正式揭牌。 （区委宣传部　供稿）

△ 区委常委会民主生活会在区机关多媒体会议室召开。市委常委、秘书长杨学鹏，市委办公厅、市纪委、市委组织部相关负责人，区委书记张俊，区委副书记、区长闵一峰等区负责人以及区委办、区纪委、区委组织部相关负责人参加会议。

27日 江苏省省长石泰峰到建邺区检查春节市场，区负责人张俊、闵一峰、李方毅、夏晓燕等陪同检查。

2月

2日 2017年河西·建邺城建城管水务工作部署大会在区机关小礼堂召开。南京市建委主任周金良及区负责人张俊、闵一峰、王国平、杨春燕等参加会议。

3日 区委常委、党员副区长开展“下基层、察实情、促富民”走访调研，分别走访莫愁湖、兴隆、南苑、沙洲、双闸、江心洲6个街道。

7日 南京市副市长黄澜带队到建邺区调研开放型经济工作，区负责人闵一峰、李方毅、杨薇陪同调研。

12日 2017年全省重大项目集中开工现场推进会建邺区分会场在仁恒国际广场项目现场（江心洲中新大道）召开，区负责人张俊、闵一峰、杨春燕等参加会议。

13日 建邺区数字档案馆被国家档案局授予全国示范数字档案馆称号。

14日 位于建邺区南部鱼嘴G97地块的超级综合体在南京市2017年首场土拍中，被世界500强入股企业北京方兴亦城置业以73.4亿元拍得。该地块是建邺区鱼嘴区域首个出让的大型地块，标志着南京鱼嘴商务区正式启动。

△ 江苏省编办主任俞军一行4人到建邺区考察生态科技岛科创中心，并召开工作汇报会。南京市编办主任许宏及区负责人张俊、闵一峰、曹曙等陪同并参加会议。

15日 南京市委书记吴政隆专题调研河西·建邺城建工作，现场视察河西规划展示馆、江东门北街（新建道路及管线下地）、爱达花园（雨污分流、老旧小区出新）、胡家闸河、南京眼步行桥、青奥森林公园、江岛科创中心、胜科水务中心。市委常委、秘书长杨学鹏，副市长储永宏，市有关部门负责人，负责人张俊、闵一峰、孙康龙等陪同调研。

17日 南京市委常委、宣传部部长蔡丽新到建邺区调研宣传思想文化工作，现场视察沙洲东河、沙洲西河、金融城一期、“大乐汇”亲子演艺乐园、江岛科创中心。区负责人张俊、闵一峰、曹曙、李方毅等陪同调研。

18日 社区网格化管理工作研讨推进会在兴隆街道多功能会议室召开，区负责人闵一峰、李方毅、夏晓燕等参加会议。

20日 河西·建邺党员干部“大走访”活动动员暨机关作风建设大会在区机关小礼堂召开。区委、区人大、区政府、区政协全体负责人，各部门、单位主要负责人及分管负责人，机关作风监督员代表，各社区党组织负责人，河西管委会全体负责人，各公司、处室负责人参加会议。

21 日　2017 年建邺区安全生产暨消防工作会议在区机关小礼堂召开，区负责人闵一峰、申卫、曹国圣等参加会议。

22 日　区负责人张俊、闵一峰、孙康龙、宗仁、王国平等检查辖区城建工作，现场视察向阳泵站建设、积淹水点改造、长虹路道路整治、外秦淮河沿河立面整治、公园整治、莫愁湖进水渠整治、南湖片区整治、福园路与茶南大街交界处街巷整治、华山路一季度开通道路、奥体北河河道蓝线建设、大剧院东路中间转盘处开通道路、嵩山路与奥体大街交界处（桥头跳车整治）、金洲苑小区整治、莲花片区整治等工作。

△　建邺区城市精细化建设管理工作推进会在区机关多媒体会议室召开，区负责人张俊、闵一峰、孙康龙、宗仁参加会议。

23 日　建邺团区委召开十五届七次全委（扩大）会议。区委常委、组织部部长刘玉民出席并作讲话。团区委常委、各直属团组织负责人、各中小学少先队大队辅导员、社区团支部书记和社会组织代表近 100 人参加会议。

24 日　南京市委副书记龙翔到建邺区走访调研中国核工业华兴建设有限公司，区委书记张俊陪同调研。

△　区负责人张俊、闵一峰、杨春燕、庄立、曹曙、张瑞国、杨晨、郁宁一等走访南京警备区。

27 日　宁夏回族自治区党政代表团到建邺区考察，先后参观河西规划展示馆和青奥轴线，区委书记张俊陪同考察。

△　区委、区政府在区机关多媒体会议室组织收看省委巡视工作动员部署电视电话会。区负责人闵一峰、侯峻、刘玉民、洪国浩，区法院、区检察院主要负责人，有关部门主要负责人，区委巡察工作领导小组成员，区委巡察机构相关负责人参加会议。

28 日　区委、区政府在区机关多媒体会议室组织收看江苏省委县委书记工作讲坛电视电话会议。区负责人张俊、闵一峰、高农生等参加会议。

3 月

1 日　“中国南京建邺”政府门户网站在 2016 年中国优秀政务平台推荐及综合影响力评估中被评为中国政务网站优秀奖。

△　建邺区召开街道工作现场推进会（江心洲街道专场）。区负责人现场观摩江心洲街道临时疏导群、洲岛家园社区（社区邻里中心、科巷菜场）、生态科技岛科创中心、滨江风光带以及江心洲街道便民服务中心、综合行政执法大队、法制文化角、省级廉政文化示范点。

3月4日，江苏省暨南京市学雷锋志愿服务集中活动在建邺区启动。
（区委宣传部　供稿）

2日　中央政策研究室一行到建邺区考察社区卫生服务工作，区负责人张俊、闵一峰、夏晓燕陪同考察。

4日　江苏省暨南京市学雷锋志愿服务集中活动在金陵图书馆南门广场举行。省委宣传部副部长、省文明办主任杨志纯，省文明办副主任葛莱及相关部门负责人，全省首批公共文化设施开展学雷锋志愿服务示范单位代表，南京市文明办主任彭振刚及市相关部门负责人，区负责人张俊、周峰、杨晨等参加活动。

6日　建邺区组建南京建邺城市建设集团、南京建邺国有资产经营集团。

△　由区文明办和区妇联共同主办的2017年“巾帼心向党，奉献在岗位”庆祝“三八”妇女节107周年文艺演出暨最美家庭表彰大会在区文化艺术中心举行。区负责人夏晓燕、刘玉民、汤志平、刘雯禾等出席活动。

3月6日，建邺区庆祝“三八”国际劳动妇女节107周年文艺演出暨“最美家庭”表彰大会在区文化艺术中心举办。
（区妇联　供稿）

7日 中国金茂南京分公司一行到建邺区考察，区负责人张俊、李方毅陪同考察。

8日 建邺区工商联被中华全国工商业联合会授予2016年全国“五好”（领导班子好、会员发展好、商会建设好、作用发挥好、工作保障好）县级工商联称号。

△ 建邺区和河西管委会联合在新亭街与元前路交叉口举办2017年植树节活动。建邺区、河西管委会负责人，全区各部门、单位及各办事处主要负责人参加活动。

△ 南京市副市长储永宏到建邺区检查精细化建设管理十项行动工作，副区长宗仁陪同检查。

△ 苏州市姑苏区区委书记、保护区党工委书记王庆华一行到建邺区考察街道综合行政执法工作，区负责人张俊、曹曙、李方毅等参加接待。

10日 由区妇联主办、建邺半边天女性社会组织服务中心承办的“公益暖阳 建邺芬芳”建邺区女性社会组织庆“三八”暨第一届风采展示活动在南京市妇女儿童活动中心举行。市妇联副主席徐晓洁，区委常委、副区长夏晓燕，市妇女儿童活动中心副主任刘宁、主任助理唐冠祥，区妇联主席俞丽丽等出席活动。

△ 建邺区“放心消费惠民生之走进建邺”3·15主题活动在万达广场举行，区市场监管局、区财政局、区物价局等30余家政府职能部门及企业参与现场咨询服务，区委常委、副区长夏晓燕参加活动并致辞。

13日 区委工作会议在区机关大礼堂召开，区委、区人大、区政府、区政协全体负责人，区委工作部门科以上负责人，区各部门、单位副处以上负责人，各社区党组织负责人参加会议。

14日 南京市国税局局长沈中立一行到建邺区专题调研税收工作，现场考察科技园总部研发园、新城科技园展示馆、南京行狐电子商务有限公司、金融城、胜科水务中心、江岛科创中心。区负责人张俊、闵一峰、李方毅等陪同调研。

15日 南京市委常委、常务副市长刘以安一行到建邺区调研建邺特色小镇建设工作，现场考察生态科技岛科创中心、胜科水务中心，听取永定水梦小镇规划建设、水科学项目情况汇报。区负责人张俊、闵一峰、曹曙、李方毅等陪同调研。

△ 南京市水务局相关负责人到建邺区调研河道整治工作，区负责人闵一峰、宗仁陪同调研。

18日 南京市负责人一行到建邺区检查精细化建设管理十项行动，现场视察向阳河沿河环境整治、泵站建设，并在市规划建设展览馆会议室召开会议。区负责人张俊、闵一峰等陪同检查。

20日 河西·建邺城市环境综合整治和城市精细化建设管理十个专项行动指挥部工作会议在区机关多媒体会议室召开，区负责人张俊、闵一峰、孙康龙等参加会议。

21日 南京市委常委、纪委书记沈文祖一行到建邺区调研工作，现场视察兴隆街道纪工委、交通银行江苏省分行、金融城一期项目、江岛科创中心、江心洲街道纪工委。区负责人张俊、侯峻陪同调研。

△ 建邺区城建集团、国资集团成立暨区国资工作会议在区机关多媒体会议室召开。市国资委主任、党委书记徐俊，区负责人张俊、闵一峰、曹曙、李方毅、侯峻、刘玉民、宗仁、王国平，全区各部门、单位、园区、街道主要负责人参加会议。

22 日 南京市委常委、组织部部长郭腊军一行到建邺区检查挂钩联系河道整治工作，现场视察奥体北河月安街桥、向阳河大剧院东路桥头，并听取工作汇报。区负责人张俊、闵一峰、刘玉民、宗仁，市河西管委会市政处、新城公司，城管局（水务局）主要负责人陪同检查。

23 日 南京市负责人一行到建邺区调研为民办实事（医疗卫生）工作，现场视察市儿童医院河西院区、南湖社区卫生服务中心。区负责人张俊、闵一峰陪同调研。

△ 江苏省委常委、秘书长樊金龙一行到建邺区检查江苏发展大会属地相关筹备工作，现场视察乡贤纪念林植树活动现场，并听取乡贤纪念林植树活动、灯光秀筹备工作汇报。区负责人张俊、李洵、古国才、王国平陪同检查。

24 日 建邺区科技创新大会在区机关小礼堂召开。江苏省科技厅副厅长蒋洪，南京市科委副主任、市知识产权局局长刘小斌，建邺区负责人张俊、闵一峰、庄立、刘玉民、赵建国、洪国浩参加会议。

△ 建邺区 2017 年全国“两会”信访维稳工作总结大会在区委党校召开，区负责人张俊、周迅、王国平、褚俊参加会议。

27 日 彰化银行总行董事长张明道一行到建邺区考察彰化银行中国大陆子行及分行选址。南京市台办主任曹劲松，市金融办副主任刘永辉，区负责人张俊、闵一峰、李方毅、杨薇陪同考察。

28 日 南京市第一医院（心血管病医院）河西院区揭牌仪式在南京市第一医院河

3 月 28 日，南京市第一医院（心血管病医院）河西院区正式揭牌。
（区委宣传部　供稿）

西院区新门诊楼举行。南京市副市长胡万进、市政府副秘书长张强及区负责人张俊、闵一峰、夏晓燕等参加仪式。

4月

1日 建邺区召开环境整治工作现场推进会，区负责人张俊、闵一峰、周峰、赵建国等参加会议。

2日 建邺区黑臭河道整治和排水达标区建设推进会在区机关多媒体会议室召开，区负责人闵一峰、宗仁、曹国圣、孙康龙参加会议。

5日 南京市政府第五次廉政工作会议建邺区分会场在区机关多媒体会议室召开，区负责人闵一峰、高农生、李方毅等参加会议。

6日 江苏省政府2017年土地督察工作动员会建邺区分会场在区机关多媒体会议室召开，区负责人宗仁参加会议。

△ 南京市教育局局长孙百军一行到建邺区调研教育工作，区负责人张俊、闵一峰、高农生陪同调研。

7日 建邺区召开城市精细化建设管理十项工作现场推进会，区负责人张俊、闵一峰、李方毅、周峰、宗仁、王国平参加会议。

8日 南京市委书记吴政隆一行到建邺区考察精细化建设管理十项行动工作开展情况，现场视察兴隆大街道路、南河风光带、向阳泵站、金洲苑老旧小区整治、江苏大剧院周边环境。区负责人张俊、闵一峰、孙康龙、李方毅等陪同考察。

10日 团中央书记处书记汪鸿雁到建邺区调研由团市委与河西CBD管委会共建的“C++青创空间”，团省委书记王伟、市委副书记龙翔、团市委书记林武平、区委书记张俊等陪同调研。

11日 全省县域科技体制改革经验交流会建邺区分会场在区机关多媒体会议室召开，区委副书记、区长闵一峰参加会议。

△ 区政府廉政工作会议在区机关多媒体会议室召开，区负责人闵一峰、李方毅、侯峻等参加会议。

13日 南京市委书记吴政隆一行到建邺区调研全市重大基础设施建设工作，现场视察宁和城际工程建设情况。区负责人张俊、曹曙、刘玉民、汤志平等陪同调研。

14日 南京市残联一行5人到建邺区调研残疾人工作，区负责人闵一峰、刘玉民、杨晨陪同调研。

15日 第六届南京风筝嘉年华在建邺区举办。

19日 建邺区南苑社区卫生服务中心妇女保健科被全国妇联授予全国巾帼文明岗称号。

△ 由区文明办、区妇联、区文化旅游局主办，建邺区南苑幼儿园、沙洲街道中城社区、建邺区守护稚翼家庭服务中心、建邺

区辣时花开生活社协办的“倾听朗读者，同悦书墨香”书香家庭评选表彰及风采展示活动在南苑幼儿园举办。

20日 2017年全区民政工作会议在区机关小礼堂召开，副区长杨晨参加会议。

△ 南京市负责人到建邺区检查积淹水片区改造项目，区负责人闵一峰、宗仁陪同检查。

22日 “寻找东方美·书房满建邺”启动仪式暨“建邺书房”揭牌活动在建邺区图书馆举办，区负责人张俊、周峰、杨晨出席活动。

23日 “学史立志，崇德向善”暨“优秀传统文化进校园”主题教育活动启动仪式在南苑街道安国村广场举行，区负责人张俊、汤倩一、周峰、刘玉民等出席活动。

24日 阿里巴巴集团一行4人到建邺区洽谈合作事宜，区负责人张俊、闵一峰、李方毅参加接待。

25日 南京市政府贯彻学习《中共中央国务院关于推进安全生产领域改革发展的意见宣讲》电视电话会议建邺区分会场在区机关多媒体会议室召开，区负责人闵一峰、杨晨参加会议。

△ 2017南京亚太金融研究院春季研训会在仁恒国际俱乐部皇家厅举行。市台办主任曹劲松，市金融办副主任刘永辉，区负责人张俊、闵一峰、杨春燕、庄立、曹曙等参加会议。

△ 第十届中国留学人员南京国际交流与合作大会建邺专场在南京国际青年会议酒店百花厅举行，区负责人张俊、闵一峰、杨春燕、庄立、曹曙等参加活动。

27日 “中国梦·劳动美”建邺区庆“五一职”工文艺汇演活动在区文化馆举办，市总工会副主席刘辉，区负责人刘玉民、汤志平、杨晨、郁宁一出席活动。

28日 区负责人闵一峰、杨晨带队开展全区安全生产工作大检查。

4月15日，第六届南京风筝嘉年华在建邺区举办。（区委宣传部 供稿）

5月

3日　共青团南京市建邺区第十六次代表大会在区机关大礼堂召开，并选举产生共青团南京市建邺区第十六届委员会委员。区委书记张俊、团市委书记林武平以及区委、区人大、区政府、区政协相关负责人出席会议，全区共计160名团代表参加会议。

4日　建邺区经济责任审计工作领导小组会议在区机关多媒体会议室召开，区负责人闵一峰、李方毅、刘玉民参加会议。

△　南京市负责人到建邺区调研全市民营经济工作，区负责人闵一峰、李方毅陪同调研。

△　南京市委常委、组织部部长郭腊军一行到建邺区调研党建工作，现场视察江心洲街道、大江侧生态公园、洲岛家园社区、胜科水务中心、江岛科创中心。区负责人张俊、刘玉民陪同调研。

7日　区委统战部、区工商联在区政府多媒体会议室召开区光彩事业促进会成立大会暨第一届理事会议。江苏省人大常委会副主任、省工商联主席许仲梓，南京市委统战部副部长、市工商联党组书记毛卫华，南京市工商联党组成员、副主席钱卫冰出席会议。区委书记张俊、区长闵一峰等区负责人及区工商联主席、江苏绿溢投资有限公司董事长孙达华参加会议。会上，建邺区光彩事业促进会揭牌成立。

8日　江苏省委常委、秘书长樊金龙，省委常委、宣传部部长王燕文到建邺区调研江苏发展大会筹备工作，现场视察“江苏乡贤林”植树场地、国青中心会议中心、江苏发展大会晚宴及灯光秀筹备等情况，并听取工作汇报。区委书记张俊、河西管委会副主任古国才等陪同调研。

9日　建邺区召开既有住宅增设电梯故障现场推进会，区负责人闵一峰、王国平参加推进会。

10日　南京市委常委、统战部部长陈勇一行到建邺区调研统战工作，现场视察南京新与力文化传播有限公司、南京中脉科技发展有限公司、兴隆街道奥体社区、兴隆街道桃园居社区、南京碧瑶天主教堂。区负责人张俊、姜巧玲陪同调研。

11日　南京市负责人一行到建邺区调研防汛防旱工作，现场视察江心洲大江侧防洪治理工程。区委书记张俊陪同调研。

13日　“中国江苏·扬子江作家周”之悦读演讲建邺专场在建邺区图书馆“建邺书房”举行。中国作家协会党组成员、书记处书记、副主席、著名诗人（副部职）吉狄马加，江苏省作家协会党组成员、书记处书记王朔，区委书记张俊，区委副书记、区长闵一峰等参加活动。

15日　位于河西中央商务区的江苏省农垦农业发展股份有限公司（股票代码

601952）在上海证券交易所成功上市。

17日　南京市负责人到建邺区检查交通重点工程项目，区负责人张俊、闵一峰、宗仁陪同检查。

20日　以“约在江苏，共筑梦想”为主题的首届江苏发展大会在位于南京市建邺区的江苏大剧院开幕。江苏发展大会由江苏省委、省政府主办，每2~3年举办1次，旨在增进与海内外江苏籍和在江苏学习、工作过的各领域知名人士的联系、交流与合作。

△　省、市助残日广场活动暨“助残千人行动计划”启动仪式在建邺区举办。

21日　江苏发展大会南京金融届人士返乡考察和交流座谈活动在建邺区举办。南京市副市长储永宏及区负责人闵一峰、李方毅参加活动。

25日　珠海市香洲区政府代表团一行6人到建邺区考察交流，区负责人李方毅、杨薇参加。

△　南京市委常委、政法委书记徐锦辉一行到建邺区调研街道综治中心建设、重点任务推进落实及信访积案化解等工作情况。区负责人张俊、周迅陪同调研。

26日　河西·建邺防汛防旱工作会议在生态科技岛科创中心召开，区负责人闵一峰、宗仁参加会议。

△　由市检察院、东南大学法学院、区检察院、区金融办联合举办的金融检察论坛暨金融犯罪研究基地揭牌仪式在区检察院举办。

27日　南京市负责人及副市长储永宏到建邺区检查人才安居住房建设工作，区负责人闵一峰、李方毅陪同检查。

△　建邺区召开第二届教育发展专家指导委员会第一次会议，区负责人张俊、闵一峰、高农生、刘玉民参加会议。

△　建邺区政府与江苏第二师范学院签署合作办学协议，双方将在新加坡·南京生态科技岛合作开办一批优质学校，并在教育教学、师资培训、教育科研、学校管理、大学生实习就业等方面深化合作。

6月

1日　建邺区“六一”庆祝表彰大会暨区新少年宫启用仪式在绿博园举行。位于绿博园内的区新少年宫面积4800平方米，含创意文化墙、青奥微博馆、STEM创新体验中心、视觉艺术展示区、定格动画等多功能区域。

△　全区“安全生产月”活动部署会在区机关多媒体会议室召开，副区长杨晨出席会议。

2日　江苏省副省长蓝绍敏一行到建邺区调研沙洲西河整治工作，听取河道整治及河道生态治理情况汇报。区委书记张俊、市河西管委会副主任古国才、副区长曹国圣陪同调研。

6日 2017年建邺区金融防范非法集资宣传月活动在河西中央商场举行，南京市金融办副主任王伟、区负责人李方毅出席活动。

8日 建邺区重大项目投资和目标任务“双过半”工作现场推进会在区机关多媒体会议室召开，区负责人闵一峰、高农生、夏晓燕等参加会议。

9日 南京市发改委主任沈剑荣一行到建邺区调研创业项目推进工作，现场视察河西CBD福佑卡车、斗志文化。区长闵一峰陪同调研。

13日 由建邺区人民政府和南京河西开发建设管委会主办、建邺区安监局和建邺区公安消防大队承办、南京国际博览中心协办的大型展会突发安全事故综合应急演练在南京国际博览中心举行，共计19家单位、380余人、10台车辆参演。

△ 江苏省督查组一行9人到建邺区督查水环境基础设施建设及水生态环境整治、仁恒国际广场项目。南京市委常委、常务副市长刘以安，市委督查室、市政府督查室主要负责人，市发改委、市统计局负责人，区负责人张俊、闵一峰、李方毅、宗仁陪同督查。

△ 南京市负责人一行到建邺区调研河西新城工作，现场视察国际博览中心三期建设工地、国际青年酒店，并听取工作汇报。区负责人张俊、闵一峰陪同调研。

14日 河西·建邺推进“两学一做”学习教育常态化制度化工作座谈会在区机关小礼堂召开。区负责人张俊、曹曙、周峰、侯峻、刘玉民参加会议。

△ 江苏省编办审改处处长李军国一行在南京市编办副主任张军的陪同下，到建邺区调研“县市区家家到”推进工作。玄武区、秦淮区、鼓楼区、建邺区、浦口区就学习贯彻省委书记李强5月15日讲话精神的具体举措、推进不见面审批（服务）改革进展情况、落实省委、省政府“3550”改革目标优化创业创新环境情况进行汇报交流。

15日 金融城集团一行到建邺区考察，区负责人张俊、闵一峰、李方毅参加接待。

△ 南京市委常委、组织部部长郭腊军一行到建邺区调研检查挂钩联系河道整治工作和河西新城建设情况，现场视察奥体北河、向阳河、国际青年文化中心、滨河风光带、河西生态公园等。区负责人张俊、刘玉民、宗仁陪同调研。

16日 江苏省第一家获批设立的民营银行江苏苏宁银行开业启动仪式在建邺区举行。开业现场，苏宁银行与建邺区政府签署入驻河西金融集聚区战略合作协议，与省国税局、省公共信用信息中心、南京市地税局、南京市公积金中心签署政银合作协议，与中国银行、交通银行、兴业银行、江苏银行等11家单位签署普惠金融合作协议。

20日 建邺会奖旅游发展研讨会在区机关多媒体会议室召开，区负责人闵一峰、杨晨参加会议。

21日 区政府负责人专题学法讲座在

区机关多媒体会议室召开，区政府全体负责人及区相关部门、园区、街道主要负责人参加会议。

22日 南京市负责人到建邺区调研公共停车设施建设管理工作，区负责人闵一峰、宗仁陪同调研。

23日 建邺区政府与阿里巴巴集团在杭州签署投资协议，阿里巴巴江苏总部项目正式落户建邺区。

27日 全区“263”专项行动工作推进会在区环保局会议室召开，区负责人闵一峰、宗仁、曹国圣参加会议。

29日 河西·建邺纪念建党96周年座谈会在区机关多媒体会议室召开，表彰江苏发展大会属地保障先进基层党组织、优秀共产党员及区“四星”党员、优秀党支部书记。河西管委会机关党委、各党支部书记，区各党工委主要负责人，部分先进基层党组织代表和优秀共产党员代表参加会议。

6月29日，建邺区召开纪念建党96周年座谈会。 （区委组织部 供稿）

7月

1日 南京市负责人及副市长华静、储永宏到建邺区检查水务工作，区负责人闵一峰、宗仁陪同检查。

△ 河西·建邺“旗帜鲜明讲政治”专题党课在区委党校报告厅举行，区委书记张俊主讲。区委、区人大、区政府、区政协及河西管委会全体负责人，河西管委会各处室、公司主要负责人，全体区管正职负责人、部分区管副职负责人参加学习。

3日 建邺区“旗帜鲜明讲政治”专题研讨会在区机关多媒体会议室召开。区委书记张俊主持会议，区委各位常委围绕“旗帜鲜明讲政治”主题依次交流发言。

4日 建邺区机构编制委员会2017年第一次会议在区机关多媒体会议室召开，区负责人闵一峰、曹曙、李方毅、刘玉民参加会议。

5日 建邺区获江苏省首批食品安全示范县（市、区）称号。

7月15日，第二届南京市坐标城市印迹定向赛在奥体中心启动。（区委宣传部　供稿）

△　建邺区国家安全会议在区机关多媒体会议室召开。区负责人张俊、周迅、芮铭珍、于刚、钱胜春以及市国安局副局长矫辉宁、市国安局区县办主任徐国银参加会议。

△　区负责人张俊、周迅一行调研区法院工作，现场视察诉讼服务中心、刑事法庭和临时羁押室、警队文化长廊、装备室、安保指挥中心、干警心理疏导区，并召开专题座谈会。

7日　江苏省委组织部副部长陆永辉一行到建邺区调研城乡社区治理工作，实地考察相关街道和社区，并在区机关2203会议室召开区负责人见面会，区委书记张俊汇报建邺区社区治理总体情况。

10日　江苏省编办主任俞军一行到建邺区督查“3550”改革推进落实情况，区负责人闵一峰、李方毅、赵建国陪同督查。

△　全区深入推进依法行政加快建设法治政府会议在区机关小礼堂召开，区负责人闵一峰、许联潮、王国平等参加会议。

11日　2017年建邺区妇女儿童工作会议在区机关多媒体会议室召开，区负责人闵一峰、夏晓燕参加会议。

△　新世界中国地产有限公司一行到建邺区考察，区负责人闵一峰、曹曙参加接待。

13日　区负责人张俊、周迅、宗仁、王国平一行调研公安分局工作，现场视察公安分局DNA实验室、合成作战办公室、指挥中心，并召开专题座谈会。

15日　第二届南京市坐标城市印迹定向赛在奥体中心启动。

17日　江苏省政府投资基金产业基金签约暨基金产业集聚区启动仪式在南京国际博览中心举行，江苏省政府投资基金产业集聚区正式落户建邺区。

20日　区负责人张俊、闵一峰、杨春燕、庄立、曹曙、张瑞国、杨晨及双拥领导小组成员单位走访慰问共建部队。

21日　区委书记张俊一行现场慰问国际博览中心三期、国际青年文化中心、中和村四期等工地工人。

24日　江苏省委常委、市委书记张敬华到建邺区专题调研，现场视察河西新城规划展示馆、国青会议酒店57楼、河西新城地下综合管廊，并在区机关召开座谈会。区委书记张俊陪同调研，区委、区人大、区政府、区政协全体负责人参加座谈会。

△ 江苏省政府全体（扩大）会议电视电话会议建邺区分会场在区机关多媒体会议室召开。区负责人闵一峰、高农生、李方毅、夏晓燕、赵建国、宗仁、王国平、曹国圣、杨晨、褚俊、杨薇及全区各部门、单位、园区、街道主要负责人参加会议。

26日 区负责人张俊、李方毅、宗仁、王国平、杨晨慰问高温天气工作在一线的公安干警和消防官兵。

27日 南京市委常委、政法委书记徐锦辉一行到建邺区调研“两学一做”学习教育常态化、制度化工作，现场视察莫愁湖街道水西门社区、兴隆街道奥体社区、区地税局，并在区机关召开座谈会。区负责人张俊、周迅陪同调研。

8月

3日 南京市负责人及副市长储永宏到建邺区检查背街小巷整治工作，区负责人闵一峰、宗仁陪同检查。

△ 浙江省湖州市长兴县党政代表团一行到建邺区调研，区负责人张俊、闵一峰、杨春燕、庄立、曹曙等陪同调研。

5日 团中央书记处书记徐晓一行到建邺区调研科技创新创业金融服务中心“米立方”和“C++青创空间”，团省委副书记司勇、团市委书记林武平、区委组织部部长刘玉民、团区委书记彭超陪同调研。

△ 《建邺年鉴（2016）》获全国地方志优秀成果（年鉴类）一等奖。

7日 中共建邺区委十一届四次全体（扩大）会议在区机关大礼堂召开。区委书记张俊代表区委常委会作工作报告，区委副书记、区长闵一峰作全区重大产业项目推进情况报告，会议通过中共建邺区委十一届四次全体（扩大）会议决议。区委委员、候补委员，区纪委委员，区人大、区政府、区政协党员负责人，区法院、区检察院、区公安分局负责人，河西管委会负责人，区人大、区政府、区政协非中共党员负责人等参加会议。

△ 建邺区河长制工作推进会在区机关多媒体会议室召开，区负责人闵一峰、宗仁、曹国圣参加会议。

8日 河西·建邺“对标找差赶超 提升发展质效”工作推进会在区机关多媒体会议室召开。区委、区人大、区政府、区政协全体负责人，河西管委会班子全体负责人，河西管委会各处室、公司负责人，全区各部门、单位副处以上负责人，社区党组织负责人，区第十一次党代会部分代表参加会议。

11日 区负责人闵一峰、王国平、曹国圣、杨晨带队开展安全生产大检查暨“263”专项行动检查。

12日 杭州市西湖区党政代表团一行

到建邺区考察，区负责人闵一峰、李方毅、宗仁参加。

15日 江苏省委常委、政法委书记王立科到建邺区调研公共法律服务中心，省委常委、市委书记张敬华及区委书记张俊陪同调研。

16日 区委、区人大、区政府、区政协原老领导情况通报会在区机关多媒体会议室召开，区委、区人大、区政府、区政协主要负责人参加会议。

17日 南京国际水务中心封顶仪式在新加坡·南京生态科技岛举行。

18日 建邺区深化社区网格化服务治理与综合行政执法工作推进会在区机关小礼堂召开。南京市委综治办主任曹谦荣、市民政局局长蒋蕴翔，区负责人张俊、闵一峰、杨春燕、庄立等出席会议。

△ 区负责人张俊、李方毅、宗仁、王国平、杨晨一行对全区一些重点企业展开安全生产检查，现场走访五洋大市场、际华3503服装厂、中石化金沙江东街加油站等重点企业。

20日 江苏省委常委、市委书记张敬华到建邺区调研沙洲西河河长制落实情况，并在市水务局会议室召开座谈会，区委书记张俊陪同调研。

22日 江苏省委常委、宣传部部长王燕文到建邺区调研侵华日军南京大屠杀遇难同胞纪念馆，江苏省委常委、市委书记张敬华及区委书记张俊陪同调研。

△ 建邺区会奖旅游联盟成立大会在国际青年会议酒店召开，南京市副市长胡万进及区负责人闵一峰、孙康龙、杨晨出席大会。

28日 南京市负责人及副市长胡万进到建邺区检查轮滑世锦赛筹备工作，区负责人闵一峰、杨晨陪同检查。

29日 南京市副市长华静到建邺区调研水源地保护及河道水质情况，区委副书记、区长闵一峰陪同调研。

9月

5日 建邺区纪委派驻机构改革动员部署会在区机关多媒体会议室召开。区委常委、纪委书记侯峻主持会议，区委常委、组织部部长刘玉民宣读人事任免决定，区纪委派驻纪检组组长代表游海兵、河西中央商务区管委会工委书记缪昌根作表态发言，区委书记张俊作讲话。

6日 江苏省科技厅厅长王秦一行8人到建邺区调研科技创新工作，现场视察河西新城规划展示馆、新城科技园展厅、越博动力公司。区负责人张俊、闵一峰、古国才、李方毅、赵建国陪同调研。

△ 河西·建邺游戏及电子竞技产业发展论坛活动在南京国际青年会议中心举办。南京市副市长胡万进、市政府副秘书长吴

秀亮、市经信委副主任郭玉宁、市体育局巡视员钮国玖，区负责人张俊、闵一峰、杨春燕、庄立等出席活动。

8日 江苏省省长吴政隆到建邺区莲花实验学校看望教师。

△ 2017年建邺区防范非法集资工作会议在区机关多媒体会议室召开，常务副区长李方毅参加会议。

9月8日，省长吴政隆（前右一）到莲花实验学校看望教师并与教师亲切握手。 （区教育局 供稿）

9日 由国家体育总局体育器材装备中心副主任叶春带队的国家体育产业示范基地实地考察专家组到建邺区考察，区负责人张俊、闵一峰、杨晨陪同考察。

11日 建邺区家长学校总校成立揭牌仪式在金陵中学实验小学举行。市教育系统关工委常务副主任施正东、区关工委常务副主任汤倩一出席仪式。

12日 重庆市南岸区区委书记郑向东一行到建邺区调研，参观河西新城规划展示馆、生态科技岛科创中心、国青会议酒店57楼、“南京眼”步行桥、鱼嘴湿地公园。区负责人张俊、曹曙、宗仁陪同调研。

13日 2017河西·建邺金秋经贸洽谈会在南京国际青年文化中心开幕，区委、区人大、区政府、区政协全体负责人出席开幕式。此次金洽会以“绘锦绣建邺，建城市中心”为主题，建邺区共计签约项目40个，总投资510.8亿元，其中投资额亿元以上项目28个。

△ 江苏省委常委、市委书记张敬华在市机关大礼堂东会议室会见新加坡驻华大使罗家良一行6人，区委书记张俊参加会见。

△ 全省深入推进“不见面审批（服务）”改革电视电话会议建邺区分会场在区机关多媒体会议室召开，区负责人闵一峰、赵建国参加会议。

14日 区法院与南京大学法学院共建实证法研究中心签约及揭牌仪式在区法院举行，南京大学法学院院长叶金强、副院长王太高、法硕办主任咸鸿昌以及区法院全体负责人、中层干部参加仪式。

15日 由区科协、区教育局、河西CBD

管委会主办，米立方开放创意实验室、河西CBD关工委、建邺科技创新创业金融服务中心承办的“小小创客DIY体验活动日”在建邺新城小学北校区举办。

△ 江苏省委常委、市委书记张敬华到建邺区专题调研生态科技岛工作，区负责人张俊、曹曙、李方毅陪同调研。

△ 苏州市委组织部到建邺区调研，参观河西新城规划展示馆、江苏大剧院、国际青年会议酒店、“南京眼”步行桥、鱼嘴湿地公园白鹭广场、河西生态公园。区委书记张俊陪同调研。

20日 中国银行河西支行开业典礼在建邺区欧洲城广场举行，区负责人张俊、李方毅、周峰、刘玉民参加活动。区委常委、组织部部长刘玉民和中国银行江苏省分行党委组织部部长孙志辉就中共中国银行江苏省分行南京地区委员会与中共南京市建邺区委员会签署党建共建协议。

△ 由区发改局、区科技局、河西CBD管委会共同主办的2017科创金服引智融资峰会在建邺科技创新创业金融服务中心举办。

21日 浙商银行河西支行开业仪式暨应收款链平台业务推介会在河西CBD举行，区委书记张俊出席活动。

△ 迎接江苏省“百日攻坚”行动专项督查工作会在机关多媒体会议室召开。省信访局副厅职督查专员周庆祝，南京市委副秘书长、信访局局长孔祥勇，区负责人张俊、周迅、王国平、褚俊参加会议。

26日 建邺区最美家庭表彰暨事迹报告会在江苏省妇女儿童活动中心奥体分部礼堂举行。南京市妇联副主席魏群，建邺区委常委、组织部部长刘玉民、市妇联儿童部部长司健以及建邺区纪委、组织部、宣传部、区妇联等部门负责人参加活动。

29日 杭州市人大常委会主任于跃敏一行到建邺区调研，参观滨江风光带展示馆。区委书记张俊陪同调研。

△ 意大利驻沪总领事馆副总领事兼商务领事穆岚朵及意大利Itality公司总裁一行到建邺区参观访问，区负责人张俊、曹曙参加接待。

30日 江苏省副省长蓝绍敏一行到建邺区督查水源地整治工作，区负责人张俊、闵一峰、曹国圣陪同督查。

10月

9日 由中央网信办副主任庄荣文带队的中央督导组到建邺区督查迎接党的十九大安保维稳工作。江苏省公安厅党委书记、厅长刘旸，省委网信办主任徐缨，南京市副市长、市公安局党委书记、局长孙建友，区负责人张俊、闵一峰、曹曙、王国平、杨晨、褚俊及区公安分局局长钱胜春参加会议。

△ 小米科技华东总部项目签约仪式在

南京国际青年会议中心中华厅举行。江苏省委常委、市委书记张敬华，小米科技创始人、董事长雷军，区委、区人大、区政府、区政协相关负责人参加活动。

10日 江苏省委常委、市委书记张敬华到建邺区调研南湖社区卫生服务中心工作，区委书记张俊陪同调研。

△ 南京市委常委、常务副市长刘以安一行专题调研生态科技岛工作。区负责人张俊、曹曙、李方毅陪同调研。

11日 建邺区兴隆街道残疾人之家负责人艾荣华家庭获江苏最美家庭称号。

△ 由江苏省公安厅国保总队调研员夏祖云带队的省、市督查组对建邺区社会矛盾和安全隐患大排查大整治开展联合督查。区负责人张俊、周迅及区法院院长芮铭珍参加工作汇报会。

△ 南京市负责人到建邺区督查"263"专项行动有关工作，区负责人闵一峰、曹国圣陪同督查。

12日 团区委在南湖第一小学举行"喜迎十九大，我向习爷爷说句心里话"庆祝第68个建队日活动暨"梦想合伙人——社区营地"项目启动仪式。团市委副巡视员曲征宇、市教育局副巡视员杨林国、区委组织部部长刘玉民等出席活动。全区各小学校长、大队辅导员以及南湖第一小学师生参加活动。

△ 建邺区质量强区工作暨商标战略工作大会在区机关小礼堂举行，区负责人闵一峰、夏晓燕参加会议。

17日 南京市副市长华静到建邺区检查黑臭河道整治工作，区负责人宗仁陪同检查。

18日 建邺区在区机关多媒体会议室组织收看党的十九大开幕会现场直播。区委、区人大、区政府、区政协负责人参加观看。

19日 区负责人张俊、宗仁、王国平检查侵华日军南京大屠杀遇难同胞纪念馆周边环境整治工作。

10月20日，区委书记张俊带队赴南京大学对接"两落地、一融合"工作。
（区委宣传部　供稿）

10月30日，建邺区举办第十三届全民终身学习活动周开幕式暨建邺老年开放大学揭牌仪式。（区教育局　供稿）

20日　区委书记张俊带队赴南京大学对接“两落地、一融合”工作。

23日　南京市委常委、组织部部长郭腊军到建邺区检查挂钩联系河道整治工作，现场视察向阳河、万达广场片区雨污分流项目、汇锦国际小区排污点整改工程、奥体北河，并在兴隆街道召开工作座谈会，区委书记张俊陪同检查。

27日　河西·建邺学习传达党的十九大精神大会在区机关大礼堂召开。区委副书记、区长闵一峰主持会议，区委书记张俊传达党的十九大精神。区委、区人大、区政府、区政协全体负责人，河西管委会班子全体负责人，区各部门、单位副处以上负责人，河西管委会各处室、公司负责人参加大会。

30日　建邺区沙洲街道“宣德堂”被全国终身学习活动周工作小组、中国成人教育协会评为2017年终身学习品牌项目。

△　建邺区第十三届全民终身学习活动周正式开幕。开幕式上，区委副书记曹曙、市教育局副局长潘东标为建邺区老年开放大学揭牌，一批社区教育优秀志愿者、百姓学习之星、数字化学习先进个人受到表彰。

11月

2日　江苏省人大代表第四组代表一行10人到建邺区考察，并参观国际青年会议酒店、“南京眼”步行桥、鱼嘴湿地公园（南京水运文化展示中心）、河西生态公园、大江侧风光带示范段、江岛科创中心规划展示馆。区委书记张俊陪同考察。

△　河西·建邺安全稳定工作总结表彰暨国家公祭活动属地保障部署会在区机关小礼堂召开。区负责人张俊、闵一峰、曹曙、周峰等参加会议。

3日　南京市负责人到建邺区检查两岸企业家紫金山峰会及大陆台资企业产品展销会组织保障工作，区负责人张俊、闵一峰陪同检查。

4日　基本公共服务均等化工作推进会在区机关多媒体会议室召开，区负责人闵一峰、高农生、李方毅、夏晓燕等参加会议。

△　南京市副市长储永宏到建邺区检查紫金山峰会场馆周边环境，副区长宗仁陪同检察。

7日　中央宣讲团党的十九大精神报告会电视电话会建邺区分会场在区机关多媒体会议室召开。区委、区人大、区政府、区政协负责人，全区各部门、单位，各功能园区、办事处主要负责人参加会议。

△　侵华日军南京大屠杀遇难同胞纪念馆三期工程获2016~2017年度中国建设工程鲁班奖。

9日　紫金之夜暨知识产权拍卖会在南京国际青年文化中心举行，区负责人张俊、闵一峰、李方毅、赵建国出席活动。

10日　紫金知识产权国际峰会建邺专场活动在南京国际青年文化中心举行，南京市副市长蒋跃建、市法院院长胡道才及区负责人张俊、闵一峰、杨春燕、庄立、李方毅、赵建国出席活动。

△　2017年度建邺区委常委会专题民主生活会在区机关大楼会议室召开。区委书记张俊主持会议，传达市委常委会相关精神，并就开好专题民主生活会提出要求。张俊、闵一峰、曹曙、李方毅、夏晓燕、周峰、张瑞国、侯峻、姜巧玲、周迅、刘玉民、赵建国12位常委依次开展批评和自我批评。

13日　建邺区党员干部学习贯彻党的十九大精神专题培训班在区机关大礼堂举办，全体市管、区管干部及各社区党组织书记参与培训。

16日　河西·建邺深入学习贯彻党的十九大精神专题辅导报告会暨建邺区区管干部轮训班在区机关大礼堂召开。区委副书记、区长闵一峰主持会议，区委书记张俊作专题辅导报告。

17日　全区国家安全工作培训会在区委党校召开。区国安办主任杨卫华主持，区委书记张俊作了开班动员，南京市国家安全局副局长矫辉宁讲话，区委常委、政法委书记周迅就下一步全区国家安全工作进行部署。

18日　区负责人张俊、闵一峰、杨春燕、庄立、李方毅、夏晓燕、宗仁、王国平、杨薇、钱胜春走访金鹰世界，金鹰集团董事长王恒陪同参观并介绍金鹰世界有关情况。

△　南京非物质文化遗产专业学院揭牌仪式在莫愁中等专业学校非遗学院新校区举行，言恭达、杜伟生等16位艺术大师和非遗传承人受聘成为专业导师。江苏省委宣传部副部长徐宁、省教育厅副厅长曹玉梅，南京市委常委、宣传部部长曹路宝，副市长胡万进，市教育局局长孙百军，市文广新局副局长徐莉莉，区负责人张俊、闵一峰、高农生、周峰、汤志平、郁宁一出席活动。

20日　“情暖金陵”2017年南京市暨建邺区“慈善一日捐”启动仪式在区文化艺术

中心启动，区负责人张俊、闵一峰、杨春燕、庄立、杨晨出席活动。

22日 科大讯飞南京区域总部项目签约仪式在南京国际青年会议中心举行。副市长刘以安，区委、区人大、区政府、区政协主要负责人出席活动。

24日 副市长储永宏到建邺区调研城市精细化建设管理工作，区负责人闵一峰、宗仁、王国平陪同调研。

△ 建邺区“大众创业，万众创新”立功竞赛活动总结部署会在中冶华天大礼堂召开，区负责人张俊、夏晓燕、刘玉民、汤志平、郁宁一参加会议。

27日 第二届新加坡·南京生态科技岛国际水环境治理高峰论坛在生态科技岛科创中心会议室召开。区负责人张俊、闵一峰、杨春燕、庄立、曹曙、赵建国参加活动。

29日 党的十九大精神宣讲会在莫愁湖街道机关会议室召开。副区长、莫愁湖街道党工委书记王国平主持会议，区委书记张俊作党的十九大精神宣讲。

12月

1日 建邺区被国家体育总局授予国家体育产业示范基地称号。

2日 区委、区政府印发《关于设立南京河西新城高新技术开发区的通知》（建委发〔2017〕144号），成立南京河西新城高新技术开发区筹备组，区委常委、常务副区长李方毅任组长，区委常委、副区长赵建国任副组长，区委办、区委组织部、区编办等部门负责人为组员。

△ 江苏省委常委、南京市委书记张敬华及中办前站组察看侵华日军南京大屠杀遇难同胞纪念馆史实展、公祭仪式演练，并召开现场协调会。区委书记张俊陪同检查。

3日 南京新城高新区成立揭牌仪式在新城科技园举行，区负责人张俊、闵一峰、曹曙、刘玉民、赵建国出席活动。

4日 南京市负责人调研城市管理工作，现场视察建邺区左邻风度小区、侵华日军南京大屠杀遇难同胞纪念馆2号门。区委书记张俊陪同调研。

5日 在第十届中国会议产业大会（CMIC）上，建邺区获2017中国最具品牌价值会奖目的地大奖。同时，位于建邺区的南京万达银燕航空国际旅游有限公司、南京满程会议服务有限公司获2017中国最佳服务会议公司称号，南京国际青年会议酒店获2017中国最佳服务会议中心称号。

△ 全区负责干部大会在区机关多媒体会议室召开。区委、区人大、区政府、区政协全体负责人，区法院、区检察院主要负责人，区管正职负责人，垂直管理部门正职负责人参加会议。

9日 区负责人闵一峰、周峰、周迅、宗仁、王国平、曹国圣、杨晨、钱胜春现场检查国家公祭活动属地保障工作，并在江东管委会会议室召开座谈会。

10日 国家公祭活动筹备工作会在市级机关礼堂会议室召开推进。区委书记张俊参加会议并汇报建邺区属地保障工作开展情况。

11日 南京市委常委、政法委书记徐锦辉到建邺区督查国家公祭仪式安保维稳工作，现场检查制高点管控情况、安检验证措施、江东商贸区管委会信访人员分流点工作开展情况，并在江东管委会会议室召开座谈会。区负责人张俊、周迅、王国平、钱胜春陪同检查。

12日 区负责人张俊、闵一峰、曹曙走访检查建邺区各街道维稳及安全生产工作。

△ 建邺区数字档案室被国家档案局授予全国示范数字档案室称号。

13日 南京大屠杀死难者国家公祭仪式在侵华日军南京大屠杀遇难同胞纪念馆举行，中共中央总书记、国家主席、中央军委主席习近平出席仪式，全国政协主席俞正声出席仪式并讲话。同日，南京大屠杀死难者上新河丛葬地悼念活动在侵华日军南京大屠杀遇难同胞上新河丛葬地举行。

15日 基层政务公开标准化规范化专题会议在区机关多媒体会议室召开，区负责人闵一峰、李方毅、曹国圣参加会议。

21日 中国（第三届）应用游戏大赛新闻发布会在中国（南京）游戏谷数字平台演播厅举行，区负责人闵一峰、李方毅、周峰出席活动。

25日 建邺区兴隆街道奥体社区、莫愁湖街道文体社区被民政部授予2017年全国综合减灾示范社区称号。

26日 2017年度抓基层党建和落实全面从严治党主体责任述职会议在市机关礼堂会议室召开。区委书记张俊参加会议，并向市委作会议述职。

27日 学习贯彻党的十九大精神高标准加快建设城市中心务虚会在区机关多媒体会议室召开。区委、区人大、区政府、区政协全体负责人及区部门、园区、街道主要负责人参加会议。

29日 区委十一届五次全体会议在区机关大礼堂召开。区委委员、候补委员，区纪委委员，区人大、区政府、区政协党员负责人，建邺公安分局、区检察院、区法院主要负责人，市河西管委会负责人，区人大、区政府、区政协非中共党员负责人，区级机关各部门、各街道、各直属单位副处级以上负责人，市河西管委会各处室、公司主要负责人，社区党组织主要负责人参加会议。

功能园区

Functional Parks

江东商贸区

【概况】南京江东商贸区地处河西新城北部地区，北起汉中门大街，南至应天大街，西起滨江风光带，东至外秦淮河，区域面积约10平方千米，其中，核心区面积约2.5平方千米，辐射区面积约7.5平方千米。南京江东商贸区与老城相接，南连河西中央商务区，西隔长江与江北新区相望，是河西新城贯通南北的中心，既拥有老城区较为完善的基础商业设施和稳定人流量，又具有河西新城、江北新区广阔的腹地。区域内公共交通发达，地铁二号线贯穿其中，过江通道连接江北江南。江东商贸区便利的交通、独有的区位优势、丰富的旅游资源和庞大消费群体，形成园区商务、商贸和文化旅游3大主导产业，表现为现代贸易、现代服务业、电子商务、文化创意、总部经济、保险、旅游等多业态共存发展的良好态势。

2017年，江东商贸区管委会完成地区生产总值55亿元，占年度目标任务103.77%，服务业增加值51亿元，占年度目标任务102%；文化产业增加值占GDP比重达3%；一般公共预算收入产业发展6.04亿元，占年度目标任务100.67%，税收总量7.82亿元，占年度目标任务103.58%；社会消费品零售总额98.86亿元，占年度目标任务102.58%；全社会固定资产投资51亿元，占年度目标任务127.5%；引进注册资金500万元以上企业49家，其中千万元以上25家；引进规模电商29家，其中500万元以上13家，均达序时进度；实际利用、服务贸易、外资出口总额、软件和信息服务业收入以及科技创新、产业培育等指标都按序时进度完成。

3月1日，江东商贸区管委会召开2017年党风廉政责任书签订大会。
（江东商贸区管委会 供稿）

【地块运作】江东15号地块，已完成城市设计研究和云锦城概念性建筑方案设计，领取规划设计要点，

江东商贸区 （林琨 摄）

完成地灾评估、环境影响预评价、测绘、市政意见征求、水务意见征求、用地预审，进行地价测算，挂牌条件和开发建设协议研究，启动挂牌前期手续；与维格娜丝公司进行多次谈判工作，初步明确置换路径。

低效地块再开发，迎宾菜场地块城市设计已基本完成，督促金陵交运集团尽快根据南京市规划和区专题会要求，完成建设方案研究并编制低效地块实施方案，上报南京市政府审批；港华燃气地块城市设计正在进行优化调整。

【重点项目建设】重点产业项目，世茂国际广场，住宅完成基坑支护及桩基施工，进行土方开挖、地下室施工。商办完成试桩，进行支护施工。1号地综合体项目，售楼处B0板钢筋绑扎完成70%，公寓楼1层顶板钢筋绑扎完成50%，桩基施工完成30%。金鹰世界，于11月18日商场裙房开业；T1：核心筒施工至65层；T2：核心筒封顶；T3：核心筒封顶。江东门社区中心和滨湖派出所建设工程，主体封顶，完成主体结构四层的浇筑，进行1层、2层内外墙砌筑。续建涵碧楼项目已竣工验收。

基础设施项目，所街南下沉式广场，完成围护结构施工，正在进行首通支撑施工及土方开挖前各项准备工作。金鹰北广场衔接段，完成金鹰衔接段装修、引水箱涵施工、所街道路恢复、江东路人行道恢复及正式接水接电等工作。金鹰地块外供电，于7月20日送电竣工。云锦路断面改造工程、金鹰绿地工程，均按期于10月底完工。江东门北街（江东路至燕山路段）道路建设工程，5月10日按要求工程完工并开放通行。5月10日前5号地块、1号地块沿江东路广告围挡全部按标准重新制作，宣传画面也按全市统一要求更换到位。江东门地下人行通道，5月1日正式对市民开放。江东地区标识系统项目，于10月底完成。所街道路综合整治，云锦路至西城路段于11月10日完成。建邺区国税办税服务厅装修，于11月底完工，并经验收合格后向区国税局进行移交。

其他突击性任务，北圩路8号渣土清运工程、绿化彩化工程、地下空间研究，江东门小学拆除及渣土清运工程，金盛装饰城地块绿化带景观提升工程，均按时间节点保质保量顺利完成。

【税收组织】税源属地，成立企业属地化管理工作组，每天走访排查，深入企业采集基础信息，对梳理出来的异地企业实行“一户一档”，详细登记企业基础信息，以及企业属地推进情况、存在问题及支持程度等。在征得企业同意后，采取“培训辅导督促变更”和“全程帮办帮助变更”方式做好属地工作。为主动提出地址变更的企业实行帮办服务，开辟绿色通道，方便企业办理相关手续。共梳理出异地企业327户，完成三证（工商营业执照、组织机构代码证、税务登记证）变更188户，实现税收属地55家，年税收总收入约3200万元。企业扶持，严格实行建邺区企业扶持政策，对达标企业实行相应政策优惠和资金扶持，并及时下拨到位，加快落实产业扶持政策。加强政策宣传，定期组织相关企业进行业务培训，帮助企业了解最新优惠扶持政策。通过上门拜访、微信微博、电话短信、定期组织政策解读会等方式，宣传解读区产业扶持政策，并对符合政策的企业进行申报扶持资金材料准备方面的业务培训。组织园企活动，促进园企关系。举办“园企共商区域经济与产业发展论坛”主题活动；组织园区企业举行各项联谊活动；邀请国地税专业人员，为辖区企业开展营涉税业务培训。

【主导产业招商】载体招商，建立招商载体窗口表，定期维护更新企业入驻情况，动态掌控载体空置面积信息，为企业落地做好引导、支撑和选择。同时通过加强与产权单位的联系沟通，及时掌握西城广场、南湖路1号项目、西祠街区、金基广场等载体资源情况，与产权单位共同推进招商。引进“极客站”众创空间项目落地西城广场，并达成招商合作协议。引进“创客邦”众创空间项目落地南湖路1号。接洽神州企橙（北京）、浙江漂牛文化、全球贸易通、敦煌网、慧聪网、

10月19日，南京市建邺区江东商贸区商会正式成立。
（区委统战部　供稿）

银泰网等知名电商企业，为新载体招商储备企业资源。重点产业项目，紧盯金鹰世界、涵碧楼项目，加强招商对接，促进入驻商户属地注册、纳税，同时协助做好开业前各项服务工作。跟踪世茂5号地、新城控股1号地方案设计、业态分布、前期手续、外资进入等重要环节，及时掌握项目推进信息。

【园区人才引进】洽谈各类创业人才50人次，组织指导30名创业人才参加（区级）高层次创业人才网上申报，28人通过资格审查（满额完成申报数），6名人才顺利入选（区级）高层次创业人才计划，该6人均完成公司注册，并参加（市级）高层次创业人才网上申报，其中3人通过。组织9家企业申报第三批高新技术企业，8家被认定为第三批高新技术企业。孵化器新增在孵企业15家。累计专利申请量750项、发明专利申请量283项；指导2家科技企业申报创新型企业家培养计划，科技服务业总收入27.2亿元。建邺江东人才基地创建，与南京泰秘信息科技有限公司合作共建“建邺区江东人才基地”，面积450平方米，主要为入选高层次创业人才企业使用，人才基地向人才企业提供优质孵化管家服务。

【风险企业排查】开展防范金融风险和打击涉众投资类活动专项行动，对南京钱道生物科技有限公司等40余家涉众投资风险企业逐一开展走访排查，并联合工商、公安、物业等对涉案企业进行处置，及时将情况反馈区有关部门。同时，加大打击非法金融活动宣传力度，营造良好营商环境。

【园区主题培训】组织策划“江东思享汇”园区系列主题培训活动，遵循“每月都有活动，每次都有主题”的原则，提高参训人员自身修养和能力，优化工作状态，完善团队建设，促进参训人员的交流互动，2017年共举办9场主题活动。

【园区综合管理】安排专人维护万达周边绿化及管养工作。完成各工地和管养项目及周边干道、公交站台的保洁和清扫工作，完成江东门地下通道、所街通道、云锦路天桥、云河路公共设施的管养工作。通过增加巡查力度，召开环保工作例会，做好辖区内自建工地和社会工地的扬尘管控。及时根据区下达问题整改菜单，开展环境整改工作。协调乐基广场开展国家安全展板宣传，共展出32块展板，悬挂宣传横幅42条，主动处理辖区内各建设工地项目出现的劳资纠纷和各类矛盾，共协助处理相关矛盾20余起。完成系列会议服务保障工作。突出做好重大节点大型商业场所和建设工地安全生产检查，同时配合相关部门做好特种设备及特种行业安全工作检查。严格落实企业主体责任制，组织开展“落实企业安全生产主体责任提升年”活动，引导企业严格落实安全生产法定职责和义务，与各有关单位签订安全生产目标管

3月8日，区人大常委会负责人走访江东商贸区管委会人大代表。
（江东商贸区管委会　供稿）

理责任书，形成各尽其责、层层落实的安全生产责任体系，确保辖区内无责任生产事故发生。（江东商贸区管委会）

南京新城科技园

【概况】南京新城科技园于2003年经南京市政府批准成立，位于河西新城东南部，规划面积10平方千米，核心区4平方千米（北起应天大街，南到绕城公路，西至泰山路，东依南河），辐射区6平方千米（向西辐射至庐山路），是南京市主城区规模最大、产业集聚度最高高新科技产业园及总部基地。先后被授予“国家广告产业园”“国家电子商务示范基地”“国家移动互联特色产业基地”“中国（南京）游戏谷”“国家版权示范园”5个国家级特色产业园和“江苏省现代服务业集聚区”“江苏省软件和信息服务产业园”“江苏省科技产业园”“江苏省文化科技产业园”“江苏省版权示范园”5个省级特色产业园。园区产业在经历最初引进各种科技型企业“兼容发展”，转向针对广告创意、游戏动漫、电子商务、生命科技4大主导产业“聚焦发展”，再到现在集中精力做好移动互联、文化创意特色产业“特色发展”3个发展阶段。

2017年，南京新城科技园主导产业发展能级显著提升，文化创意产业累计集聚企业750余家，实现税收总收入近8.5亿元；移动互联产业累计集聚企业350余家，实现税收总收入近7亿元。以中核华兴、中冶华天和苏交科等为代表的总部企业集群，实现税收总收入超5亿元。

【产业招商】2017年，新引进企业数注册资金500万元以上300家，其中，千万以上190家。阿里巴巴华东有限公司、小米科技华东总部等一批产业带动力强、影响高、区域辐射大的龙头企业入驻园区，带动一批“生态圈”“产业链”企业伴随入园。阿里巴巴（江苏）教育科技有限公司、传云网络科技（南京）有限公司、有品（南京）商贸有限公司、南京遍宇联动科技有限公司、《扬子晚报》社、大地保险、司麦尔文化、艾丽斯广告、群顶科技、林洋电力、百瑞赢等知名企业入驻园区。舜禹信息、新与力等6家园区企业入选苏南国家自主创新区首批“瞪羚企业”，园区自主培育的人才企业越博动力获批上市。

【科技创新】2017年完成高新技术企业申报数29家，新增高新技术企业14家，申报研究生工作站3家，江苏省邮规院、江苏省出入境检验检疫局等7家单位被认定为“2017年南京市工程技术研究中心”，天泽信息等3家企业获批“2017年省国际科技合作项目”。2017年，园区申请专利971件，申请发明专利450件。园区累计建成科技创业载体252平方米，科技服务业总收入完成112亿元，科技创业投资达2.1亿元。

【创业孵化】园区成功获批江苏省留学生创业园，新增1家省级众创空间“创客家”，园区的盛世堂、荟行空间2家民营众创空间申报成功市级众创空间，年度新增在孵企业数46家，新增毕业企业数8家。

【人才引进】按照要求序时推进，完成高层次创业人才引进计划（区级）入选目标30个，组织进行高层次创业人才引进计划（市级）评审工作。14家企业申报南京市创新型企业家培育计划，2家企业申报南京市顶尖专家集聚计划。

【企业服务】2017年园区7家企业入选“建邺区优秀科技创新企业”（全区10家），43家企业共52个项目获得“区科技创新项目奖励”，奖励资金达488.3万元，占全区的73%。申报“建邺区科技创新能力提升计划”，18家企业共22个项目评估中。全年有60家企业共计70个项目获得区内各项科技成果转化扶持奖励。

9月6日，区长闵一峰在河西·建邺游戏及电子竞技产业发展论坛上致辞。（区发改局　供稿）

【产业载体项目建设】园区2017年重点产业载体项目10个，在建310万平方米。形象进度及固定资产投资均达到或超过序时进度。综合体A约30万平方米载体完成竣工验收并交付，综合体B约41万平方米载体基本建成，已进入验收工作阶段。园区投入10亿元，实施重点环境建设项目18项。南河风光带片区整治加快推进，实施A、C、D、E地块道路新建、翻修出新、绿化栽植、交通设施完善及沙洲东河东岸景观提升等系列项目，打造园区市政基础设施优质环境，完成云龙山路、富春江东街、楠溪江东街。创意路、广聚路、嘉陵江东街和白龙江东街等市政道路近2600米整治提升工程并移交市政部门管养，绿化面积1500平方米整治工作，安装路灯近100套、交通信号设备设施90余组，渠化道路标线2100米。

3月28日，“我有话对区长说”——民营企业家代表座谈会在新城科技园烽火科技大厦召开。（区委统战部 供稿）

延伸阅读1

建邺区8亿元打造南河风光带

建邺区投资8亿元打造的南河风光带项目，正在紧锣密鼓推进中，已雏形初现。南河风光带地处南京新城科技园，它南起雨润大街、北至应天大街、东起南河、西至泰山路，约4平方千米。长期以来，南河片区建筑物老旧，居民生存环境较差；河道两旁杂草丛生，路面老化，由于生活垃圾及污水排放，水质污染严重，部分地段出现河道淤塞；再加上片区内基础配套设施不足，与河西新城功能定位差距较大，这些都在很大程度上破坏城市形象和城市品位，不能满足新城建设发展的步伐和群众日益增长的物质和文化生活需求。为改革这一现状，建邺区2017年投资8亿元，启动南河片区环境整治提升工程，打造南河风光带。该项目也被确定为2017年南京市重大项目。按照整治规划，南河风光带片区被划为ABCDE五大地块。每个地块的整治，将以水环境、道路街巷、市容市貌、城市杆线等为重点，以净化、洁化、序化、美化、绿化、亮化这“六化”为抓手，最终达到河

11月29日，2017年度省级留创园、市级留创园授牌仪式在新城科技园举行。 （柴林子 摄）

道清洁、道路平整、市容整洁、标志规范、设施可靠、夜景亮丽、管理有序、空气质量改善的目标，以此打造天蓝、地绿、水清、路畅、城靓的城市环境。

【省级留创园挂牌】11月29日，南京新城科技园挂牌省级留创园。“2017年度江苏省级留创园、南京市级留创园授牌仪式暨留学人员创新创业论坛”在南京新城科技园数字平台影厅举行。本次授牌有2家单位挂牌“江苏省省级留学回国人员创新创业园”，7家单位挂牌“南京市级留创园”。南京新城科技园是本次挂牌的2家“省级留创园”之一。2016年初，南京新城科技园内的“南京市留学生创业园”正式获批，面积约6万平方米。园区已经有30余家留学生创业企业落户，主要是覆盖软件、互联网+文化创意、检测检疫等领域。

【版权产业发展】南京新城科技园推进版权产业集聚和版权管理保护，近百个传媒影视业、出版业、广告业、机软件、游戏动漫和数据处理的相关企业纷纷在园区落户安家。园区充分落实行之有效的制度，加强版权产业的发展引导，以及知识产权的保护，形成鼓励自主创新的氛围、企业注重版权登记，园区著作权登记数量不断攀升，年增长率达30%以上。园区先后被授予“江苏省版权示范园区”及“全国版权示范园区（基地）”的称号。

【移动互联产业发展】园区内的南京国家移动互联特色产业基地已建成国内首家移动互联全球研发中心、国内领先的移动互联网安全监测、移动互联网应用托管、通信软件测试、城市空间地理信息系统等一批公共技术服务平台，为移动互联企业的发展提供技术和服务支撑。园区移动互联产业已集聚阿里江苏总部、小米科技华东总部、有货、行狐电商、边城户外、群顶科技、林洋电力、烽火科技、天泽信息、联迪恒星、华康信息等科技型企业350余家，2017年已实现税收8.5亿元。其中，移动互联产业以企业集群化、产业高度化、园区城市化、生态园林化为目标，初步形成以云计算、大数据、人工智能、电子商务、物联网为发展方向和重点，以建设宽带、泛在、融合、安全的信息网络基础设施为主线，加速以互联网为基础的现代服务业发展。坚持点、面结合，既全面聚集优秀企业，促进集群发展；又重点培育优势企业，鼓励创新、创业，夯实产业发展基础。

【游戏动漫产业发展】南京新城科技园的中国（南京）游戏谷，集聚咪咕互娱、炫彩互动、原力动画及新引进的河马动画、玛岸网络等知名企业230余家，游戏动漫产业集群效益凸显。其中，咪咕互娱、炫彩互动等龙头企业还牵头推进游戏产业链合作，打造由政府、电信运营商、游戏开发商、游戏运营商、游戏渠道商和广大用户等组成的“金色游戏产业链”，加快推动相关产业集聚发展。9月6日，国际性移动游戏赛事国际移动游戏大奖（IMGA）中国与南京市建邺区新城科技园正式签约，该国际游戏大赛永久落户建邺。

（新城科技园管委会）

12月21日，中国（第三届）应用游戏大赛新闻发布会在新城科技园召开。

（新城科技园管委会　供稿）

河西中央商务区

【概况】南京河西中央商务区（河西CBD）位于南京河西新城区中心位置，占地面积22平方千米，核心区占地3.5平方千米，是江苏省和南京市打造的泛长三角区域金融中心核心功能区。河西CBD先后被授予“国家电子商务示范基地”“江苏省现代服务业集聚区”“江苏省创业投资集聚发展示范区”“江苏省金融改革创新试点区”“江苏省科技金融服务中心”。获得“南京市金融创新奖”“南京市五一劳动奖状”“南京市双创立功竞赛先进单位”等荣誉。

自2002年南京市区划调整后，河西新城规划建设就提出打造“河西金融集聚区”“南京保险创新试验区”等发展理念，2005年正式启动河西金融集聚区相关规

6月27日，河西中央商务区召开党建工作座谈会。

（河西CBD管委会　供稿）

划。2008年南京市明确将河西CBD定位为南京市金融总部核心区。2011年，南京市出台《关于进一步加快全市金融改革创新发展的若干意见》。2012年发布《南京区域金融中心建设规划（2011~2020年）》，明确"南京区域金融中心核心功能区"的战略地位。2013年，国家《苏南现代化建设示范区规划》支持河西CBD建设为"南京区域金融中心核心功能区"。2017年，《南京市"十三五"金融业发展规划》强化将河西CBD定位为泛长三角区域金融中心核心功能区。

10月25日，河西中央商务区举办党建知识竞赛活动。

（河西CBD管委会　供稿）

河西CBD累计入驻各类金融及准金融机构近500家，包括首都银行、永丰银行、华泰证券等法人总部15家，各类省级以上金融一级分支机构91家；各类产业基金、股权投资、创业投资机构220余家，总募集资金规模将超过4000亿元。金融城一期全面投入使用，金融税收属地改革取得突破，新引进金融机构72家。其中，法人总部4家（江苏省交通控股财务公司、南京证券、苏宁银行和江苏省金融租赁公司）。2017年，全省首家民营银行苏宁银行签署合作协议、"江苏省政府投资基金集聚区"设立、"阿里巴巴"江苏总部、小米科技华东总部、彰化商业银行(中国)有限公司等相继落户河西CBD,必将成为金融产业发展和创新改革的新高地。

2017年河西CBD完成地区生产总值165亿元,为年计划的103.13%;完成全社会固定资产投资144亿元,为年计划的110.77%;完成社会消费品零售总额82亿元,为年计划的102.04%;完成服务业增加值159.8亿元,为年计划的103.1%。此外,外经、科技及产业培育和重点项目推进等相关指标均达到或超过序时进度,河西CBD已聚集各类企业4200余家,就业人数达4万余人。

延伸阅读2

全国首家农业全产业链上市公司
苏垦农发成功登陆沪市

全国首家农业全产业链上市公司江苏省农垦农业发展股份有限公司(简称苏垦农发、股票代码601952),5月15日在上海证券交易所成功上市。苏垦农发生产经营实现高度机械化、组织化、规模化、标准化,以全省1.34%的耕地生产全省3%以上的粮食,提供40%的稻麦种子。苏垦农发成为江苏规模最大、全国农垦系统首家国有农业上市公司。

南京广博装饰股份有限公司股票
在全国中小企业股份转让系统成功挂牌

10月31日,根据根据《中华人民共和国公司法》《中华人民共和国证券法》《国务院关于全国中小企业股份转让系统有关问题的决定》《非上市公众公司监督管理办法》《全国中小企业股份转让系统业务规则(试行)》等有关法律法规、部门规章及相关业务规则,经全国股转公司审查,同意南京广博装饰股份有限公司股票在全国中小企业股份转让系统挂牌,转让方式为协议转让。申请挂牌时股东人数未超过200人,按规定中国证监会豁免核准公司股票公开转让,公司挂牌后纳入非上市公众公司监管。

表2　2017年河西CBD新增主板或新三板上市企业名单

序号	名　　称	上市时间
1	江苏省农垦农业发展股份有限公司(简称苏垦农发、股票代码601952)	5月15日在上海证券交易所上市
2	南京广博装饰股份有限公司(股票代码:872364)	10月完成新三板挂牌

【招商引资】新引进注册资本500万元以上310家,完成全年计划的223%。注册资本1000万以上201家,完成全年计划的239%,累计注册资金55.68亿元。引进南京宝皇商业保理有限公司等在内的合同外资100万美元以上的企业9家,实现全年目标

的500%；实际利用外资3913万美元，完成目标任务的55.9%。引进江苏道加国际贸易有限公司等在内的外贸出口企业14家，完成目标任务的700%。以上指标在全区均处于前列。

【金融机构入驻】全年新引进金融机构72家，其中法人总部4家（江苏省交通控股财务公司、南京证券、苏宁银行和江苏省金融租赁公司）。全年新增科技创业投资额2.2亿元，超额完成175%。全省首家民营银行苏宁银行、"江苏省政府投资基金集聚区"设立、"阿里巴巴"江苏总部、小米科技华东总部、彰化商业银行（中国）有限公司等相继落户河西CBD。向102家企业开具无异议函，新设立基金23支，总规模约686亿元。其中，江苏省政府基金新设立基金14支，总规模约360亿元，新设立基金管理公司14家，其中包括总规模超300亿的江苏信建城安新型城镇化建设基金（有限合伙）、总规模800亿元的江苏环保产业基金的首支子基金。

表3　2017年河西CBD新增金融及准金融机构名单

序号	名称	序号	名称
1	江苏疌泉航泰产业投资基金（有限合伙）	37	江苏苏宁银行股份有限公司
2	东兴证券股份有限公司南京分公司	38	江苏中卫腾云创业投资管理有限公司
3	万和证券股份有限公司江苏分公司	39	江苏朗泰股权投资基金管理有限公司
4	江苏苏商创业投资管理有限公司	40	南京苏宁润东股权投资管理中心（有限合伙）
5	江苏华泰锐盛基金管理有限公司	41	江苏醴泽投资管理有限公司
6	华冠商业保理有限公司	42	江苏云石投资管理有限公司
7	南京宝皇商业保理有限公司	43	南京新工邦盛创业投资基金合伙企业（有限合伙）
8	江苏启盛投资管理有限公司	44	江苏华曜资本管理有限公司
9	江苏启盛科技创新投资管理有限公司	45	江苏星合投资管理有限公司
10	江苏省农业信贷担保有限责任公司	46	江苏沣盈智造资本管理有限公司
11	长城证券股份有限公司江苏分公司	47	江苏金融租赁股份有限公司
12	史带财产保险江苏分公司	48	仁衡融资租赁（南京）有限公司
13	南京崇宁资本管理有限公司	49	江苏星纳赫投资管理有限公司
14	江苏招银产业基金管理有限公司	50	南京崇宁智慧建筑投资合伙企业（有限合伙）
15	北京仁信智合保险经纪江苏分公司	51	南京东南青年汇建设投资基金一期企业（有限合伙）
16	渤海银行南京分行	52	江苏疌泉融通现代农业基金（有限合伙）
17	南京宽海股权投资基金企业（有限合伙）	53	宁波银行南京分行
18	南京峰岭股权投资基金管理有限公司	54	鲁证期货南京分公司
19	江苏盛堃投资管理有限公司	55	南京航泰投资管理有限公司
20	南京云泰丰股权投资基金企业（有限合伙）	56	爱保理南京商业保理有限公司

续表 3

序号	名称	序号	名称
21	南京城景投资基金管理公司	57	江苏中财普惠基金管理有限公司
22	江苏博云创业投资有限公司	58	江苏天鼎证券投资咨询有限公司建邺分公司
23	华融中财资产管理有限公司	59	江苏开鑫分享绿色金融有限公司
24	华融中财投资基金管理有限公司	60	南京安鸿汇盛基金管理有限公司
25	江苏金盐基金管理有限公司	61	南京华惠热力产业投资企业（有限合伙）
26	江苏招银现代产业股权投资基金 1 期（有限合伙）	62	江苏疌泉景世丰投资基金（有限合伙）
27	江苏翎航资产管理有限公司	63	江苏疌泉中设智慧建筑产业投资基金（有限合伙）
28	江苏汇金融资租赁有限公司	64	南京景同资本管理企业（有限合伙）
29	渤海期货股份有限公司江苏分公司	65	江苏新华沣裕资本管理有限公司
30	南京鑫盛佳泰投资管理有限公司	66	南方基金管理有限公司南京分公司
31	江苏泓胜基金管理有限公司	67	中原证券江苏分公司
32	江苏交通控股集团财务有限公司	68	南京安鸿元华医药产业投资合伙企业（有限合伙）
33	南京证券股份有限公司	69	南京宽石十竹斋文化产业合伙企业（有限合伙）
34	广州证券江苏分公司	70	江苏盈诚信资产管理有限公司
35	华阳保险销售有限公司	71	五矿证券有限公司江苏分公司
36	华融财务管理江苏有限公司	72	南京华铮建筑产业投资企业（有限合伙）

（河西 CBD 管委会）

【服务平台建设】建邺科技创新创业金融服务中心（以下简称中心）运作有序，有 4 个特色众创空间，分别是创意实现的“米立方开放创意实验室”1 个市级众创空间，孵化创业的“C++ 青创空间”、创业分享及产品优化的“奇思汇”和科技创业及金融服务的“南京科技金融人才港”3 个省级众创空间，已经累计孵化项目数量超过 100 个，14 个项目获得融资或被并购，已完成新增孵化器在孵企业数 20 个。中心开展的“科创金服”系列品牌活动，为企业获得融资 6.38 亿元。河西 CBD 投发公司及其管理的引导基金参与发起设立创投基金 8 支，承诺出资总规模为 5.24 亿元，实际完成对外出资金额为 2.7 亿元，撬动社会资本 126 亿元。

【南京亚太金融研究院春季研训会】4 月 25 日，由南京市金融办、南京市台办指导，南京亚太金融研究院、南京河西 CBD 管委会和区金融办主办，开源证券江苏分公司、和君商学院和南京河西 CBD 金融商会共同协办的 2017 南京亚太金融研究院春季研训会在南京河西 CBD 举办。来自各行各业近 200 名学员参加此次春训会。区委书记、河西新城区开发建设管委会主任张俊致辞并介绍建邺区及河西金融集聚区发展情况。香港北威国际集团董事总经理、南京亚太金融研究院院长刘忆如就“特朗普政策对产业发展的影响”，围绕货币政策、积极财政、科技创新等方面进行精彩讲评。

【“C++青创空间”创新创业服务】4月，“C++青创空间”培育的“野兽达达”AR游戏项目获得1.4亿元A轮融资。“C++青创空间”定位做创业者的“全能合伙人”，提供项目辅导、创业培训、投资对接、资源导入、政策扶持等全链环的创新创业服务。直接服务青年创业者1000余人，3000余人参与到C++主办、承办的各类创业活动，累计孵化企业36家，在孵13家，其中4家企业获得风险投资计1.6亿元，2个项目被上市公司收购。

【南京河西中央商务区商会第六次理事会召开】6月30日，南京河西中央商务区商会召开第六次理事会，会议讨论并通过江苏宝润置业有限公司总经理林笃正、南京万金所金融信息服务有限公司总经理孙天元及南京道群医药有限公司总经理吴瑞华担任副会长的提议；通过锦盈资本、福佑在线、飞元实业、长城证券、祥运电子商务、亚太会计师事务所江苏分所、中国核工业华兴建设、航天泰华投资等企业申请，批准入会。

【“海创”投资基金设立】6月，南京河西中央商务区投资发展有限公司（以下简称投发公司）与主发起人南京海创岛投资管理有限公司正式签署南京海创科技产业投资合伙企业协议，设立总规模2000万元、投发公司占比49%、平均分2期出资的创业投资基金。通过设立该基金，将优先为“C++青创空间”并辐射全区范围的、创新能力强的种子天使等早前期的项目给予股权投资支持，并通过投资行为提供项目辅导、创业培训、战略定位、营销策划、资源导入、中介咨询等增值服务，推动创新创业企业更好更快发展。

8月5日，团中央书记处书记徐晓（后排右四）调研“C++青创空间”。
（河西CBD管委会　供稿）

【建邺科技创新创业金融服务中心通过认定】8月，经过区发改局审核推荐、南京市经信委组织专家评审、现场考察等环节，通过南京市小企业创业基地认定。中心通过开展品牌活动、搭建特色空间、组建服务联盟、运作投资基金等，为中小创企业提供“众创空间＋创业辅导＋资金融通＋中介服务＋政策对接”的全链环创业服务，有效激活区域创新创业氛围。累计孵化项目数量超过100个，有14个项目获得融资或被并购；举办培训、讲座、分享、沙龙等活动近500场，参与者超过1万人次；举办“创融汇”等品牌活动30场，为福佑卡车等19家企业获得股权债权融资63850万元。

【2017南京网友节系列活动河西CBD站举办】 8月3日，2017南京网友节系列活动之“网约南京、共享发展”2017网络媒体行开启。本次网络媒体行河西CBD站主要参观金融集聚区最具代表性的2个点，一个是江苏股权交易中心，另一个是南京金融城项目。河西CBD管委会主任、建邺区金融办主任杨泗周介绍河西CBD金融集聚区的发展现状以及下一步重点工作。网络媒体们参观江苏股权交易中心，市场部副总经理董汝洋为媒体代表们详细介绍股权交易中心的发展现状。最后媒体朋友们到位于河西CBD核心地段，被定位为“具有国际水准、地标性的金融企业集聚区”——南京金融城。登上金融城43楼，俯瞰河西新城，并且聆听金融城的整体建设情况。

【河西CBD优质项目签约】 9月13日，“2017河西·建邺金秋经贸洽谈会”在南京国际青年文化中心盛大开幕，本次金洽会以“绘锦绣建邺，建城市中心”为主题，政府搭台、企业唱戏，宣传建邺，提高建邺知名度。在招商成果展示环节，本次金洽会期间区共有40个项目签约，总投资达510.8亿元，投资额亿元以上项目28个。河西CBD共选送优质落地项目15个，其中金融项目7家，准金融机构3家，其他主导产业5家，项目投资总额、入选数量均位园区前列。

【“小小创客DIY体验活动日”举办】 9月15日，由建邺区科协、建邺区教育局、河西CBD管委会主办，米立方开放创意实验室、河西CBD关工委、建邺科技创新创业金融服务中心承办的“小小创客DIY体验活动日”在建邺新城小学北校区顺利开展。现代木工职业教练、资深独立设计师肖鹏为近70名新城小学小朋友们上了一堂充满欢乐的讲座，激发学生们动手热情。“小小创客DIY体验活动日”是河西CBD管委会为响应南京市“双创活动周”，营造建邺区创新创业氛围和带动发展青少年创新思维而举办的活动，旨在培养青少年的创意想象空间，激发孩子们的探索求知欲。

【“遇见河西——2017科创金服引智融资峰会”举办】 9月20日，由区发改局、区科技局、河西CBD管委会共同主办的“遇见河西——2017科创金服引智融资峰会”在建邺科技创新创业金融服务中心成功举办。

涂翼科技、葡萄调查、慢病健康管理等 6 家优秀创业团队集中进行项目路演。深创投、紫金创赢、高达资本等 10 余家创投机构和紫金农商行、南京银行、渤海银行等驻区科技支行组成的专家团队与创业项目就团队构成、创新技术、资金需求等核心问题进行互动交流。

【江苏沿海产业投资基金注资】 11 月，南京河西中央商务区投资发展有限公司（简称投发公司）完成对江苏沿海产业投资基金（简称沿海基金）第 5 次 1200 万元的出资，累计出资 1.56 亿元。沿海基金总规模为 100 亿元，是江苏省规模最大的产业投资基金之一，投发公司承诺出资 3 亿元。沿海基金已完成对 10 个项目的投资，投资总额计 12.78 亿元。其中，国联证券已在港交所上市，常州华日升被上市公司溢价收购。

璀璨金融城（邵蕾 摄）

【南京河西中央商务区招商推介会召开】 12 月 1 日，南京河西中央商务区招商推介会在上海浦东召开。戴德梁行大中华区研究部董事总经理 James Shepherd、央行现代支付与互联网金融研究中心主任马颖、复旦大学科技园总经理戴兴健、新鸿基国金中心房地产（南京）有限公司副总经理潜力、中兴建设总经理赵波、华润置地华东大区写字楼部经理周艺、金杜律师事务所高级合伙人熊健等 100 余名嘉宾、客商参加本次活动。

【“2017 科创金服”——走进园区活动举办】 12 月 7 日，“2017 科创金服——走进园区专场活动”在建邺区新城科技园举行，此次活动由区金融办、河西 CBD 管委会和南京新城科技园管委会共同主办，河西 CBD 金融商会、建邺科技创新创业金融服务中心承办，区人才办、区发改局、区科技局和 4 个功能园区等单位参加，40 余家金融机构近百名嘉宾出席。会上，毅达资本业务合伙人羌先锋做主旨演讲，金杜律师事务所金融资本部顾问顾婕妤作专业分享，医乐佳、北斗导航科技、中鸿互联、创一佳、BiLiKn 科技 5 家辖区企业进行现场路演。本次活动为创业者提供展示项目的舞台、引智融资的通道，助推创业企业快速发展。

【2016年金融业和企业上市发展专项资金兑付】12月，根据《关于拨付2016年金融业和企业上市发展专项资金的通知》，兑付2016年金融业和企业上市发展专项资金共计3386.173万元，全区共有开源证券江苏分公司等9家企业符合新设机构开业补贴（办公用房补贴）政策要求（851.48万元），江苏紫金农村商业银行股份有限公司等19家企业符合上市挂牌奖励政策要求（1770万元），苏交科集团股份有限公司等4家企业符合再融资（兼并重组）奖励政策条件（542.693万元），南京福佑在线电子科技有限公司等2家企业符合融资创新奖励政策条件（210万元），江苏省保险中介行业协会等2家协会符合行业活动补贴政策条件（12万元）。

【第九批河西金融专项资金兑付】12月，南京市第九批河西金融产业发展专项资金兑付，对河西金融集聚区17家金融机构兑现专项资金共计1445.8万元，其中对新入驻河西金融集聚区的金融机构、准金融机构给予一次性补助1400万元；对新入驻河西金融集聚区的金融机构总部副职以上、地区总部正职给予高管奖励45.8万元。

【南京河西中央商务区楼宇经济发展论坛召开】12月28日，由区政府主办，河西CBD管委会与戴德梁行承办的南京河西CBD楼宇经济发展论坛隆重召开。论坛上戴德梁行与新鸿基地产签订合作协议。本次论坛邀请知名企业家和行业领袖共同参与，就商业地产创新战略、创新模式以及创新资源对接进行深入的探讨和研究。

【"创业南京"人才引进及服务】深入开展"创业南京"有关人才政策的宣传，参与南京市留交会、创融汇、奇思汇等人才项目对接活动，同时强化与市、区相关部门、高校、投资机构、人才企业的沟通，广泛获取人才信息资源，先后接待美国全球管理趋势研究院精研学社张嘉伟团队、北京左右娱乐影视孟宪法团队，成都电子科技大学吴少智博士等高层次人才项目到园区考察洽谈40余人次。成功在线申报30个人才项目，进入综合答辩26人，入选区级"创业南京"人才计划11个，入选市级"创业南京"人才计划4人。年度兑现科技创业家办公房租补贴7.3万元、创新型企业家扶持资金30万元、人才专家公寓房租补贴65.1万元，中介机构高层次人才项目引进奖励15万元。

（河西CBD管委会）

新加坡·南京生态科技岛

【概况】在江苏省委、省政府推动下，2008年11月，南京市与新加坡贸工部签署项目框架合作协议，在南京选址建设生态科技城。在新方委托中介机构进行选址专题调研基础上，2009年春节期间，新加坡仁恒、胜科等企业经投票，最终确定项目选址南京建邺区江心洲。2009年5月25日，举行项目签约、奠基仪式。2012年9月，江苏省政府批准设立"江苏南京生态科技岛经济开发区"，明确为省级开发区。

夹江侧滨江风光带　　（科技岛办　供稿）

该项目所在的江心洲为南京一个江中洲岛，面积约15平方千米，呈南北走向，西隔长江主航道与江北相望，东隔夹江与主城相邻，是长江沿线各大城市中唯一位于主城范围、面积适中、区位优越、环境优美的江中洲岛。经双方磋商，该项目现定名为新加坡·南京生态科技岛，为新加坡——江苏合作理事会框架下，由新加坡有关企业与南京合作开发建设的一个区域性、综合性项目，也是迄今南京对外经济技术合作中规模最大的整体合作项目。该项目将以"智慧"为引领，坚持"国内领先、国际一流"的标准，突出以高端科技服务产业为主导综合性生态开发建设，建成科技研发、创意智慧和高端总部高度聚集的国际化产业园；顶级人才、高新项目和国际资本有效对接的国际化发展平台；持续发展、生态文明和社会和谐相互交融的国际化示范社区。预计总投入规模在千亿元以上，到2020年基本建成，将建成世界级"生态科技城，低碳智慧岛"。初步估算，项目建成后年均税收贡献可达50亿元以上，带动10万人就业，成为南京经济社会发展的又一个亮点和增长极。

2017年，新加坡·南京生态科技岛开发建设区域在建工地已达36个，共涉及房建、道路、河道、景观、滨江风光带5大类，实施监管房屋工程项目28个（10个已竣工），总建筑面积219万平方米，完成竣工备案80万平方米。2017年园区实现国内生产总值5.78亿元，财税总量完成一般公共预算收入2.65亿元，其中，产业部分完成5220万元，全社会固定资产投资完成65.02亿元，社会消费品零售总额0.56亿元，服务业增加值5.29亿元，全年利用外资1.52亿美元。

【"水梦小镇"特色小镇建设】按照工作部署，围绕"产业定位、建设空间、投资强度、建设内涵、功能融合、建设模式、综合效益"等方面，永定水梦小镇范围内的各项工作正有序推进。基础设施建设有序开展。小镇范围内河道整治全部完工，道路基本完成，公园绿地江心景观绿地、1# 景观绿地、夹江测滨江风光带中部标段已完成，梅子洲洲堤维修加固处于堤身施工阶段，湿地公园二期施工图已经完成。北部社区中心 H 地块 3#5# 主体结构封顶。产业载体建设稳步推进，科创园项目江岛新天地正在试运营，科创中心已投入使用，江岛智立方主体结构施工，胜科南京国际水务中心已完成主体结构验收，永银文化产业园 2 号楼已封顶，中国（南京）气象产业园正在规划设计方案，夏苏鲁院士科创中心总平审定已通过并取得总平审定意见书，香港英达全球公路养护科教研发中心正在深化规划设计方案，江苏省基础测绘中心规划方案已报市政府。截至 2017 年 11 月，小镇范围内的项目固投已超 15 亿元。

【海绵城市试点片区建设】海绵城市旨在通过"渗、滞、蓄、净、用、排"等措施，协调解决水安全、水生态、水环境、水资源及水文化等关系。新加坡 · 南京生态科技岛是一个完整的汇水片区，生态基底条件优越，约 50% 以上的土地规划为生态发展、防护等城市非建设用地，是一块天然的海绵体。该片区作为典型洲岛圩区，总体地势较平，地块中水系成网状，通过河道末端设置的泵站按需排水入长江，全岛中部 5 平方千米已列为南京市海绵城市试点片区，主要建设项目包括海绵水系、海绵道路、海绵绿地、海绵地块、生态江堤及排水功能设施 6 大类，总投资 2.9 亿元。已建成葡园水道、江岛新天地、江心景观公园等一批示范项目 20 个，正在建设永定水道二期、大江侧江堤二标外移段、3# 泵站等 5 个项目。在 2017 年多次暴雨考验中，生态科技岛海绵城市示范区区域内基本无内涝情况发生。

江岛新天地　　（科技岛办　供稿）

【人工智能产业示范区打造】11月22日，科大讯飞与建邺区政府、新加坡·南京生态科技岛管委会、中新南京生态科技岛开发有限公司签署南京区域中心项目落户协议，同时，科大讯飞股份有限公司与南京市政府签署战略合作协议。南京市委常委、常务副市长刘以安以及建邺区委、区政府相关领导出席了签约仪式。科大讯飞融合先进的人工智能技术，参与南京市的智慧城市规划、建设和运营，在面向市民、企业、城市服务和基础设施等多方面提供IT解决方案和服务。同时，科大讯飞在新加坡·南京生态科技岛建立人工智能研究院，建设人工智能双创平台和产业基金。围绕将新加坡·南京生态科技岛建设成为世界级"生态科技城、低碳智慧岛"的发展目标，全面构建智能化基础设施、智能化公共服务体系和智能化城市生活环境，培育打造人工智能产业示范区。南京市、建邺区政府以及新加坡·南京生态科技岛为科大讯飞在宁发展创造优质的运营环境，提供多方面、宽领域、全覆盖的协助和支持，助力科大讯飞推动南京人工智能产业蓬勃发展。

【国际水环境治理高峰论坛】作为首届国际水环境治理高峰论坛的延续，11月底，建邺区人民政府，新加坡·南京生态科技岛管委会和大江环境股份有限公司等多家单位在新加坡·南京生态科技岛科创中心举办第二届国际水环境治理高峰论坛，邀请到中国、美国、澳大利亚、加拿大等国家在水科学领域享誉盛名的院士专家，以及苏伊士、密尔沃基水务局等，开启一场以"绿色江心洲、生态水循环"为主题的国际级高峰论坛。探讨水环境治理、绿色创新和生态文明建设等热点问题，就海绵城市、流域治理和智能水务等水环境治理的热点及需求展开对话与讨论。江苏省及南京市政府负责人出席会议并致辞。江苏省和南京市的相关厅局、科研院所、地方环保部门、国际机构、国内外企业、美国及加拿大使领馆代表共300余名嘉宾出席会议。中国工程院院士、清华大学教授曲久辉，中国工程院院士侯立安，美国工程院院士、密歇根大学教授Glen T. Daigger，加拿大皇家学院院士、加拿大政府卓越首席科学家、滑铁卢大学教授Philippe Van Cappellen，澳大利亚工程学院院士、新南威尔士大学副校长Ana Deletic，清华大学教授余刚，苏伊士亚洲水务首席执行官方恒业，美国密尔沃基大都会水务局局长Kevin Shafer分别进行主旨发言。

延伸阅读3

建邺打造水科学产业集群

8月17日，南京——胜科工业集团在中新南京生态科技岛举行南京国际水务中心建设封顶仪式，整个项目2018年上半年将正式落成。建邺区将在此建立水科学"五个中心"，打造水科学产业族群。已有8家国内外机构与南京国际水务中心签署合作协议，其中包括全球水务行业知名的研究中心和政府机构。

水科学产业是国际公认的朝阳产业，新加坡·南京生态科技岛选择水科学产业建设，对于推动南京乃至江苏的水科学产业布局具有重要意义。同时，江心洲本身就在长江之中，受水恩泽，是长江沿线各大城市中唯一位于主城范围、区位优越、环境优美的江中洲岛。新加坡·南京生态科技岛将以南京国际水务中心为龙头，以国际水生态创新中心为抓手，细分形成水科学产业族群，即将生态环保服务业重点聚焦在水处理、水研发方面，加快打造水科学高地，形成水科学“五个中心”：国际领先的水科学技术研发中心、水科学技术产权交易中心、水科学技术国际交流中心、水科学研究人才培养中心以及水科学研发产品展示中心，使之成为岛内支柱产业。

作为市级特色小镇的“永定水梦小镇”，将以水环境治理产业为先导，以南京国际水务中心为龙头，以“五大中心”建设为着力点，打造集水处理研发与应用、设计和工程综合咨询、技术设备及材料研发、运营维护方案设计以及试验与认证服务等业务于一体的水处理研发产业链，同步加快形成上下游相关环保产业集群，将形成超过200家水科技研发、监测、维护、设备开发、施工等产业链相关企业，形成20家以上规模企业、10家上市公司，集聚1.5万人以上就业人口，最终将形成国内最具特色的水科技产业小镇。

【征地拆迁】截至2017年底，全岛拆迁工作共实施6期，共涉及土地面积约为21308亩，被拆迁人口约17352人。累计完成16幅土地挂牌成交，累计出让总建筑面积约184万平方米，约占全岛可出让总建筑面积的三分之一，土地出让金总额174.6亿元。按计划完成土地规划调整完善的相关工作和文本编制，完成约3877亩的江心洲集体土地流转工作。特别是以35万元/亩价格竞得850亩宿迁市耕地占补平衡指标，基本解决全岛首期占补平衡指标。

【行政审批服务优化】1月，新加坡·南京生态科技岛政务中心正式挂牌运营。中心下设规划建设、质安监、税务、综合服务咨询等6个办事窗口。实现“一口受理、一站式服务”。专门成立领导小组、编制工作实施方案，并已进入环评报告书编制阶段。同时与省、市商务、发改、环保、编办等部门沟通联系，明确工作路径和方法，推进区域环评、能评试点工作。启动项目概算与初步设计同步提交、同步审核，正式开展全岛绿色图章监管工作。同时，为提升服务效率，实行初步设计阶段提交绿色图章专篇，实现初步设计与绿色图章同步审核。

【基础设施及配套项目建设】二期安置房地上总建筑面积约44万平方米安置房已全面

中新大道　　（科技岛办　供稿）

场、英达公路医生、胜科国际水务中心、夏苏鲁院士科创中心、气象信息产业园、文化旅游产业园、科大讯飞南京区域中心等10个项目，产业项目总计77万平方米，占全岛产业总建筑面积的28.5%。10月，南京市政府专题研究并通过的项目有国际水生态创新中心、美国TestAmerica亚太区总部暨研发基地、国恒大安全科创中心、香港寰亚动漫产业园、新纬壹国际产业园二期、新加坡·南京生态科技岛国际化学校、人才公寓、新加坡·南京生态科技岛公共科技服务平台共8个项目。总用地32.74公顷，总建筑面积75.82万平方米。在手洽谈还有腾讯双创小镇、宝馨节能环保产业园、中海油远程人工智能调控中心、绿叶克利夫兰国际医院、香港新世界k11、中信泰富等20个项目，同时，全力引进高科技人才，共成功引进落地各类高层次人才17人，其中，中国工程院院士1人，国家"千人计划"（海外高层次人才引进计划）专家2人。

建设，正在进行内部装修施工。三期、四期安置房正在开展前期工作。环岛22千米江堤已建成夹江侧11千米，大江侧已全面启动整治施工，年内主体工程完成。面积约315万平方米的滨江风光带已建成83万平方米。全岛中部5平方千米省级海绵城市示范片区建设，现已投资2.5亿元。建成9.5平方千米生态护岸，4平方千米海绵道路，17万平方米海绵绿地。有轨电车一期工程已取得江苏省发改委项目建议书批复，正在完善交通组织研究成果并同时推进车辆选型及供电专题研究。大江侧3号排涝泵站泵站管理房封顶，石桥、长河等7条河道整治完成，市政道路新开工建设市政道路约8千米，污水处理厂北侧垃圾中转站落架完成。

【招商及科技人才】新加坡·南京生态科技岛已引进落户新纬壹产业园、仁恒国际广

【政务热线工单办理】2017年新加坡·南京生态科技岛管委会办公室共接收12345市民服务热线投诉工单547份；接待来电、来

洲岛家园邻里中心 （科技岛办 供稿）

访、协调处理农民工合理讨薪49起，涉及823人，涉及金额1787.2万元。按照区委、区政府要求，按照属地化管理原则，联合区房产局，区环保局等各部门协调处理本辖区内受理各种渠道反馈的信息，负责协调化解各类矛盾，研究解决重大恶意讨薪行为和群体性事件等，确保工单及时联系率、工单办结率、工单回访率100%，满意率在91%。全年，在全区政务热线考核中名列前茅，园区类每月排名第一。民工欠薪问题得到妥善处理和控制，保证农民工的权利。

【防汛抢险工作】多次召开防汛工作会议，研究部署2017年度防汛排涝工作，讨论制定防汛排涝工作方案和应急预案，成立工作领导小组，统一负责新加坡·南京生态科技岛防汛排涝工作的会议协调、现场巡查、督查整改、应急处置等工作。汛期来临前，督促中新公司及南京振高公司精心准备队伍和筹措防汛物资，组建以专职防汛人员为队长的专业防汛抢险巡查队和具有一定专业技术的工程抢险队共计30余人。同时，储备编织袋1.5万个，土工布1万平方米，块石200立方米，碎石200立方米，圆木100立方米，黄土1.1万立方米，钢板2万千克，发电机2台，轮式挖掘机及履带式挖机等施工机械约20台。自7月汛期起，执行由分管负责人带班，工作人员24小时值班制度以加强防汛值守工作，确保新加坡·南京生态科技岛范围内居民小区、市政道路、江堤、河道及各在建工地均未受到较大影响，保证全岛防汛形势安全稳定。 （科技岛办）

都市建设

Urban Construction

城市规划

【概况】做好规划编制工作，发挥规划引领作用，完成《建邺区社区民生公共服务设施提升规划》等城市规划和方案设计工作。

【建邺区社区民生公共服务设施提升规划】建邺区遵循江苏省、南京市率先实现基本现代化的要求，以构建“宜居幸福圈”为目标，民生配套服务设施不断完善，形成以“城市公共中心——地区公共服务中心——社区服务中心”为载体的城市公共服务设施网络，高标准构建“5分钟便民服务圈、15分钟社区服务圈”的社区服务设施，经过10余年建设、实施、管理，实现建成区范围内社区医疗卫生、文化体育、社区绿地、社区商业、社区养老、社区管理等实现全面覆盖，取得较好效果。建邺区社区民生公共服务设施提升规划范围为建邺区行政管辖范围，总面积为80.83平方千米，东至秦淮河、西至长江、北至汉中门大街和集庆门大街、南至秦淮新河，包括莫愁湖、南苑、兴隆、沙洲、双闸、江心洲6个街道，62个社区（6个待撤销）。是规划以构建“布局均衡、功能全面、规模达标、幸福便捷”的社区民生公共服务设施体系为目标，通过“分类型、分层级、分措施”的规划引导，提出建邺区社区民生公共服务设施提升改善方案，全面实现社区民生公共服务设施规划配套达标率100%，服务可达性空间覆盖率达到80%以上，为打造全国一流、国际有影响力的生态型宜居城区和和谐共享型幸福城区奠定基础。结合相关规划和不同街道、社区实际情况，采取差别化规划策略。采取“北部地区挖潜不足，中部地区整合共享，南部地区及江心洲地区规划控制”因地制宜，根据不同类型设施特点，优先按照服务可达性布局体育、医疗、养老、菜市场设施，其中鼓励医养结合设置，其余设施按照服务人口要求，鼓励集中配置。科学统筹将建邺区社区民生设施体系作为南京市先进典范，达到南京领先水平，尊重实际情况在适当地区按照高标准配置，布局优质高效社区民生设施，充分体现建邺宜居生活高品质。（区建交局）

市政建设

【概况】按计划完成全区26条道路开通工作。按照“建设一批、交付一批、连通一批”的原则，2017年建邺区开通26条道路：一季度交付开通纪念馆北路、华山路、白鹭东街等13条道路；5月20日前交付开通嘉陵江东街、白龙江东街等6条道路；3季度前交付开通富春江东街等2条道路；年底前交付开通创智路、创意路等5条道路。除新城科技园负责的西城路因向阳泵站工程影响延期至2018年开通外，其余道路均按期完成。

【停车场及公交场站建设】完成全区停车场、公交场站建设牵头推进工作。2017年建邺区已建成3座停车场，包括绿博园停车场、乐山路与梦都大街交叉口西南侧（南京市妇女儿童中心）停车场、南湖体育场地下停车场。续建项目科技园C-15-2地块停车场正按计划有序推进中。2017年建邺区启动建设4座公交场站，包括河西南停保场、白龙江西街站、淮河路站、泰山路站。4座场站均为续建项目，按计划有序推进中。

【公共自行车站点建设】综合分析前期收集的62个建站需求，确定2017年完成35个建站计划。经2月公示后上报南京市交通委员会批准。4月区召开“公共自行车建设综合协调会”并开工建设。11月完成35个站点合计1394个车桩建设工作，并配备1533辆自行车投放使用。

10月27日，建邺区35个公共自行车站点建设完成。（区建交局　供稿）

【新能源汽车及配套设施推广应用与审核】完成新能源汽车及配套设施的推广应用、审核工作。上报2016年审核通过的307台新能源汽车相关资料，验收通过2016年度建设完成的843根充电桩。全年分3批次共受理5家新能源汽车公司申报的127台车。同时，协助新能源汽车用户完成充电桩安装，并做好与物业、物业管理部门、区人防办沟通工作。期间，实地检查普斯迪尔、安力新能源等公司新能源汽车投放使用情况。江苏省、南京市新能源汽车推广部门到区考查期间，充分肯定区新能源汽车推广应用工作。（区建交局）

【市政道路管养】重点做好路面病害和设施维修工作，累计完成北部单层沥青维修13653平方米，双层沥青维修4852平方米；中南部单层沥青维修23095平方米，双层沥青维修2801平方米。完成北部人行道维修19738平方米，中南部人行道设施维修32177.8平方米。对辖区内93座桥梁登记造册，采用GPRS定位方式将位置坐标、图片信息等录入桥梁信息系统。加强日常养护管理，先后完成对湖西街、牡丹江街、明园广场等道路、绿地绿化改造提升。河西地区长期处于施工状态，造成绿化带土堆过高，组织专项降土工作，对养护管理范围内庐山路、泰山路、楠溪江西街、平良大街等20余条道路侧分带进行降土，共计降土386.4立方米。

【绿植养护】做好补植修剪和病虫害防治工作，对长虹路、水西门大街、庐山路、集庆门大街进行造型修剪，让道路绿化更具艺术性，对南湖公园、泰山路等新栽植苗木进行追肥。全年共计补植大树375株、草坪18021平方米、麦冬23386.5平方米、灌木373631株，抹芽修剪行道树37328株、灌木17587株、绿篱704493平方米、草坪429220平方米，刷白乔木40003株，病虫害防治打药水40624千克、防治面积155330平方米，除草63680千克，清理枯叶、垃圾202.79万千克，施肥1166千克，浇水5309.4万千克。更换险树305株，拆除行道树扶木1475株，清除钉挂物43处，伐除死险树112株，做树围6718个，修补树洞3332株。

【绿化景观提升】提前做好草花布置工作，以花坛、花镜和景点布置等彩化形式美化环境，在节假日、重大活动期间营造氛围。在河西北部区域累积更换一串红、矮牵牛、四季海棠等时令花卉约78万盆，面积约15920平方米；在河西中南部区域累计摆放草花约75万盆，面积约14620平方米。精心做好以江东中路为主轴的花卉环境布置和花镜景点提升。对江东中路、集庆门大街、水西门大街、南湖路、湖西街、兴隆大街、梦都大街、应天大街、云锦路、茶亭东街、奥体大街等主次干道以及兴达新寓绿地、和平广场、明园广场、南湖公园、积善广场等重要节点栽植摆放鲜花100余万盆，提升绿化设施整体彩化比例，彰显建邺公共绿化景观特色。

6月22日，云景路路口绿化景点改造。（陈韡　摄）

【市政设施建成移交】为确保市政设施建成后尽快纳入正常管养，

提升管理水平，增强管理实效，结合区实际，开展移交工作。加强和建设单位沟通，主动召开协调会，密切合作，推进市政设施移交工作。2017年完成新移交道路10条，其中，财政范围1条，河西南部9条。共涉及设施量为车行道111849平方米，人行道52776平方米，下水管道（雨水）9746米，下水管道（污水）7675米。（区城管局）

水利建设

【概况】2017年，建邺区围绕年度工作目标任务，做好3条国考河道验收，开展3条列入全市109条黑臭河道整治，完成63个排水雨污分流改造，深入推行河长制工作落实，实施向阳泵站新建、怡康街积淹水点改造、32个区民小区二次供水等民生水务工程建设。

【黑臭河道整治】全年累计完成河道清淤疏浚11.3万立方米，整治63个排口，截污纳管80处。实施科学治水，重点依据南京市测绘院管网普查情况，完成3条河道汇水范围内36个排水单元的错接混接点整改，巩固河道整治成果，提升河道水质标准。6月起，每季度向整治水体周边市民发放调查问卷及公众评议表，连续3个季度民意测评均在90%以上。根据11月国家统计局南京城调队首次调查结果，区沙洲东河、沙洲西河公众满意率均超过90%，同时根据11月、12月水质监测数据辅助评价，顺利通过专家评议验收会，区列入国考河道的奥体北河、沙洲东河、沙洲西河、朱二河河道整治均初见成效。莫愁泵站进水渠河道整治项目已完工，累计完成清淤2000立方米，新建引水管道等，并于12月27日通过南京市水利质监站验收。胡家闸河河道整治项目已完工，累计完成清淤（含土方）约5.9万立方米，河道全段景观步道及绿化建设，正在进行分段验收工作。怡康河河道整治累计清淤约1500立方米，1处排口截污纳管等工作，并已完成竣工验收。沙洲西河北端已完成河道清淤（累计清淤量约4000立方米）、护坡挡墙修补，河道两岸绿化及景观步道建设。幸福河西端已完成清淤7000立方米，引水管道铺设770米及岸坡修复工作，主体工程已基本完工。向阳河东端河道整治已完工，累计完成河道清淤，河道护坡挡墙修复及河道西岸绿化清理等工作，正在进行验收工作。

【雨污分流改造】区2017年雨污分流工程列入考核任务的排口整治有5个、市政管网清疏修复8.6千米、新建排水单元63个（实际开展65个），已经全部完工，正在进行预验收工作。做好河西中部已建成小区错接混接点整改，根据摸排出的164个点，各部门、属地街道已全部上门对接，督促完成上述点位整改。根据南京市测绘院地下管网普查情况，推进完成中部市政道路45条、小区以及企事业单位53家错接混接点整改，巩固河道整治成果。紫鑫中华、融侨小区雨污分流工程已完成所有管道新建、井室清淤工作，已完成工程总量60%。提前开展2018年雨污分流前期工作，怡康河汇水范围内雨污分流工程（2个项目）存量管网清疏修复工程施工标挂网，胡家闸河排口、存量管网、雨污分流工程施工单位已产生，正进行摸排清疏工作。北部5条河汇水范围内雨污分流工程（9个项目）均通过可行性研究评审会，6个项目已拿到立项批复（南湖东河、南湖北河、幸福河排口管网，南湖东河、幸福河片区，忠字河大包），正在开展勘察、设计、监理标书编制工作，3个项目等待立项批复（南湖南河排口管网，南湖东河、南湖北河片区）。

【涉水工程建设】开展民生水务建设工程，怡康街积淹水点改造项目已于7月底完工，并在后期多次暴雨中发挥作用，受到周边居民好评，年底完成验收工作。爱达花园防洪墙项目于5月10日全部完成，现已完成验收移交工作。金穗花园积淹水点改造项目已于7月上旬完工并发挥效用，现验收工作已完成。向阳泵站新建工程已完工，累计完成全部桩基施工、所有箱涵建设，安装水泵机组及泵房地面以下部分钢筋模板建设等工作，泵站已试运行。二次供水设施改造，2017年，南京市下达区目标任务共25个项目，同时区自加压力7个，全部32个项目分3批进行，现所有项目已主体完工，即将与南京市水务集团对接验收，移交管理。

【河长制推行落实】建立三级河长制工作体系，成立区河长制办公室，根据《建邺区全面推行河长制的实施方案》，正式设立河长制办公室，由区政府分管副区长任主任，区政府分管副主任、区城管（水务）局主要负责人任常务副主任，区城管（水务）局、区环保局、区建设交通局分管负责人任副主任。明确三级河长工作职责，区下发《关于进一步明确河湖河长、有关部门工作职责的通知》，明确区级河长负责指导、协调河道保护管理工作，督导街级河长、有关部门履行职责，牵头督促水资源保护、岸线保护、防汛安全、水污染防治、水环境整治、执法监管、协调流域联防联控，解决重大难点问题；街级河长负责河道所属区域的防汛排涝设施、应急抢险设备、防汛物资筹备，牵头推进区域内水污染防治、水环境整治、执法监管、协调流域联防联控，协调各单位、责任人履行各项工作职责；社区河长负责所属河道河段的偷排漏排、非法倾倒、河道护坡、河道污染等情况巡查工作，及时发现问题，及时上报街道和相关部门直到解决问题为止。根据区河长制实施方案内容，各街道已陆续成立街道河长办并出台街级河长制实施方案。全区列入河长制的35条河湖（4条市级骨干，31条为区级河道）已全部落实区、街道、社区三级河长，其中，区级河长12名，街道河长19名，社区河长22名，此外市级

8月7日，建邺区召开河长制工作推进会。 （区委宣传部 供稿）

河道及区重要河道，各街道还根据实际情况增设4名街道河长、30名社区河长，共计87名河长。同时，建立督导检查、会议、信息管理、河长巡查督办、水质监测等6项工作制度，巡查创新工作方法，规范工作行为，提高工作效率，完善工作机制。

推进河长制工作落实，加大宣传引导，通过建邺播报向社会公告各级河长名单，设立河长公示牌40块，群众通过扫描建邺河长制二维码，关注、支持、参与区河湖管护工作，已解决举报投诉20次。结合建邺特点，编制完成《河西·建邺河长制文件汇编》并报送各级河长，制作“一河一策”工作卡片。按照要求，列入河长制的35条区级河湖已于10月初全部完成“一河一策”，南部及江心洲地区主要为新建或在建河道，河道汇水情况较为单一，自加压力制定完成“一片一策”。抓好跟踪问效，每月5日、15日、25日定期做好河长制工作落实情况的跟踪，截至到2017年底统计市级河长赴区检查20次，区级河长每季度至少开展1次已累计78次，街级河长巡河每月不少于1次已累计178次，社区级河长每周巡河不少于1次已累计928次，各级河长根据职责分工，共同参与河道整治及管护工作，共同研究推进解决重难点问题，全面推动河长制工作落实。

【水务执法管理】成立水务执法中队，2月底从区城市管理综合行政执法大队抽调4名业务较强执法队员组建1支专业的水务执法中队，对全区在建工地、企事业单位、小区等排水单位“涉水”行为进行监督管理和行政执法。完善水务执法工作机制，执法队员们建立起了一套台账、一个微信群、一周一会、一个系统“四个一”巡查、管理制度，向在建工地发放《致排水户的一封信》，依照网格化巡查工作要求，做好一案一档的案件卷宗等工作，为执法工作奠定基础。强化执法监管力度，组织水务中队巡查工地180余次，勒令立即整改到位70家，下发执法整改通知书21家，立案查处18起，已结案18起。加强排水许可管理工作，在做好水务执法工作的同时，根据排水监管属地管理原则，定

2月2日，河西·建邺城建城管水务工作部署大会在区机关小礼堂召开。
（区委宣传部　供稿）

人、定时对辖区内的工地进行巡查管理，有效规范排水秩序。2017年共办理排水许可131件，其中临时排水许可证47件，正式排水许可证56件，接管许可28件。全年巡查、检查工地200余次，发出整改通知单60份，约谈违规排水户12家次，严肃查处4家违规排水户。建立健全建邺区在建工地临排许可办证情况统计表，每月进行更新，针对深基坑排水户、正负零以下排水户、河道沿线排水户进行重点监控。借力街道，以街道为单元，通过城管月考核的手段，联合街道水务科加强对在建工地的排水监管，辖区内有工地不办证、雨污混接、乱排水的街道，均会在月度考核时被扣分。同时，联合水务执法中队、市政执法中队、街道执法中队不定期对工地进行排水检查。通过努力，工地建设方和施工方从以前的不了解、不重视，到现在的开工前、临设搭建阶段就办理临排许可证。截至年底，区在建工地临排监管已经做到全覆盖。

【排涝设施及河道养护】为保障汛期排涝工作，安排综管所组织养护单位实施管道清疏，各养护单位根据全年管道清疏养护计划及往年积淹水情况，集中针对关键管道落实清疏工作。共完成202条道路的管道清疏，雨水干管清疏里程350千米，清疏完成率100%，支管疏通里程105千米，完成率100%，有效缓解汛期排水不畅导致积水的局面。9月，组织管道清疏检测，对恒山路、河西大街、香山路、水西门大街等30条道路进行管道检测。安排河道养护公司对辖区内17个泵站开展汛前检修保养工作，共检修保养机泵65台、捞污机54座、启闭机及阀门52台，检修及调试高低压柜、启动柜和照明系统64套，对各站进行预防性电试，更换灭火器120个，更换各站绝缘器材，汛期泵站开机31792.5台时，排水1.18万立方米。以江苏发展大会为契机，4月25日开始对辖区内的沙洲西河、沙洲东河、奥体北河3条国考河道进行为期60天生态治理，同时对各条河道开展高频次打捞作业，对河面漂浮物采用人工与机械清捞相结合方式，以保证景观需要，清理外运垃圾4588立方米。

【防汛应急】全年全区防汛应急响应四级以上天数达21天，区认真贯彻有关防汛工作部署和要求，强化汛期应急管理，抓好各项安全度汛措施的落实，保证全区防汛安全。城市防汛工作实现中心区“城市汛期交通正常，市政公用设施正常运转，防汛设施安全、无人员伤亡”既定目标。在长江、秦淮河长时间段、超警戒水位双重压力下实现安全度汛，区内堤防未发生滑坡、管涌、渗漏、漫溢等重大险情。

5月26日，召开全区防汛工作大会，成立区防汛抢险指挥部，提前部署全区防汛工作，层层压实防汛责任，会上区政府与6个街道和相关责任部门签订防汛责任状，明确区防汛指挥部成员单位工作任务与职责。汛期，召开7次防汛专题工作会议，紧贴汛情安排、部署阶段性防汛工作，结合防汛工作重点，分解工作任务全面落实到单位和个人。区负责人分片包干指导各街道，区纪委加大专项工作督导，保证各项工作落实。

落实专项资金，区财政落实专项资金260万元，拨付各街道、市政养护公司，各防汛责任单位储备防汛抢险物资设备，储备草包3.1万只、编织袋7.5万只、木材54立方米、木桩780根、铁丝750千克、圆钉70千克、土工布3700平方米、铁锹500个、救生衣1200件、抽水泵70台、抢险应急车15台，组建抢险突击队1000余人。各街道及相关单位对辖区内江、河、湖、库、塘坝、水闸、涵洞、泵站、堤防、穿堤构筑物、高空构筑物、树木和道路积淹水点等进行摸底，对各类水利工程、防洪排涝设施、在建涉水项目、低洼易积淹水节点、应急抢险设备、防汛物资等进行全面、细致检查。对查出的各类问题立行解决。清捞检查井1.25万余座，清捞雨水井1.55万余座。完成3处积淹水点改造工程和1处防洪消险工程，分别是怡康街纺织公寓片区、拉德芳斯、金穗花园片区、爱达花园防洪墙，全面提升防洪排涝能力。累计共对4条道路雨水管道进行改造，共新建或更换雨水管道420米，清疏雨水管道600米，新增污水管道100米等。综管所和养护单位累计出动防汛人员2736人次，巡查车209辆次，防汛车辆33台，小型水泵15台，车载式电源泵9台。路面卫生保洁共计出动高压清洗车67车次、洗扫车52车次、洒水车23车次、小型清洗车24车次、小型洗扫车8车次、小型水扫车29车次，出动各类作业人员536人次，清理下水口40余个，清理落叶等杂物垃圾约2500千克。全区共出动防汛人员4500余人次，防汛车辆750余台次，城区除个别点位因区域水网建设滞后、道路不平造成小面积存水外，其他路段、区域道路排水一切正常，交通状况和居民生产生活秩序未受影响。

（区城管局）

城市改造

【概况】针对新启动的长虹路城棚户区改造、东方厂征收项目等项目排定包括前期办理、推进实施、后续扫尾在内全过程的工作计划，研究和应对出制约征收工作推进的关键问题，形成针对性举措和办法，以保证征收工作按序时进度落实。推进北圩路、农研所征收扫尾。

表 4　2017 年建邺区城市精细化建设管理项目一览表

序号	项目名称	实施范围及整治内容	总投资（万元）	进度	责任单位	实施单位	责任人
一、道路综合整治							
（一）主次干道							
1	长虹路（建邺段）	水西门大街—赛虹桥段道路综合整治。	1500	已完工。	区建设和交通局	区建设和交通局	顾颖勤
2	南河风光带片区	实施片区内梦都大街—楠溪江东街道路贯通工程，与周边道路形成路网。		绿化提升发布招标公告，道路整治E地块完工，D地块整治完工初验，西城路梦都大街至奥体大街段完成96%。	新城科技园	新城科技园	高　峰
3	云锦路断面改造	结合金鹰地块，对云锦路断面进行改造。	1600	已完工。	江东管委会	江东管委会	郑知邦
4	江东门北街	江东中路至燕山路，长约400米，规划路幅24米。主要内容包括道路、排水、杆管线迁移下地、路灯、绿化等。	2400	已完工。	江东管委会	江东管委会	郑知邦
5	桥头跳车	月安街桥、兴隆大街桥、松花江西街桥、苍山路桥、乐山路桥、富春江西街桥、江东路西边6座桥，铣刨加摊铺。	测算中	已完工。	工程处	新城公司	张俊华 徐如泉
6	所街	文体路至江东中路。		已完工	江东管委会	江东管委会	郑知邦
（二）背街小巷							
★1	28条背街小巷环境综合整治	南湖东路、沿河街、云河路、云河北路、育英街、蓓蕾街、文体西街、玉塘东街、玉塘街、莫愁新村路、凤栖路、厂圩街、泰山路、嵩山路、新苑路、建园路、建园东路、建园南路、建园河堤坡下、市教育中心南路、安如路、睦和路、阿里山路、巴山路、白龙江西街、雨润大街、双和街、新安江街。		已经基本完成，莫愁湖街道、南苑街道正在进行收边收口。	区城管局	区城管局、相关街道	张超英

续表 4

序号	项目名称	实施范围及整治内容	总投资（万元）	进度	责任单位	实施单位	责任人
★2	茶南片区街巷环境综合整治	茶南大街、福园街、拓园路、仁园路。		茶南片区主体工程已经完成。正在对未完善的部分进行整改。	区城管局	区城管局、相关街道	张超英
二、建筑立面综合整治							
★1	长虹路（建邺段）	汉中门大街—赛虹桥段、秦淮河沿线，建设内容主要为建筑立面出新。	1100	工程总进度100%。	区房产局	区房产局	洪　彪
2	南河风光带片区	金洲苑、康苑新村，建设内容主要为建筑立面出新。	665	100%。	区房产局	区房产局	洪　彪
3	大剧院周边围墙围挡改造	对梦都大街以南、江山大街以北、江东中路以西、扬子江大道以东核心区域围墙出新。	测算中	全部完成。	区城管局	区城管局、相关街道	张超英
三、沿河环境整治							
★1	沙洲东河（西岸）	拆违、岸线贯通、护岸绿化、景观改造。	1621	完工（拆违、岸线贯通）。	区城管局（水务局）	市政处、区城管局（水务局）、新城科技园	冯　岩 张超英 高　峰
★2	沙洲东河绿地（东岸）	沙洲东河沿河绿地设施完善、景观提升。	1621	全部完成。	新城科技园	新城科技园	高　峰
★3	沙洲西河	拆违、岸线贯通、护岸绿化、景观改造。	2665	完工（拆违、岸线贯通）。	区城管局（水务局）	市政处、区城管局（水务局）	冯　岩 张超英
★4	奥体北河	拆违、岸线贯通、护岸绿化、景观改造。	350	完工（拆违、岸线贯通）	区城管局（水务局）	市政处、区城管局（水务局）	冯　岩 张超英
5	向阳泵站	排水泵站规模为 $21m^3/S$。	6400	完工。	区城管局（水务局）	区城管局（水务局）	张超英
四、管线下地改造							
★1	长虹路（建邺段）	水西门大街—赛虹桥段，建设内容主要为强弱电管线下地。	1200	已完工。	区建设和交通局	区建设和交通局、南京供电公司、南京电信公司	顾颖勤
2	南河风光带片区	片区内部，建设内容主要为强弱电管线下地。		已经交付电力公司、电信公司实施。	新城科技园	新城科技园、南京供电公司、南京电信公司	高　峰

续表 4

序号	项目名称	实施范围及整治内容	总投资（万元）	进度	责任单位	实施单位	责任人
3	全区90个主次干道交叉口弱电杆线下地	全区90个主次干道交叉口弱电杆线下地。		已完工。	市政处、区建设和交通局	管线产权单位、道路管养单位	顾颖勤 冯　岩
五、绿化景观提升							
（一）游园绿地新建、改造提升							
★1	金鹰天地绿地	江东中路与应天大街交叉口东北角，绿地绿化、铺装、小品建设等。	700	已完工。	江东管委会	江东管委会	郑知邦
（二）重要节点绿雕建设							
★1	江东中路中分带奥体中心段绿雕	以“生态自然”“活力都市”“幸福祥和”“畅想未来”等主题打造绿雕景观。	120	完成。	市绿化园林局	区城管局	张超英
★2	江东中路万达广场岛头绿雕	以“生态自然”“活力都市”“幸福祥和”“畅想未来”等主题打造绿雕景观。	85	完成。	市绿化园林局	区城管局	张超英
（三）道路街头绿色小品、绿色微景观布设							
★1	河西大街、江东中路等6条道路沿线约16处节点花境改造	对有条件的道路绿地内分车带岛头、交通岛绿地、道路沿线节点绿地（含街头游园等道路视线焦点处）设计布置植物微景观及植物花境，打造色彩缤纷，舒适宜人的品质化园艺景观，2017年底计划完成七纵九横城市主要干道全线节点约100处。	880	完成。	市绿化园林局	区城管局	张超英
（四）绿化“三化”示范工程							
★1	向阳河滨河绿地改造	梦都大街南侧河道，西起扬子江大道，东至泰山路，全长3.4千米。绿地宽约20米，面积7万平方米。以杨树更新改造为主，对绿地景观改造提升。	500	完成。	市绿化园林局	区城管局	张超英
六、老旧小区整治							
★1	爱达花园老旧小区整治	拓宽道路、增设停车位、房屋立面出新、单元内楼道出新、维修屋面渗水、更新维修公共设备设施、补植绿化等。	4420	工程总进度100%。	区房产局	区房产局、相关街道	洪　彪
★2	莺歌苑57~79号老旧小区整治	拓宽小区内道路、增设停车位、房屋立面出新、单元内楼道出新、更新维修公共设备设施、杆线序化，补植绿化等。	504	工程总进度100%。	区房产局	区房产局、相关街道	洪　彪

续表 4

序号	项目名称	实施范围及整治内容	总投资（万元）	进度	责任单位	实施单位	责任人
★3	利民村老旧小区整治	小区内房屋立面出新、维修屋面渗水、内楼道出新等。	368	工程总进度 100%。	区房产局	区房产局、相关街道	洪　彪
★4	文体村11幢老旧小区整治	小区内房屋立面出新、维修屋面渗水、内楼道出新，空调机罩等。	70	工程总进度 100%。	区房产局	区房产局、相关街道	洪　彪
5	金洲苑、康苑新村老旧小区整治	小区地下管网改造、道路改造、房屋内楼道出新、渗漏外墙屋面维修、绿化补植、增设停车位、更换单元门、安装路灯和内楼道灯等项目。	1333	工程总进度 100%。	区房产局	区房产局、相关街道	洪　彪
七、交通秩序整治							
★1	建设室外道路停车收费自助缴费机	主城六区新建停车收费自助缴费机 300 台，实现道路停车收费员不在现场时，车主自助取车缴费，方便市民停车。	1500（全市）	全部完工。	区城管局	区城管局、相关街道	张超英
2	公共自行车服务站点建设	建设公共自行车服务站点 35 个，购买公共自行车 2500 辆，并进行维护管理。	700	全部完成。	区建设和交通局	区建设和交通局	顾颖勤
3	规范交通行为	重点规范机动车、非机动车、行人交通行为，引导和规范车辆、行人各行其道，不闯红灯，“绿灯行、红灯停”；开展文明守法、车窗抛物、礼让斑马线以及机动车违鸣等教育宣传和专项执法；升级智能交通信息系统，加强大数据分析，科学设置信号灯配时。		正在有序推进。	交警四大队	交警四大队	
4	深化宣传教育，提升文明素养	强化新闻媒体引导宣传。围绕行人乱闯红灯、非机动车文明守法、机动车车窗抛物、违停、礼让斑马线、违鸣 6 项重点内容开展宣传，在各类新闻媒体开设文明交通专栏，加大户外电子屏交通安全宣传投放力度，常态开展文明交通正面宣传引导，定期曝光严重交通违法行为，组织媒体随警作战并跟踪报道，形成“处罚一人、教育一片”的良好成效，提升市民群众交通文明素养。		正在有序推进。	交警四大队	交警四大队、宣传部	
5	交通信号及监控设施改造	205 个路口改造交通信号和监控设施。17 条道路调整标牌标线设置。	500	正在有序推进。	交警四大队	交警四大队	

续表 4

序号	项目名称	实施范围及整治内容	总投资（万元）	进度	责任单位	实施单位	责任人
八、城市亮化提升							
1	城市亮化提升	在全区夜景亮化设施基础和框架上，对亮化设施进行维护和提档改造，并重点对非住宅性高层楼宇、道路景观带、游园等进行夜景亮化的规划、设计和建设。重点打造江东中路奥体中心周边地区、科技园片区、南河风光带、CBD金融城片区和江心洲生态科技岛片区。	5100	全部完成。	区城管局	区城管局、相关园区、相关街道	张超英
九、城市公厕改造							
★1	公厕改造工程	完成全区34座公厕翻改建、出新任务，提高女性厕位比例，设置独立式便器，完善无障碍设施，改善通风、采光、除臭条件，美化公厕内外环境。	1670	22座主体完工使用，8座主体完工待使用；4座公厕因地铁7号线施工无法正常施工，已报市城管局，市局同意视同完工，实际工期预计2018年1月完工。	区城管局	区城管局、相关街道	张超英
十、强化建设管理							
★1	违建治理	2017年拟治理违建总计百余件，完成市级下达的违建治理量。		正在有序推进。	区城管局	区城管局	张超英
★2	突出民生导向，强化严重影响民生违建的重点督办	联合12345市政府服务热线，综合运用大数据分析，梳理多次举报整改效果不明显的违建、影响消防安全、燃气安全、通行安全和河道防洪等影响民生的违建，发起重点督办。		正在有序推进。	区城管局	区城管局	张超英
★3	遏制新增违建	坚决遏制新增违建。		正在有序推进。	区城管局	区城管局	张超英
★4	工程管理精细化	强化施工管理、渣土运输管理、民主整治和监督执法，做好各项工程精细化管理。		正在有序推进。	区建设和交通局、区城管局	区建设和交通局、区城管局	顾颖勤 张超英
★5	渣土运输管理	严格落实市场准入，规范驾驶员从业资格，规定运输车型、路线和时间，实施渣土全密闭运输，实行GPS实时监管，严厉打击非法运输渣土行为，实现渣土运输处置和管理规范化。		正在有序推进。	区城管局	区城管局、区环保局、交警四大队	张超英
6	城市管养精细化	提升绿化、道路等全方位精细化管养水平。		正在有序推进。	区城管局	区城管局	张超英

（区新区办）

【纪念馆北路建设】纪念馆北路道路总长294米，2014年12月18日开工，2015年7月10日完工，该项目正在办理移交手续，已于管养单位完成对接，道路移交申请表已报南京市建委城建处。

【南湖社区综合服务中心项目建设】该项目位于建邺区文体西路以东，南湖东路以南，文体街以西，利民路以北。主要由文化娱乐设施，体育设施，便民型配套服务，社会福利与保障设施，医疗卫生设施等功能组成。总建筑面积约44851.6平方米，3月，完成与区城建集团的交接工作。工程交接时已完成地上十层结构施工。

【特巡警办公楼（营房）建设工程】该项目建筑面积约6900平方米，其中，地上建筑面积约5400平方米，地下建筑面积约1500平方米，主要功能为备勤人员营房、业务技术用房、附属用房、地上室内停车等。项目总投资估算约为6995.11万元。3月，完成与城建集团交接工作。工程交接时正在进行综合管线方案报审工作及单项管线规划许可证报审。施工上地下室底板浇注已完成。

【双和办公区验收】4月7日完成02栋西塔楼2~6层验收，4月10日完成06栋西楼验收，5月22日完成05幢北区档案馆消防验收备案工作，6月5日完成01栋东西塔楼消防验收，11月29日完成大地库战时通风设备招标和安装工作，已完成全部竣工验收工作。

【南湖综合楼立面出新工程】该项目位于建邺区南湖东街26号，此次改造出新主要内容是该综合楼东面、南面及部分西面外立面，主要为刷漆、贴瓷砖和铝塑板，规范各类户外广告、店招、店牌、防盗窗、遮阳棚、阳台门窗的设置，并对外露的各种管线进行梳理和统一改造，以及对外立面墙体渗水处理。改造出新的面积约3000平方米，该项目总投资为5500万元，4月完成立面出新工作。

【军休所和兴隆社区卫生服务中心装修改造工作】兴隆社区卫生服务中心原址在区医疗中心一号楼与六号楼办公，因现医疗中心（建邺医院）被南京市第一医院兼并，挂牌成立为南京市第一医院心血管河西分院，因故临时对该医疗中心五号楼进行装修，以便办公。该军休所和兴隆社区卫生服务中心装修面积各约2100平方米，项目总投资约700万元。2月完成装修改造工作。

【莫愁湖景观改造项目】该项目实施范围为莫愁湖公园，实施内容为园林景观及其配套工程和AAAA级景区提升工程。项目投资估算约为6783万元。3月完成与区城建集团交接工作。工程交接时古建修缮施工进场，进行南京市政管网招投标，进行勘察设计图审、立项批文调整。（区新区办）

【长虹大市场东北角环境整治项目】该项目位于长虹路与南湖东路西南夹角，3月6日正式启动征收工作，现已完成3家工企和27户居民房屋拆迁工作，完成率约达98%。截至年底，还剩1户居民情况复杂，正在加紧谈判中。

6月20日，区委第二巡察组巡察区征收办情况反馈会议。

（区征收办 供稿）

【北圩路8号城中村改造项目】该项目位于水西门大街以北，北圩路以东。经调查，涉及被征收居民39户，工企单位2家，需拆除房屋总面积约1.4万平方米。工企单位房屋现已全部拆平，正在进行垃圾清理和场地平整工作。剩余7小户，已完成7户法院行政裁定程序。

【农研所地块征收项目】该项目位于兴隆大街以南，松花江西街以西，涉及5栋居民楼共139户和1家工企。尚有6户未搬迁，2户在江苏省高级人民法院诉讼，3户在南京市中级人民法院诉讼，1户正在加紧谈判。

【东方厂及周边地块环境整治项目】该项目位于河西中部地区，应天大街以南，兴隆大街以北，汇锦国际和青桐园以西，滨江大道以东。占地面积约18.5万平方米，房屋建筑面积约3.41万平方米，其中住宅房屋建筑面积约214.92平方米，非住宅房屋建筑面积约3.39万平方米，土地使用面积约3.42万平方米，居民1户，工企单位3家。截至年底，居民已征收结束，与2家企业谈判正在推进。

【地铁七号线站点征收工作】地铁七号线建邺区沿线站点范围内房屋征收涉及3个站口莫愁湖站、南湖站、江苏省第二中医院站，并开展前期手续办理工作。（区征收办）

【南湖体育场地下工程】南湖体育场地下工程作为区政府民生工程，全年完成投资约6000万元，已顺利通过消防、节能、防雷、环保、档案等专项验收，并在2017年年底完成竣工验收，同时开展对南湖停车场项目的招商招租工作。

【爱达花园小学校舍安全工程】爱达花园小学校舍安全工程全年完成投资约800万元。已完成校舍2~4层的加固改造，开展材料安全质量检测、电梯设备招标等工作，并通过主体验收。外墙涂料、2~4层的内部装修及基础加固招标等工作已全部完成。

【华山路邻里中心项目】华山路邻里中心项目位于河西中部地区的西北部，东侧为月安花园、南侧为月安街，西临河道及绿化带，占地面积约1.16万平方米，用地性质为居住社区中心用地。项目总建筑面积约5万平方米，主要功能为社区中心、卫生服务中心、城市养护管理中心等。地下建筑面积约为2万平方米，地下空间部分配建双层地下人防车库，以缓解周边居民停车难问题，项目建成后将为满足居民多元化、多层次、便利化的生活服务需求。已完成项目用地、规划等前期手续的办理工作，并按工程计划开工建设。

【莫愁湖小学扩建项目】莫愁湖小学扩建项目位于建邺区莫愁湖街道，东至规划道路，西至莫愁湖公园，南至水西门大街，北侧住宅小区，扩建后总用地面积约1.4万平方米。该项目新扩建总建筑面积约1.2万平方米。其中，地上建筑面积约5000平方米，建筑功能为1幢4层教学活动配套用房；地下建筑面积约7000平方米，为2层地下车库及设备用房。项目正在进行立项、规划等前期手续办理工作。（建华房地产综合开发总公司）

城市管理

【概况】2017年，建邺区实施向阳泵站和胡家闸泵站新建工程，完成湖心花园、金虹花园等32个项目二次供水设施改造工程。对南湖片区和茶南片区实施环境综合整治，对28条背街小巷开展环境综合整治。完成建邺区夜景照明提升工程（一期），全区出新改造围墙30处。改造节点花境16处，对梦都大街等8条道路实施大中修，游园更新提升1处。1条主干道和3条背街小巷创建成为科技除“癣”精品示范路，20个小区创建成为除“癣”达标示范小区。新增垃圾分类示范小区30个。完成行政处罚案卷3128起，一般程序678件，简易程序2450件，处罚金额328.5万元，共查处违章工地63家次，暂扣渣土车440辆，其中，暂扣正规公司渣土车391辆，无证“黑车”49辆，暂扣各类证件60件，罚款220万元，制作一般程序案卷320份，简易程序案卷800份。拆除违建1580处，27万余平方米。

【环境卫生管理】道路保洁全面实施主次干道“1+1机械化作业”（1+1机械化作业：对道路同时使用高压清洗车和洗扫车作业。高压清洗车在前方，清洗使用纵向、侧向冲洗

12 月 8 日，侵华日军南京大屠杀遇难同胞纪念馆周边茶亭东街和平鸽绿雕。（王华文　摄）

路牙积灰和雨帘激洗路面，洗扫车在后方湿扫将污水和垃圾吸走，两辆车同时作用，相互配合对路面进行清洗）和街巷“水扫作业”（水扫作业：人工手持高压水枪步行对人行道、隔离栏下进行水扫，将路面漂浮物、灰尘冲到路牙下面，小型洗扫车对慢车道进行清洗，保洁员将漂浮物扫到小型洗扫车作业范围内，小型洗扫车再对路牙及路面垃圾进行清扫，垃圾进入车内储存容器）模式，机械化作业率不低于 90%。重大活动保障期间，增加作业频次，不间断清扫冲洗、洒水降尘，确保道路整洁、空气清新。对 12 家旅游景点周边道路进行专项整治，提升旅游景点（展馆、公园、广场等）周边的道路、公厕、果皮箱、垃圾收集点等设施环境卫生服务质量。做好生活垃圾密闭化收集、运输工作，杜绝垃圾收集、清运、转运过程中二次污染，已覆盖全区 6 个街道、完成 61 个示范小区、2 条示范道路、2 个大件垃圾分拣中心创建工作。

【环卫基础设施建设】累计实施“35 座既有公厕达标改建、新建 8 座市级精品公厕”工作，满足住建部 2016 年推行实施的行业设置标准，加装光触媒除臭装置，建设污水排放管道，完善无障碍设施，水电升级改造，隔离带改造，规范厕位尺寸，改善通风除臭，选用红外感应卫生器具，采用节水、节能技术新材料，增加无障碍设施，改设独立式便器，4 座公厕已完工、21 座固定式公厕正在封闭施工中，18 座活动装配式公厕房体已进场，其余进入混凝土养护期。提前启动 2018 年度工作，完成 2018 年计划改建非市政养护类 41

座公厕摸底调查，整体方案正在组织可行性确定，新建公厕同期进行预算核定。完善垃圾中转站配套建设，完成2017年度垃圾中转站升级改造工作，双和园中转站完成设备大修，更换举升油缸、箱体整体加固、光电系统、油路改造，清荷园中转站污水提升外排系统改造，福园中转站污水外排系统。完成积善中转站问题整改，实施进场秩序、静音降噪、除臭综合治理等相关技术革新，集中投诉基本消除。提前启动2018年专项工作计划，跟踪指导由河西管委会承建的头关、前石、顾家村3座中转站建设，改造提升全区15座垃圾中转站，增设光触媒除臭、远程控制技术，实施压缩排放水体达标控制改造。

【垃圾分类推进】巩固示范小区建设成效，新增垃圾分类积分兑换卡5000张。年度新增创建30个垃圾分类示范小区已全部完成．截至年底全区共创建61个示范小区，居民垃圾分类电子账户累计达12342个。分级分区设置垃圾分类贮存分拣中心，区内大件垃圾贮存分拣中心体系完善，新建区级大件垃圾分拣中心，综合投资5000余万元，已完成立项工可审批、环评公告、规划审批、土地流转程序、设计、洪评、勘探、施工招标工作，现处于施工阶段。率先在全市首创以街道为单元设立区域大件垃圾贮存分拣中心，莫愁湖街道、南苑街道分拣中心已完成，沙洲街道分拣中心正在筹建中。超标完成沿街生活垃圾分类收集示范路（街区）创建，万达商业街区、长虹路垃圾分类示范路创建工作已完成设施设置，管理体系已经进入，另结合“南京大屠杀死难者国家公祭日”增加茶南大街、福园街、纪念馆周边道路N+1果皮箱设置，实现环卫作业与推进资源回收再利用工作对接。

2017年度区共发放至街道厨余垃圾袋66219卷、其他垃圾袋200卷、宣传折页4500份、宣传海报40张、120升有害垃圾桶20个、120升可回收垃圾桶31个、120升有害垃圾桶1个、分类标识180张、240升可回收垃圾桶2个、240升厨余垃圾桶10个。试点餐余垃圾专项清运，调研茶南大街、福园街沿线小吃店餐厨垃圾废弃物收集、运

5月18日，“520”环卫作业推扫车展示。　（叶涛　摄）

输、处置情况，试点开展茶南大街、福园街“去桶截污”分类收运工作。选用具有资质的餐厨废弃物收集、运输、处置公司，给沿街店家配备餐厨垃圾桶，要求清运单位合理制定收运时间、频次及线路，落实设施管养及维护。试点厨余垃圾就地处置，组织考察，完成相关方案，试点垃圾减量及厨余垃圾就地处置，相关工作报告于10月底报送分管负责人批阅，正在组织立项等启动工作。

【市容环境综合整治】完成背街小巷环境整治，本着利民便民惠民原则，对全区28条背街小巷环境进行综合整治，通过铺设人行道、出新店招、清理一楼立面、增设停车泊位、补植绿化、提档景观等，达到一路一策、一路一景，全面提升背街小巷环境品质。加强摊点管理，督促街道落实网格化巡防机制，加强市容市貌管理，定期组织区城管行政执法大队、街道综合执法大队对流动摊点、夜市排档进行集中整治。坚持疏堵结合，对全区100余处早餐点逐一检查、年检，指导配合双闸街道、江心洲街道分别设立3个临时性疏导群，设置夏季临时性西瓜摊点122处。继续推行门前三包责任制。与全区沿街店铺及企事业单位7475签订《门前三包责任书》，确保签约率为100%，知晓率100%。下发门前三包整改菜单8755份，规范占道经营、倚门出摊等门前三包违规行为13060起，共处罚门前三包不落实143起，罚款人民币2.27万元。推进清洗管理工作，建成8家自助洗车场建设，达到每个街道建成1家自助洗车场目标。加强共享单车管理。召开“网租单车共享共治”协调会，出台《建邺区网租单车停车管理服务规范》《建邺区网租单车管理工作评价办法》，对单车运营企业在区内管理服务情况建立评价制度，对管理服务不到位企业及时约谈并督促整改，在全区推进非机动车停放示范点建设，全年完成50个非机动车示范点打造，缓解网租单车停放难问题。加强停车设施养护，新增道路自助缴费机50台。江苏发展大会保障期间，出新彩色隔离桩300根。累计安装、修理护栏213米，安装隔离桩2165根。做好区内新建公共停车场备案审批工作，共新增公共停车场17家，新设停车场泊位5300个。全年粘贴机动车违停告知单4.4万张，整治网租单车数123575辆，清拖网租单车29936辆，整治自有非机动车数7.03万辆，清理自有非机动车数1008辆。

【城市管理治理能力提升】开展城市综合治理标准化工作。抓好城市治理标准化7个体系建设，有效调动社会力量参与城市治理，全面提升城市治理精细化水平。已通过南京市标准化达标及创建示范单元为150个。其中，公共空间单元43个（道路、广场、公园、农贸市场、公厕等），非公共空间单元87个，示范单元18个，综合示范片区2个，超额完成年度目标任务。做好数字化城管建设，建

12 月 13 日，建邺区城市管理综合行政执法大队参加国家公祭仪式执法保障工作。（蒲华静　摄）

作已经成交确认项目 2 个，共 85 个点位，成交金额 101.7 万元。正在挂牌等待拍卖项目 2 个，进入市交易中心前期受理项目 1 个，完成资料审核项目 8 个，其中 4 个项目待评估，待审核资料 3 个。户外广告专项整治共整治拆除各类户外广告牌 23 处 4657 平方

邺区城管局“12345”热线办理工作共受理工单 3668 件，办结 2944 件，退单 724 件，按时办结率 97.12%，作风满意率 92.89%，结果满意率 87.05%，综合满意率 91.14%；“12319”信访举报工单办理工作共受理工单 1430 件，退单 287 件，实际办结 1143 件，其中按时办结率 100%，综合满意率 99.17%。建邺区已全部完成 6 个街道“数字化城管”系统二级平台建设，截至 12 月 31 日，“数字化城管”系统平台共受理南京市城管局下发各类有效案件 24110 件，结案 24110 件，结案率 100%；按时结案数 24085 件，按时结案率 99.90%，返工数 1030 次，返工率 4.27%，较 2016 年下降 12.14%。

【户外广告管理】商业性户外广告市场化工作情况，南京市商业性户外广告有偿设置工

米，为 54 家商户提供店招店牌设置指导服务。做好氛围营造工作，春节期间为烘托节日氛围，全区完成江东中路、新安江街、兴隆大街、月安街、南湖路、湖西街、应天大街、燕山路、金沙江街等 23 条主次干道氛围营造工作，由区城管局牵头负责江东中路悬挂灯笼 250 余组，其他各属地街道配合所属路段悬挂灯笼 750 余组。

【夜景灯光亮化】为迎接江苏发展大会，2 月 28 日，区到杭州进行调研，学习杭州灯光亮化成功经验，结合江苏发展大会，制定建邺区夜景照明提升（一期）亮化方案。建设重点任务是以江东中路为中心轴，将原有较好基础的亮化设施进行集中控制，用最短时间使得区域整体夜景形象实现质的飞越。配合河道整治完成对夹江大桥、沙洲西河 7 座

桥、大剧院路桥、乐山路桥、奥体北门桥设置夜景观照明设施建设任务；完成对大剧院周边金陵图书馆、基督圣训堂、江苏省妇女儿童活动中心、南京市档案馆等亮化盲区进行加亮处理的建设任务；完成对江东中路中分带满天星、梦都大街沿线两侧绿植亮化的建设任务；完成18组空中玫瑰、奥体东门地埋灯、凯旋郦都广场、珍宝假日酒店投光灯，大剧院路东路及周边重要节点设置夜景景观小品建设任务。对江东中路雨润广场、中央公馆、涵月楼酒店的3个立面进行整体改造；对江东中路欧洲城5幢居民楼楼顶进行投灯的改造；对梦都大街富贵俏江南的3个立面进行全面改造；对江东中路会展中心二期进行改造（会展负责）。以江东中路为中心轴，将重点道路、重点区域基础较好的亮化设施进行集中控制，集中力量进行楼宇集中控制与演绎，形成日常模式、节日模式、重大活动模式的“片区型”夜景照明效果，以优美炫丽的城市灯光展示区景观亮化。

（区城管局）

环境保护

【概况】2017年，区环保局共立案查处环境违法案件84件。其中，夜间施工43件，扬尘污染28件，未实施排污申报4件，大气污染2件，水污染3件，建设项目4件，共处罚决定金额205.7732万元。共审核发放排污许可证12家，其中医疗单位9家，餐饮3家。完成区域5家工业企业的初始排污权的核定，形成核定报告，通过南京市环保局验收。加强区域噪声监管，保证区域声环境质量，区环境噪声、交能噪声均达到规定标准，没有噪声限期治理的企业。结合“一企一档”信息系统建设，完善污染源日常监管动态信息库和执法人员名录库，将193家污染源纳入信息库，检查102家次，立案查处1家，责令整改2家。对115家餐饮企业开展污染整治，完成1条餐饮业污染控制示范街区创建工作。加强南京卷烟厂等4家生产企业废气排放监管，对39家干洗店、19家汽修店、10家印刷企业开展VOCs专项整治。对29家工业退役场地开展调查识别，完成14家关停搬迁企业场地土壤污染源遥感核实定位工作。

【环境监测】2017年全区共出具废水监测报告77份、噪声监测报告54份、油烟监测报告6份、林格曼报告3份、辐射监测报告4份、锅炉监测报告4份、粉尘监测报告6份，环境质量监测数据共11044条、污染源监测数据1025条。规范污染源监督监测，按照统一部署，把南京市江心洲污水处理厂等5家单位列入市重点源，按照工业企业、医疗机构、汽修、规模化餐饮企业等6类确定为区域内重点排污单位，并对各排污单位信息、排污去向、监测指标、执行标准进行认真梳理。完成对莫愁湖、南湖、南河等市控断面、市重点整治黑臭河道、省水环境功能区断面以及国考河道、夹江饮用水源地的监测，密切关注水质状况，每周对列入2016年南京市重点整治的4条河道（其中包括3条国考河道）开展17个点位、4个项目的监测，对列入2017年南京市重点整治的6条河道开展每月1次的18个点位、4个项目的监测，对区域内其他河道，包括莫愁湖、南湖开展每个月1次、12个项目的监测，发现问题及时报告，并通知有关部门进行处理。开展降水监测，做到逢雨必测。继续做好每季度2个点位的功能区噪声监测以外，完成14个点位区域环境噪声、8条道路交通噪声的例行监测。此外，严格执行环境监测报告制度，已完成《2016年重点污染源年报》《2016年建邺区环境质量报告》《2017年建邺区环境质量季报》以及简报共计42篇，准确及时把各类监测数据按照时间节点上报。

3月20日，建邺区召开城市环境综合整治和城市精细化建设管理工作例会。
（区委宣传部　供稿）

【水污染防治】完成建邺区2016年度水污染防治工作自查报告，收集整理汇总水污染防治工作台账资料，完成南京市水污染防治办对区2016年度水污染防治工作现场检查及考核。重点对工业企业、医疗单位、江心洲污水处理厂排水情况加强监管，对全区二级以上医院开展专项检查，对检查发现的污水处理问题及时提出整改要求，督促整改到位。推进断面水体达标方案编制工作，按照有关要求，组织编制尚未达到Ⅴ类的3个断面（莫愁湖湖心、南河赛虹桥、拖板桥断面）水体达标方案，于2月底完成方案编制的招标工作，正式中标确定3家编制单位：河海大学（编制南河拖板桥断面方案）、东南大学（编制莫愁湖湖心断面方案）、江苏环境产业技术研究所（编制南河赛虹桥断面方案）。莫愁湖断面、南河拖板桥断面水体达标方案于10月前通过专家评审。配合区相关部门做好黑臭河道整治工作，配合南京市河西管委会、区城管（水务）局做好沿河企业污水排放排查工作，协调河道巡查监测，发现河道问题及时协调区相关部门单位处理。完成节制闸断面水质提升方案编制涉建邺区基础资料调查统计有关工作。及时对接南京市有关部门按要求上报水污染防治工作材料数据、信息等。

表5　建邺区2017年集中式饮用水水源地考核点位和目标

序号	所在区	所在河流/湖库	水源地名称	点位（断面）名称	水厂名称	日取水量（万立方米/日）	供应人口（万人）	年度考核目标
1	建邺区	长江	夹江水源地	城南水厂取水口	城南水厂、江宁水厂、北河口水厂	140	60.4	Ⅲ

（区环保局）

表6　建邺区2017年水污染防治工作重点项目表

序号	项目类别	重点项目及内容	责任单位	参与单位
（一）加强工业污染防治				
1	南京卷烟厂	南京卷烟厂新建技术研发中心及“南京”品牌专线技术改造项目处污水处理设施建设运行，确保污水达标排放。	区环保局	区发改局、南苑街道
（二）开展水体综合治理，提升水环境质量				
2	城市黑臭水体整治	全面整治莫愁进水渠、胡家闸河、沙洲西河北端、怡康河4条河道，基本消除建邺区域黑臭现象。	区城管（水务）局	区建设和交通局、区环保局、莫愁湖街道、南苑街道、沙洲街道、科技园等
		南湖东河、南湖北河、南湖南河、幸福河、忠字河5条河水体治理，基本消除建邺区域黑臭现象。	区城管（水务）局	区建设和交通局、区环保局、莫愁湖街道、南苑街道等
		河西中南部朱二河、红旗河、红旗北河、江东南河、韩二河友谊河、莲花河、向阳河等河道治理，基本消除建邺区域黑臭现象。	河西管委会市政处	区城管（水务）局、区建设和交通局区环保局、兴隆街道、南苑街道、沙洲街道、双闸街道、科技园等
3	排水达标区建设	完成63个排水达标区建设。围绕莫愁泵站进水渠、江东路以西（奥体北河、清江沟流域）、胡家闸河、怡康河片区共计排口整治5个，存量管网8.6千米，新建排水达标区63个。	区城管（水务）局	河西管委会市政处、区建设和交通局、区住房保障和房产局、区环保局、莫愁湖街道、兴隆街道、南苑街道、沙洲街道、双闸街道、江心洲街道、园区等
4	入河排污口整治	查清入河排污（水）口汇入的主要污染源，建立入河排污（水口系统档案，完成年度清理整治任务。	区城管（水务）局 河西管委会市政处	区建设和交通局、区住房保障和房产局、区环保局、、莫愁湖街道、兴隆街道、南苑街道、沙洲街道、双闸街道、江心洲街道、园区等
5	建设海绵城市区域	从2017年起打造示范工程，完成江心洲海绵道路、公园绿地海绵河道等项目10个。	河西管委会市政处 区建设和交通局 生态科技岛办	双闸街道、江心洲街道等

续表 6

序号	项目类别	重点项目及内容	责任单位	参与单位
(三)严格水资源管理,着力节约保护水资源				
6	水资源节约保护	对使用超过 50 年和材质落后的供水管网进行更新改造。按市计划要求完成节水型企业、灌区、学校、机关、园区、教育基地等载体创建。	区城管(水务)局	区发改局、区建设和交通局等
(四)保障水生态环境安全				
7	水源地保护	开展饮用水源地安全评估和安全保障达标建设。	区城管(水务)局 区环保局	区建设和交通局、兴隆街道、双闸街道、江心洲街道、生态科技岛等
8	地下水污染防治	全面推进未经批准或公共供水管网覆盖范围内自备机井整治工作。	区城管(水务)局	区安监局、区市场监管局、区公安消防大队、区发改局、区建设和交通局等
9		按省市要求实施加油站地下油罐污染防治设施改造。	区环保局 区商务局	
(五)严格水环境监管、防范水环境风险				
10	排水专项整治	对车辆清洗点、车辆修理厂(含 4S 店)、加油站、餐饮服务垃圾中转站、豆制品等食品加工点开展排水行为专项整治,规范接入污水管网,查处直排雨水管网行为,规范污染治理预处理设施建设运行。	区城管(水务)局	区环保局、街道、园区等

(区环保局)

【大气污染防治】主要围绕市、区大气污染防治行动计划方案,推进大气防治工作的开展,区空气气量改善明显。2017 年全区空气优良天数 268 天,优良率达 73.4%。比 2016 年增加 43 天,优良率上升 11.9 个百分点,PM2.5 均值下降 11.7%。

区主要负责人就区域大气污染防治工作进行调研,对大气工作提出要求:要准确把握大气目标考核的要求以及指标情况;对大气污染源解析情况要有更加清楚的认识,污染源解析工作要作为一个课题坚持做,要加以对比和分析研究,准确把握区域污染来源状况;加强对区域大气污染源的监督管理。对区域大气主要污染源加强管控,利用工业企业减少废气排放、黄牌货车禁行、环保流动执法等措施,有效管控区域大气污染。区环保局专门聘请省市大气专家开展大气国控点源解析工作,通过二次源解析对比分析,准确掌握区域污染源状况,针对重点污染源开展大气防治工作。

结合区大气污染源解析情况及大气防治工作重点,年初制定《建邺区大气污染防治行动计划 2017 年度实施方案》强化区相关职能部门、各街道、园区大气污染防治的责任，理清工作思路，强调工作要求，推动大气防治工作的开展，确保完成年度任务。对重大活动保障期间，还专门制定大气环境应急管控保障方案，启动应急管控机制，实施废气排放企业部分停限产，工地停工、加强道路保洁、严查高污染车辆等，从严落实管控措施，确保重大活动期间环境质量符合要求。

以工业企业废气排放监管、扬尘控制、印刷和汽修行业挥发性有机物整治等为重点，推进大气防治工作的开展。加强工业企业废气排放监管，建邺区工业企业共计6家，涉废气企业少，除南京卷烟厂外，其余5家均列入搬迁计划。重点对南京卷烟厂生产企业废气排放加强督查，确保废气达标排放，南京英格索兰压缩机有限公司已搬迁至苏州市吴江区。开展工业企业厂内车辆油品清洁化工作，在调查摸底的基础上，对不符合要求企业下达整改期限，确保按时完成工业企业厂内车辆油品清洁化工作，减少工业企业大气污染物排放。开展挥发有机物专项治理，严厉打击露天喷漆等违法行为，按照统一部署对区域印刷、汽修企业进行VOCS专项治理，制定汽修、印刷企业VOCS专项治理工作方案，明确任务内容、治理措施、完成时间，强化责任要求，推进专项治理工作的开展。已全部完成南京市下达的重点汽修、包装印刷行业年度治理任务，并自加压力推进完成区域其他汽修、印刷企业的治理。加强工地扬尘污染管控，严格落实属地责任和网格化管理制度，强化日查周报月考评制度，健全部门日常联合执法制度，将控尘责任全面落实到位。落实渣土车管理制度，落实渣土承运单位资质、信用管理制度，施工单位对工地出口周边道路实施保洁责任制，渣土运输车辆必须全密闭和冲洗净车后出场，保证出入口道路的清洁。全年共督查工地3532家次，责令现场整改827家次，下达限期改正通知书326份，下发督查通报58份，查处扬尘污染案件37件，处罚款157.7万元。

严格餐饮油烟在线监控，自2010年起至今共安装油烟监控设施的单位39家，其中8家因停业永久停运。及时将油烟在线监控问题转监察大队检查督促整改。开展餐饮示范街创建活动，制定创建方案，组织相关部门街道联合执法，重点对餐饮店油烟、隔油设施情况进行检查，对无油烟净化设施、未设置隔油处理装置的问题餐饮店现场下达监察单，提出限期整改要求，对未按要求整改的进行立案处罚，督促其整改。9月，完成居民信访多的乐山路莱蒙水榭商业街餐饮业污染控制示范街区创建工作。实施重污染天气应急响应，根据市重污染天气应急办指令，从严落实重污染天气应急处置措施，全年启动污染天气应急处置预案6次，按应急措施要求从严管控，减少污染物排放，对全区61条道路进行反复清洗降尘。上报建邺区大气管控应急措施落实情况12期。

表 7　建邺区 2017 年重点大气污染防治工程项目表

类别	序号	企业名称	项目内容
工业	1	南京英格索兰压缩机有限公司	搬迁
	2	南京卷烟厂	新建技术研发中心及“南京”品牌专线技术改造项目废气处理设施建设运行，确保达标排放
专项治理	3	全区内包装印刷企业	挥发性有机物整治
	4	全区内有喷漆工艺的汽修企业	挥发性有机物整治

（区环保局）

【建设项目环评管理】加强建设项目的管理，严格落实建设项目环评审批和验收工作。全年共接受建设项目环评咨询 80 余家；审批项目 92 个，其中报告书 5 个、报告表 87 个；验收项目 75 个，预验收 16 个，土地出让预评价 2 个；到现场察看项目情况 50 余次。建设项目环评执行率达到 100%，“三同时”（是指一切新建、改建和扩建的基本建设项目、技术改造项目、自然开发项目，以及可能对环境造成污染和破坏的其他工程建设项目，其中防治污染和其他公害的设施和其他环境保护设施，必须与主体工程同时设计、同时施工、同时投产使用的制度）合格率 100%。

将环评审批和环保竣工验收工作落实到区政务中心办理。自 1 月 1 日起，所有建设项目环境影响登记表的项目由原来的审批制改成“网上登记备案”。建设单位只需登录区政府网站首页，点“建设项目环境影响登记表备案系统”，按系统提示自行备案即可，极大方便建设单位。简化环评手续。利用合理性分析、清洁生产与循环经济、污染物总量控制等内容，去除简化环评报告中建设项目与资源能源利用政策、国家产业政策相符性、资社会环境现状调查与评价相关内容，做到该简化的简化，该删除的删除，达到了“瘦身”要求。缩短项目审批流程，压缩行政许可审批时间，第一时间办结。建设项目环境影响报告书项目审批时间由法定的 60 工作日压缩到 40 个工作日（除公示等时间外，实际用时 1 个工作日）；建设项目环境影响报告表项目审批时间由法定的 30 工作日压缩到 25 个工作日（除公示等时间外，实际用时 1 个工作日）；建设项目环境保护竣工验收由法定的 30 个工作日压缩到 25 个工作日（除公示等时间外，实际用时 3 个工作日）。

【饮用水源地管理】联合街道处理水源地堆放废木料、江心洲旗杆渡口旁菜地清除等问题，消除水源地安全隐患。年初在对水源地巡查中发现南京志勇建设工程有限公司在夹江水源地一级保护区内（原青奥公园项目部）堆放施工使用过的木料等废弃物，为防止影响饮用水安全，及时下发尽快搬离的整改通知，并通过多方努力和多次督促，于4月彻底解决该问题。另外江心洲街道永定社区在对水源地巡查时发现，渡口水源地旁存在违建菜地的违法行为，由于菜地处于水源地保护区，不仅威胁水质且汛期易产生隐患，联合街道城管科制定菜地清除方案，于5月31日下午完成菜地清除工作。

落实关于开展打击固体废物违法转移专项行动，组织局和兴隆、双闸、江心洲3个街道有关人员传达学习，明确行动要求，指定专人负责，发现问题及时上报，严厉查处，确保饮用水水源地安全。除兴隆、双闸、江心洲街道坚持每日安排人员对辖区内夹江饮用水水源地进行现场巡查，区环境监察大队也每周一次对辖区内夹江饮用水水源地进行现场巡查，从排查情况看，夹江饮用水水源地保护区内没有发现非法倾倒、转移、偷埋固体废物的违法行为，总体状况良好。

继续跟踪落实全市生态红线区域问题整治工作。2017年夹江饮用水源地保护区内青奥公园步行桥、南京青奥文化体育公园项目在一级管控区内，为完成全市生态红线区域环境问题整治工作，由市水务局、市城建集团作为责任单位完成城南水厂取水头部、泵房土建及管网连通工程，区环保局陪同省、市多次进行检查和督导工作。

【危险废物和固体废物管理】完成2016年度南京市区长目标中固体废物和核与辐射的考核工作。完成危险废弃物网上申报61家，医疗废弃物申报120家，确保区申报率100%。2017年全区共产生固体废物94.376万千克，转移危险废弃物废机油17万千克、废电池23.12万千克、其他39.88万千克，危险废弃物与医疗废弃物转移处置率均达100%。网上办理危险废弃物转移申请、审核536份（废机油77次、废电池43次、废有机溶剂6次、医疗废物410次）。对辖区内有关企业和医疗单位进行检查，重点是明基医院、南京市儿童医院河西分部、江苏省口腔第五门诊部、江苏国旅体检中心、奥能锅炉厂、中烟工业、国恒安全评价咨询有限公司等单位依法进行现场检查，指导和帮助他们加强固体废物法律法规的学习以及日常的规范化管理，取得较好效果。加强危险废物的应急处理，7月，对南湖二中实验室危险化学品和宁卫医药过期药品，联系天宇公司进行行政代处置；8月，对原电化厂拆迁遗留化学废液，联系威立雅公司进行行政代处置，全年共行政代处置危废10.12万千克，保护环境安全。

【加油站油气监督管理】做好加油站油气回收监督管理工作，依法加强加油站油气回收设施设备日常检查和监管。按照每季度1次现场检查要求，完成规定频次检查工作。检查中严格规范，按照对加油站员工能否正确使用油气回收设备问1遍、油气回收设备是否正常使用看1遍、油气回收设备是否损坏查1遍的“3个1遍”要求，对全区8家加油站油气回收设施运行、日常管理检查台账及油气回收设备年检情况，逐一核对、逐项检查，全年共计现场检查42次，对检查发现的集气罩破损、加油工加油不规范、油罐人工井油气味较浓等问题，落实即查即改。协调中石化南京分公司进行1次油站及加油工业务培训。针对乐山路加油站因油气回收设备故障造成油气超标排放问题，采取措施，责成中石化南京分公司立即组织停工整改，迅速整改到位。同时，为方便加油站油气回收管理工作实时管理，提升管理工作服务质量，方便加油站材料资料报备及联系方便，建立和完善建邺区环保局加油站油气回收管理工作微信群，各加油站通过微信群及时报告油气回收设施运行状况，发现问题立即落实整改，有效保证全区8家加油站油气回收设备的良好运行。

配合做好加油站双层罐改造推动工作，区共有8家加油站。其中，汽油年销量在500万千克以上5家，500万千克以下3家。已完成油罐双层罐改造2家，未完成6家。按照要求，未实施双层罐改造的，要逐步落实改造工作，区环保局协调各加油站及中石化南京分公司，推进整改。

【环境应急管理】开展应急演练，提高环境应急处置能力。局共组织和参与2次大型突发环境事故应急演练活动，6月13日在南京国际会展中心突发火灾应急演练，11月1日在江心洲污水处理厂组织开展漏氯泄露应急演练活动。通过2次高规格演练，检验应急预案的可行性，使相关应急保障人员更加熟悉应急预案处置程序和要求，提升建邺区环保局应对突发事件的组织指挥能力和处置能力。通过演练进行总结和分析，针对出现的不足，修订完善应急预案，加强应急保障队伍建设，提高环境应急处置能力，防范和有效应对突发环境污染问题，确保环境安全。

【"两减六治三提升"专项行动】2016年12月，江苏省委、省政府结合中央环境保护督查组指出的突出问题进行整改，决定在全省开展"两减六治三提升"（两减：以减少煤炭消费总量和减少落后化工产能为重点；六治：重点治理太湖水环境、生活垃圾、黑臭水体、畜禽养殖污染、挥发性有机物污染和环境隐患；三提升：提升生态保护水平、提升环境经济政策调控水平、提升环境监管执法水平）专项行动，力求用2~3年解决一批影响环境质量改善的突出问题。区环保局作为区"两减六治三提升"专项行动牵头部门，拟定专项行动方案及年度工作计划，定期向区委、区政府汇报专项行动工作开展情况，依据区委、区政府对专项行动部署要求，严格落实专项行动计划，组织协调相关职能部门，研究解决工作中存在的问题，推进专项行动开展。先后对明查暗访和巡查发现的黑臭河道、扬尘污染、环境脏乱差、水源地隐患、排口污染河道、露天喷漆、工地污水直排、餐饮油烟污染等91件问题开展现场督办。在区政府门户网站开设"建邺263在行动”专栏，设置曝光台，落实区域环境问题网格化摸排要求，对巡查发现的67个问题进行曝光通报，较好完成省、市交办件的办理、回复、上报工作。编制区“两减六治三提升”工作简报21期。

【绿色环保宣传】 2017年共开展环境宣教活动15场，其中环境宣传活动6场，环境教育活动9场。分别是“童爱地球”环保文化节、童绘地球比赛、“生命之水”环境课堂教育、环境小记者比赛、寻找“环保小天使”环保绘画比赛、建邺区“263”广场宣传活动、“同饮一江水，保护母亲河”中国母亲河日活动、世界无烟日活动、中国水周—河长圆桌会议、“垃圾与资源”环保主题活动、“环保小课堂”进社区活动、小学生代表参观江心洲污水处理厂、“传递绿色希望，环保宣传教育进校园”主题活动、“学习宣贯十九大、加快推进生态文明建设”宣传活动，南京市中小学幼儿园优秀生态环境教育活动项目评选活动。发放《全民环境教育手册》《中小学生环保教育实用手册》2000余本，环保宣传折页1000余张。各项活动都广泛利用各种媒体进行生态文明宣传，邀请广大市民群众参与，并在官方微博和微信公众号上作专题报道。全年区环保局在南京市环保局官网录用信息212条，区委办信息录用21条，建邺环保官方微博发表微博230条，建邺环保官方微信发表微信14条，省、市级媒体共发表环保新闻11篇。（区环保局）

3月14日，建邺区政府在区机关大楼多媒体会议室组织召开全区2017年度全区“263”专项行动推进暨环境保护工作大会。（何楠 摄）

城区经济

Urban Economy

经济综述

【概况】2017年，全区完成地区生产总值422.9亿元，同比增长8.3%；服务业增加值357亿元，同比增长10%；服务业增加值占GDP比重达88.1%；一般公共预算收入64.4亿元，增长9%；全社会固定资产投资365.6亿元，同比增长12.9%；社会消费品零售总额219亿元，同比增长10.3%；城市居民人均可支配收入达53215元，同比增长9.1%；实际利用外资2.6亿美元；实现货物贸易出口总额48亿元。全年入驻各类金融及准金融机构达506家，各类产业基金、股权投资、创业投资机构210余家，总募集资金规模近4000亿元，全区实现金融业增加值116亿元，占GDP比重达28%。全区42家企业首次申请高新技术企业认定，申报省民营科技企业45家，企业申报省高新技术产品50件。全年完成申请专利总量3500件，其中，发明专利1200件，授权专利1350件，全年高新技术产业产值160亿元，同比增长11.4%。

【规划调研】开展全区“十三五”规划评估，跟踪“十三五”主要指标完成情况；出台《建邺区关于聚焦富民促进城乡居民增收的实施意见》《建邺区关于全面推进富民惠民工作的行动计划》，提出在“收入、教育、健康、保障、住房、文化”6个方面履行20项富民惠民行动清单。出台《建邺区2017年度民生实事》，列出42项民生实事。牵头制定全区对标找差工作方案，结合全区发展现状，与追赶城区杭州江干区、灯塔城区广州海珠区进行全面对比，并提出实现追赶超越的任务举措。完成“供给侧改革”“产城融合”“国际化建设”“创新创业生态环境”等多项重点课题研究。

9月29日，建邺区召开涉海单位清查工作动员暨培训会。
（区发改局　供稿）

【综合改革推进】推进园区改革工作，形成建邺区园区改革模板。围绕经济体制和生态文明体制改革重点，以供给侧改革为抓手，推进经济发展结构性调整，制定深化经济体制改革和生态文明体制改革任务年度推进计划表和工作路线图。推进河西管委会“市属区管”改革工作，确立行政审批一体化、行政执法一体化、市政设施管养一体化、统一党的工作等改革思路。做好全区企事业单位体制改革相关工作，制定2017年企事业单位体制改革计划，协助兴隆街道推进实施南京合成材料厂改制工作。

【重大项目推进】全区编列重点项目60个，总投资2146.8亿元。全年计划投资194.1亿元，实际完成投资221.29亿元。全区市级重大项目18个(含打包项目34个)，全年计划投资161.2亿元，实际完成投资194.96亿元；省级重大项目1个，中新生态科技岛科创园完成投资16.63亿元。

【绩效考核体系调整】重新修订绩效考核相关文件，根据全区产业发展情况，对各功能园区考核体系进行调整，突出各园区特点和发展方向。科技园指标体系主要参考省级高新区考核体系(全口径)制订，科技岛办指标体系主要参考省级经济开发区考核体系(全口径)制订，江东商贸区和中央商务区管委会指标体系主要分为经济发展、科技创新、产业培育、园区建设4部分，综合评价地区生产总值、一般公共预算收入、全社会固定资产投资、社会消费品零售总额等主要经济指标增长和对全区贡献提升情况。建邺区在2016年度市对区综合考核中获得一等奖。

【服务业企业发展环境优化】优化企业发展环境，制定出台《建邺区现代服务业发展五年行动计划》，通过完善发展环境、促进产业集聚、推进项目建设、做强重点企业，不断推动建邺区现代服务业总量增加、结构优化、品质提升、全面发展。按照《南京市人才安居办法(试行)》中服务业企业筛选标准，对入围名单中管辖范围内的企业进行核对，并增补上报17家规模以上企业。梳理建邺区创业创新类

2月12日，2017年全省重大项目集中开工现场推进会召开。图为建邺区分会场施工装备。
(区委宣传部　供稿)

企业，建立企业库，征集双创企业典型案例，已有19家入库企业。加强与重点企业联系，加大服务力度，为企业发展营造良好环境，先后走访泰乐城、国际青年文化中心、新与力文化传播有限公司、大贺传媒股份有限公司、越博动力、林洋新能源科技有限公司、天泽信息、南大电子等。

【企业自主创新能力建设】引导企业加快技术创新，开展企业技术创新创建培训，围绕企业技术中心认定及评价要点、技术创新体系建设内容、创新绩效提升等，分别组织企业参加国家级、省级、市级企业技术中心建设培训会。推动企业技术中心升级认定，推荐省交科院申报国家级企业技术中心，省邮规院申报省级企业技术中心，文采科技等3家企业被认定为市级企业技术中心。推荐组织18家企业、37个项目申报并列入2017年南京市企业研发计划。推动实施联迪信息、越博动力等5家企业、10个项目实施江苏省企业重点技术创新项目。促进工业和软件企业质量品牌工作，推荐天泽信息、拓控信息、文采科技等5家企业、6个产品申报创建南京市名牌产品，越博动力申报江苏省质量标杆企业。

【企业服务】不断提高为企业服务水平，深入50余家企业和基层，与企业家和员工心贴心交流沟通，共收集40条具体意见建议。根据企业的问题和建议意见，帮助企业解决发展中遇到的困难和问题，并指导企业用好用足促进经济发展若干政策措施。将全区符合条件的48家企业列入南京市人才安居工程，并对在平台申报企业进行审核，使更多符合条件企业能够享受人才安居工程政策。组织100余家企业参加省、市举办的中小企业产业发展清华培训班等各类培训活动，组织辖区内3家企业参加长三角三网融合创新产品大赛江苏赛区南京站初赛活动。帮助越博动力成功申报江苏制造突出贡献奖，并受到江苏省政府表彰。做好石墨烯、电解铝企业等各类摸底调查工作，完成10余家企业中小企业证明。（区发改局）

开放型经济

【概况】实施更加开放的政策，加快走出去引进来步伐，开放性经济实现稳步增长。外经工作有序开展，全区境外投资新批项目5个，协议境外投资总额4755万美元；全区对外承包工程新签合同额4442万美元，完成对外承包工程合同额1.5亿美元。全区新增企业4377家，同比增加23.19%。其中，认缴注册资本500万元以上企业1583家、1000万元以上企业923家，比上年同期分别增长39.1%、36.94%，亿元以上企业81家，同比增长37.28%。成功举办2017河西建邺“金洽会”专场活动，聚焦主导产业，签约项目

40个，总投资额510.8亿元。阿里巴巴、小米科技华东总部、江苏苏宁银行、江苏省股权投资发展中心、鱼嘴商务区总部大楼等重大项目相继落地。

【外资利用】2017年全区完成实际利用外资26108万美元，占年计划的100.4%，顺利完成全年任务。引进传云网络科技、仁衡融资租赁、元枫恒信息科技、海湾宇德医疗科技、无界象国际设计、创汇道路工程等35家外商投资企业，新天际国际贸易、通汇融资租赁、有货（江苏）商贸服务、三商电脑软件开发、香江华建工程等11家企业增资，新增合同外资51254万美元。完成南京市下达的引进或设立1家外商投资功能性机构的目标任务。

【外贸出口】2017年全区累计实现货物贸易进出口总额78.45亿元人民币，同比增长10.39%；出口额61.05亿元人民币，同比增长19.72%。全区有出口实绩的企业273家，其中出口额同比上升的企业176家，占总企业数的64%。出口500万美元以上的企业135家，合计出口59亿元人民币，占全区总量的96.6%，主要集中在医药化工、机电设备、纺织服装等行业，全区外贸出口的支柱企业总体增长态势明显。

【服务贸易】2017年全区完成服务贸易进出口总额2.54亿美元，同比增长18.6%；其中出口1.01亿美元，同比增长20%，进口1.53亿美元，同比增长16%。进出口额200万美元以上25家，其中运输物流服务占比43%、文化传媒占比16%、软件与信息技术服务占比14%、建筑设计咨询服务占比11%、会展旅游酒店服务占比8%、金融保险服务占比7%。新城科技园也被评为“南京市首批服务贸易集聚示范区”。（区商务局）

金　融

【概况】全年新引进金融机构72家，新引进注册资本总额125.2亿元，超额完成全年任务。其中，法人总部4家（江苏省交通控股财务公司、南京证券、江苏苏宁银行和江苏省金融租赁公司），省级金融机构13家。新引进产业基金、创业投资等机构20家。新设立基金23支，总规模约686亿元。其中江苏省政府基金新设立基金14支，总规模约360亿元。新设立基金管理公司14家，其中包括总规模超300亿元的江苏信建城安新型城镇化建设基金（有限合伙），总规模800亿元的江苏环保产业基金的首支子基金。已引进股权投资基金及管理机构45家。区域内已集聚各类金融及准金融机构超过500家，各类省级以上金融一级分支机构91家，各类产业基金、股权投资、创业投资机构220余家，总募集资金规模超过4000亿元，金融增加值占区域 GDP 比重 28.4%。

延伸阅读 4

江苏省投资基金产业集聚落户建邺

7 月 17 日，江苏提振实体经济重拳出击。江苏省政府投资基金产业基金签约暨基金产业集聚区启动仪式上，创下国内基金签约规模新纪录：34 支产业基金集中签约，目标筹集 1500 亿元“真金白银”为实体经济“输氧供血”，推动产业转型升级。江苏省政府投资基金成立于 2015 年，是一支由省级财政注资为主，按照市场化方式运作的省级综合性政府投资母基金，重点支持符合战略性新兴产业方向、中国制造 2025 江苏行动等战略规划的转型升级项目，资金主要投向江苏实体企业。而为充分发挥这批基金对金融产业链的带动作用，江苏省还决定在南京市建邺区打造“江苏省投资基金产业集聚区”，打造这种以政府财政为支撑的基金产业集聚区，在江苏还是首次。经过 12 年发展，河西金融集聚区里的法人金融机构和外资金融机构数量均占南京市 2/3 以上。在基金方面，拥有各类产业基金、股权投资、创业投资机构 160 余家，总募集资金规模超过 1400 亿元。随着江苏省政府投资基金入驻，集聚区内基金总规模将急剧扩大。未来，建邺区将吸引更多市场化基金和专业机构落户，打造基金产业发展的江苏高地。

【金融主题活动举办】举办“2017 南京亚太金融研训院春季研训班”，为区域金融人才提供金融培训；组织“2017 科创金服——走进园区专场活动”，帮助 5 家成长型企业对接 20 余家金融机构开展融资服务；组织江苏发展大会金融界嘉宾返乡考察和座谈工作，开展河西金融集聚区以商招商宣传；协助江苏省金融办筹备扬子江新金融峰会。

【金融重点项目招商】赴北京开展小分队金

9 月 20 日，“遇见河西”2017 科创金服引智融资峰会在河西 CBD 举行。
（河西 CBD 管委会　供稿）

融招商，拜访韩国商会、欧盟商会和蒙特利尔银行。精心组织8家金融机构在金洽会建邺专场签约。台湾彰化银行大陆子行及南京分行9月18日正式获批。顺利完成江苏苏宁银行6月16日开业活动，协助组织浙商银行、中国银行河西支行、中原证券江苏分公司等开业活动。

【金融税收属地化和金融统计属地化】开展金融税收属地化和金融统计属地化工作。联系全区60余家金融机构和分支网点去区国税登记盖章，确保税源组织关系归属建邺。联合区统计局开展金融统计培训，推动宁波银行、广发银行、平安人寿等30余家金融总部变更统计关系。

【金融综合服务】协调南京市金融办、南京市财政局等部门做好全市第九批、第十批政策兑现上门检查工作，联系全区2016年起新设金融机构申报开办补贴，组织审核金融机构金融创新奖20家金融人才初稿材料。协调规划、消防、房产等部门推进招银大厦、金融城载体建设证照办理审批进度，协助区编办推荐优质银行优化企业开户办事流程，落实人大、政协调研、提案等工作。协助韩亚银行续租、迁址等事宜。

【金融政策兑现】省级金融政策，协助东合南岩土科技、国禹建设等11家企业申报并兑现2017年度省级上市挂牌企业发展专项引导资金，共计310万元。2017年省级财政促进金融业创新发展专项资金，共计6家企业，合计329.95万元。市级金融政策，完成第八批河西金融专项资金兑现工作，共25家金融企业，兑现金额1341.16万元。办理第九批河西金融专项资金申报审核兑现相关事宜，共17家金融企业，金额为1445.8万元。第十批6家金融机构共计5421万元，已完成申报、审核工作，等待河西管委会最终签字确认打款。完成兑现2016年南京市保险专项补贴资金2家企业13.277万元。完成兑现2017年南京市第一批企业利用资本市场融资补贴和奖励资金，1家苏垦农发60万元。完成兑现2016年度第一批市级股权基金补贴约5126万元。2016年度第二批南京股权投资基金补贴17家企业，共计4423万元，其中市1049万元，区级配套3374万元。区级政策，完成撰写《〈建邺区关于支持金融业和企业上市发展的暂行办法〉的实施细则》、联合区发改局、区财政局、区商务局共同签发，启动兑现流程。并会同区发改局、区财政局、区商务局、科技园、江东办、中介公司通过材料核查、上门核实等方式完成7个大项的审核工作，兑现涉及35家企业，共计3486.173万元。完成兑现2017年股权投资区级补贴兑现相关事宜，共计8家，189.38万元。一事一议的企业政策，完成苏酒财富721万元、江苏股交中心480万元2016年度税收扶持资金申报审核兑现事项。

【上市公司服务】完成上市挂牌企业2家，苏垦农发沪市挂牌上市，南京广博装饰新三板挂牌。累计主板、创业板、港交所挂牌上市企业8家，新三板挂牌上市企业11家，江苏股权交易中心挂牌企业49家。

【担保企业及小贷公司监管】3月，配合南京市金融办完成担保企业年检及换证工作，区内3家担保企业全部年检合格，取得新的业务许可证；完成2016年度南京市融资性担保业务补助专项资金申报材料初审及上报工作；完成4笔委托贷款批复工作；12月配合南京市金融办完成非持证机构开展融资性担保业务排查工作。9月，配合南京市金融办派驻第三方中介机构对南京市三六五互联网科技小额贷款公司进行现场检查，并依据现场检查结果向南京市三六五互联网科技小额贷款公司下发整改通知书，要求其对存在的问题进行整改，并于12月配合市金融办针对现金贷问题对南京市三六五互联网科技小额贷款公司进行现场约谈。依据银监会严查现金贷的通知要求，对区内担保企业、小贷公司进行现场检查。内容主要涉及股权管理、表内融资、资产证券化融资、综合实际利率、贷款管理和催收行为、贷款范围、业务合作、信息安全8项。

（河西CBD管委会）

商　贸

【概况】2017年，做好稳增长调结构、扩消费惠民生工作，稳步推进打击侵权假冒，商贸流通业和市场体系建设有序发展。全区社会消费品零售市场呈现稳中有进、持续增长的态势，累计实现社零总额219亿元，同比增长10.3%，圆满完成全年目标任务。

【市场运行监测】强化市场监测机制，关注市场运行动态，不断提高上报数据质量，拓展新数据上报点，圆满完成重大节点市场消费

11月18日，商务部绿色商场专家评审组评审万达广场。（彭玉志 摄）

7月5日，区商务局牵头召开全区餐饮场所安全生产专项整治工作推进会。（彭玉志　摄）

情况监测任务。提高业务能力水平，组织区内部分企业信息员参加业务培训，提高信息员的业务水平。抓好信息员队伍建设，定期召开信息员工作座谈会，定期登门走访企业，加强交流沟通，提高工作积极性。首次将城市综合体纳入到消费报送范围，全年发放市场运行监测专项资金和应急商品信息采集资金7万元。

延伸阅读5

建邺农贸市场食用农产品追溯系统运行

建邺农贸市场食用农产品追溯系统现场会11月5日在建邺区虹苑菜场召开。南京市首家由市场监管部门设立的农贸市场食用农产品追溯系统正式运行。该追溯系统包括两块内容：一是建邺区农贸市场食品安全信息公示牌，悬挂在每家经营户经营场所上方，上面包含营业执照、食品安全信用等级、食品经营安全承诺书、当天的快速检测情况以及索证索票情况等信息；公示牌左下角设有二维码，扫描此二维码，能看到经营户的各类信息，如名称、摊位号、联系方式等。二是南京市农贸市场食品安全信息公示及溯源信息公示平台。该平台包括经营户信息公示、市场信息公示、监管信息公示以及食品来源公示，通过触摸屏方式向群众进行展示。在平台上点击相应的模块，可以查阅农贸市场内所有食用农产品经营户的信息，以及其产品的进货来源、检验检疫情况等。农贸市场食用农产品追溯系统对消费者来说，公开透明，买得放心；对经营户来说，督促其诚信经营、合法经营；对市场监管部门来说，利用先进技术加强监管效率，降低履职风险，更好保障食品安全。

【商贸服务】加快推进加油站建设，加强沟通协调，帮助企业办理建设前期各项行政手续，推进科技园、省级机关加油站、南部综合体加油站建设。组织商场超市参加绿色商场创建活动，配合做好大型商场超市内的母婴室建设工作，完成5家再生资源回收站点提档升级改造任务。做好中小商贸流通企业服务工作，多次组织园区企业参加各类推介会、洽谈会，宣传相关金融服务政策，促进中小企业的稳步发展。

6月15日，区商务局代表和茶南菜市场代表接受2017年全市商务系统城市治理标准化工作表彰。（孙蓓　摄）

【行业监管】严格落实“管行业必须管安全，管业务必须管安全”的工作要求。全年检查企业共150次，出动检查人员178人次，整改、纠正安全隐患18处。突出行业监管重点，重点加强40余家商场超市、再生资源回收站点行业监管。牵头开展餐饮场所安全整治，先后召集全区街道、园区和安监、住建等部门，对整治工作进行动员部署，印发张贴《致全区餐饮业主的一封信》5000余份。做好重大节庆保障工作，重大节庆活动期间每天安排人员蹲点五洋大市场、迎宾菜市场，督促市场按消防、安监要求加强安全隐患整改，提醒督促企业负责人整改隐患问题，全面履行安全生产主体责任。

【农贸市场提档升级】把农贸市场提档升级作为顺应民心、彰显民本的重要举措，制定2017~2019三年农贸市场提档升级工作计划。推进环宇农贸市场提档升级，加快菜篮子工作建设。以开展绿色市场创建为抓手，指导农贸市场完善服务体系，促进业态创新，引领绿色消费，促进产销直流、绿色专卖业态创新，满足市民对农产品多样化、新鲜度和营养性需求。组织茶南、飞茂、环宇和坤晨等4家申报2017年市级绿色菜市场，充分发挥绿色市场服务民生的示范引导作用，提升农贸市场蔬菜副食品供应主渠道作用，把农贸市场办成环境整洁、品种丰富、价格实惠、食用放心的社会文明窗口。

【肉菜追溯系统建设】提升肉菜追溯数据质量，区肉菜追溯数据质量继续处于全市前列。为促进肉菜追溯系统有效运行，下发农贸市场追溯秤320台，无线AP20台，查询机11台，提升肉菜追溯系统运行硬件水平。不断强化肉菜追溯运行监管，督促市场做好索证索票、电子秤使用、数据上传、设备维护等工作。加大巡查力度，及时将存在的问题进行通报，督促及时整改到位。以“肉菜流通追溯宣传月”活动为契机，加强宣传培训，利用菜市场宣传栏、电子屏滚动宣传肉菜追溯的重要意义，悬挂横幅标语28条。全年采用现场观摩交流的方式对信息员进行5次培训，找准各个市场在操作方面的不足，并采取有效应对举措，提高全区市场专管员信息化操作水平。建立奖惩机制提高肉菜追溯信息员补贴标准，制定肉菜追溯信息员奖补办法，提高肉菜追溯信息员的工作积极性，不断提升肉菜追溯工作水平。

【预付卡管理】提升预付卡管理水平，加强单用途商业预付卡工作，对不备案发卡企业进行约谈，对企业的基本信息进行补充完善。联合南京市商务行政执法大队对区备案企业进行业务抽查，及时发现售卡过程中出现的不规范操作，督促企业加以整改。根据区纪委“防隐身防变异防反弹”（简称“三防”）行动的要求，制定“三防”工作方案，成立券卡检查组牵头区国资办、区国税局、区地税局、区市场监管局等单位对全区超市、商场对公出售券卡情况开展监督检查，重点查找政府机关、事业单位、国有企业用公款购买券卡等问题，并将检查中发现疑似20余条问题线索转交给区纪委查实。

（区商务局）

电子商务

【概况】2017年，开展电子商务产业政策与发展规划的编写、宣传和落实工作，明确区电子商务产业发展方向和重点，开展产业政策兑现工作。通过不断完善产业园区和楼宇配套，强化基地品牌示范效应宣传推广，注重提升项目招商和企业服务水平，初步形成电子商务产业集群、产业集聚的发展态势，电商产业对经济发展的贡献度得到提升。全区已经集聚电商企业和上下游企业400余家，从业人员1万余人，电子商务销售占社会消费品零售比重快速增长。成功组织多场电子商务专场活动和跨境电商培训，组织区电商企业参加2017义乌电商大会，成功举办2017建邺（义务）专场推介会。沙洲街道中奥社区成功申报江苏省电商示范社区，顺利通过国家电子商务示范基地试评估，建邺区被列为免考单位。

【载体建设】整合江东商贸区、新城科技园、中央商务区各功能园区优质载体，重点打造江东电商产业园、西城广场电商产业园、舜天产业园和泰山产业园，形成“一区四园”格局。在此基础上，总面积超过5万平方米的雨润生鲜电商园正在筹建，打造“一区五园”。其中，舜天产业园和江东电商产业园是省、市级示范园区。同时发挥河西CBD金融产业的支撑作用，构建双轮驱动，以点带面的载体格局。其中舜天产业园为专业孵化电商产业载体，总体规划1.1万平方米，已完成招商；国家电子商务示范基地泰山园为电商企业总部集聚载体，项目总建筑面积约2万余平方米，已完成一半载体招商；江东产业园一期金基广场面积约为1.3万平方米，已完成招商；二期西城广场面积约为1.2万平方米，是商业成熟的示范园区，已完成80%招商。建邺区优越的地理位置、南京国际性城市中心的功能定位、充足的载体为电商企业提供广阔的发展空间。

【电商招商】结合建邺区情实际，确立“三位一体”的招商思路，即以传统企业电商化、电商新业态新模式、电商服务业3类企业为重点，重点招引垂直细分行业龙头企业，同时注重引进培育上下游关联企业，在区域内打造一体化电商全产业链。参与大型展会，组织专题招商推介活动，组织小分队赴外地开展针对性招商，对在手在谈项目加快推进，抓落地。阿里巴巴江苏总部、小米科技华东总部、中国国际电子商务中心江苏代表处、江苏省及南京市电子商务检验检疫平台和检测认证基地、南京电子商务协会等行业机构，行狐电子（妖精的口袋）、新与力传媒（有货）、雨润菜篮子、先农电商、易钢在线、福佑在线、诱诱美鲜、鸿源招标网、中华户外网、汇通农商、边城体育、聚志网创、江苏农垦、苏农农资等一批重点企业陆续落户。

【电商公共服务体系建设】专业技术平台建设，整合区内各类企业发展平台，建设公共数据中心，服务器托管中心和物流调度中心，面向电商企业实行“开放、流动、联合”的运营机制，盘活区内发展资源。鼓励大众创业、万众创新，打造电商众创空间，通过企业孵化、上市辅导以及培训等方式，为创业型中小企业提供良好的运营基础环境和企业运作、市场拓展等多方面支持。已经建成国家级检验检测认证基地、快钱（南京）研发中心、江东电商公共服务平台、天泽物流信息平台、福佑物流信息平台、网讯（南京）电商呼叫中心等专业化公共平台，依托南京理工大学高维信息智能感知与系统教育部重点实验室建设的南理工智能系统研究院正在筹建。各类创新创业培训服务平台陆续投入使用，基地综合服务能力得到增强。企业服务建设，按期走访企业，组织区内企业积极参与沙龙、研讨会等交流活动，协助企业申报省、市商贸服务业专项，为企业争取更好的发展空间和经费支持。做好企业在江苏省电商统计平台的注册工作，为示范基地打造良好的产业发展基础。公共配套服务平台建设，为企业提供公共信息服务，建设电商孵化器和专家公寓、创业服务中心，为基地内电商企业交流、培训、引资引智、专利保护、质量认定、贸易纠纷等方面建立完整的工作体系，仅阿里妈妈万堂书院、智贸邦跨境电商孵化器、南京电商协会等2017年就在区举办近20场培训和交流活动。（区商务局）

【“智慧江东电商公共服务平台”正式上线】2月24日，“智慧江东电商公共服务平台”正式上线，在南京电商协会第四届会员大会中举行平台发布仪式，南京市商务局副局长张雁宁等负责人启动平台上线。该平台由江东商贸区管委会组织实施，南京市电子商务研究院负责建设，该平台具有共享性，平台立足江东，服务建邺，面向全市乃至全省电商行业企业。平台具有开放性，平台提供政策服务、融资服务、人才服务、培训服务等功能，集合服务资源并开放共享。平台具有实用性，依托电商协会专业力量，可以有效满足创业个人或是中小企业服务需求。平台具有动态性，平台现已完成一期建设，2017年将启动二期建设，移动版本也已着手开发。随着用户需求的变化，平台数据积累会更加全面，服务方式会更多样，平台也会更加智能。（江东商贸区管委会）

会　展

【概况】加大会展服务保障力度，推进“会展中心”建设，会展经济持续升温。全区共举办各类展览会议节庆活动众多，展览质量不断提升，全年大中型展览会议项目数56个，1万平方米以上展会项目49个，展览面积约155万平方米，其中第十三届中国南京软博会、第35届中国江苏国际新能源电动车及零部件交易会、第四届中国（南京）移门博览会、第50届全国高教仪器设备展示会等有较大影响的展会面积超过2万平方米。区会展经济持续升温，吸引参展客商、专业观众和游人众多，拉动辖区内餐饮、住宿、购物、旅游等消费

智慧江东电子商务公共服务平台　　（江东商贸区管委会　供稿）

效果明显。建邺区连续7年被中国会展行业年会组委会评为“中国十佳会展名区”。

【第13届中国(南京)软博会】9月6日,第13届中国(南京)软博会在国际博览中心盛大开幕。本届软博会以“软件定义世界、数据驱动未来”为主题,展览面积超过11万平方米,重点展示基础软件、工业软件、云计算、大数据、“互联网+”、物联网、智慧城市、卫星应用、人工智能等领域的新模式、新技术、新业态和应用成果。来自32个国家和地区的1375家企业参展,北京、上海、重庆、深圳、广州等超过30个城市组团参会。大会举办2场主题活动、1场发布活动和20余场专题活动,12位国内外院士,以及宽带资本、科大讯飞、摩拜单车等知名企业和学界名流参会。被评为“中国十大最具影响力品牌展会”“中国十大影响力专业展会”。第13届中国南京软博会共设主题馆、专业馆、互动馆和“互联网+农业”馆4个展馆:主题馆重点围绕软件定义世界、定义生活,展示国内外知名企业、重点园区的发展成果和趋势;专业馆重点展示人工智能、虚拟现实、智慧城市等专业领域的最新发展成果;互动馆重点围绕“黑科技”产品、未来数字生活体验、数字娱乐、游戏动漫等,突出与观众互动;“互联网+农业”馆重点展示云计算、大数据、物联网在农业领域中的新技术、新产品、新应用。

【第35届中国(江苏)新能源电动车及零部件交易会】10月25~27日,第35届中国(江

9月6日,第13届中国(南京)软博会在国际博览中心开幕。（区商务局 供稿）

苏）新能源电动车及零部件交易会在南京国际博览中心隆重举办。此届展会以“互联网+智慧交通出行”为主题，江苏、浙江、天津、山东、上海、安徽、北京、河北、河南、广东、福建、四川、江西、湖北、重庆、黑龙江等16个省、市和地区的参展企业，近800家电动两轮车、电动三轮车、新能源电动车及相关配套产品同台竞技。展馆使用8大主馆，展览面积超12万平方米，来自我国海峡两岸以及美国、欧盟、日本、东南亚、非洲等国家和地区的参展商、采购商和广大消费者前来商务洽谈、技术交流、投资合作和观摩考察，参观人数达15万之多。作为业界3大品牌展会之一，展会不仅是下一年度新品发布与未来产品趋势的方向标，也是行业发展的情雨表。本次展会，众多行业整车主流品牌、传统品牌、新锐品牌、共享电单车等众多行业精英，带来的新产品、新技术、新形象，全面展示电动车行业的最新智慧电动车研发成果，共同感受智慧交通科技的力量、骑行生活的时尚。

【第4届中国（南京）移门博览会暨定制家居博览会】5月9日，由南京市移门行业协会主办，南京标雄展览展示有限公司承办的2017第四届中国（南京）移门博览会暨定制家居博览会在南京国际博览中心盛大开幕。本届博览会得到相关政府部门、行业协会以及业界精英的支持和帮助，并邀请到相关代表作为嘉宾出席本次开幕式。第四届中国（南京）移门博览会暨定制家居博览会共历时3天，吸引来自移门、门窗、阳光房、淋浴房、五金、型材、玻璃、机械设备、木门、橱柜、衣柜等展品类别的600余家优秀企业参展。本届展会大牌齐聚，精品荟萃，新品云集，汇聚全国20余个省、市知名品牌，携手共推行业新发展。

【第50届全国高教仪器设备展示会】11月3日，第50届全国高教仪器设备展示会在南京国际博览中心开幕。本次展会由中国高等教育学会主办，国药励展和江苏省高等教育学会高校实验室研究会承办，致力于服务高等教育发展，目的为“深化产教融合，促进校企合作”。第二届中国高等工程教育峰会与本次展会同期举行。本次峰会集聚各方力量提供交流平台、形成新工科建设示范、推动中国高等工程教育改革。为构建新兴工科和传统工科相结合的学科专业“新结构”，探索实施工程教育人才培养的“新模式”，打造具有国际竞争力的工程教育“新质量”，建立完善中国特色工程教育的“新体系”，实现中国从工程教育大国走向工程教育强国的伟大事业。本届展会面积达到5万平方米，展位数近1800个，突破以往高教会“春季规模大，秋季规模小”的惯例，展会规模创历史新高。此外，为促进展商与观众间的沟通，让观众更有针对性的参观展会。本届展会打造全新“探索之旅”。精准定制13条路线，以帮助观众更有效的参观展会，将新产品、新技术带到观众面前。

（区商务局）

旅 游

【概况】2017年全区旅游直接收入13.78亿元，同比增长10.2%，旅游接待人次数2081.86万人次，同比增长6.2%。区荣获2017最美中国全国旅游创新发展示范地称号。深化“锦绣建邺乐游新城”文化旅游品牌创建工作。受理旅行社服务网点备案27件，督促全区60余家旅游企业完成江苏旅游统计网和国家旅游局旅行社管理系统填报和2016年旅游行业财务信息编报。

【会奖旅游发展】整合区内资源，发展商务会奖旅游，召集区内30余家景区景点、高等级酒店、旅行社及文化企业，成立建邺区会奖旅游文化联盟。推进建邺会奖旅游工作，将打造国内知名会奖旅游目的地作为创建全域旅游示范区的突破口，5月参加南京市组织的法兰克福国际会奖旅游展览会，洽谈境外旅游买家共计36家。开设建邺会奖旅游微信公众号，开通“建邺文旅直通车”，拍摄会奖旅游宣传片，并组织2场会奖旅游培训工作。

延伸阅读6

建邺区会奖旅游联盟成立

8月22日，建邺区会奖旅游联盟成立大会在南京国际青年会议酒店正式召开。建邺区整合辖区内近20家展馆、高端宾馆、旅行社、景点等旅游资源，利用南京国际博览中心、南京奥体中心、江苏大剧院等场馆自身优势，发展商务会奖旅游，为建邺经济发展带来大量人流、资金流、信息流，提升城市现代化国际化水准，助力区域经济再提升。

8月22日，建邺会奖旅游联盟正式成立。（区委宣传部 供稿）

此次建邺会奖旅游联盟成立大会成功召开，标志着建邺会奖旅游产业将迈上一个新的台阶。建邺区地处华东经济中心，会奖旅游客源充足。作为现代化国际性城市中心，建邺区发展会奖旅游条件得天独厚。国际博览中心、南京奥体中心以及2017年新开放的江苏大剧院等都是优质会场资源，在周边的南京万达希尔顿酒店、金陵江滨酒店、南京国际博览中心酒店等8家高端酒店可提供高品质的住宿、就餐、会议等接待服务。

此外，未来还将有6家国际高端酒店入驻。其中，南京卓美亚酒店是由迪拜控股公司管理的全球豪华酒店，将成为南京国际青年文化中心一部分；位于奥体苏宁广场内苏宁奥体JW万豪酒店，是河西新城CBD二期标志性建筑，400米高主体结构将成为仅次于紫峰大厦的“江苏第二楼”。同时，建邺区还拥有一批有经验、有实力会展公司，比如斯图加特展览公司、中青旅（江苏）国际会议展览公司、万达银燕航空国际旅游公司等企业将为会奖旅游的发展穿针引线，引领产业发展。

建邺区将整合区内资源，加大旅游宣传，做好产业引导，加快会奖旅游发展，推动区域经济再提升。建邺区制定会奖旅游奖励政策，吸引更多的国内外旅行团队，同时学习海内外会奖旅游的发展经验，加快人才培养，加强政企合作，建邺会奖联盟的成立推动本地区产业结构升级，带动本地区经济发展，结合建邺自身旅游资源优势发展商务会展旅游会是南京旅游发展的一张名片，扩大建邺在国内外的影响力和美誉度。

【旅游产业资金扶持】开展2016年度扶持和促进旅游产业专项资金申报和兑现工作。按照相关工作制度和法律法规，发挥扶持和促进旅游产业专项资金的激励和示范效应，将第1批扶持资金共计35万元发放到位。第2批扶持和促进旅游产业发展专项资金申报和兑付工作，经区文化旅游局和功能园区初审、专家组评审、社会公示，确认江苏铂悦国际旅行社有限公司等4家企事业单位申报的4个项目通过审核，给予扶持奖励，共计12万元。由CBD中央商务区、江东商贸区2功能园区负责向企业兑付专项资金。

表8　建邺区2016~2017年度（第二批）扶持旅游产业资金兑付清单

序号	申报单位	申报项目类型	内　容	资金额度（万元）
1	江苏铂悦国际旅行社有限公司	旅游项目、旅游服务提档升级	被评定为“四星级”旅行社	3
2	南京万达广场投资有限公司万达酒店	引进新型会奖旅游项目奖励	江西圣德惠民飞利浦年会	3
3	万达银燕航空国际旅游有限公司	引进新型会奖旅游项目奖励	福维克项目	3
4	中国国旅（青岛）国际旅行社有限公司	引进新型会奖旅游项目奖励	2017中国奶业展览会项目	3

（区文旅局）

【旅游产品促销推介】组织莫愁湖公园等景区、企业参加第六届南京度假休闲及房车展览会、杭州休闲博览会，得到南京市旅游委及区政府认可。赴合肥、重庆、三亚、北京召开专题旅游推介会，组织企业参加中国（上海）会议与商务旅行论坛暨交易会、中国（杭州）会议与奖励旅游产业交易会。参加《新华网》组织的最美中国榜评选，获得“最美中国榜——全国旅游创新发展示范地”称号。以《人民的名义》在建邺拍摄地来串线开发全新旅游线路，2017年首场“乐游新城”活动邀请全国各地30余家旅游批发商看建邺新城，受到各地批发商们的好评，已开展活动6场。

延伸阅读 7

建邺区举办风筝主题嘉年华

4月15日，以“筝春风，梦飞翔”为主题的第六届风筝嘉年华暨建邺区青年创新创业发展成果展在建邺区绿博园举行。2017年风筝嘉年华除常规风筝外，还迎来很多特色风筝，比如一脸正气的包公、巨大的软体章鱼、造型别致的钟等。其中1条总长70米的龙头（蜈蚣）风筝吸引现场观众目光。“这种风筝2000多年前就有，是古人智慧的传承。它戴龙头飞的时候是龙头风筝，反之就是蜈蚣风筝。”南京风筝协会的会员说，“制作这样一个风筝需要几个月时间，现在会这种手艺的人已经非常少了，南京只有十几个人会做。”在活动现场，极具特色的风筝手绘也吸引不少孩童。现场还有包青团等传统游戏，在与小朋友互动的同时也增进他们对传统文化了解。

【乐游新城活动深化】7月21日，由建邺区文化旅游局、建邺区总工会、建邺区城管局主办，为环卫工人定制的旅游服务活动“关爱马路天使环卫工人乐游新城”以云锦博物馆为起点拉开序幕。活动组织百名环卫工人一起乐游新城，先后参观南京云锦博物馆、南京奥林匹克博物馆和南京眼步行桥，在下

7月21日，由区文化旅游局、区总工会、区城管局主办的环卫工人旅游服务活动拉开序幕。（区文旅局 供稿）

10月8日，区房产局召开外秦淮河沿岸建筑立面整治工程推进会。

（区房产局　供稿）

午的参观结束后，区文化旅游局还为这百名环卫工人准备丰盛的晚餐。晚饭过后，邀请环卫工人到建邺区文化艺术中心观看曲艺专场演出。（区文旅局）

房地产

【概况】2017年，全区房地产投资完成280.14亿元，同比增长24.1%。房地产施工面积1133.21万平方米，同比增长3.3%；其中，住宅施工面积608.12万平方米，同比增长7.2%；办公楼施工面积131.83万平方米，同比增长13.7%；商业营业用房施工面积117.99万平方米，同比下降19.3%。商品房销售面积159.02万平方米，同比增长5.54%；商品房销售额296.41亿元，同比增长26.5%。

【重点项目拆迁】实施江心洲六期征收项目，项目包括C、D、E2、F1、F2等5个地块，涉及26个村民小组，占地总面积约473.33公顷，村民970家，工企22家，总征收面积89.8万平方米。实施科技园小学地块环境综合整治项目，项目涉及被征收居民共计约238家，工企单位1家，征收房屋建筑面积约1.4万平方米。推动南河风光带（集体、国有）、江心洲一至五期、河北村800亩、吉和装饰城、四松庵小学地块等项目扫尾，共完成42户村民，10家工企单位。

【住宅小区综合治理工程】推进老旧小区环境整治工程，改善广大人民群众居住环境。2017年共有5个老旧小区纳入环境整治项目，共计73幢房屋，建筑面积28.7万平方米，主要实施雨污分流、房屋立面整治、地面绿化、地面沥青摊铺、单元内楼道出新、屋面防水施工、地面停车位铺装、院落围墙改造、道路拓宽、空调移机、小区内弱电管线下地、屋顶拆违。南湖片区小区整治，涉及11个老旧小区，91幢房屋，28万平方米，完成立面整治及小区环境整治，主要实施外墙面抹灰出新、屋面翻建、更换晒衣架。外秦淮河西岸建筑立面整治，涉及4个老旧小区，31幢房屋，2幢工企单位房屋，11万平方米，完成立面整治、管线下地、小区环境整治、屋面翻建。长虹路西侧沿街建筑立面整治，涉及沿街10幢房屋，4万平方米，完成建筑立面、门头店面招牌整治、外墙面出新。

【住房保障】低收入住房困难家庭房屋租赁补贴在册保障90户，累计发放租赁补贴112万元，共初审报批各类保障性住房申请5151户，组织江心洲三期1584户拆迁安置房选房，组织510户中低收入家庭公共租赁住房选房，1户外来务工人员租赁补贴，发放人才安居货币补贴资金41.89万元。

【物业管理】开展“诚信单位”“优质服务劳动竞赛”“平安优秀小区”3个专项物业管理示范创建工作，开展“业主决策平台”试点，实现物业检查全覆盖，指导、参与街道物管办、社区51场物业矛盾协调会的联席会议。累计办理12345热线工单102余件。上海金地南京分公司、朗诗物业第一分公司、德盈房地产开发公司3家物业企业，作为全区首批非公有制企业建立党组织试点单位。抓好住宅专项维修资金使用审核，全年共受理维修资金申请830件，涉及到80个住宅小区，申请使用总金额4000万元。其中，已办结800件，共拨款1800万元。

【房屋租赁管理】认真做好代征房屋租赁税工作，全年代征税款6000万元。开展出租房屋安全隐患集中整治，累计排查出租房9.43万间，出租屋居住人员数208519人，排查出租屋存在安全隐患数2688件，安全隐患已整改数810件，办理出租房屋登记备案28560户。加强房地产中介机构二级管理，备案初审19家。

【房屋安全管理】开展危险房屋督促整治工作，建立危险房屋治理跟踪监督检查机制，共排查房屋4015幢，面积2391.63万平方米，累计处理房屋安全管理案件292件，结案282件，未结案10件。

区房产局会同南京市房屋安全管理处开展房屋安全状态评估检查工作，6月2日，区房产局会同南京市房屋安全管理（鉴定）处专家组以及街道、社区等单位对莫愁湖、南苑街道4处隐患房屋进行房屋安全检查和评估。此次检查评估房屋为2017年初由区行业主管部门、街道社区在“老旧房屋排查整治工作回头看”活动中梳理上报的4处隐患房屋。为做好此次安全评估检查工作，区房产局业务科室提前做好准备，制定查看路线，安排业务骨干现场向专家组介绍房屋安全隐患情况，陪同专家查看隐患点，并认真听取专家组的专业意见和建议。

【直管公房管理】完成全区2400余户直管公房清册上报工作，办理直管公房房改售房

9月30日，区房产局在南苑街道办事处2楼会议室组织2017年第3季度公共租赁住房抽号选房工作。（区房产局　供稿）

134户、更名62户、承租权转让19户、新承租7户、交换2户、收取转让费123142元。

【房产中介管理】强化对经纪机构备案监管和日常巡查，共巡查房地产中介机构110家，建立健全相关管理台账。2017年新增备案企业17家，共处理12345热线投诉（经纪机构管理类）工单17件，全部结案。完善经纪机构二级管理，只要在建邺区申请经纪机构备案证明的企业，工作人员需到现场实地核实该经纪机构，查看是否存在营业执照地址、机构名称不一致情况。

【既有住宅增设电梯工作】全区共有108个单元过2/3业主同意增设电梯，101个单元已通过规划初审，78个单元已通过规划许可，41个单元已通过施工许可，8个单元已竣工。

【物业管理行业诚信单位创建活动】为提升全区物业管理行业整体诚信水平，努力营造诚实守信市场环境，助推现代化国际性城市新中心建设，6月9日，区发改局联合区房产局、区物价局组织召开全区物业管理行业“诚信单位”创建活动动员大会，全区3万平方米以上物业管理住宅小区的项目经理参会。会上，区房产局分管负责人宣读此次活动方案，物业服务企业代表表态发言，最后，区发改局主要负责人进行动员讲话。本次活动通过诚信宣传教育、信用信息采集与应用、信用市场培育和信用激励等手段，在全区树立诚实守信物业企业的良好形象，促进和提高全区物业管理水平。

【住宅物业区域GIS划界定位培训】根据南京市房产局重点推进“智慧房产”系统建设，完成全市所有住宅区划界定位的要求，5月9日，区房产局组织全区6个街道共11人于南京市物业办进行GIS划界定位系统培训。由GIS系统负责人主讲培训会，重点介绍物业小区绘制、物业小区编辑、物业小区删除相关操作，完善整个系统最重要的小区四

6月9日，建邺区召开物业管理行业诚信单位创建活动动员大会。
（区房产局　供稿）

界、物业企业服务合同起止日期等相关信息的收集、核对与录入工作。（吴传琪）

都市农业

【概况】2017年，全区农业工作体量剧减，随着1月江心洲生态科技岛项目经历六期拆迁结束，涉农街道江心洲辖区农用地主要转为建设用地、非建设用地和储备用地，新增建设用地占用耕地面积达264.6公顷；累计通过土地流转形式，征用农用地243.73公顷，其中，白鹭社区185.93公顷，永定社区57.80公顷，土地流转费为每年每公顷3万元。上年度剩余的110.3公顷耕地（含60公顷基本农田保护面积）继续发放年度农业支持保护补贴，通过农民“财政涉农补贴专用存折”发放到户，共发放补贴资金19.03万元。截至12月底，全区仅南京洲岛现代农业发展有限公司（简称洲岛农业公司）所属的白鹭社区部分征用未开发的农用地16.4公顷，用于发展避雨葡萄、设施蓝莓、设施草莓、开心菜园等。该公司利用位于江心洲洲泰社区储备用地临时种植小麦等28公顷，小麦产量1.26万千克。全区畜禽、水产养殖量归零，传统休闲农业随着第六期征地拆迁不复存在，仅剩1家农业生产企业、1家农资经销店，农机保有量7台，农业面临转型。（陈　友）

【农村集体“三资”管理】2016年新一轮机构改革后，区发改局按照新“三定”（定人、定岗、定责）方案，推进农村集体“三资”（资金、资产、资源）管理，会同相关部门对5个涉农街道农村集体“三资”进行督促检查，开展半年报、年报和行政应诉。1月，南京市农委对建邺区农村“三资”管理工作进行专题调研，为全省制定农村集体“三资”

管理专项治理方案提供建邺智慧。2月，组织5家涉农街道农村集体资产分管负责人、业务科长参加全市座谈会，汇报交流农村集体资产管理现状和下一步工作建议要求。3月，就江心洲街道拆迁过程中农村集体资产管理、农村集体经济组织财务公开等问题，指导江心洲街道开展专题集中学习培训。5月3日，针对江心洲街道村民张修炳等9人以2000年原雨花台区江心洲船舶修造厂改制违规、集体资产处置不合法等为由提出诉求，分管负责人到南京铁路法院进行行政应诉，9月12日依法院要求进行书面答复。9月，印发《建邺区关于进一步加强和规范农村集体“三资”管理的意见》。（钱福占）

【农产品质量例行监督抽查】配合农业部、江苏省农委开展流通环节农产品质量安全例行监督抽检4批次128份样品，接受南京市农委生产环节农产品质量安全例行监督抽检3批次17份样品。续签委托检测协议，委托南京市农委开展地产农产品质量安全例行监督抽检20份样品，通过监督抽检提升全区食用农产品质量安全监管水平。

【农药行业管理】新《农药管理条例》实施后，将农药生产管理职责统一划归农业部门，在监管部门、农药生产、登记、经营、使用以及处罚力度方面做出重大调整，恢复1997年5月8日农业部规章确定的农药经营许可制度，增加一般农药经营许可制度。根据有关文件精神，区发改局下发《建邺区关于转发省、市农委做好当前农药行业安全生产工作的紧急通知》，督促街道对照属地管理原则，抓好抓实农药经营、使用安全隐患排查，加强风险管控，落实好经费预算、承诺书续签、安全巡查与应急预案。编印农药管理文件汇编，制作农药有毒等警示标志12件，张贴在农业生产企业和农资经销店。下发1份告知

8月9日，农业部在省、市农委的陪同下例行监督抽检建邺区欧尚超市等5家经营场所畜禽产品共计31个样品。（陈友 摄）

3月24日，南京市种子管理站赠送建邺区一批优质西甜瓜苗、优良品种种子以及农业技术书籍。（陈友 摄）

10月20日，针对当前农产品质量安全新情况、新问题、新要求，结合深化国家食品安全城市创建工作，邀请南京市农委质管处处长张永青为全区农业行政执法人员，区、街、社区分管负责人及农产品质量安全监管员、农业生产企业以及农资经销店负责人，讲授农产品质量安全形势与任务等内容，进行法律法规、执法技能和职业道德教育。

组织区、街和农业生产企业农技人员、管理骨干4批10人次参加全市农技人员知识更新高级研修班，自行组织外出考察1批5人次，传授理论知识，联系生产实践和工作实际，系统补短板，培养懂技术会管理的高技能人才。

先后编印农技推广实用手册1本、培训教材2本、《农药管理条例及配套规章汇编》1本、《建邺农业科技信息》16期，制作一批新农药管理条例宣传展板、农产品质量安全宣传品。编印的农技推广实用手册还被南京市农技站推荐到南京市农委官网《金陵农网》，供同行和基层下载参考。

组织农业专家、技术人员，指导农业生书，指导农资经销店开展农药行业管理前期工作。

【农业技术指导服务】3月24日，区发改局联合南京市种子管理站农业专家，对辖区内农业生产企业、农户20余人进行职业培训，普及农产品质量安全法律知识和农业科技知识，培养新型农业经营主体和服务主体。培训班上，南京市种子管理站站长、研究员邢后银，推广研究员张智明，高级农艺师职在峰，区农水站推广研究员陈友分别讲授设施葡萄、特色蔬菜、新《中华人民共和国种子法》解读以及如何建立生产记录等专题内容，并开展现场技术指导。此外，组织农业生产企业、农技人员参加全市农技人员园艺类、植保类高级研修班3期8人次。

产企业、农业从业人员、基层农技人员近10人实名注册使用农技耘APP，通过即时通讯、交流、提问等功能，与用户开展线上对接联系，结合线下入户指导，创新开展农业技术推广服务。截至2017年年底农技耘APP累计注册用户89个。

【农产品质量安全宣传周主题日活动】6月9日，由江苏省农委、南京市农委、建邺区发改局主办的2017年南京市农产品质量安全宣传周主题日活动在建邺区万达广场举行。主办方邀请全市50余家"三品一标"（无公害农产品、绿色食品、有机食品、地理标志）企业参加农产品展览。南京市农委相关业务处室及事业单位、南京市农业行政执法总队，南京农学会、南京优质安全农产品行业协会，7个区农（林）业局及建邺区发改局设立咨询台，开展现场答疑和农药残留检测演示。现场发放千余份农产品质量安全宣传书籍（单、品），设立20余块宣传展板，普及农产品质量安全科普知识和其他相关安全消费知识。

【农用地详查点位核实】区发改局根据南京市环保局、南京市国土资源局、南京市农委联合印发的《关于转发〈关于做好农用地详查点位核实工作的通知〉的通知》文件精神，制定实施方案，上报辖区已知农产品产地土壤重金属超标情况。全区唯一的农用地所属江心洲街道拆迁基本结束，原先农

12月28日，区发改局联合江心洲街道、永定社区举办迎新春农业安全生产广场咨询活动。
（董海燕　摄）

用地大多转为建设用地、非建设用地和储备用地。同时，已知农产品产地土壤重金属超标农用地区域没有土壤污染重点行业分类目录企业及相关污染源，属于孤立超标点位。根据《农用地土壤污染状况详查点位布设技术规定》，孤立超标点位附近无污染源且历史上未发生污染事件的，可不纳入详查范围。

【长江渔业资源保护执法检查】建邺区联合南京市渔政渔港监督管理处，对长江主干道建邺区段开展拉网式执法检查，以最严肃的态度、最严格的措施、最严厉的手段对沿江违规定置网具进行清除，在禁捕期间开展联合水上执法检查5次，收缴各类渔网、渔具568条（件）。

【动物产品分销换证】区开展规范分销换证工作，对申报单位实行备案管理制度，制定分销换证申请流程，从备案材料的准备、材料审核、申报资格认定等方面给予指导。全区有1个畜禽产品交易市场、3家猪产品批发经营大户；设立动物产品分销换证点2个（集庆肉食品市场分销换证点、雨润食品公司分销换证点），共有31家经营户符合分销换证条件。全年动物产品分销换证1760万千克，出具检疫证明18.58万张。

【无证宠物诊疗机构处罚】5月6~21日期间，南京佩豪宠物医院有限公司在未取得动物诊疗许可证的情况下，从事动物诊疗活动，开具兽药处方16张，收入3331.40元。8月2日，区动物卫生监督所依据《中华人民共和国动物防疫法》第八十一条第一款，没收违法所得3331.4元，并处以1倍罚款。

【犬类防疫】按照南京市养犬条例等有关规定，区动物卫生监督所做好狂犬病的宣传及免疫注射工作。全年共开展狂犬病宣传下街道、进社区活动4次，发放宣传材料780份。共设立犬类防疫点5个，全年累计防疫犬（猫）4482只，发放免疫证2838张，发放犬牌9047个。（陈　友）

工　业

【概况】2017年建邺区规模以上工业企业为7家，完成工业产值2.91亿元，同比下降30%；主营业务收入2.96亿元，同比下降36%；利润总额–0.57亿元，同比下降66%；利税总额–0.4亿元，同比下降556%。全区规模以上工业综合能耗完成782.98吨标准煤，同比增长1.92%。

【中国石化华东石油局】中国石化华东石油局（华扬石油天然气勘探开发总公司）是一支从江苏省、地质矿产部、新星公司演变过来，已有50余年光荣历史的石油勘探开发队伍。1958年开始在华东地区从事油气勘探开发，1970年实现苏北盆地油气勘探重大突破，发现并移交江苏地区20余个油田给江苏石油勘探局，同时发现全国最大的黄桥二氧化碳气田。中国石化华东石油局（华扬石油天然气勘探开发总公司）以“深化改革、转型发展、从严管理、创新创效”为方针，打好突破页岩气、做好煤层气、做优常规油3大战役，努力建设中国石化的“南方海相页岩气开发示范基地”“中国石化首个煤层气生产基地”“中国下扬子海相油田生产基地”和“中国石化二氧化碳驱油基地”4大特色基地，开创华东石油局效益发展新局面。由于油价持续低价运行，中国石化华东石油局效益受到较大影响。2017年实现收入1.8亿元，同比2016年收入21527万元下降16.38%，2017年实现利润-20万元，同比2016年利润1159万元下降101.73%。

【中海油销售江苏有限公司】中海油销售江苏有限公司（以下简称“江苏公司”）是中国海洋石油总公司所属子公司，2012年8月在南京成立，注册资本4600万元，主要负责江苏地区中国海油成品油及化工产品的销售贸易、仓储物流及营销网络建设。公司秉承“合作双赢”经营理念，坚持走差异化的发展道路，围绕“一个网络、一支队伍、一个品牌”的发展目标，以“不断做强做大成品油业务，做优做实化工品业务，做精做细零售业务”为经营方向，为社会加油站和广大机构用户提供油品供应，为广大消费者提供优质的油品和服务，履行国有企业政治责任、经济责任和社会责任，展现中国海油良好企业形象，精心打造中国海油产品销售服务品牌，不断提升中国海油在终端市场影响力。2017年公司营业总收入923790.5万元，同比增长48%，实现净利润2843.05万元。

【南京紫津融畅信息科技服务有限公司】南京紫津融畅信息科技服务有限公司（以下简称紫津融畅）成立于2007年，主要致力于金融自助设备软硬件的研发、安装和维护服务以及计算机信息系统集成领域。紫津融畅2010年初被评为国家高新技术企业。2014年通过南京市科委组织的市级工程技术研究中心验收并被评为优秀。2016年获得信息系统集成与服务二级资质和运维分项二级资质，并被评为江苏省科技服务业百强机构。公司注重企业内部管理和技术服务质量，逐步形成一套有效的企业管理制度和质量管理体系，公司成立之初建立符合GB/T19001-2008质量管理标准的质量管理体系，2011年初通过ISO20000国际IT服务管理体系认证，在硬件研发、软件研发、软件维护、硬件维护等方面建立完善体系，研发部门拥有100余名包括高级工程师、工程师等在内的开发团队；服务部门配备近2000名维护服务工程师；服务网络遍布了全国300余个分支机构，确保为客户提供高效、专业、全面的技术支持与维护服务。紫津融畅成立以来，不断发展壮大，员工数量从成立之初的数十人增加到近2000人，销售额从2008年度的4000余万元增长到2017年度5亿元，全年实现净利润过亿元。

【南京万川华拓医药有限公司】南京万川华拓医药有限公司成立于2005年7月1日，注册及经营地址为南京市建邺区庐山路158号嘉业国际城03幢2101室，注册资本为5500万元人民币。公司以销售药品为主，同时通过品牌代理，获得相应区域的总代理资格和独家经销权，从事药品的营销策划、市场销售、渠道开发等一系列功能。公司主要经营产品为注射用磷酸肌酸钠（唯嘉能、莱博通），均为心血管药物。2017年，南京万川华拓医药有限公司共实现营业收入21118万元，全年共实现净利润1762万元。

【南京河西会议展览有限责任公司】南京河西会议展览有限责任公司是南京市河西新城区国有资产经营控股（集团）有限责任公司的全资子公司，全面负责南京国际博览中心的工程建设和场馆经营管理工作。南京国际博览中心由南京市人民政府投资35亿元兴建，地处城市20分钟交通圈，紧邻地铁交通，拥有一流的展会场地、最先进的展会设施，五星级的展会服务及完善的“吃住行”全方位配套服务，是各类展会主办单位打造国际品牌展会的最佳选择，是南京创建“国际会展之都”的主打平台。中心拥有展览和会议两大功能，规划总占地54公顷，总建筑面积36万平方米，展馆室内展览面积约110万平方米，室外展览面积3万平方米。2016年南京国际博览中心积极响应国家会展业的战略部署，创新公司经营战略，优化组织架构、提升硬件设施，努力把南京国际博览中心打造成国内领先国际先进的南京国际博览城。会展一期扩建工程及三期工程已开工建设，项目完工后博览中心共涵盖展馆15万平方米，会议中心4.6万平方米，酒店494间客房，写字楼10万平方米，以及商业、餐饮、休闲等配套服务项目4万平方米，停车位5600个。2017年共举办展会活动107场（其中展览92场，活动15场），超计划完成143%，展览面积约155.5万平方米，超计划完成41%，展馆利用率40.1%。其中，全国大中小型流动展6个，展览收入为9900万元。（区发改局　河西CBD管委会）

公共服务

Public Service

教　育

【概况】截至2017年底，全区共有各类教育机构87个。其中，中学14所（含金陵中学河西分校、南京河西外国语学校）、小学23所（含致远外国语小学、青奥村小学）、幼儿园46所、直属单位4个。全区中小学（含职业高中）在校生数35857人（小学在校生总人数为21095人，其中一年级新生为4299人；初中在校生总人数为8857人，其中初一新生为3216人；普通高中在校生总人数为2624人，其中高一新生为1021人），中小学在职教职工3455人（其中专任教师3173人）。全区在园幼儿数13726人，当年新招收幼儿4312人，当年新开办幼儿园1所（南京致远幼儿园），新提供幼儿园学位360个，幼儿园教职工2017人（其中专任教师1062人）。全区特殊教育学校1所（南京特殊教育师范学校附属小学），当年新招生学前3人、小学一年级4人、初中一年级11人，在校生总数75人，专任教师24人。全区职业学校数量为1家（莫愁中等专业学校），当年招生总数853人，在校生数3206人，在编专任教师182人。全区适龄幼儿毛入园率100%，义务教育学校入学率和巩固率100%，高中阶段教育毛入学率100%。2017年区教育局获得区级以上表彰30项，其中，国家级4项、省级2项、市级19项。

表9　2017/2018学年建邺区中学概况表

学校名称	合计		初一		初二		初三		高一		高二		高三		教工总数	专任教师
	班数	学生数	班数	学生数	班数	学生数	班数	学生数	班数	学生数	班数	学生数	班数	学生数		
南京市莫愁中等专业学校	83	3206													205	182
南京市建邺高级中学	31	1086							11	395	10	351	10	340	143	135
南京市中华中学上新河初级中学	24	709	8	239	8	253	8	217							97	89
南京市建邺初级中学	18	583	6	210	6	173	6	200							95	88
南京市南湖第二中学	15	464	5	170	5	170	5	124							83	64
南京市江心洲初级中学	12	361	4	131	4	123	4	107							54	53
南京师范大学附属中学新城初级中学	29	1260	10	494	11	441	8	325							108	106
南京师范大学附属中学新城初级中学黄山路分校	24	946	8	331	8	306	8	309							87	85
南京师范大学附属中学新城初级中学怡康街分校	24	743	8	301	8	222	8	220							90	86

续表 9

学校名称	合计		初一		初二		初三		高一		高二		高三		教工总数	专任教师
	班数	学生数	班数	学生数	班数	学生数	班数	学生数	班数	学生数	班数	学生数	班数	学生数		
南京市莲花实验学校(初中部)	20	642	6	185	6	196	8	261							101	91
南京外国语学校河西初级中学	13	353	2	60	2	47	9	246							104	98
南京市致远初级中学	8	245	4	145	4	100	0	0							35	34
南京河西外国语学校	13	321	6	157	6	135	0	0	1	29					58	44
南京金陵中学河西分校	101	3768	18	793	18	749	18	717	17	597	16	474	14	438	436	328
合计	415	14687	85	3216	86	2915	82	2726	29	1021	26	825	24	778	1696	1483

表 10　2017/2018 学年建邺区小学概况表

学校名称	合计		一年级		二年级		三年级		四年级		五年级		六年级		教工总数	专任教师
	班数	学生数	班数	学生数	班数	学生数	班数	学生数	班数	学生数	班数	学生数	班数	学生数		
南京市南湖第一小学	25	921	4	135	4	137	4	161	4	168	5	178	4	142	71	67
南京市南湖第二小学	18	488	3	74	3	77	3	89	3	89	3	94	3	65	56	54
南京市南湖第三小学	28	960	4	108	4	131	4	141	4	157	6	218	6	205	92	87
南京市莫愁湖小学	24	641	4	98	4	107	4	113	4	103	4	127	4	93	70	64
南京晓庄学院第一实验小学	18	720	3	119	3	129	3	127	3	119	3	129	3	97	61	57
南京市中华中学附属小学	24	649	4	87	4	106	4	107	4	115	4	122	4	112	72	67
南京市江东门小学	24	900	4	132	5	181	4	147	3	125	4	158	4	157	77	69
南京师范大学附属中学新城小学	57	2364	12	465	12	447	10	464	8	395	6	260	9	333	153	152
南京市生态科技岛小学	21	766	4	148	4	155	4	139	3	107	3	117	3	100	65	59
南京市金陵中学实验小学	42	1733	8	333	8	320	7	289	7	306	6	262	6	223	110	107
南京市建邺实验小学	33	1204	6	197	5	172	5	191	6	256	5	208	6	180	98	96
南京民办致远外国语小学	50	1787	8	308	8	290	12	440	8	288	8	276	6	185	154	151
南京致远外国语小学分校	17	502	3	96	4	121	3	107	3	88	2	51	2	39	54	53
南京市陶行知小学	29	696	5	123	5	117	5	135	5	125	5	118	4	78	78	77
南京师范大学附属中学新城小学南校区	27	1153	6	261	6	247	5	220	6	245	4	180	0	0	76	75
南京师范大学附属中学新城小学北校区	20	834	6	242	5	201	5	222	4	169	0	0	0	0	55	52
南京师范大学附属中学新城小学怡康街分校	8	293	4	150	4	143	0	0	0	0	0	0	0	0	28	27

续表 10

学校名称	合计		一年级		二年级		三年级		四年级		五年级		六年级		教工总数	专任教师
	班数	学生数	班数	学生数	班数	学生数	班数	学生数	班数	学生数	班数	学生数	班数	学生数		
南京市建邺实验小学分校	16	528	4	145	4	127	2	48	2	60	2	70	2	78	52	51
南京外国语学校青奥村小学	14	423	8	256	6	167	0	0	0	0	0	0	0	0	45	43
南京市莲花实验学校(小学部)	27	1121	5	183	4	175	5	222	5	232	5	198	3	111	68	68
南京河西外国语学校(小学部)	10	366	4	157	6	209	0	0	0	0	0	0	0	0	33	32
致远外国语小学乐山路分校	2	50	2	50	0	0	0	0	0	0	0	0	0	0	8	7
南京外国语学校河西初级中学第一附属小学	2	75	2	75	0	0	0	0	0	0	0	0	0	0	10	9
金陵中学河西分校(小学部)	51	1921	9	357	9	337	9	349	8	303	9	324	7	251	147	142
合计	587	21095	122	4299	117	4096	98	3711	90	3450	84	3090	76	2449	1733	1666
南京特殊教育师范学校附属小学	10	75	学前 3 人、一年级 4 人、二年级 5 人、三年级 6 人、四年级 11 人、五年级 13 人、六年级 10 人、初一 11 人、初二 7 人、初三 5 人												26	24

表 11　2017/2018 学年建邺区幼儿园(教办园)概况表

幼儿园	合计			托班			小班			中班			大班			教职工	专任教师
	班级数	学生数	其中:女	班级数	学生数	其中:女	班级数	学生数	其中:女	班级数	学生数	其中:女	班级数	学生数	其中:女	小计	小计
建邺区实验幼儿园	16	530	256	0	0	0	6	179	84	5	175	80	5	176	92	91	59
南京市第五幼儿园	9	285	142	0	0	0	3	90	45	3	96	46	3	99	51	46	28
建邺区世纪星幼儿园	9	239	103	0	0	0	3	75	33	3	71	32	3	93	38	44	27
建邺区奥体艺术幼儿园	12	391	190	0	0	0	4	120	62	4	134	63	4	137	65	61	37
建邺区莲花北苑幼儿园	12	372	202	0	0	0	4	120	68	4	128	71	4	124	63	57	36
建邺区香山路幼儿园	17	577	293	0	0	0	7	190	98	5	187	94	5	200	101	90	58
建邺区爱达幼儿园	7	192	94	0	0	0	3	72	42	2	60	23	2	60	29	35	18
南京市鹤琴幼儿园	6	176	87	0	0	0	3	89	39	2	56	30	1	31	18	31	15
建邺区南湖沿河幼儿园	14	473	226	2	50	29	4	128	61	4	140	68	4	155	68	62	33
建邺区南湖育英幼儿园	13	447	224	2	57	29	4	139	81	3	106	45	4	145	69	60	33
建邺区南湖蓓蕾幼儿园	10	312	135	1	25	11	3	89	42	3	93	30	3	105	52	40	21
建邺区南湖春晖幼儿园	9	295	142	0	0	0	3	90	50	3	99	45	3	106	47	46	18
建邺区回民幼儿园	12	391	203	1	21	13	4	117	64	4	140	69	3	113	57	47	27
建邺区茶亭幼儿园	8	257	120	2	51	24	2	71	23	2	70	38	2	65	35	36	19
南京市洲岛家园幼儿园	12	386	202	0	0	0	4	120	67	4	133	57	4	133	78	49	24

续表 11

幼儿园	合计			托班			小班			中班			大班			教职工	专任教师
	班级数	学生数	其中：女	班级数	学生数	其中：女	班级数	学生数	其中：女	班级数	学生数	其中：女	班级数	学生数	其中：女	小计	小计
建邺区南苑幼儿园	9	289	146	0	0	0	3	90	46	3	94	48	3	105	52	37	18
南京晓庄学院实验幼儿园	20	660	333	0	0	0	8	241	117	7	243	131	5	176	85	99	50
建邺区东方剑桥碧瑶花园幼儿园	11	352	153	2	65	24	3	108	45	3	91	45	3	88	39	35	16
建邺区伊顿星雨华府幼儿园	10	283	134	0	0	0	4	89	48	3	92	38	3	102	48	42	19
建邺区双和艺术幼儿园	13	415	169	1	23	11	4	118	64	4	125	41	4	149	53	50	26
建邺区兴达幼儿园	7	191	86	1	16	6	2	63	29	2	57	22	2	55	29	24	14
建邺区典雅居幼儿园	8	232	110	2	32	18	2	59	23	2	71	39	2	70	30	29	10
建邺区月安幼儿园	10	292	147	1	22	11	3	89	46	3	88	47	3	93	43	45	23
建邺区腾达幼儿园	7	229	100	0	0	0	3	91	40	2	68	33	2	70	27	30	15
建邺区哆来咪幼儿园	8	256	131	0	0	0	2	60	35	3	98	54	3	98	42	32	16
建邺区南希幼儿园	7	206	93	1	27	15	2	66	34	2	55	21	2	58	23	37	17
建邺区金色家园幼儿园	8	213	98	2	36	14	2	56	25	2	59	27	2	62	32	30	17
建邺区南西幼儿园	8	238	113	2	40	21	2	60	26	2	69	37	2	69	29	42	17
建邺区南师大(中海塞纳)幼儿园	18	554	228	1	25	10	6	170	70	5	170	70	6	189	78	78	38
建邺区云锦美地幼儿园	7	202	89	1	20	11	2	60	25	2	69	27	2	53	26	33	16
南京嵩山路幼儿园	10	303	156	0	0	0	3	72	39	4	123	62	3	108	55	44	22
建邺区书人幼儿园	12	310	158	3	74	39	3	73	42	3	80	40	3	83	37	50	29
建邺区奥体幼儿园	11	311	150	2	46	30	3	85	36	3	89	40	3	91	44	54	27
建邺区东方智能幼儿园	10	305	157	1	20	9	3	90	50	3	97	53	3	98	45	42	25
建邺区清荷幼儿园	11	322	149	2	25	11	3	93	47	3	95	40	3	109	51	47	21
建邺区伊顿慧智金域堤香幼儿园	12	329	161	0	0	0	4	100	52	4	117	56	4	112	53	42	24
建邺区吉庆幼儿园	7	160	51	1	6	1	2	45	17	2	53	18	2	56	15	26	14
建邺区仁恒江湾城幼儿园	12	222	85	0	0	0	5	97	30	4	74	36	3	51	19	40	22
建邺区金地名京幼儿园	11	333	171	2	50	30	3	97	53	3	89	45	3	97	43	44	23
建邺区东方剑桥欧洲城幼儿园	11	314	146	2	43	22	3	88	38	3	93	41	3	90	45	44	22
建邺区汇锦凌江幼儿园	10	286	119	0	0	0	3	101	43	4	103	41	3	82	35	43	22
建邺区华润悦府幼儿园	10	263	122	0	0	0	4	100	49	4	104	46	2	59	27	38	20

续表 11

幼儿园	合计			托班			小班			中班			大班			教职工	专任教师
	班级数	学生数	其中：女	班级数	学生数	其中：女	班级数	学生数	其中：女	班级数	学生数	其中：女	班级数	学生数	其中：女	小计	小计
南京市莲花嘉园第一幼儿园	4	117	51	0	0	0	2	58	27	1	29	12	1	30	12	21	9
南京市建邺区莲花南苑幼儿园	5	138	61	0	0	0	2	48	19	2	69	34	1	21	8	28	11
南京金穗花园幼儿园	3	78	33	0	0	0	2	56	23	1	22	10	0	0	0	16	6
合计(45 所)	456	13726	6519	35	774	389	150	4312	2097	140	4374	2045	131	4266	1988	2017	1062
其中：教办园(8 所)	88	2762	1367	0	0	0	33	935	471	28	907	439	27	920	457	455	278
集体(6 所)	66	2175	1050	8	204	106	20	634	321	19	648	295	19	689	328	291	151
其他(31 所)	302	8789	4102	27	570	283	97	2743	1305	93	2819	1311	85	2657	1203	1271	633

（区教育局）

【教育规划布局】在全省县域内首个完成《教育地图》编制，区域内 151 个基础教育设施明确空间布点，标志着全区基础教育规划布局的全面完成和完整基础教育体系形成。推进新校建设和办学条件提升，新开办南京外国语学校河西初级中学第一附属小学、南京致远外国语小学乐山路分校、致远幼儿园，正式启用位于绿博园内的新少年宫，新认定 2 所民办惠民幼儿园，新创建 3 所市优质幼儿园，推进南京市莫愁中等专业学校新校区、河西南部高中等一批新校建设工程。完成 9 所中小学食堂提升工程。5 月，召开全区义务教育学区制管理推进会，印发《关于深入推进义务教育优质均衡发展实行学区制管理、集团化办学的实施办法》《义务教育学校实施学区制管理工作办法》，按照地域就近、施教区相对一致为基础，涵盖全区 32 所义务教育学校，组建 11 个大学区、5 个研训联盟，全面实施义务教育学校学区制管理，实现协同共生发展，推进全区义务教育优质均衡发展。研制《2017 年建邺区“新优质初中”创建项目推进计划》，建立健全新优质初中学区研训联盟、教学管理研讨沙龙、学科研训员责任制 3 项制度，多措并举推进区域义务教育优质均衡发展。5 月 27 日，第二届建邺教育发展专家指导委员会正式成立，20 位教育专家加盟建邺，重点对区域教育综合改革、优质均衡发展规划、现代教育名区建设开展宏观研究与指导，对师资队伍建设、教育教学科研开展咨询与指导。经协商一致，与江苏第二师范学院签订合作办学协议，并在教育教学、师资培训、教育科研、学校管理、大学生实习就业等方面深化合作。双方先期在新加坡·南京生态科技岛合作开办 1 所幼儿园，暂定名为江苏第二师范学院附属幼儿园。

【教育现代化水平】2017年度全省教育现代化建设水平监测得分92.9分，继续在全省领先。在4月18日全省教育信息化工作会议上作为全省先进区县代表做大会交流发言。5月11日，江苏省人大常委会副主任刘永忠带队到区开展《江苏省学前教育条例》执法检查对建邺全面推进学前教育普惠优质发展给予充分肯定。9月8日，江苏省省长吴政隆到区莲花实验学校看望师生。10月17日，全区教育信息化工作推进会在新城初中怡康街分校召开，明确“围绕一个目标，实施五项工程”，多措并举全面打造智慧校园升级版。10月30日，南京市建邺区第十三届全民终身学习活动周开幕，区老年开放大学同时揭牌。11月，顺利接受江苏省基础教育技术装备示范区验收，得到专家组一致好评。11月18日，南京非物质文化遗产专业学院在莫愁职校南部新校区挂牌成立，学院立足“三个基地、一个中心、一平台”功能，即非遗传承人群的高职培养基地、非遗创意产品研发打样基地、非遗手工技艺传习体验基地，建设非遗国际交流合作培训中心，打造南京“非遗”职业教育“政校行企研”合作平台。完成《建邺区2017年省级教育督导考核自查报告》。完成3所学校素质教育综合督导及回访督导工作。按照“调查摸底、制定方案、公众参与、专家论证、风险控制、集体研究、申请报批和公布”等步骤严格实施，稳妥推进招生并顺利完成招生工作，南京师范大学附属中学新城初级中学黄山路分校作为公办初中电脑派位30名学生。残疾儿童少年入学率达100%，居住在建邺的外来务工人员随迁子女100%入读公办学校。鹤琴幼儿园、莲花南苑幼儿园、莲花嘉园幼儿园创建为市优质幼儿园。新认定2所民办惠民幼儿园，完成首批到期的9家惠民幼儿园的重新认定工作。20家幼儿园通过省优质幼儿园复验。完成26所民办幼儿园资质年审工作。全面启动首批幼儿园前瞻性教学改革实验项目13项。金陵中学实验小学承办全省教育信息化工作会议，与会代表近400人实地考察中华中学、南京师范大学附属中学新城初级中学怡康街分校、金陵中学河西分校、金陵中学实验小学、南京市第五幼儿园智慧校园建设情况。教育装备工作在全市装备绩效考核中获综合奖一等奖并在全市作《坚持标准引领，四个统筹推进》交流发言。

【素质教育成果】致远外国语小学的“支持儿童创意学习的课程建构”，莫愁中等专业学校“基于虚拟车间的统一资源、多向仿真实训教学模式的建构与研究”，南京市第五幼儿园的“幼儿e学习园本资源建设的研究”获2017年江苏省教学成果评比一等奖，建邺区香山路幼儿园的“儿童主题场馆的整体设计与实施”获二等奖。高考再创历史新高，建邺高级中学本科文化类达资格线200人，达线率高达74.6%；中考成绩再创佳绩，在全市均分较去年下降的大背景下，全区中考均分逆势上涨，超市均分18.85分，连续第11年超市均分，稳居全市第一方阵，其中达到四星级高中线682人，比例达44.8%，新城教育集团和南外河西分校稳居全市前列，获得南京市区域初中教育发展性评估教育公平奖、教育质量奖和改革创新奖3项大奖。南京师范大学附属中学新城初级中学被评为南京市首批现代化教育学校（全市共5所）。南京师范大学附属中学新城初级中学黄山路分校和金陵中学河西分校荣升第五批南京市推进素质教育示范初中。建邺高级中学、南京市建邺初级中学入围南京市课程基地建设项目。莫愁湖小学的京剧课程成为南京市“学校特色文化建设项目”，举办全市小班化示范校展示活动。南京市莫愁中等专业学校成为“江苏省高水平现代化职业学校”“江苏省现代学徒制试点单位”，在2017年全省技能大赛中获得7金10银13铜，毕业生“专转本”共录取108人，再创历史新高。全区首家轮滑球训练基地落户生态科技岛小学。在2017年DI全球青少年创新思维大赛中，致远外国语小学7名五年级学生代表中国军团参赛，在小学组挑战A（技术类）比赛中脱颖而出蝉联冠军。南京师范大学附属中学新城小学南校区陶笛社团获第九届“风雅杯”全国校园陶笛艺术比赛金奖。11月11日，“激扬青春、奔向梦想”全区第31届中小学生田径运动会在南京河西外国语学校成功举办。陶行知小学在全国啦啦操联赛中夺冠。中华中学上新河初中晋级第15届全国中小学生信息技术创新与实践活动（简称NOC）总决赛并获得冠军。南京师范大学附属中学新城初级中学获国际青少年机器人精英挑战赛“机器人冰球”项目亚军。莲花实验学校在全省中小学生轮滑锦标赛中获得团体总分第一名。南京师范大学附属中学新城小学南校区在第二届“枫帆杯”全国足球邀请赛中获得乙组、丙组2项冠军。南京师范大学附属中学新城小学北校区古典吉他乐团在全国少儿古典吉他重奏组比赛中还获得第一名。2支轮滑球队获得2017年丽水国际轮滑公开赛单排轮滑球少年组冠亚军。南京外国语学校河西初级中学获得全省金钥匙仿生机器人大赛综合特等奖和创意特等奖。金陵中学实验小学在青少年弘扬社会主义核心价值观情景剧大赛中获得南京市一等奖、江苏省二等奖。南京师范大学附属中学新城初级中学获得全市啦啦操联赛一等奖第1名。南京师范大学附属中学新城初级中学黄山路分校获得全市创客大赛一等奖和最佳设计大奖。举办2场小学“内涵发展”素质教育现场会和“学区制”学科教学研究会。组织开展区小学足球联赛和中学篮球联赛，先后获得全市校园阳光体育冬锻节比赛初中组和小学组一等奖，获得全市校园篮球联赛小学男子组一等奖、初中男子组一等奖、高中女子组一等奖、园丁组一等奖。做好健康教育和学校卫生防疫工作。广泛开展各类社区教育活动，完成“建邺终身学习在线”与“南京学习在线”资源对接，完成社区教育第二期49项实验项目结题及第三期实验项目立项评审。完成对42家培训机构的年度视导评估。

表 12　建邺区第四届十佳中学生社团（初中组）

（13 名）

学　校	社　团
南师附中新城初中	金陵记忆
南师附中新城初中	创客生物
南师附中新城初中	机械法则
南师附中新城初中	南京化学眼
建邺初级中学	灵光闪现科技社
莲花实验学校	轮滑社团
南师附中新城初中黄山路分校	物理模型制作
南师附中新城初中黄山路分校	玩转生活
致远初级中学	静兰雅摄
南外河西初级中学	Ukulele 音乐社
南外河西初级中学	插画童话屋美术社
中华中学上新河初级中学	网球社
金陵中学河西分校	金陵足球社

表 13　建邺区第四届十佳中学生社团（高中组）

（12 名）

学　校	社　团
建邺高级中学	民国史社
建邺高级中学	TI 图形计算器
金陵中学河西分校	FTC 机器人社
建邺高级中学	博艺社
建邺高级中学	街舞社
金陵中学河西分校	篆刻社
金陵中学河西分校	“舞光拾色”摄影社
金陵中学河西分校	“5·25”心理社
金陵中学河西分校	“心随影动”电影社
金陵中学河西分校	“守望者之声”广播站
金陵中学河西分校	“余韵”播音主持社
金陵中学河西分校	“阳光”志愿者协会

表 14　建邺区第四届优秀中学生社团（初中组）

（26 名）

学　校	社　团
中华中学上新河中学	创意图形
南师附中新城初中	数学建模
南师附中新城初中黄山路分校	哆啦 A 梦的口袋
江心洲中学	科创乐园
中华中学上新河中学	3D 打印创意设计
南外河西初级中学	3D 打印（木工）社团
南师附中新城初中怡康街分校	化学趣味实验
莲花实验学校	舞天堂
金陵中学河西分校	快乐篮球社
金陵中学河西分校	“精灵”啦啦操社
莲花实验学校	篮球社
金陵中学河西分校	空手道社团
中华中学上新河中学	星河舞蹈社
南外河西初级中学	轻舞飞扬啦啦队
建邺初级中学	三色空间
南师附中新城初中怡康街分校	充电音乐厅
南师附中新城初中	奇妙的汉字
南师附中新城初中黄山路分校	有朋演绎社
莲花实验学校	南京文化
南师附中新城初中怡康街分校	在别处话剧社
南师附中新城初中怡康街分校	最忆是金陵
南京河西外国语学校	英语演讲与辩论协会
中华中学上新河中学	趣味素描
南师附中新城初中怡康街分校	中餐厅
南湖第二中学	生活技术社团
南京河西外国语学校	环保先锋队

表 15　建邺区第四届中学生社团之星

（36 名）

姓　名	学　校	社　团
罗顺之	金陵中学河西分校	“阳光”志愿者协会
孙　涛	金陵中学河西分校	FTC 机器人社
解伯钧	南师附中新城初中	数学建模
易欣平	南师附中新城初中黄山路分校	哆啦 A 梦的口袋
田修华	南师附中新城初中	南京化学眼

续表 15

姓　名	学　校	社　团
许进康	南师附中新城初中	创客生物
杨子恒	南师附中新城初中黄山路分校	物理模型制作
郑世欣	莲花实验学校	舞天堂
李浩俊	金陵中学河西分校	“快乐”篮球社
邓子怡	建邺高级中学	JG 街舞社团
沈如果	金陵中学河西分校	“精灵”啦啦操社
马　琦	金陵中学河西分校	金陵足球社
贺菁菁	莲花实验学校	轮滑
郑文杰	莲花实验学校	篮球
朱嘉晨	中华中学上新河中学	星河舞蹈社
田亦陈	中华中学上新河中学	网球社
胡欣悦	中华中学上新河中学	创意图形社
邢　然	金陵中学河西分校	“舞光拾色”摄影社
王　悦	南师附中新城初中怡康街分校	充电音乐厅
陆泽茜	建邺高级中学	民国史社
间　越	南师附中新城初中	金陵记忆
彭天然	南师附中新城初中	奇妙的汉字
张天睿	南师附中新城初中黄山路分校	有朋演艺社
裴笑然	莲花实验学校	南京文化
周暄妍	南师附中新城初中怡康街分校	最忆是金陵
彭浩瑞	南京河西外国语学校	英语演讲与辩论协会
耿雅思	中华中学上新河中学	趣味素描
杨欣然	金陵中学河西分校	“5·25”心理社
陈耀玉	金陵中学河西分校	“心随影动”电影社
卜彦祺	南师附中新城初中	机械法则
吕　禾	金陵中学河西分校	篆刻社
戴玉玲	金陵中学河西分校	“守望者之声”广播站
秦　宽	建邺初级中学	灵光闪现科技社
谷　雨	南湖第二中学	生活技术社团
杨加彦	金陵中学河西分校	“余韵”播音主持社
程昕怡	南师附中新城初中黄山路分校	玩转生活

表 16　建邺区第四届十佳中学生社团首席指导老师（初中组）

（13 名）

姓　名	学　校	社　团
杨　婧	南师附中新城初中黄山路分校	玩转生活
邵　静	南师附中新城初中	金陵记忆

续表 16

姓　名	学　校	社　团
陆　亮	南师附中新城初中	南京化学眼
胡　源	南师附中新城初中	创客生物
程荣贵	南师附中新城初中黄山路分校	物理模型制作
周　琦	南外河西初级中学	插画童话屋美术社团
孟赛男	金陵中学河西分校	金陵足球社
曹　彪	莲花实验学校	轮滑
汪灏睿	中华中学上新河中学	网球社
蔡　洁	南外河西初级中学	Ukulele 社团
杨　菁	致远初级中学	静兰雅摄
张健平	南师附中新城初中	机械法则
姜　骅	建邺初级中学	灵光闪现科技社

表 17　建邺区第四届十佳中学生社团首席指导老师（高中组）

（12 名）

姓　名	学　校	社　团
张竞文	建邺高级中学	民国史社
常　俊	建邺高级中学	TI 图形计算器社团
聂　阳	金陵中学河西分校	FTC 机器人社
沙景雯	建邺高级中学	博艺社
陈志钢	金陵中学河西分校	篆刻社
滕媛媛	建邺高级中学	JG 街舞社团
周　力	金陵中学河西分校	“舞光拾色”摄影社
马荣先	金陵中学河西分校	“5・25”心理社
吕　惠	金陵中学河西分校	“心随影动”电影社
缪涵蕊	金陵中学河西分校	“守望者之声”广播站
李楠楠	金陵中学河西分校	“余韵”播音主持社
崔惠辉	金陵中学河西分校	“阳光”志愿者协会

表 18　建邺区第四届中学生优秀社团首席指导老师

（26 名）

姓　名	学　校	社　团
雷　语	建邺初级中学	三色空间
宋远征	南师附中新城初中	数学建模
兰礎彤	南师附中新城初中黄山路分校	哆啦 A 梦的口袋
徐　健	江心洲中学	科创乐园
李　霞	中华中学上新河中学	3D 打印创意设计

续表 18

姓 名	学 校	社 团
崔春燕	南外河西初级中学	3D 打印（木工）社团
沈 亚	南师附中新城初中怡康街分校	化学趣味实验
唐雪梅	莲花实验学校	舞天堂
徐 翠	金陵中学河西分校	“快乐”篮球社
袁 慧	金陵中学河西分校	“精灵”啦啦操社
仲其文	莲花实验学校	篮球
杨俊杰	金陵中学河西分校	空手道社团
唐月阳	中华中学上新河中学	星河舞蹈社
程 璐	南外河西初级中学	轻舞飞扬啦啦队
何 青	中华中学上新河中学	创意图形
吴海馨	南师附中新城初中怡康街分校	充电音乐厅
张 璇	南师附中新城初中	奇妙的汉字
杨 红	南师附中新城初中黄山路分校	有朋演艺社
朱贵华	莲花实验学校	南京文化
陈钰曦	南师附中新城初中怡康街分校	在别处话剧团
完 俊	南师附中新城初中怡康街分校	最忆是金陵
陶 莎	南京河西外国语学校	英语演讲与辩论协会
李 菡	中华中学上新河中学	趣味素描
孙 茜	南师附中新城初中怡康街分校	中餐厅
吴 悦	南湖第二中学	生活技术社团
苏丽英	南京河西外国语学校	环保先锋队

表 19 建邺区第四届中学生社团工作先进学校

（5 所）

学 校
南师附中新城初中
金陵中学河西分校
建邺高级中学
南师附中新城初中黄山路分校
南外河西初级中学

（区教育局）

【师资队伍建设】招录新教师 154 人，其中 35 名研究生；招录骨干教师 40 人，其中江苏省特级教师、南京市学科带头人、南京市青年优秀教师 6 人。完成暑期教师交流 101 人，全区义务教育学校教师交流比例达 15%。建邺高中陆大勇获南京市“五一劳动奖章”。谢英校长、朱国美校长双双荣膺 2017 年南京市首届“陶行知奖”，张慧、鲁志云等40位教师入围2017年南京市优秀青年教师、南京市德育优秀青年教师，南京师范大学附属中学新城小学南校区当选南京市教育系统第十届师德先进群体，建邺实验幼儿园张蓉老师获得南京市教育系统第十届师德先进个人称号，陈军等183位区优秀教育工作者受到区委、区政府表彰。在各类教学大赛中获江苏省一等奖3人、南京市一等奖5人，南京市南湖第三小学张玉胜获得第12届省“杏坛杯”苏派青年教师课堂教学决赛特等奖。完成青年教师公寓三期，116位新教师入住。共有国家级立项课题6项，省、市级课题100余项；中小学、公办幼儿园课题覆盖率均达100%，教师个人课题覆盖率达64%。17所学校被评为市学校优秀教科室，中小学市优秀教科室覆盖率达40%。全区中小学100%成立特级教师工作室，教办幼儿园100%成立专家工作室。

【教育惠民政策落实】全区公办小学、初中100%实现免试划片入学，各校招生工作平稳有序，有效缓解“择校热”“择班热”。组建区特殊教育指导中心，保障每个残疾儿童接受义务教育，全区共接收238名残疾儿童少年入学，其中普通中小学随班就读163名，分布在22所中小学，特师附小就读75名。全区23所小学实施弹性离校，为2200名小学生提供延时照顾服务。依托教育民生服务工作站，落实区教育局负责人接待日工作制度，安排区教育局机关干部全员参加教育民生服务接待，妥善处理群众来电来访。委托省社情民意调查中心开展第11次义务教育学校办学满意度调查，获取成功样本3070份，家长总体满意度为89.6%，全区学校办学满意度逐年提升（高于上年1个百分点）。9月11日，建邺区家长学校总校正式成立。为教师子女办理意外伤害保险1718人次。开展困难教职工、困难学生慰问307人次共计23万元。申报市励志奖学金共计16人次5.6万元。落实各项教育惠民政策，免收义务教育阶段杂费274.27万元，计23978人次；免费提供义务教育阶段教科书和作业本181.88万元，计83.93万册；发放学前一年基本免费补助992.4万元，计3308人；发放各教育阶段家庭经济困难学生资助费用87.47万元，计606人次。建邺区社区培训学院和南苑街道社区教育中心被评为江苏省社会教育百强单位。南苑街道社区教育中心张勇获得江苏省“社区教育先进工作者”称号，莫愁湖街道社区教育中心蔡守光获得江苏省“百姓学习之星”称号，莫愁湖街道社区教育中心张秀英获得江苏省“社区教育优秀志愿者”称号。

【建邺教育地图编制完成】5月，建邺区在全省县域内首个完成《教育地图》编制，区域内151个基础教育设施明确空间布点，标志着全区基础教育规划布局的全面完成和完整基础教育体系的形成。从2005~2020年，建邺区作为南京市现代化国际性城市中心，常住人口预计由19万人上升到73万人，区域内配套教育设施规划由36个增加至151个。其中配套幼儿园82所、小学38所、初中16所、九年制学校2所、十二年制学校3所、职业学校2所、普通高中4所、特殊教育学校1所、国际学校1所、少年宫1所、教师发展中心1所。

5月27日，在建邺区第二届教育发展专家指导委员会成立仪式上，建邺区与江苏第二师范学院签订合作办学协议。（谢伟　摄）

【建邺区新少年宫正式启用】6月1日，位于南京绿博园内的建邺区新少年宫正式启用。新落成的建邺区少年宫建筑面积达4800平方米，功能齐备，有创意文化墙、青奥微博馆、STEM创新体验中心、视觉艺术展示区、定格动画和中国舞课程、古筝苑、手工坊、梦想剧场等，将全面激发和展示当代青少年的卓越风采和创造才能，成为全市乃至全省青少年校外社会实践基地和青奥教育活动中心。当天，建邺区举办庆“六一”表彰大会暨“献给孩子们的礼物”文艺汇演，一批三好学生、优秀学生干部、优秀少先队员和美德少年受到表彰，区少年宫“创艺嘉年华”优秀公益课程展示活动同时举办。

6月1日，位于南京绿博园内的建邺区新少年宫正式启用。（夏敬球　摄）

【第二届教育发展专家指导委员会组建】5月27日，建邺区政府举办第二届教育发展

9月11日，建邺区家长学校总校成立揭牌仪式在金中实小举行。
（谢伟 摄）

专家指导委员会成立仪式，20位知名教育专家加盟建邺。建邺区第二届教育发展专家指导委员会搭建起一个联络感情、对话交流、共谋发展的新平台、新机制，教育专家重点对区域教育综合改革、优质均衡发展规划、现代教育名区建设开展宏观研究与指导，对师资队伍建设、教育教学科研开展咨询与指导。

【合作办学协议签订】5月27日，建邺区政府与江苏第二师范学院签字合作办学协议，双方合作在新加坡·南京生态科技岛举办一批优质学校，并在教育教学、师资培训、教育科研、学校管理、大学生实习就业等方面深化合作。江苏第二师范学院是国家级中小学骨干校长、骨干教师培训基地，全省唯一的教师教育改革实验基地，教育部中小学校长领航班培训基地和江苏省重点培育智库之一。

【建邺区家长学校总校成立】9月11日，建邺区家长学校总校成立揭牌仪式在金陵中学实验小学举行。南京市教育系统关工委常务副主任施正东，区关工委常务副主任汤倩一等近100人与会。建邺区家长学校总校以提升家长素质为核心，以促进未成年人健康成长为目标，是宣传教育方针、相关法律法规和政策的工作机构，是宣传科学的家庭教育理念，提升家长教育方法的主要机构，是组织指导评价考核全区中小学、幼儿园家长学校的职能部门，也是培训各中小学家长学校师资的主要场所。总校的主要职能是指导全区中小学、幼儿园家长学校的教学及研究工作，培训全区中小学、幼儿园家长学校的教学骨干，评价全区中小学家长学校的办学水平，评选优秀家长学校以及先进个人等。总校办公地点设在区教师发展中心，办公室与区教育局德体卫艺科合署办公，区教育局党组书记、局长张石明担任总校校长，唐德海担任副校长。

【全省教育信息化工作会议在建邺区召开】4月18日，全省教育信息化工作会议在南京市金陵中学实验小学召开，全省与会代表近400

人实地考察中华中学河西分校、南京师范大学附属中学新城初级中学怡康街分校、金陵中学河西分校、金陵中学实验小学、南京市第五幼儿园智慧校园建设情况，建邺区作为全省先进区县代表做大会交流发言。当天，江苏省教育厅厅长、江苏省教育工委书记葛道凯和江苏省教育厅副厅长苏春海与会并讲话，建邺区区长闵一峰致辞。

【省基础教育技术装备示范区验收】11月1~3日，建邺区接受江苏省首批基础教育技术装备示范区现场检查验收。专家组通过听取工作汇报，实地查访建邺高中、中华中学上新河初中、金陵中学实验小学、南京市建邺初级中学、南京市南湖第二中学、南京师范大学附属中学新城初级中学、南京市南湖第一小学、南京师范大学附属中学新城小学教育技术装备应用情况，与相关负责人和学校校长、教师交流访谈，全面了解省教育技术装备示范区创建情况。11月3日，省专家组组长赵珏在检查验收反馈会上，认为建邺区创建省基础教育装备示范区工作政府统筹、成效显著，阳光采购、规范操作，机制创新、有章有制，常态应用、服务教学，特色鲜明、资源共享。

【全区教育信息化工作推进大会召开】10月17日，建邺区教育信息化工作推进大会在南京师范大学附属中学新城初级中学怡康街分校召开，全面打造智慧校园升级版。会上，区教育局局长张石明做主题报告，明确提出“围绕一个目标，实施五项工程”，多措并举全面打造智慧校园升级版，即围绕打造国内领先的智慧教育目标，实施智慧教育基础环境提升、智慧教育“云服务”平台建设、智慧教育融合创新、智慧教育应用能力提升和智慧校园创建五项工程，全面推进“智慧教育”、建设“智慧校园”、构建“智慧课堂”。到2020年，全区100%的中小学和公办幼儿园实现100M以上带宽接入互联网，100%的学校实现无线网络全覆盖，在100%建成南京市数字化校园基础上创建为南京市“智

10月17日，全区教育信息化工作推进大会在新城初中怡康街分校召开。
（夏敬球　摄）

慧校园”，其中示范级比例居全市前列。

【小学生“弹性离校”全面实施】针对广大家长集中反映的小学下午放学时间问题，按照自愿原则实施小学生“弹性离校”，为家庭困难小学生提供延时照顾服务。自2017年春季学期起，建邺区小学全面为在校小学生提供延时照顾服务（“弹性离校”），切实缓解部分学生家长接孩子难的问题。全年全区23所小学共为2200多名小学生提供延时照顾服务，占在校学生总数10.4%。

【莫愁中专晋级省高水平现代化职业学校】1月，江苏省教育厅、江苏省财政厅公布第3批高水平现代化职业学校名单，南京市莫愁中等专业学校榜上有名。近年来，南京市莫愁中等专业学校按照江苏省高水平现代化职业学校建设标准，专业建设优势明显，校企合作、国际化合作办学层次高；师资培养途径多样、富有成效；学生技能培养有效，全国技能大赛成绩优良；学生就业情况良好、升学途径畅通；学校育人环境好，人本德育富有特色。

【建邺教育微信获南京区街镇最佳新媒体传播奖】1月17日，在南京新媒体传播峰会上，南京市委宣传部授予建邺教育微信“南京区街镇最佳新媒体传播奖”。区教育局2016年开通建邺教育发布微信公众号，定位为发布教育咨询、引领师生成长、提供教育服务，设置有教育资讯、政务公开、名师风采、中小学校、幼教园地、招考信息、家长学校、社区教育等栏目，专人负责并制定微信编审发布制度。依托校园微信组建建邺教育微信联盟，及时发布各类教育信息，成为提升建邺教育传播力、影响力和知名度新平台。

【致远外国语小学学生蝉联全球创新思维大赛冠军】6月2日，在2017年DI全球青少年创新思维大赛中，南京致远外国语小学7名五年级学生代表中国参赛，在小学组挑战A（技术类）比赛中脱颖而出，继2016年再次获得全球冠军。DI原意是“目的地想象”（全称“Destination Imagination”），寓意通过无限的想象力和创造力到达目的地。该项赛事要求青少年组队，共同完成挑战，旨在培养青少年创新思维、团队合作、问题解决3项技能，是全球范围内的头脑奥林匹克大赛。

【终身学习活动周开幕暨老年开放大学揭牌】10月30日，第十三届全区全民终身学习活动周隆重开幕，建邺区老年开放大学同时揭牌。一批社区教育优秀志愿者、百姓学习之星、数字化学习先进个人受到表彰。建邺区老年开放大学同时揭牌。当天，建邺区委副书记曹曙、南京市教育局副局长潘东标为建邺区老年开放大学揭牌，区文明办主任徐凌宣读关于开展建邺区第十三届全民终身学习活动周活动通知，南京市教育局职业教育与社会教育处处长黄子亮宣读《关于设立老年开放大学的通知》。

【南京非物质文化遗产专业学院成立】11月18日，南京非物质文化遗产专业学院在莫愁中等专业学校新校区正式揭牌，这是全国首家由政府设立的非物质文化遗产专业学校。学院立足“三个基地、一个中心、一平台”功能，即非遗传承人群的高职培养基地、非遗手工技艺传习体验基地、非遗创意产品研发打样基地，建设非遗国际交流合作培训中心，打造南京“非遗”职业教育“政校行企研”合作平台，解决传统非遗传承后继乏人、缺乏创新等问题，使得非物质文化遗产传承与现代职业教育深度融合。南京非物质文化遗产专业学院实训基地也于当天授牌。揭牌仪式上，南京市教育局局长孙百军宣读南京市政府关于成立南京非物质文化遗产专业学院的批复文件，南京市委常委、宣传部部长曹路宝，建邺区区委书记张俊为南京非物质文化遗产专业学院进行揭牌。言恭达、杜伟生等16名艺术大师、非遗传承人受聘成为南京非物质文化遗产学院特聘专业导师。

【区第十三届教工运动会举办】11月26日，建邺区第十三届教工运动会在中华中学上新河初级中学举行，本届运动会共有49支代表队参赛。当天，区教育局党组书记、局长张石明主持运动会开幕式，区教育工委书记肖东致辞，正区级负责人高农生宣布运动会开幕。本届运动会设比赛项目有推铅球、跳远、50米跑、保龄球、飞镖射靶、定点投篮、2分钟个人短绳7个单项和1个集体项目。

【区第三十一届中小学生田径运动会举办】11月11日，“激扬青春、奔向梦想”建邺区第31届中小学生田径运动会在南京河西外国语学校举办，全区30多所中小学派出代表队参加。本届运动会设比赛项目有传统的短跑、中长跑、跳高、跳远、掷垒球等项目，还有参与度、趣味性极高的男女混合50米×20迎面接力赛。

（谢　伟）

卫生计生

【概况】辖区内共有医疗机构121家，其中三级医院4家：江苏省第二中医院、南京市第一医院河西院区、南京市儿童医院河西院区、明基医院，民营二级医院1家、一级医院2家，门诊部8家，各类诊所90家。区属社区卫生服务中心8家，社区卫生服务站5家，区卫生监督所、区疾控中心、区妇保所各1家。辖区内床位总数2088张，卫生从业人员5230人，其中卫技人员3825人。全区平均每千人口：床位数4.42张，卫生技术人员数8.09人，执业（助理）医师数3.04人，注册护士数3.40人。区属医疗卫生单位共有在职职工758人，其中编制内人员395人，卫技人员656人，高级职称112人，占卫技人员的17%，中级职称197人，占卫技人员的30%，全科医生98人，护士176人，建立全科团队54支。区卫生监督所、区疾控中心、区妇保所3家公共卫生单位核定编制73人，在岗159人，其中编内73人，编外86人。区属全年门诊1081944人次，急诊79940人次，住院2063人次。

继2016年9月1日签订《建邺医院与南京市第一医院整体合并协议》后，3月28日南京市第一医院和建邺区卫计局再次签订《南京市第一医院与建邺区政府卫生战略合作框架协议》，南京市第一医院河西院区揭牌开诊。南湖社区卫生服务中心获得"全国百强社区卫生服务中心"称号。

表20　2017年建邺区区级医疗单位基本情况表（一）

指标单位	门诊数（人次）	急诊数（人次）	床位数（张）	床位使用率（%）	收治病人数（人）
南湖社区卫生服务中心	431339	51583	50	81.58	769
滨湖社区卫生服务中心	168875	8121	50	85.3	655
南苑社区卫生服务中心	148319	129	26	80	209
兴隆社区卫生服务中心	57305				
沙洲社区卫生服务中心	86525	12879			
双闸社区卫生服务中心	62620	427	30	57.74	430
莲花社区卫生服务中心	54914	503			
江心洲社区卫生服务中心	72047	6298			
合计	1081944	79940	156	76.12	2063

（区卫计局）

表21　2017年建邺区区级医疗单位基本情况表（二）

传染病年总发病率（1/10万）	传染病上报率（%）	传染病漏报率（%）	接种各种疫苗（人次）	四苗覆盖率（%）	卡介苗接种率（%）	百白破接种率（%）	乙肝疫苗首针及时率（%）
163.86	100	0	124856	99.25	100	100	99

（区卫计局）

表22　2017年建邺区区级医疗单位基本情况表（三）

妇女病普查（人次）	高危产妇管理率（%）	孕妇建卡（张）	产前检查（人次）	产后检查（人次）	产后访视（人次）	婚前检查（人次）	妇儿保门诊（人次）	儿童体检（人次）	儿童龋齿防治（人次）
29670	100	5037	5037	5014	5036	3124	53936	29667	28378

（区卫计局）

【疾病预防与控制】全区法定传染病报告发病1695例，其中甲乙类报告发病667例。区共有HIV感染者及病人243名，随访243人，其中215人参加抗病毒治疗，治疗比例为89.6%。对辖区江苏省看守所羁押人员抽血检测共计1498人，确证阳性1人并告之。全区新发现肺结核病人97例，管理率100%；同期已完成治疗肺结核患者122例，规则服药率100%。重性精神病防治工作在册929例病人（不含南京脑科医院），管理905例，管理率97.42%。查灭螺工作：春季全区共查螺1538.94万平方米（含潜洲），捕获活螺0只。春季药物灭螺工作共完成灭螺面积416万平方米（含潜洲），共使用26%四聚杀螺胺悬浮剂8320千克。查治病工作：至12月底，医院血防门诊DDIA查病3026人。落实免疫规划疫苗接种工作，乙肝疫苗接种率为99.82%，卡介苗接种率为99.85%，脊灰疫苗接种率为100%，百白破疫苗接种率为99.78%，白破疫苗接种率为99.91%，麻风疫苗接种率为99.34%，麻腮风疫苗接种率为99.80%；流脑A疫苗接种率为99.77%；流脑A+C疫苗接种率为99.25%；乙脑疫苗接种率为100%；甲肝疫苗接种率为99.60%。慢性病防治：高血压病人档案33666份，登记管理率36.33%，精细化管理病人数9268人。规范管理29958人，规范管理率88.99%，最近一次随访血压达标人数23937人，血压控制率71.1%。抽查规范随访率89.8%；糖尿病管理病人档案11522份，登记管理率32.3%。精细化管理人数3265人。规范管理10270人，规范管理率89.13%。最近一次随访血糖达标人数8000人，血糖控制率69.43%。抽查规范随访率88.5%。区户籍死亡人数1667人，男性928人，女性739人，粗死亡率512.02/10万。前5位死因是：循环系统疾病757人、肿瘤544人、呼吸系统疾病128人、内分泌营养代谢病52人、损伤和中毒小计50人，共计1531人，占全死因的91.84%。儿童死亡人数11

10月15日，建邺区圆满完成南京国际马拉松赛事医疗保障工作。
（区卫计局　供稿）

人，孕产妇死亡 0 人。

【卫生应急】开展人感染 H7N9 禽流感、埃博拉出血热、麻疹等重大急性传染病防控工作，指导辖区医疗机构做好有关重大急性传染病防控预案和技术方案学习。做好监测预警、规范开展疫情处置工作。严格落实传染病和突发公共卫生事件网络直报和重点疾病日报告、零报告制度，直报率达 100%。组织辖区医疗机构自救互救培训医护人员 532 人次。开展卫生应急演练 12 次，举办自救互救专题讲座 15 场、广场咨询活动 26 场，健康咨询 3620 人次，发放自救互救宣传资料 1880 余份。全区报告 3 起突发公共卫生事件，事件发生场所均为学校，1 起为南师附中新城小学诺如病毒暴发疫情（已结案、定级为一般级），1 起为中华中学水痘暴发疫情（尚未结案），1 起为南京市致远外国语小学小红花校区水痘暴发疫情（尚未结案）。落实应急物资储备总计 100 余种，总价值约 40 余万元。区卫计局组织完成一系列重大活动（会议）医疗卫生应急保障工作医疗保障 71 余次，设立医疗点 130 个，出动救护车 50 辆次。在各项活动中，认真制定应急预案，精心组织，加强协调，确保各项保障活动顺利完成。

【卫生监督】对辖区内 820 余家公共场所进行日常监督检查，出动卫生监督执法人员 2000 余人次，监督执法车辆 500 余台次，覆盖率达 100%。通过长效管理机制及各专项整治，公共场所两证持证率均超过 90%。区监督所依法做出行政处罚：对辖区医疗机构及个人、公共场所等各类违法行为行政处罚共计一般程序立案 50 起，其中，非法行医、医疗机构共 30 起，公共场所 20 起。全年受理投诉举报总共发生 106 起：直接接到来电、来访 14 起，上级交办 19 起，12345 投诉交办 73 起。严格执行《投诉举报案件调查处理程序》，确保投诉举报事项得到及时妥善处理。与区市场监督管理局、区食药环大队采取联合执法对微整形场所进行突击检查 5 次，发现大量玻尿酸和肉毒素等其他药品，已立案 6 起，做出行政处罚 6 起。维护人民群众健康利益，进行 30 次打非行动，对万达公寓、莲花清荷园小区等非法行医高发地段开展重点监督检查，共出动监督员 680 人（次），车辆 256 车（次），监督检查 11 个非法行医场所并张贴非法行医公告，没收价值 5 万余元非法药品、医疗机械等物品，当事人行为均已被立案调查；检查辖区内生活美容机构 78 户次，下达禁止开展非法诊疗活动告知书 15 份。截至 2017 年底对全区 97 家医疗卫生服务机构进行监督检查，下达卫生监督意见书 102 份，对问题严重及限期整改不到位单位，依法追究相关责任人法律责任。和区教育局联合对辖区内 40 所学校和 43 所托幼机构，开展传染病防控、饮用水卫生、教学环境生活设施卫生、健康教育以及突发公共卫生事件应急处置工作等项目学校卫生综合评价工作。定期监督检查，开展中、高考，研究生考试学校卫生保障工作。开展游泳场日常卫生监督，7月11~14日联合区体育局、区安监局和区公安局对全区30家游泳场馆开展联合检查。依据相关法规给予5家单位警告行政处罚。行政许可工作，全年共受理医疗机构事项7件，母婴保健1件，再生一个孩子审批12件。公共场所卫生许可证受理267件，放射诊疗许可证受理16件。受理医师、护士变更注册事项，共受理医师101件，护士10件。

【妇幼保健】妇女保健服务门诊20064人次，其中，产前保健1460人次，产后1041人次，唐氏筛查1668人次，孕期营养指导1238人次，超声检查5042人次，心电图1234人次，妇女病普查834人，妇科门诊6981人，阴道镜检查27人，婚检466人次。儿童保健服务门诊33872人次：其中：免费进行“六一”儿童体检1.3万人，新生入园体检4778人次，儿童视力筛查12985余人次，托幼机构老师健康体检2185人，42天体检924人次。举办“孕妇学校”40期，为辖区内孕妇提供孕期卫生、心理、营养等方面的宣教、咨询和指导。前往社区、幼儿园暨企事业单位讲课8次，健康教育近500人次，义务咨询1000余人次。加强对托幼机构卫生保健工作管理。对2家新开园和2家早教机构进行卫生保健评价，全年对全区在册45家托幼机构进行卫生保健业务指导，共业务指导45人次，查找存在问题，提出整改要求。全区孕产妇保健管理率达99.48%，孕产妇住院分娩率达100%，常住人口孕产妇死亡率为0，艾滋病、梅毒检测率100%，围产儿死亡率2.32‰，户籍内出生缺陷发生率4‰。7岁以下儿童保健管理覆盖率98.76%，新生儿死亡率1.04‰，婴儿死亡率为4.65‰，5岁以下儿童死亡率为5.04‰。

【社区卫生】提升基层医疗机构服务能力，共组织“城市全科医生公益性培训”3次，其他类型的培训6次。各中心按计划送出去参加全脱产3年的全科医生规范化培训、进修学习。全区63名全科医生送到南京市第一医院急诊科进行为期2周急诊轮训；选拔3名全科医师参加南京市基层医疗协会组织第二轮基层首席糖尿病医生培训。加强基层医疗机构医疗质量管理，调整全区医疗质量管理委员会及7个质量控制小组人员名单，把医联体核心医院专家纳入到区级质量控制组织中，各质控组积极开展各项医疗质量管理活动，促进医疗质量水平全面提升。加强医务人员安全意识教育，不断提高医务人员法律意识、质量意识和医疗安全防范意识，加强各项核心制度落实，规范各项诊疗操作技术，有效减少和消除医疗安全工作中存在隐患与问题。加强医疗机构院内感染控制管理，召开院内感染控制管理专门会议，对医疗机构污水排放、医疗废弃物处置专项检查。参与医患纠纷调解，推行医疗责任保险，努力创建平安医院。及时推行医疗责任保险，完善第三方调处机制，全区社区卫生服务机构参保率100%。继续开展特色科室的创建工作，开展区级第2轮特色科室评审工作，共有9个特色科室通过终审被列为建邺区第2轮区级特色科室建设。南湖糖尿病专科、康复科，莲花妇保科、康复科，江心洲针灸推拿科5个科室被南京市命名为南京市特色科室。南湖社区卫生服务中心成功创建成全国百强社区卫生服务中心。加强区域院前急救能力，根据南京市院前急救体系建设规划，在区江心洲及双闸社区卫生服务中心建设2个120院前急救站点，安排医务人员参加120上岗前培训。并于5月3日正式启动区120急救站点运行。并对全区全科医师进行急救技能培训，轮流承担院前急救任务，提升区域急救能力。加强抗菌药物使用管理，制定建邺区《社区卫生服务站、诊所静脉输注抗生素的核准工作》方案。区财政专门设立家庭医生签约服务专项经费600万元，用于补助基层医疗机构开展家庭医生签约服务和个性化签约服务奖励。全区共组建家庭医生团队54个，签约覆盖6个街道44个社区，签约率为70.6%。在坚持基本药物制度基础上，保障基层医疗机构药品供应保障，全年全区基本药物采购品种655个，其中特殊专科用药产品14个。基本药物采购金额达7648.27万元，销售金额达8397.6万元，基本实现带量采购、量价挂钩。另外，认真贯彻执行南京市基本药物代购目录，共采购品种140个，采购金额3860.96万元。规范医用耗材及试剂采购和中医饮片采购。为满足患者用药需求加强基层医院用药和三级医院的衔接，专门制定药品代采制度及流程。推进医联体合作，落实分级诊疗制度。建立"院府合作"模式，区政府分别与江苏省第二中医院、明基医院、南京市第一医院签订院府合作框架协议。深化"院院合作"，各基层医疗机构根据自身发展定位分别与三级医院签订医联体对口合

7月10日，全省基本公共卫生服务项目宣传月启动仪式在建邺区举办。
（区卫计局 供稿）

作协议，建立医联体，全区共建立医联体 14 个。南苑中心康复病房与江苏省第二中医院合作共建联合病房，与明基医院康复科联合开设“南京明基医院康复医学中心南苑协作中心”。双闸社区威海市服务中心与江苏省第二中医院神经科共建联合病房。丰富医联体工作内涵，由建立医联体的三级医院派技术骨干到基层医疗机构坐诊、查房及担任业务领导，提升基层医疗服务能力及管理水平。2017 年南京市第一医院安排 2 名业务骨干分别担任区南湖、南苑中心业务副主任，把三级医院质量管理带到基层，搭建起医联体合作桥梁。同时组织基层医疗卫生机构到建立医联体三级医院进修培训，提高基层医务人员业务水平。和南京市第一医院进行洽谈合作，把南京市第一医院建设成区医学影像诊断中心，和明基医院洽谈合作，把明基医院胸痛中心建设成区心电诊断治疗中心，提高全区影像诊断及胸痛患者急救能力。探索医联体建设项目化管理和建设新机制、新模式。为实现通过医联体建设，真正提升基层服务能力和水平，增强基层“造血”功能，按照医联体建设项目建设目标为依据进行立项，2~3 年为一个建设周期，区财政给予全额资金支撑，同时分阶段及终结根据项目目标进行考核，并与项目经费直接挂钩。共接收三级医院和基层医疗机构共同申报医联体项目有 40 个，经过专家初审、终审，共有 16 个项目确定为建邺区医联体建设项目。

延伸阅读 8

南京首个家庭医生区域服务管理平台上线

2 月 22 日从建邺区政府获悉，南京首家“家庭医生区域服务管理平台”上线，将全市的三甲医院专家以及全科医生资源整合到 1 个平台，预约挂号、专家问诊以及看课程直播都能一站式搞定。此次，建邺区卫计局、南京市妇幼保健院以及泰乐城医疗投资机构 3 方，将共同打造基于互联网 + 和智慧医疗运营模式建立的“家庭医生区域服务管理平台”，通过与三甲医院签约的方式，让更多的大医院和社区医院“牵手”。该平台将分为医护端和患者端 2 部分，为居民以及全科医生提供包括寻医问药、在线下单、学习培训等内容。

【人口和计划生育】依法实施“全面两孩”政策，全区再生育审批 49 人，出具生育服务证明 3876 份。完成婚前医学检查人数 2612 人、免费婚检率 85.2%；完成免费孕前优生健康检查 1285 对，孕前优生健康检查覆盖率达 95%；完成“两癌”（乳腺癌、宫颈癌）筛查 9700 人，妇幼保健和计划生育服务达标率达 99.48%；全年共发放避孕药具约 14000 盒。全区出生人口信息、生育登记信息准确率达 95% 以上。关爱流动人口，促进社会融合，完成流动人口信息省内外双向核查 1315 条，流动人口服务管理率达 97%，流动人口动态监测调查数据质量全国排名第五。5月在南苑街道黄山路社区广场举办流动人口“健康伴您同行”主题宣传广场活动，为500余名流动人口环卫工人免费体检等。落实对计生家庭各项奖励扶助政策，发放持《独生子女父母光荣证》退休企业职工一次性奖励2573人，资金计926.28万元；计划生育公益金52户，资金计10.7万元；审核发放特别扶助人员2504人次，共计532.054万元；春节走访慰问636户，发放慰问金12.72万元；中秋节慰问707人，发放慰问金7.07万元；发放公交、公园年卡各453张共计26.727万元。同时区卫生计生局为辖区内945位特扶人员赠送意外和住院护工保险，保费约10.78万元。探索0~3岁婴幼儿早期发展服务管理模式，完善家庭——社区——机构服务互动、共同发展网络，努力以多元服务满足不同需求。开展6场蒙特梭利早教知识进社区活动，婴幼儿早期发展知识普及率达90%以上。对0~12个月的婴幼儿及家长和看护人进行1年1次上门指导，13~36个月婴幼儿提供1年4次免费体验服务。审核通过“凯敦斯国际托幼”亲子园、“优仁家”水西门校区、奥体校区育儿园的备案。

【爱国卫生】建立国家卫生城市长效管理机制，严格标准，强化执行，逐步完善长效管理，开展专项整治，做好国家卫生城市建设成果巩固工作。完善爱国卫生组织网络，健全管理体制。加强对爱卫工作日常巡查和监督管理，开展街道每月2次、社区每月4次巡查工作。施行爱国卫生工作综合考核制度，落实爱国卫生工作职责。推进病媒生物防制设施示范点和重点片区建设工作。加强对四害密度监测工作监督管理，为南京市通过“国家病媒生物防制先进城市复查”做出贡献。坚持月报制，加强对街道、社区和消杀公司监督管理。据统计，共开展病媒生物防制知识宣传活动11次；清除滋生地共1062处，组织药物灭杀活动27次，完善防制设施共4000处。开展公共场所控制吸烟工作，制定全区2017年度公共场所控烟专项督导检查工作方案，以健康促进工作为重点推进公共场所、工作场所控烟工作。全区新建设无烟学校10所。开展控烟督查行动4次，共累计检查单位51家。举办控烟宣传活动6次，共700余人参与；发放控烟宣传材料3种3000份。开展健康教育和健康促进工作，全年开展全区性宣传活动31次，参加群众1.1万余人次；举办专家讲座17场，共1300人参加；共发放宣传材料9种2万余份；举办全民健身活动11次，共9600人次参与。遵照全市统一要求，组织全区共51户家庭参加南京市健康家庭评选活动。组织卫生、教育共6人，参加南京市爱国卫生工作知识竞赛，获得优秀组织奖。全区共集中开展环境卫生整治活动22次，共组织5500人次参加活动，整治重点场所58处，清理垃圾831处，清除死角（滋生地）1062处，清洁水体34处。

【卫生基础设施建设】完成南湖社区卫生服务中心口腔诊疗中心改造工程，项目已验收并于6月交付使用。完成兴隆社区卫生服务中心过渡用房装修改造工程，并于5月交付使用。完成滨湖社区卫生服务中心业务用房危房加固和装修改造项目，已竣工验收于11月交付使用。完成双闸社区卫生服务中心扩建业务用房装修改造设计招标和工程立项招标工作，项目已进场施工。启动莲花社区卫生服务中心、沙洲社区卫生服务中心扩建项目，已于新城公司以及沙洲街道进行房屋实质性谈判。完成莲花和中城社区卫生服务站装修改造设计招标工作。完成建邺区南湖社区卫生服务中心院内场地改造工程立项、施工12月已竣工验收交付使用。完成建邺区海峡城社区卫生服务中心（筹）、江心洲社区卫生服务中心（拆迁重建）项目平面规划配合工作，与建设方明确内部布局修订方案。完成兴隆社区卫生服务中心和建邺区妇幼保健所搬迁重建项目规划协调工作，与华山路邻里中心建设方确定医疗业务用方需求。完成建邺区疾病预防控制中心搬迁重建项目决策专家论证和风险评估工作完成基层医疗卫生机构设备设施更新购置工作，新增百万元以上设备1台套，50万元以上设备7台套，合计完成政府采购2326.91万元，政府采购预算执行率93.84%。

3月29日，第二届“万步有约”职业人群健走激励大奖赛建邺赛区启动仪式在双和综合办公区举行。（区卫计局　供稿）

【医疗保健】区补充医疗保险享受单位55家，享受人数6688人，退休人员1908人，在职人员4780人。特约人员335人，其中在职39人，退休247人，离休43人，企离6人。2016年财政预算2100万元，医疗经费总支出2187.4万元，其中特约人员支出1149.8万元，补充医疗保险支出1037.6万元。干部应检人数1528人，实检人数1357人，实检率达88.8%。

【健康教育】开展形式多样健康教育活动，在门诊咨询服务台、病区、诊室设立健康教育资料阅读自取架；在门诊大厅和输液大厅都配备液晶电视，滚动播放各类健康科普知识宣传片；全科团队每月定期深入社区开展健康知识讲座。组织专业人员设计编印“建邺健康”各种彩色双折页疾病防治、中医养生等主题内容宣传资料共12期，计25万份。组织专业人员设计制作各种疾病防控和公民健康素养核心知识图文展板27块；健康教育宣传橱窗4期，计47块；宣传品2种，1.2万件（盒）。联合辖区一、二、三级医疗机构组织开展“世界防治结核病日”“全国肿瘤防治宣传周”“全国儿童预防接种日”“全国防治碘缺乏病日”“喜迎十九大、健康你我他”等活动，以疾病防控知识为主题内容，利用各种形式走进社区广场进行咨询与宣传活动计12次。现场发放宣传用品6000余份，横幅展架宣传折页上千份，咨询现场专家义诊280人次，免费测量血压血糖425人次。举办控烟宣传活动6次，共700余人参与，发放控烟宣传材料3种3000份。

【卫生系统规范化建设】根据卫生计生特色，开展专项整治行动。分别开展“医疗卫生领域突出问题专项整治”“开展群众身边不正之风和腐败问题专项治理”“开展作风建设防隐身防变异防反弹专项治理”“远离回扣，廉洁从医”等专项整治行动。全面推行政务公开、院务公开，定期公示服务质量、行风评议等情况，畅通群众知情权和监督权，构建和谐医患关系。根据区巡察组反馈意见，开展整改落实工作。已完成修订制度8项，整改举措60条。重视干部队伍建设，调整5名基层负责人岗位，将原单位优秀经验带进新单位。区卫计局2017年开展公开招聘工作2次，经统一笔试、资格审查、面试、体检、政治审查、录用前公示等程序，全年共招聘编制内卫技人员43人。对经过1年培养后备干部跨单位交流，区卫生计生局工委从8名后备干部中选拔出6名优秀人才提拔任用。开展系统党员干部“大走访”活动。编印1000余册《卫生计生惠民榜》，通过走访活动将卫生优惠服务政策送进企业、社区。全年系统党员累计对16家企业、1512户居民家庭进行走访。（李浔波）

劳动就业

【概况】2017年全区新增城镇就业人数18541人，完成年度目标的157.1%；实现再就业7558人，帮扶就业困难人员929人，分别完成年度目标的168%和154.8%；培育自主创业者4620人，创业带动就业17685人，分别完成年度目标的440%和245.6%；大学生创业464人，完成年度目标的145%。城乡新成长劳动力职业培训462人，农村劳动力职业培训1009人，分别完成年度目标的154%和252.3%；在职职工培训9860人，城镇失业人员职业培训2990人，分别完成年度目标的120.2%和130%；创业培训5627人，完成年度目标1875.7%；新增高技能人才934人，完成年度目标的312.4%；职业技能鉴定取证2657人，完成年度目标的332.1%；政府补贴性职业培训5653人，完成年度目标的

161.5%。组织开展用人单位书面审查5626户，完成目标任务的187.5%；组织开展对用人单位的主动巡查240户；办理省、市联动平台举报投诉录入307件，录入率100%，运行率100%；受理立案503件，结案440件；为484名劳动者追讨工资487万元。处理劳动争议案件1268件，其中，符合受理条件立案的832件、涉及劳动者人数983人；12333调解平台处理193件。当年结案率达100%，完成目标任务的106%。案件网上运行率100%。各类调解组织调解劳动争议案件占当地劳动争议案件总数比84%，完成目标任务的168%。

【就业政策落实】做好社保补贴、岗位补贴申报审核发放工作。认真做好企业稳岗补贴申报受理审核工作。通过各街道、社区张贴宣传海报，并组织人员深入各功能园区做好宣传服务，设立专门业务受理窗口，保证专人接待随到随办。申报受理审核2016年度企业稳岗补贴1660家，金额4065.08万元。做好高校毕业生住房租赁补贴审核和发放工作。认真贯彻实施南京市政府《关于加快推进公租房货币化保障的实施意见》精神，对高校毕业生实施住房租赁补贴，按照属地化原则（就业单位纳税地），实行按月补助、按季发放。共审核4391人，其中，审核通过4047人，成功发放补贴991万元。

【就业服务专项活动】组织开展“春风行动”“迎三八女性专场招聘会”、免费发放“春风行动记事本”“环保袋”等宣传材料1.08万份，共举办招聘会18场次，提供就业岗位8000个，约3150人次进场报名求职，达成就业意向1350人。开展以“送政策、送岗位、送服务”为主要内容的就业援助月活动，以困难家庭高校毕业生、就业困难人员、残疾人为重点，组织街道、社区劳动保障协理员开展“进家入户”问卷调查摸底工作，共走访就业困难家庭341户，成功帮扶201名就业困难人员实现就业。实施“2017年离校未就业高校毕业生实名制调查登记工

4月25日，才商聚建邺“双招双选”推介会南京市第十届留交会建邺专场举办。（区委宣传部 供稿）

作”。采取逐一上门走访、电话联系方式对311名离校未就业的本区户籍高校毕业生进行调查登记,准确摸清就业状况、困难情况、就业意愿及服务需求,并建立一人一卡台账资料,做好就业服务工作。完成100%实名制登记,其中,304名已实现就业,7人尚未就业,就业率97.7%。开展企业春季用工调查,按照要求,对全区2家企业进行抽样调查,了解市场招聘、企业用工需求等情况。实施劳动保障信息调查,对莫愁湖街道凤栖苑社区、北圩路社区,南苑街道吉庆社区,兴隆街道月安社区、金典社区进行抽样问卷调查,了解居民在就业创业及职业技能培训方面相关需求,为顺利开展工作打好基础。

延伸阅读9

全国首个“创就业咨询室”落户南京

3月25日,由中国实践教育产学研创新联盟携手南京市建邺区南苑街道吉庆社区、南京建邺巾帼创客家公益服务中心等单位共同承办的“2017年全国创业沙盘系列模拟演练课堂精品体验公开课(南京站)”在南京建邺区吉庆社区举办。此次公开课是全国10场公益巡讲课的首场活动。令人关注的是全国首个根植基层和提供精准服务的“创就业咨询室”当天落户该社区。该社区也成为首个引进专业服务团队为居民群众及大学生创客提供精准创就业服务的社区。该社区成立的“创就业咨询室”,服务范围包括社区众创空间及社区双创基地的规划设计、运营管理;辖区创就业导师选拔、培训与认证、聘用;个人特质测评与分析、创业就业适合度分析;创新创业活动与大赛、创就业实践模拟演练;创客与就业者一对一辅导、创业者实践服务(含创业实践资金申请)、就业者实训;以及创业者兜底、岗位精准就业直通车服务等。当天,南苑街道吉庆社区“创就业咨询室”还引进央企、国企及知名企业落地,共同打造“社区创新创业基地”,对接政策支持、金融服务平台及企业就业平台,全方位为居民和大学生提

7月13日,全区就业创业工作现场推进会在区机关多媒体会议室召开。(王晓宇　摄)

供更多的就业机会。

【大学生创业】举办“创业讲座”“入园创业项目评审”“优秀创业项目遴选”“赢在南京”大学生创业大赛等活动，做好大学生创业育苗和孵化；深入东南大学、金陵科技学院、晓庄学院和南京理工大学和功能园区，重点推介河西新城创业环境和扶持政策。共组织开展“创业校园行”“创业园区行”宣传活动9场，举办入园创业项目评审24期、共计96个创业项目；推荐申报“大学生优秀创业项目”113个，获奖项目43个。整合资源，打造多样创业载体。与“蜂巢汇”“奇思汇”等5个众创空间进行对接；联合高校以及CBD中央商务区等功能园区建立创业联络站。办理创业小额担保贷款5笔计170万元；办理大学生创业证523本；办理入园落地注册项目61个，其中为17个创业项目免费提供创业场地。

【职业培训】以职业指导为抓手，推广技能培训。落实培训补贴政策，专人负责职业技能培训补贴政策的宣传与发放。以政策促培训，有效调动参培人员积极性，认真贯彻落实《建邺区职业技能培训工作实施意见及奖励暂行办法》，加大培训补贴资金投入，提高奖励补贴标准，同时也解决学员在学习期间的生活实际问题。发放培训补贴1486人次，合计31.8万元。对辖区内服务创业的社会资源进行有效整合，与创业园区和众创空间做好服务对接，对有创业培训愿望的人员提供及时有效的创业培训服务，即为未就业人员免费：创业意识（GYB）、创办你的企业（SYB）等阶梯式创业培训，增强创业培训成功率。协助和配合创业园的创业指导专家服务团，做好创业项目开发、评估、发布、跟踪等服务，为创业者搭建融信息、政策、服务于一体的创业服务平台。充分发挥典型引路的作用，以创业讲堂、典型事迹演讲会、创业明星才艺展等形式，培育创业明星，以此带动创业促进就业。强化市场对接，推行就业导向培训模式。根据人力资源市场供求状况，开展订单式培训、定向培训和定岗培训，适当调整培训结构，拓展办学范围，提高培训质量，以提升建邺培训的影响力。

【失业人员动态监测】对全区内不同类型的40家大型企业用工状况进行全面大数据分析，第一时间获取企业用工情况和区内劳动力流动趋势。每月底定时汇总上报监测数据，为国家相应部门制定各项经济政策提供宝贵数据。

【新南京人服务中心建设】推进新南京人服务中心建设，完善社区服务功能，设立农民工服务办公室或窗口，健全社区农民工动态管理信息系统，提高农民工社区管理水平。同时，以新南京人服务中心为平台，为外来务工人员，提供就业咨询，扩大外来务工人员就业渠道，帮助其融入城市社区生活。为

农民工提供各项公共服务、文化活动，让农民工充分融入社区，更好体现农民工市民化的实质工作。（江朝剑）

【人员公开招录】通过省、市、区三级联合组织的公开招考，经职位计划上报、报名、笔试、资格审核、面试、体检、政审、公示录用等环节，完成全区18个职位26人的公开招考工作，为全区干部队伍注入新鲜血液。做好全区通用类事业单位的全市公开招考，涉及全区11家事业单位16个岗位，人员已全部录用到位。配合教育系统做好新教师骨干教师招聘工作，2017年教育系统录用新教师155人，成熟教师47人。按照要求，对教育所属事业单位公开招聘工作程序予以指导和监督，并协助做好人员录用进编和报到手续。做好卫生系统事业单位公开招录工作，完成卫生系统所属事业单位57个岗位公开招考，最终录用37人，并协助区卫生局及所属事业单位办理录用手续。对缺额部分进行二次招聘。完成部分单位政府购岗编外人员招聘组织实施，参照事业单位公开招考程序，全年对区统计局、区市场监管局、区政务办、区法制办、功能园区党务工作者等单位政府购岗人员实施公开招考，经严格的招考程序共确定录用66个岗位，保障相关部门对民生窗口服务的人员需求。

【机关事业单位年度考核审核及统计年报】全区机关事业单位年度考核至3月底基本结束，全区68个部门评出275名优秀公务员，优秀比例为15.73%，38名连续3年优秀人员记三等功一次，并在全区范围内通报表彰，颁发证书和证章；109家事业单位评出优秀583名，优秀比例为14.39%。同时兑现年终一次性奖金。

【科级干部任免调配】继续完善干部选拔任用工作机制，以下发的《建邺区科级干部选拔任用工作实施意见》为依据，实施优化科级干部队伍结构，对开展竞争上岗和选任的单位严格按规范程序进行。由于2016年机构改革和3月的部分科级干部提拔原因，空缺科级干部职数较多，对全区36个部门科级干部选任和竞争上岗工作予以规范和统一，经梳理汇总，涉及189名公务员，其中，预提拔96人，因科室名称变更重新任命及平级交流66人，因超龄保留待遇21人，此外事业单位有8家16人进行任免。

【军转干部及自主择业干部服务】将分配到全区的39名军转干部档案从南京市军转办调回，对每名军转干部档案材料进行审阅和整理，建好每一位军转干部个人简历材料，同时将每个人档案信息，输入人力资源管理系统和公务员信息系统，建立每个人的电子档案库，为下一步公务员登记工作做好准备。做好新增22名自主择业军转干部核资报批手续，完成进保。同时结合71名自主择业干部人员分散，多人还长期在外地居住等情况，经常保持电话联系，发放过节慰问费。完成每名自主择业军转干部实名信息录入、人脸识别和指纹信息采集工作。完成2016年度军转干部区情教育培训前期准备及实施工作。参加军转安置双选会，现场解答相关政策和接收自荐材料，会后，经分类汇总，共接收318名军队转业干部安置意向材料。其中，行政干部84人，技术干部186人，事业编48人，最终确认接收36名行政人员、2名事业人员。

【事业单位人员划转调配】根据区编委会会议要求，区4家事业单位撤销合并，所属人员进行分流，对人员进行梳理，做好划转人员的前期准备工作。完成区征收办、工业联社、河西监察中队和花销合作联社的人员划转。（全全顺）

【事业单位岗位设置】编制并印发《事业单位岗位设置工作手册》，包含岗位设置主要流程、工作要求及主要政策文件，共计发放67本。2010年全区事业单位首次实行岗位设置，是按照当时的实际人员情况设置的岗位数和岗位结构。从首次设岗至今，全区部分事业单位成立、合并、编制增减；很多事业单位职能、结构也已发生变化，原有大部分事业单位岗位设置已不再适应单位现状和工作需要，也不符合岗位设置相关政策。2017年在全区范围内（除卫生和教育系统外），按照事业单位岗位设置相关政策要求的岗位比例和程序，对各事业单位的岗位设置进行调整和规范，合理配置相应岗位级别和数量。已完成40家事业单位的岗位设置。

【事业单位专业技术人员岗位晋升】按照区卫生系统各家岗位设置方案及2017年区卫生系统事业单位职工岗位聘任方案要求，完成8家社区卫生中心专业技术人员岗位晋升聘用工作。区教育系统专业技术人员岗位晋升聘用涉及7家幼儿园、20家小学、11所中学等共计40家单位，已完成各家学校空岗数的核算。其他事业单位，共审核6家岗位聘任调整，涉及专业技术人员6人。完成102家事业单位岗位设置和人员聘用信息数据上报工作。对2016年卫生系统、教育系统的人员岗位晋升调整聘用审批文件整理成册，编制目录，便于以后查询统计，建立基础数据档案。

【职称评定】审核初定职称323人次，其中，初级职称255人次，通过203人；中级职称初审68人次，通过52人。对于在外市获得的初级职称，需按照本市职称资格条件，予以确定认可。2017年职称确认办理17人，其中初级6人，中高级11人。根据各系列职称资格条件相关规定，对中高级职称评审申报资格条件进行初审，全区共审核224人，其中中级119人，高级105人；教育系统中级114人，高级41人；卫生系统高级52人。审核卫生系统事业单位及辖区内民营医疗机构2017专业技术职称考试的资格条件。其中，初、中级611人，高级134人。共办理、发放各类初级专业资格职称证书200本，补办证书2本。根据《关于加强我市专业技术人员继续教育学时管理的通知》及《关于确定南京市首批专业技术人员继续教育基地的通知》的规定，对专业技术人员申报的继续教育学时进行网上审核，共审核2021人次，发放学时审验单691份。

【人才认定】7月1日，《南京市人才安居办法》开始实施，南京市人才安居信息服务平台同时上线运行。区人社局主要负责对E、F类申报人进行人才认定。全区共有278人申报，涉及15家企业，人数居全市之首。已审核完成265人，13人待补充材料。（刘　颖）

【工资调整及审批】完成2016年38名军转干部工资审批发放工作。完成全区机关工作人员2016年度一次性奖金和嘉奖、三等功奖励的审批发放工作。完成2017年度全区机关单位工作人员级别工资5年晋级、2年晋档和工作性津贴跨年度调整审批工作以及事业单位工作人员薪级工资正常晋升和岗位津贴、教护龄津贴满年限调整审批工作。顺利完成法官、检察官和司法辅助人员工资制度改革工作。统计整理区各单位离休和退休人员情况，按上级要求，及时、准确无误审核发放区离退休人员2016年下半年生活补贴和2017年度上半年生活补贴。完成全区机关单位、改制事业单位和未参保事业单位退休人员养老金调整和补发工作。

【福利待遇调整】完成全区机关事业单位2016年度公积金、住房（提租）补贴补调审批工作。调整完毕后，住房公积金缴存比例为个人12%，单位12%；老职工提租补贴发放比例增长5%，从10%调整为15%；新职工住房补贴缴存比例增长2%，从20%调整为22%。完成全区事业单位2016年绩效工资增量上浮（控高线）和2017年度奖励性绩效工资总额核定审批工作；完成区2016年度机关工作人员绩效考核奖和离退休人员增发生活补贴发放审批工作；完成2016年度全区机关事业单位年休假情况统计和应休未休假补贴发放工作和机关1677名在职人员医疗保险基数计算调整工作。根据文件规定，全区机关事业单位职工上下班交通费补贴标准由每人每月300元调整到500元。从2017年4月1日执行。（杨　涛）

【劳动关系行政事务审批】全年审查集体合同868份，完成目标任务的124%。审核过程中，严把审核关，确保集体合同质量。年初按照年度目标任务要求，联合区总工会、各街道及时召开目标任务分解布置会。对2017年目标进行分解并提出相关要求。全年为3家企业办理特殊工时延续申请，涉及职工人数460人，其中涉及特殊工时岗位职工363人。审批过程中，严格按照规定，要求企业提供延续申请资料，包括特殊工时工作制年审报告、单位实行特殊工时情况报告、职工代表大会（职工大会）或工会对延续实行特殊工时工作制的会议纪要和决议、涉岗人员签字确认的花名册、单位公示情况等。全年为8家劳务派遣企业办理劳务派遣许可证，为3家企业办理劳务派遣变更手续，为16家企业办理劳务派遣延续许可。对企业报送的资料进行认真审核，对缺件及资料不符合要求的及时告知补正。对符合申报条件企业，上门实地核查企业办公场地、办公实施、办公信息系统等情况，并找企业相关人员了解企业劳务派遣经营情况。对符合申报条件企业资料扫描上传到江苏省劳务派遣行政许可网上办事平台，并通过受理，下达受理通知书，经过审核无误的进行劳务派遣行政许可决定，下达行政许可决定书。对22家劳务派遣单位进行2016年度核验工作，认真审核单位经营情况报告并查看基数申报和书面审查等情况。

【工伤认定】 2017年，共受理工伤认定申请516件，其中，单位申请485件，个人申请31件；不予受理162件；单位备案544件。做出工伤认定424件，调解13件，小中止4件，不予认定2件。前台发放工伤认定结论382份。严格规范工伤申报受理、调查取证认定、法律文书及送达工作，确保认定程序合理合法。建立相关制度，对疑难案件认真梳理，对疑点问题采取集体讨论。对前来申报工伤认定的对象，前台严格把握受理权限，认真审查申报材料，做到无缺漏。对于受理的认定申请经过前台受理、科室工作人员复核、科长复核修改、分管负责人审批4个步骤。仔细查看申请材料，严防差错和缺漏。同时完善认定结论送达，维护认定当事人的权利。对需要现场核查的，及时前往现场对事实进行核查。同时调查中做好记录、录音等，为认定工作提供依据。分别前往安徽来安，江苏镇江、六合、浦口、江宁以及市内多家单位对工伤发生的事实证据进行核实。在工伤认定办理程序外也进行情况复杂案件的调解工作。全年共调解工伤案件5起。在调解过程中，针对双方当事人的分歧，根据工伤赔偿相关法律法规对双方进行详细讲解，反复疏导沟通，确保工伤案件处理效果。全年共有行政诉讼案件6起，其中，胜诉5起，1起已准时递交应诉材料，待出庭应诉。全年共有行政复议1起，区政府予以维持做出的工伤认定。（汪雁茹）

【农民工工资支付情况专项检查】 根据江苏省人力资源和社会保障厅等12个部门联合下发《关于开展农民工支付情况专项检查的通知》文件精神要求，自2016年11月中旬至2017年春节前全面组织开展农民工工资支付情况专项检查工作，维护广大农民工合法权益，保障元旦、春节节日期间社会稳定。区劳动监察大队制定专项检查具体工作措施，以保障专项检查工作顺利开展。成立专项检查工作领导小组，制定农民工工资支付情况专项检查工作实施方案和群访群诉突发事件应急处置预案，建立预警一周报、日报制度。抽调监察员组成专项检查工作队伍，开辟农民工维权绿色通道和24小时全天候值班备勤，做到举报投诉渠道畅通，通信联系畅通，执法车辆保障到位，执法检查人员保障到位。加强与相关职能部门联动配合，形成齐抓共管、职能互补、有效快速处置的工作态势。特别是对辖区内拖欠民工工资频发、高发的在建项目工程领域，参与区清欠办牵头成立的清欠联合办公，配合区清欠办共同接待，处置解决工程项目工地拖欠民工工资问题起到职能互补快速处置作用。充分发挥劳动保障监察两网化管理平台作用及时组织各街道劳动监察中队监察员，加强对辖区内重点行业、重点企业的排查，检查工作，及时发现劳资纠纷隐患，加强预防预警，化解劳资纠纷苗头。确保涉及拖欠农民工工资举报投诉案件和群访群诉案件的快速查处解决，维护广大农民工的合法权益。

【劳动保障书面审查】根据《关于开展2017年度社会保险缴费基数申报和2016年度劳动保障书面工作的通知》文件精神要求，自4月1日~6月20日期间，全面开展2016年度劳动保障书面审查工作。书面审查工作主要采取网上申报和窗口审核办理相结合的方式，并与社保缴费基数申报同时开展、同时运行。为辖区用人单位减化办理流程，提供便利服务。3月中旬，组织各街道劳动保障专职监察员开会，学习文件精神，布置落实书面审查开展具体措施要求。并将辖区8000余户用人单位名册分解到各个街道，发挥劳动保障监察两网化管理平台作用，组织街道和社区监察协理员将书面上审查相关文件材料书审通知送到辖区各用人单位，做好宣传工作。在劳动保障监察窗口增设1个窗口平台，做好人员安排和社保基数申报窗口对接工作，做好监察与社保中心职能部门配合，减少办理环节和流程。为用人单位办理书面审查审核和社保缴费基数申报，提供便利服务，促进书面审查和社保缴费基数申报工作顺利有效开展。 （马　强）

表23　2017年建邺区劳动监察工作目标完成情况统计表

目标名称	目标数	完成数	完成率%	比上年同期增长%	上年同期数
1. 主动巡查（户）		240			818
2. 劳动保障书面审查单位数（户）	3000	5594	186.47	14.23	4897
3. 案件数（件）		503		2.24	492
结案数（件）		440			
4. 接待登记（件）		603			570
涉及劳动者人数（人次）		879			675

续表 23

目标名称	目标数	完成数	完成率 %	比上年同期增长 %	上年同期数
5. 书面审查通知书发放（份）		5839		3.38	5648
6. 办理“12345”诉求工单数		555		5.31	527

备注：555 件“12345”工单，其中经调查核实后转至其他职能部门处理 111 件，退单 10 件。

（区人社局）

【联系执法】自 2014 年底全区实施街道综合行政执法工作以来，区人社局被明确为联系执法单位，按照相关要求指定 4 名监察员联系 6 个街道，实施联系执法，作为街道综合行政执法大队的参与力量。2017 年 6 月，为确保联系执法监察员能够落实定期坐班规定，经讨论研究，决定将原指定的 4 名监察员调整增加为 8 名监察员，分别联系 6 个街道。坚决克服劳动监察案多人少、任务繁重的困难，严格执行《建邺区街道综合行政执法暂行规定》相关规定，落实定期坐班制，确保每周 2 天参与街道综合执法工作。区劳动保障监察大队接到 6 个街道移送举报、投诉共计 22 件，均依法受理立案，并指定监察员依法查处。（葛　冬）

社会保障

【概况】市民卡新制卡发卡 49394 张，完成年度目标的 329.3%。企业职工基本养老保险净增缴费人数 12750 人，完成目标任务的 671.1%；社会保险中断缴费人员续保人数 1708 人，完成目标任务 213.5%；五项社会保险费征收总额 20.12 亿元，完成目标任务 110.6%；五项社会保险清理历年欠费 628.61 万元，完成目标任务 184.9%；第五轮免费体检人数 29093 人，完成目标任务 100.3%；城镇居民基本医疗保险缴费人数 57536 人，完成目标任务 109.6%；城乡居民基本养老保险参保缴费人数 1147 人，完成目标任务 103.5%。

【社会保障惠及面扩大】扩大医疗保险覆盖面，严格执行征缴条例。办理城镇居民医保门诊大病登记 159 人，医疗费用零星报销共计 1723 人次，报销金额 622.24 万元，让特殊人群真正享受到惠民政策的优越性。发放三线老军工医疗补贴人数 1413 人次，补贴金额 163.6 万元。同时全区对低保边缘户家庭成员、非重度残疾人（三、四级和二级以上非重度）、享受下放支边三无人员生活补助待遇人员、享受城乡居民养老保险待遇人员的困难人群参加居民医疗保险专门给予相应的财政补贴，共计 1435 人，享受财政补贴 31.89 万元，彻底解决困难人群因病致贫后顾之忧。城乡居民养老保险参保缴费 1147 人，享受财政补贴金额 94.1 万元，居民养老

6月28日，区人社局党员干部联合茶亭社区在茶亭村小广场开展“人社政策进社区，服务群众零距离”大走访活动。（姚永刚　摄）

保险享受待遇22861人次，发放金额893.19万元。全年发放被征地老年生活困难补助参加基本生活保障人员1378人，发放金额1434.41万元；被征地老年生活困难补助1839人，发放金额1152.86万元。全年发放“三无”人员补助366人次，发放金额280.58万元；发放“三线”老军工人员137人，发放生活补贴45.09万元。为全区职工基本养老保险、基本医疗保险办理异地账户接续1827人，开据基本养老保险、基本医疗保险转出凭证3623份，转出2572人。

【机关事业养老保险上线】8月底开始全区175家机关事业单位，在职人员5410人，退休人员2244人，按照《省人力资源和社会保障厅关于加快推进机关事业单位养老保险制度改革落实的通知》要求，各机关、事业单位将2014年10月之后人员变动情况录入上报江苏省人力资源和社会保障厅系统，截至12月底新老系统切换完成，已全面上江苏省人力资源和社会保障厅系统操作，2014年10月之后退休人员已全部由省卡发放待遇。

【扩面征缴工作】2017年扩面征缴企业职工养老保险净增缴费人数12734人，超额完成目标任务670.21%。2017年，缴费基数申报培训工作，由南京市人力资源保障学会牵头，各区组织协调培训场地、时间、人员、日程安排。利用2个月时间，召开6场培训会，近600家企业人事部门HR参加培训，培训内容包含公积金、企业年金、征缴CA、缴费基数申报，平时人事部门接触较多的业务工作。通过缴费基数申报，提高全区月人均申报水平，扩大社保基金征收力度，杜绝企业漏报、少报、瞒报缴费基数的情况，严格把关，维护参保职工合法权益，确保应保尽保、应收尽收。

【企业退休人员社会化管理服务】2017年“冬送温暖”企业退休人员春节慰问工作，全区慰问特困家庭846人，慰问金额101.52万元；鳏寡孤独486人，慰问金额41.31万元；百岁老人6名，慰问金额0.78万元，慰问品金额0.3万元，共计慰问金额143.91万元。

全区对高龄、重病、死亡企业退休人员上门慰问，其中，生日慰问70岁老人1696人，慰问金额16.96万元；80岁老人737人，慰问金额14.74万元；90岁老人153人，慰问金额7.65万元；100岁老人6人，慰问金额0.6万元。重病慰问1331人，慰问金额39.93万元。死亡慰问981人，慰问金额29.43万元。全年慰问共计109.31万元。完成全区51950人"夏送清凉"毛巾发放工作，第5轮免费健康体检人数29008人，完成目标任务100%。全年办理在职死亡93人，退休死亡951人。（林玮冠）

科　技

【概况】2017年，实施创新驱动发展战略，集聚各类创新要素，搭建创新创业平台，优化创新创业环境，加快科技成果转化，营造双创氛围，先后组织"双创"政策培训、众创空间建设经验交流、金融服务科技创业等专场创业服务活动15场。2017年，全年完成申请专利总量3500件，其中，发明专利1200件，授权专利1350件，全部超额完成目标任务。

【"两落地一融合"工作推进】全力开展"两落地一融合"，努力推进区域产业协同创新。在南京市委、市政府提出"两落地一融合"决策部署后，区委、区政府专门召开会议，统一思想，提高认识，迅速成立领导小组和工作推进办公室，各项相关工作紧锣密鼓展开。制定实施方案，区科技局在分管区长带领下，召开多场专题会议，研究和落实"两落地、一融合"推进工作，认真梳理产学研合作平台、载体情况，认真研究，制定实施方案，明确与南京大学共建江苏南大江岛环境技术研究院、与南京理工大学共建南京越博新能源汽车产业研究院等7个拟推进项目及院校合作主攻方向，其中南大江岛项目已被推荐为南京市"两落地一融合"集中签约项

7月9日，南京理工大学产学研合作专题活动走进建邺。（王素伟　摄）

目。编制园区整合方案，结合区实际，初步制定科技园区整合工作方案。方案采用“一区多园”管理发展模式，以新城科技园为主体，优化整合CBD科技孵化园、江东科技企业孵化园，共10.0907平方千米，统一纳入高新区管理运作，实现一个高新区、一个政策体系和一个统计体系。成立园区科创投资平台，由南京河西中央商务区投资发展有限公司出资4000万元、南京市河西新城科技创业投资有限公司出资6000万元，共同出资发起成立注册资本为1亿元的科创投资平台，主要经营科技创新创业投资业务。集聚产学研发展要素，区委书记张俊亲自带队走访南京大学，共商“两落地一融合”合作事宜；副区长赵建国带队走访江苏省技术产权交易市场、南京理工大学、南京农业大学等高校与机构，分别就知识产权、技术转移机构设立进行深入交流，争取科研成果早落地、新型研发机构早建成；与江苏省气象局、中国气象科学研究院开展专题推介、展示洽谈、项目推介等活动，推动海内外高端科技资源向建邺集聚；聘请生态环境治理、科技金融等领域6名专家，成立区产业科技创新专家促进团，为区的科技产业发展把诊问脉，助推区产业科技创新中心先行区建设。

【高新技术产业培育】按照省级高新区的标准、模式，探索建立对新城科技园的科技创新、管理、推进考核机制，突出发展质效、创新能力和科技服务，推进新城科技园创建省级高新区。加大高新技术企业培育力度，研究制定《建邺区高新技术企业培育计划（2017~2020年）》，并初步建立具有65家企业的区高新技术企业培育库。2017年，共组织嘉图建筑等42家企业首次申请高新技术企业认定，组织申报省民营科技企业45家，组织企业申报省高新技术产品50件。全年高新技术产业产值160亿元，同比增长12.6%。

表24　2017年建邺区高新技术企业名单

序号	企业名称	认定年份	所属园区
1	南京紫津融畅信息科技服务有限公司	2015	中央商务区
2	南京文采科技有限责任公司	2015	新城科技园
3	江苏省广播电视信息网络股份有限公司	2015	中央商务区
4	天泽信息产业股份有限公司	2017	新城科技园
5	南京凯盛开能环保能源有限公司	2016	新城科技园
6	南京烽火星空通信发展有限公司	2017	新城科技园
7	南京拓控信息科技股份有限公司	2017	新城科技园
8	中冶华天南京工程技术有限公司	2017	新城科技园
9	中冶华天南京电气工程技术有限公司	2015	新城科技园
10	南京蓝泰交通设施有限责任公司	2017	新城科技园

续表 24

序号	企业名称	认定年份	所属园区
11	南京皓都信息科技有限公司	2015	中央商务区
12	南京国网电瑞电力科技有限责任公司	2015	新城科技园
13	南京联迪信息系统有限公司	2015	新城科技园
14	南京中卫信软件科技有限公司	2016	新城科技园
15	苏交科集团股份有限公司	2017（重点高企 GZ20153200001）	新城科技园
16	南京万得资讯科技有限公司	2016	新城科技园
17	大贺传媒股份有限公司	2016	新城科技园
18	江苏省建筑设计研究院有限公司	2016	新城科技园
19	江苏苏科畅联科技有限公司	2017	新城科技园
20	江苏交科能源科技发展有限公司	2017	新城科技园
21	南京全民乐彩信息科技有限公司	2017	新城科技园
22	江苏省舜禹信息技术有限公司	2017	新城科技园
23	江苏南大五维电子科技有限公司	2017	新城科技园
24	南京才丰软件技术开发有限公司	2016	江东商贸区
25	江苏中豪华纬工程设计研究有限公司	2017	新城科技园
26	江苏省邮电规划设计院有限责任公司	2017	新城科技园
27	江苏建科监理有限公司	2017	新城科技园
28	南京市测绘勘察研究院有限公司	2015	新城科技园
29	南京越博动力系统股份有限公司	2017	新城科技园
30	江苏原力动漫电脑制作有限公司	2017	新城科技园
31	南京林洋电力科技有限公司	2017	新城科技园
32	江苏麟派电力科技股份有限公司	2015	新城科技园
33	炫彩互动网络科技有限公司	2015	新城科技园
34	江苏星网软件有限公司	2015	新城科技园
35	南京海锐特激光设备有限公司	2015	中央商务区
36	江苏省交通科学研究院有限公司	2015	新城科技园
37	南京贝龙通信科技有限公司	2015	中央商务区
38	南京开拓环保科技有限公司	2015	新城科技园
39	南京维特力源自动化控制有限公司	2015	新城科技园
40	江苏永威环境建设股份有限公司	2015	江东商贸区
41	江苏天泽智能科技有限公司	2015	新城科技园
42	江苏创一佳照明有限公司	2016	中央商务区
43	南京龙贞自控科技发展有限公司	2016	中央商务区
44	南京聚比特信息科技有限公司	2016	新城科技园
45	南京鲁班网络科技有限公司	2016	新城科技园
46	江苏荣博智能科技有限公司	2016	新城科技园
47	江苏南大电子信息技术股份有限公司	2016	新城科技园
48	南京贝伦思网络科技股份有限公司	2016	新城科技园

续表 24

序号	企业名称	认定年份	所属园区
49	江苏信源达科技有限公司	2016	新城科技园
50	江苏南工科技集团有限公司	2016	新城科技园
51	江苏赛瑞科技有限公司	2016	新城科技园
52	江苏中路工程技术研究院有限公司	2016	新城科技园
53	南京捷鹰数码测绘公司	2016	中央商务区
54	南京河西远大能源服务有限公司	2016	新城科技园
55	南京南大尚诚软件科技有限公司	2016	江东商贸区
56	南京沃游网络科技有限公司	2016	新城科技园
57	南京掌控网络科技有限公司	2016	新城科技园
58	江苏慧泽信息技术有限公司	2016	新城科技园
59	南京三喜农机股份有限公司	2016	江东商贸区
60	南京掌控通信科技有限公司	2016	新城科技园
61	南京司书软件系统有限公司	2016	江东商贸区
62	江苏东合南岩土科技股份有限公司	2016	新城科技园
63	南京安维士传动技术股份有限公司	2016	新城科技园
64	江苏路铁文化传媒有限公司	2016	新城科技园
65	江苏省东图城乡规划设计有限公司	2016	中央商务区
66	南京畅乐软件科技有限公司	2016	新城科技园
67	南京超然科技有限公司	2016	新城科技园
68	江苏隆创信息技术有限公司	2017	新城科技园
69	江苏欣网视讯软件技术有限公司	2017	新城科技园
70	南京唯实科技有限公司	2017	新城科技园
71	江苏兆通工程技术有限公司	2017	江东商贸区
72	江苏省建设工程设计院有限公司	2017	新城科技园
73	南京毅成达信息技术有限公司	2017	江东商贸区
74	南京呆萌猫网络科技有限公司	2017	新城科技园
75	南京金贝网络科技有限公司	2017	新城科技园
76	南京超旭节能科技有限公司	2017	江东商贸区
77	南京艾伊科技有限公司	2017	新城科技园
78	江苏嘉图建筑科技有限公司	2017	中央商务区
79	南京特雷西能源科技有限公司	2017	新城科技园
80	江苏长顺江波软件科技发展有限公司	2017	新城科技园
81	江苏天辰海洋工程技术股份公司	2017	江东商贸区
82	江苏燕宁建设工程有限公司	2017	新城科技园
83	南京汇通农商网络科技有限公司	2017	新城科技园
84	南京创瑞达电力技术有限公司	2017	中央商务区
85	江苏华库数据技术有限公司	2017	新城科技园
86	江苏南大数码科技有限公司	2017	江东商贸区
87	南京煜实训网络科技有限公司	2017	江东商贸区

续表 24

序号	企业名称	认定年份	所属园区
88	咪咕互动娱乐有限公司	2017	新城科技园
89	南京星邺汇捷网络科技有限公司	2017	新城科技园
90	北纬通信科技南京有限责任公司	2017	新城科技园
91	南京硬腿子文化传媒有限公司	2017	新城科技园
92	南京众集思信息技术有限公司	2017	江东商贸区
93	江苏燕宁工程咨询有限公司	2017	江东商贸区
94	江苏中路信息科技有限公司	2017	新城科技园

（区科技局）

【专利开发与保护】以打造紫金知识产权国际峰会品牌提升区知识产权战略形象，以设立知识产权审判巡回法庭加大区知识产权保护力度，以共建国家专利运营平台建邺分中心促进区域知识产权交易，以南大紫金知识产权研究中心国际 IP 服务港、南京理工大学知识产权学院双创实践基地的落户提升区知识产权服务能力，以开展高级研修班、信息分析班，专利挖掘班等各种培训提升知识产权开发能力，以培育知识产权优势企业鼓励企业提升核心竞争力，以创建省级知识产权示范区提高区域知识产权保护能力建设，打造知识产权生态链。

【科技创新政策】突出创新政策的完善与兑现，不断优化创新创业生态。营造创新创业氛围，出台《建邺区关于争创江苏产业科技创新中心建设先行区的实施意见》，助推区产业科技创新中心建设在全省先行发展、走在前列。在《建邺区关于争创江苏产业科技创新中心建设先行区的实施意见》出台的同时，为加快全区科技创新发展步伐，区委、区政府组织召开全区科技创新大会，表彰奖励全区优秀科技人才、优秀科技成果（专利）、优秀科技创新企业，组建区科技产业专家促进团，兑现政策。深入推进科技体制改革，为深入实施创新驱动战略，促进区产业转型升级，编制印发《关于进一步推进全区科技体制机制创新的实施方案》，推进科技领域“放管服”改革，探索增强全区科技创新能力的新路径。加快科技政策的完善与兑现，相继出台《建邺区工程技术研究中心管理办法（试行）》《建邺区关于推进知识产权战略实施细则》《建邺区关于推进科技创新能力提升计划实施细则》，补充和完善兑现流程，增强政策操作性；同时提升政策兑现力度与效率，2017 年对众创空间、人才项目、高新技术企业（产品）、软件与信息服务业等 100 余个项目兑现奖励经费 3980 万元；此外，还依据省市科技政策，对区内 420 项企业研发项目进行审核，较上年度全区加计扣除项目增加 16.9%，有效促进企业研发创新的积极性。

【科技企业服务】突出企业研发能力建设，提升企业创新主体地位。鼓励企业实施项目研发，先后组织年度省科技计划、苏南自主创新示范区先进园区、瞪羚企业专项、市重点研发计划等项目70余项，组织市科技创新券兑现申请50家（其中43家通过专家评审并获资金兑现），其中，新城科技园承担的“文化科技融合新城科技园区创新示范区项目”获中央引导地方科技发展专项资金200万元支持。全区企事业单位46个项目获国家、省、市科技计划立项支持。鼓励企业研发机构建设，区科技局面向各功能园区、企业征集区工程技术研究中心建设项目，先后组织并评选出2批11家企业工程技术研究中心纳入区级培育，首批申报的9家全部通过评审并获市级认定，其中贝伦思网络等3家获评优秀。组织南京市测绘院等5家省级重点企业研发机构参与省级绩效评价，其中，苏交科集团、南京市测绘院获评优良等次，苏科畅联等3家企业入选省研究生工作站。组织企业参加“中德青年创新创业合作交流会”“中美知识产权论坛”等相关活动，广泛集聚创新资源，已有苏交科、原力动画、天泽信息等4家企业在美国、日本等地设立海外研发机构。鼓励科技服务业发展，聚焦知识产权、研发设计、科技金融等科技服务业态，联合区统计局梳理区内74家企业入库服务机构清单，倒排时序进度，提优补差，打造省级科技服务业特色基地。全年科技服务业总收入166亿元，同比增长11.6%。

表25　2017年建邺区省民营科技企业一览表

序号	企业名称	企业地址
1	南京恒达压缩机有限公司	建邺区江东南路86号
2	南京创瑞达电力技术有限公司	建邺区江东中路215号1602室
3	普扬滩（南京）电子技术有限公司	建邺区河西大街66号A座9058
4	南京呆萌猫网络科技有限公司	建邺区奥体大街69号新城科技园1栋
5	南京榆液液压有限公司	南京市建邺区应天大街772号
6	南京仙人掌健康科技有限公司	南京市建邺区嘉陵江东街18号4幢10层
7	江苏北弓智能科技有限公司	南京市建邺区新城科技园国际研发总部园5A栋7楼
8	江苏懒人帮软件科技有限公司	南京市建邺区奥体大街68号国际研发总部园2栋19层
9	南京欣益浩化学科技有限公司	南京市建邺区嘉陵江东街18号2幢607室
10	江苏安鑫物流设备有限公司	南京市建邺区庐山路128号345室
11	江苏普旭软件信息技术有限公司	南京市建邺区云龙山路99号江苏省建大厦A栋8楼
12	南京中节涛创能源科技有限公司	南京市嘉陵江东路18号
13	江苏华康信息技术有限公司	南京市建邺区奥体大街68号国际研发总部园01栋15层
14	江苏天泽智能科技有限公司	南京市建邺区西城路300号3幢1706

续表 25

序号	企业名称	企业地址
15	南京林洋电力科技有限公司	南京市建邺区奥体大街 68 号国际研发园 1 幢 16–17 层
16	江苏诗瑜儒环保科技有限公司	南京市建邺区奥体大街 69 号新城科技大厦 01 栋 4 层
17	江苏欣网视讯软件技术有限公司	南京市建邺路 98 号鸿信大厦 12 层
18	南京星邺汇捷网络科技有限公司	南京市奥体大街 69 号新城科技大厦 01 幢 1504 室
19	江苏天熹食品科技有限公司	南京市建邺区嘉陵江东街 18 号 6 幢 7 层北
20	南京业道数据科技有限公司	南京市建邺区嘉陵江东街 18 号 05 栋 10 楼
21	南京根达亚智能科技有限公司	南京市建邺区嘉陵江东街 18 号 03 栋 1708–3 室
22	南京从容信息科技有限公司	南京市建邺区江东中路 106 号万达广场 B 座 305
23	南京畅乐软件科技有限公司	南京市建邺区嘉陵江东街 18 号 06 幢 4 层 433 室
24	南京得美特信息科技有限公司	南京市建邺区嘉陵江东街 18 号 06 幢 1 层
25	千奥星科南京生物科技有限公司	南京市建邺区嘉陵江东街 18 号 04 栋 10 层 1002 室
26	江苏锐丰智能科技股份有限公司	南京市建邺区嘉陵江东街 18 号
27	江苏路业建设有限公司	南京市建邺区江东中路 222 号
28	南京九州会计咨询有限公司	南京市建邺区湖西街 70 号
29	南京宏海科技有限公司	南京市雨花台区锦绣街 7 号绿地之窗 D4 栋 701 室
30	南京盛略科技有限公司	南京市建邺区泰山路 8 号 6 号楼
31	江苏生活谷信息科技有限责任公司	南京市建邺区嘉陵江东街 18 号 1 栋 309–311 室
32	贝优特技术有限公司	南京市建邺区奥体大街 118 号 1 栋 902 室
33	南京苏富特工程项目管理有限公司	南京市建邺区水西门大街 101 号 804 室
34	江苏零浩网络科技有限公司	南京市建邺区白龙江东街 22 号艺树家工场 6 层、7 层 02 单元
35	南京敏光视觉智能科技有限公司	南京市建邺区嘉陵江东街 18 号 3 号楼 2 层
36	江苏轶一电力科技有限公司	南京市建邺区富春江东街 69 号方中大厦 7 楼北
37	南京金贝网络科技有限公司	南京市建邺区嘉陵江东街 50 号康缘智汇港 1 栋 24 层 2405 室
38	南京野兽达达网络科技有限公司	南京市建邺区河西大街 198 号同进大厦 3 单元 3 楼
39	江苏柯润信息技术有限公司	南京市建邺区庐山路 188 号 602 室
40	南京玛岸网络科技有限公司	南京市建邺区奥体大街 68 号国际研发总部园 03 栋 10A
41	南京妖灵妖信息科技有限公司	南京市建邺区嘉陵江东街 18 号 04 栋 2 层 205–46 室
42	南京科创环境工程发展有限公司	南京市建邺区仁园 1 栋 8–9 号
43	南京嘉源润新环保科技有限公司	南京市鼓楼区集庆门大街 268 号苏宁慧谷 E8–2 栋 2408 室
44	南京万泛通信息科技有限公司	南京市建邺区江东中路 359 号（国睿大厦 1 号楼 B 区 5 楼 501 室）
45	南京超旭节能科技有限公司	南京市建邺区水西门大街 272 号 402 室

（区科技局）

表 26　2017 年建邺区企业获南京市科技进步奖名单（三等奖）

序号	项目名称	完成单位
1	基于能量管理与智能控制的纯电动商用车整车控制器技术研发和应用	南京越博动力系统股份有限公司
2	热轧电梯导轨用特种轧机关键设备开发与应用	中冶华天南京工程技术有限公司

（区科技局）

表 27　2017 年建邺区企业获江苏省科技进步奖名单（二等奖）

序号	项目名称	完成单位
1	基于自动变速器的纯电动商用车动力总成关键技术及应用示范	南京越博动力系统股份有限公司

（区科技局）

表 28　2017 年建邺区企业获江苏省企业技术创新奖名单

序号	获奖单位
1	苏交科集团股份有限公司

（区科技局）

【众创空间建设】突出企业孵化培育，打造区域创新创业链条。推进众创空间建设，区科技局、成果转化中心主动走访在建的创业孵化载体并向其宣传扶持政策及建设要求，鼓励其强化服务体系建设、不断吸引创业企业和项目，提高建设质量和服务水平。2017 年，即刻极客、盛世堂等 4 家企业新通过市级备案，C++ 青创空间、创客家新通过省级备案，奇思汇正在申请国家级众创空间备案。全区已有 17 家众创空间通过市级以上备案，在南京市科委开展的科技创业载体年度绩效评价工作中，新城国际企业孵化器、C++ 青创空间等 7 家创业服务机构获评良好以上，获市级奖补经费 115 万元，区一批众创空间取得较好社会影响力和知名度。

【创新型企业家培育】会同功能园区梳理区域内符合申报条件的企业，逐户宣传创新型企业家政策，建立创新型企业家培育库，对入库企业实行“一企一档”，从创业导师辅导、核心自主知识产权开发、人才引进、企业融资等多方面为企业提供个性化服务，全年共推荐 19 家企业申报创新型企业家，推荐贝伦思马红兵与越博李占江申报国家“万人计划”（国家高层次人才特殊支持计划）和“南京顶尖人才集聚计划”。

【知识产权拍卖】11 月 9 日，2017 紫金之夜知识产权拍卖会成功召开。此次拍卖会由南京市科学技术委员会（知识产权局）和建邺区人民政府共同主办，建邺区科技局、南京大学紫金知识产权研究中心、江苏环球惠通知识产权服务有限公司、江苏省舜禹信息技术有限公司共同承办，由江苏省技术产权交易市场、南京十竹斋拍卖有限公司提供技术支持。是建邺区在知识产权交易领域进行的全新尝试，也成为江苏知识产权史上的“第一拍”。本次拍卖会拍品包含7项拍品，共14个标的，专利（发明/实用新型）涉及无线通讯、网络安全、医学医药、大数据云计算、童车用品等多个领域，专利族涵盖中、日、欧、美等主要专利国家；版权拍品则囊括国内多家著名IP平台及国内著名游戏企业推出的动漫形象授权、衍生品形象授权、电视节目改编冠名权等知名全媒体IP。充分体现知识产权行业的专业性和特殊性。

【2017紫金知识产权国际峰会建邺专场活动】11月10日，2017紫金知识产权国际峰会建邺专场活动在南京国际青年文化中心举行，活动主题为“知识产权运营与金融服务”。会上，南大紫金知识产权研究中心国际IP服务港和建邺区知识产权巡回法庭正式揭牌，同时，南京理工大学知识产权学院双创实践基地正式落户建邺。会上，建邺区知识产权巡回法庭揭牌，旨在完善知识产权保护工作机制，提高公众知识产权保护意识，增强企业、科研院所、高等学校创造、管理、运用、维护知识产权的意识和能力，促进各类知识产权企业和机构在建邺区投资兴业。活动现场，建邺区政府与南京理工大学签订协议，共建“南京理工大学知识产权学院双创实践基地”，以发挥各自资源优势，共同推进人才培养、开展区域知识产权决策咨询、共同培育高端知识产权服务业等合作，推进建邺区知识产权强区建设。依托南理工知识产权科学研究及思想智库等优势，为建邺区知识产权科技服务业发展规划、主导产业专利战略研究与预警分析布局、知识产权政策法规制定等方面提供对策建议，探索建立联合决策机制，协助推进知识产权强区建设，协助推进区域知识产权服务业态向高端延伸，形成区域国际性知识产权服务产业链，打造国际性知识产权产业园区。

【科学知识普及】结合“走千企入万户，助发展促富民”大走访行动，深入街道、社区、园区、企业，广泛开展科技工作者摸底调研，听取一线科技工作者意见，遴选科技代表，细致谋划，筹备召开区科协第四次代表大会（即科协换届大会）。并以此为契机，依据《南京市科协系统深化改革实施方案》，结合本区实际，出台《建邺区进一步深化科协系统改革的实施方案》。推动江苏省检验检疫科学技术研究院等有条件单位整合自身资源，打造科普教育基地，争创市级科普教育示范基地，推动兴隆街道奥体社区和南苑街道吉庆社区创建市级防震减灾示范点。以“创新产品进社区、科普宣传惠居民”为主题，牵头开展“建邺区2017年科普宣传周主场活动”，组织科技创新企业、市科普大篷车、区相关部门为居民展示与生活相关的科技创新产品、科普展品，并制作和发放各类科普宣传资料数千册。同时，推动各街道、社区等基层单位开展各类宣传活动数十场。在全国防灾减灾日，联合区民政局、南湖消

7 月 15 日，建邺区第二届防震减灾宣传员演讲比赛成功举办。（芈强　摄）

防中队、南湖派出所、水西门社区、莲花北苑社区、双和园社区，共同开展地震应急模拟演练和应急疏散演练活动，专题演练地震发生时小区内居民疏散、安置、伤员救治、次生火灾扑救等内容，取得良好演练成效。同时，通过讲座、展板、宣传手册和口袋书等宣传模式，广泛开展各类防震减灾宣传活动，受到居民好评。

【区科技创新大会召开】为深入贯彻落实全国、省、市科技创新大会精神，实施创新驱动发展战略，推进新城科技园创建省级高新区和争创江苏产业科技创新中心建设先行区，加快全区创新驱动步伐，推动城市中心提速发展，3 月 24 日，建邺区科技创新大会召开。大会表彰 10 家优秀科技创新企业，兑现奖励资金和人才创业启动资金共 2668.6 万元。江苏科技厅副厅长蒋洪出席会议并讲话，南京市科委副主任、市知识产权局局长刘小斌出席会议并为建邺区成果转化中心揭牌，建邺区委书记张俊颁发区产业科技创新专家促进团聘书并讲话。

【2017 年科普宣传周主场活动】5 月 25 日，区科技局（科协）、莫愁湖街道办事处在南湖公园水上广场举办“建邺区 2017 年科普宣传周主场暨‘创新产品进社区、科普宣传惠居民’”活动。区委常委、区政府副区长赵建国及区全民科学素质工作领导小组各成员单位负责人出席活动。本次活动以企业创新产品和科普宣传品的展示作为重点内容，突出“创新产品进社区、科普宣传惠居民”主题。10 家科技型企业携与居民生活、健康等密切相关的创新产品到现场，充分展现“科技成就生活之美”魅力，为科技创新服务民生树立典型形象。南京科普大篷车携科普展品来到现场，为居民带来科技、科普产品展示，区全民科学素质工作领导小组部分成员单位携科普宣传资料来到现场，向居民免费发放并提供咨询服务，落实“科普宣传惠居民”主旨。现场还安排精彩的文艺节目，让居民在体验科技创新为生活带来便利的同时，感受文化

艺术带来的精神愉悦。

【“百城千校万村活动”培训】根据中国科协《关于开展科普中国·百城千校万村行动的意见》和南京市科协《“百城千校万村”南京市实施方案》，同时也为提升全区基层科普工作者综合素质和能力水平，建邺区科协于8月30日在江苏省科技干部进修学院进行为期一天的“百城千校万村行动”暨全区第二届科普员培训班。此次培训邀请中国科学技术出版社培训讲师张铮、江苏省科级干部进修学院王瑛杰、南京大学医学院吴建中等3位老师作为主讲嘉宾。来自建邺区各园区、街道、社区、学校的近200名科普员参加此次培训。通过培训，使广大基层科普员熟悉科普中国网的运用，掌握科普中国APP、科普e站、科普员注册、科普信息资源获取等方面的知识。（区科技局）

3月24日，建邺区召开科技创新大会并为区科技成果转化中心揭牌。（王素伟 摄）

文化

·公共文化服务·

【概况】2017年，建邺区内有国家级文化设施4个（南京奥林匹克体育中心：国家级体育场馆；南京国际博览中心：国家级会展中心；侵华日军南京大屠杀遇难同胞纪念馆：爱国主义教育基地；云锦博物馆：世界人类非物质文化遗产传承基地）、省级文化设施1个（江苏省科学历史文化中心）、市级文化设施1个（金陵图书馆新馆）、区级文化设施2个（区文化馆、区图书馆）、文化产业园2个（南京国家广告产业园、江苏银坤西祠文化产业园）。文化娱乐机构有：出版物零售单位45家（含音像制品、图书零售点、图书网上销售店）、游戏机场所24个、歌舞厅14个、演出场所5个、印刷企业9个、网吧46个、电影院6个、卫星接收单位6个。广播电视节目制作经营单位31家。区内有文物保护单位10点11处，其中国家级文物保护单位1点2处、省级文物保护单位1处、市级文物保护单位6处、区级文物保护单位2处。基本建成覆盖全区、结构合理、功能齐全、实用高效的公共文化服务体系。场馆方面，区有公共文化馆、图书馆各1个，街道文化站6个，社区文化室55个，有示范文化广场1个，特色文化广场8个，中小型文化广场40个，有养墨堂、知何堂、六尘美术馆、更斯艺术馆等民间文化艺术场馆7个，每万人拥有公共文化设施面积达1400平方米，社区文化室建成率达100%；共享工程建成率达100%；队伍建设方面，有区级社区文工团1个，民间特色演出团队210个，有音乐、舞蹈、摄影、美术书法、戏剧曲艺、民间艺术家等协会6个。文化馆新馆、图书馆新馆，无论是规模还是设施都名列全市前列，均为国家一级馆。

【文化产业发展】实现文化产业增加值占GDP比重达9.5%的目标。扶持文化产业发展壮大，组织好南京市文交会建邺分会场活动，开展“一石一画”“匠心·养墨——秦修平杂画作品展”等活动，帮助指导文创实业、咪咕娱乐、大贺等企业申报省、市各类扶持资金。组织企业参加中国苏州文化创意设计产业交易博览会。

【公共文化服务体系建设】3月1日，《中华人民共和国公共文化服务保障法》正式实施。区文化旅游局高度重视，组织全局人员及各街道文化站长专题学习，并制定《“精彩365，快乐每一天”活动考核奖励办法》《社区基层文化团队扶持的暂行规定》等文件，在活动组织、奖励发放、团队建设、硬件达标、购买服务等方面都做出规范，确保《公共文化服务保障法》落到实处。全面推进15个省级社区综合文化服务中心建设，公共文化设施覆盖率达100%，每万人拥有公共文化服务面积达1400平方米。开展全民艺术普及工作，区文化艺术中心每月均有2场以上高水准、专业化惠民演出，在全市文化系统中起到标杆作用。坚持每周举办“文艺电影沙龙”和“光影之路”摄影讲座，2017年已举办讲座100余期，辅导莫愁民乐团参加省优秀业余民乐团展演荣获金奖。艺术普及推广工作受到省市负责人高度认可。有序推进图书馆分馆建设。圆满完成国家一级图书馆创建工作。全年采购书籍共9.8万册，实现藏书共计46万册。推进图书馆分馆建设，建设国泰民安社区24小时自助图书馆，新建包括94994部队分馆、万达希尔顿酒店分馆、武定门书房分馆、第六空间书房分馆等4家分馆，实现资源共享、通借通还，让居民群众在家门口就能享受到优质多样的公共文化服务。

【文联文化活动组织】围绕“金陵五月风”第十一届南京文学艺术节，举办法国哈娜歌舞团“红磨坊传奇”歌舞专场、匠心·养墨——秦修平作品观摩展、建邺区第十一届少儿相声曲艺展演等大型主题活动，配合完成“金陵五月风”第十一届南京文学艺术节闭幕式活动。开展艺术家赴皖南革命老区采风活

3月24日，建邺区召开科技创新大会并为区科技成果转化中心揭牌。

（王素伟　摄）

动，成功举办区纪念中国人民解放军建军90周年美术书法比赛和“建邺15周年，全景看河西”摄影大赛。《茶亭》杂志顺利出刊并获好评。举办庆祝中国共产党第十九次全国代表大会胜利召开江苏省艺术家进建邺专场文艺演出。召开全区文艺创作座谈会，组织创作多个作品参加南京市市民文明规范文艺节目征集评选活动和南京市成人文艺创作调演比赛。

【群众文化活动】2017年继续扩大“精彩365·快乐每一天”文化惠民品牌覆盖面，全年完成各类文化活动974场，在区文化馆小剧场文化惠民28场，“仲夏夜音乐节”举办10场著名乐团演奏活动，送上多元文化大餐。建邺区图书馆利用优质公共资源打造“建邺书房”新型阅读空间，向读者推广全民阅读理念。推进非法安装卫星电视接收设施治理工作，在2017年度创建省“无小耳朵社区”创建工作中被评为先进单位。培育扶持优秀文艺团队10家。辅导莫愁民乐团参加江苏省优秀业余民乐团展演荣获金奖。

【“阅读365·悦享每一天”系列活动】继续开展“阅读365·悦享每一天”系列活动。启动“寻找东方美，书房满建邺”公共文化建设示范点项目，打造全民阅读新空间——建邺书房，举办“中国江苏·扬子江作家周”建邺专场——吉狄马加“悦读”演讲等重大全民阅读活动。全年累计举办各类主题阅读活动近百场次场，受到中央电视台、《新华网》《江苏网》等各大新闻媒体关注，使“多读书、好读书、读好书”成为建邺人自觉追求，居民综合阅读率达98%。

延伸阅读10

南京建邺区“寻找东方美　书房满建邺”公共文化示范项目启动

4月22日，南京建邺区公共文化示范点项目——“寻找东方美、书房满建邺”启动暨“建邺书房”揭牌仪式在建邺区图书馆举行。全国政协委员、中国书法家协会顾问言恭达，江苏省阅读促进会会长许洪祥，南京市建邺区委常委、宣传部部长周峰等嘉宾出席开幕式。“寻找东方美·书房满建邺”项目将以书房、书店和书院的“三书”文化理念，打造兼具图书馆功能、文化馆功能、美术馆功能的“三馆”文化形态。其中，书店将成为图书、文创产品的生产、展示、销售平台，同时也是文化学习的空间。书院将组织各类国学教育、培训、体验等群众参与性高的活动。建邺区图书馆的中国式书房共有4个活动区间，包括空间通道、艺术展示空间、文创展示空间和阅读活动空间。它打破纯书房概念，不仅巧妙地将阅读、展示、活动等空间有效区分，更将图书馆、文化馆和美术馆有机融合，市民进入书房，就可以轻松地享受不同的文化形式熏陶。开幕式后，言恭达以《当代文化的觉醒》为题，为建邺书房大讲堂首开学术讲座。南京市建邺区打造别有特色的“中国书房”，让“书房满建邺、书香满建邺”，成为江苏省公共文化服务体系的创新之举。

4月22日，建邺区公共文化示范点项目“寻找东方美·书房满建邺”书香工程启动仪式在建邺区图书馆举行。（区文旅局 供稿）

【非物质文化遗产保护】全年组织10场非物质文化遗产民间艺人展演团进社区活动，在“中国文化遗产日”举办大型演出活动，获得广泛好评。会同盛世堂共同策划“雨花万象 新秀如祁”雨花文创新品发布会，并授予其“建邺区非遗文化交流基地”称号。

【文物保护】建立健全区、街、社区三级文物保护网络。区政府每年均与街道签订《文物安全责任状》，明确责任到人，聘请专职志愿者开展日常安全巡查，联合相关部门开展不定期检查，及时处理安全隐患，形成文物安全管理长效机制。多种形式开展宣传教育活动，通过召开历史文化保护专题会议、编印宣传文件和资料、制作主题内容展板、发放宣传画、宣传手册等多种形式，开展分层分类的宣传教育活动。结合中国文化遗产日、“精彩365·快乐每一天”等，开展手工艺人进社区、文物保护传承利用摄影大赛等丰富多彩的文化遗产展示活动，提升广大市民保护文化遗产的自觉意识。以项目为载体，推进文物保护与科学利用，配合做好基本建设前考古调查、勘探和发掘工作，确保发现地下文物上报率100%。跟踪、指导完成市级文保单位胜棋楼、郁金堂及水院，不可移动文物华严庵修缮工作。帮助产权单位完成省级文保单位粤军阵亡将士墓的修缮设计方案。完成区第八批省级文物保护单位申报工作。推进王汉洲故居修缮工程，与南京市土地储备中心、区房产局、区发改局密切对接，完成检测鉴定、修缮设计方案、施工图纸等工作，产权移交、可研报告编写和修缮工程立项等工作正在推进中。结合莫愁湖公园整体环境提升，做好南京市历史名人塑像保护相关工作。

【建邺区图书馆国家一级图书馆争创工作】建邺区图书馆自2月底接到第六次图书馆评估定级的通知后，将本次评估定级工作列入图书馆2017年重点工作事项。3月，建邺区图书馆评估定级工作小组成员前往由中国图书馆学会、江苏省图书馆学会、金陵图书馆举办的评估定级培训班深入学习评估要求、评估指标，之后在图书馆开展自评、自测工作，不足之处商讨解决措施；4月，邀请南大研究生学院学生加入评估定级小组，参与评估建设，邀请评估定级系统的设计者华博胜讯到馆洽谈，并针对未达标准的缺漏项开展建设；5月，完成搜集材料、打自评分、完善建设、上传材料；6月底，完成所有自评内容；7月中旬，向第六次全国公共图书馆评估定级管理服务平台提交所有自评材料和自评总结；8月底，收到上级指导部门的第六次公共图书馆评估定级南京市区馆初评问题反馈意见，根据意见修改、补充、完善自评材料并再次上报。根据评估方文件，江苏省文化厅对建邺区图书馆上报的数据进行审核。

【江心洲首届露天电影节】11月11~12日，由江心洲街道携手南京艺术学院共同举办主题为“贯彻十九大精神·文化惠民生工程”2017首届中国·南京江心洲露天电影节，打造独具洲岛特色的电影文化品牌。2017首届江心洲露天电影节包含“流金岁月”电影故事影像展、“光影科技”电影器材交易会、“流光溢彩·美好生活”2017年首届江心洲露天电影节开幕式暨文艺演出、“光影江岛”露天电影嘉年华、“生态科技·大美江岛”首届江心洲电影文化特色岛建设高端论坛、“走进影像人生”电影名家面对面6大板块，展、演、映、研、谈等多方位、多层面、多形态展现创新之举，内容丰富、精彩纷呈，可谓名副其实的全民电影嘉年华。

【文博之夏夏令营活动】2017年建邺区文博之夏夏令营8月8日上午正式开营。本届文博之夏夏令营为孩子们定制丰富活动内容，既有讲座授课，又有实际操作；既有书本知识，又有参观学习。本次以“南京科举博物馆”“南京民俗博物馆”“南京奥林匹克博物馆”为3个主要专题的文博活动，拉近孩子

8月8日，2017年建邺区文博之夏夏令营正式开营。
（区文旅局 供稿）

与传统历史文化之间的距离。让他们喜欢博物馆、了解博物馆，感知南京历史文化，激发孩子们对中国传统文化的兴趣。（区文旅局）

·党 史·

【概况】2017年，区委党史工作办公室按照统一部署，围绕建邺区工作中心，开展地方党史征集、编纂、研究、宣传教育工作，取得较好成效。

【《中共南京市建邺区地方史》（三卷本）修订】2017年，中央党史研究室对地方史编写提出新标准和要求，按照新标准和要求，区委党史工办及时整理上级有关标准和要求，迅速组织传达学习。在此基础上，先后2次全程参加上级组织的专题辅导，结合《中共南京市建邺区地方史》（三卷本）编写实际，组织编写人员进行3次专题学习和研讨，确保新标准和要求落到实处。按照中央对地方史编写新的要求，集中力量对《中共南京市建邺区地方史》（三卷本）书稿进行2次大的修订完善。根据中央关于建设有中国特色社会主义发展阶段的划分，重点对新增加的2002年区划调整起建邺新区的经济、社会发展和现代化建设成就，进行重点攻关，新增12个子目录，近4万字，书稿质量明显提升。

【党史工作理论研究】认真开展党史工作理论研究，按照统一部署，认真参加全省党史系统迎接中国共产党第十九次全国代表大会召开、中共江苏省委成立90周年等专题理论研讨活动，《中流砥柱：抗战中的中共江苏省委》《中共十八大党章对加强执政党建设的有益探索》2篇理论研讨文章受到中共江苏省委党史工办通报表彰。撰写的论文《特别的城市特别的党组织》入选纪念中共南京地方组织成立95周年学术研讨会。

【《中共南京历史纪事》编纂参与】参与南京历史纪事编写。作为《中共南京历史纪事》编纂委员会成员，参与《中共南京历史纪事》一书编纂工作，翔实提供中共建邺区委2016

年工作情况，为深入研究南京党史基础史料、推进《中共南京历史纪事》出版发行做出努力。

【党史宣传教育】推进党史宣传教育，坚持和区委组织部、区机关工委、区总工会、区档案局等单位，围绕共同目标，整合资源力量搞好宣传教育。开展党史活动进社区、进军营等活动。认真开展专题研讨、红色学习等专项活动。和区委宣传部一道，认真组织党史教育进基层系列活动，取得较好成效。

【建邺区历史展览馆筹建和布展协助】做好建邺区历史展览馆筹建和布展工作，在区史展布展工作中，将多年从事党史工作积累的历史知识、史学理论、编纂成果运用到布展工作中。对布展的功能定位、布展原则、历史阶段划分、展厅布局以及布展纲目提纲等，提出主导性意见和建设性的建议；参与展件资料（文献资料、照片资料、视频资料、历史档案资料、实物模型）的收集、整理、加工、仿制等工作；完成区史展第二部分、第三部分、第四部分展版说明文字的编写、修改工作，总计1.23万字，编写解说词6100字。

【资料收集整理】做好资料收集整理，加强对建邺区委地方史、革命遗址普查、党史资料图片等相关资料的补充调整。坚持与区档案局合作，为党史资料的积累打下良好基础。在日常工作中，利用与区委组织部合署办公的便利条件，坚持把各阶段落实的大项工作资料，及时收集到党史资料库中。购买移动存储专用设备，并及时对收集的资料，分门别类进行整理。 （区委党史办）

·档　案·

【概况】截至2017年底，区档案馆馆藏共计42829卷、127776件，馆藏档案数字化率97.3%。全年共接待档案查询2048人次，提供档案1215卷、833件，出具证明2048份。区档案馆被国家档案局评为“全国示范数字档案馆”，区级机关档案室建成全国首家集中式数字档案室，区档案局编纂的《建邺街巷风情》荣获省档案文化精品三等奖，区档案局查档服务窗口荣获江苏省“巾帼文明岗”称号。

表29　建邺区档案馆馆藏档案数量统计表

（截至2017年12月31日）

序号	档案门类	馆藏数量（按卷整理）	馆藏数量（按件整理）	馆藏数量合计（件）	备　注
1	文书档案	26110	77449	497102	26110卷=419653件
2	会计档案	5433		8454	5433卷=8454件
3	婚姻档案	2313		89919	2313卷=89919件

续表 29

序号	档案门类	馆藏数量（按卷整理）	馆藏数量（按件整理）	馆藏数量合计（件）	备注
4	独生子女	220	18027	64049	220 卷 =46022 件
5	执照档案	3037		19879	3037 卷 =19879 件
6	科技档案	22		425	22 卷 =425 件
7	基建档案	2082		20935	2082 卷 =20935 件
8	名人档案		437	437	
9	亚青档案		3182	3182	
10	审计档案	250		3490	250 卷 =3490 件
11	公证档案	2046		22232	2046 卷 =22232 件
12	照片档案	593		26421	593 卷 =26421 件
13	视频档案	20		75	20 卷 =75 件
14	实物档案	69	310	379	69 卷 =69 件
15	音频档案		8	8	
16	数据库文件		3	3	
	合计	42195 卷	99416 件	756990 件	657574 件

（区档案局）

【数字档案室建设】11 月 20~21 日，国家档案局组织专家对南京市建邺区档案局申报的集中式数字档案室建设情况进行现场评价。经专家组评审，认为建邺区数字档案室的组织建设、基础设施建设、应用系统建设、数字档案资源建设、保障体系建设等各项指标已达到要求。12 月 12 日，国家档案局正式下发文件，批准南京市建邺区数字档案室为“全国示范数字档案室”。同时，2017 年全区推进江苏省 A 级数字档案室建设工作，全年共完成 19 家部门江苏省 AAAA 级数字档案室测评，实现全区一级部门江苏省 AAAA 级以上数字

11 月 21 日，，建邺区数字档案室建设顺利通过国家档案局测评，成为全国首家集中式数字档案室、全国唯一一家数字档案馆、数字档案室“双示范”单位。
（孙如凤　摄）

档案室全覆盖。

【档案行政执法检查】5月15~31日，建邺区档案局对全区63家一级立档部门单位、11个系统（抽查）和6个街道所辖单位、社区进行年度档案行政执法检查。重点从组织管理、依法依规、基础业务、信息化建设和开发利用5个方面内容进行落实。检查中按照行政执法要求亮证执法，各组严格按照《2017年度档案行政执法（基础业务）检查工作安排表》《2017年度建邺区档案局档案行政执法及基础业务工作检查标准》开展工作。对各部门单位档案员现场进行档案知识提问和实际上机演示，并对档案检查主要情况现场与各部门的分管负责人做好初步沟通，以便于在工作中予以加强和改进。全区198家部门单位未发现档案违法现象。至6月底，全面完成全区档案业务检查和整改督查工作。

表30　2017年建邺区通过江苏省星级档案工作等级测评（复查）单位名单

星　级	单　位
一、省三星级测评单位（6家）	1. 中国共产党南京市建邺区委员会党校
	2. 南京市建邺区人民防空办公室
	3. 南京市建邺区安全生产监督管理局
	4. 南京河西建环环境服务有限公司
	5. 南京市中华中学附属小学
	6. 南京晓庄学院第一实验小学
二、省三星级复查单位（7家）	1. 南京市建邺区教育局
	2. 南京市建邺区城市管理局
	3. 南京市建邺区兴隆街道劳动和社会保障所
	4. 南京市建邺区双闸街道劳动和社会保障所
	5. 南京市第五幼儿园
	6. 南京市建邺区南湖春晖幼儿园
	7. 南京市建邺区实验幼儿园
三、省二星级复查单位（3家）	1. 中国共产主义青年团南京市建邺区委员会
	2. 南京市建邺区发展和改革局
	3. 南京市建邺区招生委员会办公室

（区档案局）

【档案开放】6月中旬，根据《中华人民共和国档案法》关于满30年的档案应向社会开放的规定，建邺区档案馆对馆藏1987年形成的1751卷档案进行划控、鉴定。经鉴定对不宜向社会开放的有关区委常委会记录、党员及干部名册、会计账簿、案件查处、个人处分及涉及个人隐私信息的建筑执照、婚姻状况、独生子女领证申请表、个人履历表等1626卷档案进行控制处理，其余有关政治、经济、劳动、文教卫生、街道工作等方面125卷档案经区政府批准向社会开放，本次开放比例为到期档案的7.14%。本次开放是建邺区档案馆第16次向社会开放到期档案，开放档案总卷数达4204卷。

【档案规范化建设】2017年，全区共有27家部门单位通过省星级档案标准测评（复查），其中，五星级4家，四星级7家，三星级13家，二星级3家。区公安分局、区法院和南苑街道档案室通过江苏省五星级档案工作测评，区检察院档案室通过江苏省五星级档案工作复查。南苑街道成为全省主城区首家，全市街道首家通过江苏省五星级档案工作测评单位。

表31　2017年建邺区家庭建档活动优秀家庭建档户

等　级	名　单
一等奖2名	蒋育祥　韩守训
二等奖4名	钟莉莉　陈陵莉　杨松河　沈统章
三等奖6名	王美兰　郭宝红　江国香　韩荣贵　张礼忠　李华
优秀奖8名	吴文凯　汪凌云　黄贯中　张雪红　徐兆明　邓芳琼　黄兴海　徐新初

（区档案局）

表32　2017年建邺区家庭建档活动优秀组织奖

序号	单　位
1	兴隆街道办事处
2	区军休所

（区档案局）

12月15日，区档案局联合区妇联组织召开建邺区2017年家庭建档活动观摩评比暨总结表彰会，区委常委、副区长夏晓燕（中）出席会议。

（谢晓萍　摄）

【家庭建档】3~12月中旬，建邺区档案局与区妇联宣传建邺区家庭建档活动，利用国际档案日活动普及家庭档案知识，通过“建邺播报”“建邺半边天”等微信公众号发布家庭建档活动信息。各街道和区民政局（区军休所）积极配合，紧抓落实，圆满完成123户家庭建档工作。12月15日，区档案局和区妇联共同举办家庭建档观摩评比暨总结表彰会，评选出20户优秀家庭建档户和1个优秀组织奖，双闸街道蒋育洋家庭与区军休老干部韩守训家庭获得一等奖。（区档案局）

2月24日，区档案局在区委党校报告厅举办2017年度档案业务培训班。
（孙如凤 摄）

【档案工作调研】5月6日，国家档案局副局长付华、经科司司长王雁宾一行到建邺区调研指导档案工作，江苏省档案局局长谢波、副局长欧阳旭明、南京市档案局局长束建民等陪同，区委副书记、区长闵一峰，建邺区委常委、副区长夏晓燕等参加调研。付华一行听取区档案局关于建邺区档案工作情况汇报，观看区历史展览馆设计方案和效果图展示，并就档案信息化等工作进行深入交流，了解当前工作中的困难和问题。付华高度评价建邺区档案工作取得成绩，对2016年10月通过"全国示范数字档案馆"测试后工作推进情况给予充分肯定，并对下一步建邺区国家数字档案室建设试点、区史馆建设布展等工作提出意见建议，强调人才队伍建设重要性，提出要充分挖掘区域历史文化资源，提高区史馆建设水平，更好发挥文化宣传和社会教育功能。

【档案业务培训】举办机关档案业务以及省星级标准档案室测评工作培训班，全区立档单位200余名专（兼）职档案员参加培训，邀请江苏省档案局社会事业档案管理处处长谢薇详细解读《江苏省〈归档文件整理规则〉实施细则》的修订内容、新的纸质档案整理办法、数字档案整理办法等。举办社区档案业务培训班，6家街道和58家社区档案员参加培训，讲解社区档案的收集、整理规范，为2017年度档案执法检查工作打下良好基础。
（区档案局）

·地方志·

【概况】2017年，区方志办完成《建邺年鉴（2017）》组稿、编纂、出版、发行工作。完成《建邺区资料长编（2011~2015）》编纂工作，编印完成资料长编合订本。开展地情资料挖掘整理，协助区政协编写《锦绣建邺——江东篇》，做好资料搜集、框架设置、初稿撰写、文稿校对审核等工作。开发利用地方志资源，拓展地方志成果运用渠道，扩大社区阅览室“志鉴一角”覆盖面，全年开展送书活动3次。《建邺年鉴（2016）》获全国地方志优秀成果（年鉴类）一等奖、第四届江苏省优秀年鉴一等奖；《建邺年鉴（2015）》获2015~2016年度江苏省年鉴编校质量检查评比一等奖。区方志办获2016年建邺区党建工作先进单位称号。

【《建邺年鉴（2017）》编纂出版发行】 1月，区方志办下发年鉴组稿通知，布置编写任务，并对撰稿人员进行业务培训。区级机关各部门、街道、园区按照目录框架要求，提供概况、条目、大事记、组织人事、先进人物、照片等材料。3月底，收齐78家组稿单位稿件，完成年鉴组稿工作。4~5月，完成年鉴初稿撰写与排版，并报送相关部门、专家审阅。6月底，根据审稿意见，完成框架调整、内容补充、文字修改。7~10月，完成文稿校对、图片插入、彩页设计、版面调整。11月，交付印刷，印数1000册。12月，向区级机关各部门、各街道、各有关单位免费发放。《建邺年鉴（2017）》共计80万字，设建邺“十三五”规划摘编、区情概览、大事纪要、功能园区、都市建设、城区经济、公共服务、社会管理、组织机构、街道社区、人物荣誉、附录、索引13个类目，50个分目，900余个条目，配有卷首与卷尾彩页照片58幅，正文插图190幅，表格43张，地图1张。在框架设计上，依据区域功能定位、主导产业，紧扣全区重点工作、重点项目，新增建邺“十三五”规划摘编，以突出年度亮点工作。在封面设计上，将“建邺年鉴”“2017”设置在中上方，字体颜色与封面底色形成鲜明对比，直观醒目；底部图片选取建邺区地标建筑江苏大剧院，突出现代化国际性城市新中心的区域特点。

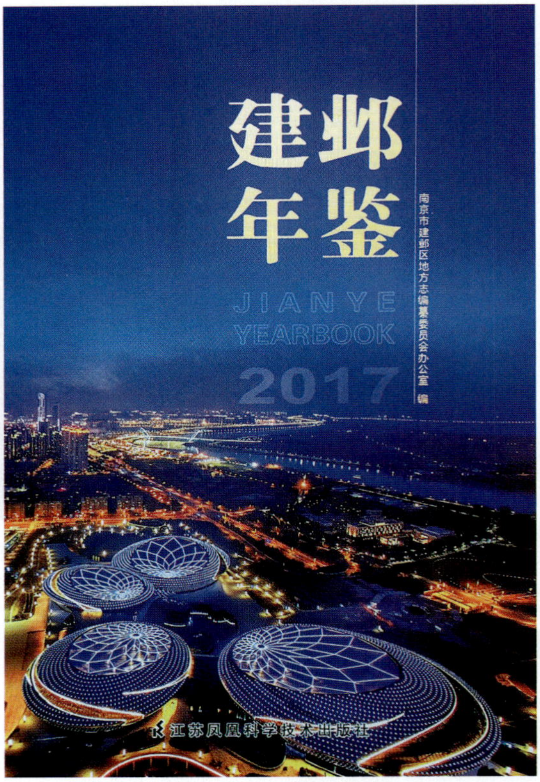

11月，《建邺年鉴（2017）》出版发行。
（区方志办　供稿）

【《建邺区资料长编（2011~2015）》编印完成】《建邺区资料长编（2011~2015）》编纂工作

自2016年初启动，历时2年。全区供稿及编写单位共计428家，其中区级机关部门、街道、功能园区81家，基层单位（社区、学校、医院、文化站、企业等）与驻区单位347家，共搜集原始资料800万字，共设31编、200章、675节、1926目、表格1313张、照片2012幅、图表21张。2017年，区方志办多次召开分片推进会、业务专题培训会，上门提供业务一对一指导，对各单位篇目进行校对、审核。10月，完成全部单位红皮本编印工作，全套红皮本共计80册，每册均附有电子光盘。12月，在对红皮本内容提炼精简的基础上，按照编、章、节的顺序编印完成资料长编合订本。

【《锦绣建邺——江东篇》编纂出版发行】11月，由政协南京市建邺区委员会主编，区政协文史（学习）委员会、区方志办、南京航空航天大学历史文化中心承编，南京出版社出版的《锦绣建邺——江东篇》出版发行。《锦绣建邺——江东篇》为建邺旅游文化丛书第二册，共计28万字，随文插图115幅，分为“大江东”与“小江东”、从“新亭对泣”说六朝时代的南京江东地区、“莫愁烟雨”迷雾般的传说与史实等11章，记述建邺区尤其是区内江东地区的历史源流、地名变迁、传说故事、民俗工艺、旅游景点、人杰名士等。该书图文并茂，生动流畅，通俗易懂，旨在让读者更好了解建邺区情区史，在阅读品味中更加热爱建邺、奉献建邺。

【地方志送书活动】为贯彻落实国务院《地方志工作条例》《江苏省实施〈地方志工作条例〉办法》，宣传地方志工作成果，区方志办全年开展3次送书活动。1月，向区“两会”代表、委员赠送《建邺年鉴（2016）》250本、《腾飞的建邺——“十二五”成果巡礼》200本。为全区6个街道和63个社区赠送《腾飞的建邺——“十二五”成果巡礼》500本。7月，结合大走访活动，开展党员进社区送书活动，向社区赠送区志、年鉴、地情资料书共计60余本。12月，向全区各部门、街道、单位赠送《建邺年鉴（2017）》350本。通过送书活动，不断开拓读志用鉴渠道，深化利用方志资源，当好资政参谋助手，扩大地方志工作的影响力。

【地方志公共服务体系建设】利用与区档案局（馆）合署后的有效资源，做到“三个对接”，提高地方志公共服务水平。窗口对接：利用区档案局（馆）硬件资源，设置接待窗口1个、服务窗口1个，为公众提供地方志查阅利用服务。内容对接：做好地方志资料的归档、录入和挂接，将区志、年鉴、地情资料书等纳入档案管理系统，并在查档大厅设置方志阅览区域，满足公众查阅需求。管理对接：根据区政务服务统一管理标准和考核评价体系，加强内部管理，提升服务质量，提高群众满意度。通过整合，有效提高地方志信息化水平，扩大馆藏面积，提升服务能力。

（区方志办）

体 育

【概况】2017年全年，建邺区体育场地面积164.8万平方米，人均场地面积3.1平方米。全区范围内全民健身设备套数212套，社会体育指导员1836人。全区共开展260余场群体活动，并完成南京国际马拉松、世界全项目轮滑锦标赛属地保障工作；倡导科学健身理念，在区机关、南苑街道、沙洲街道、兴隆街道组织全民健身科学大讲堂4场，普及提高广大健身爱好者科学健身的意识；继续在街道举办国民体质监测工作，完成国民体质监测3600人次。

【群众体育】广泛开展群众体育活动，转变举办方式，通过多种形式，动员街道、园区、协会、社团等力量参与全民健身活动，提档升级群体活动，打造群体活动品牌，全年指导组织开展260余场群体活动，并完成南京国际马拉松、世界全项目轮滑锦标赛属地保障工作。倡导科学健身理念，在区机关、南苑街道、沙洲街道、兴隆街道组织全民健身科学大讲堂4场，普及提高广大健身爱好者科学健身意识。继续在街道举办国民体质监测工作，完成国民体质监测3600人次。组织开展社会体育指导员培训，举办4期三级社会体育指导员培训班，培训三级社会体育指导员500人次。全年更新、新建全民健身路径40套。组织“乐享冰雪，遥望冬奥”江苏省青少年冰上运动嘉年华、2017（第二届）南京坐标城市印迹定向赛、南京市广场舞交流展示大会暨健康达人挑战赛、长三角武术精英赛等有影响的全区性重大群众体育比赛活动。参与区精神文明建设，与区有关部门合作，组织趣味运动会、登山比赛、太极拳培训等多项群体活动。打造街道一街一品项目，并进行创新，形成各街道持续性特色群众体

9月9日，区委书记张俊（前排右二）陪同国家体育产业示范基地考察专家组考察建邺群众体育工作。 （冷雪宝 摄）

7 月 15 日，第二届南京坐标城市印迹定向赛在奥体中心启动 。
（区体育局　供稿）

育品牌，改变各街道一街一品缺乏特色、互相雷同的现象。继续推进群众体育工作“四进”活动（进社区、进校园、进机关、进企业），组织乒乓球、腰鼓、羽毛球、太极拳等受群众喜爱的比赛，并把活动延伸到 4 个功能园区，提高区群体活动在社会上影响力。

【竞技体育】在竞体方面，筹备参加江苏省第十九届运动会，实施女足项目资金预算管理，在确保资金使用公开透明的基础上出台对区体校八一女子足球项目的预算管理办法，提高资金使用效率。

【国家体育产业示范基地创建】为提升全区体育产业发展水平，在全市率先创建国家级体育产业基地，成立了由区主要负责人任组长，区分管负责人任副组长，区机关 18 个部门为成员单位的创建国家体育产业基地工作领导小组，办公室设在区体育局。在创建过程中，广泛听取意见，收集申报资料，编制建邺区《南京市建邺区国家体育产业示范基地规划》，拍摄《建邺体育 +》宣传片，在全市各区中率先出台《建邺区关于扶持体育产业发展的暂行办法》和《建邺区体育产业发展扶持专项资金使用管理暂行办法》等扶持体育产业发展的政策文件，梳理全区体育产业业态，全区形成以体育赛事展示、健身休闲、场馆服务、中介服务、互联网 + 体育等为主的体育产业体系。申报工作也受到省市体育部门、区主要负责人高度重视，区分管负责人多次到区体育局听取汇报，指导国家体育产业基地创建工作。11 月，国家体育产业示范基地评选结果揭晓，全国共有 11 家区县入围，建邺区榜上有名，被命名为“建邺国家体育产业示范基地”。

【《建邺区全民健身实施计划（2016~2020 年）》编制】根据国家体育总局有关要在区县级编制 2016~2020 年全民健身实施计划的要求，按照南京市体育局统一部署，区体育局认真筹备《建邺区全民健身实施计划（2016~2020年）》编制工作。借鉴兄弟区县经验，广泛听取各方意见，邀请专家参与编制工作，多次召开有专家参加的编制座谈会，及时通过办公网向全区12个机关部门、6个街道征求意见。在充分调研建邺区全民健身事业发展现状基础上，起草《建邺区全民健身实施计划（2016~2020年）》。《建邺区全民健身实施计划（2016~2020年）》主要从发展现状、总体要求、主要任务、实施保障等4个方面展开。区体育局以此次编制《建邺区全民健身实施计划（2016~2020年）》为契机，完善相关工作，推动全民健身事业可持续发展。

【全民健身路径服务外包公开招标】2017年，为做好建邺区全民健身路径巡检维护工作，区体育局认真借鉴去年巡检维护服务外包成功经验，委托招标代理公司对全民健身路径巡检维护进行公开招标，经过资格审查最终有4家公司参加竞标，整个招标过程公正、公开、公平。由于招标条款科学合理，在服务、价格等方面取得满意结果。降低成本，2016年全年巡检维护外包费用为12万，本次招标价格为2年18.3万，年节省费用近3万元。提高服务水平，中标方承诺器材损坏小问题3天内解决，大问题5天内解决。通过政府购买社会服务这一形式，为建立全民健身工程（点）长效管理制度，保障市民科学健身、安全健身，减少政府维护成本和居民投诉率，建立全区统一的产权明晰、权责清楚、管理科学的属地保障体系，发挥公共体育设施的功能，提供有效保障。

【高危体育项目行政许可】稳妥做好高危体育项目行政许可工作，对全区33家高危险性体育项目经营场所进行300余次检查，下达责令整改文书12件，均已整改到位，确保全区游泳场馆安全管理工作目标和任务完成。（区体育局）

8月8日，建邺区全民健身日系列活动启动仪式在奥体中心举办。
（朱仲伟 摄）

社会管理

Social Management

社区建设

【概况】以全国社区治理和服务创新实验区中期评估为抓手，全面落实实验区建设各项举措。深入推进“三委一中心”（社区党委、社区居委会、社区综治委和服务中心）运行体制机制，开展现代社区治理体系建设，所有社区完成人员定岗、定责及有关展板制作，并按照新机制开展工作，“三委一中心”全面落实率100%。巩固社区减负成效。严格依据社区13项依法履职事项和20项协助政府工作事项，按照南京市有关减负规定，先后减任务指标25项、创建评比41项、组织机构41个、纸质台账72项，并严格社区工作准入，防止减负反弹，使社区能够集中精力做好民生服务。成立建邺现代社区研究院。推进社区、社会组织、社会工作“三社联动”，完善“党委和政府统一领导、有关部门和群团组织密切配合、社会力量广泛参与”的现代社区治理工作格局，构建“设施智能、管理精细、服务便捷、环境宜居”的建邺现代社区。社区网格化达标率达100%，民办社工机构数为14个，每万人持社工证数达12人。7月，顺利通过民政部组织的专家组对第三批全国社区治理和服务创新实验区创建的中期评估。8月，“三委一中心”社区体制改革在2016年获得南京市社会建设优秀案例奖基础上，再次获得南京市典型案例奖。9月，被民政部列为国家级“民政智库社会调查点”（全市唯一单位）。10月，在全省社区发展促进会上作大会交流发言（全省仅3家单位）。11月，应邀参加民政部社区工作法研讨（全国仅8家单位）。

【社区网格化服务治理意见出台】为贯彻落实中央和省、市关于加强和创新社会治理工作的要求，深化“三委一中心”社区体制改

8月17日，《建邺区关于深化社区网格化服务治理的工作意见》出台，图为沙洲街道中胜社区网格员进小区物业开展安全巡查。（中胜社区　供稿）

8月18日，建邺区召开深化社区网格化服务治理与综合行政执法动员部署大会。
（区民政局　供稿）

革，构建具有建邺特色的社区网格化服务模式，解决社会服务治理中的突出问题，不断提升全区社会服务管理水平，根据《南京市政府办公厅关于进一步加强社区专职工作者队伍建设的通知》要求及全区实际情况，起草《建邺区关于深化社区网格化服务治理的工作意见》，于8月17日正式出台并下发各部门、各街道。《建邺区关于深化社区网格化服务治理的工作意见》的实施，明确社区管理体制改革方向和重点，提升全区社区网格化服务治理标准化、规范化、精细化和科学化发展水平。

【全国社区治理和服务创新实验区创建】圆满完成全国社区治理和服务创新实验区中期评估。完成中期评估报告撰写。根据民政部通知精神和相关要求，按要求和时限上报江苏省民政厅全国社区治理和服务创新实验区建设中期评估报告。汇编文件资料，对2013年以来有关社区治理和服务创新方面文件资料进行梳理，共梳理45份文件资料并汇编成册。征集社区治理和协商创新案例，结合实验区建设试点社区特色，开展社区治理和协商创新案例征集活动，共征集社区治理和创新案例28个，并邀请专家对案例逐一进行点评。上报南京市民政局优秀社区协商创新案例3个并获通过。开展优秀居民公约征集活动，根据省、市有关要求，规范制定居民公约程序和内容、加强对居民公约的监督检查、开展优秀居民公约征集活动，共征集居民公约31个并上报，经南京市民政局评选有2个获全市优秀居民公约并推荐上报江苏省民政厅参选。开展全国社区治理和服务创新实验区中期评估预评，邀请南京市民政局基层政权和社区建设处负责人、现代社区研究院有关专家，围绕全国社区治理和服务创新实验区建设确定的试点方向，实地检查街道和社区有关工作完成情况。7月27日，民政部全国社区治理和服务创新实验区中期评估督导组对区“全国社区治理和服务创新实验区”建设推进工作进行中期评估督导检查，评估督导组一行在经实地考察、听取汇报、互动座谈后给予高度肯定。

【和谐社区建设】开展和谐社区建设，年初对照组织建设、设施建设、为民服务、政社互动、减负增效、三社联动、居民自治、信息平台、保障机制等9个方面、12个子项要求，全面查找薄弱环节，并制定改进措施，全区和谐社区建设按序时进度推进，在10月底南京市民政局组织的2017年度南京市社区协商试点项目、和谐社区评估验收中以全优成绩通过，市级和谐社区合格率达96%。

【为民服务专项资金管理】完成为民服务专项资金项目梳理分配和2017年社区建设专项资金（基本补助资金）拨付。根据要求共收集整理2017年为民服务专项资金项目450项，涉及管理、服务、公益、活动、环境等5大类。共为50个社区申请使用年度为民服务专项资金1000万元；为硬件基础较为薄弱、服务资源较为匮乏和存在其他困难的30个社区新增统筹资金500万元。根据南京市民政局、南京市财政局《关于下达2017年社区建设专项资金（基本补助资金）的通知》，下拨各街道2017年社区建设专项资金（基本补助资金）150万元，主要用于补助社区日常办公、水电气、电话、社区信息化等日常工作所需的费用，以及资源共享小额资助、创新创优试点以奖代补等。

【社区综合体建设】全面推进社区综合体建设，拟制建邺区社区综合体设置规范（试行），从功能定位、面积标准、功能设置、形象标识等4个方面进行规范，所有社区根据实际情况按照整体考虑布局，提倡一室多用，综合设置。将综合体的功能显现与“社区＋”平台相结合，首批13个社区综合体，已通过专家评审并下拨补助资金。

【社工管理考核规范】以区委、区政府在兴隆街道召开社区体制改革工作会议及南京市政府对区社区治理工作督查为契机，重新梳理社区网格，将全区社区网格科学划分为一级和二级网格，一级网格长由各社区党委书记担任，二级网格长由1名社工担任，每个网格配备2名以上社工，网格内社工统一纳入绩效考核管理。在规范社区网格化管理同时，针对社工招聘也进行改革，按照“公开招聘、竞争上岗、择优录取”原则进行，采用由区民政局负责汇总提出社工招录需求，区人社局招录并签订聘用合同，所在街道、社区负责日常考核管理的方法。在社工薪酬管理办法中，对全区社工薪酬待遇重新进行测算和规范，薪酬结构为基础工资、绩效工资和五险一金3部分组成，其中，基础工资、绩效工资分别占个人年收入的60%、40%，40%中的七成为季度绩效，三成为年度绩效，突出奖勤罚懒、奖优罚劣，提高优秀网格员和先进社区网格员薪酬待遇。同时相应提高退养居委会主任生活补贴标准。

【社工待遇保障】全区高度重视全国社工师考试工作，通过网络信息平台、区协同办公系统和电话沟通等方式，畅通报名渠道，提供网上支付、教材征订与培训咨询等相关服务，全区共有241名社工报名参加全国社工师考试。为确保全区社工师考试通过率，分别在南苑、兴隆街道组织实施为期7天的初级、中级社工师考前培训，参训社工达257人。全区共有414名社工持有社工师证。及时收集掌握全区社工考勤、工资发放及社工动态信息。全区在编社工843人，其中民政类社工547人、劳动保障类社工236人、环保类社工60人，并为所有社工建立个人信息档案。全年为10名社工办结退休手续，为18名离职社工办理劳动关系解除和社会保险关系变更，为575名社工安排身体健康检查。举荐11名社工参加南京市“寻找最美社工”评选活动，最后有1名社工被评为南京市最美社工，2名社工被评为优秀社工，同时推荐1名社工参加江苏省首届“最美社工”评选活动。

【现代社区建设宣传】加强现代社区建设的宣传，制作全国社区治理和服务创新实验区建设中期评估宣传片。与江苏省广播电视总台（集团）广播传媒中心合作，在江苏文艺广播《社区欢乐秀》节目中，开设“厉害了，建邺社区”专栏，播出区有关现代社区方面社区故事。线上每周播出1次，每次10分钟；每2个月开展一次“建邺社区故事双月谈”，同步进行大蓝鲸APP视频直播；新媒体“罐头文艺”公众号，每月2次宣传建邺社区故事。已播出14期，线下开展2次直播活动。（区民政局）

【建邺区“共享社区节”举办】12月20日，由建邺区社建工委主办，南苑街道黄山路社区、新城小学怡康街分校承办的建邺区“共享社区节”活动暨2017年度建邺区社会建设先进个人网络票选活动，在新城小学怡康街分校2楼体育馆启动。活动中，社区居民通过情景剧、朗诵、舞蹈、唱歌等环节，将社区正能量、“五微社区”等社区共享共治的成果生动地展现在大家面前。活动充分利用建邺区“五微”数字党建平台，通过线上发布“微行动”，吸引社区居民群众报名参加，线下做好“微心愿”的征集和认领，引导居民群众打破隔阂、改善邻里关系、参与社区事务，党群携手共同打造更有温度更有质感的城市中心，取得较好反响。本次参评的210个2017年度“建邺好邻居 · 社会建设先进个人”候选人，由建邺区52个社区选报，通过为期近一个月的时间，由全区老百姓在建邺党建网、“五微共享社区”微信公众号上投票选出。人民网、《南京日报》等主流媒体对“共享社区节”进行宣传报道。（区委研究室）

表 33　2017 年度建邺区社会建设先进单位和先进个人名单

一、先进单位（9 个）：

区委组织部、区委宣传部、区委政法委、区民政局、区司法局、江心洲街道、兴隆街道、话园社区、中城社区

二、先进个人（90 名）：

邵守军	程 远	郁承耀	汪永华	陈 峰	骆 嵬	庞 涛	袁丝路	廖启斌	朱蓉蓉	石艳芳
孟正云	洪 进	张宝雪	徐东亚	陈天红	宋文祥	沈其静	王占礼	丁友军	许胜伟	江朝剑
李溪武	袁伟斌	吕 杨	杨 黎	李 扬	于大威	符岱佳	宋 艳	纪 萍	吕振宁	徐美荣
宋 昱	王平平	王 玲	张 滔	庞思思	李 萍	石 岩	石如状	唐 琴	丁亚锋	崔琪琪
朱 鹏	陈 楠	陈子阳	晋 璐	徐 玮	夏智强	吴顺彬	刘 锟	范 薇	范 璐	陈健华
戴若冰	王伟伟	易海峰	王明霞	张 舒	檀甘来	姜叶慧	陈开飞	王 洋	刘劲松	徐 蕾
韩会国	王徐兴	任世权	孙连娟	蔡雨文	季玲秋	封世兵	赵 勇	季 轩	王 昊	张顺荣
王玉梅	马小平	夏光涛	杨 娟	段 频	侯传国	何宏亮	朱安琪	张跃萍	陈 芳	谢 勇
陈林波	唐 菲									

（区委社建工委）

表 34　2017 年度建邺区“社区服务之星”名单（195 名）

莫愁湖街道“社区服务之星”（46 名）

蔡 玲	祁 蕾	孙晓霞	陈 尘	丁金兰	黄金国	陈兆金	栾振华	裴桂芝	张岳贵	陈卫东
宋永生	葛义发	邵自强	毛水园	齐红云	孙 波	王呈霞	张 梅	姜绪章	邵瑞云	吴多华
邢朝红	蔡守光	邓 辉	范春健	赵永胜	高跃宁	黄冠中	童红香	徐 军	刘锦堂	彭建平
吴恒光	陆文华	丁小梅	洪爱琴	朱爱荣	陈乃安	柏广进	黄文相	阎振利	杨 波	江静静
钱中祥	忻代娣									

兴隆街道“社区服务之星”（38 名）

唐武斌	时佩凤	夏 宇	周新萍	嵇桂香	范 洪	丛奉璋	蔡恩泽	艾程程	方 慧	徐 浩
殷小娟	何 凤	贾 燕	邹 鹏	王玉云	赵 玲	张红云	蓝 岚	张凯燕	蒋 雯	吴正尧
胡 静	秦伟峰	成 静	杨爱萍	谢怀柱	沈美玉	石 娟	孙 莉	夏友珍	张 丽	郝青苗
李云云	吉 强	戴馨馨	闵 瑞	刘婷婷						

南苑街道“社区服务之星”（48 名）

竺全平	李小冬	杨敬秋	杲先荣	徐姗姗	陈学利	张 征	范 涛	濮芳玲	王 辉	马 洁
徐经华	黄佩全	李声国	徐 静	施兴凤	王仲浩	仲友珍	刘文龙	邹文娟	曹 莹	陈贤荣
韩 超	杭 程	赵晓梅	纪学林	王建国	吴国爱	吴言斌	万兴梅	朱 青	张婷婷	何 蓓
卞金兰	陈先桂	王 虹	沈春华	赵秀莉	李成杉	徐 钢	黄玉琪	包世明	朱承华	杨夕才
沈厚忠	孙 康	郝志增	舒 辉							

沙洲街道“社区服务之星”（40 名）

刘 林	李晓洁	赵亚静	丁 晖	伍舒娅	许 俊	洪小妹	李震涛	彭秀敏	沈 莉	茅为民
钟桂花	房 军	黄中山	梁 莉	赵彩姣	洪春雨	方 敏	蔡 诚	冯 超	唐耀东	田 沁
姚 杨	尹锦蓉	张其中	唐林顺	许尔林	马金芝	王宝珍	赵 刚	戚建国	张晓雯	王 伟
许 秋	杨宝宁	周 华	杨俊蓉	吴 萍	汪 媛	胡艺文				

双闸街道“社区服务之星”（5 名）

阚吾三	胡润本	周 宁	谢珍玉	徐义琳

江心洲街道“社区服务之星”（18 名）

陈 萍	姚 萍	方绍辉	史贤伟	韩云飞	吴 彬	朱光银	刘西林	张国莲	魏宏蓉	潘 芮
俞 镇	汪文轩	田 蕾	钱扬波	丁以兴	李钟翔	许园利				

（区委社建工委）

经济管理

·财　政·

【概况】不断深化预算管理制度改革，加强税源建设和支出结构优化，关注富民惠民、产业培育、城市建设等重点领域，认真开展基层政务公开标准化规范化试点工作，深入推进法治财政标准化管理建设。全年实现区本级一般公共预算收入64.4亿元，增长9%。一般公共预算收入税比93.75%。经测算全区可用财力为68.44亿元。一般公共预算支出68.44亿元，增长31.47%，一般公共预算收支实现平衡。

【财税组织】谋划收入组织，紧盯目标、夯实举措，圆满完成全年一般公共预算收入目标。坚持招商引税并举，培育新税源增长点。对接企业，主动延伸服务内涵，不断提高护税协税能力，努力实现税源属地工作。认真贯彻文件要求，跟踪抓落实，推进省级金融保险业增值税和企业所得税实行属地管理的工作。走访辖区内各级金融机构，协调解决涉税事项中疑点及难点问题。

【预算执行规范】全年民生支出占区本级一般公共预算支出78.40%，比2016年提高2.4%。社会保障和就业方面，重点保障社会保障体系构建、"情暖建邺"等弱势群体帮扶、养老服务体系建设、福利院建设、就业创业服务、社区建设等投入，助推社会保障和就业服务能力提升。教育事业方面，重点保障莫愁职校新校区建设，支持"省基础教育技术装备示范区"创建，落实教育增长目标，助推教育事业快速发展。卫生事业方面，重点保障基本公共卫生服务、医改综合补贴、社区卫生服务中心建设和设备购置等投入，支持家庭医生签约服务，助推区域医疗服务能力不断提升。文化体育方面，重点保障"精彩365·快乐每一天"等群众文化活动，

6月22日，区财政局开展党员专题教育活动。　（区财政局　供稿）

支持省级社区综合文化服务中心建设和全民健身计划实施，助推文化体育事业发展。城市建设与管理方面，重点保障专项行动全面开展，支持夜景亮化工程、南湖等老旧小区环境综合整治、黑臭河道整治、排水达标区建设、积淹水点改造、防汛消险等工作，助力城市精细化管理和城市品质全面提升。产业发展方面，重点支持科技创新和人才工作推进，支持主导产业计划实施，支持区属国有企业集团化改革，助推主导产业集聚和区属国资做大做强。公共安全方面，重点保障信访积案化解和安全隐患整治及“平安建邺”“雪亮工程”建设，助力维护社会和谐稳定。社会治理方面，重点保障区、街、社区三级综治中心、网格化社会服务管理体系建设，支持放管服改革和全国社区治理和服务创新实验区创建，助推社会治理能力全面提升。

【财政综合改革】以法治财政标准化管理为抓手，规范预算编制与执行，稳步提高全区预算管理水平。全面推进基层政务公开标准化规范化试点工作。政府预决算和62个非涉密部门预决算全部在江苏省统一平台按标准公开，部门预决算的规范性得到明显加强。建立预算执行考核通报机制，不断提高预算编制与执行的科学性、均衡性。以信息化建设为抓手，优化财政一体化管理体系，实现固定资产、政府采购和预算管理、账务处理的有机衔接。强化预算绩效管理工作，将50万元以上项目纳入绩效目标管理，完成社区为民服务等项目绩效评价，稳步提升财政资金使用效益。加强政府债务风险管控，落实政府债务化解方案，债务风险得到较好控制。推进政府产业基金设立，促进基金集聚区建设，加大产业扶持力度，助力全区科学发展、转型发展、跨越发展。

【财政监督检查】开展财政监督，提高监督管理水平。完成“三防”（作风建设“防隐身防变异防反弹”）专项行动财政资金支出检查工作，组织对全区62家预算单位进行自查自纠工作。在自查基础上，对区13

4月27日，区财政局召开“大走访”活动工作布置会暨财政重点工作推进会。
（区财政局　供稿）

家预算单位进行重点检查。通过检查，规范财政资金支出行为。对全区20家行政事业单位开展会计信息质量检查，以预算管理、会计信息质量检查为抓手，通过检查单位会计核算、收支管理、资产使用等工作，掌握单位财政财务政策及会计制度执行情况，督促提高单位财务管理和会计核算水平。开展单位内控制度风险调研，综合分析内控制度建设和执行情况，针对风险控制的不足与薄弱环节提出对策与建议，强化区会计监督成效，提升会计信息质量以及财政资金使用效率。（区财政局）

·国有资产管理·

【概况】深化国资国企改革力度，组建区级国企集团，构建国资监管架构体系，优化国有资本布局，建立现代企业制度，加强国有资本监管，规范全区经营性国有资产管理，加强国有企业党建，全面推进建邺国资国企改革工作。

【区属国企集团组建】制定出台《关于深化建邺区国资国企改革工作的实施意见》，明确改革指导思想、目标任务、基本原则、改革重点、政策措施及组织实施等方面内容。对辖区33家国有及控股企业2016年12月31日的资产、负债及所有者权益进行清产核资审计，通过清产核资，摸清区企业国有资产存量和分布、产权构成及变动、财务管理及收益状况和存在的问题，为国资国企改革打下坚实基础。坚持市场化改革方向，加快国有经济布局结构优化和战略性重组，按照产业主导、优势互补、协同发展原则，全面整合区属国企，组建符合区域产业发展方向的国企集团，构建以产权关系为纽带的企业管理架构。完成城建、国资、城管、房产4大集团组建工作，以大集团战略推动国有资本做大做强做优，促进国有资产保值增值。

【区属国有企业现代企业制度建立】印发《关于建立健全区属企业“三重一大”决策制度实施办法有关事项的通知》，落实董事会、监事会、经理层等企业法定机构职权，建立董事会、监事会议事规则；制定出台《深化区管企业负责人薪酬制度改革实施意见》，加大对国有企业经营绩效考核，并着手制定《建邺区国资办监管企业负责人综合业绩考核及薪酬管理办法》；研究制定《区属国有企业公司制改革工作实施方案》，指导帮助企业制定具体改制方案。

【国资监管职能调整优化】以提高国有资本效率、增强国有企业活力为中心，明确监督边界，精简监管事项，制定出台《建邺区国资监管清单（试行）》，实现以管企业为主向以管资本为主转变。《建邺区国资监管清单（试行）》共分24类50项监管事项。其中，由区国资办审核后报区政府审批的重大事项共16项，包括：企业改制、重组、股份制

7月17日，区国资办举办国资系统专题培训，邀请省属国有企业监事会主席唐华授课。（区国资办　供稿）

改造，设立、分立、合并、破产或解散，年度投融资计划，上市、发债，国有产权转让，资产损失核销等；报区国资办审批、审核（核准）事项共12项，包括章程制定和修改、担保、负责人薪酬核定、利润分配方案、清产核资结果等；报区国资办备案、报告事项共20项，包括企业发展战略与规划、年度财务报告等；董事、监事任免事项按管理权限任免。对于清单外企业日常经营管理事项，由企业依照相关法律法规、国资监管规定及企业章程自主决策。同时，明确每一类事项法定办理途径及其办理依据，并予以对外公示。

【国有企业财务监管】加强国有企业财务监管，建立财务报表报送制度，实现对区国有企业财务信息监管全覆盖。不定期开展专项检查，规范企业财务行为，有效防范财务风险。开展违规吃喝问题专项整治回头看工作，对区国有企业（南京新城科技园建设发展有限责任公司和南京江东资产经营管理有限公司）公务接待中存在的85笔共143873.2元的问题整改情况进行专项检查；对全区32家国有企业2017年以来公款购买高档酒情况进行专项检查，经对377册会计凭证审查，有公款购买酒的企业共2家，涉及金额23808元。1月1日~7月31日，未发现有公款购买单价500元以上高档白酒记录。

【国有企业负责人薪酬制度改革】贯彻落实中央及省、市关于国有企业负责人薪酬制度改革意见精神，制定出台《深化区管企业负责人薪酬制度改革实施意见》，加大对国有企业经营绩效考核，按照“因事设岗、以岗定酬”原则，实行分类考核、严格兑现、重点关注经济增加值和效益指标，建立基本年薪与中长期激励相结合的薪酬机制，充分调动人才积极性、主动性和创造性，为企业发展提供人才支撑，制定《建邺区国资办监管企业负责人综合业绩考核及薪酬管理办法》，根据企业功能性质定位突出不同考核重点，从管理、经营、党建3个方面入手，合理确定考核基准值，通过考核引导企业实现效益最大化。

【“三供一业”分离移交】为贯彻落实国家、省、市有关文件精神，根据南京市国有企业职工家属区供水、供电、供气（供热）及物业管理（简称“三供一业”）分离移交专项工作统一部署，对接区域内涉及“三供一业”分离移交的4家国有企业集团、1472户住户，先后10余次到分离移交小区现场查看小区基础设施状况，了解小区居民诉求，会同企业工作人员初步梳理出移交前尚需维修和改造的问题菜单60余项。出台《建邺区国有企业职工家属区“三供一业”分离移交工作方案》，促进莫愁湖街道、南苑街道与新工集团签订分离移交框架协议。封闭小区物管分离移交协议已全部签订，涉及移交户数922户，占区总分离移交户数62.4%（不涉及供水、供电、供气分离移交）。

【公有房屋及经营性资产清查】为规范全区公有房屋及经营性资产管理，提高资产使用效率，区国资办组织对全区范围内公有房屋及经营性资产开展清查工作。成立清查工作领导小组，制定《建邺区公有房屋及经营性资产清查工作实施方案》及《建邺区区属经营性房屋出租管理暂行办法》。清查工作纳入区纪委“4+1”专项行动，通过自查、重点核查、普遍核查、成效监督检查和回头看等环节对全区行政事业单位和国有企业出租公房权属情况、合同签订、租金收取、上缴、使用等进行全面检查，并及时将清查工作中发现的问题和整改情况向区纪委汇报。共清查单位71家，清查总面积约251万平方米；已协调区政府办、区文旅局、区审计局、区人社局、区体育局5个部门，将16处共计1.23万平方米出租房产有序移交给国资集团。

11月16日，区国资办组织召开国资系统2018年务虚会，区委副书记、区长闵一峰（正面左一）和副区长宗仁（正面左二）参加会议。

（区国资办　供稿）

【国有企业清产核资】区国资办对全区范围

内33家国有及控股企业2016年12月31日的资产、负债及所有者权益进行清产核资审计，审计结果显示：32家国有及控股企业（未含中新南京生态科技岛开发有限公司及其子公司）资产共计413亿元，负债共计313亿元，所有者权益共计100亿元，平均资产负债率76%。结合本次清产核资，对中新南京生态科技岛开发有限公司也进行了审计，该公司及其纳入合并报表范围内控股子公司总资产97亿元，负债80亿元，净资产17亿元。并结合清产核资工作情况和企业改制要求，逐步清理“僵尸企业”，以集团组建为契机，先后盘活3家“僵尸企业”。

【国资监管调研和信息宣传】加强国资监管和国企改革调研和信息宣传工作，明确调研工作目标任务，起草调研文章1篇，编发各类信息21条，其中，江苏省国资委网站采用6条，区县国资简报采用1条，南京市国资委网站采用19条，南京市国资简报采用1篇，区建邺信息采用6条。（魏求珍）

·国　税·

【概况】2017年，区国税局管辖各类纳税人3.59万户，累计组织市级税收收入216.45亿元，同比增长17.64%，完成区级公共财政预算收入38.14亿元，增长68.89%。落实各类税收优惠17.65亿元，有效发挥税收促改革、调结构、惠民生职能作用。区国税局在组织实施全面推开“营改增”（缴纳营业税的应税项目改成缴纳增值税）试点、“金税三期”（税收管理信息系统工程总称）上线等重点工作中，圆满完成任务，作出突出贡献，被江苏省人社厅、江苏省国税局联合授予集体三等功。

【依法治税】以“法治国税、文化国税、智慧国税”组织理念为目标，将法治建设贯穿于税收工作全过程。通过普法教育、专题培训、氛围营造，深化法治思维运用。通过试点执法主辅制、首创税收听证室、严格执行行政处罚裁量基准，规范干部执法行为。通过做好执法和行政管理基础事项，夯实依法治税基础。2017年，区国税局被江苏省国税局命名为“江苏省国税系统法治基地”。

【国税服务优化】打造文化环境，推行“办税e站”品牌，落实6S行为管理。打造办税环境，实施繁简分离办税，缩减纳税人平均等待时间，力推电子化办税，解决纳税人多元化需求。打造服务环境，落实“放管服”（“放”中央政府下放行政权，减少法律法规没有法律依据和法律授权的行政权，厘清多个部门重复管理的行政权；“管”政府部门要创新和加强监管职能，利用新技术新体制加强监管体制创新；“服”转变政府职能减少政府对市场进行干预，减少对市场主体行政审批等行为，降低市场主体市场运行的行政成本，促进市场主体的活力和创新能力）和“3550”（推行开办企业3个工作日内完成、不动产登记5个工作日内完成、工业建设项目施工许可50个工作日内完成的改革目标，简称“3550改革”）改革举措，为纳税人提供引导式、体验式、自助式新型服务模式，推行套餐式业务，打造高效率办税流程，0.5个工作日即可完成新办企业登记确认。

7月19日，区国税局推行执法主辅制。 （吴彬 摄）

【首个导税机器人上岗】区国税局新“招录”的导税员——机器人“瑞瑞”在办税厅亮相。“瑞瑞”是南京市税务系统第一名机器人导税员，它内置电脑程序中，存储着上千条语音信息识别内容，可以通过语音、触屏等渠道与纳税人实时互动，解答各种税收问题。随着此类导税机器人引入，办税厅导税、分流效率将逐步提高，他们也为纳税人带来耳目一新办税体验，是“互联网＋税务”又一尝试。《中国税务报》《南京日报》分别进行报道。

【办税执法主辅制试点】1月，南京市国税局在建邺区国税局试点“办税服务厅执法主辅制”，打造进门有引导、办税有辅导、执法有督导的办税执法“新生态”，旨在解决执法难题的同时，提升纳税人满意度。《中国税务报》《南京日报》《南京晨报》、南京国税微信分别对该项试点工作及成效进行报道。

【国税办税窗口对外开放】8月24日，南京市委书记张敬华在常务副市长刘以安等陪同下到南京市政务中心调研指导。调研中，张敬华视察南京市政务中心国税办税窗口、电子税务局体验区和自助办税区的运行情况，看望慰问一线国税干部。为迅速落实全市简政放权创新创优打造良好营商环境工作要求，南京市国税局联合代管单位建邺区国税局，组织专门力量，全面进驻南京市政务中心，真正打造一站式国税办税窗口，承诺新办企业0.5个工作日内即可领用发票。国税办税窗口于8月18日正式对外开放。

【健全税务行政执法人员管理制度专家论证会召开】8月16日，由江苏省国税局、南京市国税局共同承办的国家税务总局健全税务行政执法人员管理制度专家论证会在区国税局召开。各位专家学者参观区国税局办税服务厅，实地了解执法主辅制运行情况。会上，各位专家就国家税务总局起草《税收执法证件管理办法（征求意见稿）》和南京市国税局办税服务厅推行执法主辅制可行性和合法性开展讨论，并针对如何界定税收执法、实收执法与纳税服务的区别、税收执法主体与管辖权关系等问题发表意见。江苏省人民政府法制办负责人，江苏省高级人民法院、南京市中级人民法院、南京铁路运输法院、南京大学、东南大学、上海国家会计学院等社会各界法律专家学者应邀参加论证会，国家税务总局政策法规司、江苏省国地税政策法规处、南京市国地税相关负责人出席会议。

【国税系统基层政务公开标准化规范化试点调研推进会召开】11月14日，江苏省国税局基层政务公开标准化规范化试点调研推进会在区国税局召开。会上，参与试点的7家单位就试点工作进展情况、遇到的困难和问题及下一步打算进行汇报。由江苏省国税局法规处、纳服处、办公室分别牵头的政务公开试点专项小组也分别汇报近期团队工作情况，并提出下一步工作建议。会议期间，与会人员参观区国税局办税服务厅，实地了解政务公开体验区建设和运行情况，对区国税局设立体验区引导社会公众和纳税人参与政务公开试点工作做法予以肯定。

【校园税收宣传】区国税局、区地税局工作人员在全国第26个税收宣传月前夕携手到南京金陵中学实验小学，与一年级240名小学生共同上了一堂特别有意义的“税收课”。活动中，税务人员通过专业讲

8月16日，国家税务总局健全税务行政执法人员管理制度专家论证会在区国税局召开。（刘颖　摄）

解，观看税收动漫小故事，欣赏税收文物，有奖竞答等环节，让祖国花朵们对税收有个基本正确认识。同时，动员小朋友们加入“小小税法宣传员”队列，用他们质朴的语言向亲戚朋友们宣传税法，提高税法遵从度，构建依法诚信纳税的税收环境。《江苏新时空》《南京新闻》《南京日报》《江南时报》、新华网、江苏网等媒体以及国家税务总局微信、江苏国税微信、南京国税微信分别进行报道。（杨　苗）

·地方税务·

【概况】2017年，区地税管辖户64242户，单位纳税人27371户，个体12971，登记在册自然人2.39万人，其中正常户62418户，非正常户1824户，停业户1户。区地税局以组织收入为中心，深化税务系统“放管服”（“放”中央政府下放行政权，减少法律法规没有法律依据和法律授权的行政权，厘清多个部门重复管理的行政权。“管”政府部门要创新和加强监管职能，利用新技术新体制加强监管体制创新。“服”转变政府职能减少政府对市场进行干预，减少对市场主体行政审批等行为，降低市场主体市场运行的行政成本，促进市场主体的活力和创新能力）改革、国地税征管体制改革，落实减税政策，科学提升管理效能，推动全面从严治党向纵深发展，稳步推进全局各项工作。

【组织收入】2017年共组织各项收入107.97亿元。对税收形势、税源结构、收入规模进行预测分析，强化税收预测分析导向作用和结果运用，1~12月平均预测误差率0.55%。按季对重点行业和重点企业税收分析，编制税收分析报告和重点税源直报，对重点税源企业当月纳税增减异常情况进行实地核实。严防新欠，追缴陈欠，截至12月底，欠税总额27.6万元，占全市欠税总额0.38%。全年累计完成风险应对任务935户，风险应对查补税款51587万元，风险应对贡献率和应对税款均为全市第一。与财政、国税、经济功能园区等进行对接，逐步构建以税源管理为核心，多部门、多层次、多维度的综合治税网络，发挥社会化综合治税效能。自4月区地税局委托区房屋租赁办征收个人出租房屋税收以来，开具税票11601张，征收税款3800万元。委托区国税局代征税款10229.04万元。紧盯区里重大项目和重点税户，将年纳税额30万元以上税户列为重点税源户，建立100万元以上重点税源企业局长、科长定点包干联系制度。对区内引进行重点税户事前对接，事中专人跟进项目进展，主动做好纳税服务。

【征管机制优化】深化国地税征管体制改革，联合建设个体办税服务厅，共同拓展南京市政务服务中心联办事项，推进个体工商户税款扣缴方式优化转换，实现国地税联合共管。以税源与征管状况监控为抓手，强化指标动态跟踪，围绕股权转让、自然人利股红分配、土地增值税清算等专项工作，将潜在大额税源与风险管理工作相结合，加强环节控制，注重过程监督，按周通报，按月完成，有效提高风险应对成效。

5月27日，建邺地税开通“一带一路”税收服务专列，为南京云锦提供税收服务。（区地税局　供稿）

【税收执法行为规范】 强化税收执法责任制落实，严格执行处罚裁量基准，探索建立柔性执法制度，全面推进税收风险、执法风险、廉政风险“三险”同步预防，联合应对内控机制建设。加强制度建设，规范税收执法行为，2017年被评为南京市地税系统“法治税务示范基地”、江苏省地税系统“规范执法示范单位”。重点关注现行征管模式下税务机关、税务人员执法风险易发、执法责任重大问题，做到季季有重点，月月有主题。

【税收优惠】 服务经济发展，有效完成收入任务，为地方经济发展提供有力保障。结合区域特点，进言献策，编印《建邺地税税情直报》，送呈区主要负责人和相关部门，为地方经济发展提供政策建议。服务企业发展，贯彻落实税收优惠政策，鼓励小微企业、高新技术产业和现代服务业发展。2017年度减免高新技术企业所得税10户，减免税款1355.19万元。企业研发费加计扣除17户，金额5949.31万元。减免小微企业所得税581户，减免金额625.28万元。服务民生改善，与区劳动局、区残联加强沟通联系，落实下岗职工、残疾人等低收入群体就业税收优惠政策。入库社保费及各项基金25.71亿元。

【税收管理事项梳理】 明晰职责，定制边界分明的权力责任清单。对地税行政职权和责任进行全面梳理，理清权责界限，明晰权责范围，提高社会公众监督权、参与权。梳理出行政许可、行政处罚、行政强制、行政确认等权力清单7类123项，梳理出行政处罚、行政强制等责任清单5类83项。便民办事，定制惠及公众的公共服务清单。将税收服务经济社会发展与社会公众需求有效融合，积极吸纳当地政府、纳税人的意见建议，对涉税公共服务事项办理依据、受理单位、基本流程、办理时限等内容逐一明确，梳理出公共服务事项清单5项333条，其中涉及税务登记23条、税务认定13条、申报纳税37条、税收优惠256条、证明办理4条。利民办税，定制条理清晰的税收事项清单。全面梳理税收管理事项，编制基层地税部门管理事项公开三级目录，实现办税事项全要素、全流程、全方位公开，让纳税人轻松明白便捷办税。初步形成由行政许可、公告政策、执法信息、纳税服务4大类15项内容组成的一、二级目录体系，税收管理事项公开目录主体结构基本形成，梳理出税收管理事项三级目录736项。

【地税征管基础工作】发挥智能征管效能，以税源与征管状况监控为抓手，强化动态跟踪，重点监控分析薄弱指标，及时通报督办整改。通过指标发现问题，制定相应措施进行规范。定期召开分析会议，研究工作重点难点，促进日常工作提升，提升征管效能。参与专项工作，区地税局作为全市唯一一家城郊区局，通过参与江苏省地税局金税三期查询应用类数据（功能）验证完善，南京市地税局税收征管质量监控平台七期优化以及江苏省地税局数据质量分类治理等专项工作，学习领会方针政策，了解征管工作动态变化，同步学习外部先进作法，对照自身查漏补缺，提升基础管理效能。加强个体征管基础，制发《关于进一步明确个体工商户申报工作中有关问题的通知》，明确对查账征收个体工商户日常征管要求，严格按照国家税务总局规范对个体工商户未按期申报行为加强监管。联合区国税局共同推进个体工商户税款扣缴方式优化转换工作，通过江苏省国地税联合征收管理系统实现国地税联合共管。完善税源税户动态管理，税户登记基础工作，宣传推广登记证件多证联办，提高联合办证效率。截至年底，新办“三证合一”（企业依次申请的工商营业执照、组织机构代码证和税务登记证三证合为一证）单位纳税人5310户，新办“两证整合”（指个体工商户申请登记由原先需要分别申请工商营业执照、税务登记证，改为一次申请，由工商部门核发一个加载法人和其他组织统一社会信用代码的营业执照）个体纳税人2334户，为服务地方经济，加强登记后续动态管理，紧盯区域潜在税源。做好清欠、防欠工作，强化催缴过程管理，严控新欠税款比重。规范欠税台账，按季公告欠税明细。密切跟踪欠税纳税人经营动向，定期约谈欠税单位负责人。2017年新欠税款25.19万元，新欠发生率全市最低。加大陈欠税款清理力度，寻求区公安分局、区国税局等社会综合治税力量共同清理陈欠税款，清理入库陈欠税款10.67万元，陈欠清理率达到79.86%，位列全市第二。

【风险管理】区地税局结合股权转让、自然人利股红分配、土地增值税清算等专项工作，将潜在大额税源和日常的风险管理工作结合起来，利用大额税款有效提高风险应对成效。累计完成风险应对任务935户，风险应对查补税款51587万元，符合国家税务总局风险管理成效口径税款为4.31亿元，中等风险贡献率6.5%，单户查补税款大于千元的占比73.69%。加强案头审核分析工作，拓展多途径疑点还原方法，充分利用金三系统中的国税数据进行比对分析。科所联动，对反映较集中的问题，科室及时提供政策支撑，全程跟踪应对过程，保障基层开展。对照绩效考核指标查找工作难点，加强过程监督，序时完成任务。风险任务进度按周通报，按月完成。2017年报送风险案例4篇，1篇被推荐为省优秀案例。应对过程中发现难点问题及时汇总，按月召集集体审议会议，为风险应对提供支撑。承担3户国家税务总局千户企业集团风险应对工作，补缴税款130余万元。对于应对质效不显著的任务，由所长签字审核，所长审核后暂未发现问题，提交督审部门介入，进行案头复审。

【税政管理】抓实企业所得税汇算清缴，制定汇算清缴工作方案，利用报纸、短信平台等多种方式宣传税收政策，做好对内及对外培训，提供个性需求服务。汇算清缴申报率100%，其中查账征收户4199户，核定征收户614户，入库税款17.15亿元。抓好个人所得税管理，12万高收入个人申报16390人，申报率100.29%，入库税款620.54万元，多处工薪所得补税395人，入库税款55.19万元。强化委托代征管理，自然人股权转让办结1256户，入库税款478.06万元。提升机关事业单位个人所得税明细扣缴质量，全年共辅导3家单位开展自查补税，共涉及980人，累计补税126.17万元。加强土地增值税项目清查梳理，摸清辖区内土地增值税税源状况，建立项目登记、预征管理、已清算项目后续管理台账，截至年底共完成19个项目清算自主申报，4个项目实地审核，共组织入库土地增值税税款合计14.58亿元。

【纳税服务】强化全员服务理念，健全纳税服务联动机制，加强办税应急处理和重大事项应对。拓展服务方式，关注企业需求发展，坚持落实挂钩企业走访制，建立挂钩联系企业QQ群，搜集纳税服务需求。强化合法权益保护，加强纳税人权益维护宣传，引导支持纳税人进行合理合法的维权。建立投诉处理快速反应机制，当天回应，认真处理。按时限要求共办结南京市政府12345热线、南京市地税局12366转办工单138件。探索建立诚信纳税机制，深化税银合作，拓展合作内容，助力中小微企业发展。对8352户符合参评条件纳税人逐项复核扣分依据，调整评定级别，完成事业单位信用评价任务148户。落实服务效能监测模拟运行工作，提升服务效率质量。区地税局作为模拟运行试点单位，坚持“先行先试、全面监测、稳步推进、积累经验和持续改进”工作原则，通过对征收、管理、风险3类机构涉税业务全过程跟踪，开展服务效能评估，掌握纳税人需求，不断发现问题、改进措施、改善效能。共监测涉税事项8000余件，反馈收到不满意工单4件，二次跟踪回访满意率100%，有效增进征纳关系，提升服务效能。

【基层创建活动】落实绩效管理要求，修订完善区地税局绩效考评规则，C级考核指标以及加减分项目，并依据部门职责要求差异，做好共性指标和个性指标制定，形成具有部门特色并与实际工作紧密结合、特点鲜明的指标体系。通过月度绩效分析讲评、季度绩效分析点评等形式，加强职能科室对指标完成情况的讲评、进度的过程把控以及持续改进的要求，强化基层对指标完成的经验分享和努力方向知晓，确保考核内容全面、完整，考核结果公平公正。继续深化文明创建，推荐办公室、征税科参与全国青年文明号创建，做好争创2016~2018年度省、市级文明单位基础工作。进行网站维护，争创省级全民健康创建示范单位。参加省级书香机关汇报交流，迎接书香地区实地检查，参加市级书香机关建设示范点授牌仪式。开展各类基层建设活动，与沙洲街道双和园社区签订结对共建协议，做好社区结对共建工作。走进江宁小彭村了解需求，结对共建美好乡村。组织开展学雷锋志愿服务集中行动，走进江湾社区为群众开展12万元个税政策咨询辅导，元宵节走访社区9户困难群众，六一儿童节走访慰问南京特殊教育师范学校附属小学等。组织参加全国“万步有约”健走大赛，鼓励干部积极锻炼、强身健体。组织开展“小米有约”之端午有约活动，感受传统文化，营造温馨和谐的良好氛围。获得“南京市五一劳动奖状”、第一税务所获得“南京市工人先

3月28日，税收博物馆讲解员给小朋友们讲解税收小故事和税收文化历史。

（区地税局　供稿）

锋号”荣誉表彰。继续开展市级“青年文明号”、系统“税务文化精品示范点”“标兵科所”“青年文明号”“巾帼文明岗”以及“地税标兵”“岗位能手”等争创活动，创建区级作风建设示范岗、作风建设示范科所、“最美家庭”等，推动形成学习先进、崇尚先进、赶超先进良好风尚。

（区地税局）

6月13日，南京市审计局局长姬桂玲（左三）到区审计局调研机关人财物管理改革试点推进情况。（区审计局 供稿）

·审 计·

【概况】2017年，区审计局落实审计机关人财物管理改革试点，提升审计质量和审计队伍素质两个重点，依法履行审计监督职责，推进审计全覆盖。全年共开展各类审计16项，查出问题金额10.69亿元，非金额问题10项，核减投资额2.69亿元，编发各类信息75篇，开展工程跟踪审计22项，参加上级审计机关统一组织项目5项。加强审计信息化建设，建立经济责任审计、部门预算执行审计和工程项目审计对象分类数据库。

【审计人财物管理改革试点】根据统一部署，启动审计机关人财物管理改革试点，把握改革试点正确方向，理解改革试点重要意义、目标任务和工作要求，自觉遵守改革纪律，坚持改革最终目标是依法独立履行职责。提请区委、区政府出台《建邺区审计机关人财物管理改革试点实施方案》，成立由区政府主要负责人任组长的改革试点工作领导小组，落实审计机关人财物管理改革试点、实行审计监督全覆盖2项内容，列入2017年全区深化制度体制改革工作要点。

抓好审计业务改革，提请区委、区政府出台《建邺区关于实行审计全覆盖的实施意见》和《建邺区“十三五”审计工作发展规划》。改进审计项目计划管理，将年度项目计划草案报区政府批准和南京市审计局审核，并跟踪监督项目计划执行情况。完善审计结果公告和重大事项报告制度，成立建邺区审计结果公告领导小组，年内公告审计工作报告和单项、综合审计结果7项。建立审计执法责任制，落实审计执法过错责任追究制度。建立审计法规库，推进审计项目审理前置，明确专职审理科室和审理人员，把好审计质量关。

【政策措施落实和重点工作推进情况审计监督】将重大政策措施落实情况作为所有审计项目的重要审计内容，及时发现存在问题，提出审计建议。根据上级审计机关统一部署，参加地方政府性债务、保障性安居工程、扶贫政策措施、创新政策措施落实情况跟踪审计，对全区扬尘污染防治情况开展专项审计调查。为保障江苏发展大会做好城市精细化管理重点项目跟踪审计，参加江心洲生态科技岛拆迁项目跟踪审核及中新公司资产负债和经营成果审计工作，参与区委巡察和区纪委“三防”（防隐身、防变异、防反弹）专项检查等工作，做好江苏省审计厅授权的苏州审计局对区政府主要负责人经济责任审计的服务保障工作。

【财政预算执行审计】强化财政同级审计市区两级联动，依托财政审计数据化平台，运用大数据分析技术，深化区本级公共财政预算、政府性基金预算和财政专户审计。按照5年内至少审计1次的目标推进部门预算执行情况审计全覆盖，共审计一级预算单位18家。按每年不少于25%比例推进专项资金审计全覆盖，对民政养老服务、城市公共设施养护、学前教育专项资金进行重点审计，审计专项资金7.3亿元。区政府召开审计整改工作专题会，明确整改责任主体的主体责任，督促审计发现问题整改落实。受区政府委托向区人大常委会报告同级审计工作报告和审计整改情况报告，审计整改报告经区人大常委会测评，满意和基本满意率达96.4%。

【经济责任审计】加强经济责任审计组织领导，召开经济责任审计工作领导小组会议，

5月4日，建邺区经济责任审计领导小组会议在区审计局召开。
（区审计局　供稿）

研究年度经济责任审计工作要点，制定《建邺区经济责任审计对象分类和计划管理办法》，对全区74个部门单位，84名负责干部按任职时间、工作岗位性质、履行经济责任的重要程度、管理资金资产资源规模等因素进行分类管理，推进经济责任审计全覆盖。坚持党政同责、同责同审，提高任中审计比例，2017年对11名区管负责干部进行经济责任审计，任中审计比例占44%。

【政府投资审计】向区委、区政府汇报审计署关于完善和规范投资审计电视电话会议精神，对照审计署要求，对区投资审计工作整改情况向区政府常务会议作专题汇报，提出依法独立行使审计监督权、适时启动审计监督管理办法修订工作、明确各建设主体造价控制责任、完善投资项目决算审批制度、深化投资审计内容、推进投资审计全覆盖等整改建议，区政府原则同意区审计局建议，并要求做好衔接工作。全年开展工程决算审计4项、工程跟踪审计22项，累计审核资金13.09亿元，核减投资额2.69亿元。对58项由各行政主管部门和建设单位组织实施审计建设项目进行监督检查。

【审计质量建设】落实审计任务目标管理，建立审计项目完成进度督察机制，建立审计整改机制，明确将审计整改情况纳入全区绩效考核内容，制定《建邺区审计现场管理办法》，加强审计现场管理。（尤文武）

·工　商·

【概况】2017年，全区新增企业5880家，比2016年同期增长23.81%。其中，认缴注册资本500万元以上企业2091家、1000万元以上企业1242家，比2016年同期分别增长31.51%和38.92%，亿元以上企业118家，比2016年同期增长61.64%。全区新增注册商标3262件，比2016年同期增长21%；全年新增马德里商标国际注册数3件；申报驰名商标1件、江苏省著名商标6件，南京市著名商标12件，超额完成年度自主品牌申报目标任务。截至年底，全区有效商标注册总量达13889件，马德里商标国际注册数35件，驰名商标数量6件，江苏省、南京市著名商标总量65件。

【商事制度改革深化】以“提升审批服务效率、打造最优营商环境”为目标，全年3次调整许可清单，登记前置审批事项已减少到31项，推进市场主体准入便利化，取得“3550”（开办企业3个工作日内完成、不动产登记5个工作日内完成、工业建设项目施工许可50个工作日内完成）改革的阶段性成果，建邺区在全市“3550”改革现场会上做交流发言。持续推进“多证合一、一照一码”“简易注销”“全程电子化登记”等改革措施；为阿里巴巴华东总部、小米科技、江湾新天地等一批国内龙头企业落户建邺提供优质的政务服务和营商环境。开设绿色通道，为金鹰世

11 月 15 日，区市场监管局为金鹰世界首批登记完成的 20 家企业代表举行集中发照仪式。（刘琪 摄）

界广场等新兴载体商户提供集中注册服务。

【社会信用体系建设】为推进区社会信用体系建设，客观公正地反映区企业信誉状况和信用管理水平，立足信用监管职能，引导培育企业信用意识，推动辖区企业参加国家级、省级、市级和区级“守合同重信用”企业公示活动，主动向社会展示建邺新城企业良好形象。已上报推荐如新日用保健、南工科技、凯风建筑和苏交科 4 家企业为省级守合同重信用企业，推荐大贺传媒、舜天西服和慧乾装饰等 14 家企业为市级守合同重信用企业。2017 年区“守合同重信用”企业也已全部公示完成，共有 58 家企业通过审核获得公示资格，已在区政务网上予以公示。

【广告监管】通过对辖区重点广告媒体单位进行实地走访等方式，引导企业深入学习法律法规，同时加大对广告主体资格和广告内容审查，自觉抵制非法广告，引导广告经营单位自觉发布公益广告。以网格化管理为基础，对辖区进行拉网式排查，开展车容车貌类、教育培训类、互联网金融广告等专项整治行动，加大对“最好”“最佳”等绝对性和夸大用语的查处。加强重点行业广告监管，将房地产、医疗美容、健身类广告作为整治重点，采取日常巡查和专项检查相结合方式，加大检查力度。以举报、维权为监管突破口，受理消费者的举报和投诉，依法查处虚假广告侵害消费者权益的案件，针对职业举报人的投诉，认真辨别，规范处理程序，贯彻过罚相当原则。推行行政指导制度，将服务咨询、行政建议等柔性手段融入监管执法工作，对违法情节轻微的广告当事人进行行政约谈，下发行政告诫书，对已实施行政指导的对象，按期进行回访。截至年底，共立案查处各类违法广告案件 36 件，结案 17 件，罚没款 128.2 万元。

【商品交易市场远程信用分类监管系统推广运用】推广运用商品交易市场远程信用分类监管系统。组织市场加入商品交易市场信用分类监管系统（二期），区茶南、迎宾、虹苑等3家农贸市场成为第1批试点单位。3月，上述3家农贸市场及监管干部参加专项培训，为实现日常巡查、信息查询、数据统计、索票索证、食品安全监管、商品交易市场信用分类监管等监管工作打下基础，为创建文明诚信市场和平安市场提供保障。2017年又申报飞茂和江心洲科巷市场作为远程监控第2批试点市场，10月组织相关分局及市场管理人员参加业务培训。

5月5日，区市场监管局召开2017年建邺区创建无传销街道工作会议。（吕宁　摄）

【网络经营主体“电子标识”信息核查】为促进网络经营主体可持续发展，自5月起，建邺区市场监管局按照相关规范认真核查网络经营主体信息，为辖区网站电子标识的申领做好准备。指定专人，组织网上筛查工作，按照要求，指定专人严格遵循工作规范，对主体数据信息进行网上筛查，网站载体信息不完整不准确的，通过江苏工商电子政务（二期）管理信息系统进行查漏补缺，确保数据精确有效。多措并举，核查相关主体信息，利用企信通、网格巡查等方式，把企业年报与“电子标识”信息核查工作相结合，对网上宣传信息不符、夸大宣传的企业，责令其改正。做好服务跟进工作，针对“电子标识”申领核查中存在的问题，及时对接相关企业，采取电话了解、上门跟踪等方式，及时跟进辅导，帮助企业成功申领电子标识。

【专项行动执法】先后开展汽车市场、互联网领域假冒侵权等多项专项行动，对辖区重点工程项目及民生工程中使用的假冒建筑材料加大执法检查力度。查处2起销售冒用洋河酒商标专用权案件。2017年，查处各类违法案件共计144件。（刘　恋）

·物　价·

【概况】2017年全年共减免低保户、优抚对象家庭的就诊费、挂号费、住院费等费用，发放幼儿助学券、减免义务教育阶段杂费等累计达6133.68万元，承担《36大中城市粮油食品监测》《南京主副食品价格监测》《江苏省基本药物监测》《价比三家》等9项监测任务，上报报表572份，调研报告4篇，工作动态24篇。共办理工单370件，其中12345政府服务热线197件，12358工单173件，行政处罚3起，罚款2516.4元，维护了市场价格秩序。12345工单办结率、满意率居全区55个单位考核中排名前列。

【价格调控机制建设】调整以分管区长为组长，区物价局局长为副组长，各责任单位分管负责人为成员的全区稳定价格保障群众基本生活工作领导小组。制定《建邺区2017年稳定价格和治乱减负目标责任制实施办法》，区将稳定价格和治乱减负目标责任制纳入全区绩效考核体系。3月9日，召开全区价格工作会议，布置2017年全区稳定价格和治乱减负目标责任制。在全区价格工作会上，区政府分管区长与15个职能部门，以及6个街道负责人签订《2017年度稳定价格和治乱减负目标责任书》。各责任单位又进行层层分解，把目标责任落到岗、到人。5月18日又召开全区目标责任制推进暨具体工作人员培训会，推进目标责任制落实力度。

【行政事业单位涉企收费清查】开展涉企收费清查，落实减免政策。认真开展行政事业性收费情况年报年统工作。从3月起，组织力量完成对全区2016年度29家单位的行政事业性收费情况统计。全区有29家行政事业单位的26个收费项目，全部在全国收费动态监管系统上运行，涉及收费金额8982.47万元。组织开展全区价费行为自查自纠工作。3月初下发《关于开展全区六大重点价费行为自查自纠行动的通知》，区教育局、区卫计局、区房产局、区城管局严格按照时间节点，完成价费行为的自查自纠工作，规范全区价格收费行为。开展落实涉企收费政策督查。6月中旬，及时组织人员对区法院、区城管局、区疾病控制中心、区人防办等涉企收费单位开展督查，区疾病控制中心立即停收从业人员健康检查收费，全区收费单位全面执行收费公示，做到收费项目、标准公示规范醒目，公示率100%。

【价格审核备案】认真做好各类价格审核和备案工作，落实市政府房地产调控新举措，加大开发企业的普通住宅价格备案，严把备案初审关。已累计受理新建商品住房11个楼盘15个批次，以及6个项目地下车库销售的明码标价表备案工作。受理6个物业服务收费标准的备案，13个民办幼儿园收费标准调整备案。核准15个停车场服务收费标准。

【价格监督检查】依法开展价格专项监督检查，开展停车场及物业收费专项检查，共检查各类停车场6家、物业单位5家的不规范收费行为，并对辖区内的11家旅游公司开展专项检查。开展教育收费专项检查，组织力量对5家小学、幼儿园进行检查，同时，对辖区内的2家早期教育机构进行检查。持续开展商品房销售价格行为检查，为维护商品房销售价格行为的良好秩序，累计检查12家次房地产销售企业。开展节日市场价格巡查，共组织120余人次在节日检查欧尚超市、苏果超市，以及万达商场、农贸市场、停车场等单位100余家次，规范节日期间的市场价格行为。

【价格执法体制改革】深入推进综合行政执法体制改革，贯彻落实区委、区政府关于深化综合行政体制改革的精神。确定分管负责人、责任科室和联系人。以联系的方式，下沉"对经营者违反明码标价规定行为的检查、对经营者或行业协会不正当价格行为的检查"等2项检查权。梳理、公开建邺区物价局公共服务事项清单、"不见面"审批事项清单等2个清单。

【财产价格认定】共受理公安部门的委托，完成刑事案件92起，认定涉案标的766件，涉案金额达60.62万元。推进社区价格争议调解点建设。成功调解价格争议1起，调解金额人民币500元，得到双方当事人认可。

【物业管理行业诚信单位创建】加强领导，统筹安排，成立区发改局、区房产局、区物价局分管负责人为成员的物业管理行业诚信单位创建活动领导小组，统筹协调创建活动的组织、评审、表彰等工作，各街道物管办为创建活动领导小组成员单位。制定方案，深入推进，6月1~15日为部署动员阶段，召开动员大会，全区范围内建筑面积3万平方米以上住宅小区实施物业管理的企业120余家参会。6月16~30日为企业申报阶段。7月1日至12月31日为督查指导阶段，严把质量关。已对莫愁湖、兴隆、南苑等3个街道的56家单位进行检查，其他申报单位正开展检查指导中。营造氛围，应用效果，经考核合格的单位，3部门联合发文表彰，授予"2017年度建邺区物业管理行业诚信单位"奖牌，并发放资金；通过南京市主流媒体对建邺区物业管理行业诚信单位进行发布。同时，诚信单位如发生违纪违法行为，造成不良社会影响的，将对其进行摘牌处理，对较严重违法违规并被处罚的，纳入诚信黑名单。

【"惠民专柜"品牌活动】实行"三个再增"，即：困难群体再增扩，在原有的低保居民、无固定收入重度残疾人、单亲贫困母亲三类困难群体基础上增加市级特困职工25人，9月又及时将南京市政府认定的特困人员21人纳入"惠民专柜"活动，使得每次参加"惠民专柜"的困难人数达到3100人。惠民金额再增资，在春节期间每位困难群众由原来的每张惠民优惠券85元基础上再增加50元。惠民网点再增加，为方便困难群众就近购买，再增加邦诚所街平价商店、田博士莫愁东路平价商店等7家平价商店，使得“惠民专柜”网点达到17家。已投入价格调节和补贴资金100.5万元，惠及5类困难群体15212人次。

【农副产品平价商店建设】不断提升农副产品平价商店建设水平，设立区级价格调节和补贴资金200万元。出台《2017年建邺区农副产品平价商店专项资金管理实施办法》，规范价格调节资金的管理和使用，发挥价格调节资金的激励机制，促进平价商店健康发展，确保全区18家平价商店稳定运营。探索“平价商店+”服务模式，不断推进平价商店服务提档升级。区平价商店主要是4类，一类为“平价商店+物业”，果香汇平价商店和南京万科物业管理公司达成协议，万科物业管理小区的居民通过社区APP订购果香汇平价商店的平价商品。二类为“平价商店+生鲜网”，金马骊城平价商店借助京东到家生鲜网，直接服务周边3千米以内的居民，为网民购买平价商品提供平台。三类“平价商店+社区”，通过牵线搭桥在社区广场开展平价商品直销活动，面对面服务社区居民。四类“平价商店+单位”，邦诚平价商店在3月成功竞标成为江苏大剧院供应商。为江苏发展大会等影响较大社会活动，提供高品质的平价菜。以视察为契机，拓展平价商店影响力，1月20日，江苏省省长石泰峰一行对建邺区邦诚所街平价商店春节前市场稳价保供情况进行视察，并对区惠民工作给予充分肯定。在6月15日全省平价商店工作专题会议上，江苏省物价局特邀区物价局作《精准扶贫　共享发展——建邺区“平价商店优惠券活动”探索》经验介绍。6月29日江苏省物价局对此专门发表扬信，这是对区探索平价商店优惠券活动方式的肯定和促进。

【价格宣传】深入开展价格政策宣传服务活动，3月10日，参与由区消费者协会牵头组织的“万达广场3·15广场宣传”活动，共

12月20日，建邺区副区长夏晓燕（左二）检查田博士莫愁东路平价店。
（区物价局　供稿）

受理群众咨询投诉20余件，发放《江苏省价格条例》等宣传材料200余份。坚持微博服务，在@建邺物价上设立“天天惠生活”“带着微博看平价商店”“周末快捷酒店住宿信息”“停车收费信息”等栏目，全方位、多角度为市民提供日常生活所需的商品价格，服务收费信息，共发布微博5530条，其中原创微博数据3624条。“建邺物价”微博在全区微博运行数据统计中综合排名前列。开展价格为民社区行活动。4月下旬，市、区物价局联合在香山路社区开展价格为民社区行暨大走访活动。社区居民，以及物业公司、停车场、药店等经营者40人参与此次活动。南京市物价局负责人和相关业务处室、区物价局和街道负责人现场解答居民、经营者提出的物业服务收费、停车服务收费、平价店等相关政策咨询。（区物价局）

·质量技术监督·

【概况】2017年，组织开展集贸市场计量器具免费检定工作，对辖区22家集贸市场共1700台（件）在用计量器具实施免费检定。区共有特种设备使用单位共790家，设备9423台，全年出动安全监察人员688人次，检查特种设备使用单位172家，下达整改监察指令书75份，调查处理案件12起。开展安全大检查、危化品压力容器、大型游乐设施等专项整治，全区特种设备使用单位安全规范管理水平整体提高，在用特种设备定检率和隐患整改率达100%。

【质量强区工作】建邺区质量强区工作始终坚持以质量为中心，提升质量供给水平、质量安全监管水平和服务经济社会发展水平。区政府出台《建邺区“十三五”质量强区工作实施意见》，修订《建邺区政府质量奖评定管理办法》，出台《建邺区关于推进企业质量及品牌发展的若干意见》。建邺区连续5年被南京市政府授予“质量强区工作优秀区”称号。

4月27日，区物价局开展价格服务进社区活动。（区物价局 供稿）

10月12日，建邺区召开质量强区工作暨商标战略工作大会。
（张婷婷　摄）

10月12日，建邺区召开质量强区工作暨商标战略工作大会，建邺区区委副书记、区长闵一峰，南京市工商局巡视员施靖鸣、南京市质监局副局长张建平出席会议，建邺区区委常委、副区长夏晓燕主持会议，27家质量强区成员单位主要负责人及120家重点企业负责人参会。会上，建邺区政府对江苏南工科技集团有限公司、南京拓控信息科技股份有限公司等7家新获第八届建邺区政府质量奖企业兑现奖励5万元，对蜂乃宝本铺（南京）保健食品有限公司、南京金宸建筑设计有限公司等12家新获省市著名商标、市名牌企业予以奖励共计85万元，同时对2016年度建邺区质量强区活动先进单位和先进个人进行表彰。新城科技园管委会、苏交科集团股份有限公司作为质量强区先进单位代表，进行交流发言。建邺区市场监管局局长范清作全区质量工作报告，南京市质监局副局长张建平对建邺区质量强区工作给予充分肯定，区长闵一峰对继续推进质量强区工作作重要讲话。

创新工作机制，在6个街道和4个功能园区设立10个质量强区工作站，工作站的工作职责是深入基层、深入群众，充分发挥社区民生质量基地的宣传载体作用，将群众需要的各类专业技术服务引入社区综合服务平台，满足居民对消费类产品质量专业化的服务需求，听取辖区群众对质量的诉求，并帮助解决生活中遇到的质量问题。9月22日，建邺区首座“质量强区工作站”在双闸街道正式挂牌成立。

【品牌培育】制定《建邺区“十三五”名牌培育规划》和《企业品牌发展服务指南》，深入企业宣传指导各项奖项的申报工作，筛选培育企业覆盖面达500家。全年申报省名牌产品17个，其中9个产品已进入公示阶段；市名牌产品16个；双百品牌1家；市长质量奖组织3家，个人2人；省长质量奖个人1人；新增工业企业质量信用等级评价A级企业3家。

表 35　2017 年建邺区企业名牌、质量奖申报统计表

类型	企　业	名　称	备　注
江苏名牌	江苏省农垦米业集团有限公司	苏垦宝金玉大米	复评
	江苏省农垦米业集团有限公司	苏垦大米	复评
	江苏省建筑设计研究院有限公司	服务业名牌	复评
	江苏苏农农资连锁集团股份有限公司	服务业名牌	复评
	江苏省邮电规划设计院有限责任公司	服务业名牌	复评
	江苏舜天西服有限公司	舜天 SAINTY 牌西服	复评
	江苏省农垦米业集团有限公司	状元大米	申报
	南京市园林经济开发有限责任公司	服务业名牌	申报
	江苏南工科技集团有限公司	服务业名牌	申报
	南京拓控信息科技有限公司	服务业名牌	申报
	南京凯风建筑装饰工程有限公司	服务业名牌	申报
	江苏铁电交通科技集团有限公司	服务业名牌	申报
	蜂乃宝本铺（南京）保健食品有限公司	蜂乃宝蜂胶液	申报
	南京凯盛开能环保能源有限公司	服务业名牌	申报
	南京凯盛开能环保能源有限公司	服务业名牌	申报
	嘉盛建设集团有限公司	服务业名牌	申报
	南京足生堂企业管理有限公司	服务业名牌	复评
南京名牌	江苏省农垦米业集团有限公司	状元大米	申报
	南京万里集团有限公司	万里皮鞋	复评
	南京公用发展股份有限公司	服务业名牌	复评
	南京凯盛开能环保能源有限公司	服务业名牌	申报
	南京凯盛开能环保能源有限公司	服务业名牌	申报
	天泽信息产业股份有限公司	服务业名牌	申报
	天泽信息产业股份有限公司	服务业名牌	申报
	南京拓控信息科技股份有限公司	服务业名牌	申报
	江苏省建筑设计研究院有限公司	服务业名牌	复评
	苏交科集团股份有限公司	服务业名牌	复评
	南京行狐电子商务有限公司	服务业名牌	申报
	江苏铁电交通科技集团有限公司	服务业名牌	申报
	大贺传媒股份有限公司	服务业名牌	申报
	江苏南工科技集团有限公司	服务业名牌	申报
	南京文采科技有限责任公司	服务业名牌	申报
	南京足生堂企业管理有限公司	服务业名牌	复评
省长质量奖（个人）	南京凯盛开能环保能源有限公司	屠正瑞	申报

续表 35

类型	企 业	名 称	备 注
市长质量奖	苏交科集团股份有限公司		申报
	南京凯盛开能环保能源有限公司		申报
	大贺传媒股份有限公司		申报
个人奖	苏交科集团股份有限公司	李大鹏	申报
	南京凯盛开能环保能源有限公司	屠正瑞	申报

（区市场监管局）

【标准化建设】全面实行企业网上自我公开声明备案，共 43 家企业上报 119 项标准，涵盖 134 种产品。2017 年共新增 29 家企业、71 项标准，涉及 83 个产品，其中，国家标准 4 个、行业标准 1 个、企业标准 66 个，全面取消纸质备案。推进标准化试点项目申报工作，筛选辖区优质企业的产品、服务等项目列入试点培育计划，分层次进行重点培育，新增省服务标准化试点项目 1 个。

【计量专项监督检查】组织对 8 家加油站开展计量专项监督检查，对问题加油机，责令停止使用限期整改。对 18 家餐饮单位的在用可燃气体测爆仪开展专项监督检查，对检查不合格的单位，及时督促整改到位。对 5 家大型超市、1 家集贸市场的 33 批次定量包装商品进行抽检，对不合格产品进行立案查处。

【特种设备安全保障】顺利完成各类重大活动特种设备安全保障工作。从 4 月开始对涉及危化品压力容器、电梯、大型游乐设施等高风险企业开展专项整治。对 2 家出租车公司 240 台车用气瓶，2 家医院的 2 台医用液氧储罐、1 台高压氧舱和 2 家气瓶充装站安全管理情况开展现场检查。每月发布超期未检设备和下月检验预警台账，电话提醒使用单位对快到期设备及时申请检验，杜绝超期未检使用现象。做好既有老旧住宅小区加装电梯的监督服务工作。对街道和社区的 136 名安全员开展特种设备安全监管常识培训，开展特种设备安全教育进社区、进企业活动，组织开展应急救援演练。对 3 家大型游乐场的管理人员、作业人员和服务人员开展安全管理业务培训。（刘　恋）

·统　计·

【概况】以提高统计数据质量、服务全区经济建设为中心，抓统计数据质量和审核评估，确保各专业所有的联网直报企业能真实、准确、及时地完成数据上报工作，同时还完成文化产业统计、企业研发和创新活动统计、5‰人口变动抽样调查以及新一轮住户调查样本轮换工作。换户工作中确保样本抽样区域全覆盖，并以此为契机推进电子记账工作，全区电子记账户占比已达90%以上，完成各项目标任务。

【专题调研】围绕全区重点产业发展开展三大专题调研。文化产业调研，建邺区文化产业占比在逐年提高，为了解全区文化产业发展真实现状，区统计局走访新与力文化传媒、江苏路铁文化传媒有限公司等多家文化产业企业，并多次召开企业座谈会详细解企业生产经营状况、发展思路以及遇到的困难和问题，听取企业提出意见和建议，同时还参与南京市统计局负责干部对大贺传媒股份有限公司等一批重点文化企业调研活动。金融业调研，区统计局执行金融业在地统计制度，梳理辖区新增金融单位，落实数据入库，并实地调研平安财产、利安人寿、万金所等30余家金融单位。区主要负责人对此项工作也高度重视，并陪同南京市统计局负责人走访江苏股权交易中心、金融城公司和江苏融资租赁股份有限公司等多家金融单位，对河西金融集聚区发展情况进行调研。服务业调研，建邺区服务业占比已达85%以上，且发展势头强劲，在南京市统计局主要负责人和相关处室指导下，区统计局对互联网游戏龙头企业咪咕互动娱乐、炫彩互动网络、原力电脑动画制作有限公司等服务业企业进行调研，通过调研，市、区两级充分了解互联网游戏整体发展状况，掌握龙头企业发展实情，为做好建邺区规模以上服务业统计提供颇有价值的数据资料。

【跟踪监测】加强经济运行分析，关注经济社会运行情况，准确把握经济发展形势，全年共撰写各类统计分析30余篇，专题报告15篇，各类信息200余篇，利用统计网站及时发布各类统计信息，受到社会各界广泛认可。完善市重大项目投资跟踪监测机制，加大对新开工重大项目跟踪力度，通过与区发改局、各园区、河西管委会等单位的信息沟通及对新项目的实地走访，及时全面了解项目审批及开工情况，梳理全区市重大项目清单，组建重大项目QQ群、微信群，每月选取南京市重大项目进行走访，每月反馈全区南京市重大项目投资完成情况。建立统计指标预警预测机制，加强对重点指标、重点行业、重点企业跟踪监测，及时掌握经济发展状况和趋势，把握各项指标推进情况，对起伏较大行业及企业存在的突出问题做出准确预警判断，如对收入（产值）增减幅度在20%以上企业进行逐家查询，了解分析原因，重视比对分析，找出差距，对经济运行中重点、难点和倾向性、苗头性问题专门研究，提出有效应对措施，做好预警预测分析。

【统计数据质量提升】认真开展统计数据质量专项检查工作，按统一部署要求，各专业学习领会文件精神，逐条对照，落实自查要求，并结合党员大走访活动，对一些重点企业、重点项目进行上门辅导，及时帮助企业完备原始台账和基础信息资料。认真落实一套表核查工作要求，对联网直报单位是否真实存在、是否正常营业，主营活动、行业代码等是否正确以及是否符合入库标准等方面进行一一核实，共计查出单位名称或代码与证照不一致企业5家，不达标单位4家，并落实整改。做好统计监审工作，印发《建邺区统计局2017年统计监审工作计划》，对30家企业进行重点检查，检查全程都按照南京市统计局规范要求，用制式表格详细记录检查过程及结果，未发现提供不真实统计资料等统计违法行为。

【单位数据管理】及时做好基本单位名录库维护更新，充分利用普查结果和工商、税务等部门提供的企业资料，建成园区资料库，及时组织人员完成基本单位名录库维护更新工作：全年新增法人单位6821家，变更3080家，剔除2406家；新增产业活动单位1197家，变更1046家，剔除2305家。法人和产业活动单位错误修改单位数共计6227家。做好“四上”（规模以上工业企业、资质等级建筑业企业、限额以上批零住餐企业、限额以上服务业企业）单位新增及投资项目入库工作，建立“四上”单位新增和投资项目入库管理工作联席会议制度，定期通报工作开展情况。加强信息共享，各成员单位及时提供完整地审批行政登记资料及相关信息，由区统计局进行动态更新维护后，实现内部共享。加强工作宣传，重点面向单位、企业宣传“四上”单位和投资项目入库政策及相关统计法律法规，营造良好的工作氛围。加强督导考核，每季度对“四上”单位入库和投资项目入库工作进行量化考核并报区政府负责人，确保“四上”单位和项目入库工作有人管、有人干、有人落实，截至年底全区共新增“四上”单位69家。

【创新试点】鉴于联网直报系统已经全面使用，政府各部门对各类统计数据的需求也日益增多，区统计局通过培训、建群互动、主动跟踪、技术支援等4步走方法来保证质量，使各园区和各相关联网直报企业数据报送质量得到提升。区统计局高度重视固定资产投资统计制度方法改革试点工作，组织26家项目投资额在2亿元以上单位统计人员进行工作方案试点制度培训。投资试填表完成3个季度上报工作，数据整理比对分析工作也已顺利完成。区统计参与“互联网+游戏”和“互联网+金融”2个行业试点和探索，根据“互联网+游戏”定义范畴，从区173家规模以上服务业中抽选咪咕互动娱乐有限公司和炫彩互动网络科技有限公司2家进行试点；根据“互联网+金融”定义范畴，从全区300余家金融企业中抽选江苏宝贝金融信息服务有限公司（中国互联网金融协会会员单位）进行试点。2个行业试点工作在企业配合和主管部门悉心指导下顺利完成，并取得试点工作预期效果，获得第一手“互联网+游戏”和“互联网+金融”的相关数据。

【住户样本轮换及常规调查】8月31日，建邺区召开全区住户调查样本轮换及常规调查工作动员会。区委常委、常务副区长李方毅出席会议并做重要讲话，各相关街道分管负责人、统计人员、相关社区负责人及区城市综合抽样调查队全体人员参加会议。区统计局局长於金勇首先介绍住户调查样本轮换工作的目的、意义及特点、方法及实施方案，并对建邺区的住户调查样本轮换及常规调查工作进行全面部署。李方毅在会上要求各街道要充分认识到住户调查样本轮换和常规记账工作重要性，确保新抽中样本结构、分布的代表性和合理性，从源头上保证调查工作完成，确保新一轮住户调查能够客观反映建邺区实际情况。要加强协调配合，加强考核，将此项工作列入对街道的考核。要强化人员保障，落实经费保障，注重工作质量，确保住户调查样本轮换工作顺利开展。

【统计基层基础建设】推进统计法制建设，把统计工作各环节全面纳入法治轨道，开展触犯“四条红线”（坚持“先进库、再有数”，绝不自行修改名录库；坚持由企业独立报送真实的统计数据，绝不干预企业独立报送真实数据；坚持由企业自己上报联网直报数据，绝不代填代报企业数据；坚持由企业修改差错或补填不完整报表的原始数据绝不自行修改企业任何数据）专项整治工作，成立专项整治工作领导小组，在自查自纠过程中未发现有触犯“四条红线”统计违法行为。树立“最美统计人”，打造“全能统计人”。为展示统计人爱岗敬业、求真务实精神风貌，区统计局推荐江东商贸区统计科科长徐真海为区“最美统计人”人选，后经过市级评选，最终入围江苏省“最美统计人”候选人名单。针对区统计局人员因岗位单一而导致的业务提升动力不足、对宏观经济热点的把握不够主动等问题，通过“全能统计人”创新项目实施，全区统计系统整体业务素质提升效果明显，2017年推进该项目在全区统计系统执行，通过统计人员

9月28日，区统计局在全市统计法知识竞赛中获得第二名。
（夏正仁　摄）

专业轮岗、穿插执行监审任务、专业交流学习等方式，使全系统人员向全能更近一步。还完成10名编外统计辅助人员招录工作，充实统计队伍力量。采取多种形式开展统计法律知识宣传教育，为工作开展营造良好氛围。在8月1日《中华人民共和国统计法实施条例》正式颁布之际，区统计局对此专门制作展板进行广泛宣传，并组队参加南京市统计局组织的《中华人民共和国统计法实施条例》知识竞赛，荣获二等奖。（区统计局）

社会事务

·民　政·

【概况】创新现代民政事业发展，以“现代社区向上攀登、民生服务向下扎根”为主线，以“为民、爱民、惠民、富民”为着力点，构建“党委领导、政府主导、社会协同、市场参与、共建共享”的现代民政工作体制机制。按序时进度全面完成2017年南京市民政局27项、市长责任状7项、区委区政府23项、区人大42项的目标任务。区养老服务业指导中心虚拟养老院智慧养老平台获得全国养老服务产业信息化创新金奖。成功创建江苏省AAAA级数字档案室。获得全国敬老文明号单位1家，第二届全国敬老爱老助老模范人物1名，“全国最美家庭”称号家庭1户，“江苏好人”称号人物1名，南京市最具爱心慈善行为楷模1人，南京市最具爱心慈善志愿者1人。接待视察指导、参观考察100余场次。

【区划地名】完成建邺区第二次全国地名普查工作，并顺利通过省、市地名管理部门检查验收和成果转换工作。区地名办根据江苏省民政厅和南京市民政局地名普查办公室通知要求，完成《建邺区地名词典》编纂工作，共收集整理地名词典35条，上报江苏省民政厅地名普查办公室。为较好体现建邺区地名普查成果转换工作，建邺区地名委员会公布30余条历史地名，并通过南京市地名网，向社会公布。按照南京市民政局界线联检计划，建邺区地名办与雨花台区地名办顺利完成2个区边界联合检查工作。通过检查，界线清晰、无争议，边界两侧群众关系和谐。对于不规范地名20余条进行整治，完成河西南部地区和江心洲部分共计50条道路命名规划工作。

【婚姻登记】始终以相关法律法规为基础，坚持依法行政，为民服务。截至年底共办理结婚登记3881对，离婚登记3602对，补发结婚登记证684对，补发离婚登记证173对，合格率达100%。将2012~2015年婚姻档案交接给区档案馆，并达成婚姻档案2年一移交的共识，解决多年来婚姻档案长期滞留在婚姻登记处的大难题，使档案安全性、完整性得到充分保障。经区政务办多方协调，将婚姻登记员服务满意度和服务配套设施进行提升，设置身份证刷卡取号机、等待信息大屏幕、服务满意度评价器等设施，将登记员服务质量纳入到区政务大厅人员考核机制中，一方面对登记员服务态度进行监督，另一方面，也加强登记员对工作的责任心，提高服务质量。

【殡葬管理】全区2017年共上报死亡人数1202人，其中回民40人。死亡人员火化率100%，骨灰正确处理率100%。调整健全建邺区殡葬改革工作领导小组。2月16日印发《建邺区关于做好2017年清明节文明祭扫工作的通知》，与各街道签订《建邺区殡改工作目标责任书》。严格督查党员干部率先带头推动殡葬改革。清明节期间，组织主题为"感恩思源、清明传承"清明社区公祭活动共44场。充分利用清明时节，组织全区殡葬用品市场联合执法检查。3月31日，建邺区殡改办牵头组织区公安分局、区市场监管局、区城市管理局和莫愁湖、南苑及江心洲街道办事处等部门共计40余人开展殡仪服务中介机构市场联合执法。严厉打击多处无证流动摊贩，依法暂扣一批违法祭祀用品，较好地规范殡仪中介服务经营秩序。同时利用黑板报、公示栏、横幅、标语、报纸等地面宣传结合广播、电视、网站、微博、微信等线上手段进行"文明祭扫、生态安葬"主题宣传，宣传和落实殡葬普惠与特惠政策，惠民经费补贴达7万元。全年惠民殡葬投入13.35万元，惠及150人。

【社会救助】建立救助保障新机制，即：低保兜底机制、医疗救助机制、"救急难"工作机制、民生保险应赔尽赔机制，全面建立"一门受理，协同办理"救助服务窗口，健全《建邺区社区救助联席会议制度》。开展"情暖建邺""慈善一日捐""一助一献爱心"等活动，帮扶3.21万人次，1420.7万元。为全区2396户3699人低保对象，发放城乡低保资金2653.8498万元。开展低保复查核实，通过复查核实，对全区低保对象进行多轮清理，开展专项整顿，全面实现精准低保救助。低保对象复查核实中，及时清退不符合低保条件和人员死亡的家庭273户506人，维护低保政策执行严肃性。下拨各街道临时救助金70万元，救助4502人次；发放7383户自来水补贴18.4575万元；发放残疾人生活补贴1274人，667.71万元；重度残疾人护理补贴1875人，269.63万元；下拨助残服务金111.256万元。做好福彩爱心驿站打造、未保及困境儿童服务政府购买质量提升、流浪乞讨救助、社区精神病康复中心筹办、收养评估、婚姻家庭辅导、慈善超市等公共服务。困境儿童生活补贴发放率100%、重大案例紧急处置率100%，慈善超市民营率100%。成功创建国家级综合减灾示范社区2个（兴隆街道奥体社区、莫愁湖街道文体社区），市级综合减灾演练社区4个（莫愁湖街道长虹路社区、兴隆街道乐山路社区、南苑街道吉庆社区、沙洲街道双和园社区）。

医疗救助有效控制因病致贫，协助做好

参保参合工作。配合人社部门做好统计调查工作，对困难对象参加基本医疗保险的个人缴费部分予以政策减免。2017年度，共对困难对象2324人次给予参保参合减免188.97万元。医疗费用个人承担部分按比例补助，困难对象的住院和门诊大病补助，经基本医疗保险、大病保险及其他各类补充医疗保险报销后的个人负担部分，再按85%的比例予以救助，且不设封顶线。医疗救助"一站式"即时结算，符合医疗救助条件的对象，在医保定点医疗机构就医，出院结算时，在得到医疗保险统筹报销同时，通过医保平台"一站式"即时结算服务端口，对符合医疗保险范围内自负医疗费用按规定的救助比例直接给予费用减免，共有13886人次享受医疗救助，医疗救助金达788.55万元。通过"同步运行、无缝衔接"救助13219人次，救助资金685.77万元；对667名未能及时享受到同步救助的城乡低保对象、在册边缘困难对象、特困职工、因病致贫人员给予事后救助，金额为102.78万元；住院救助2511人次，救助金额627.05万；门诊大病救助10820人次，救助金119.49万元；门诊补助555人次，救助金42.01万元，医疗救助比例95%。实现医疗救助与职工医保、居民医保、新农合无缝对接，信息共享，互联互补，为困难居民提供方便、快捷、优质医疗救助服务。

为全区居民办理惠民系列保险，投入35.19万元，为全区28.8万户居民办理自然灾害人身意外伤害和家庭财产保险，同时为低保协理员、见义勇为人员、退役士兵、公办福利机构人员办理意外伤害保险，为在乡重点优抚对象办理大病医疗保险，提高困难家庭抗风险能力。35户居民发生自然灾害后，得到及时救助和保险公司14.6万元理赔。

做好低收入住房困难家庭收入调标认定工作，2016年2月1日起，城市低收入、中等偏下收入住房困难家庭认定标准分别提高为家庭月人均收入低于1921元和低于3074元。标准的提高，加大受益人群，增大了工作量大。严格把好"三关"，即：受理关、审核关、审批关。全区受理低收入住房困难家庭收入认定483户，符合政策453户。

孤儿救助工作，全区共有孤儿6人，每半年按时将孤儿生活费及时下发，年经费达9万元。从2017年开始，实行时间银行的政策扩大，增加每年为特困孤儿进行体检的项目，委托经过招聘的第三方未成年服务组织落实孤儿体检及孤儿和困境儿童医疗、康复事宜。同时，维护全国儿童福利网信息平台，及时维护信息，申请相关医疗经费。为符合条件的2名孤儿进行体检。

全区共有低保精神病人170人，其中38人入住佑安医院（原市青龙山精神病院），全年区财政转移支付佑安医院近15万元。根据目标任务要求，主动与佑安医院沟通协调，推进区低保精神病人社区康复站建设，招标工作已经启动。全年加强重性低保精神病人管理，协调佑安医院到区对部分重性低保精神病人开展评估，并开辟绿色入院通道。

【养老服务】建邺区60周岁以上老人约5.73万人，占全区常住人口19%，且全区老年人口每年以5.5%左右速度递增。应对与日俱增的养老服务需求，对标现代化国际性城市中心建设要求，建邺区委、区政府把养老服务体系建设作为重大民生工程，逐步建立以“居家养老为基础，社区养老为依托，机构养老为补充”三位一体的社会化养老服务体系。区智慧养老平台获得全国养老服务产业信息化创新金奖。300张床位的区社会福利院顺利开工。全区推行“二维扫码敲门式”居家养老服务，引进社会服务组织37家，已建成居家养老服务中心50家、日间照料中心4家、助餐点33家。养老机构9家，床位2595张，新增床位数200张，护理性床位数占67.6%。

全面完善“养医康教”多融合，“机构日照社区居家”多层次，“服务管理监控评估”多元化的“融合养老”服务体系。率先打造全省首家清荷北园社区养老综合体并通过验收。建立医养融合机构1家，全区所有社区办公服务用房40%免费用于养老服务全达省标，社区居家养老服务中心全覆盖；新建日间照料中心3个、全区社区养老助餐点全覆盖、助浴点33个、75岁以上独居老人呼叫终端补助率100%、居家养老刷卡服务老人数90%以上，养老培训367人次。养老护理员持证上岗率95%，其中高级护理员13人，中级护理员171人，评估员83人。

培育社区养老类社会组织。拿出300万用于公益创投项目，其中180万元用于社区居家养老服务项目，培育九如城、东方颐年、携才、金德松、迅捷、福惠等一大批社会养老组织。探索将居家养老服务项目分解为小型公益包，充分运用企业认领、社会捐助、网络众筹等手段，调动社会组织参与养老服务业的积极性。鼓励支持社区居民自助互助。组建养老服务机构与社区为老服务志愿者服务名录，形成“社工+义工”的服务模式。建立“爱心时间银行”和义工服务等自助互助制度，建立“培育+补贴+奖励+购买”的志愿者服务保障体系。据统计，全区共671名社区志愿者、21支团队志愿者参与居家服务。

不断推进养老服务网络智能化，组建区虚拟养老院，完善与三级养老服务网络对接，初步建立居家养老“点菜式服务”架构。探索拓宽连锁养老服务组织运作模式，总部设于街道，统一规划和管理各服务站，每个社区根据辖区内居民小区人口分布情况设立1~3个不等的服务站，所有居家养老服务站点实施标准化建设。尝试引入商业连锁理念，每个街道的居家养老服务实行“1+N”模式，即通过政府购买服务方式，主要交由1家组织负责社区居家养老服务站的运营管理，另外N个社会组织，根据社区实际需求承接助洁、助餐、助浴、助医、助乐等专业服务。研究制订服务站建设、服务内容、服务流程、服务第三方评估和管理制度等标准，建立养老社居家养老服务标准体系，便于居家养老站点的复制建设和推广。

医养融合，医疗配套服务有序推进。一方面，同步推进养老服务与医疗改革，充分调动发挥基层医务人员“健康守门人”作用，全面推进“宜居幸福圈”和“15分钟健康服务圈”建设，通过推进家庭医生签约，逐步建立责任医生与居民间契约服务关系。全区8家社区卫生服务中心组建家庭医生团队45个，签约群众覆盖6个街道44个社区，已经签约12.2万人。另一方面，支持引导专业化养老服务机构开展医疗卫生服务，泰乐城养老机构根据规模设置护理院、医务室或者配置医疗器械、康复器具及专业医护人员，就地便捷开展医疗卫生服务。对内设医疗卫生机构存在困难的，通过医护人员定期上门巡诊、建立就诊绿色通道等方式为老人提供及时便捷的医疗服务。

8月4日，江苏省省民政厅副厅长沙维伟带队调研建邺区智慧养老平台建设情况。
（区民政局　供稿）

延伸阅读 11

南京首个社区高端养老综合体迎客

进口浴缸洗个澡50元，一天定制伙食100元以上，暂时把自己寄托在这里，每月收费4500元—8000元……，9月28日，南京第一个高端社区养老服务平台、建邺区兴隆街道东方颐年养老综合体在苍山路社区迎接老人。与以往由社区工作人员作为服务主体不同，该居家养老服务点都是在拥有多学科养老护理技术和团队的支持下进行的。

苍山路社区是建邺区第一批社区养老综合体试点，有户籍老人5699名，这里的老人学历高、收入高、要求也高。街道527名空巢老人、114位独居老人，对于社区养老专业服务的需求尤其迫切。社区前期大走访发现，很多老人家庭都是独生子女，多数子女也不在身边，非常需要社区提供助餐、养老服务。兴隆街道辐射地区确实缺少一个大型养老服务点，经过考察不同层次的居家养老机构后，最终选择银城地产旗下东方颐年（ESL）进驻运营，周围的老人都可以来订餐吃饭，也可选择短期或长期的专业照料。苍山路社区养老综合体按照AAAAA级社区居家养老服务中心标准建设,1000平方米的面积从助餐、助浴、日托照料到上门服务,都有专门人员服务,适老化的装修外,还安装一键呼叫设备、医疗床、进口浴缸等。综合体养老服务还辐射到该区域内的老人,提供助餐、助浴、助洁、助学、助购、康复、娱乐活动、心理咨询、法律援助、健康体检、医生会诊等服务,让老人在家门口享受专业服务。

【社会组织】每万人拥有社会组织数为16.02个,社会组织评估率达100%,公益创投区级配比率达100%,街道社会组织服务中心运营率达100%,街道社会组织联合会为6个。依法开展社会组织登记管理工作。共完成63件社会组织成立、变更的行政许可(另有1件注销的行政许可)和47件社会组织名称核准,区实有登记社会组织727家。其中,社会团体68家、民办非企业单位653家、基金会6家。继续开展社会组织统一社会信用代码赋码和三证合一换证工作。已完成所有社会组织法人登记证书、组织机构代码证、税务登记证收缴和新版法人登记证书换发。同时,配合做好基层群众性自治组织特别法人统一社会信用代码赋码前期准备工作。

【双拥优抚】认真落实优抚政策,确保优抚对象权益充分体现。落实好各项优抚优待政策作为重点,使优抚对象、现役、退役军人的各项权益得到有效保障。全区共有优抚对象570名。其中,伤残军人139名、参战参试人员153名、在乡复员军人25人、带病回乡军人11名、60周岁农村籍退役军人231名、“三属”(烈士家属、因公牺牲军人家属、病故军人家属)11人。做好570名优抚对象五项补贴发放以及570名优抚对象和83名无军籍职工体检工作。根据文件要求及时调整区重点优抚对象抚恤补助标准和在职伤残人员抚恤补助标准。做好士官、义务兵各类优待金和慰问金发放工作。

强化政策落实,维护好优抚安置对象的合法权益。完成1978~2014年符合政府安排工作条件退役士兵数据采集工作,采集人数达1871人。核发101名2016年度退役兵自主就业金和2017年秋季退役士兵货币化安置费,组织召开安置培训相关政策解读会和南京市组织的专场招聘会,组织做好2017年退役士兵技能培训工作,配合做好参试退役人员体检及退役伤残换证等相关工作。全区共登记“两参”(参战、参事)专项慰问金112人,下岗失业志愿兵(士官)39人,登记发放“光荣人家牌”3400个。

开展省双拥模范区创建,强化各项拥军政策落实。全区双拥共建领导小组成员单位高标准、全方位、多举措做好省双拥模范区“八连冠”创建工作,重点落实好全国双拥办提出的“五个结合”,即党政主导拥军与社会化自觉拥军相结合、以情拥军与依法拥军相结合、军民共建与军民融合相结合、普惠政策与社会优待相结合、物质拥军优属和精神拥军优属相结合。不断完善双拥工作机制，强化各项拥军政策落实。建立健全双拥共建机制，强化驻区部队与驻地单位、街道、社区结对共建。强化双拥共建的组织领导效能发挥，在区、街完善双拥工作领导小组建设基础上，各街道、社区挂牌成立双拥工作站和拥军优属服务站，做到有固定工作场所，有明显指示标识，有专兼职工作人员，有完善的工作制度，并建立服务台账，开展日常性走访慰问和经常性军民共建活动。拓展双拥联席会议制度和联络员制度，营造双拥共建渠道更顺畅，沟通更便捷的工作机制，及时协调处置军地建设发展中遇到的困难和问题。组织双拥共建成员单位经常性开展走访、座谈、联谊等活动，协调社区图书室、文体活动室等群众性公益场所向部队官兵开放，继续开展送演出、送图书、送讲座、送科技进军营活动，丰富官兵文化生活。加强双拥阵地建设，区、街两级将双拥阵地建设纳入城建规划范围，因地制宜建设双拥街、主题公园、双拥广场、双拥文化墙等活动场所。社区定期制作双拥主题宣传栏，通过国防教育，典型宣传等，提升本辖区双拥工作水平和影响力。重点做好兴隆街道桃园居社区“少数民族拥军社区”、莫愁湖街道“无军籍职工之家”、94994部队恽代英殉难地“爱国主义教育基地”、江心洲街道“吕则云革命传统教育基地”及区消防大队“军民消防宣传训练基地”等一批双拥特色品牌提升。在沙洲街道成立社会化拥军服务机构，针对军人军属、优抚对象等开展内容丰富、形式多样拥军优属服务，增强他们的获得感和荣誉感。

强化教育宣传，营造浓厚双拥氛围。结合中国人民解放军建军90周年和争创省双拥模范区“八连冠”契机，广泛开展国防教育和双拥宣传。在江苏省武警总队、中国人民解放军国际关系学院分别挂牌成立国防教育培训基地，面向辖区居民和单位开展国防教育。召开建邺区2017年迎新春军地联席会议，区主要负责人与驻区部队负责人围绕军地共

11月14日，建邺区召开江苏省双拥模范区考评检查汇报会。

（区民政局　供稿）

建进行深入交流。学雷锋月期间，建邺区军地双方以“做雷锋精神的种子”为主题，组织开展系列“学雷锋”志愿服务活动，深化军地共建，弘扬双拥真情，并在《南京日报》等主流媒体上进行报道，取得良好社会反响。开展走访慰问工作，全区各街道和双拥领导小组成员单位，通过不同方式和辖区内的共建单位开展八一建军节慰问活动，区双拥办在南京保利大剧院购买部分交响乐“共筑中国梦·纪念中国人民解放军建军90周年军人、军歌、军魂合唱音乐会”门票发往驻区部队，邀请他们观看此节目，并邀请江苏云媒体961对94994部队进行节日慰问。做好对“百优结百对、爱心献功臣”活动中的结对子人员进行调整，把确实困难的重点优抚对象纳入到对子中来进行帮扶，机关部门和驻区部队非常重视，负责人带队上门慰问。

【困境未成年人保护】开展困境未成年人建档评估服务，通过街道社区等途径所获得的建邺区困境未成年人信息，经过建邺区民政局审核认可，会同社区工作人员以家访形式开展接案综合评估，评估结果经过社区、街道、建邺区民政局审核，对符合困境未成年人标准的，纳入建邺区困境未成年人信息库，并建立《建邺区困境未成年人基本信息表》《未成年人困境评估表》《未成年人保护对象评估意见书》并保证一人一档，保持后期动态更新。确立建档评估服务流程，对符合结案条件的服务对象，提供上门结案服务，填写《建邺区未成年人保护支持服务对象结案意见表》，会同社区、街道、建邺区民政局审核，并做好相关档案留存工作。确立结案留档服务流程。根据项目实施需要建立儿童档案、走访记录、结案档案、典型案例、志愿者档案、大活动记录等分类档案。建邺区共有45名困境儿童，根据困境级别不同，提供不同探访服务频率，一级困境未成年人每月提供不少于2次的探访或服务，二级困境未成年人每月提供不少于1次的探访或服务，三级困境未成年人每季度提供不少于1次的探访或服务。以服务对象的需求为核心，分类提供服务。（区民政局）

·民族宗教·

【概况】全区有39个族别少数民族约9400人，约3100户，其中，回族约9000人，3000户，信教群众约2300人，经登记的宗教场所5处（不含圣训堂）。认真组织“宗教慈善周”活动，全区5家宗教活动场所累计开展慈善活动近20场，受益人数5000余人，共计募集款物合计40余万元。做好回族等10个少数民族牛羊肉补贴发放工作，人数共计9255人，补贴金额130余万元。注重学习交流，全年安排外出参观学习60余人次，接待外省市参访团2批次。

【民族宗教法制宣传】认真学习贯彻落实2017年最新修订《宗教事务条例》，结合“政策法规学习月”活动，注重学后体会交流，活动期间组织民族宗教界人士座谈交流2次，有效强化民族宗教工作干部和民族宗教界的法治思维。组织区域内民宗系统干部、特色社区负责人、宗教界代表人士赴江宁基督教圣光堂和铜山聚会点参观学习，汲取好的做法和经验；引导协助基督教江心洲红星聚会点、基督教河西大街教堂顺利开展“消防知识进教堂”“法律咨询进教堂”等活动；探索推进法制宣传进民族社区、进宗教活动场所，探索适应区域民族宗教形势的法制宣传机制和队伍建设。

【民族宗教行政行为规范】规范行政行为，参加省、市民族宗教依法行政专题培训活动，2017年先后安排4批次人员参加省、市民宗系统培训，区民族宗教工作干部受训率达100%。推进行政权力事项进政务大厅、进网络平台等工作，在权力梳理基础上，逐步完善行政权力事项事中事后监管细则，行政许可事项办事指南，不见面事项梳理等工作。依据工作需要，协调区法制办为区民族宗教工作干部办理执法资格证件，确立民族宗教系统执法检查常规机制。加强规范性文件签收、登记和管理，稳步推进全区民族宗教领域诚信体系建设工作。加强依法管理，认真落实《南京市少数民族权益保障条例》《南京市回族等少数民族殡葬管理规定》和最新修订《宗教事务条例》，配合区人大完成对明园社区、桃源居社区、回民幼儿园及辖区内宗教活动场所视察工作，区人大对全区民族工作情况进行审议并提出建议。2017年联合区市场监管局、区商务局、区公安分局等部门组织开展清真食品专项执法检查2次，认真落实新修订《公民民族成分管理办法》，对辖区内2名符合条件公民进行民族成份更改，对79名中考考生民族成份进行依法审核。统一宗教活动场所财务报表，建立定期公开财务状况的相应机制，对个别聚会点违规搭建等现象进行妥善处理，引导江心洲红星聚会点顺利转入过渡期，协调基督教安泰村聚会点邻里矛盾进入平稳解决状态，完成民族宗教基本数据维护入库工作。按照《中央统战部、国家宗教局关于做好民间信仰工作的意见》精神，加强区域内民间信仰统计上报及管理工作。

【民族团结进步创建活动】开展民族团结进步创建活动，认真贯彻落实中央、省、市民族工作会议精神，深入开展民族团结宣传教育示范单位、民族工作示范社区、民族和谐小康示范村、清真拉面示范店、民族团结示范社团、民族工作示范企业等“六个示范”创建活动，2017年在原有桃源居社区、健园社区等7个民族特色品牌社区基础上，新创建民族特色社区2家，即南苑街道红苑社区、沙洲街道中奥社区。

加强城市民族工作，以全国、全省、全市城市民族工作会议精神为指导，认真落实国家民委《关于加强和改进少数民族流动人口服务管理工作的意见》、江苏省民委《关于加强和改进城市少数民族工作的意见》等文件要求，做好城市少数民族流动人口服务和管理，多次协助流动少数民族人员解决医疗、民事等纠纷，协调解决少数民族子女入托、入学7人次。探索创新社区民族工作，以特色民族项目为牵引，推动各民族"相互嵌入式"社会结构和社会环境的创建，2017年完成社区民族项目5个，拨付民族专项经费22万元，向上级机关争取项目经费5万元。

【宗教活动场所建设管理】规范宗教活动场所建设管理，指导宗教界以"规范"为主题，以促进活动、管理、行为"三规范"为主要内容，开展创建活动。基督教江心洲红星聚会点拆迁新建工作在多方努力协调下，顺利转入过渡期模式；基督教莲花北苑新建教堂已经正式良好运转，为下一步创建星级场所和档案管理星级评定积攒经验；基督教应天大街聚会点、基督教安泰村聚会点新购置活动场所的设立、搬迁等工作有序展开，为下一步创建工作创造较好硬件环境；推进全区各场所宗教档案规范化和标准化治理工作。为辖区内5处宗教活动场所进行赋码换证，现已使用"统一社会信用代码"。

【"崇尚科学倡导文明，反对邪教树立新风"主题活动举办】为增强广大居民识别邪教、抵制邪教能力，使信教群众充分认识邪教活动本质和危害性，自觉抵制邪教的危害，防止邪教和迷信活动毒害，净化社区文化，4月23日，区民宗局联合区防范和处理邪教问题办公室、沙洲街道在基督教河西大街教堂开展"崇尚科学倡导文明，反对邪教树立新风"主题活动。活动包括反邪教专题讲法、观看警示教育片、反邪教知识问答及反邪教签名等内容，约500人参加活动。

【全区宗教界人士法律培训会举办】12月14日，区民族宗教事务局邀请法律顾问盈科（北京）律师事务所律师乔文标，为全区宗教活动场所堂委以上人士进行法律培训。培训会由区民宗局副局长张军主持，乔文标结合分析大量现实案列，着重对2017年最新修订的《宗教事务条例》相关内容进行分析解读。培训会后，区委统战部副部长、区民宗局局长张思根传达上级相关文件精神，对圣诞节期间安全工作进行安排部署。

【宗教界代表人士培训班举办】3月30日，区民族宗教事务局邀请南京市民族宗教事务局副局长王键，为全区宗教活动场所堂委以上人员、辖区内各街道统战员及区民宗局机关人员近50人，在区社会主义学校进行以"学习宗教工作会议精神，当好教会管理人员"为主题的授课培训。王键在简要介绍全国、省、市三级宗教工作会议精神后，从认真学习、深刻领会宗教工作会议精神，教牧人员和教会管理人员应具备素质；如何管理好宗教活动场所等3个方面为参加培训学员进行精彩授课。培训初步达到为新入职的街道统战员深入学习了解宗教知识，提升各场所主要管理人员管理能力的目的，为全区各宗教场所下一步健康有序发展和科学管理广开思路。当天下午，由区委统战部副部长、区民宗局局长张思根带队，培训班全体学员参观江宁区基督教圣光堂等2处宗教场所。

（王玉才）

·信　访·

【概况】2017年，区信访局受理群众来信来访818批1250人次。其中，来信247件，初信163件，重信84件，同比上升99.2%。群众来访1563批2466人次，同比批次上升12.4%、人数减少12.6%。在来访中，重复访1368批2047人次，分别占来访总批数和人次87.5%和83.1%。集体访116批923人次，同比批次、人次分别减少22.1%、41.1%。全区共发生进京访63人313人次，同比分别下降24.1%、18.5%。重点地区涉访32人次，同比下降73.3%。中央、省、市、区负责人对信访件批示，要求督办信访事项办理与上报共计7件，信访事项复查（复核）初审、上报及书面办理意见送达共计15件，网上建档2件，编报《信访简报》41期。

【信访特点研判】信访总量居高不下，但没有发生1件恶性个访案件，也没有发生1起有影响群体性事件。群众来访反映主要涉及城市建设、社会保障和涉法涉诉等3类矛盾纠纷。其中，与征地拆迁有关矛盾突出，占信访总量87.6%。随着和谐信访系统运用，信访群众感受到网上信访方便快捷，通过网上反映问题成为信访主渠道之一，网上信访数量上升明显。周三区负责人接待日或敏感时期，信访老户频繁到区上访，有的甚至每周必访。

【积案化解】2017年是南京市信访积案化解攻坚年，区委、区政府主要负责人多次听取区信访局专题汇报，询问工作进展情况，对重要事项和突出问题亲自指导，亲自接待，充分发挥高位引领作用。区联席办承担主管部门协调指挥责任，各事发责任单位和街道主动肩负起属事责任和属地责任，全区信访积案化解攻坚工作有序推进。超前谋划部署，增强化解信访积案责任担当。强化组织领导，为信访积案化解攻坚提供保障。全面排查梳理，将突出信访矛盾纠纷全部纳入视线。坚持高位推进，促进积案化解工作顺利有序开展。分片包干定责，形成信访积案化解攻坚强大合力。南京市交办建邺区重点信访积案32件，已化解29件，化解率90.6%，完成年度工作任务，列主城区前列。

【重大会议信访保障】中国共产党第十九次全国代表大会信访保障工作是2017年信访工作重中之重。区各级负责人对中国共产党第十九次全国代表大会信访保障工作高度关

9月8日，建邺区召开信访稳定工作推进会。（区委宣传部 供稿）

注，对全区中国共产党第十九次全国代表大会期间信访保障工作进行全面部署，靠前指挥、定期研判、统筹协调，并多次进京检查指导驻京信访工作，确保实现工作目标。区委、区人大、区政府、区政协有关包案负责人开展走访约谈工作，第一时间与包案当事人对接问案，与信访人约谈促解、以谈促稳。区信访联席办充分发挥职能作用，制定下发《党的“十九大”期间全区信访维稳保障及驻京劝返工作实施方案》，部署排查、人头、预警、值守、稳控、约谈、劝访、处置、协调、领导、包案、责任等12个重点环节工作措施，强化防线重要作用。在全区各街道、部门和单位共同努力下，完成中国共产党第十九次全国代表大会信访保障任务。

【信访维稳机制完善】结合中央及省、市信访维稳工作新要求和区属地稳控工作实际，制定下发《建邺区关于建立和完善属地稳控工作长效机制的实施办法》，健全和完善矛盾纠纷排查梳理工作机制、群体矛盾分级管理工作机制、信息预警联通工作机制、南北值守联动工作机制、领导接访约谈工作机制。为规范信访工作秩序，指导街道和部门做好常态化属地稳控工作提供政策依据。

【信访“百日攻坚”行动】建邺区成立“百日攻坚”（大排查、大接访、大化解、大督查“百日攻坚”行动）行动负责人小组，加强对“百日攻坚”行动组织领导，主要党政负责人分片包干定责，指导街道及有关部门开展实施信访维稳有关工作。全面走访排查，及时消除隐患。认真贯彻落实江苏省委、南京市委关于大走访全覆盖的要求，以党员干部大走访为契机，注重矛盾隐患大排查，将问题发现在早、化解在小。制定“百日攻坚”行动工作方案，明确牵头单位和责任落实单位，制定区、部门党政负责人每日到区人民来访接待中心坐班接待走访群众安排表，认真做好走访群众接待工作，及时协调处理群众诉求。坚持运用法治思维和法治方式解决信访矛盾，为每个重点积案都安排1名律师全程参与化解工作。注重理念提升，坚持老案新办，用足政策、穷尽方法。突出机制创新，与南京市联席办（南京市专家智库）对接联动，进行心理干预，引入第三方参与化解，取得良好效果。按照“属地管理、分级负责”（办理信访事项的重要原则，按照信访问题发生地和信访人的所在地，把信访事项转送或者交办有关地方和部门解决，属于哪一地区、哪一级，就由哪一地区、哪一级处理解决，做到层层负责、件件落实）“谁主管、谁负责”（办理信访事项的重要原则，指同级党委政府各职能部门按照信访问题的性质在各自职责范围内处理信访问题）原则，厘清职能边界，明确法定途径分类处理信访事项责任清单，将日常信访维稳工作开展作为共性目标、信访积案推进化解作为满意度修正指标，纳入全区党建工作和经济社会建设双百考核，从而将信访维稳工作贯穿全区各项工作全过程，强力督查问责，促进工作落实。（陶　蓉）

法治建设

·政法委及综治工作·

【概况】2017年，区委政法委推进社会矛盾和安全隐患大排查大整治行动，全面加强平安建邺、法治建邺和政法队伍建设，提升人民群众安全感和法治建设满意度，政法工作成绩显著。省测群众安全感95.75%，法治满意度98%，位列全市第二。保障重大会议安全稳定，圆满完成重要活动属地保障任务。

【维稳安保机制完善】2017年全区上下始终将做好安全稳定工作作为首要政治任务，以“社会矛盾和安全隐患大排查大整治”为总抓手，密集开展一系列专项行动。区主要负责人高度重视，严格执行南京市委“每周一调度”要求，亲自研究部署安全稳定各项工作。全区周密部署安排，层层压实责任，形成科学严密高效的组织领导体系。9月率先召开全区安全稳定工作会议，启动战时工作机制。

【社会矛盾化解】提出《加强和改进信访工作三年规划》，坚持把解决群众合理诉求作为民生重点工程紧抓不放。区财政增加1000万元积案化解资金用于化解保障。每个街道及积案多的责任单位都加强信访工作力量，为每个重点积案配备一名律师，全程参与化解工作。在全力推进全市信访积案化解攻坚年行动，圆满完成市下达的序时目标任务的同时，自加压力，自排246件信访积案，化解151件，化解率61.3%，完成《加强和改进信访工作三年规划》首年攻坚任务。稳妥处置群体性矛盾，对金融、环保、物业、租赁、拆迁等领域的群体性问题进行专题调研。针对一些原因复杂、涉及多部门的矛盾纠纷，建立跨部门会办协调机制共同应对，有效化解47

起群体性矛盾。

【社会面管控】完善立体防控云防系统建设，优化巡防模式，完成大型活动安保 545 场。保持严打高压态势，全区刑事发案同比下降 18%。深入排查整治涉恐隐患，召开全区反恐工作会议，建立联防联控反恐重点单位 27 家，按《中华人民共和国反恐怖主义法》处罚某旅馆 10 万元。完善平安志愿服务体系，动员平安志愿者近 3 万人参与制高点管控和社会面巡防，保障第四次国家公祭等重大活动顺利举办。

【人民防线建设】主动服务“一带一路”合作倡议，深入 4 大园区推进“一带一路”访谈和海外防线组织建设。围绕重大会议和敏感节点，主动介入“联合女神号”货轮等案件处置工作，撰写《中资公司海外风险及中国保安公司面临的挑战》等调研文章引起上级部门关注。创新宣教模式，开展“国安宣教进校园、进社区、进军营、进劳模大讲堂”活动，被南京市公安局《政工专刊》全文刊载、推广。

【平安基层基础】加快推进区、街、社区三级综治中心建设，全面推行综警一体化改革。提升平安建设信息化智能化水平，在“智慧建邺”三级视频监控系统基础上，部署实施“雪亮工程”（以县、乡、村三级综治中心为指挥平台、以综治信息化为支撑、以网格化管理为基础、以公共安全视频监控联网应用为重点的“群众性治安防控工程”）。深化社区网格化服务治理与综合行政执法，推进创新网格化社会治理试点工作。在兴隆街道召开前端平台建设推进会，第一时间布置一体化采集试点工作。兴隆街道采集 16 类基础信息 13 万条，在全市 3 个试点区中采集数量最多，实现采集目标 4 个 100%，较好完成试点采集任务。落实严重精神障

11 月 20 日，建邺区举办“中国梦·法治路·社区行”万达广场法治建邺走基层活动。（区委政法委　供稿）

碍患者“以奖代补”政策，奖补115人。

【法治建邺建设】以区委名义制定下发《党政主要负责人履行推进法治建设第一责任人职责规定》。建立区委法律顾问制度，给每位区委常委配置专业法律顾问。推进“一区一品”法治区品牌创建，开展法治建设基层行调研活动，征集基层社会治理“金点子”，将依法拆迁、环境治理、食药安全和社会治理创新等列为法治办实事重点项目。建成“江心洲法治文化园”等12个社区法治文化广场（角、墙）。在江心洲街道洲泰社区、莫愁湖街道蓓蕾社区和兴隆街道月安社区开展“村规民约”等自治章程的法律体检活动，打造依法治理示范社区。

【社会矛盾和安全隐患大排查大整治行动】7月起，根据全省统一部署，建邺区以“社会矛盾和安全隐患大排查大整治”行动为总抓手，密集开展“百日安全生产执法”“四查四防”“大排查大接访大化解大督查‘百日攻坚’行动”“出租房屋安全隐患集中整治”“易制爆危化品与寄递物流专项整治”等一系列专项行动。成立河西·建邺社会矛盾和安全隐患大排查大整治行动领导小组，由区委书记、区长任组长，区委、区政府分管负责人及职能部门主要负责人共同负责、齐抓共管。专项行动领导小组办公室设在区委政法委，具体负责综合协调、推进落实、督查督办等相关工作。行动办抽调牵头部门精干力量，实行实体化运行。相关职能部门和各街道也都成立相应机构，组建工作专班，抓好工作措施有效落实。全区社会矛盾和安全隐患大排查大整治行动效果显著，社会大局持续安全稳定。

【信访突出问题化解】集中开展“大排查、大接访、大化解、大督查‘百日攻坚’行动”，南京市交办32件信访积案化解30件，化解率93.75%，圆满完成目标，化解率列主城区前茅。研究制定《关于进一步加强和改进全区信访维稳工作的实施办法》，提出《加强和改进信访工作三年规划》，梳理自排信访积案246件，化解积案151件，化解率61.3%，完成首年攻坚目标。全省信访突出问题大化解大突破专项行动动员部署会后，建邺区迅速召开专题会抓好传达贯彻。区委2次召开常委会研究专项工作，成立由区政府主要负责人任组长，区委、区政府分管负责人和公检法三长任副组长的领导小组。在全区深入开展拉网式滚动排查，制定区专项行动方案，明确目标任务、工作措施和工作要求，确保行动取得实效。

【中央督导组督查十九大安保维稳】10月9日，由中央网信办副主任庄荣文带队的中央督导组一行到宁督查中国共产党第十九次全国代表大会安保维稳工作，建邺区代表南京市接受检查。中央督导组对建邺区“高度重视党的十九大安保维稳工作，措施具体到位、工作扎实有效”给予高度评价，并强调排查各类涉枪涉爆涉恐，各地已经排查掌握但是尚未完全化解稳控的重大不稳定矛盾问题。提出强化“四个意识”（政治意识、大局意识、核心意识、看齐意识），做好中国共产党第十九次全国代表大会安保维稳工作。落实维稳责任，党委、政府履行维稳安保属地责任，围绕工作目标，层层传导压力，推进任务落实，推动各级各部门形成上下联动、条块结合、齐抓共管的强大合力。强化工作措施，在中国共产党第十九次全国代表大会维稳安保的关键阶段，继续坚持问题导向和底线意识，紧紧盯住可能影响全区中国共产党第十九次全国代表大会安全稳定各类风险隐患，突出重点、细化工作举措，确保各项工作措施落地生根，以优异的成绩向党和人民交上一份满意答卷。区委书记张俊，区长闵一峰，区委副书记曹曙，区委常委、政法委书记周迅，副区长王国平，副区长杨晨，区副巡视员褚俊，南京市公安局副巡视员、区公安分局局长钱胜春等区负责人，相关部门及各街道主要负责人参加督查汇报会。

【全国“两会”期间信访维稳】2月27日，区委政法委组织召开全国“两会”（中国人民政治协商会议第十二届全国委员会第五次会议和中华人民共和国第十二届全国人民代表大会第五次会议）信访稳定工作专题部署会。区委常委、政法委书记周迅，副区长王国平，区副巡视员褚俊，政法、信访、公安等职能部门主要负责人及责任单位、各街道分管负责人参加会议。会议要求，各级、各部门加强全国“两会”期间信访维稳工作的组织领导，坚持稳控与化解并重；落实信访维稳工作责任，纪委（监察局）、政法、信访等部门开展专项督查。

全国“两会”期间，建邺区强化组织领导、压实工作责任、突出化解约谈、坚持多策并举，实现“两会”期间信访维稳工作目标。3月24日，区委政法委、区信访局在区委党校组织召开2017年全国“两会”期间信访维稳工作总结大会，全面梳理重大活动信访维稳保障工作经验做法，形成长效工作机制。区委书记张俊，区委常委、政法委书记周迅，副区长王国平，区副巡视员褚俊出席会议并讲话。

【江苏发展大会属地维稳保障】5月19~21日，江苏省委、省政府在南京举办首届江苏发展大会。在省、市、区统一部署下，区委政法委会同区信访局、区公安分局等部门落实属地安保维稳各项工作。建立矛盾排查化解机制，在大会召开前夕开展集中排查，全面掌握动态信息。建立信息研判预警机制，广泛搜集获取行动性信息，加强分析研判，强化预警预判预报，严防漏管失控。建立源头稳控机制，坚持“属地管理，分级负责，谁主管，谁负责，依法、及时、就地解决问题与疏导教育相结合”工作原则，对重点人员全面加强稳控。建立现场应急处置机制。大会期间，在各场所安排值守，圆满保障大会顺利召开。

11月17日，建邺区召开国家安全工作培训会。（区委政法委 供稿）

【第四次国家公祭活动保障】12月13日，第四次国家公祭仪式在侵华日军南京大屠杀遇难同胞纪念馆举办。区委政法委充分发挥牵头协调作用，做好安保维稳各项工作。加强现场指挥保障，在江东管委会2楼会议室设置区现场维稳保障指挥部，由区委常委、区委政法委书记周迅带队，王国平、杨晨、褚俊等区负责人及区委政法委（综治办）、区信访局、区公安分局（维稳办）、区法院、区司法局、区安监局、区城管局、区消防大队等部门负责人参加。布置应急处置力量，公祭当天共组织综治、信访干部50余人，在封控圈设置6个卡点进行值守。组织开展群防群治工作，制定《建邺区关于国家公祭活动期间组织平安志愿者开展群防群治工作方案》，按照群防群治力量达到实有人口5%要求，广泛发动、招募平安志愿者，完成岗前培训工作。从12月10日开始启动一级响应，全力协助专业力量落实各项安保维稳措施。共组织平安志愿者503人配合公安机关进行制高点管控，组织平安志愿者1768人对73个重点部位、1178栋周边小区住宅楼、189家店铺进行定点执守和治安巡防，组织平安志愿者2.8万人参与社会面巡防。

【全区安全稳定工作部署会】9月27日，在区机关召开全区安全稳定工作部署会。区委常委、区委政法委书记周迅，副区长王国平、副区长杨晨、区副巡视员褚俊出席会议。会议由副区长王国平主持。区委常委、区委政法委书记周迅就做好全区中国共产党第十九次全国代表大会期间安全稳定工作进行动员部署。副区长杨晨对做好全区安全生产工作明确方向，并提出具体要求。区综治办（行动办）、区信访局、区公安分局（维稳办）、区安委办、区消委办等牵头单位分别就全区信访维稳、中国共产党第十九次全国代表大会安保、大排查大整治、安全生产、消防安全等工作进行全面布置。会议强调，全区上下认清形势、提高认识，增强做好安全稳定工作的政治担当和政治自觉，把稳定当作压倒一切政治任务来抓。细化措施、抓好落实，加大社会矛盾和安全隐患排查整治力度，努力做到早发现、早控制、早处置。突出重点、抓住关键，持续加力信访积案化解和各类重点人员稳控，落实好各项工作制度。压实责任、严格督查，以刚性问责倒逼安全稳定工作责任落实、措施落地。强化领导、突出保障，用群众满意度来检验和评价工作成效，确保全区不发生影响中国共产党第十九次全国代表大会安全的任何问题，为全区中国共产党第十九次全国代表大会胜利召开营造和谐稳定社会环境。全区各部门、各单位主要负责人和分管负责人，各街道工委书记、分管负责人，各社区（村）书记共220人参加会议。

【中共十九大安保表彰】全区各部门、各单位以为中国共产党第十九次全国代表大会营造和谐稳定的社会环境、坚决打赢中国共产党第十九次全国代表大会安保维稳攻坚战为主线，以“大排查大整治”“百日攻坚”行动为抓手，紧盯工作底线，始终保持辖区政治安定、社会稳定良好局面，实现中国共产党第十九次全国代表大会期间进京上访“零登记、零滋事”目标，圆满完成中国共产党第十九次全国代表大会期间安全稳定保障任务。11月2日，区委召开全区安全稳定工作总结表彰暨国家公祭活动属地保障部署大会。会议表彰在中国共产党第十九次全国代表大会安全稳定工作中表现突出的29家先进单位和123名先进个人，总结中国共产党第十九次全国代表大会安保维稳工作经验，并部署第四次国家公祭仪式属地保障工作。张俊、闵一峰、古国才、周峰、周迅、刘玉民、宗仁、王国平、杨晨、褚俊、芮铭珍、于刚、钱胜春等出席会议，区公安分局、区安监局、区城管局、莫愁湖街道、江心洲街道等5家单位作表态发言，河西管委会各处室、公司主要负责人，全区各部门、单位主要负责人、分管负责人，各社区党组织负责人160余人参加会议。

【政法“三长”联席会议】4月1日，区委政法委组织召开公、检、法“三长”（区公安分局局长、区检察院检察长、区法院院长）联席会议。会议由区委常委、政法委书记周迅主持。区委政法委、区法院、区检察院、区公安分局主要负责人和部分分管负责人参加会议。会议围绕司法体制改革要求，就加强保障司法辅助人员，集中解决执行难，加大妨害公务案件、侵财案件打击力度，加强涉稳案件协调处置等问题，相互征求意见，加强沟通交流，为做好刑事诉讼工作衔接，不断提高办案水平和质量提出改进意见和建议措施。会议强调，坚持并发挥好联席会议制度，完善会议召开机制，协调解决好政法各单位在工作中遇到的困难。围绕中心，服务大局，稳妥处置重大敏感涉稳案件，实现法律效果和社会效果的统一。从严打击妨害司法、执法工作的违法行为，维护司法公信力。

8月9日，区委政法委组织召开公、检、法“三长”联席会议。会议由区委常委、政法委书记周迅主持。区委政法委、区法院、区检察院、区公安分局主要负责人和部分分管负责人参加会议。会议围绕“贯彻落实区委、区政府主要领导调研指示精神，着力提升司法服务保障能力，为党的十九大召开营造安全稳定的社会环境”这一主题，就建立和完善群体性矛盾多元联动处置机制、两法衔接机制、以审判为中心的民商案件快速送达机制和刑事办案模式改革等问题进行研究讨论，并在新型案件统一认识、涉众型经济犯罪案件办理等方面提出很好意见建议。

【国家安全宣传教育】4月15日全民国家安全教育日期间，精心部署安排，在全区投入近千人次，开展广场活动8场，悬挂横幅近百条，利用微信、校信通、电子屏等宣传载体，充分实现有影有声有形，收到良好宣传教育效果。创新宣教模式，开展“国安宣教进校园、进社区、进军营”活动，将国家安全教育延伸到全区各中小学，融入到大走访社区、企业、单位，与驻区部队开展结对共建，使中小学生、居民群众、广大官兵受到深刻的国家安全教育。国安宣传教育主动作为、点面结合、虚实呼应的特色做法，在全市系统起示范引领作用，得到肯定。（区委政法委）

·公　安·

【概况】2017年区公安分局在维稳管控、巡逻防控、规范执法、社区警务、治安整治等各项工作上取得明显成效。立足大局，维护辖区平安稳定。实现全年重要敏感节点“零非访”“零滋事”工作目标。同时，强化现场安保、抓各项措施落实，圆满完成首届江苏发展大会、南京大屠杀死难者国家公祭80周年祭、中国共产党第十九次全国代表大会、南京金秋经贸洽谈会、南京国际马拉松赛、世界轮滑锦标赛等大型活动共计257项545场次，其中万人以上大型活动57项96场次（占全市66%），警卫任务121项，全力确保万无一失。

2017年，因中国共产党第十九次全国代表大会安保成绩突出，区公安分局荣立集体二等功；顺利通过档案工作五星级规范建设测评；创建全市唯一基层分局“民警之家”，被南京市公安局选为全国警员职务套改试点工作唯一城区单位。区公安分局指挥室110女子接警组被授予江苏省“巾帼文明岗”荣誉称号、南京市公安局“警辅党员示范岗”；沙洲派出所因民调工作突出，作为全市唯一一家基层单位被江苏省司法厅选为矛盾纠纷排查调处全覆盖转型增效现场推进会考察点；区公安分局出入境窗口荣获“优精美高”

省级示范窗口荣誉称号；滨江派出所被列为全市首家窗口示范观摩点；区公安分局2017年窗口服务满意度稳居主城区第一。2017年，区公安分局共有2个单位荣立集体二等功、5个单位荣立集体三等功，3人荣立个人二等功、66人荣立个人三等功，涌现出“全省优秀人民警察”王乐等一批先进典型。

【巡防改革】巡防改革完善立体化防控格局。区公安分局始终以“屯警街面、动中备勤”为目标，在队伍保障、运行机制上下足功夫，不断深化巡防重组，建立以区巡特警大队、警务站为主体的巡防工作格局，警务站接警比例达70.54%、自处率达92%。强化显性用警、亮灯巡逻，常态化开展“关城门”演练8次，做到打击有力、防范严密、应对有效。2017年，全区刑事案件受案3349起（每天发8.5起），同比下降10.4%（全市下降10%）；全部案件、侵财案件、盗窃案件、诈骗案件发案均为主城各区最低，巡防绩效在全市同类分局中保持第一。

【“合成作战”机制建设】深入开展打击“盗抢骗”、“雷霆”扫毒、缉枪治爆、“猎狐2017”等专项行动，深化合成作战中心建设，全面启动运行DNA实验室，创新成立南部责任区刑警中队，研发应用“建邺公安案件侦查应用系统”，加强情报、现勘、图侦、便衣、反扒、预审、谈判、创客8支专业队伍建设，通过一系列措施全面提升打处质效。2017年，破案率达30.7%（全市27.5%），同比上升7.6个百分点，侦破一批有影响案件；共抓获刑事案件犯罪嫌疑人1000名，同比上升11.7%（全市上升8.6%），其中刑拘734名、执行逮捕355名、直诉28名，同比均有大幅度上升。黄赌娼公诉、侵财一年刑、追逃总数、历年逃犯等指标同比上升超过50%以上；涉环境公诉、网络犯罪公诉均取得突破；9项指标在11月提前完成全年任务。

【科技强警】区公安分局坚持问题导向，从实战出发，充分运用“互联网+”、大数据等信息化手段破解实践难题，在全市率先研发扁平化智能派警模型、出租房社会化综合管理系统、非法集资企业监控预警系统、大型活动可视化安保指挥决策辅助系统，为社区综合治理、金融风险防范、大型活动安保注入新活力，形成具有建邺特色工作品牌，受到广泛好评。在2017年底举行的全省警务大数据建模大赛中，区公安分局是全省唯一一家团体和个人都入围决赛且斩获名次的分县局单位，研发的“非法集资企业监控预警系统”荣获团体二等奖（排名第三），排名所有参赛分县局第一；扁平化智能派警模型荣获大赛个人三等奖，同时在南京市公安局“大数据情报建模实战应用比武竞赛”取得实战组第一名的好成绩。

【警队建设】严优并举，建设素质过硬警队。区公安分局坚持从严治警、从优待警两手

7月21日，区公安分局民警到位于扬子江大道的上新河加油站进行消防安全检查。（区公安分局　供稿）

抓。不断深化督导工作机制，共开展现场督察127场次、发布督察通报79期。针对队伍中存在薄弱环节，采取党委约谈等模式，全年累计约谈民警11人次，力求迅速化解隐患苗头。以全员考核为抓手，做到下考一级，全体科所队长均有量化指标，实施即破即奖、战时奖励等一系列制度举措。强化警务交流合作，接待来自埃塞俄比亚反恐官员一行5人，开展为期2周考察学习，与西宁、婺源两地建立长期学习交流合作机制。区出入境大队民警金厚宇作为南京市公安局唯一通过选拔的维和警察，赴塞浦路斯执行海外维和任务。

【为民服务】区公安分局为民服务窗口始终秉承“窗口服务零距离、日常受理零差错、法定外零收费、规范服务零投诉”工作目标，2017年累计办理省内外身份证4万余张、各类出入境证件1.8万余件，受理各类户籍业务6328份。9月，省内一站式户口异地迁移办理在区公安分局率先运行，真正实现“让数据多跑路，让群众少跑腿”。同时，宣传拓展网上办证新模式，在上级部门支持下，率先试点使用全省首台可供全市户籍居民使用的身份证自助办理设备和身份证24小时自助领取设备。截至2017年底，身份证自助办理设备已完成居民身份证办理近千次，使用满意率100%，受到广大群众好评，为身份证全国异地办理工作提供创新性措施。

延伸阅读12

南京市首台居民身份证自助申办设备在建邺投用

6月12日，南京市首台居民身份证自助申办设备在建邺政务服务中心A厅（南京市公安局建邺分局办证大厅）正式投入使用。该设备合成人像、指纹采集，收费等办证各环节功能，实现全程语音提示、字幕指导，采用成熟的身份核验、人脸识别、指纹比对技术，无需填报个人信息，短短3~4分钟自助受理完成，并能有效确保本人办证，杜绝错、假、冒等现象发生。针对大家比较关注的照片质量问题，申请人还可自行调整灯光模式、拍摄位置，实现“多拍优选”，真正做到“满意拍”。该设备投入使用充分发挥“互联网+政务服务”技术优势，代替大部分人工办证程序，大大缩短受理时间，群众办事更为便捷高效，满意度得以提升。（区公安分局）

·检　察·

【概况】出台《关于进一步推进重大、敏感涉法涉诉信访维稳工作实施细则》，推出全院干警检察为民服务中心轮流接访制度。出台《关于强化金融检察保障金融产业健康发展的意见》，建立捕诉研防机制，加大对金融产业、金融创新的司法保护，开展金融专项预防教育70场，受教育人数5321人次。聚焦生态宜居，打击破坏环境资源违法犯罪，综合运用打击、预防、监督、教育、保护等手段，助推生态文明建设。

【批捕起诉】严厉打击严重刑事犯罪，受理提请批准逮捕案件188件260人，批准逮捕164件220人；受理审查起诉案件644件968人，提起公诉595件803人。重点打击严重暴力犯罪、网络新型犯罪、侵财类犯罪等严重影响人民群众安全感与幸福感的犯罪行为，先后办理伏忠堂网络非法买卖弹药案、李某等人侵犯公民个人银行账户信息系列案等一批重大敏感案件。贯彻宽严相济刑事司法政策，对轻微刑事案件、刑事和解案件，在保证诉讼、无社会危险性的基础上，不批准逮捕17人；对犯罪情节轻微、依法不需要判处刑罚的，决定不起诉19人。重视弱势群体司法保护，给2名涉案特困被害人发放国家司法救助金3.6万元。

6月12日，身份证自助申办系统在区公安分局正式上线运行，该系统可以自助式办理本市居民身份证。（区公安分局　供稿）

【职务犯罪查办和预防】坚决拥护和配合国家监察体制改革，做好转隶等相关工作。全年立案侦查职务犯罪案件15件17人，均为大要案（副处级以上4人），其中，贪污贿赂案件12件14人，渎职侵权案件3件3人，案件数同比上升143%，创历史新高，办案量位居全市前列。注重预防职务犯罪工作实效，开展金融城等项目立体预防，启动江苏省第二中医院等重大工程建设项目专项预防。与区卫计委联合开展“远离回扣，廉洁从医”专项活动，组织针对性讲座17批次，受教育医疗从业人员1300余人次。全年接待参观预防职务犯罪警示教育基地206批次11180人次，辐射省、市级机关、金融、高校等企事业单位。开展行贿档案查询2768次4863人，预防工作成效彰显。

【司法活动法律监督】监督撤案1件，以证据不足不批准逮捕17人，存疑不起诉3人，书面纠正侦查违法行为9件，排除非法证据4份。联合区公安分局开展打击侵犯公民个人银行账户信息犯罪专项行动，批捕该类犯罪5件5人。坚持全面审查与重点排查并重，全年监督立案1件1人，追捕2人，追诉4人。加强刑事审判监督，找准抗点，先后提起二审抗诉2件，提请再审抗诉1件。强化民事行政诉讼监督。审查各类民事行政案件14件，提出再审检察建议2件、检察建议2件，息诉、和解7件。开展公益诉讼试点，梳理5件线索，对1起国有财产保护领域负监管职责的行政违法行为立案审查，启动行政公益诉讼诉前程序。深化刑事执行监督，共办理捕后羁押必要性审查案件33件33人，办理被监管人控告、举报、申诉案件7件7人，办理罪犯又犯罪案件3件4人，办理暂予监外执行案件2件2人，办理强制医疗执行案件2件2人，纠正社区服刑人员漏管案件2件2人。

【司法规范化建设】建立《检察官司法档案》，坚持有权必有责，权责相匹配，建立权责明晰、监管有效、保障有力的检察权运行新机制。25名员额检察官全部在一线办案，入额院负责人均按要求直接办理案件，自侦和公诉部门员额检察官人均办案数位居全市前列，其中公诉部门员额检察官人均办案163件。继续完善案件管理机制，开展案件质量评查6次630件。以手机短信向律师推送案件程序性信息351条。检务公开日益深化，向区人大常委会专题汇报民事行政检察工作，主动邀请代表委员、人民监督员、特约检察员及检风监督员等参与公开听证、观摩庭审及案件评查等活动20余次。全年公开法律文书454份、案件程序性信息1146条，发布原创微信82条。

【现场查获型危险驾驶案件速裁】审查起诉“一步到庭”：对事实证据清楚、犯罪嫌疑人认罪认罚现场查获型危险驾驶案件，公安机关在立案后2日内移送审查起诉，检察机关在受理后2个工作日内提起公诉，法院在受理2个工作日内开庭审查并当庭判决。“一单式告知”：将委托辩护人告知书、诉讼期限告知书、速裁程序权利义务告知书、同意速裁程序具结书等法律文书进行合并，实行一单式告知。审查报告“一案一表”：对原有公诉审查报告进行简化，制成一张表格式审查报告，省略繁琐的程序性事项，使审查重点突出，一目了然。案件审批“一竿子到底”：对于现场查获型危险驾驶案件速裁程序提速案件办理，无须报分管检察长、部门负责人审批，员额检察官自行即可决定是否适用；案件起诉决定权由员额检察官自行行使，实现“一竿子到底”。证据规格“一体把握”：在不降低证明标准前提下，对于现场查获型危险驾驶案件证据规格进行类型化规定，实现从侦捕诉判证据规格一体化，从源头上避免非法证据、瑕疵证据进入诉讼环节并作为定案依据。

【金融检察论坛暨金融犯罪研究基地揭牌仪式】5月26日，由南京市检察院、东南大学法学院、建邺区检察院、区金融办联合举办的金融检察论坛暨金融犯罪研究基地揭牌仪式在区检察院成功举办。活动中进行金融犯罪研究基地揭牌，在论坛环节进行金融犯罪风险防范及法律适用研讨，区检察院检察官助理吴超令、南京市公安局建邺分局法制大队教导员郑巍、南京市金融办综合法规处处长罗成利分别作《建邺区金融犯罪态势及风险防范》《金融创新的刑事边界》《当前形势下非法集资问题成因及治理对策》的主题发言。在金融犯罪的法律适用研讨过程中，区检察院员额检察官胡莹，检察官助理孟晋、翟荣伦，东南大学博士杨志琼分别作《涉众型金融犯罪的难点与对策》《互联网金融犯罪法律适用难题》《互联网移动支付型金融犯罪疑难问题探讨》《贷款诈骗犯罪中担保条款的刑民交叉问题》主题发言。

7月20日，市检察院、区检察院共同举办认罪认罚“一步到庭”办案模式研讨会。（陈然 摄）

还举办金融犯罪案件新闻发布会。此次活动，也是区检察院落实上级要求，加强小课堂建设，推进基层培训练兵活动一项重要举措。

5月26日，在市检察院、区金融办联合举办的金融检察论坛上，区检察院党组书记、检察长于刚（左）与东南大学法学院院长刘艳红（右）为金融犯罪研究基地揭牌。（陈然　摄）

【案件质量监督管理】区检察院案管部门围绕司法办案，探索案件质量监督管理新模式，拓展流程监控范围，细化文书接收，督促规范送达，加强受案审查，挖掘监督线索，消除监督盲点。定期评查与专项检查并行，提升评查针对性。查错与评优并重，发挥评查导向作用。发现问题与解决问题并进，确保评查实效。建立案件信息公开机制，提升公开意识，健全案件信息公开监管，提升公开质量，开展信息推送服务，提升公开主动性，制度先行，操作规范，监管严格。2017年，针对涉案财物处置不规范问题向承办部门制发《流程监控通知书》1份、发出口头提示5次。

【侦查环节律师权益保障】区分不同情况，保障律师会见权，针对一般案件，以不限制为原则、以限制为例外，实现侦查环节律师会见率百分之百。针对符合特别重大贿赂犯罪数额标准案件，严格区分是否有限制会见必要，尽可能少用慎用限制会见手段。保持开放心态，要求进行3次告知。即采取强制措施后必须当面告知律师强制措施及指控罪名，律师会见嫌疑人之后与律师交换意见并适度出示证据，侦查终结前当面征求律师意见。其中，在侦查环节主动向律师出示部分证据做法，受到律师普遍欢迎和高度评价。在保障律师百分之百会见情况下，已经向嫌疑人出示过的证据、在审讯中已经涉及到的事实，都可向律师公开。由于控辩双方能够始终充分交换意见，律师能够保持客观公正、理性平和的辩护策略，对抗性大大减弱。

【“e检察”数字化联络平台建设】联络工作更加及时，建立人大代表联络短信和微信朋友圈2个平台，以手机短信形式及微信方式，及时向代表委员通报检察机关重要工作、重大活动开展情况，提高代表委员联络工作时效性和互动性。联络工作更加精准，适应全媒体新时代特点，开通南京建邺检察微信公众号，每次联络活动结束后，制作并向代表委员推送专题微信，通过直播、图说、案例等形式，增强宣传互动性，方便了解检察工作，扩大社会影响。联络工作更加全面，构建微信、微博、官网三位一体的“e检察”数字化联络平台，为代表委员了解检察工作提供全方位、精细化服务。

【廉政文化建设】强化廉政保障，形成负责人机制，营造廉政氛围。区检察院检察长带头上廉政党课，分层次、分专题、有重点地组织专题教育，对新任职中层干部和新进检察人员开展廉政提醒谈话，利用“建检讲坛”开展学习讨论活动。元旦、春节、中秋、国庆等重大节日前夕，通过编辑廉政微信等形式进行廉政提醒。开展“勤政廉政先进个人”评选活动，充分发挥先进典型示范引领作用。通过组织学习“学思践悟”文章、参观廉政教育基地、观看廉政影片、撰写廉政心得、创作廉政文化作品等形式，在全院形成学廉、思廉、崇廉良好氛围。健全廉政制度，坚持把廉政文化内涵与廉政规章制度有机融合，不断增强廉政文化约束力，促进廉政文化建设常态化。扩大廉政影响，加大硬件投入，运营南京首家“全数字化”预防职务犯罪警示教育基地，综合运用图文声像、场景模拟、互动体验等新手段，推动警示教育由“展板+解说”传统模式向“数字+互动”新模式升级，打造可看、可听、可触摸的沉浸体验式空间。区检察院获评“江苏省廉政文化建设示范点”。

【检察干警队伍建设】持续打造数字化党员教育基地，被评为江苏省党员干部现代远程教育示范基地。全年组织党员干警走访企业、社区及群众231人次，开展法律宣传服务34次，收集意见建议50余条，自行解决问题31条，向社区和各相关部门反馈问题7类20余条。通过组织建检讲坛、研讨会、小课堂等形式，不断提升干警业务素质。1名干警出版专著，40名干警受到区以上表彰奖励，3人荣立三等功，其中3名干警入选全国检察机关“侦查预防能手人才”、3名干警荣获江苏省检察机关“十佳监管员”、南京市检察机关“优秀反渎局长”“控告申诉检察业务能手”等荣誉称号。2门课程被评为江苏省检察教育培训精品课程、江苏省检察教育培训精品“小课堂”。区检察院连续3年被评为全国检察机关宣传先进单位，连续3届获得“全国文明接待室”称号。

【退休检察干部作用发挥】坚持充分发挥老干部作用不放松，区检察院退休干部吴春法、文鹰、王丛俊、王秀芳等同志，退休不退岗，坚持从事关心下一代工作，多次深入社区、学校进行法治宣传，开展未成年人保护。通过组织红领巾志愿服务队进社区、“五老”（老党员、老专家，老教师，老战士、老模范）讲师团讲党史、青少年法治知识竞答等形式广泛开展宣传活动，提升青少年的法治意识。做好网吧监督，坚决杜绝未成年人进入网吧沉迷游戏，帮助引导社区未成年人树立正确的世界观、人生观、价值观，实现社区综治工作在未成年人等特殊群体帮教关爱领域新突破。（区检察院）

·法　院·

【概况】2017年，建邺区法院围绕“努力让人民群众在每一个司法案件中都感受到公平正义”工作目标，为高标准建设现代化国际性城市中心提供司法保障。全年新收案件13770件，同比上升5%，结案12585件，同比上升5.8%，实现收、结案良性循环。南湖法庭被评为全省优秀人民法庭。区审判机关被评为2017年全国法院司法宣传工作先进单位。

【刑事审判】受理刑事案件611件（含旧存39件），审结584件，结案同比上升29%。打击故意伤害、抢劫、抢夺、盗窃、诈骗等暴力、侵财犯罪，审结163件，判处有期徒刑以上刑罚70人。打击毒品、危害食品、药品安全等犯罪，审结79件。打击邪教犯罪活动，抵制信访领域违法犯罪。加强危害生态环境资源犯罪打击力度，审结破坏环境资源保护类案件75件，判处被告人116名，累计罚金140余万元。

【民事审判】受理各类民事案件8006件（含旧存1932件），审结6128件。审结商品房买卖纠纷案件424件，判决不按期履行房屋交付义务等违约行为案件195件。审结房屋租赁案件212件，保障房产交易、租赁市场诚信健康发展。审结劳动争议案件781件，化解苏雪达公司追索劳动报酬系列案件，为125名员工追回劳动报酬156万元。打造道路交通事故“网上数据一体化处理”中心，调处交通事故纠纷373件，涉案标的金额112万元，当庭履行率100%，该做法被南京市中级人民法院评为年度司法体制改革创新案例，被江苏省高级人民法院总结推广。注重消费者权益司法保护，全年共审结产品销售者责任纠纷等案件128件，其中3件被评为2017年度南京市消费者权益保护典型案例。正确处理保护婚姻自由与维护家庭稳定关系，审结各类家事案件623件，其中，调解撤诉383件，调撤率达61.5%。联合区妇联、区民政局等部门建立家事纠纷联调联动机制，共同调解结案42件，保护婚姻家庭弱势一方合法权益，依法发出人身安全保护令7份。

【商事案件】受理各类商事案件4310件（含旧存1268件），审结3043件。组织法官深入辖区金融机构走访调研，帮助金融机构有效预防和化解，审结金融借款、民间借贷、融资租赁等案件2149件。准确把握电子证据认定标准，审结P2P网络借贷等案件105件。受理华建传媒集团有限公司等破产案件5件，为推进供给侧结构性改革提供有力司法支撑。

【知识产权案件】受理各类知识产权案件189件（含旧存63件），审结144件，依法判决知识产权侵权方、违约方赔偿金额累计达608万元。依法严惩侵害商标权犯罪，审结艾万珠宝公司销售假冒注册商标一案，判处被告人张某有期徒刑3年4个月，并处罚金30万元，对单位判处罚金60万元。成立知识产权审判巡回法庭，选择典型案例公开审理，牵手新城科技园管委会举办“知识产权保护与园区企业发展论坛”，激发企业知识产权保护意识，为聚力创新保驾护航。

【案件执行】围绕“用2~3年时间基本解决执行难”任务目标，坚持将基本解决执行难作为一把手工程，成立负责人小组，制定下发《关于落实基本解决执行难问题的实施意见》。区人大常委会开展专项视察，听取执行工作专项汇报并作出审议意见。人大代表、政协委员全程跟踪集中执行活动6次。区委、区政府以“两办”（区委办、政府办）名义下发《关于支持人民法院基本解决执行难工作的实施意见》，构建“党委领导、人大监督、政府和社会各界关心支持”的基本解决执行难工作大格局，为法院基本解决执行难奠定坚强组织和制度保障。全年共受理执行案件4489件（含旧存879件），执结2666件，执结案件涉案金额11.4亿元，执行到位金额3.54亿元，同比分别上升14%、65.4%，基本解决执行难工作取得阶段性成果。

【典型案例入选】1月11日，南京市中级人民法院举行“2016年度十大典型案件颁奖典礼”，公布经过多层评选最终脱颖而出十大典型案件。区审判机关审结的学区划分案、业委会解聘物业公司纠纷案被评为南京法院2016年十大案件。区审判机关院党组重视队伍建设，院庭长率先垂范，并对新入职同志悉心指导，实行青年法官导师制，涌现出一批有影响力精品案件和精英法官。区审判机关组织参加全市法院十大案件评选工作，副院长张革联专门进行动员部署，研究室组织案件资料收集、整理和报送等工作。学区划分案还被评为全国法院2016年十大民事行政案件。

2016年区审判机关审理的3件消费者权益纠纷案件被南京市法院评为“2016年度南京法院十大消费者权益保护典型案例”。3月13~14日，区审判机关南湖法庭庭长高福罡分别在南京市法院和区审判机关召开新闻发布会，发布2016年消费者权益纠纷案件审判白皮书及典型案例。入选3件消费者权益保护典型案例分别是：“重复购买手镯拆分诉讼案”“盐水鸭不符合标准案”“假冒美步楼梯案”。

【“网上数据一体化处理”工作启动】8月29日，建邺区交通事故“网上数据一体化处理”工作启动仪式在区审判机关举行。江苏省高级人民法院民一庭副庭长李亚林、南京市中级人民法院民一庭庭长贡永红、建邺区委常委政法委书记周迅、南京市交管局第四大队大队长陈旭、南京市司法局基层处处长白玉博、建邺区司法局局长严兴中、区审判机关院长芮铭珍等参加项目启动仪式。建邺区委常委、政法委书记周迅在启动仪式上进行总结讲话，对各方支持推动区“网上数据一体化处理”工作表示感谢，充分肯定区审判机关、区司法局、南京市交管局第四大队及相关单位进行改革、推进智慧法院、智慧政务建设的成绩，并对建设和推进好“网上数据一体化处理”项目提出要求。

【“实证法研究中心”揭牌仪式】9月14日，区审判机关与南京大学法学院共建“实证法研究中心”签约及揭牌仪式在区审判机关举行。南京大学法学院院长叶金强、副院长王太高、法硕办主任咸鸿昌参加揭牌仪式，区审判机关全体负责人参与揭牌活动。区审判机关院长芮铭珍在揭牌致辞中指出，区审判机关与南京大学法学院共同成立“实证法研究中心”，是开展应用法学的全面合作，是为法院破解司法难题，提升司法水平找到一条行之有效的路径。南京大学法学院院长叶金强代表南京大学法学院对“实证法研究中心”成立表示祝贺，对区审判机关多年来支持与南京大学法学院的共建交流活动表示感谢，本次揭牌共建活动，将“实证法研究中心”打造成一流科研平台、实习基地、人才摇篮、法院智库，为区审判机关办案及调研发挥引领作用，将院校共建工作提高到新水平。

【知识产权巡回法庭揭牌】11月10日，2017紫金知识产权国际峰会建邺专场活动在南京

11月10日，区法院知识产权审判巡回法庭在第二届紫金知识产权国际峰会建邺专场上揭牌。
（区法院　供稿）

国际青年文化中心举行，活动主题为“知识产权运营与金融服务”。南京市副市长蒋跃建作专题发言，建邺区区长闵一峰推介区域投资环境，南京中院知识产权庭庭长姚兵兵介绍知识产权纠纷调处相关情况。会上，南京大学校长助理范从来、南京市中级人民法院院长胡道才、建邺区委书记张俊共同为区审判机关知识产权巡回法庭揭牌，区审判机关院长芮铭珍、副院长张革联、政治处主任陆预婷及知识产权庭等出席揭牌仪式。建立知识产权巡回法庭，完善知识产权保护工作机制，提高公众知识产权保护意识和能力，促进各类知识产权企业和机构在建邺区投资兴业。

【年度工作总结表彰暨党风廉政大会召开】2月17日，区审判机关召开2016年度工作总结表彰暨党风廉政大会。法院全体负责人及全体干警参加会议。区法院党组书记、院长芮铭珍传达南京市委书记吴政隆对全市法院工作批示，以及全省、全市法院院长会议精神。区法院政治处主任陆预婷宣读《关于表彰2016年度先进集体和先进个人的决定》，并由院负责人为先进集体和先进个人颁发证书，3名干警代表作交流发言，各部门负责人向院长芮铭珍递交《党风廉政建设责任书》。

【论文获奖】3月31日，最高人民法院人民法院出版社、《中国审判》杂志社主办，马鞍山市中级人民法院、马鞍山市雨山区人民法院承办的“雨山杯·家事审判方式和工作机制改革”论坛在马鞍山召开。区审判机关芮铭珍、张革联、王亚明撰写的论文《家事审判诉前分流路径探析》获得本次征文二等奖。

8月16日，中国法学会第29届全国副省级城市法治论坛在长春开幕，区审判机关王亚明撰写《我国商事仲裁分流诉讼的困境及进路》获得本次论坛二等奖。本次论坛主题为“以审判为中心的诉讼制度改革”，论坛组委会共收到1354篇征文稿件，经过初审、推荐，并经过中国法学会组织学术不断检测、终评及公示，最终确定一等奖10篇、二等奖25篇、三等奖35篇。区审判机关一直参与各种法学论坛及调研征文活动，将基层法治实践总结为法治经验，为司法改革和依法治国建言献策，取得很好效果。

【信息宣传工作】8月18日，南京市法院通报2016年全市法院信息工作情况，区审判机关在江苏省法院信息考核分成绩名列南京基层法院第一名。信息工作可以向上级法院和党委政府反映工作情况，为领导科学、正确决策提供依据。2016年，区审判机关向上级法院报送信息30余篇，其中张革联、王志红撰写《“一男子爬孙中山像”事件续报》被江苏省委采用，胡维华撰写《南京市区审判机关打造“人伤交通事故一体化”处理平台成效显著》被江苏省高级人民法院采用。

6月27日，区法院少年庭携手区关工委赴建邺初级中学开展法制讲座。（区法院　供稿）

区审判机关院党组重视司法宣传工作，在年初进行动员部署，将司法宣传纳入法院年度重要内容。区审判机关结合重大活动等开展宣传工作，在市级以上媒体被采用稿件200余篇（档），其中，《人民法院报》7篇，《江苏法制报》26篇，《江苏经济报》31篇。为方便当事人诉讼等，区审判机关组织对官方网站进行改版升级，研究室统筹安排，收集整理文字数万，并与南京先行数字技术有限公司技术人员加强沟通协作。7月12日，区审判机关新网站正式上线，新网站包括10个大栏目61个子栏目，新网站将司法服务区（包括诉讼服务、执行服务、公众服务区）置顶，方便网民了解审判执行等相关法律制度等。（王亚明）

·司法行政·

【概况】2017年，区司法局围绕“打造人民满意的服务型实战型司法行政机关”目标，全面推动“四个全覆盖”（矛盾纠纷排查调处、特殊人群教育管理、公共法律服务体系、法制宣传教育体系建设）提质增效，各项工作取得新进展。6月26日，中央电视台12套社会与法频道对区人民调解工作进行专题介绍。区司法局被表彰为全省司法行政系统“四个全覆盖”体系建设先进单位和全省司法行政队伍“三化建设示范点”。“伍大姐普法工作室”被表彰为2017年“南京市社会建设创新十佳案例”。“人民调解小助手”被表彰为2017年“南京市社会建设创新优秀案例”。区司法局局长严兴中被江苏省司法厅记个人二等功，莫愁湖司法所所长王军毅被评为江苏省最美调解员并被南京市司法局记个人三等功。

延伸阅读13

“人民调解小助手”APP全省推广

5月6日，全省矛盾纠纷排查调处全覆盖转型增效现场推进会在南京举行，众参会人员在参观现场对建邺区司法局研发的“人民调解小助手”及手机APP平台给予高度评价。江苏省司法厅决定，在全省司法行政系统推广应用这一平台。2015年，建邺区司法局研发“人民调解小助手”并上线运行，其实用、高效、便捷的特点，获得司法部和基层一线人民调解员一致好评。2017年1月，区司法局又研发“人民调解小助手”互联网移动端手机APP，创造出“人民调解小助手”一套完整组合拳。“人民调解小助手”和手机APP平台的信息采集，分为政务网版和互联网版，能满足全省各司法行政单位不同需求，具有人口库信息共享、采集、查询、统计、分析等功能，以及案件研判、督办、分流、日常工作报表、法规库、案例库等模块，实现调解工作全程互联网化。

【社会矛盾纠纷调处】抓好重要节点排查化解工作，围绕重大节日、敏感时期，开展隐患排查整治专项行动。自主研发的“人民调解小助手”在全省推广，5月4日，全省矛盾纠纷排查调处全覆盖转型增效现场推进会在南京召开，对区司法局研发的“人民调解小助手”进行重点推广。构建社会力量参与纠纷化解新格局，组织律师参与易麦隆停业、观澜苑小区物业等群体性矛盾化解工作。全年，各类人民调解组织受理纠纷5197起，调解成功5190起，调解成功率99.8%。

【普法宣传】完善普法责任机制，印发《建邺区国家机关“谁执法谁普法”责任制实施细则》，推动“谁执法谁普法”责任落实。推进法治文化阵地建设，“建邺区职务犯罪预防警示教育基地”被命名为第五批“省级法治文化建设示范点”，“伍大姐普法工作室”被命名为第二批“南京市法治文化宣传教育基地”，兴隆街道奥体社区、江心洲街道永定社区被表彰为第十二批“省级民主法治示范社区”，江心洲法治文化园完工。不断创新普法载体，成立由普法社会组织、律师事务所

12月1日，宪法宣传月启动仪式暨“江心洲法治文化园”开园仪式在江心洲街道举办。
（丁友军　摄）

组成的社区普法联盟。普法微博新增微博发布量全区第一，普法微信发布量在全省系统位居前20名。全年，非人大任命负责干部参加任前法律知识考试52人。

【特殊人群管控】依托科技精准矫正，运用手机、电子腕带定位系统，加大动态监管，实现精准矫正，确保重点对象在管在控。注重损害修复，组织22名服刑人员未成年子女开展远程亲情帮教活动。开展服刑人员未成年子女参加金陵图书馆“一日读好书”活动，进行读后感交流讨论，引导其树立正确价值观、人生观，输送生活正能量。完善刑释解戒人员跟踪帮教机制，抓好人员衔接，突出重点人员管控和协议化帮扶，防止重新违法犯罪。

【公共法律服务发展】推进河西建邺法律服务产业园建设，制定《建邺法律服务产业园发展规划》，阐明全区律师业的发展情况及定位方向，制定配套保障制度和相关优惠政策，吸引更多高端律师事务所进驻，形成初具规模的法律服务产业园。由律师事务所牵头在社区培育基层社会组织，形成由各社区普法社会组织、律师事务所、基层法律服务所、公证处和法律援助中心组成的社区普法联盟。推进建立党委法律顾问制度，为区委依法决策、区委部门依法履责提供优质高效服务。深化公证服务转型增效，为社会关注的热点、难点工作提供公证法律服务。开展公证便民惠民服务，主动为低保困难家庭、残疾人家庭涉及付赡养费、抚养费的公证事项，以及涉及救灾、扶贫、捐赠等有关社会公益的公证事项等8类情况予以减、免收费。法律援助精准便捷，拓宽法律援助覆盖面，提供更加优质的服务。

【区第五批“省级法治文化建设示范点”验收】5月17日，江苏省第五批“省级法治文化建设示范点”考核验收小组一行到建邺区考核验收“建邺区职务犯罪预防警示教育基地”。南京市司法局副局长苏郑、法治宣传处处长杨茂荣、副处长黄仕军等陪同考核。考核组通过直接到点、实地察看形式，对“建邺区职务犯罪预防警示教育基地”进行实地考核验收，同时通过观看区检察院有关硬件设施及创建面貌，查阅有关台账资料，询问日常创建工作开展情况。通过询问了解和实地察看，考核组对该法治文化建设示范点给予充分肯定。

【“欢乐端午·德法同行”广场法治文艺活动】5月24日，由建邺区司法局牵头、建邺区“伍大姐普法工作室”主办的“欢乐端午·德法同行”广场法治文艺演出活动在莲花北苑广场举行。活动主要通过歌舞、小品、群口快板、表演唱等群众喜闻乐见的形式，将一条条枯燥的法律法规“寓教于乐”地融入到文艺作品之中，向群众宣传法治理念，歌颂美好生活。演出场外，律师、公证员等普法志愿者面对面为群众提供各类法律咨询服务。此次活动共计发放宣传资料300余份，接受群众咨询50余人，有效营造崇德向善、循法而为的良好社会氛围，受到广大居民欢迎。

（丁友军）

【人民调解工作媒体宣传】6月26日，中央电视台12套社会与法频道《小区大事》栏目《筑牢维护和谐社会稳定的“第一道防线”——党的十八以来人民调解工作纪实》，节目专门介绍建邺区创新工作举措，研发“人民调解小助手”工作平台，创建矛盾纠纷多元化解工作机制，促进矛盾纠纷排查调处全覆盖转型增效的经验和做法。在节目中，中央电视台摄制组通过纪实手法，真实记录建邺区司法局主动适应人民调解发展新趋势，以信息化建设为动力创新调解手段，运用自动研发的“人民调解小助手”，实现调解工作全程互联网化，使人民调解工作水平得到整体提升。报道中，重点介绍区司法行政工作能够把握时代脉搏，踩准发展鼓点，发挥人民调解在矛盾纠纷多元化解机制中的基础性作用，深入推进公调对接、诉调对接、访调对接等调解对接工作。摄制组还通过到区法院、区司法局、沙洲派出所、莲花北苑社区等实地采访，从相关部门负责人、调解员、当事人等多个视角、不同侧面，生动展示建邺区人民调解工作职能作用彰显，对全区人民调解工作取得的突出成绩给予了高度评价。

6月19日，建邺区司法局局长严兴中受邀走进南京市新闻综合广播《对话》栏目直播间，通过电波与听众进行直接对话，互动交流。严兴中向听众介绍建邺区的人民调解工作及调解组织建设情况，告知听众建邺区建成全方位、宽领域的调解工作网络，群众遇到矛盾纠纷可以就近到区、街道、社区三级调解组织申请调解；并对听众分析人民调解与公安机关、法院解决矛盾纠纷的优势与特点。对于听众提出的“人民调解小助手”主要功能和优点，以及群众如何利用手机APP进行矛盾调解以及人民调解等方面的法律咨询给予准确、详实、耐心、细致解答。通过热情细致地与听众进行互动交流，不仅普及法律知识，还倾听听众对司法行政工作的意见和建议，使广大听众加深对司法行政工作的了解，很好宣传司法行政系统的各项工作。

（丁友军　徐　丹）

【“七五”普法联席会议】8月9日，全区召开法治宣传教育联席会议。39家区法治宣传教育领导小组各成员单位分管负责人参加会议，区政府副区长王国平、区政协副主席刘雯禾出席会议并讲话。会议学习贯彻中共中央办公厅、国务院办公厅印发的《关于实行国家机关“谁执法谁普法”普法责任制的意见》，明确建邺区国家机关“谁执法谁普法”责任清单及2017年度“七五”普法（中央宣传部、司法部关于在公民中开展法治宣传教育的第七个五年规划）考核工作任务。王国平就在全区国家机关中落实“谁

执法谁普法”责任制，提出要求。会议还就2017年“七五”普法考核有关工作进行部署。（徐　丹）

9月13日，区司法局召开建邺区社区普法联盟工作推进会。
（丁友军　摄）

【全区“社区普法联盟”工作推进会】 9月13日，建邺区召开全区“社区普法联盟”工作推进会，26个省级民主法治示范社区和22家律师事务所结对，在“一社区一法律顾问”的基础上，全面推行“一社区一律师事务所一社会组织”法律顾问模式，组织、动员全区律师力量，加强基层法治建设。（唐盛春）

【司法特色工作调研】 2月16日，司法部律师公证工作指导司副司长丘征到建邺调研公共法律服务工作。南京市司法局副局长陈宣东、南京市司法局律师管理处处长丁勇、建邺区司法局局长严兴中陪同调研。丘征一行先后察看建邺区公证处、建邺区律师人才服务中心和实战化指挥中心，认真观看公共法律服务汇报片和社区矫正监控系统演示，并对建邺区律师人才管理、社区司法站建设、法治宣传、公证服务等情况进行详细了解。对建邺公共法律服务取得实质成效给予充分肯定。丘征指出，建邺区打造的全方位、多层次、线上线下同步运行的公共法律服务模式，能真正满足群众不同的法律需求，这种模式值得在全国推广。

2月24日，江苏省司法厅副厅长周红养到建邺开展调研走访和挂钩帮扶活动。南京市司法局副局长李世刚、建邺区副区长王国平等陪同调研。周红养一行先后调研走访南京卷烟厂、莫愁湖司法所、沙洲街道莲花社区司法站，并听取建邺区司法局局长严兴中关于落实全省司法行政工作会议精神情况和2017年度工作思路汇报。周红养对建邺区司法行政工作创新发展给予高度评价，认为建邺区在化解矛盾纠纷、服务政府、服务群众方面做了很多工作，赢得政府和群众认可，并对贯彻落实全省司法行政工作会议精神提出要求。

8月15日，江苏省委常委、省委政法委书记、省公安厅长王立科到建邺区公共法律服务中心进行工作调研。江苏省委常委、南京市委书记张敬华陪同调研。王立科在公共法律服务中心先后观看视频调解系统、特殊人群远程监控系统的操作演示，听取建邺区司法局自主研制的“人民调解小助手”讲解演练，并和工作人员进行交谈了解。王立科对建邺区以建设公共法律服务体系为统揽，推动司法行政各项事业提速发展给予充分肯定。江苏省国家安全厅厅长刘旸、江苏省委维稳办主任陈逸中、江苏省司法厅厅长柳玉祥，南京市负责人徐锦辉、杨学鹏、孙建友，区负责人张俊等陪同调研。

8月16日，司法部基层工作指导司司长罗厚如一行在江苏省司法厅副厅长周红养、南京市司法局副巡视员王英山、区政府副区长王国平等负责人陪同下，视察建邺区“人民调解小助手”建设及使用情况。在建邺区公共法律服务中心，罗厚如一行听取建邺区司法局局长严兴中关于“人民调解小助手”研发思路、功能模块及使用情况汇报。现场观看手机版本“人民调解小助手”操作演示。罗厚如还向人民调解员询问工资待遇、聘用渠道和工作强度等问题，充分肯定他们在平凡岗位上做出的不平凡业绩，对基层人民调解员辛苦工作表示慰问。罗厚如对建邺区自主研发的“人民调解小助手”也给予高度肯定，认为小助手通过数据建模、信息项的抽象提取、卷宗模板智能生成、自动化检索等技术手段实现智能化，实现工作流与信息流的统一，实现无纸化、自动化的最大突破。

8月23日，区长闵一峰在副区长王国平陪同下，到区司法局专题调研司法行政工作，并在区司法局会议室召开座谈会。闵一峰一行先后到莲花北苑社区司法站、区法律援助中心、区社区矫正中心进行实地调研。在座谈会上，听取区司法局局长严兴中的工作汇报后。闵一峰认为，区司法局能主动谋事、认真干事，做出很多亮点工作，影响很大，工作得到认可，并获得很多荣誉，他代表区委、区政府对司法行政工作给予高度肯定。区发改局局长吕刚，区司法局全体负责干部、各司法所所长参加座谈。

9月1日，江苏省司法厅副厅长万力、律管处处长曹扬文、律协秘书长彭兵调研建邺法律服务产业园建设。南京市司法局副局长陈宣东、区政府副区长王国平、区司法局局长严兴中陪同。调研座谈会上，区司法局局长严兴中就法律服务产业园的建设背景、目标及发展规划作详细汇报，并提出需高位协调的问题。南京市司法局副局长陈宣东指出法律服务产业园是司法行政部门为法律服务业搭平台、强服务、重宣传、强推介的重要抓手，希望建邺区稳步推进产业园建设，打造一流法律服务区。副区长王国平把法律服务产业园定位为强区与惠民的重要平台，要把握法律服务机构集聚契机，尽快出台专项政策，营造优质法律服务环境。万力对于建邺法律服务产业园建设表示认同和支持，希望建邺能尽快出台相应扶持的经济政策及行业政策，吸引更多品牌化、专业化、国际化律师事务所进驻，引导原有律师事务所整合资源，引领南京甚至整个江苏的法律服务业发展。

9月15日，区政府副区长王国平调研基层司法所、站工作，区司法局局长严兴中、沙洲和双闸街道主要负责人陪同调研。王国平先后实地察看沙洲司法所、莲花北苑司法站、双闸司法所办公场所，向司法所所长详细询问司法所人民调解、社区矫正和队伍建设情况。在座谈会上，王国平指出，基层司法所是司法行政体系中最基层组织机构，担负着法治宣传、人民调解、安置帮教、社区矫正、法律服务等司法行政职能，处在维护社会稳定第一线，为维护基层和谐稳定发挥了作用。司法站是司法所职能在社区的延伸，是司法行政工作加强和创新社会管理有效途径，所在各街道工委、办事处应支持司法所、站工作，也希望区司法局统筹协调各方资源，共同推进司法所、站的业务水平。

11月17日，建邺区人大常委会副主任许联潮带领部分人大代表到南苑街道专题调研社区矫正工作。区司法局局长严兴中陪同调研。严兴中向许联潮一行介绍矫情分析工作要求和工作方法，用社区矫正典型案例说明如何通过矫情分析确定工作方案。汇报当前社区矫正面临的形势任务和存在问题。南苑街道司法所所长对本区域社区矫正工作特色、创新工作作介绍。许联潮在听取汇报之后，对全区社区矫正工作方面给予肯定。

12月13日，建邺区委常委、区委统战部部长姜巧玲一行到金杜（南京）律师事务所和盈科（南京）律师事务所调研，区司法局局长严兴中陪同调研。姜巧玲一行在参观律师事务所后，与律师事务所负责同志召开座谈会。会上，认真听取律师事务所情况介绍，详细了解律师事务所人员结构、专业特长和发展情况等。姜巧玲对这2家律师事务所入驻建邺表示欢迎，并提出要求。

12月15日，区委常委、区委宣传部部长周峰一行到盈科（南京）律师事务所调研。周峰一行在参观律师事务所后，与律师事务所负责同志召开座谈会。会上，盈科（南京）律师事务所执行主任于靖介绍律所发展情况，朱文雷向周峰汇报自身的情况以及法律顾问相关职责工作。周峰在认真听取律师事务所情况介绍，详细了解区委法律顾问相关工作后，提出具体要求。

12月15日，南京市司法局局长黄永祥、副局长陈宣东、律师管理处处长丁勇一行到建邺区调研法律服务产业园建设工作并召开座谈会。区长闵一峰、副区长王国平陪同，区政府办、区发改局、区司法局主要负责人参加座谈。会上，建邺区将法律服务产业园筹备情况以及相关配套政策做详细汇报，闵一峰提出法律服务业对区域发展起到带动和促进作用，重大项目引进和落地都离不开法律支持和保障。黄永祥听取汇报后对法律服务产业园发展规划以及管理办法、配套政策等表示完全赞同，认为建邺法律服务产业园建设契合经济社会发展方向，符合新时代法治要求，顺应行业自身发展需要，站位高、视野广、立意新，南京市司法局配合建邺区建设法律服务产业园，并向江苏省司法厅争取行业政策扶持，同时在司法行政系统以及法律服务界广泛宣传，真正让法律服务产业园成为政策环境优、服务质量高、产业匹配好的高端法律服务平台。

（丁友军　唐盛春　王　婕）

·仲　裁·

【概况】 2017年，累计处理劳动争议案件1268件。其中，符合受理条件立案的为832件，涉及劳动者人数983人；12333调解平台调解案件193件，调解成功率为81%；累计发放不予受理通知书243件。仲裁结案率100%（目标数94%），完成目标任务的106%。各类调解组织调解争议占全区争议总量的84%（目标数50%），完成目标任务的168%。劳动人事争议调撤率达71%（目标数60%），完成目标任务的118%。调解平台调解争议占仲裁机构立案案件数量的23%（目标数12%），完成目标任务的191%。终局裁决占裁决案件比例达56%（目标数50%），完成目标任务的112%。仲裁案件管理信息系统按期运行率100%（目标数98%），完成目标任务的102%。仲裁院代表参加全市仲裁员、调解员岗位技能竞赛获得佳绩。8月在全市岗位技能竞赛中，李娟获得仲裁员岗位竞赛第四名，被南京市劳动人事争议仲裁委员会授予“南京市仲裁员业务能手”荣誉称号；朱福辉获得调解员岗位技能竞赛第二名，被南京市人力资源和社会保障局、南京市总工会分别授予“南京市技术能手”“南京市五一创新能手”荣誉称号。指导兴隆街道劳动人事争议调解中心成功创建省级劳动人事争议优秀基层调解组织。

【预防调解机制建设】 通过定点联系重点用人单位的方式，加强走访，开展多层面座谈和调研。对问题突出单位，在裁决前开展约谈用人单位负责人制度，并利用仲裁庭巡回开庭、调解仲裁建议书等形式宣传法律法规，及时为用人单位和劳动者提供政策咨询和信息服务，推动用人单位规范化用工管理，推动企业建立内部矛盾纠纷预防化解机制。

【劳动人事争议调解、仲裁、诉讼衔接机制建设】 在案件调解方面，仲裁院与建邺区人民法院成立“劳动人事争议联合调处工作室”，制订工作规则和工作流程，明确调解原则、调解范围、调解程序及调解员的工作职责。区人民法院每周二、周四派驻1名法官和1名书记员到工作室联合办公、办案，2017年工作室共调解案件269件。在案件裁决方面，建立与区人民法院的联系会议制度，定期与区人民法院召开案件研讨会，研讨疑难案件、互相通报法院和仲裁系统最新指导意见和案件处理数据，做到案件裁审依据一致、标准一致、结果一致。2017 年共裁决案件 200 件，起诉案件 52 件，起诉率为 26%。

【群体性案件快速处置】区共处理 10 人以上群体性争议案件 9 件，涉及劳动者 404 人，涉案金额 659 万。区在日常工作中加强对群体性案件快速处理能力，不推诿、不扯皮，引导劳动者通过正当途径处理劳动争议。由于处理妥当，没有发生一起劳动争议案件引发上访及影响区域社会稳定的案件。（区人社局）

公共安全

·食品药品安全监督·

【概况】全年顺利保障“江苏发展大会”“紫金山峰会”等重大活动 35 起，共出动执法人员 1548 人次，出动车次 501 辆，保障了 113632 人次的饮食安全。全区 91 家学校食堂量化分级等级评定均达 A 级或 B 级，其中 89 家已经通过改造达到明厨亮灶要求，完成比例达 98%，大型以上餐饮明厨亮灶完成 114 家，完成率 80%。应评定的餐饮服务单位量化分级率 100%、公示率 100%，对检查中发现的问题处置率 100%。全区共有食品生产企业 3 家，餐饮服务执证企业 3324 家。全区共有药品零售企业（药店）85 家，医疗器械生产企业 4 家，经营企业 276 家。

【进口食品专项检查】针对中央电视台 3·15 晚会曝光的日本核辐射区食品在中国销售事件，组织对辖区内日本进口食品开展专项检查行动。出动执法人员 112 人，对辖区销售日本食品的超市、食品店、餐饮企业、农贸市场共 231 家经营主体开展检查。检查发现 12 家企业疑似销售有来自日本核辐射地区的产品共 11 种，12 家问题企业中餐饮经营户 7 家、食品企业 5 家。执法人员立即对

3·15 期间，区市场监管局对辖区内销售进口食品的连锁超市、专卖店等开展针对日本核辐射食品专项检查。（左婷婷　摄）

疑似问题产品进行查封，做好记录，要求商户暂时作下架处理，待检查人员核实其进货凭证、报关证明、检验检疫证明后，方可予以解封。

【夏季食品安全“亮剑行动”】 针对夏季食品中毒和食源性疾病高发、易发，各类食品安全隐患明显增大的特点，为强化建邺区夏季食品安全工作，确保广大人民群众饮食安全和身体健康，建邺区市场监督管理局对全区食品安全开展代号为“亮剑行动”的全覆盖、拉网式检查整治行动。行动为期3个月，重点针对旅游景区、商业聚集区、学校食堂、工地食堂等区域夏季特点的食品进行检查。加强无证无照食品生产、经营行为查处工作，加大夏季食品安全排查整治力度，严厉打击各类违反《中华人民共和国食品安全法》的违法行为，强化社会共治，深入开展食品安全宣传教育，做好食品安全信息报送和应急事件处理。

【餐饮服务食品安全工作站建设】 根据《南京市食药监局2017年为民办实事工作方案》要求和国家食品安全示范城市创建工作目标任务，2017年南京市食药监局要求在全市范围内80%的餐饮服务集中区建成餐饮服务食品安全工作站。建邺区已建成万达广场、华灯坊、游坊城、中央商场河西店、金源美食广场、缤润汇、隐食器7个餐饮服务食品安全工作站，其中，万达广场、华灯坊、游坊城3家餐饮服务食品安全工作站被评为2017年南京市餐饮服务食品安全示范工作站。

【餐饮服务食品安全电子追溯系统建设】 根据全省餐饮服务食品安全电子追溯系统建设工作会议精神，为健全完善餐饮环节电子追溯系统建设与上游环节的衔接机制，提高建设区域、建设单位追溯数据质量，基本实现试点单位餐饮服务追溯信息与上游环节信息的互联互通。2017年，南京市食药监局在建邺区开展试点，选择南京金陵中学河西分校、中华中学、南京市建邺区奥体幼儿园、南京市建邺区华润悦府幼儿园、南京晓庄学院实验幼儿园、香山路幼儿园6家具备一定管理基础且与上游环节衔接较好的学校食堂参与试点，已完成试点学校食堂工作人员培训，参加追溯系统建设的试点学校食堂已完成对接、测试工作，试点学校食堂已上传真实食品经营追溯数据，实现追溯功能。

【明厨亮灶工程建设】 为加强餐饮服务食品安全监督管理，不断创新监管方式和监管手段，强化餐饮服务单位诚信经营意识，维护广大人民群众在餐饮消费过程中知情权和监督权，建邺区在114家大型以上餐饮店和89家学校食堂建成明厨亮灶，将餐饮服务单位食品加工制作的关键场所和重要环节通过透明玻璃窗、视频显示、隔断矮墙的方式方法展示给消费者，实现阳光操作、透明化管理。大型以上餐饮店明厨亮灶建成率为80%，学校食堂明厨亮灶建成率98%。

【农贸市场食品快速检测室建设】2017年，建邺区推进农贸市场食品安全简易检测室建设，截至年底，全区共有15家农贸市场食品安全快速检测室建成，并已正式投入使用。快速检测室主要以市民消费量大的新鲜果蔬、水产品、畜禽及肉制品、水发产品、干货和豆制品为重点检测品种，以农药残留、孔雀石绿、呋喃类药物、氯霉素、瘦肉精、吊白块、甲醛、二氧化硫等市场较为常见的有毒有害物质为主要检测项目。根据不同季节以及所在市场食品的特点和节假日市场交易等情况安排相应检测计划，样品检测严格按照国家规定的快检方法执行。对快检室发现的检测结果不符合食品安全标准的食品、食用农产品，农贸市场及时与食品安全监管部门报告，并按程序依法进行处置，每家月检测量达到600批次。农贸市场和生鲜超市食品安全快检室的建设，有效解决监管中食用农产品问题发现难、监管不及时等问题，提升监管效能。建邺区把快速检测室建设纳入全区食品安全应急管理，对突发食品安全事件第一时间处置，提高全区食品安全风险防控能力。

【食品生产企业电子追溯系统年度建设任务完成】根据《国务院办公厅关于加快推进重要产品追溯体系建设的意见》等有关文件要求，2017年建邺食品生产企业南京朝中食品有限责任公司、南京山瑰宝贸易有限公司克服企业小、信息化管理机构不完善、长期停产的困难，通过江苏省食品生产企业电子追溯系统平台，实施企业原料进厂信息、原料自检信息、投入产出信息、出厂检验信息、不合格产品信息、出厂销售信息、产品召回与

3月10日，建邺区举办“优化放心消费环境　打造食品安全城区”广场宣传活动。
（张婷婷　摄）

追踪信息的录入，彻底打通生产经营电子追溯链条，达到对产品生产、销售、流通、餐饮环节的向上可追溯与向下可追踪。为远期食品生产企业扩大电子追溯品种和生产线覆盖面打下坚实物质基础。食品生产电子追溯系统的建立客观地提升食品安全监管信息化水平，公众通过输入产品批次码和商品项目代码，即可进入平台查询，倒逼食品生产企业增强主体责任意识，规范生产经营。通过社会全员参与，树立食品电子追溯理念，培育追溯文化，推动形成关心、支持食品安全建设的市场环境和社会氛围，客观上促进食品消费转型升级，引导理性消费，达成食品安全社会共治的理想模式。

【“江苏省首批食品安全示范县(市、区)”创建】7月5日，“江苏省首批食品安全示范县(市、区)”授牌仪式在江苏淮安隆重举行。南京市建邺区等16个县(市、区)此次共同被评为“江苏省首批食品安全示范县(市、区)”。

自2015年建邺区开展江苏省食品安全示范城区创建工作开始，区委、区政府围绕现代化国际性城市中心新定位，确立“建食安新城，让人民满意”的创建目标，注重基础和体系建设，加强全区农贸市场快速检测以及检验检疫证明查验和公示制度，48个社区建设完成食品药品科普宣传站并运行，严厉查处食品安全类案件并通过食品应急演练提升处置能力，招聘10名食品专职协管员，形成区、街、社区三级监管体系。注重源头和重点环节监管，加强种植监管、田头检测，引导农户规范农资经营和使用，加强源头监管。细化对食品安全生产、流通、餐饮各个环节的管理，稳步推进量化分级、明厨亮灶、动态电子档案、分级管理等监管措施。全区91家学校食堂量化分级等级评定均达A级或B级，其中69家已达到明厨亮灶的要求。所有基层分局均建立健全快检室，食品生产经营企业的动态电子信息档案全部建立。重典型示范和宣传建设，在每个街道确立1个食品流通示范街、示范超市、示范农贸市场和餐饮食品安全示范街，以“锦绣建邺、食安新城”主题为创建宣传工作总揽，依托传统横幅、宣传活页、微博、微信平台等加大食品安全宣传普及力度，设计制作“锦绣建邺、食安新城”公益车贴，建立健全“食事药闻”宣讲团进社区、学校。注重监管创新，率先在餐饮、食品流通企业集中区域，建立食品安全工作站8家；适应网上订餐、流动餐饮销售等新经营业态需求，创新许可办法，帮助零号线、肯德基流动售卖等新型经营业态顺利开业。

【食品安全综合监管巡查机制建立】为认真贯彻落实食品安全监管要求，建邺区从7月启动基层分局与所属街道食品安全综合监管巡查工作，全面深化推进行部门、街道“四员融合法”，即：在基层分局日常监管横向工作基础上，纵向向街道、社区延伸食品安全日常巡查范围，以加强联管、联治融合，并以基层分局专员为核心，将街道（社区）的食品安全协管员、信息员、社会监督员的“四员”紧密组合，构建一体化综合监管巡查体制。通过运转，基本建立全区域食品安全监管的监督执法模式，落实基层食品安全“全天候、多时段、常态化、效能型”信息直报和监督检查，有效进行风险隐患排查和风险预警防控，形成监管合力，构筑严密的监管网络。

【活禽交易管控】11月17日，召开全区农贸市场禽流感防控工作紧急会议，对严控活禽交易活动进行部署。要求在人口密集场所、农贸市场、街市等市场经营场所，张贴《南京市禽类交易管理办法》公告，让市场经营主体和群众充分认识知晓活禽交易监管及禽流感防控工作的重要性，广泛宣传，发动群众参与活禽监控。区市场监管局实行定人、定岗、定责，对辖区所有农贸市场和场外固定门面房进行巡查，做好巡查记录，加强痕迹管理，发现非法活禽交易行为，立即整改到位。区市场监管局、区卫计委、街道加强配合，组织力量开展联合执法，对屡教不改的非法活禽交易经营者，进行查处和取缔工作。

【有毒有害食品案件侦破】1月，建邺区市场监管局接市民举报，称其通过淘宝店购买减肥类食品“排毒素”，食用后出现不良症状，怀疑购买的食品存在质量问题。经南京市食品药品监督检验院检验，其中含有“西布曲明”和“酚酞”2种国家明令禁止添加在食品中的成分。区市场监管局立即采取行动，与区公安分局联合成立专案组，经过缜密侦查、深挖细追，专案组先后组织13批48人次辗转广东、黑龙江、天津等省及多个市、县，行程累计5000余千米，最终成功摧毁一个集产、供、销一体化的特大制售有毒有害食品网络，累计抓获犯罪嫌疑人27人，查获“排毒素、钻石纤维素”等有毒有害食品共计30万余粒，捣毁生产加工有毒有害食品窝点1处，涉案价值约1300万元，涉及全国20余个省、市、自治区，克服地点跨度大、影响范围广、调查难度高等诸多困难，最终成功侦破“1·22”特大生产销售有毒有害食品案，该案被国家食品药品监督管理总局评为2017年度优秀案例。

【学生“小饭桌”监管】为强化学生“小饭桌”（专指为中小学生提供的一种饮食服务，经营者主要是学校、社区居委会、居民家庭。在学校附近租赁房屋，每月收取定额费用，专门为6~12岁低龄中小学生或幼儿园学生提供午餐服务，一般还提供午休场所）食品安全监管工作，保障全区广大中小学学生饮食安全，建邺区市场监管局采取措施加强学生“小饭桌”的食品安全监管工作。全面摸底，健全制度，协同区教育局和各街道对全区学生“小饭桌”开展拉网式摸底排查，通过电话或上门逐家核实学生“小饭桌”地址、开办者姓名等内容，建立健全监管档案，建立学生“小饭桌”食品安全的监管机制和体制，为全面开展监管工作奠定良好软件基础。严格准入，备案管理，按照《南京市学生“小饭桌”食品安全监督管理暂行办法》，检查健康体检、食品原料进货查验索证索票、餐具清洗消毒等重点内容，符合条件的予以备案，达不到开办条件的，责令其限期整改，整改不到位的，一律不予备案。加强监管，动态管理，实行学生“小饭桌”食品安全季度监督检查制度，对食品原材料采购索证索票、餐饮具清洗消毒、从业人员健康管理、饭菜留样等制度落实情况进行重点监督检查，督促经营业户落实食品安全主体责任，严格标准，规范经营。对违反《食品安全法》等法律法规的行为，依法进行查处。及时公示，公众监督，在中小学校门前醒目位置设立专门公示栏，对备案“小饭桌”名单及监督举报电话进行公示，让学生和家长知晓“小饭桌”食品安全情况并进行监督，倒逼“小饭桌”经营者规格经营行为。

【药品安全月宣传活动】10月27日，建邺区市场监管局联合南京市食药监局药品流通处、建邺区食品药品安全委员会在和平法治文化广场举办“2017年建邺区药品安全月宣传活动”。活动现场公布“2016~2017年度放心药店、药房”评选结果，组织药店、药房代表宣誓承诺，严把药品质量关，坚决抵制假药劣药。现场邀请南京市药检院和南京市计量院等单位的专家为市民开展真假药鉴别、血压计检定、老专家咨询、保健食品化妆品快检、血糖血压免费测量等活动，开展知识问答互动，向市民宣传如何正确购买和使用药品。（刘　恋）

·安全生产监督·

【概况】2017年，区安监局贯彻执行《中华人民共和国安全生产法》，全面落实《中共中央国务院关于推进安全生产领域改革发展的意见》，以行政执法年和隐患大排查大整治等重点工作为契机，开展安全生产大检查。加大行政执法力度，深化安全生产专项整治，狠抓事故隐患整改，开展安全生产法律法规宣传。强化对企业和安全管理人员教育，强化安全生产教育培训等工作，保障一系列重大活动安全生产工作。全年实现全区工商贸企业生产安全事故死亡人数零目标，保持安全生产形势持续稳定。区安监局被江苏省人力资源和社会保障厅、江苏省安监局联合授予“江苏省安全生产监管监察系统先进集体”荣誉称号，被南京市委、市政府评为“十九大安保维稳和国家公祭活动执行保障工作先进集体”。（谢金同）

【安全生产责任制落实】区委、区政府坚持把安全生产工作列入党委全会和政府工作报告，列入全区经济和社会发展年度任务目标。区政府每季度分别召开区政府常务会议和区安委会工作会议，听取安全生产情况汇报，分析安全生产形势，理清工作思路与对策，研究部署工作任务，协调解决重大问题。区人大、区政协多次督察、视察安全生产工作，提出意见建议。区委、区政府召开3次常委（扩大）会、1次书记办公会、1次区长办公会，6次区安委会成员单位扩大会议、2次专题工作会议。传达学习关于开展安全生产大排查大整治文件精神，研究落实工作举措，区委书记张俊要求各级主要负责人亲自组织安全检查，区长闵一峰亲自讲评各单位各部门安全生产大检查开展情况，部署具体贯彻措施。自7月起，将每月第一个周三定为全区“安全生产检查日”。要求各级党政负责人在“安全生产检查日”期间，带队组织对重点行业、重点领域、重点单位、重点部位和隐患突出企业进行集中检查。区委书记张俊、区长闵一峰率先垂范，全区各街道、园区、部门围绕建筑施工工地、危险化学品、燃气使用、人员密集场所、防汛设施、学校幼儿园、加油（气）站、重大隐患挂牌单位等重点行业领域大排查、大整治行动在全区全面展开。区政府与全区29家考核单位签订2017年度《安全生产责任状》，对发生安全生产工作责任事故单位实行“一票否决”。区长与分管负责人签订安全生产目标责任书，区安委会成员单位主要负责人与各分管负责人签订安全生产责任书，形成主要负责人亲自抓、分管负责人具体抓、一级抓一级，层层抓落实齐抓共管局面。同时，针对区机构改革和人事变动，及时调整安委会成员，增设5个行业委员会，推进行业监管责任落实。对全区街道、园区、部门安全生产职责进行修订，并提交区政府常务会议、区委常委会议研究通过，使各单位安全生产职责更明晰，组织体系和工作机制更完善，全区“党政同责、一岗双责、失职追责”安全生产责任体系更健全。（李开宾）

【安全生产隐患大排查大整治】4~12月，开展安全生产隐患大排查大整治活动，全区动员，全员参与，全区各级党政负责人深入大检查第一线，累计带队检查568人次，检查企业310家次，排查发现整治一般安全隐患395起。统筹协调，持续推进重点行业专项治理。大排查期间区安委会紧盯重点行业、重点领域，持续组织专项整治，抓安全风险管控和隐患排查治理，区建交局下发安全监督检查记录书58份，隐患整改通知书32份。区公安消防大队检查企业单位1826家次，发现火灾隐患3114起，督改3066起。区安监局对32家区管重点生产经营单位进行安全检查，共发现整治安全隐患94起。区市场监管局组织专家对全区8636台特种设备逐一进行安全隐患排查，下发整改指令书56份。区教育局对全区68所学校（幼儿园）进行安全排查，排查整治安全隐患32起。中国共产党第十九次全国代表大会召开期间，第四个国家公祭日期间安全生产进入特殊关键期，区安委办采取建立完善清单名录管理制度，落实企业每日一报制度，督促监管部门每日一查、驻点监管等一系列超常措施确保区域安全稳定。（袁方林）

【安全生产专项整治】组织开展“成品油流动加油车非法经营”“危险化学品安全综合治理”“严厉打击租借厂房库房进行危险化学品非法储存”“全区易制爆危险化学品企业安全整治”“电气火灾综合治理”等多项整治活动。协调区商务部门牵头做好餐饮场所燃气使用专项整治，组织联合检查组对全区重点餐饮企业进行安全检查46次，排查整治安全隐患48起。推进燃气报警器安装，组织各街道在全区1200余家餐饮场所安装燃气报警器。现已全部安装到位，有效提高餐饮场所防范杜绝事故能力。开展易制爆危化品与寄递物流专项整治行动。区公安分局认真落实实名登记、开箱验视“两个100%”工作要求，共开展检查487次，排查寄递业企业75家，从业人员1020名，整改各类安全隐患113处。（李开宾）

【企业安全生产主体责任落实】贯彻落实《中共中央国务院关于推进安全生产领域改革发展的意见》和《国务院安委办关于开展2017年全国“安全生产月”和“安全生产万里行”活动的通知》，以预防群死群伤事故为中心，坚持标本兼治、综合治理、系统建设，强化监管执法，解决辖区企业安全生产主体责任落实方面存在薄弱环节，防范和遏制重特大生产安全事故发生，督促企业牢固树立安全红线意识，强化主体责任意识，落实安全生产各项措施，提升企业本质安全水平。按照政府引导、部门监督、依法规范、企业落实、突出重点、强化实效的要求，推动企业落实主体责任。2017年，开展行政执法年活动，推进大排查大整治，激励企业达标创建复审换证共计18家，挂牌督办隐患整治企业2家，重点时段停产企业5家，事前执法23起，罚款23.55万元，超额完成

2月21日，建邺区召开安全生产暨消防工作会议。（区委宣传部 供稿）

南京市安监局和建邺区委下达各项指标任务，确保全年安全生产形势稳定。（王伟才）

【安全生产月活动】2017年6月是全国第15个“安全生产月”，建邺区组织安全生产月启动仪式。6月16日上午，区安全生产委员会在南京河西万达广场举行2017年“安全生产宣传咨询日”活动，全区上下以开展宣传咨询日活动为契机，从我做起，从现在做起，从身边做起，从细节做起，提升安全意识，增强应急防范本领。营造全社会“关注安全，关爱生命”良好氛围。在社区建起近600米长安全生产文化长廊，以漫画、故事、案例等群众喜闻乐见、通俗易懂方式将安全理念、安全知识展示给市民。共举办各类安全生产宣传活动4场次，发放宣传资料5000余份，制作安全生产宣传展板50块，悬挂宣传横幅300条，举办各类安全生产培训4次，组织联合安全生产检查15次。持续推进安全生产大排查大整治行动，将大排查大整治行动与安全生产月各项活动有机融合，全区动员，全员参与，严格检查督查，突出重点行业，强化行政执法，抓隐患整改，遏制各类安全生产责任事故发生。

【国家公祭安全生产保障】为做好第四个国家公祭日期间安全生产保障工作，建邺区安监局认真贯彻落实市、区两级工作部署，制定保障方案，督促各单位主要负责人负起安全生产第一责任人责任，严格落实“党政同责、一岗双责、失职追责”规范和要求。强化行业监管责任和属地监管责任，做到责任到位，不留盲区、不留死角。推进隐患排查治理工作，开展安全评估，做好安全风险防控工作。以侵华日军南京大屠杀遇难同胞纪念馆为中心，直径500米范围区域划定为此次国家公祭日安全生产保障重点区域，安排安全评价公司对以上区域进行安全评估，为有针对性地开展国家公祭日安全生产保障工作提供依据，对重点行业领域实行包片挂钩与驻点监管。组织各街道、园区和有关部门，对辖区重点区域和重点企业进行分片包干，定期上门检查巡查。对区属危险品经营单位、人员密集场所等重点部位明确人员驻点监管，严防死守。加强应急力量储备，健全和充实应急救援队伍。强化值班值守，坚持领导带班和专人值守，落实各项应急防范措施，确保上下政令畅通，严格落实重点部位24小时值班制度，坚持每日一查、每日一报，确保区域安全状态始终处于掌控之中。（袁方林）

【安全事故综合应急演练】6月13日，结合区会展中心和文体场馆楼宇体量大、数量多的实际，为加强大型展会、文体活动等人员密集场所突发生产安全事故应急救援处置能力，完善联动响应机制，在南京国际博览中心举行大型展会突发安全事故综合应急演练。本次演练由区政府、南京河西开发建设管委会主办，区安全生产监督管理局、区公安消防大队承办，南京国际博览中心协办。共计有19家单位、380余人、10台车辆参演。本次演练依据《建邺区突发安全事故应急处置预案》，以南京国际博览中心在举行大型展会期间，某展位因“电气过载发生短路”并引发火灾，由于正值观展高峰期，展馆内人员密集，观展群众和参展商员工在逃生过程中发生踩踏受伤，烟雾吸入晕倒，因停电导致电梯停运，有人员被困电梯轿厢，还有不法分子伺机盗抢参展物资等为背景。检验企业开展自救程序先期处置，同时组织辖区内应急救援力量和社会力量进行应急救援。在专家指导下，前期经过2次桌面推演，3次实地联合预演，正式演练获得圆满成功。

9月8日，区安监局组织7家单位开展危化品跑冒事故应急救援桌面推演。本次演练依据《建邺区危险化学品事故应急救援预案》，以中石化金沙江加油站在卸油过程中胶管脱落，导致汽油跑冒并顺势蔓延到临近4号加油枪，社会加油车辆点火启动引发地面燃油起火，司机恐慌逃生时摔倒受伤为背景。检验企业开展自救程序先期处置同时组织辖区内应急救援力量和社会力量进行应急救援。通过此次应急救援桌面推演，检验区政府针对危化品经营单位发生安全事故时救援工作有效性，考核各应急救援部门应对突发事件救援能力，强化从接报到善

6月14日，建邺区举办大型展会突发安全事故综合应急演练。
（区安监局　供稿）

9月8日，建邺区举办危化品跑冒事故应急救援桌面推演。
（区安监局　供稿）

后处置一系列流程，整个桌面推演达到预期效果。

【安全生产信息化建设】以落实企业主体责任为重点和突破口，把抓好隐患自查自报工作当作安全生产抓手，督促企业落实。与街道园区一道认真梳理辖区企业情况，实地查看企业有无正常经营（营业），有无专人负责隐患排查，确保应该纳入隐患排查自查自报平台企业一家不漏。进行隐患排查工作培训，把梳理出来具备隐患排查条件、应当纳入平台的企业召集起来，组织2期企业隐患排查专题培训，对企业分管负责人和安全员进行隐患排查方面法律宣贯，特邀安元公司工程师讲解平台操作维护和隐患上报具体操作程序。与区信息中心、安元公司团队沟通协调，为结构陈旧信息平台进行更新和维护，保证各企业正常注册和上报。建立隐患排查工作群，安排专人值守，定期筛查未及时注册、未及时排查、未及时上报企业，逐一电话跟踪，对长期不上报企业，第一时间上门检查工作未落实原因，给予口头警告，促进企业每月正常开展隐患排查工作。全区232家企业累计上报安全生产隐患784条，整改706条，整改率90%，工作排名升至全市第五。（姚　裕）

【作业场所职业卫生申报】对全区内行业进行梳理，找出存在职业危害较重行业，如汽车修理、印刷业、洗染业等。发挥街道安全办作用，将申报工作纳入到社区安全员日常检查工作中，对梳理出来的重点行业重点企业进行督促，对不配合企业报给安监局进行处罚。联系第三方机构上门对企业进行指导申报。经过多方共同努力，2017年共申报108家，超额完成任务。

【安全教育培训】制定年度培训计划，确定年度培训目标和任务。分上、下半年各组织1期负责干部和安全监管人员参加的教育培训，培训人员达到200余人。及时对新接触安监工作的分管负责人和具体工作人员进行培训，邀请省、市、区有理论和监管经验丰富专家专门授课，参加人员达300余人。对区内重点企业负责人进行专题培训，明确企业主体责任，企业义务和企业应为劳作者提供保护。（桂质丹）

【安全生产基层基础工作】在全区开展冶金工贸等8大行业摸底调查，通过调查全区共有冶金工贸等8大行业生产经营单位1.2万余家，其中具备法人资格3000余家。采取以会代训方式，组织召开“落实企业主体责任年”活动推进教育培训会，全区重点企业负责人、安全管理人员150余人参加会议。开展“基层安监机构规范化建设年”活动，探索推进网格化监管，实行派驻执法、委托执法和购买服务等，加强和规范基层安全监管执法工作。区安监局负责人分别联系街道和园区，建立常态化沟通交流渠道，加强同街道、园区工作对接联系，及时了解掌握街道、园区内各类企业安全生产情况，广泛听取街道、园区意见建议。同时，指导、帮助和协调街道、园区解决工作中遇到的困难和问题，促进安监工作责任落实。 （谢全同）

·人民武装·

【概况】2017年，区人武部紧紧围绕强军目标要求，以军队改革主线，以习近平新时代军队建设系列讲话精神为统揽，深入贯彻上级党委扩大会议精神，深入分析单位建设发展形势，抓政治建军，统思想促改革，抓基础补短板，正风气严秩序，各项工作有序有效推进，全面建设呈现良好发展态势。

【政治工作】坚持政治建军，思想政治工作不懈怠。始终坚持思想政治工作首位意识，紧贴使命任务，注重夯实基础，坚持求真务实，抓思想政治教育落实，确保干部职工始终高举旗帜，听党指挥。抓实中心组理论学习，持续抓紧抓实党委中心组理论学习，全年开展“维护核心、听从指挥”“两学一做”等中心组专题教育，坚持常态落实，及时跟进，通过读原著、听辅导、看录像、写体会等形式，不断深化全员理论武装首位意识，强化干事创业内动力。坚持照镜子、正衣冠、洗洗澡、治治病，结合肃清流毒影响深入推进“两学一做”学习教育常态化制度化，全体干部职工理想信念更加坚定、党性更加坚强。坚决维护核心、看齐追随，专题学习习近平讲话精神要义，负责人带头，讨论交流。集中收看中国共产党第十九次全国代表大会盛况，认真学习、宣传、贯彻中国共产党第十九次全国代表大会精神，确保学深悟透、领会贯通。组织干部职工到雨花台烈士纪念碑，举行重温入党宣誓活动，参观南京市国家安全馆。抓好体制改革政治教育，围绕军队和国防建设改革，通过理论学习、主题教育等活动帮助干部明思想、辨是非、找症结、定措施，不断激发支持改革的思想自觉和行动自觉。坚持用

4月26日，区人武部与南京师范大学中北学院共同举办“军旅人生”大学生退役士兵访谈活动。 （区人武部 供稿）

教育统一认识、稳定思想、鼓舞激励、凝聚力量，全年组织全员深入学习中央军委改革工作会议和习近平重要讲话精神，领会习近平改革强军战略思想，领悟中央军委、江苏省军区和南京警备区首长动员讲话精神，观看《百万大裁军》录像片，结合“两学一做”“学习十九大”等专题活动，参加并组织重温入党誓词活动，强化教育启发，激发工作动力。7月，组织改革强军学习教育，同步开展谈心交心活动，做好思想工作，摸清干部职工思想底数。落实专题教育整顿，开展专项整顿活动，坚决贯彻习近平建军、强军、治军重大战略，坚决看齐追随，紧密联系区人武部发展改革新常态，区人武部党委带头整顿思想和纪律，严肃认真开好民主生活会，以自我批评查找问题症结，以负面典型反思汲取教训，自觉彻底地肃清和认清流毒界限和影响，坚持学做相长、知行合一，确保整顿持续深入有实效。8月，江苏省军区政委孟中康到区人武部检查全面工作，对区人武部党委工作给予充分肯定。南京警备区副司令高亮挂钩区人武部召开“两学一做”党委常委民主生活会，给予区人武部党委首位意识强、干事劲头足、团结氛围好、单位风气正的好评。

延伸阅读 14

建邺区国防教育培训基地成立

1月19日，南京市建邺区迎新春军地联席会议，在圆满完成各项议程后胜利闭幕。南京市建邺区负责人、区部门、共建部队主要负责人参加本次联席会议。会议中提出为更好加强国防教育和双拥共建工作，增强国防观念，提高双拥意识，陶冶爱国情操，紧扣国防教育主题，弘扬爱国主义旋律。经军地双方协商，决定在具有思想性、知识性、操作性，且利于普及国防知识，有条件开展素质培训的解放军国际关系学院、江苏省武警总队成立建邺区国防教育培训基地，并聘任解放军国际关系学院政委少将孙湛修、江苏省武警总队政委少将曹红波为建邺区国防教育培训基地主任委员。会议中，区委书记张俊与解放军国际关系学院、江苏省武警总队主要负责人共同为“建邺区国防教育培训基地”揭牌，并发放聘书。

【**军事训练**】日常战备组织学习战备规定，开展经常性战备教育，增强全员战备观念。修订完善《建邺区防卫作战预案》《建邺区民兵应急维稳预案》等9类18套非战争应急防卫作战和行动预案。突出救援分队装备器材配备和抢险救灾、防暴恐等应急力量建设，落实民兵情报信息员队伍，定人、定位、定责，结合重大任务及节日战备，组织战备演练，锻炼队伍，保持常态。6月中旬，集中一周时间，组织莫愁湖、南苑、江心洲等街道民兵应急排进行抗洪抢险训练，并参加南京市防汛抗洪演练。7月，会同区农办在江心洲洲头公园大江堤段，组织防汛应急分队60

人开展防汛演练，国庆前夕，结合开展“战备值班整治月”活动，组织辖区6个街道约120名民兵应急分队人员战备拉动演练，10月31日~11月4日，抽调民兵森林防火骨干9人，参加南京市森林防火分队骨干跨区联训任务，完成灭火弹投掷、风力灭火机扑火、400米负重越野训练、森林消防车灭火等4个课目训练，民兵专业骨干组训能力得到有效提升。民兵整组不断创新发展区民兵组织建设，按照上级统一部署开展辖区企业、装备和人员潜力调查，突出抓好应急、支援分队建设，按照“战时应战、急时应急、平时服务”要求，不断优化民兵组织布局。4月，按照《省国防后备力量组织整顿工作实施细则》和南京警备区《关于做好年度民兵整组工作的通知》要求规定的9项流程，采取逐家过、逐程序拉、逐要素查的方法，通过查阅资料、现场点验对6个街道武装部进行整组检查验收，摸清辖区编组潜力底数，高标准完成民兵整组任务。及时调整完善区国动委办事机构，明确职责分工，增强军地各级“练为战”的紧迫感和责任感，提高区国动委组织指挥能力。根据南京警备区年初党委扩大会安排，9~11月，圆满完成南京警备区赋予区的“地铁事故应急救援演练”课题，区分筹划和实施2个阶段，协调动用兵力167人，动用车辆、装备170余台套，重点演练组织筹划和遂行地铁应急救援任务的内容、程序和方法。区卫计局，辖区各街道武装部、南京市第一医院河西院区，南京地铁公司和国家互联网应急中心江苏中心等单位参加演练。通过演练，对新大纲试训探索，形成预案，构建军地对接协调机制，检验辖区各级指挥员组织运筹能力和应急分队训练质效，提高民兵应急分队处置应急突发事件能力。

【征兵工作】围绕“确保兵员质量、确保完成任务、确保廉洁征兵”要求，在省、市征兵办公室和区委区政府的领导下，科学筹划、深入调研、严密组织、主动作为、强力推进、创新发展。圆满完成新兵征集任务，大学生比例85.1%。9月，南京警备区司令员曹新民率工作组到区调研，深入街道、社区座谈，对区征兵工作给予充分肯定。调整完善区、街征兵工作领导小组，召开区“征兵工作任务部署会”“区征兵工作会议”，一人不漏组织征兵业务考核，优秀率100%。区委区政府区人武部主要负责人深入一线、分管负责人靠前指挥，各征兵职能部门各尽其责，齐心协力；街道和挂钩高校紧密联合，优势互补，组织保证坚强有力。滚动播放征兵典型宣传片《天南海北南京兵》、政策解读动漫片《当兵圆梦》，组织6所挂钩高校系列宣传和政策解读进校园活动，开展6期国防知识讲座，反响强烈。南京师范大学中北学院访谈活动画面被中央1套新闻联播采用，南京电视台新闻综合频道、《南京日报》进行专题报道。街道社区结合大走访，充分发挥网格机制，运用展板、横幅和各类新媒体手段，将征兵宣传拓展到户、延伸到人。组织指导各街道开展“新兵欢送会”“现役义务兵家属座谈会”“退伍士兵返乡欢迎会”等活动，在全区营造“参军光荣、退伍自豪”的浓厚氛围，既圆满完成年度征兵任务，又为2018年征兵工作打下基础。根据南京市征兵办通知要求组织年度新兵入营回访活动，由区人武部负责人和相关科室带领有关街道和“挂钩高校”的负责人，分别对北京、上海、浙江、福建、西藏、河北、吉林等10余个方向的新兵，进行新兵入营回访活动，及时了解新兵在部队的情况，稳定新兵安心服役、从军报国的思想。建立挂钩、激励、监督“三机制”，出台《建邺区人民政府征兵办公室职责》，建立参军报名日报告制度。负责人挂钩、分片包干，进街道入社区检查督查，了解实情，听取意见，解决矛盾。强化廉洁征兵，出台《廉洁征兵“零报告”和廉洁征兵监督员制度》，区、街两级遴选31名基层廉洁征兵监督员，组织学习中央军委国防动员部典型案例，明确职责要求，签订责任状，提高监督能力。

9月，建邺区召开2017年新兵入伍欢送会。（区人武部 供稿）

【专武干部队伍建设】认真学习南京市、南京警备区出台的关于加强基层专武干部和民兵基层党组织建设精神，继续深化基层武装部规范化达标成果。抓好社区民兵队伍基础建设，确保基层民兵队伍活动有场地、物资有保障。为尽快熟悉基层武装情况，7月10~12日，对辖区6个街道武装部和部分企事业单位武装部开展专题调研，了解当前基层武装工作现实矛盾和问题，会同区委组织部门探索基层专武干部选拔任用和教育管理的方法路子，新调整4名正团职转业干部到基层武装部长岗位，新提升4名优秀基层武装干事到副部长职务，确保全区专武干部队伍建设健康发展。从正规着装、请销假、办公秩序、车辆派遣、主副班值班、办文办件程序等日常工作抓起严起，管出正规化、管出工作质效。针对区人武部里人少事多工作实际，区人武部党委为干部职工解决好实际困难，干部职工本人、家属生病住院，区人武部负责人登门进行慰问，以实际行动体现组织的关心关爱。协调改善办公条件，更换部分老旧办公设施，补充完善文体活动器材，协调区图书馆按季度更换区人武部图书资料，通过一系列实际举措凝聚人心，营造团结和谐的良好内部氛围。

【后勤建设】坚持党委理财制度，区人武部党委始终把财务管理工作放在人武部建设的重要位置，列入党委的议事日程。坚持重大开支提交区人武部党委会或办公会集体研究决定。在经费使用上，严格落实经费主官联签、来客接待审批等制度。坚持各项开支先申请、编制预算、经后勤审核、报经负责人批准后方可实施。严格落实江苏省军区、南京警备区物资集中采购制度，实行定点、定人、严格把关。每季度对财务执行情况进行检查一次，并向区人武部党委做出报告，向全部人员公开，提高经费使用效益。

【安全管理】坚持以“高于平时、严于平时、强于平时”的标准狠抓安全管理，围绕军队编制体制改革和中央军委国防动员部提出的要求，最大限度消灭安全管理盲区和弱项。加强组织领导，党委议管，教育引导，每月召开区人武部党委会专题研究安全形势，查找问题制定措施。5 月 30 日，专题召开区人武部党委会研究近期安全形势，并组织全面检查和安全整改。加强干部职工 8 小时以外管理，掌握干部职工思想动态情况。与干部职工身边人联系，掌握干部职工交往情况。与干部职工家属建立沟通机制，了解干部职工课余时间情况。与干部职工本人交心谈心，实时掌握其思想动态。加强对转业待安置干部管理，要求 3 名待转业干部每月到单位汇报思想情况，了解掌握他们的真实想法和活动情况，通过以上方法对干部职工在想什么、在干什么、有什么要求做到心中有数，思想工作及时跟上，确保干部职工思想稳定。严格执行上级车辆派遣审批制度。用车必须提前填写派车通知单，按级审批。严格“两证一匙”保管制度。驾驶员出车归来后，将“两证一匙”交当天值班员，实行集中保管。严格驾驶员学习制度，定期对驾驶员进行安全知识和交通法规教育，增强安全意识。严格车辆维修保养制度。每次出车前，要求驾驶员对车况进行检查，定期到修理厂进行车辆检查保养，及时排除故障。加大保密教育力度。定期组织学习保密工作有关规定，组织观看《手机背后的谍网》等警示教育片，帮助大家克服“无密可保，有密难保”的错误思想，提高保密意识。加大检查督导力度。区人武部坚持每月组织不少于 1 次的安全保密检查，各科室每天下班前由负责人对办公室进行自查，确保文件资料和移动存储介质入柜。完善保密措施，及时更新安装计算机防病毒系统，重申计算机网络使用管理和秘密载体使用等规定，对涉及到秘密的文档、U 盘和每台计算机定期进行保密检查，责任到人。坚持与区总值班室、区公安分局互通情况信息制度，加强办公区域管理，完善技防措施，安装指纹门禁、考勤管理等系统。组织区人武部网络线路整治，彻底解决人武部机房线路老旧难整治“老大难”问题，消除火灾事故隐患。

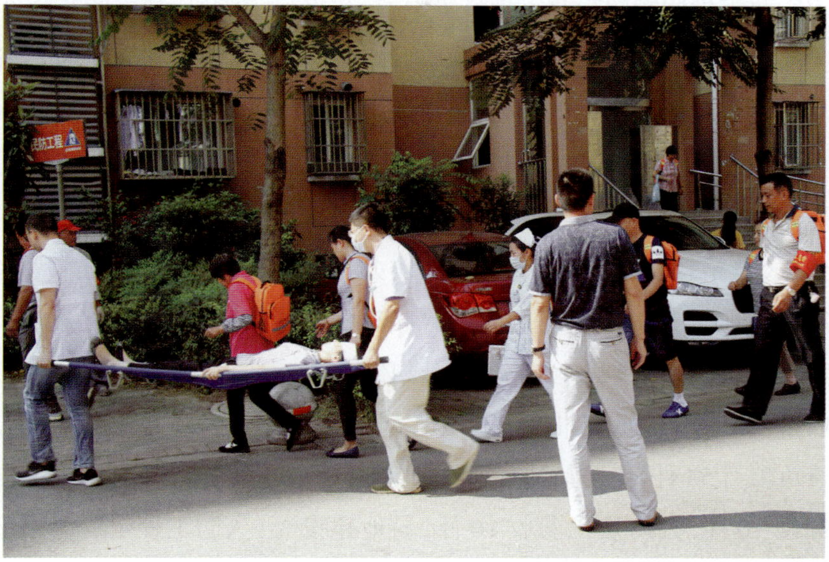

9月18日，沙洲街道莲花北苑社区组织居民开展防空演习。

（区人防办　供稿）

【军队有偿服务停止工作配合】配合军队做好全面停止有偿服务工作，根据省、市部署安排，经区委、区政府研究，成立张俊任组长，闵一峰任第一副组长，杨晨任常务副组长，刘冬任副组长，区16个单位组成的区部队全面停止有偿服务工作军地协调领导小组，负责辖区内部队全面停止有偿服务工作的组织领导及重大问题的协调解决。建立工作制度，推进各项工作，重点解决江苏省军区保障局与江苏赫山鑫投资有限公司停偿工作，取得阶段性成果。（区人武部）

·人　防·

【概况】2017年，区人防办坚持以人防军事斗争准备为主线，依法依规进行行政审批，严格人防工程管理，加大人防宣传力度和覆盖面，提高人防工程服务民生用途，完成南京市人防办下达的17项重点目标任务。

【指挥通信建设】完成区级人民防空方案修订工作，落实区人防指挥部成员实名制。指导各街道完成相应方案修订任务。健全人防各级指挥体系，参加江苏省、南京市组织的各类防空袭演习，并结合9月18日警报试鸣活动，在沙洲街道莲花社区组织200人参加防空疏散演练。第四个南京大屠杀死难者国家公祭日前，配合南京市人防办信保中心技术人员对全区警报器进行检修调试，警报器维护管理及鸣响率100%。

【人防行政审批】从严规范行政审批，所有报建项目，严格对照法律法规，从受理、审查、核准、缴费、批准一律实行1个会议审批，1个窗口办理，1个标准收费，一站式服务，在规定时限内办结。从严规范服务流程，严格执行政务服务“三集中、三到位”（各职能科室行政审批职能向行政审批科集中、行政审批事项集中进入政务大厅办理、行政审批事项向电子政务平台集中，做到审批服务类事项进驻政务大厅到位、审批授权到位、监督监察到位）管理规定。以法律法规为审批依据，严格执行《南京市建邺区人防办行政审批管理制度》，准确适用法条，严格审批流程，新开工建筑项目全部实现应建必建、应收必收。全年完成审批结建和易地人防行政许可项目54件，人防易地费征收审批34件，标注10件，人防竣工验收10件，易地建设收费5730.4万元。

【人防知识宣传】组织开展社区人防广场宣传活动6次，向市民宣传人防知识，累计服务2000人次。与区教育局协调沟通，组织开展人防专家进学校授课、人防教学评比、人防教师培训等活动，增强学生人防意识。借助江苏省民防教育馆在建邺区的优势，组织市民、中小学学生前往参观体验，接受教育。组织开展“送人防知识进社区”活动，建好社区人防宣传栏，定期更新宣传内容，累计设立人防宣传栏120个，制作人防宣传展板300余块。转发各类政务微博2000余条，报送信息80余条。其中，江苏省民防局网站采用7条，南京市人防办网站采用31条，建邺区政府门户网站采用33条，《建邺信息》采用15条。通过“12345”（南京市委、市政府建立的非紧急类政务服务受理和管理平台）妥善解决群众诉求22件。

【人防工程维护管理】落实安全管理责任制，与区域人防工程管理和使用单位签订《安全生产目标责任书》，签订率100%，建立区人防办、街道、社区、工程维护管理单位4个层次管理模式。对街道社区100余名人防工作人员进行人防工程管理知识培训，提高社区工作人员对人防工程日常巡查能力，达到对人防工程全覆盖无死角监管状态，维护管理备案率100%，年检合格率、优良率均达到南京市人防办下达目标任务。加大执法力度，组织消防安全大检查，强化日常安全巡查，重视日常维护管理，确保人防工程日常管理规范有序。人防工程全年无任何安全质量事故发生。

【人防服务民生】9月29日，在兴隆街道举行区应急救援包发放摇号仪式。现场邀请辖区6个街道人武部长及社区居民代表共100余人参加，区公证处及时对结果进行公证。1.4万只应急救援包通过规范程序发放到居民手中。协助做好南湖体育场建设维稳工作，参加建华公司和社区组织的南湖体育场人防工程建设场地附近居民座谈会，现场解释居民疑问，共同做好群众说服教育工作。

（马　腾）

组织机构

Government Agencies and Organizations

中共建邺区委员会

·综　述·

【概况】2017年，建邺区委认真贯彻省、市党代会决策部署，以迎接中国共产党第十九次代表大会和学习宣传贯彻中国共产党第十九次代表大会精神为主线，圆满完成第四次国家公祭仪式、首届江苏发展大会属地保障任务，党的建设有效加强，主导产业加快集聚，城市品质不断提升，社会环境和谐稳定。主导产业加快集聚，区域发展动力明显增强，龙头项目加速集聚，阿里巴巴江苏总部、小米科技华东总部、科大讯飞南京区域中心、江苏省政府投资基金、台湾彰化银行大陆子行、苏宁银行等一批产业带动力强、行业影响力高、区域辐射力大的龙头企业纷纷落户建邺。产业结构不断优化，金融业首超房地产业成为全区经济增长的主引擎。在建产业载体超1000万平方米，全年竣工近200万平方米。全区地区生产总值422.9亿元；高新技术产业产值160亿元，同比增长11.4%；一般公共预算收入64.4亿元，同比增长9%；全社会固定资产投资365.6亿元，同比增长12.9%；主要经济指标增幅位居全市前列。中国共产党第十九次代表大会期间，以及首届江苏发展大会等重大活动的属地保障工作中，河西·建邺良好的政治氛围、发展氛围、社会氛围，得到社会各界广泛赞誉，侵华日军南京大屠杀死难者国家公祭活动获得习近平总书记充分肯定。

7月1日，区委书记张俊为河西·建邺党员干部上"旗帜鲜明讲政治"专题党课。
（区委宣传部　供稿）

【党建工作】坚持全面从严治党，基层党建工作成效显著。"旗帜鲜明讲政治"氛围日益浓厚。推动中国共产党第十九次代表大会精神进机关、进社区、进企业、进校园，实现学习培训全覆盖。坚持正确政治方向和舆论导向，严格落实意识形态工作责任制。结合推进

"两学一做"学习教育常态化制度化，组织开展"旗帜鲜明讲政治"专题培训。干部队伍建设不断加强。树立鲜明选人用人导向，严把政治关廉洁关能力关。坚持从严管理监督干部，开展干部超职数配备、企业兼职清理、干部人事档案审查等回头看，组织开展大规模干部能力素质培训。基层党建创新创优持续深化。巩固提升社区党建模式，探索实施非公企业党建"双融双提"（组织融合提升党的组织力，工作融入提升企业发展力）工程，不断加大"一社一品"党建创新创优力度。建立推广"五微"（微平台、微行动、微实事、微心愿、微星光）数字党建平台，平台注册用户达到10.5万人，微信公众号关注人数突破3.1万人，帮助党员群众实现"微心愿"2.4万余个。严格落实"访办反馈一体"工作机制，辖区居民、驻区企业走访实现全覆盖，共发放《惠民榜》13.5万册，解决问题3713个，解决率达99.9%。党风廉政建设和反腐败工作深入开展。出台《建邺区干部监督谈话实施办法》，修订完善《建邺区落实党风廉政建设责任五项清单》，开展作风建设"防隐身防变异防反弹"等4个专项行动。全面实施派驻机构改革，设置6个派驻纪检组。实践运用"四种形态"，处置148人次。同时，高度重视和加强党对人大工作的领导，支持人民政协事业发展，区法院、区检察院加强自身建设，人民武装工作稳步推进，统一战线工作稳步加强，工会、共青团、妇联等群团工作取得新业绩。

【综合协调】主动加强与上下级部门的沟通，对接南京市委办公厅相关处室，做好与区人大办、区政府办、区政协办和各常委部门的衔接，强化与机关各部门、园区、街道的联系，成为沟通上下、协调左右的枢纽。重点做好区委书记、副书记、各常委及区管负责人的重大活动、重要工作及全区重要会议的协调筹办工作，圆满保障区委十一届四次全会、金洽会等26场（次）全区性大型活动。

【督查工作】修订完善《区委督查工作方案》，强化常委会决策事项督查，确保区委重大决策落到实处。圆满完成迎接中央、省环保督察，省"大排查大整治"行动督查组2轮督查，中央督导组十九大安保维稳督查等各类督查任务。完成113件区委书记批示和61项常务会议定事项督查，确保区委决策部署落实。认真做好上级交办任务督查，组织上报督查报告28件、省委书记信箱8件，上报市委办公会会议纪要明确事项落实情况24期。

【信息工作】下发《关于进一步规范信息报送等工作的通知》，做好信息整理、印发等工作。召开信息工作座谈会，组织新任信息员轮岗培训，加强全区信息员队伍建设。对重大突发事件、重要社会动态、紧急灾情、疫情以及其他重要紧急情况，及时准确报送。快报信息累积上报680条，采用158条，居全市第二；《互联网信息》累积上报1200条，采用110条;《今日重要信息》累积上报2900条,采用334条;编发《每日工作动态》156期、《建邺信息》68期、《领导决策参考》22期、《建邺信息(专刊)》3期。

【保密工作】圆满完成中国共产党第十九次全国代表大会期间及年度机要通讯保障工作,共收发各类文件、电报1223件,收发办结率100%,被评为全市党委机要系统先进集体。党委信息化工作推进有力,区级电子政务内网顺利通过江苏省国家保密局测评,建成涉密视频会议室2个、视频会商会场3个。会同区信息中心,共制发全区各部门、单位电子印章120余个,实现电子印章全覆盖。加强涉密人员教育培训及管理,举办全区保密工作培训班,发放《领导干部和涉密人员保密行为手册》《涉密人员管理手册》等教材。加强保密要害部门部位管理,为区负责人配备保密柜24个,同时加强对区招考办等重点单位检查,消除失泄密隐患。

·重要会议·

【河西·建邺经济工作会议】1月3日,区召开河西·建邺经济工作会议,河西管委会全体负责人,区各部门、园区、街道主要负责人和分管负责人参加。会议贯彻落实中央和省、市经济工作会议精神,总结2016年全区经济工作,并对2017年全区经济工作进行部署。

【区委十一届三次全体(扩大)会议】1月9日,区召开区委十一届三次全体(扩大)会议,25名区委委员以及5名候补委员参会。会议研究中国共产党第十九次代表大会代表候选人初步酝酿推荐工作。

3月13日,区委召开工作会议。　　(区委宣传部　供稿)

【河西·建邺党风廉政建设大会】1月21日,召开河西·建邺党风廉政建设大会。区委、区政府负责人,区人大、政协主要负责人,区法院、区检察院主要负责人,南京市河西管委会全体负责人,南京市河西管委会各处室、公司正职负责人，全区各部门、单位正职负责人，区纪委委员，区委巡察办、巡察组全体人员，各纪检监察组织负责人、纪检干事，区纪委、监察局全体人员，区党风联络员、特邀监察员代表参会。大会观看警示教育片，区委书记张俊做总结讲话，并举行了递交2017年党风廉政建设责任书仪式。

【区委常委会民主生活会】1月23日，召开区委常委会民主生活会，南京市委常委、秘书长杨学鹏，南京市委办公厅、南京市纪委、南京市委组织部相关负责人，区委书记张俊，区委副书记、区长闵一峰等区负责人以及区委办、区纪委、区委组织部负责人参会。会议深入学习贯彻中国共产党第十八届六中全会精神，围绕"两学一做"学习教育要求，聚焦政治合格、执行纪律合格、品德合格、发挥作用合格等4个方面进行党性分析，对照《关于新形势下党内政治生活的若干准则》《中国共产党党内监督条例》，着重从思想、组织、作风、纪律等方面查找突出问题，开展批评和自我批评。

【2017年河西·建邺城建城管水务工作部署大会】2月2日，区召开2017年河西·建邺城建城管水务工作部署大会。南京市建委主任周金良，区委书记张俊，区委副书记、区长闵一峰，区人大常委会主任杨春燕，区政协主席庄立，区巡视员、南京市河西建邺管委会副主任孙康龙，区委副书记曹曙、副区长宗仁，区政协副主席刘芝平，南京市河西管委会副主任李洵，南京市河西管委会党组成员蔡国峻，副区长王国平等参会。会议由区委副书记、区长闵一峰主持，副区长宗仁总结区2016年城建城管工作，部署2017年城建城管工作，区政府巡视员、南京市河西管委会副主任孙康龙总结河西管委会2016年建设工作，部署2017年建设工作，河西管委会责任处室公司向区委书记张俊递交2017年建设目标责任书，区责任部门向区委副书记、区长闵一峰递交城建城管目标责任书，河西管委会新城公司、区建设交通局、区城管局、科技园、莫愁湖街道做表态发言，南京市建委周金良作讲话；区委书记张俊提要求。

【2017年全省重大项目集中开工现场推进会建邺区分会场】2月12日，仁恒国际广场项目现场（江心洲中新大道）举行重大项目集中开工（仁恒国际广场等3个项目），区委书记张俊，区委副书记、区长闵一峰，区人大常委会主任杨春燕，区政协主席庄立，区巡视员、南京市河西管委会副主任孙康龙，区委常委、区委副书记曹曙，区委常委、常务副区长李方毅，副区长宗仁参加活动。活动由区委常委、常务副区长李方毅主持，区委副书记、区长闵一峰介绍开工项目情况，仁恒南京公司总经理高勇军、南京河西新城建设发展有限公司总经理徐如泉作为开工项目单位代表做发言，区委书记张俊作讲话。

【河西·建邺党员干部“大走访”活动动员暨机关作风建设大会】2月20日，区召开河西·建邺党员干部“大走访”活动动员暨机关作风建设大会，区负责人，各部门、单位主要负责人及分管负责人，机关作风监督员代表，各社区党组织负责人，河西管委会全体负责人，各公司、处室负责人参会。区委副书记、区长闵一峰主持，区委副书记曹曙宣读建邺区作风建设先进单位的表彰决定；区政府巡视员、河西管委会副主任孙康龙宣读河西管委会表彰决定；颁奖结束后，相关部门递交责任状；区委常委、组织部部长刘玉民部署全区党员干部“大走访”工作；区委常委、纪委书记侯峻部署党风廉政建设和反腐败专项工作；区委书记张俊作讲话。

【建邺区城市精细化建设管理工作推进会】2月22日，建邺区城市精细化建设管理工作推进会召开，区委书记张俊，区委副书记、区长闵一峰，区政府巡视员、南京市河西管委会副主任孙康龙，副区长宗仁参加会议，园林公司汇报绿化提升设计方案，区城管局（水务局）汇报需改造的围墙、围挡统计、梳理情况，区建设交通局汇报环境整治情况，各责任单位详细汇报承担任务进展情况、与会区负责人发表意见并讲话。

【建邺城建集团、国资集团成立暨区国资工作会议】3月21日，区组织召开建邺城建集团、国资集团成立暨区国资工作会议。南京市国资委主任、党委书记徐俊，区委书记张俊，区委副书记、区长闵一峰，区委副书记曹曙，区委常委、常务副区长李方毅，区委常委、纪委书记侯峻，区委常委、组织部部长刘玉民，副区长宗仁，副区长王国平出席了会议。会议由区委常委、常务副区长李方毅主持，区委副书记曹曙宣读《中共建邺区委、建邺区人民政府关于组建南京建邺城建集团、南京建邺国资集团的决定》；区委常委、组织部部长刘玉民宣读《关于黄峰等同志职务调整的通知》；区委书记张俊，区委副书记、区长闵一峰为集团揭牌；建邺城建集团、国资集团主要负责人表态发言；区国资办主任刘凌布置2017年度国资重点工作；区委副书记、区长闵一峰讲话；南京市国资委主任、党委书记徐俊讲话；区委书记张俊最后作讲话。

【建邺区科技创新大会】3月24日，区组织召开建邺区科技创新大会，江苏省科技厅副厅长蒋洪，南京市科委副主任、市知识产权局局长刘小斌，建邺区委书记张俊，区委副书记、区长闵一峰，区政协主席庄立，区委常委、组织部部长刘玉民，区委常委、副区长赵建国，区人大常委会副主任洪国浩参加会议。会议由区委副书记、区长闵一峰主持；区委常委、组织部部长刘玉民宣读《关于表彰2016年度建邺区优秀科技创新企业的决定》；主席台负责人为优秀科技创新企业颁奖并兑现政策资金；区委书记张俊，南京市科委副主任刘小斌为建邺区成果转化中心揭牌；区委书记张俊颁发建邺区产业科技创新专家促进团聘书；江苏省科技厅副厅长蒋洪作讲话；区委书记张俊作讲话。

【第十届留交会建邺专场】4月25日，第十届中国留学人员南京国际交流与合作大会建邺专场大会召开。区委书记张俊，区委副书记、区长闵一峰，区人大常委会主任杨春燕，区政协主席庄立，区委副书记曹曙，区委常委、常务副区长李方毅，区委常委、组织部部长刘玉民，区委常委、副区长赵建国，南京市河西管委会副主任古国才，副区长曹国圣等参加活动。会议第一部分由区委副书记曹曙主持，区委副书记、区长闵一峰首先致辞，区委常委、常务副区长李方毅推介产业政策，区委常委、组织部长刘玉民推介创业建邺英才计划，东南集团推介青年汇公寓，招商企业代表、创业企业代表分享体验，区委书记张俊、南京越博动力系统股份有限公司公司董事长李占江为“江苏省博士后创新实践基地”基地揭牌，南京市人才办负责人、南京市人社局负责人颁发14家入选2016年市级高层次人才企业扶持资金，区人大常委会主任杨春燕、南京市商务局负责人颁发4家创业企业上新三板奖励，区政协主任庄立、南京市河西新城区国有资产经营控股（集团）有限责任公司董事长、总经理古国才颁发2个大学生优秀创业项目奖励、8位大学生创业优秀代表证书，南京市负责人讲话。第二部分由区委常委、副区长赵建国主持，副区长曹国圣推介河西建邺创业载体和人才公寓，区教育局做教育优化计划解读，区卫计局做卫生配套计划解读。

【河西·建邺纪念建党96周年座谈会】6月29日，区召开河西·建邺纪念建党96周年座谈会。区委副书记、区长闵一峰主持会议，区委副书记曹曙宣读表彰决定，授牌表彰江苏发展大会属地保障先进基层党组织、优秀共产党员及区“四星”党员、优秀党支部书记，7名先进基层党组织和优秀党员代表做交流发言，区委书记张俊同志作讲话。河西管委会机关党委、各党支部书记，区各党工委主要负责人，部分先进基层党组织代表和优秀共产党员代表参加座谈会。

【中共建邺区委十一届四次全体（扩大）会议】8月7日，区召开中共建邺区委十一届四次全体（扩大）会议。区委书记张俊代表区委常委会作工作报告，区委副书记、区长闵一峰报告全区重大产业项目推进情况，会议通过中建邺区委十一届四次全体（扩大）会议决议，最后区委书记张俊讲话。区委委员、候补委员，区纪委委员，区人大、区政府、区政协党员负责同志，区法院、区检察院、建邺公安分局负责同志，河西管委会负责同志，区人大、区政府、区政协非中共党员负责同志等参加会议。

【河西·建邺“对标找差赶超·提升发展质效”工作推进会议】8月8日，区召开河西·建邺“对标找差赶超·提升发展质效”工作推进会议。区负责人，河西管委会负责人，河西管委会各处室、公司负责人，全区各部门、单位副处以上干部，社区党组织负责人，区第十一次党代会部分代表出席会议。会议由区委书记张俊主持，区发改局汇报河西·建邺“对标找差赶超·提升发展质效”工作推进情况，与会人员和负责人发表意见，区委书记张俊最后作讲话。

【河西·建邺学习传达党的十九大精神大会】10月27日，区召开河西·建邺学习传达中国共产党第十九次全国代表大会精神大会。区委副书记、区长闵一峰主持会议，区委书记张俊传达中国共产党第十九次全国代表大会精神。区负责人，河西管委会负责人，区各部门、单位副处以上负责同志，河西管委会各处室、公司负责同志参加大会。

【河西·建邺安全稳定工作总结表彰暨国家公祭活动属地保障部署会】11月2日，区召开河西·建邺安全稳定工作总结表彰暨国家公祭活动属地保障部署会。区委书记张俊、区委常委，区长闵一峰、区委副书记曹曙，区委常委、宣传部部长周峰，区委常委、政法委书记周迅，区委常委、组织部部长刘玉民，副区长宗仁、副区长王国平、副区长曹国圣、副区长杨晨、副调研员褚俊，南京市公安分局副巡视员、建邺公安分局局长钱胜春参加会议。

【2017紫金知识产权国际峰会建邺专场活动】11月10日，召开2017紫金知识产权国际峰会建邺专场活动。区委书记张俊参加活动，并和南京大学校长助理范从来，南京市中级人民法院党组书记、院长胡道才一道为南京大学紫金知识产权研究中心国际IP服务港、建邺区人民法院知识产权审判巡回法庭揭牌，见证南京理工大学校长助理韦志辉与建邺区委常委、副区长赵建国签约南理工知识产权学院双创实践基地落户协议。

【2017年度建邺区委常委会专题民主生活会】11月10日，区召开2017年度建邺区委常委会专题民主生活会。会议由区委书记张俊主持，张俊首先传达南京市委常委会相关精神，就开好专题民主生活会提出要求。随后，区委书记张俊，区委副书记、区长闵一峰，区委副书记曹曙，区委常委、常务副区长李方毅，区委常委、副区长夏晓燕，区委常委、宣传部部长周峰，区委常委、人武部部长张瑞国，区委常委、纪委书记侯峻，区委常委、统战部部长姜巧玲，区委常委、政法委书记周迅，区委常委、组织部部长刘玉民，区委常委、副区长赵建国12位常委依次开展批评和自我批评。

【河西·建邺深入学习贯彻党的十九大精神专题辅导报告会暨建邺区区管干部轮训班】11月16日，区召开河西·建邺深入学习贯彻中国共产党第十九次全国代表大会精神专题辅导报告会暨建邺区区管干部轮训班。专题辅导报告会由区委副书记、区长闵一峰主持，区委书记张俊作专题辅导报告。

【区委十一届五次全会】12月29日，区委十一届五次全会召开。区委委员、候补委员，区纪委委员，区人大、区政府、区政协党员负责同志，建邺公安分局、区检察院、区法院主要负责同志，南京市河西管委会负责同志，区人大、区政府、区政协非中共党员负责同志，区级机关各部门、各街道、各直属单位副处以上负责同志，南京市河西管委会各处室、公司主要负责同志，社区党组织主要负责人参加会议。（区委办）

12月29日，中共建邺区委召开十一届五次全体（扩大）会议。（区委宣传部　供稿）

·组织工作·

【概况】2017年，全区共有基层党组织875个、党员22508人。全年新增党员3人、新发展党员143人。推动中国共产党第十九次全国代表大会精神进机关、进社区、进企业、进校园，通过集中宣讲、党校轮训等多种形式，实现学习教育全覆盖。结合推进“两学一做”学习教育常态化制度化，选树一批榜样标杆，国泰民安社区党委等2个党组织、廖礼银等3名党员被评为全市践行“两学一做”好典型。认真开展“旗帜鲜明讲政治”专题学习，赴开封、兰考举办3期“旗帜鲜明讲政治”党性修养专题培训班。

【干部培训教育管理】区委组织部从严从实抓好干部教育管理。一方面统筹做好干部教育培训工作，由区委组织部、区人社局牵头，相关业务部门负责具体组织安排，形成分工明确、资源整合的全区干部教育培训体系。坚持从严教育管理，严格执行培训和调训计划，从严管理学员，严格落实中央八项规定精神和中组部学员管理九条规定，将干部参训情况作为

"双百"制考核要素。编订2017年度全区干部教育培训工作要点，全年排定培训班次50个。持续抓好负责干部理想信念和党性修养教育，坚持以学习贯彻习近平总书记讲话精神为重点，精心组织中国共产党第十九次全国代表大会精神专题宣讲，将中央重大精神学习教育贯穿全年各项教育培训工作之中。加强理想信念和党性教育，确保党性教育课不低于总课时的20%，充分利用好市内外红色资源开展现场教学，推动理想信念和党性教育入脑入心。聚焦全区中心工作，重点围绕城市建设规划、经济金融、社区建设、依法行政等方面举办专题培训班，同时加强干部在国家安全、保密、信息公开、科学素养方面培训。组织45名区管正职干部赴清华大学举办领导力提升高级研修班，开展军转干部区情教育讲座，做好江苏省、南京市委党校专题调训和负责干部进高校选学工作。组织44名新提拔区管干部参加负责干部任前法律知识考试。另一方面强化干部日常监督管理，及时传达南京市委组织部《领导干部个人有关事项报告》最新填报要求，制作发放重点提醒卡，认真组织集中填报工作，报告率达100%。对拟提拔重用负责干部开展个人事项报告重点抽查核实，推动建立经济责任审计全覆盖及分类管理办法，并对5名负责干部开展离任审计、对5名负责干部开展经济责任交接督查、对4名负责干部开展任中审计。

【基层党组织建设】开展"一社一品"社区党建创新创优项目评选活动，沙洲街道中央商务区社区"春雨驿站"项目入选中央国家机关工委党建创新展示活动"百优案例"；莫愁湖街道凤栖苑社区"蜂式"服务法、南苑街道话园社区"三爱"居民自组织机制、沙洲街道中城社区伍大姐工作室等3个社区案例入选全市"社会建设创新十佳案例"。探索实施非公企业党建"双融双提"（推动组织融合，提升党的组织力；推动工作融入，提升

4月25日，区委组织部举办全区远教管理员、组工信息员暨数字党建平台使用专题培训班。
（区委组织部　供稿）

企业发展力）工程，在全区3个园区规划建立7家企业党群服务中心。建立推广“五微”（微平台、微行动、微实事、微心愿、微星光）数字党建平台，探索党建引领基层治理有效路径，注册和关注人数近16万人，《人民日报》2次予以报道，《瞭望》杂志专题报道，广受党员群众好评。

【非公党建工作】区委组织部建设园区专职党务工作者队伍加强非公党建工作。区委组织部在全市率先招聘园区合同制专职党务工作者，提高园区党务工作者专业化水平，提升党组织在非公企业中的组织力。严格招聘条件。根据园区党建工作特点和岗位要求，把政治素质作为招聘对象首要条件，综合考虑专业背景、工作经验等要素，把热爱党务工作、综合素质高的人员吸收进党务工作者队伍，从源头提高队伍质量。建立培训基地，发挥新城科技园（南部）企业党群中心主阵地作用，明确区委组织部部务会成员为首批园区专职党务工作者一对一工作导师，园区专职党务工作者在党群中心全程跟学，加快适应工作角色。拓宽职业路径，选拔工作成绩突出的专职党务工作者担任楼宇党总支书记，逐步建立与社区党务工作者的流通渠道，符合条件的推荐担任社区党组织书记或主任。鼓励党务工作者与企业党员职工共享党群中心资源，有针对性的储备法律、编程、人力资源管理等方面知识，提高职业竞争力。第一批4人已全部到岗，第二批招录已进入报名阶段。

【党组工作】区委组织部健全党组设置，依据《中国共产党党组工作条例（试行）》以及江苏省委、南京市委工作要求，经区委研究决定，在区政府办、区发改局、区建设和交通局等党员负责成员3人以上的18个政府工作部门和区总工会、区妇联2个人民团体设立党组，任命党组书记和党组成员。开展《中国共产党党组工作条例（试行）》学习。印发《中国共产党党组工作条例（试行）》和南京市委《关于贯彻〈中国共产党党组工作条例（试行）〉的实施细则》，要求各单位党组把学习贯彻《中国共产党党组工作条例（试行）》作为重要政治任务，用《中国共产党党组工作条例（试行）》规范言行、指导实践、推动工作。规范党组运行，要求各单位党组按照《中国共产党党组工作条例（试行）》要求，找准党组书记、党组成员角色定位，制定本单位党组工作规则，明确党组组织原则、工作范围、议事和决策内容，确保党组规范运行。

【社区党建】区委组织部深入推进社区党建“一社一品”建设。精准科学选题，围绕区委“基层党建创优年”工作主题，明确6个重点选题方向，坚持与落实全面从严治党要求相结合、与学习仙林街道网格化党建经验相结合、与全面推广社区党建12345模式相结合，确保选题重点突出、内容详实、观点鲜明、对策合理。有序推进，对每个品牌项目，明确街道、社区2个层级的牵头负责人、课题负责人，倒排时间进度安排表，定期跟踪了解课题进展情况，加强项目推进督促指导。强化保障跟进，区委组织部部机关每名干部直接对接跟踪1个社区品牌项目，全程参与、及时跟进。对部分具有推广价值的品牌项目，在资源投入上给予倾斜和支持。强化考核激励，将社区党建"一社一品"建设情况纳入街道党工委、社区党组织书记抓基层党建工作述职评议考核，以以奖代补的形式对优秀社区党建品牌项目给予经费奖励，并在年度"双百制"考核中加分。

【企业党群服务中心建设】建邺区在全市率先建设企业党群服务中心。试点推进，以新城科技园（南部）企业党群服务中心为试点，在全区企业集聚的片区建设7个企业党群服务中心，增强园区党建承载功能。新城科技园（南部）企业党群服务中心已经投入使用，其他6个党群服务中心已完成选址工作，正在进行建设招标。明确功能室设置，企业党群服务中心按照标准，推进企业党组织活动场所规范化建设。党群服务中心为每一个非公企业党组织设立工作室、资料室，并配备不同类型会议室，为基层支部开展日常工作、组织党员学习教育提供活动阵地，同时为完善非公企业党组织、党员档案资料创造条件。建立"党群"协同化工作机制，整合工会、团委、妇联、关工委等群团组织资源，统一由企业党群服务中心进行配置，共同向企业党员职工提供提供档案托管、权益保障、职业技能提升、社交等服务，通过固化服务内容、标准和程序，不断提升管理服务水平。

12月26日，区委组织部指导建成全区第一家企业党群服务中心——新城科技园（南部）企业党群服务中心。（区委组织部　供稿）

【中国共产党第十九次全国代表大会精神集中培训】区委组织部多措并举做好中国共产党第十九次全国代表大会精神集中培训。明确思路，培训工作启动迅速。接到南京市委《关于认真学习宣传贯彻党的十九大精神的通知》，区委组织部主动跟进，第一时间制定《建邺区党员干部学习贯彻党的十九大精神轮训班方案》，明确“全面系统地学、持之以恒地学，切实做到真学、真懂、真信、真用”的总体思路，邀请中国共产党第十九次全国代表大会代表律师薛济民为全区党员干部代表做首场辅导。突出重点，培训内容有的放矢。确定以区管干部、社区党组织负责人为重点，涵盖科级及以下全体公务员、基层党组织负责人的全覆盖培训范围。根据全区工作重点围绕贯彻落实习近平新时代中国特色社会主义思想，邀请江苏省委党校专家集中授课6个专题，同时结合工作实践开展调研，每人提交1篇不少于3000字的学习报告。统筹安排，培训管理务实有效。由区委组织部牵头，根据各单位工作实际，采取区管干部、社区书记分2期；科级及以下公务员、其他基层党组织书记分4期，集中脱产轮训的方案，妥善处理工学矛盾。培训过程中，对到课情况进行现场点名，相关情况在全区进行通报，严肃培训纪律。培训结束后对提交的学习报告，择优汇编成册。

【领导干部离任经济责任事项交接】建邺区在全市率先推开领导干部离任经济责任事项交接。交接对象突出“全”，所有承担经济责任的区管正职负责干部在接到区委下达的任职变动通知1个月内必须履行离任经济事项交接手续，填写《南京市建邺区领导干部离任经济责任事项交接表》。交接事项突出“清”，负责干部离任经济责任事项交接的内容包括：任期内尚未完成的经济活动事项，账内实物财产和货币资金，账内外债权债务，收支结余及权益等8项事项。交接手续突出“准”，明确规定离任负责干部交接时，所在单位对实物资产、债权债务等经济事项进行清理时，需登记造册，并由交接干部签字。交接责任突出“实”，对无故拖延、隐瞒事实或移交不清的相关人员，建议区委、区政府先予停职，经交接清楚、手续完备后再重新任职或离职。发现重大问题线索并经查实的，依据法律法规，追究交接过程中失职渎职人员的责任。

【为民服务专项资金使用管理】建邺区规范社区为民服务专项资金使用管理，形成齐抓共管良好局面。由组织部门牵头抓总，负责协调相关部门共同参与到资金使用管理全过程和各环节。民政部门负责具体落实，做好为民服务项目的把关、梳理。财政部门负责专项资金的预算、拨付、监管。各社区单独记账，实行专款专用、专账核算。严格遵循使用管理办法。明确各社区党组织书记作为专项资金使用管理第一责任人，对照规定程序和使用范围，严格执行原则，不得挤占、挪用、截留，做到程序正当、用途适宜、群众满意，本着对自己负责、对社区负责、对党员群众负责的态度，公正、有序使用好这笔钱。充分发挥资金最大效能。将专项资金使用管理情况作为街道党工委书记抓基层党建述职评议考核及社区党组织书记履职情况报告评议重要参考。对资金闲置率较高、使用过程中存在突出问题的社区，督查整改并在党的建设考核中作扣分处理。

【区属国有企业负责人选聘】区委组织部严格标准程序，把好“推荐关”。面向全区印发《关于选聘区国资集团和城建集团领导人员的通知》，明确资格条件、选聘步骤，以单位推荐、个人自荐等方式开展选聘报名。严格对照选聘条件，对报名材料逐一把关，分岗位汇总推荐结果。坚持以事择人，把好“人选关”。根据报名情况，就人选与岗位适应性、匹配度等方面进行综合分析研判，会同区国资办与参加选聘人选逐一面谈，对个人综合领导能力、个性特征、能力素质进行了解、测评，综合岗位需求、比选提出考察人选。严格条件要求，把好“考察关”。派出考察组，采取民主测评、个别谈话、延伸考察等方式，了解考察对象德能勤绩廉及岗位适应性、匹配度等情况。在讨论决定前，对拟任职人选，进行干部档案任前审核、抽查核实个人有关事项并征求干部所在单位执纪执法部门意见。坚持人岗相适，把好“实绩关”。对拟聘用人员实行试用期管理，试用期1年。试用期满，根据1年履职情况，经考核胜任现职的予以正式聘用。

【党员教育管理】严格做好党员发展。摸清全区党员发展底数，合理制定并及时调控发展计划，严格把控发展程序，先后2次对全区150名发展对象开展系统培训，不断提高发展党员质量。认真开展党员帮扶慰问，春节前省、市、区三级共投入27.5万元对454名困难党员、老党员、党员志愿者和党务干部进行走访慰问，“七一”前后帮扶生活困难党员群众1140名，共计114.1万元。推进党员远程教育，开展优秀远程教育站点及管理员评选活动，打造20个远教延伸站点，开展“微党课”视频征集评选，选送《锦绣传承》参加第十四届全国党员教育电视片观摩交流活动。配合做好建邺区“五微”数字化党建平台建设，推进“建邺党建”网站改版升级。

【党费收缴使用和管理】区委组织部多措并举规范党费收缴、使用和管理。严格标准，规范收缴，要求各党组织书记作为第一责任人，明确专人负责，更新维护党费工作台账资料。加强督查，及时收缴，要求各级党组织督促党员足额交纳党费。对没有按规定交纳党费的党员，及时批评教育。对党费交纳规定和党费管理使用有疑问的党员，做好解释说明。对无正当理由，连续6个月不交纳党费的党员，经教育仍不改正的，按自行脱党处理。坚持原则，合理使用，严格按照“统筹安排、量入为出、收支平衡、略有结余”的原则，遵循5项用途，有计划使用党费。使用党费必须集体讨论决定，不得个人或者少数人说了算。上级党组织下拨的党费，必须专款专用，不得挪作他用。健全制度，规范管理，上级党组织与下一级党组织每年开展1次党费对账工作。各基层党支部每年至少向党员公布1次党费收缴和使用情况。区委组织部党费工作进行定期和不定期督促检查，并纳入党组织书记述职评议考核、党建工作考核，确保党费收缴、使用和管理工作规范有序。（区委组织部）

【人才政策完善】人才工作取得新成效，2017年市对区人才工作考核列江宁区和江北新区之后，居全市第三。坚持党管人才原则，人才政策不断完善。3月，在市级“创业南京”英才计划基础上，结合区域产业发展需求和人才工作实际，出台《关于“创业建邺”英才计划的实施意见》，在原有政策基础上，将人才企业培育、产品首试首用、科研活动经费补助、人才企业引进研发人员、创业生态优化等纳入政策内容，更加突出对高端人才创业，特别是创业产生成效人才的持续扶持。

【高层次人才招揽】认真推进“创业南京”系列人才计划，区级网上申报提交219人，通过资格审查212人，交由第三方机构进行技术评审和综合答辩，最后入选56人，其中48人完成落地注册手续，53人提交高层次人才引进计划市级评审，最终19人通过市级评审。组织8家企业申报市创新型企业家，江苏天辰海洋工程技术股份有限公司董事长赵四新等6人成功入选。组织2人申报科技顶尖专家集聚计划，南京越博动力系统股份有限公司董事长李占江成功入选。继续推进国家“千人计划”（海外高层次人才引进计划）、“万人计划”（国家高层次人才特殊支持计划）和省“双创计划”（江苏省高层次创新创业人才引进计划）等重点人才计划申报工作。1人进入国家“千人计划”综合答辩；组织2人申报“万人计划”，南京贝伦思网络科技股份有限公司董事长马红兵，南京越博动力系统股份有限公司董事长李占江，成功进入公示阶段；组织11人申报省“双创计划”，南京三生境新材料科技有限公司董事长杨海军、南京十竹斋艺术品投资有限公司董事长孔超、江苏省作家协会孙频等3人成功入选；组织6人申报省“双创博士”，中冶华天工程技术有限公司张鹏飞成功入选。南京越博动力系统股份有限公司董事长李占江当选为南京市工商联副会长，南京清元景和环境科技有限公司董事长杨广平当选为南京市妇联副主席，南京越博动力系统股份有限公司获江苏省科学技术进步二等奖（公示阶段）、江苏省博士后创新实践基地。

【人才创业服务】1月，建邺区召开人才大厦筹建会，重点打造面积达3万平方米，集社会化专业化中介服务、省级机关下属机构行业服务、行政服务3类服务于一体的人才服务大厦，致力于为人才提供从工商注册开始直到挂牌上市全过程、全链条式服务，优化建邺创业生态链，正在启动整体设计。贯彻落实《南京市人才安居办法》，宣传推广政策，遴选推荐人才企业入库，首批上报24家入库，并按照责任分工做好人才企业新增入库网上审核。搭建人才企业融资直通渠道，区级和园区层面共举办8场银企对接活动，破解人才企业融资难问题。建立人才企业分类管理办法，完成人才企业分类工作，提升人才服务精细化水平。　　（区人才办）

12月19日，中共济南市委组织部参观南京越博动力系统股份有限公司。　　（李兴　摄）

表36　建邺区2017年度组工信息宣传工作先进单位和优秀个人名单

一、先进党工委（21个）	
一等奖（4个）	区城管局党工委
	江东商贸区党工委
	兴隆街道党工委
	江心洲街道党工委
二等奖（7个）	区建交局党工委
	区卫计局党工委
	莫愁湖街道党工委
	南苑街道党工委
	沙洲街道党工委
	双闸街道党工委
	区委“两新”工委
三等奖（10个）	区委区级机关工委
	区委教育工委
	区民政局党工委
	区人社局党工委
	区市场监管局党工委
	区房产局党工委
	区商务局党工委
	新城科技园党工委

续表 36

三等奖（10个）	河西中央商务区党工委
	建邺城建集团党总支
二、先进社区（15个）	
一等奖（4个）	兴隆街道月安社区党委
	兴隆街道奥体社区党委
	江心洲街道洲泰社区党总支
	江心洲街道洲岛绿园社区（筹）
二等奖（5个）	兴隆街道积善社区党委
	兴隆街道桃园居社区党总支
	兴隆街道苍山路社区党委
	江心洲街道永定社区党总支
	江心洲街道洲岛家园社区党支部
三等奖（6个）	莫愁湖街道蓓蕾社区党委
	兴隆街道乐山路社区党委
	兴隆街道融侨社区党总支
	南苑街道健园社区党委
	沙洲街道中央商务区社区党总支
	双闸街道江湾社区党委
	江心洲街道洲岛紫园社区（筹）
三、优秀组工信息员（10人）	
1. 区城管局党工委　马昌军	
2. 区卫计局党工委　陈　贻	
3. 江东商贸区党工委　陈美玲	
4. 河西中央商务区党工委　张　玲	
5. 莫愁湖街道党工委　郑　光	
6. 兴隆街道党工委　崔琪琪	
7. 南苑街道党工委　李钰珏	
8. 沙洲街道党工委　许忠杰	
9. 双闸街道党工委　侯黛竹	
10. 江心洲街道党工委　陈永忠	
四、优秀网评信息员（10人）	
1. 莫愁湖街道蓓蕾社区党委　庞思思	
2. 隆街道桃园居社区党总支　方　慧	
3. 兴隆街道月安社区党委　李　玲	
4. 兴隆街道奥体社区党委　卢雪玲	
5. 南苑街道健园社区党委　许　娟	
6. 沙洲街道中央商务区社区党总支　杨　艳	
7. 双闸街道江湾社区党委　王　婷	
8. 江心洲街道洲泰社区党总支　吴　彬	
9. 江心洲街道永定社区党总支　方绍辉	
10. 江心洲街道洲岛绿园社区（筹）　龚　玲	

（区委组织部）

表 37　建邺区 2017 年度组织系统重点调研课题优秀成果名单

一等奖（6 篇）	区委区级机关工委：《对新形势下区级机关基层党建提质创优的思考》
	区委党校：《基层干部教育培训工作问题与对策研究》
	区城管局党工委：《加强国有企业党建工作研究》
	新城科技园党工委：《科技园区完善产业发展人才支撑体系研究》
	莫愁湖街道党工委：《网格化党建推进基层服务型党组织建设的实践与思考》
	兴隆街道党工委：《深化党员志愿服务的实践与思考》
二等奖（6 篇）	区总工会：《功能园区"两新"组织党工共建工作研究》
	区人社局党工委：《干部考核结果综合运用机制研究》
	江东商贸区党工委：《推进"两学一做"学习教育常态化制度化的实践与思考》
	河西中央商务区党工委：《党员组织关系排查工作难点问题研究》
	沙洲街道党工委：《推进基层网格化党建工作的探索与思考》
	江心洲街道党工委：《筑牢夯实城市基层党建基础的思考与实践》
优秀奖（10 篇）	区建交局党工委：《基层干部教育培训工作问题与对策研究》
	区委教育工委：《中小学队伍建设与专业发展专题研究》
	区民政局党工委：《健全机制，创新发展，全面加强社会工作人才队伍建设》
	区市场监管局党工委：《加强党的建设，夯实支部堡垒，提升基层党建水平》
	区房产局党工委：《探索城区物业党建，促进小区社会治理》
	区商务局党工委：《加强非公企业党建工作研究》
	区卫计局党工委：《卫计系统基层干部教育培训工作存在的问题与对策研究》
	建邺城建集团党总支：《新时代加强国有企业党建工作的探寻》
	南苑街道党工委：《社会工作者队伍建设的探索与思考》
	双闸街道党工委：《夯实党建基础，创新服务手段，全力打造服务型基层党组织——以江湾社区为例》

（区委组织部）

·宣传工作·

【概况】围绕全区重点工作和重大活动，在中央和省、市新闻媒体策划重大主题宣传报道，全年在中央和省、市各类新闻媒体刊出报道1600篇左右。合作推出《锦绣建邺》杂志，精心制作《大美河西锦绣建邺》宣传画册、宣传视频、广告大屏等，以不同宣传载体反映建邺新城新貌。打造建邺融媒体工作室，做好网络宣传工作。全年发布微博1.2万余条，微信推送1300余条，政务头条号发布1500余条，"建邺播报"两微一端分别入选南京市年度十佳政务微博、十佳政务微信、十佳政务头条号，综合排名位居全市各区首位。开展网络舆情分析研判，全年报送舆情130余条，协助做好网络问政150余条。建立完善新闻发言人制度、新闻发布制度及网络管理舆情应急处置机制。重点打造“建邺书房”公共文化服务载体，开展南京市首批“书香城区”创建工作，区委宣传部全年共为街道、社区送书10万册，开设“方言里的南京文化”等各类讲座活动28场。

延伸阅读15

建邺区《锦绣建邺》杂志惊艳亮相

江苏发展大会召开前夕，由中共南京市建邺区委、建邺区人民政府主办、建邺区委宣传部承办的的《锦绣建邺》期刊正式亮相，呈现蓬勃发展的大美河西！让与会嘉宾们尽情感受建邺区城市之美、发展之速、待客之诚、服务之精。《锦绣建邺》共分“建邺进行时”栏目、“最风采人物”栏目、“聚焦核心区”栏目和“寻找国际范”4个栏目，它们用深度报道的方式诠释建邺最重要的中心工作和发展规划，定期介绍建邺优秀企业家、好市民、好员工，锁定建邺重点园区重大项目，报道核心区发展进程，定期专访建邺外国友人、国际化企业、国际范建筑。《锦绣建邺》将每季度出版一期，用图文并茂的方式，向全社会展现建邺方方面面，并将同步利用新媒体手段在互联网平台进行传播。

【思想理论建设】不断探索创新理论学习的内容和形式，提升学习质量和水平。把意识形态工作纳入党建工作目标考核，确保意识形态工作责任落实。开展全区党员冬训工作，全区各级负责干部和基层党员骨干共计2万人受训。加强重大理论实践问题研究，撰写《宣德堂的实践观察和可行性报告》等3篇调研论文，获得南京市第五届社科决策咨询成果评奖。利用多种渠道推进社会主义核心价值观教育，组织策划“宣德堂”周年分享会、“做雷锋精神种子”“春风十里，锦绣建邺”等系列主题活动。开展中国好人等各级典型评选推荐活动，全年共推荐各级各类典型20余人，其中1人当选江苏好人。

3月4日，江苏省暨南京市学雷锋志愿服务集中活动在建邺区举办。（区委宣传部 供稿）

【融媒体工作室打造】2017年，区委宣传部在全市率先打造融媒体工作室，融通策划、采访、编辑、发布等环节，综合运用传统媒体和新媒体等全媒体资源开展宣传，取得良好效果。在建邺播报“两微一端”推出系列策划，推出“喜迎十九大，一起看变化”“我和建邺这五年”“数说这五年”等专题。关注重大活动开展宣传，第一时间现场报道阿里巴巴江苏总部落户建邺、小米科技华东总部落户建邺、科大讯飞南京区域中心落户建邺，以及金洽会、软博会建邺专场等重大活动，营造建邺创新发展打造服务环境的氛围；加强与央媒沟通合作，在人民网江苏频道开通“建邺视窗”，通过中央电视台新闻频道“喜迎党的十九大”特别节目《还看今朝》、人民网首部众筹MV《歌唱祖国》等平台展现锦绣建邺魅力，策划《洋居民眼中的河西之变》等宣传报道，挖掘建邺国际化元素，提升“建邺特色、南京内涵、国际标准”的城市国际化形象。在建邺播报“两微一端”打造“建邺日记”“走遍建邺”“聆听建邺”等原创栏目，讲好建邺故事，唱响建邺声音。

【文明城市创建】2017年，区文明办认真按照《全国文明城市测评体系》及《任务责任分解表》规定，规范创建内容、明确创建任务、细化创建责任，瞄准创建工作成绩优秀城区对标找差，深入做好规划部署，在各责任部门、街道努力下，各项工作富有成效。健全创建督查制度，深入农贸市场、街道小区、公园广场等创建实地点位检查指导工作。针对志愿服务、市场秩序重难点工作，多次召开专题会议、街道社区工作座谈会、工作协调会等，分析问题，研究措施，明确责任。印发各种创建宣传材料9000余份，编印《创建全国文明城工作手册》。指导街道整合社区资源，全面提升社区综合服务水平，充分发挥物业公司作用，把文明城市创建任务落实到每一个社区、每一个小区、每一个楼栋，构建全社会参与创建工作的新格局。充分发挥区城管局、南京市交警四大队、区市场监督管理局、区建交局、区卫计局、区教育局、区文旅局等责任部门及各街道作用，分阶段开展规范创建行动，全面改善全区人居环境，提高全区文明程度。

【全区志愿服务常态化推进】发挥区文明办组织、协调、管理和指导职能，整合资源，完善工作机制，推进志愿服务站点、队伍、项目制度化建设，举办“志愿江苏”服务平台管理员培训班，全区新增网络注册志愿者8万余人。承办“江苏省暨南京市学雷锋志愿服务集中活动”，全年共组织开展志愿服务1200场次，服务群众7万余人次，圆满完成各类服务保障任务。举办“做雷锋精神的种子”大型展览，观展干部群众达4000余人次。注重发挥微博客、微信、QQ群等新媒体受众广、传播快特点，组织志愿者撰写心得体会，持续宣传志愿服务先进典型，集中展示志愿服务成果。引导和培育街道志愿服务总站、“文明美境”等各类服务组织规范化建设。加大对各街道志愿服务总站、志愿服务驿站建设的指导力度，沙洲街道、兴隆街道志愿服务总站被评为南京市街道志愿服务总站示范点，奥体警务站被评为南京首批志愿驿站。推进志愿服务项目建设，区文明办荣获南京市参加省第二届志交会优秀组织奖，“志愿者+”共享平台等5个项目获优秀志愿服务项目奖，获奖数位列全市第一。

【未成年人思想道德建设】整合各类社会资源，充分利用校园广播、主题班会、名师宣讲等广大师生喜闻乐见的宣传教育方式，在中小学校和社区开展“优秀传统文化巡讲”“儒雅少年”培育和践行等活动，宣传普及中华传统美德和优秀传统文化，丰富区未成年人思想道德建设内涵，提高未成年人文化素养。广泛开展礼仪实践活动，固化未成年人礼仪养成教育，引导未成年人传承和弘扬优良家风、学礼仪、知礼仪，注重自身修养，注意行为举止，做好文明礼仪示范。组织开展“第三届建邺区美德少年”暨江苏省、南京市第四届美德少年推选和“做雷锋精神的种子”教育实践活动，评选表彰101名区第三届美德少年，7名学生被评为南京市美德少年，其中致远外国语小学张筱涵荣获南京市美德标兵、江苏省美德少年。开展“开学第一课”“童声里的中国·成长的歌谣”暨“童眼看名作中的南京”童谣、校园歌曲吟诵传唱、展演展示、宣传推广和“未成年人核心价值观情景剧”比赛、“青少年凭吊革命先烈”“向国旗敬礼”等活动，金陵中学实验小学分获江苏省、南京市“未成年人核心价值观情景剧”二等奖和一等奖。

【江苏发展大会宣传氛围营造】首届江苏发展大会于5月20日在江苏大剧院召开，区委宣传部组织全媒体平台全方位开展宣传，向与会来宾展示锦绣建邺良好精神风貌和文明形象。邀请人民网、新华网、《新华日报》等中央、省、市新闻媒体，对区城市精细化建设管理工作、属地保障工作等开展宣传。在《南京日报》开辟专栏“迎接江苏发展大会，河西建邺在行动”，对区城市建设、民生工作以及属地保障工作情况进行报道。策划制作《锦绣建邺》杂志，面向全市重点窗口单位免费投放。在《南京日报》《现代快报》献礼江苏发展大会特刊推出建邺专题报道，展示东道主形象。在“网易新闻”客户端推出建邺页卡，这也是江苏省第一个城区新闻频道，所有定位在建邺的网友都可以第一时间了解建邺信息。在区委宣传部官方微博、微信、头条号“建邺播报”上策划推出原创系列报道，以Ih5、图片等形式向网友推介建邺。在做好新闻宣传工作同时，在政务新媒体、户外电子屏、街道社区宣传栏等平台发布南京市文明办“做彬彬有礼南京人”倡议书，张贴江苏发展大会公益海报1200余张，提高河西建设美誉度和影响力。

【全区文化产业发展统筹】落实各级产业扶持政策，共扶持文化企业39家，扶持资金980万元。完成2017年度南京市文化发展专项资金第一批、第二批申报工作，共推荐26个申报项目，“和平文创空间”和江苏观翰共获得230万元专项资金。组织文化人才申报南京市百名优秀文化人才，其中4人入选。深入推动重点文化项目建设，江苏大剧院、大明文化旅游产业园、非遗学院等11个项目入选南京市文化产业重点项目。咪咕互娱、锐丰智科、舜禹信息入选市第二批重点文化科技企业，咪咕互娱同时入围省级文化科技企业候选名单。对接纽约南京周活动，做好南京市第九届文交会参展组织工作，组织区域内9家企业参展，展现建邺文化产业鲜明特色和文化企业良好形象。

【党的十九大精神集中宣传活动】制定下发《中共建邺区委关于认真学习宣传贯彻党的十九大精神的通知》《党的十九大精神宣传报道意见》《关于印发全区各级党委（党组、党工委）中心组党的十九大精神专题学习计划的通知》等文件，并召开学习贯彻精神中国共产党第十九次全国代表大会精神宣讲工作部署会，全面系统深入学习宣传贯彻中国共产党第十九次全国代表大会精神；区委成立以张俊为团长、闵一峰等区负责人和各党工委负责人、社会理论工作者为成员的中国共产党第十九次全国代表大会精神区委宣讲团，宣讲团成员共53人，对全区各机关部门、企事业单位、社区学校等基层单位组织开展200余场宣讲，确保全区干群把思想和认识统一到中国共产党第十九次全国代表大会精神上来，把智慧和力量凝聚到实现中国共产党第十九次全国代表大会确定的各项任务上来；建邺区通过以“宣德堂特色宣讲团——一面飘扬在社区一线的宣讲旗帜、蜂群宣讲队——一群飞在百姓心头授粉酿蜜的社工宣讲员、红色宣讲站——一个将十九大精神春风化雨的教育阵地、五老宣

8月3日，“网约南京·共享发展”2017网络媒体生态南京行在建邺区举办。
（区委宣传部　供稿）

讲员——让孩童展望两个一百年、民族社区的党支书——用党的声音感化民族兄弟、早起的布谷鸟——借晨练之机宣讲党的十九大精神、露天电影节上的文艺骨干——借用文化因子传递党的声音”为主题开展群众喜闻乐见的系列特色宣讲活动，基层群众反响强烈，学习中国共产党第十九次全国代表大会热情高涨。在区域内广泛宣传张贴“学习贯彻党的十九大精神”宣传挂图，利用全区主次干道沿线电子大屏、围档、道旗、街道小区宣传栏等载体，广泛发布“学习贯彻党的十九大精神”宣传内容共约100余处。

【第四次国家公祭日活动氛围宣传】根据江苏省委、南京市委统一部署及区委、区政府具体要求，区委宣传部负责承担第四次国家公祭日悼念活动宣传氛围营造等各项任务，除了做好主会场侵华日军南京大屠杀遇难同胞纪念馆悼念活动保障工作以外，还担负本区内侵华日军南京大屠杀遇难同胞上新河丛葬地及吉庆社区2个分会场悼念活动的具体组织与指导，组织区负责人代表、机关干部代表、社区群众代表、中小学生代表等200余人参加2个地点悼念活动。协调侵华日军南京大屠杀遇难同胞纪念馆周边核心区约1.5万平方米商业广告位及核心区外全区所有主次干道路沿线电子大屏、部分围挡等，按江苏省、南京市委宣传部统一要求及时做好对侵华日军南京大屠杀遇难同胞纪念馆周边及主要公路沿线（核心区域）公益广告更新安装，确保营造庄严肃穆国家公祭活动城市氛围。在公祭仪式活动举办期间，区文明办组织76名机关干部、社区社工在江东中路、水西门大街等12个交通路口开展文明引导志愿服务活动。配合新闻媒体做好公祭活动相关宣传报道和媒体接待工作。做好网上正面宣传，充分利用“建邺播报”官方微博、微信、头条号，加强第四次国家公祭日网络宣传。加强网络舆情监测、报送、处置工作，每天安排专人全面监测网上信息。

（区委宣传部）

表38　2017年媒体报道情况一览表

日期	标题	媒体及版面
1月12日星期四	建邺区区长闵一峰：实现教育均衡全面发展	纸媒：《南京日报》A08版；网媒：南报网
1月12日星期四	看11区书记区长的记事本 建邺区委书记张俊：除重大民生实事，还启动“微实事”	纸媒：《现代快报》封5版；网媒：人民网、网易新闻、新浪网、搜狐网、腾讯网、中国江苏网
1月14日星期六	打造宜居宜业，共享幸福圈	纸媒：《南京晨报》A05版；网媒：新华报业网、今日头条、新浪网、今日新闻网
2月14日星期二	河西南将打造超500米标志性塔楼	纸媒：《金陵晚报》A02版；网络：人民网、房天下、金陵快迅、搜狐网、新浪网、南报网、金陵快报等

续表 38

日期	标题	媒体及版面
2月16日星期四	吴政隆在建邺区调研城建工作时强调提高标准加压奋进全面提升精细化水平	纸媒:《南京日报》A叠版;网络:新浪网、搜狐滚动、南报网、龙虎网、人民网
2月19日星期日	建邺区:共建城市中心,共享幸福生活	电视:南京电视台《民声》
2月21日星期二	"弹性离校",家长解忧学校累	纸媒:《新华日报》6版、《南京日报》A01、A06版、《南京晨报》A24版
2月21日星期二	我省开展"区域环评+环境标准"改革试点江北新区江心洲纳入首批试点区	纸媒:《南京日报》A01版;网络:网易新闻、搜狐网
2月21日星期二	"大走访"搭好连心桥,建邺机关作风建设自加压	网络:新华网江苏频道
3月4日星期六	下半年河西每月都有农产品展销会	纸媒:《南京日报》A02版
3月8日星期三	迎接妇女节,为军属送岗位	纸媒:《南京日报》A01版
3月23日星期四	建邺区城建国资两大集团昨挂牌	纸媒:《南京日报》A03版;网络:新华网
3月23日星期四	河西南4号小学今夏建成	纸媒:《南京晨报》A02版
3月27日星期一	建邺组专家团促科技创新	纸媒:《南京日报》A01版、《金陵晚报》B16版、《扬子晚报》A22版、《南京晨报》A06版、《现代快报》B2版;网络:人民网、新华网、交汇点、凤凰江苏、南报网、龙虎网、腾讯江苏、中国江苏网等
3月27日星期一	全国首个"创就业咨询室"落户南京	纸媒:《南京晨报》A07版;网络:中国网、今日头条、乐居网
3月29日星期三	南京市第一医院河西院区下月开诊	纸媒:《南京日报》A08版、《扬子晚报》A22版、《金陵晚报》B07版、《南京晨报》A01版;网络:人民网、新华网、今日头条、南报网、龙虎网、凤凰网、中国江苏网、交汇点、建邺播报等
4月6日星期四	建邺区8亿元打造南河风光带	报纸:《南京日报》A06版;网络:新华网、南报网、网易、华龙网、凤凰网、腾讯网、搜狐网
4月6日星期四	金融城满园春色	报纸:《南京日报》A叠版;网络:南报网、华龙网
4月12日星期三	建邺区大走访做足"细"字文章	报纸:《南京日报》A01、A05版;网络:南报网、新浪网、网易新闻、中国江苏网、华龙网
4月12日星期三	河西地区今年新增26条道路	报纸:《南京日报》A05版;网络:新华网、南报网、中国网、新浪网、网易
4月16日星期日	建邺区举办风筝主题嘉年华	报纸:《南京日报》A02版;网络:网易新闻、人民网、中国青年网、江南时报网、南报网、龙虎网等
4月17日星期一	建邺公布39件惠民实事接受监督	报纸:《南京日报》A01、A02版;网络:新华网、南报网、龙虎网、网易新闻、新民网等
4月18日星期二	留交会建邺专场推介会25日举行	报纸:《南京日报》A06版;网络:人民网、南报网、新华报业网等
4月19日星期三	江心洲安置房有望明年入住	报纸:《新华日报》1版;网络:新华网、东方头条、人民网等

续表 38

日期	标题	媒体及版面
4 月 19 日星期三	南河风光带绿化提升	报纸 :《南京日报》A01 版 ; 网络 : 新浪网、网易新闻、江苏文明网、龙虎网、华龙网等
4 月 19 日星期三	江心洲二期安置房进展喜人	报纸 :《南京日报》A02 版 ; 网络 : 新浪网、网易新闻、华龙网等
4 月 19 日星期三	建邺承办全省教育信息化工作会议	报纸 :《南京日报》A03 版 ; 网络 : 网易新闻、今日头条、新华网、龙虎网、华龙网等
4 月 22 日星期六	南京"建邺书屋"揭牌, 丰富公共文化服务体系	网络 : 人民网、中国青年网
4 月 23 日星期日	首家"建邺书房"落户建邺图书馆	报纸 :《南京晨报》A04 版 ; 网络 : 南报网、新华报业网
4 月 23 日星期日	"为你读诗"线下空间落户南京建邺, 将建朗读亭	网络 : 人民网、龙虎网
4 月 24 日星期一	南京全面优化城市品质环境质量	报纸 :《新华日报》1 版
4 月 24 日星期一	大美江苏, 春天有约	报纸 :《新华日报》1 版
4 月 24 日星期一	河西建邺, 人才政策助力海内外精英创业腾飞	报纸 :《南京日报》A09 版 ; 网络 : 龙虎网、网易新闻
4 月 24 日星期一	南京建邺 : 蓄水政策洼地"给力"海归创业者	网络 : 人民网
4 月 24 日星期一	建邺"三委一中心"社区改革成效凸显	报纸 :《南京日报》A04 版 ; 网络 : 新华网、网易新闻
4 月 26 日星期三	建邺区留交会专场活动昨举行	报纸 :《南京日报》A02 版 ; 网络 : 南报网、网易新闻、华龙网、南京发布网
4 月 26 日星期三	3 万平方人才服务大厦下月启用 "建邺双招双引"推介会上"干货"多	报纸 :《扬子晚报》A22 版 ; 网络 : 中国新闻网新闻、网易、东方网新闻频道、人民江苏视窗
4 月 26 日星期三	建邺区举办第十届南京留交会专场活动	网络 : 中国日报网
4 月 26 日星期三	南京建邺将启用 3 万平米人才服务大厦一站式解决企业需求	网络 : 人民网
4 月 26 日星期三	留学生创业去哪儿? 建邺 700 万平方米科技创业载体等你来	网络 : 凤凰网江苏
4 月 26 日星期三	2017 南京亚太金融研究院春季研训会举行	报纸 :《南京日报》A08 版 ; 网络 : 人民网、新华网、凤凰网江苏、腾讯大苏网、中国江苏网、南报网、龙虎网、网易江苏、南京广播网、扬子晚报网
4 月 28 日星期五	公检法联手, 加大力度惩治"老赖"	电视 :《直播南京》; 网络 : 央视网视频
5 月 2 日星期二	江心洲有轨电车年内动工	报纸 :《南京晨报》A24 版 ; 网络 : 新浪网、中国网、江苏广电、中国江苏网、地铁网等
5 月 3 日星期三	全程信息化助力和谐建设, 建邺区首创人民调解手机 APP	报纸 :《南京日报》A01、A10 版 ; 网络 : 南报网、南京日报社数字报刊
5 月 4 日星期四	南京建邺推广积分入团, 加强非公企业团建力度	网络 : 人民网

续表 38

日期	标题	媒体及版面
5月5日星期五	雨润大街与泰山路交叉口右转拥堵，人大代表上午提议下午就办结	报纸：《南京日报》A02版；网络：南报网、金陵热线网、今日头条、建邺人大网、江苏人大网、中国南京建邺网
5月6日星期六	“人民调解小助手”APP全省推广	报纸：《南京日报》A02版；网络：龙虎网、金陵热线、华龙网、网易新闻、新浪新闻、南报网
5月12日星期五	“传统文化进校园”首场活动举行	报纸：《南京日报》A03版；网络：人民网、南报网、中国江苏网、金陵热线网、网易新闻、江苏文明网、今日头条
5月13日星期六	“花卉大道”扮靓河西	纸媒：《南京日报》A01版
5月15日星期一	诗人吉狄马加作家周添诗意	纸媒：《金陵晚报》A05版；网络：人民网、龙虎网、南报网
5月18日星期四	建邺区全力保障迎盛会	纸媒：《南京日报》A01、A02版；网络：人民网、中国江苏网、南报网等
5月18日星期三	装扮一新迎省会，敞开怀抱迎游子，江苏发展大会准备工作基本就绪	电视：江苏卫视《江苏新时空》；网络：荔枝新闻网
5月18日星期四	建邺现水中一叶，江苏大剧院片区配套公厕投入使用	网络：新华网、南报网
5月20日星期六	江苏发展大会特写：新婚城管队员坚持完成执勤才去接亲	网络：人民网
5月22日星期一	南京建邺的“文艺心”：社区有花，还要有诗和书房	人民网（总网、江苏频道）
5月23日星期二	基层政务公开标准化规范化试点启动我市建邺区为试点单位	纸媒：《南京日报》A01版
5月29日星期一	江苏第二师范学院与建邺联合办学	纸媒：《南京日报》A03版；网络：人民网、南报网、凤凰网、南京市人民政府网站、网易新闻、华龙网、金陵热线
5月31日星期三	市级机关党员认领民生需求菜单	纸媒：《南京日报》A01版；网络：中国网、中国江苏网、、南报网金陵热线、网易新闻、南京市委网站
6月1日星期四	南京建邺精心打造“五微共享社区”	纸媒：《扬子晚报》A05版；网络：网易新闻、中国江苏网、建邺社区网
6月2日星期四	南京建邺区新少年宫启用，打造人才培养摇篮	纸媒：《扬子晚报》A26版、《南京晨报》A05版；网络：人民网、新华网、龙虎网
6月2日星期五	我市各少年宫变身“创新课堂”	纸媒：《南京日报》A01版；网络：中国江苏网、华龙网、龙虎网、南报网、江苏文明网、今日头条、网易新闻、新民网
6月3日星期六	致远外小全球创新思维大赛夺冠	纸媒：《南京晨报》A01版；纸媒：《金陵晚报》A02版
6月3日星期六	森林音乐狂欢季全城直通赛在河西乐基广场启动	

续表 38

日期	标题	媒体及版面
6月4日星期日	你们辛苦了河道保洁员	纸媒:《南京日报》A02版图片新闻;纸媒:《新华日报》2版
6月5日星期一	雨花石文创展金陵之美(雨花石文创新品在南京市新城科技园发布,20余项文创新品用南京特产雨花石体现金陵之美)	网络:人民网
6月6日星期二	建邺今年前4个月同比增加24个蓝天	纸媒:《南京晨报》A02版
6月7日星期三	金陵五月风文学艺术节闭幕	纸媒:《南京日报》A叠版;网络:中国江苏网、南报网、网易新闻、江苏文明网、中国作家网
6月7日星期三	建邺发出首张“增设电梯许可证”	纸媒:《南京日报》A05版;网络:人民网江苏频道、中国江苏网、南报网、华龙网
6月9日星期五	践行生态与科技理念,建邺教育新图卷令人惊艳	纸媒:《南京日报》A08版;网络:南报网、华龙网
6月12日星期一	登高望南京,骑行看发展	纸媒:《南京日报》A01版;网络:南报网、新浪新闻、中新网、荔枝网、金陵快讯
6月13日星期二	“春雨驿站”认领居民需求252项	纸媒:《南京日报》A02版、《南京晨报》A03版;网络:中国网、中国江苏网、江苏文明网、南报网、龙虎网、网易新闻、华龙网
6月13日星期二	市民昨起可自助申办身份证	纸媒:《南京日报》A05版、《现代快报》B01版、《南京晨报》A24版、《金陵晚报》A03版、《扬子晚报》A25版;电视:《直播南京》《南京新闻》网络:中国江苏网、中国青年网、新华网、南报网、网易新闻、新浪网、华龙网、新民网
6月14日星期三	建邺19单位演练应对突发事故	纸媒:《南京日报》A02版、《南京晨报》A08版;网络:中国网、中国江苏网、南报网、人民网强国社区、新浪、网易新闻、华龙网、交汇点新闻客户端、现代快报全媒体客户端
6月17日星期六	我省首家民营银行,江苏苏宁银行开业	纸媒:《新华日报》头版、《南京晨报》A06版、《金陵晚报》A10版;电视:江苏电视台《江苏新时空》节目
7月1日星期六	新加坡——南京重点项目合作委员会举行第五次会议	纸媒:《南京日报》A01版;网媒:南报网、网易新闻、江苏快讯网电视:《南京新闻》
7月1日星期六	建邺区多种形式庆祝建党96周年	纸媒:《南京日报》A02版;网媒:中共江苏省委新闻网、南报网、中国江苏网、江苏快讯网、网易新闻
7月4日星期二	南京建邺党群共建五微平台,打造“有温度的城市中心”	网媒:人民网

续表 38

日期	标题	媒体及版面
7 月 5 日星期三	打造优美人居环境，建邺区精细化建设出实招	纸媒：《南京日报》A04 版；网媒：中国江苏网、南报网、龙虎网、华龙网、网易新闻
7 月 6 日星期四	建邺区兴隆街道奥体社区党委：党员志愿“135”“五微”实践暖民心	纸媒：《南京日报》A01、A08 版；网媒：中国江苏网、南报网、网易新闻、华龙网、新民网
7 月 7 日星期五	建邺积极探索大走访的常态长效机制	纸媒：《扬子晚报》A22 版；网媒：扬子晚报网、华龙网、大众网
7 月 8 日星期六	小学生捏面工坊开心度夏	纸媒：《南京日报》A02 版；网媒：南报网、华龙网、网易新闻、金陵热线
7 月 9 日星期一	沙洲西河净水神器	纸媒：《南京晨报》A01、A02 版；网媒：新华报业网、华龙网、大众网
7 月 10 日星期一	PM10 超标，喷淋系统自动洒水降尘	纸媒：《南京日报》A02 版；网媒：中国网、南报网、华龙网、网易新闻
7 月 11 日星期二	逆袭！农民收入反超居民	纸媒：《新华日报》2 版；网媒：凤凰网、江苏文明网、中国三农网
7 月 11 日星期二	南京将新增 4 条过江通道，长江五桥 2020 年建成	纸媒：《现代快报》封 3 版；网媒：南报网、中国江苏网、大苏网、房评网
7 月 12 日星期三	夏练三伏	纸媒：《南京晨报》A01 版
7 月 13 日星期四	建邺获评江苏首批食品安全示范区	纸媒：《南京日报》A04 版；网媒：南报网、中国江苏网、龙虎网、华龙网、网易新闻
7 月 13 日星期四	30 多秒领取一张身份证，身份证自动领取机亮相沙洲派出所	纸媒：《南京日报》A02 版、《扬子晚报》A22 版、《南京晨报》A09 版、《金陵晚报》B01 版、《现代快报》B2 版、《江南时报》财经第 1 版；网媒：新浪网、腾讯网、网易新闻、中国青年网、现代快报网
7 月 14 日星期五	建邺区打造“商务会奖中心”	纸媒：《南京日报》A01 版、A05 版；网媒：中共江苏省委新闻网、南报网、南京发布网、龙虎网、中国江苏网、中国经济网、华龙网、网易
7 月 16 日星期日	国内首个岛城慢行系统亮相江心洲	纸媒：《南京日报》A01 版
7 月 17 日星期一	南京江心洲现国内首个岛城慢行系统	纸媒：《金陵晚报》A02 版、《南京晨报》A06 版；网媒：中国网、新华报业网、新浪、江苏都市网
7 月 18 日星期二	省投资基金产业集聚落户建邺	纸媒：《南京日报》A03 版、《金陵晚报》B06 版、《扬子晚报》A02 版、《南京晨报》A21 版；网媒：新华网、人民网、江苏省委新闻网、网易网、腾讯网、凤凰网、现代快报全媒体、中国江苏网电视：南京新闻
7 月 19 日星期三	建邺开展无偿献血活动	纸媒：《金陵晚报》B16 版；网媒：人民网、中国江苏网、龙虎网、新民网、华龙网、凤凰网、大众网、
7 月 19 日星期三	4 个人防工程明年投用	纸媒：《南京日报》A01 版、《金陵晚报》A03 版、《扬子晚报》A22 版、《南京晨报》A03 版网媒：新华报业网、中国江苏网、南报网、中共江苏省委新闻网、南京市人民政府网、新浪网、搜狐网、龙虎网、华龙网
7 月 21 日星期四	我市两家园区挂牌省级留创园	纸媒：《南京日报》A03 版；网媒：南报网、搜狐网

续表 38

日期	标题	媒体及版面
7 月 21 日星期四	江心洲葡萄熟了	纸媒:《新华日报》7 版、《江南时报》财经第 1 版;网媒:中国网、新浪网、凤凰财经
7 月 23 日星期日	生态修复将黑臭河道重塑为美丽风景线	电视:《南京新闻》
7 月 26 日星期三	张敬华在建邺区调研时强调:聚焦主导产业,提升品质品味,更高水平打造现代化国际性城市新中心	纸媒:《南京日报》A01 版 网媒:中共江苏省委新闻网、南京市委网、南报网、南京文明网、龙虎网电视:《南京新闻》
7 月 27 日星期四	牵手南艺,再铸文化惠民新品牌	纸媒:《南京日报》A01、A06 版
	江心洲"洲岛艺术节"取代葡萄节	网媒:中共江苏省委新闻网、南京市委网、中国江苏网、南京新闻网、南报网、网易新闻、华龙网
7 月 28 日星期五	建邺成立"新的社会阶层人士联合会"	纸媒:《金陵晚报》A01 版;网媒:中共江苏省委新闻网、南京市委网、中国江苏网、南京新闻网、南报网、网易新闻、华龙网
7 月 31 日星期一	双拥模范城,满满正能量	纸媒:《南京日报》A07 版;网媒:江苏文明网、南京文明网、网易新闻、华龙网
8 月 3 日星期四	建邺区委书记张俊:推进重大项目落地提升综合实力	纸媒:《金陵晚报》A05 版;网媒:金陵晚报网、紫金山新闻客户端
8 月 3 日星期四	建邺开通商务会奖旅游公交专线	纸媒:《南京日报》A09 版;网媒:南京日报社数字报刊、南报网、人民网、中共江苏省委新闻网、南京市委网、中国江苏网、网易新闻、华龙网
8 月 3 日星期四	建邺区仲夏夜音乐节 4 日开启	纸媒:《南京日报》A12 版;网媒:南京日报社数字报刊、南报网、南京文明网、中国江苏网、网易新闻、华龙网
8 月 4 日星期五	超高层综合体拔地而起	纸媒:《南京日报》A09 版;网媒:南京日报社数字报刊、人民网、中国网、腾讯网、网易新闻、华龙网
8 月 5 日星期六	未来哪里是城市新中心?江北中心区、南京南站、河西鱼嘴	纸媒:《金陵晚报》A02 版;网媒:金陵晚报网、扬子晚报网、南报网、荔枝新闻、搜狐网、新浪网
8 月 7 日星期一	社区青少年与"一带一路"国家留学生文化交流	纸媒:《南京晨报》A06 版;网媒:人民网强国社区、南报网、中国江苏网、东方网、大众网
8 月 7 日星期一	南京建邺区上半年 GDP 超 210 亿金融增加值首超房地产	网媒:人民网
8 月 7 日星期一	南京建邺发布富民计划,超过 75% 公共财力用于民生	网媒:人民网
8 月 8 日星期二	金融业增加值首超房地产业	纸媒:《新华日报》6 版
	南京建邺高端服务业加速集聚	网媒:新华报业网、中国网、中国青年网、中共江苏省委新闻网、江苏招商网、新浪新闻、搜狐网、光明网、华龙网
8 月 8 日星期二	建邺:树立更高标准,提升发展质效	纸媒:《南京日报》A01 版、《南京晨报》A08 版;网媒:南京日报数字报刊、南报网、南京市人民政府官网、南京市人大官网、网易新闻、华龙网、大众网电视:南京新闻

续表 38

日期	标题	媒体及版面
8月8日星期二	金融业成为第一主导产业，重大项目推进速度远超预期	纸媒：《南京日报》A02版
	提速年，在河西感受“建邺速度”	网媒：南京日报数字报刊、南报网、中共南京市委网、中国网、网易新闻、华龙网、大众网
8月8日星期二	建邺区75%公共财力用于民生	纸媒：《扬子晚报》A17版；网媒：中国青年网、中国江苏网、中华网、大众网、网易新闻、华龙网
8月8日星期二	加快德基世贸中心等综合体项目进度	纸媒：《金陵晚报》A02版
	建邺区下半年重点工作都在这儿了	网媒：交汇点、中国江苏网、南报网、大众网、华龙网
8月8日星期二	建邺发展迎来一波民生利好	纸媒：《南京晨报》A01、A02版
	河西国际医院下半年开工	网媒：新华报业网、中国江苏网、龙虎网、腾讯网、大众网
8月14日星期一	建邺，75%以上公共财力投向民生	纸媒：《南京日报》A04版；网媒：南京日报数字报刊、南报网、中国江苏网、网易新闻
8月13日星期日	江心洲最新规划蓝图，将有3条地铁3座步行桥1条空中索道	纸媒：《金陵晚报》A02版、《扬子晚报》A10版、《南京晨报》A02版；网媒：金陵晚报网、南报网、中国江苏网、搜狐网、中国搜索
8月15日星期二	建邺组建新社会阶层人士联合会	纸媒：《南京日报》A01、A02版；网媒：南京日报数字报刊、南报网、南京市委网、中国江苏网、龙虎网、南京文明网、网易新闻、大众网、华龙网
8月16日星期三	江苏南京建邺区建“安全检查日”制度　每月第一个周三，党政干部去检查	纸媒：《中国安全生产报》2版；网媒：中国安全生产报数字报纸
8月18日星期五	南京国际水务中心建设昨封顶建邺打造水科学产业集群	纸媒：《南京日报》A01、A03版，《南京晨报》A16版、《扬子晚报》A26版、《东方卫报》A08版；网媒：南京日报数字报刊、南报网、南京晨报网、新华报业网、中共江苏省委新闻网、南京市委网、中国网、中国江苏网、网易新闻、新浪网、龙虎网
8月19日星期六	南京建邺：绩效考核+信息化执法，深化社区服务	网媒：新华网
8月21日星期一	建邺助力“城市中心”建设再提速	纸媒：南京日报A01、A02版；网媒：南京日报数字报刊、南报网、中共江苏省委新闻网、南京文明网、中国江苏网、网易新闻、搜狐网、龙虎网
8月21日星期一	建邺区所有社工沉到一线，社区治理到家门口，网格服务到家庭	纸媒：《南京晨报》A02版；网媒：南京晨报网、交汇点、新华报业网、南报网、中国江苏网
8月22日星期二	社工工资与考核挂钩，全程监管APP上线，建邺全面深化综合行政执法体制改革	纸媒：《扬子晚报》A17版；网媒：扬子晚报网、人民网江苏频道、中国江苏网、网易新闻、大众网
8月23日星期三	启用半年多，金融城内“座无虚席”	纸媒：《南京日报》A01、A05版；网媒：南报网、中国江苏网、搜狐网、网易新闻、华龙网

续表 38

日期	标题	媒体及版面
8 月 23 日星期三	建邺区会奖旅游联盟成立	纸媒 :《南京日报》A05 版、《南京晨报》A04 版 ; 网媒 : 南报网、现代快报全媒体、南京晨报网、交汇点新闻客户端、紫金山新闻客户端、中国江苏网、网易江苏、新浪网、搜狐网、中国网、中国经济网
8 月 24 日星期四	陪你去看软博会	建邺区 : 创造优良环境，培育龙头企业	网媒 : 今日头条
8 月 25 日星期五	近百家大数据企业集聚建邺区	纸媒 :《南京日报》A01、A05 版 ; 网媒 : 南报网、南京市委网、网易新闻、新浪新闻、搜狐网、中共江苏省委新闻网、中国江苏网
8 月 25 日星期五	河西高端商业综合体下月投用	纸媒 :《南京日报》A02 版 ; 网媒 : 南报网、搜狐网、网易新闻
8 月 27 日星期日	建邺 500 余项审批“一门式”受理	纸媒 :《南京日报》A01 版 ; 网媒 : 南报网、南京市委网、龙虎网、网易新闻、搜狐网
8 月 30 日星期三	南京建邺打造商贸集聚区，载体面积将超新街口	网络 : 新华网、人民网
8 月 31 日星期四	建邺 : 大走访紧扣企情民心	纸媒 :《新华日报》2 版 ; 网络 : 新华网、新华报业网、中国江苏网、中共江苏省委新闻网、凤凰资讯
9 月 1 日星期五	“苏交科”从南京建邺走向国际舞台	纸媒 :《扬子晚报》A17 版 ; 网媒 : 南京日报社数字报刊、网易新闻、江苏文明网
9 月 2 日星期六	新城科技园崛起国家级检验检测服务集聚区	纸媒 :《南京日报》A02 版 ; 网媒 : 南京日报社数字报刊、中国江苏网、网易新闻、南京市委网
9 月 4 日星期一	聚焦 2017 南京软博会（大）南京大数据产业规模全国排名第三位	电视 :《南京新闻》
9 月 5 日星期二	河西 CBD，高端载体助力总部经济集聚	纸媒 :《南京日报》A02 版 ; 网媒 : 南京日报社数字报刊、人民网、新华报业网、地产中国网
9 月 5 日星期二	新城科技园西南部崛起	纸媒 :《南京日报》A04 版 ; 网媒 : 南京日报社数字报刊、网易新闻、新民网、凤凰房产南京
9 月 6 日星期三	新城科技园，游戏动漫产业集群效应凸显	纸媒 :《南京日报》A02 版 ; 网媒 : 南京日报社数字报刊、中国江苏网、中共南京市委官网
9 月 6 日星期三	解决百姓家门口的“水问题”	纸媒 :《南京日报》A02 版 ; 网媒 : 南京日报社数字报刊、中共江苏省委新闻网、南京市人民政府官网、网易新闻
9 月 6 日星期三	帮两家医院整合解决涉税难题	纸媒 :《南京日报》A02 版 ; 网媒 : 南京日报社数字报刊、中共江苏省委新闻网、南京市人民政府官网、网易新闻
9 月 6 日星期三	南京建邺 : 游戏及电子竞技产业蓬勃发展	网媒 : 新华网
9 月 7 日星期四	230 余家游戏动漫企业落户建邺	纸媒 :《南京日报》A04 版 ; 网媒 : 南京日报社数字报刊、中共江苏省委新闻网、南京市人民政府官网、网易新闻

续表 38

日期	标题	媒体及版面
9月8日星期五	河西金融集聚区，基金为实体经济发展助力	纸媒：《南京日报》A02版；网媒：南京日报社数字报刊、中国江苏网、网易新闻
9月8日星期五	建邺：幸福每一位教师，筑基现代教育名区	纸媒：《南京日报》B02版；网媒：南京日报社数字报刊、中共江苏省委新闻网、南京市人民政府官网、网易新闻
9月10日星期日	建邺四大园区为企业员工集体招亲——200多单身青年"9·9"寻情缘	纸媒：《南京日报》A02版、《南京晨报》A03版；网媒：南京日报社数字报刊、中华网、东方头条
9月10日星期日	非物质文化遗产走进社区	纸媒：《南京日报》A02版
9月11日星期一	法律顾问覆盖政府各部门，法律服务产业园辐射省内外法治建邺，为"城市中心"建设护航	纸媒：《南京日报》A02版；网媒：南京日报社数字报刊、中国江苏网、网易新闻
9月13日星期三	建邺，40个项目助力产城融合	纸媒：《南京日报》A02版；网媒：南京日报社数字报刊、人民网、中共江苏省委新闻网、南京市委官网、中国江苏网、网易新闻
9月13日星期三	南京又一高楼雏形初现	纸媒：《扬子晚报》A02版；网媒：扬子晚报网、人民网、新民网、新浪新闻、网易新闻
9月13日星期三	南京金洽会上演"建邺故事"40个项目入驻	网媒：人民网
9月13日星期四	"帆船酒店""最美菜场""淘宝大学"都来建邺了	网媒：扬子晚报网
9月13日星期三	河西·建邺：科技为"城市中心"注入新活力	电视：《南京新闻综合频道》
9月14日星期四	淘宝大学昨签约入驻建邺	纸媒：《南京日报》A01版；网媒：南京日报数字报刊、南报网、中共江苏省委新闻网、凤凰房产南京
9月14日星期四	优质项目为建邺带来优质人才聚集活力"城市中心"崛起活力之城	纸媒：《南京日报》A02版；网媒：南京日报数字报刊、南报网、中共江苏省委新闻网、网易新闻、凤凰房产南京
9月17日星期日	张敬华调研江心洲生态科技岛建设时强调：全力打造中新合作新典范	纸媒：《南京日报》A01版；网媒：南京日报社数字报刊、人民网、龙虎网、金陵在线电视：《南京新闻》《直播南京》
9月22日星期五	河西CBD举办"2017科创金服引智融资峰会"	纸媒：《南京日报》A10版；网媒：南京日报数字报刊、南报网、新华网
9月23日星期六	建邺首座质量强区工作站挂牌	纸媒：《南京晨报》A05版；网媒：南京晨报网、新华报业网、中国江苏网
9月28日星期四	南京首个社区高端养老综合体昨迎客	纸媒：《扬子晚报》A15版；网媒：扬子晚报网、新华报业网、网易新闻
9月29日星期五	江心洲联手清华打造国家级示范街道	纸媒：《南京日报》A02版；网媒：南京日报数字报刊、南报网、中国网、网易新闻、中共江苏省委新闻网、荔枝网

续表 38

日期	标题	媒体及版面
9 月 29 日星期五	清华大学实践基地落户江心洲	纸媒：《南京晨报》A14 版；网媒：南京晨报网、新华报业网、中国江苏网
9 月 27 日星期三	李方毅：建邺抢抓互联网新机遇，打造新高地	网媒：新华网
10 月 1 日星期日	为祖国打 call！ 来听这部超感人的众筹 MV《歌唱祖国》	网媒：人民网
10 月 2 日星期一	建邺加装电梯稳步推进，老旧小区升级换新颜	网媒：新华网
10 月 2 日星期一	河西将添一座超 300 米高楼	纸媒：《金陵晚报》A07 版；网媒：金陵晚报网、扬子晚报网、大众网、搜狐网、龙虎网
10 月 8 日星期日	南京建邺强化涉水执法，还市民以"绿水青山"	网媒：新华网
10 月 9 日星期一	小米科技华东总部落户南京建邺，双方"牵手"仅用 70 天	网媒：人民网
10 月 10 日星期二	小米科技华东总部项目落户南京	纸媒：《南京日报》A01 版；网媒：南京日报数字报刊、南报网、网易新闻、华龙网
10 月 10 日星期二	小米要带动河西中小科企一起干	纸媒：《南京日报》A02 版；网媒：南京日报数字报刊、南报网、网易新闻
10 月 10 日星期二	5 年后元通站地下商圈赶超新街口	纸媒：《南京晨报》A02 版；网媒：新华报业网、南京晨报网、大众网、中国江苏网
10 月 11 日星期三	砥砺奋进这五年，"两高两强"新实践建邺文旅，助力城市中心建设	纸媒：《南京日报》A05 版；网媒：南京日报数字报刊、南报网、网易新闻、华龙网、东方网
10 月 12 日星期四	建邺高品质、高标准，打造现代化国际性城市中心	纸媒：《南京日报》A04 版；网媒：南京日报数字报刊、华龙网、新浪新闻、网易新闻
10 月 16 日星期一	锦绣建邺，大美河西"城市中心"建设跑出"建邺速度"	纸媒：《南京日报》T01 版；网媒：南京日报数字报刊、网易新闻
10 月 16 日星期一	创新发展，建邺"一地五中心"步入快车道	纸媒：《南京日报》T03 版；网媒：南京日报数字报刊、网易新闻
10 月 16 日星期一	宜居建邺，百姓"共享幸福圈"	纸媒：《南京日报》T04 版；网媒：南京日报数字报刊、网易新闻
10 月 18 日星期三	江苏各界干部群众观看十九大开幕会直播	网媒：人民网
10 月 20 日星期五	【十九大时光】江苏各界热议报告精神，展望美好生活	网媒：人民网
10 月 22 日星期日	道路建设速度惊人，高楼大厦拔地而起洋居民眼中的河西之变	纸媒：《南京日报》A01 版；网媒：南京日报数字报刊、新华网、新华报业网、南京市委网、新浪新闻、网易新闻、凤凰财经
10 月 24 日星期二	十九大胜利闭幕，江苏各界群众未来话期待	网媒：人民网
10 月 27 日星期五	南京建邺区委书记张俊：贯彻十九大精神，推动产业发展改善民生	网媒：人民网江苏频道、紫金山

续表 38

日期	标题	媒体及版面
10 月 28 日星期六	建邺，把智慧和力量凝聚到目标上	纸媒：《南京日报》A07 版；网媒：南京数字报刊、南报网
10 月 29 日星期日	建邺区学习贯彻十九大精神	电视：南京新闻
10 月 31 日星期二	建邺区首部加装电梯投入使用	纸媒：《金陵晚报》Z01 版；网媒：金陵晚报网、网易新闻
11 月 5 日星期日	江心洲开展“协商民主在基层”活动	纸媒：《南京日报》A02 版；网媒：网易新闻
11 月 5 日星期日	河西在建“最深”建筑群 2020 年交付	纸媒：《南京晨报》A03 版；网媒：中国江苏网、搜狐财经
11 月 6 日星期一	建邺法院知识产权案件，庭审进校园	纸媒：《南京日报》A04 版；网媒：龙虎网、网易新闻
11 月 7 日星期二	建邺农产品追溯系统运行	纸媒：《南京日报》A06 版；网媒：新华网、龙虎网、网易新闻
11 月 7 日星期二	侵华日军南京大屠杀遇难同胞纪念馆三期工程昨获颁鲁班奖	纸媒：《南京日报》A01 版；网媒：新华网、网易新闻、龙虎网
11 月 7 日星期二	江东门胜利广场获“鲁班奖”	纸媒：《南京晨报》封面、A02 版；网媒：新浪新闻、中国江苏网、腾讯网
11 月 7 日星期二	“新与力”带领“潮人”奔时尚	纸媒：《南京日报》A01 版；网媒：网易新闻
11 月 8 日星期三	建邺打造两个“四位一体”养老服务体系	纸媒：《南京日报》A05 版；网媒：龙虎网、网易新闻、腾讯网
11 月 9 日星期四	建邺加快打造法律服务产业集聚区	纸媒：《南京晨报》A10 版；网媒：中国江苏网、新华报业网
11 月 9 日星期四	国际知名金杜律师事务所南京分所落户建邺	网媒：扬子扬眼客户端
11 月 9 日星期四	南京建邺办知识产权拍卖会，成江苏“第一拍”	网媒：人民网
11 月 10 日星期五	南京建邺打造知识产权闭环生态链，运营保护并举	网媒：人民网
11 月 10 日星期五	南大紫金知识产权研究中心国际 IP 服务港成立	电视：《南京新闻》
11 月 11 日星期六	南京建邺加快校地融合发展	网媒：新华网
11 月 11 日星期六	聚焦知识产权峰会　建邺区：建设国际性知识产权产业园	纸媒：《南京日报》A02 版；网媒：网易新闻
11 月 11 日星期六	建邺成立知识产权巡回法庭	纸媒：《现代快报》封 6 版；网媒：现代快报全媒体、新浪新闻
11 月 14 日星期二	南大紫金知识产权研究中心落户建邺	纸媒：《新华日报》8 版；网媒：华龙网、中国江苏网
11 月 14 日星期二	建邺：争创“省双拥模范区”八连冠	纸媒：《新华日报》9 版；网媒：江苏文明网
11 月 14 日星期二	建邺部署十九大精神学习宣讲工作，十九大代表应邀作辅导	纸媒：《南京日报》A02 版；网媒：南报网

续表 38

日期	标题	媒体及版面
11月15日星期三	建邺区委书记，河西管委会党组书记、主任张俊：建设有温度有质感新时代城市中心	纸媒：《南京日报》A01版；网媒：网易新闻、南报网
11月15日星期三	张俊：建设有温度有质感的新时代城市中心	纸媒：《金陵晚报》A02版；网媒：紫金山新闻客户端
11月15日星期三	南京建邺：引得科教源头活水来	网媒：新华网
11月16日星期四	南京江东地区建商业新中心	纸媒：《新华日报》6版；网媒：新华网、新浪新闻、中国江苏网
11月16日星期四	3年后江东再造一个地下城	纸媒：《南京晨报》A02版；网媒：龙虎网、新浪新闻
11月17日星期五	河西·建邺召开党的十九大精神专题辅导报告会	纸媒：《南京日报》A02版；网媒：江南时报网、龙虎网
11月18日星期六	亚洲最大单体商业综合体今天亮相南京河西新城	纸媒：《新华日报》1、3版；网媒：南报网
11月19日星期日	"南京周"纽约站人文客厅"回家"了	纸媒：《南京日报》A01、A04版
11月19日星期日	南京非物质文化遗产专业学院揭牌	纸媒：《南京日报》A02版
11月21日星期二	慈善一日捐"情暖金陵"	纸媒：《南京晨报》A01版；网媒：紫金山新闻、现代快报全媒体
11月22日星期三	市委宣讲团连续举行多场活动，十九大精神宣讲在基层持续升温	纸媒：《南京日报》A02版
11月24日星期五	市政府与科大讯飞签署战略合作协议	纸媒：《南京日报》A01版
11月25日星期六	沙洲街道举行党的十九大精神宣讲活动，强化基层党建，创建和谐社区	纸媒：《南京日报》A02版
11月25日星期六	建邺区"大众创业，万众创新"立功竞赛活动表彰一批先进	纸媒：《南京晨报》A02版
11月26日星期日	建邺举办"双创"竞赛表彰大会	纸媒：《南京日报》A02版
11月28日星期二	第二届国际水环境治理高峰论坛在新加坡·南京生态科技岛召开	网媒：龙虎网、新华网、现代快报全媒体、紫金山新闻、交汇点新闻
12月4日星期一	南京建邺区优化整合园区资源，新城高新区揭牌	网媒：人民网
12月4日星期一	南京新城高新开发区昨在建邺揭牌	纸媒：《南京日报》A01版；网媒：紫金山新闻、扬子扬眼客户端
12月5日星期二	大美河西，感受"法治建邺"新魅力	纸媒：《江苏法制报》A02、A03版
12月5日星期二	南京市儿童医院与建邺区展开"院府合作"	网媒：龙虎网；电视：《直播南京》
12月8日星期五	半年不到，阿里巴巴、小米科技、科大讯飞先后入驻建邺——河西成互联网智能产业投资热土	纸媒：《南京日报》A01、A04版；网媒：凤凰网、紫金山新闻、龙虎网、网易新闻、中国江苏网
12月13日星期三	七旬老人制作PPT宣传十九大精神	纸媒：《南京日报》A02版
12月13日星期三	"互联网＋中医医养融合"模式落户南京建邺	网媒：新华网

续表 38

日期	标题	媒体及版面
12 月 18 日星期一	建邺区江心洲“共享街道”这样炼成	纸媒:《南京日报》A02 版;网媒:龙虎网、网易新闻、中国江苏网
12 月 20 日星期三	南京建邺共享社区节开幕,居民票选“好邻居”	网媒:人民网
12 月 21 日星期四	第三届中国应用游戏大赛在南京建邺区启动	网媒:人民网
12 月 23 日星期六	融养、医、康、教于一体的养老综合体就近为老人提供服务建邺打造一刻钟养老生态网	纸媒:《南京日报》A01、A02 版
12 月 24 日星期日	南京建邺区举办学习贯彻十九大精神文艺演出	网媒:南报网
12 月 24 日星期日	当将江心洲牵手南艺,岛上居民邂逅幸福 送你一份 2018 年江心洲文化活动月历	纸媒:《南京晨报》A01 版
12 月 25 日星期一	南京建邺举行基层法治文艺展演 12 个节目亮相	网媒:人民网
12 月 26 日星期二	2017 南京新媒体传播峰会开幕我市发出倡议推动城市新媒体发展	纸媒:《南京日报》A01 版
12 月 28 日星期四	政协委员为教育建言献策 江北、河西等地将引入 5 所名校高中	纸媒:《金陵晚报》A02 版
12 月 29 日星期五	南京市建邺区委十一届五次全体(扩大)会议开幕 建邺:以党的十九大精神为指引高标准加快建设城市中心	网媒:人民网
12 月 29 日星期五	南京建邺狠抓基层党建,加快城市中心发展	网媒:人民网
12 月 29 日星期五	南京建邺:“一社一品”促党建,夯实基础加油干	网媒:人民网
12 月 29 日星期五	建邺区召开十一届五次全会	网媒:紫金山新闻
12 月 29 日星期五	建邺把生态作为最大民生关切,今年新增绿地超 15 万平方米	网媒:扬子晚报网
12 月 30 日星期六	建邺区推进“两落地一融合”让科技成果落地生根	网媒:新华网
12 月 30 日星期六	建邺区晒出全年“成绩单”,金融业成经济增长主引擎	网媒:凤凰网
12 月 31 日星期日	全省各地认真传达学习省委十三届三次全会精神紧扣“高质量发展”展现江苏新作为	纸媒:《新华日报》1 版
12 月 31 日星期日	建邺区:高标准建设现代化国际性城市中心	电视:《南京新闻》

(区委宣传部)

表 39　建邺区 2017 年度十佳新闻发言人

序号	姓　名	职　务
1	林　海	区委办副主任
2	唐　兵	区政府办副主任
3	李　圆	区科技局副局长
4	程东红	区教育局工委副书记
5	周德荣	区城管局工委副书记
6	沈　杨	区商务局副局长
7	张　虹	区市场监督管理局副局长
8	刘　臻	区科技园工委副书记
9	马　莉	兴隆街道办事处副主任、宣传委员
10	钱年华	沙洲街道人大工委主任

（区委宣传部）

表 40　建邺区 2017 年度十佳新闻宣传工作者

序号	姓　名	职　务
1	程　辉	区人大办科长
2	周　龙	区委研究室科长
3	李　岩	区公安分局政治处副主任
4	孙庆辉	区检察院办公室副主任
5	谢　伟	区教育局办公室副主任
6	吕　杨	区城管局政务新媒体管理员
7	李　浩	区文化旅游局宣教科科长
8	孙　萌	区卫生计生局科员
9	沈　磊	CBD 管委会党群部新闻宣传工作者
10	杨　娟	江心洲街道党政办副主任

（区委宣传部）

表 41　建邺区 2017 年度优秀新闻宣传工作者

序号	姓　名	职　务
1	掌少波	区政府办调研科科长
2	舒光怡	区委组织部党史办副主任
3	赵文皓	团区委科员
4	关　飞	区妇联科长
5	郎伟超	交警四大队副中队长
6	王　都	江东管委会党群部文秘、宣传专员
7	张佐良	新城科技园综合部部长
8	彭　君	科技岛办科员
9	张　展	莫愁湖街道副主任科员
10	王银蓉	滨江公园员工

（区委宣传部）

表 42　建邺区 2017 年度十佳政务新媒体

序号	名称	序号	名称
1	五微共享社区	6	南京建邺检察
2	建邺半边天	7	建邺司法
3	建邺教育发布	8	建邺兰台
4	南京建邺城管	9	宜居兴隆
5	建邺物价	10	南京国际博览中心

（区委宣传部）

表 43　建邺区 2017 年度优秀政务新媒体

序号	名称	序号	名称
1	建邺人大	6	建邺作风建设
2	青春建邺	7	健康建邺
3	南京河西 CBD	8	南苑街道吉庆社区
4	来了就是沙洲人	9	微中城
5	建邺法院	10	南京市建邺区文化馆

（区委宣传部）

表 44　建邺区 2017 年度十佳自媒体

序号	名称	序号	名称
1	硬腿子	6	南京攻略
2	南京有个号	7	一星期一本书
3	旅游去多多	8	建邺那些事
4	南京生活研究所	9	山风摄影
5	亲子派	10	老杨说历史

（区委宣传部）

·统战工作·

【概况】2017 年，组织工商联常执委参加市、区各类学习培训，加强典型人物培养宣传，推荐上报优秀中国特色社会主义事业建设者市级 4 名、省级 1 名。组织同心·律师服务团开展民营企业法律讲座，编写“法律常识十问十答”并定时进行网络推送；做好中小微企业挂牌上市配套服务，全年新增 6 家企业挂牌上市；新建“建邺区商会”微信公众号，宣传最新政策、工作动态、法律常识、企业风采、光彩事业等。召开“我有话对区长说”民营企业家代表座谈会，梳理提出 10 大类意见、建议。开展迎春送温暖活动，筹集帮困资金 13.64 万元，帮扶困难家庭 140 家。成立区光彩事业促进会，筹集光彩事业基金 597.5 万元，发放助学金额 48.85 万元，受助学生240余名。完成区商会、区光彩事业促进会社团登记工作。成立区青年企业家联合会,共有青年企业家理事80名。成立江东商贸区商会、浙江温州龙湾区商会等商会组织,发展新会员400余家。完成工作调研,联合江苏社科院社会学所,对全区新的社会阶层人士统战工作展开历时8个月专题调研,最终形成系列报告。完善顶层设计,部署全区新的社会阶层人士统战工作,研究起草相关文件,形成"1+1+10"工作机制(1个新的社会阶层人士统战工作领导小组负责统筹部署全区新的社会阶层人士统战工作;1个新的社会阶层人士统战工作联席会议各司其职开展工作;1个联合会、4个分会、5个实践创新基地作为开展新的社会阶层人士统战工作的"自组织"),推进多点共建。鼓励参政议政,支持各民主党派对社会热点、难点问题以及老百姓关注的问题进行调研并形成有价值的调研报告。全年21名民主党派人大代表中,有16人撰写社情民意方面的建议,涉及28件提案;民主党派政协委员提案约97件,其中党派集体提案3篇。开展同心服务,指导各党派根据自身优势开展形式多样共建活动,全年共举办近30场同心活动,捐款捐物累计10万余元,开展各类讲座10多场。

【区光彩事业促进会成立大会暨第一届理事会议召开】5月7日,区委统战部、区工商联在区政府多媒体会议室召开区光彩事业促进会成立大会暨第一届理事会议。江苏省人大常委会副主任、江苏省工商联主席许仲梓,南京市委统战部副部长、南京市工商联党组书记毛卫华,南京市工商联党组成员、副主席钱卫冰等省、市负责人应邀出席会议。区委书记张俊、区长闵一峰、副区长曹国圣等及区工商联主席、江苏绿溢投资有限公司董事长孙达华参加会议。区委常委、统战部部长姜巧玲主持大会。区委统战部副部长、区工商联党组书记樊谊作促进会筹备工作报告,向理事会报告促进会的发起酝酿以及组织架构情况说明。会议选举区工商联主席、江苏绿溢投资有限公司董事长孙达华担任促进会会长,嘉盛建设集团董事长杨如军、南京中脉科技发展有限公司副总裁回宏亮、江苏新丽华集团有限公司董事长吴建发、江苏清江油运有限公司董事长沈时洲以及南京烽火星空通信发展有限公司总经理廖闻剑担任促进会副会长。在光彩事业促进会成立大会上,江苏省人大常委会副主任、江苏省工商联主席许仲梓,南京市委统战部副部长、南京市工商联党组书记毛卫华共同为促进会揭牌,祝贺区光彩事业促进会成立。大会启动首批"同心·光彩助困""同心·光彩共建"等"同心·光彩爱心"项目,为10户大病致贫家庭送去温暖,向"百企帮百村"精准扶贫淮安结对帮扶2个村各捐助10万元。区委书记张俊充分肯定区委统战部、区工商联"同心·万家民企帮万户工程"和"百企帮百村"精准扶贫工作,高度评价广大非公经济人士为区光彩慈善事业做出的贡献。

11月28日，建邺区第一届青年企业家联合会理事会议暨联合会成立大会召开。（区委统战部 供稿）

【区第一届青年企业家联合会理事会议暨联合会成立大会召开】11月28日，区委统战部、区工商联召开区第一届青年企业家联合会理事会议暨联合会成立大会。南京市委统战部副部长、南京市工商联党组书记毛卫华，南京市工商联副主席郑德巍等以及区委常委、统战部部长姜巧玲，副区长曹国圣，区工商联主席（会长）孙达华等参加大会。南京市青年企业家联合会会长孙江南率9名副会长、理事参加大会。经区工商联党组研究，由江苏安立丰资产管理有限公司、南京越博动力系统股份有限公司等8家单位发起，成立区青年企业家联合会。区青企会的宗旨为“交流合作、引导提升、转型创新、履责贡献、成长发展”，是由全区具有代表性的青年企业家自愿组成的地方性、联合性、非营利性社团法人，共有青年企业家理事80名。按照“自愿入会、自选领导、自筹经费、自理会务”原则，发挥联系全区青年企业家桥梁纽带作用，通过开展适合青年企业家特点的各类活动，不断提高青年企业家的政治素养、领导决策能力和经营管理能力，履行社会责任，增强参政议政能力和法律意识，不断提升青年企业家综合素质，搭建政府与企业、企业与企业之间的交流平台。（丁文臻）

【区新的社会阶层人士联合会成立大会暨实践创新基地授牌】7月19日，区新的社会阶层人士联合会成立大会暨实践创新基地授牌仪式举行。江苏省委统战部副部长、江苏省社会主义学院党组书记练月琴，南京市委常委、统战部部长陈勇，区委副书记、区长闵一峰，区有关负责人等出席会议，区新的社会阶层人士联合会全体理事、区新的社会阶层人士联席会成员共计90余人参会。经调查测算，全区新的社会阶层人士约6万人，其中私营企业和外资企业管理技术人员约4.6万人，中介组织和社会组织从业人员约0.7万人，两者合计占新阶层总人数的88%以上。为提高新的社会阶层群体组织性，畅通新的社会阶层代表人士参政议政渠道，增强新的社会阶层人士统战工作创新力，区委统战部经过周密计划、严格筛选，成立区新的社会阶层人士联合会，并针对4类人群的不同要求，同时成立私营企业和外资企业、社会组织和中介组织、自由职业者、新媒体从业人员4个分会，会员300余人，成为在区委统战部领导下，新的社会阶层人士相互帮助、交流学习、参政议政、服务社会的平台。同时，根据全省新的社会阶层人士统战工作会议部署要求，统战部通过重点走访，打造5个具备统战特色、有平台载体性质的创新实践基地，这5个基地是：私营企业实践创新基地——"C++青创空间"、社会组织实践创新基地——"建邺半边天"、中介组织实践创新基地——建邺区同心律师服务团、新媒体从业人员实践创新基地——南京国际广告产业园、自由职业人员实践创新基地——建邺区美术书法家协会。成立大会上，江苏省委统战部副部长、江苏省社会主义学院党组书记练月琴和南京市委常委、统战部部长陈勇共同为联合会揭牌。其他负责人分别为分会和实践创新基地授牌。联合会会长、分会代表、实践创新基地代表进行交流发言。练月琴对建邺区前期针对新的社会阶层人士所开展工作给与充分肯定，并传达中央及省委对新的社会阶层人士统战工作提出的最新要求，对基层如何贯彻落实提出具体意见。

（花　蕾）

7月19日，建邺区举行新的社会阶层人士联合会成立大会暨实践创新基地授牌仪式。（区委统战部　供稿）

【同心·光彩助学活动】 8月24日，区委常委、统战部部长姜巧玲率区工商联及区光彩事业促进会部分企业家代表赴宿迁市宿豫区开展同心·光彩助学捐助活动，为20名困难学生捐助10万元助学金。这次捐助活动是区工商联开展"民营企业家宿迁行"活动重要内容。

8月25日，区委统战部、区工商联以及区光彩事业促进会在沙洲街道会议室共同举行同心·光彩助学捐赠仪式。区委统战部、区工商联领导、光彩事业促进会企业

8月24日，区委统战部赴宿迁开展同心·光彩助学活动。
（区委统战部　供稿）

家代表以及各街道园区统战委员以及受助学生代表参加活动。本次同心·光彩助学活动是帮扶全区低收入家庭和低收入少数民族家庭的在读大学和高职学生，帮扶标准为在读大学生每人5000元，在读高职生每人3000元。受助学生经各街道推荐，区委统战部审核确定，帮扶45名困难学生，其中大学生28名，高职生17名，共计金额19.1万元。

【商会成立】10月19日，区江东商贸区商会成立大会在万达希尔顿酒店举行，区委常委、统战部部长姜巧玲，南京市工商联（总商会）秘书长张利华出席本次大会并致辞。区委统战部、区工商联、商会理事会候选单位代表、商会会员单位代表，江东商贸区管委会党工委书记吴非、管委会主任郑知邦、副书记李江萍等共150余人参加本次活动。江东商贸区商会由在江东商贸区生产经营的110家会员企业（单位）组成，商会成立旨在将园区各行业企业资源统筹整合到更高一层综合平台上，最大程度集聚园区和企业的人力物力与经验才智，活跃园区企业对内对外双向的沟通、交流与合作，全面优化并创新企业服务，从而实现园企共融共赢的融合式发展，最终推动江东商贸区整体经济社会的发展繁荣。区民宗局副局长张军代表区工商联宣读关于同意成立区江东商贸区商会的批复。区江东商贸区商会首届理事会选举产生商会第一届理事会负责人。姜巧玲、张利华为区江东商贸区商会成立揭牌。张利华代表南京市工商联（商会）向大会致辞，对新成立的区江东商贸区商会工作提出要求。

【民营企业家代表座谈会召开】3月28日，在新城科技园烽火科技大厦召开“我有话对区长说——民营企业家代表座谈会”。区委常委、常务副区长李方毅，区委常委、统战部部长姜巧玲，副区长曹国圣，区工商联主席孙达华等负责人出席会议。区政府相关部门负责人、4个功能园区分管负责人、区工商联负责人及部分民营企业家代表共50余人参加会议。与会代表围绕企业经营发展存在的困难和问题以及区民营经济发展宏观形势以及相关政策制定提出意见和建议。针对民营企业发展中的人才引进、企业融资、税费减免、政策优惠等方面问题，大家集思广益、畅所欲言。（丁文臻）

【基层统战工作培训班举办】4月27日，区委统战部在区委党校举办基层统战工作培训班，全区街道副书记、统战员、统战特色社区负责人，园区统战工作分管负责人，区委统战部机关全体工作人员40余人参加。区委常委、统战部长姜巧玲参加培训并做开班动员。姜巧玲指出要通过培训增强统战干部队伍对新时期统战工作重要性、必要性认识，提高干部队伍理论修养和实际业务能力，开拓视野，激发工作思路，与时俱进开展基层统战工作。江苏省委统战部研究室主任倪南围绕基层统战工作重要性、必要性、特殊性和基层统战工作主要任务和方法做深入浅出的讲解和分析。此次培训在教学任务结束后安排现场学习交流活动。培训班一行先后到玄武区统战特色品牌“新领空间”学习新的社会阶层人士统战工作和鼓楼区中央门街道观音里社区学习社区统战工作。培训班一行得到玄武区委统战部和鼓楼区委统战部的热情接待，并现场学习兄弟区基层统战的成功经验。（王姝丽）

【党外中青年干部培训班举办】11月16日，区委组织部、区委统战部联合举办区2017年党外中青年干部培训班。此次培训是区委统战部有史以来第一次与区委组织部联合举办培训班，有着重要意义。全区各部门、街道及事业单位推荐的38名党外中青年干部参加培训。区委统战部高度重视对党外中青年干部的培养工作，培训已经逐步成为培养选拔优秀党外干部的重要平台。此届培训班开班，适逢中国共产党第十九次全国代表大会召开，特别邀请江苏省社会主义学院党组成员、副院长魏晓蕾，南京市委党校科研处处长、南京大学政府管理学院博士生高信奇作“新时代统一战线基本理论与政策”以及“党的十九大报告精神学习体会”辅导报告。区委常委、统战部部长姜巧玲主持开班仪式，区委组织部部长刘玉民作开班讲话。刘玉民围绕以“珍惜历史机遇，加强真学实干精神”为主题给学员提出学习要求。学员们表示通过培训全面系统地学习了党的十九大精神和新时代统一战线工作的新要求、新部署，要在工作岗位上不断提升政治素质、增强本领、锤炼作风，全面提高履职尽责的能力和水平。

【“健步新征程，揽胜新建邺”主题活动开展】10月26日，全区近200名新阶层人士在南京国际青年文化公园开启“健步新征程，揽胜新建邺”主题活动。本次健步活动由区新的社会阶层人士私营企业和外商投资企业分会会长、江苏安立丰资产管理有限公司董事长张霆辉主持，在全区新的社会阶层人士齐唱《我的祖国》的激昂歌声中拉开序幕。本次健步活动，从青文园出发，途经和园、长江记忆、夹江之窗，最终到达南京眼步行桥。（王一宁）

·区委政策研究·

【概况】2017年，区委研究室共撰写汇报稿、讲话稿、总结近百篇，55万余字，牵头撰写区委第十一届四次全会报告、区委第十一届五次全会报告，围绕南京市委重大部署，起草“对标找差”“两落地一融合”相关文稿，认真做好《建邺区情概况》《建邺调研》《大走访简报》等编辑刊发工作，完善《“双百制”考核实施细则》，圆满完成全区“调研月”工作。与清华大学合作进行以人民为中心的“共享幸福圈”建设课题研究；与东南大学合作开展关于加快建设以鱼嘴地区为核心的“南京总部集聚区”课题研究，为区委、区政府决策提供有前瞻性、战略性、针对性的对策建议。

【社会建设】启动第一批“共享幸福圈”项目，选取50个重点民生工程，推动公共配套和服务水平提档升级。建立区社建工作联席会议制度，增强各相关部门、街道间的协调配合。结合“大走访”做好“民生微实事”，发布《建邺区2017年度惠民榜》，共印13.5万册，结合“大走访”发放至各部门、街道、社区、辖区企业、社区居民。引入第三方机构组织完成2017年度民生幸福建设群众满意度调查工作。开展2017年度社会建设创新项目申报评选，共征集项目75个，经专家评审，对其中24个项目予以立项，并对其中17个项目分别给予3万~5万元资金扶持。参加2017年度南京市社会建设创新案例评选，区报送的5个案例全部获奖，其中，“十佳案例”3个、“典型案例”1个、“优秀案例”1个，获奖数量位列全市第一。

延伸阅读 16

建邺公布39件惠民实事接受监督

《建邺区2017年度惠民榜》4月16日发布，39件实实在在的惠民项目被整合成1本小册子，不仅通过网络向社会公布，接

6月20日，市委研究室到建邺区调研社会建设创新案例。

（王铎義 摄）

受监督，还让数千名大走访党员干部随身携带，直接送到居民手中。打开《建邺区2017年度惠民榜》，记者发现，39件惠民实事项目被分为6大类，即学有所教、困有所帮、老幼有养、病有所医、住有所居、居有所安。其中，学有所教包括普及医疗知识活动、28场公益文化活动等；困有所帮包括惠民专柜、就业创业服务补贴、“情定建邺”四季公益相亲会等；老幼有养包括社区康复病房、贫困家庭儿童重大疾病慈善救助等；病有所医包括免费评估身体健康状况、免费健康自测及部分检查等；住有所居包括既有住宅增设电梯、住房保障等；居有所安包括高校毕业生住房租赁补贴、建设民生专题目录数据库、增设公共自行车站点等。每1个项目，从项目名称、申报单位、服务内容、受惠对象、活动地点、咨询电话等，都非常具体。通过对这些项目的落实，让群众更方便地享受各种优惠政策、便民服务，把党和政府的好政策、好服务送到百姓手中。为监督这些项目的落实，各责任单位主要负责人都被列为第一责任人，要求对照惠民项目清单，研究细化工作方案；做到项目有责任单位，事有专管之人，人有明确职责。同时，区委还将加大考评和跟踪督办力度，对行动不力、推诿扯皮相关单位进行问责，确保把惠民实事做细做实做好，让人民群众真正满意。

【体制机制改革深化】全面深化改革取得重大突破，突出供给侧结构性改革主线，制定出台《区委全面深化改革领导小组2017年工作要点》，明确6大领域28项重点任务。推进基层政务公开标准化规范化试点工作。会同区国资办研究部署区属国企集团的组建工作，优化国有资本布局。建立区负责人联系重点改革任务机制，每位区负责人牵头负责一项重点改革任务，每季度向省、市报送党政主要负责人联系重点改革任务推进情况。探索引入第三方评估机制，突出对标找差，对全区全面深化改革的过程和成效进行公平、公正、有效的第三方评估。

【“五微”数字党建平台打造】打造“五微”数字党建平台。坚持基层党建创新和基层社会治理创新相结合，不断推进街道社区党建、单位党建、行业党建互联互动，不断深化“互联网+社区治理”创新实践，形成以“微平台、微行动、微实事、微心愿、微星光”为主题的“五微”数字党建平台。平台注册用户约12.5万人，微信公众号关注人数约3.1万人，合计约15.6万人，微平台发布信息3323条，微行动发布服务1481条，微心愿19369条，微实事328条，微星光288条。

延伸阅读17

“五微”数字党建平台

“五微”数字党建平台发轫于2016年7月，经过筹备，于2017年3月开始系统测试。5月结合“大走访”活动举行平台启动仪式，并于南京市“2017‘互联网+改革’之基层在线系列访谈”活动中向社会推介。9月，参加第八届全国社建年会做材料交流。该平台以“微平台”“微行动”“微实事”“微心愿”“微星光”为主题，探索党建引领基层治理的有效路径，深化推进“互联网+社区治理”创新实践，其中，“微平台”由区、街、社区定期推送新闻动态、时事政策、志愿服务、民生实事等内容；“微行动”在社区党员志愿者和社会组织参与下，建立涵盖政策宣传、医疗健康、文化体育等功能的志愿服务体系；“微实事”发布拟办理的民生微实事项目，率先解决居民呼声高、亟待解决的问题；“微心愿”广泛收集民生诉求，多元主体对居民心愿进行主动认领，帮助实现。“微星光”用来表彰奖励、宣传弘扬优秀党员（群众）志愿者典型。“五微”数字党建平台旨在打造共建共治共享的国际化城市中心，自上线以来，人民网、《南京日报》、龙虎网、南报网等主流媒体对其进行集中宣传报道，取得良好的工作成效和社会反响。

【“对标找差”工作牵头实施】建邺区作为“对标找差”试点区，根据南京市委“对标找差”工作相关精神，对照“两高两强”具体要求，选取杭州江干区作为“对标找差”追赶城区，广州海珠区作为“对标找差”灯塔城区。同时，为更好推进“对标找差”工作全面推进，确保省、市重大决策部署率先在建邺落地生根、取得实效，区委政策研究室与区发改局牵头，研究制定《河西·建邺“对标找差创新实干推动高质量发展”实施方案》。方案根据南京市委书记张敬华的要求，深入分析建邺发展现状和基础优势，认真剖析建邺与先进城区差距，精心编列“对标找差”指标体系，并提出具体任务举措和奋斗目标，为开展全面“对标找差”工作奠定良好基础。

【决策咨询服务】撰写中共建邺区委第十一届四次全会报告，8月7日召开中共建邺区委十一届四次全体（扩大）会议，区委书记张俊在会上作题为《树立更高标杆，提升发展质量，以优异成绩迎接党的十九大胜利召开》的报告。报告总结2017年上半年工作情况。报告明确指出下半年工作主要任务。

撰写中共建邺区委第十一届五次全会报告，12月29日召开中共建邺区委十一届四次全体（扩大）会议，区委书记张俊在会上作题为《迈进新时代，贯彻新思想，夺取新胜利，以党的十九大精神为指引高标准加快建设城市中心》的报告。报告总结2017年全年工作情况，同时，报告指出下一步要以中国共产党第十九次全国代表大会精神引领全局工作，必须深刻认识学习宣传贯彻中国共产党第十九次全国代表大会精神的重大意义，在学懂、弄通、做实上下功夫，持续兴起学习宣传贯彻中国共产党第十九次全国代表大会精神的热潮，深入领会和准确把握中国共产党第十九次全国代表大会精神的丰富内涵，以中国共产党第十九次全国代表大会精神为指引谋划推动城市中心建设。

撰写张俊在建邺区2018年工作课题研讨会上的讲话，建邺区2018年工作课题研讨会于2017年12月27日召开，会上区委书记张俊听取多个部门对2018年调研成果的汇报，总结2017年建邺在经济发展、城市建设、民生保障、深化改革、作风建设5个方面取得的成绩，肯定建邺区每一位党员干部的辛勤付出，同时也指出建邺想要在“强富美高”新南京建设中走在前列，就应当按照中国共产党第十九次全国代表大会最新要求，在4个方面精准发力：对标找差创新实干，提高城市中心首位度；加快创新要素集聚，形成经济发展新动能；突出产城融合发展，提升区域国际化水平；更加注重系统集成，推动改革向纵深发展。此外，张俊还重点强调，旗帜鲜明、从严从实，将党的政治建设摆在最突出的位置；坚定信念，实干担当，建设适应城市中心要求的干部队伍；创新创优、强化提升，推动基层党建全面有效覆盖；正风肃纪，强化监督，营造风清气正政治生态。

撰写《关于提升自主创新能力建设创新型城区的若干政策措施》，为贯彻中国共产党第十九次全国代表大会精神和习近平新时代中国特色社会主义思想，落实江苏省委推进“两聚一高”新实践、加快建设“强富美高”新江苏的要求，按照南京市委实施创新驱动“121”战略、推动高质量发展的部署，培育和集聚一批名校名所名企名家名园区，打造综合性科学中心和科技产业创新中心，构建一流创新生态体系，推动具有全球影响力的创新名城建设，根据区委、区政府部署要求起草《建邺区关于提升自主创新能力建设创新型城区的若干政策措施》。政策措施主要借鉴深圳、广州、杭州、成都以及武汉等科技创新能力较强地区的经验做法，并结合建邺区在创新创业领域的工作实际进行拟定。政策措施主要涉及：推动新型研发机构和科技成果落地、推进名校名所与地方融合发展、发展创新型产业集群、培育创新型领军企业、建设一流科技产业园区、加快形成创新创业空间新格局、健全科技金融服务和财政支持体系和构建国家化的区域创新生态8个方面29条具体措施。

【《建邺区2017年度惠民榜》发布】按照中央、省、市区全面建成小康社会，保障基本民生，推进社会治理和服务创新，提高服务群众质量和效率的要求，建邺区委研究室梳理整合全区惠民资源，经多轮筛选，召开征求意见座谈会，最终于4月发布《建邺区2017年度惠民榜》，此次发布的惠民资源主要集中体现在“学有所教”“困有所帮”“老幼有养”“病有所医”“住有所居”“居有所安”6大方面，共39件惠民实事项目，并附有全区街道社区、相关单位联系方式。其中，“学有所教”包括普及医疗知识活动、28场公益文化活动等；“困有所帮”包括惠民专柜、就业

9月，区委研究室与积善社区召开民主议事会，共同协商解决小区单元门洞滴水问题。（王铎義　摄）

创业服务补贴、“情定建邺”四季公益相亲会等；“老幼有养”包括社区康复病房、贫困家庭儿童重大疾病慈善救助等；“病有所医”包括免费评估身体健康状况、免费健康自测及部分检查等；“住有所居”包括既有住宅增设电梯、住房保障等；“居有所安”包括高校毕业生住房租赁补贴、建设民生专题目录数据库、增设公共自行车站点等，旨在让群众更方便地享受各种优惠政策、便民服务，把党和政府的好政策、好服务送到百姓手中。《建邺区2017年度惠民榜》共印制13.5万册，不仅通过网络向社会公布，接受监督，还让党员干部随身携带，发放至各部门、街道、社区、辖区企业、社区居民，在全区引起较好反响。4月17日《南京日报》头版对此事进行宣传报道。

【2017年度民生幸福建设群众满意度调查】 根据《南京市民生幸福建设满意度评价指标体系的意见》要求，配合2017年南京市社会建设目标任务督查，了解市民对重点民生工作的感知，研判民生工作中出现的新情况和新特点，满足居民日益增长的美好生活需要，11月，区委社建工委委托第三方南京财经大学在全区6个街道开展2017年群众满意度测评工作。本次测评采取入户随机和电话随机的调查方式，其中，入户调查全区样本为1250份，电话调查全区样本为2060份，分配至6个街道共48个社区，最终入户调查和电话调查收回的有效样本量分别为1250份和2060份。调查对象为年龄在18周岁以上且居住在本地一年以上的居民，包括不同性别、年龄、婚姻状况、学历、职业等各类人群。调查内容涵盖收入、就业创业环境、养老、社保、教育、基层医疗服务、住房、物业、生态环境、交通、体育、文化、社区服务管理、食品药品安全、公共安全感、社会文明程度、社会诚信度、法治建设、城市认同感等方面。

【2017年度社会建设工作创新项目申报】为调动社会各界参与社会建设创新的积极性，推动社会建设工作创新发展，2017年建邺区委研究室，启动年度社会建设创新项目申报工作，从各街道社区、部门共征集项目75个，项目内容包括党建创新、社区治理、志愿者队伍建设、青少年教育、公共服务领域、行政管理体制改革研究与实践、社会组织培育与创新发展等各个方面。3月31日，举行年度区社会建设创新项目立项评审会，经专家评审、公示无异议，对其中24个项目予以立项，并对其中17个项目分别给予3万~5万元的资金扶持，同时与第三方社会组织进行合作，对拨付资金项目的资金使用情况进行监督评估。8月22日，举行年度区社会建社创新项目中期评估会，各项目实施单位汇报项目实施情况，并接受专家点评。9月，在2017年度南京市社会建设创新案例评选中，建邺区报送的5个社会建设创新案例悉数获奖，其中“十佳案例”3个（莫愁湖街道凤栖苑社区“蜂式”服务法、南苑街道话园社区“三爱”居民自组织机制、沙洲街道中城社区伍大姐普法工作室）、“典型案例”1个（区民政局建邺现代社区治理4.0方案）、“优秀案例”1个（区司法局基于先进编码技术的“人民调解小助手”），获奖数量位列全市第一。

【区社建工作联席会议制度建立】为加强对区社会建设工作的组织领导，增强各相关部门、街道间的协调配合，7月，区委研究室牵头建立区社会建设工作联席会议制度。区委常委、区委副书记曹曙，区委常委、区委组织部长刘玉民，区政府副区长杨晨为召集人，共33家机关部门参与，内容包括研讨区社会建设年度工作计划和阶段性工作安排；研究区社会建设重点和难点工作，提出相关措施，为区委、区政府决策提供意见和建议；交流各部门、街道社会建设工作推进落实情况，协调解决工作中的难点瓶颈问题；总结提炼全区社会建设工作的特色和亮点，加强宣传和推广。区社会建设工作联席会办公室设在区委研究室，徐文政兼任办公室主任、狄芸兼任办公室副主任。

【“双百制”考核文件出台】区委研究室会同区委组织部、区级机关工委、区编办、区发改局共同制定建邺区2017年度“双百制”考核文件，区考核办对照市级考核方案牵头制定一、二、三级考核指标体系，各考核牵头部门按照总体框架自行制定三级指标考核实施细则并组织考核。区编办牵头负责对机关部门的绩效考核；区发改局牵头负责对功能园区、街道的绩效考核；党建考核中，区委组织部牵头考核设立党工委的机关部门、园区党工委及街道；未设立党工委的机关部门，由区级机关工委牵头考核。

【“第三方评估”体系改革】选取有专业评估资质的主体开展改革第三方评估，制定《建邺区全面深化改革引入第三方评估实施方案》,突出对标找差,从改革公众参与度、改革公众认同度、改革公众满意度3个维度出发,不仅就建邺区改革情况进行总体评估,更对标同类型城区走在前列的改革成果,横向对比得出建邺区全面深化改革质量整体情况,以"对标找差"性评估贯穿始终。采用"总评估报告+子评估报告"形式,总报告全面梳理经济生态、民主法治、文化、社会、党建、纪检6大领域改革项目的总体成效,分析改革过程中存在的问题,提出推进改革工作的对策建议。（区委研究室）

·编制管理·

【概况】2017年,以推动"放管服"("放"中央政府下放行政权,减少法律法规没有法律依据和法律授权的行政权;厘清多个部门重复管理的行政权。"管"政府部门要创新和加强监管职能,利用新技术新体制加强监管体制创新。"服"转变政府职能减少政府对市场进行干预,减少对市场主体行政审批等行为,降低市场主体市场运行的行政成本,促进市场主体的活力和创新能力)改革为中心,以提高编制服务保障水平为重点,实行科级干部选拔任用职数预审,根据机构编制及人员调整情况,实时更新维护相关数据,实现工资统发和实名制系统数据库的联动。牵头做好绩效考核,以南京市方案为依据,对考核指标进行优化细化,在广泛征求部门意见基础上,完成编办方案定稿。把关民意110职责界定初审,从2017年5月起,共完成2500余个不满意工单职责界定。配合南京市编办做好中小学机构编制调研工作,对全区学校编制进行年度动态调整。

【行政审批制度改革】制定出台《建邺区不见面审批(服务)改革实施方案》,通过"互联网+政务服务""网格化分级服务""大走访上门服务"等多种途径使审批(服务)事项不见面。对接省、市政务服务网,动态维护更新权力事项清单。制定出台《建邺区投资建设项目"预审代办"实施办法(试行)》,建成区级投资建设代办服务中心,组建区、园区两级代办员队伍,解决跨区域、跨权限项目代办服务所遇到的各种难题。连续6次召开专题会议研究整改措施,在全市率先出台《建邺区简政放权优化创业创新环境整改方案》。推行开办企业的全程电子化和全程代办服务,压缩施工许可办理时限,推行区内职能部门"立即就办、立等可取"。牵头制定印发《建邺区政府部门公共服务事项目录清单(第一批)》和《建邺区政府部门行政审批涉及中介服务清单》,规范部门公共服务事项和涉及中介行政审批事项,促进部门履职尽责。

【行政管理体制改革】稳妥推进行政管理体制改革,完成区委巡察机构设置和区纪委集中派驻纪检机构改革,保障区委巡察机构、区纪委派驻机构工作顺利运转。主动靠前,

10月13日，区编办、区政务办和区信息中心联合召开建邺区综合行政执法工作培训会。
（区编办　供稿）

早谋划监察体制和文化市场综合执法改革相关准备工作。保障重点领域机构编制服务，在区委、区政府主要负责人推动下，生态科技岛管理机构正式获得批复，完成“三定方案”（定机构：单位性质，如行政、事业等，定职能：单位有些什么权力和职责，定编制：单位各种编制人数，内设机构数，负责人职数等）草拟工作。

【综合行政执法体制改革】结合建邺实际，打造“一个分离、三个结合”（行政检查职能与行政处罚职能相对分离、派驻执法与联系执法相结合、联合执法与专项执法相结合、专业执法与网格巡查相结合）的建邺综合行政执法模式。梳理检查清单，第1批共下放13个部门、1368项行政检查执法事项。下沉执法力量，建立街道综合行政检查执法大队，向街道派驻城市管理、市场监管执法中队以及5个部门127名执法人员，形成以街道辖区为执法边界的属地综合执法力量。构建执法流程，将全区划分为55个综合执法网络，开发综合执法信息平台和手机APP，包含执法监督、处置、协调、指挥、考核、决策6大体系，能够实现执法检查信息及时传送，案件流转无缝衔接，执法过程全程记录，同步制定人员考核和工作考核办法，实现综合行政执法全程线上监管。将综合行政执法工作纳入各街道、部门双百制绩效考核，强化考核指挥棒作用。加强执法培训，分别采取试点培训、骨干培训、全员培训方式，提升执法人员执法水平。2017年，全区各街道综合行政检查执法大队共开展综合行政执法9100余次，区和街道派发各综合行政执法网格工单办结率达100%，群众投诉量、12345工单量、市区督办件数量逐月递减，群众满意率不断提升。

【政务改革工作】7月10日，省编办主任俞军到区督查“3550”（开办企业3个工作日内完成、不动产登记5个工作日内完成、工业建设项目施工许可50个工作日内完成）改革推进落实情况，区长闵一峰、常务副区长李方毅、副区长赵建国和市、区相关部门负责人参加会议。俞军对建邺“3550”改革工作举措和近期取得的成效给予充分肯定，并对工作提出具体要求。在省、市指导下，区委、区政府高度重视，连续6次召开专题会议，针对区2016年开办企业施工许可审批服务存在的问题，出台《建邺区简政放权优化创业创新环境整改方案》，在全市各区率先实现“3个工作日完成开办企业”和“50个工作日完成施工许可”，其中开办企业部分范例已达省、市最优。优化开办企业审批服务，简化办理环节，缩短办理时限，压缩申请材料。压缩施工许可区内办理时限，协调南京市有关职能部门加快审批，各相关职能部门密切衔接，对已经和准备立项的建设项目及时沟通。根据南京市创业创新环境预评价和江苏省2017创业创新环境评价工作要求按时上报案例，并收集相关佐证材料。开办企业和施工许可两项指标在8月南京市预评价中位居前列。

提升政务服务中心综合服务能力，按照“三集中三到位”（“三集中”就是将各部门单位行政审批项目向许可服务科集中，许可服务科向区政务服务中心集中，进驻中心行政审批项目向政务服务网集中。“三到位”就是审批项目进中心到位，中心窗口成为部门实施行政审批唯一窗口；审批授权到位，各部门单位明确许可服务科长为进驻中心首席代表，并对其充分授权；窗口人员到位，各部门单位选派业务骨干到窗口一线工作）工作要求，落实企业帮办和代办服务。打造“放管服”改革建邺品牌。学习各地“放管服”改革先进经验，按照现代化国际性城市中心标准，形成建邺特色品牌。加强工作督查督办，区相关部门组成督查组，定期对各相关部门简政放权优化创业创新环境整改落实情况进行专项督查，形成强劲改革合力。

4月11日，建邺区召开创业创新环境评价工作协调推进会。
（区编办　供稿）

【不见面审批服务改革】全区27个部门612个事项已集中进驻区政务服务大厅，各进驻事项已全面实现窗口办理并向社会进行广泛公布，真正实现“一门式”（一个门办多件事，改变过去满城跑、满楼跑情况，办事时效提升）服务。对接省、市政务服务网，动态维护更新权力事项清单，省库410项事项中，已实现不见面355项，不见面率达到86.59%。率先出台街道层面不见面审批服务改革实施方案，公布第1批67项街道不见面审批服务事项清单，构建区街两级联动、项目清单管理、全程网上办理、综合窗口受理、网格代办帮办、多种途径送达的不见面审批服务模式。针对重点企业和特殊人群，推行网上办、快递办、代理办、协助办、上门办的“五办服务”模式，方便企业和群众办事。

【事业单位信用等级评价】根据《南京市事业单位信用等级评价办法（试行）》等文件精神，及时下发《关于开展2016年度全区事业单位信用等级评价工作的通知》，对全区事业单位信用等级评价工作进行部署，明确参加2016年度事业单位法人信用等级评价的范围、时间和程序，全面启动全区事业单位信用等级评价工作。4月26日组织全区10个监管部门、34家举办单位和125家事业单位具体工作人员开展事业单位信用等级评价培训会。会上统一学习信用等级评价原则、组织和责任以及信用等级评价标准，细化评价各阶段时间节点。分别以事业单位、举办单位和监管部门3种不同角色开展信用等级评价系统使用操作培训，针对培训内容制作培训手册并开通QQ工作群。建立与区发改局、区法院、区公安分局、区财政局、区人社局、区审计局、区国地税、区市场监管局、区物价局等监管部门相互协作、密切配合、联合管理工作机制，加强信用信息沟通和反馈，做好事业单位信用监督管理工作。事业单位法人信用等级评定采取年度评价指标得分和直接判定方式，评定结果由高到低分为A、B、C、D四个等级。对所有参评单位的评定结果及时推送市、区公共信用信息平台，通过信用信息平台广泛使用评价结果。对评为B级（含B级）以上事业单位进行不同程度奖励和支持，B级以下事业单位责令其限期整改并列入重点执法检查对象，随时监控其信用行为。

【事业单位登记管理】完成年报公示工作，区内111家法人事业单位进行年度报告书公开，实时公开率为95%。完成本级机关、群团统一社会信用代码赋码及换证工作，做好相关政策解释和宣传工作。全年共赋码本级机关、群体等55家，其中机关赋码48家，群团赋码5家，其他机构赋码2家。

【事业单位机构编制实名管理】全区125家事业单位约4200名在编事业人员信息，实现实时更新。每月5日前向南京市上报机构编制变动调整情况，保证实名制信息与系统

数据交互。参与工资统发审核，实现工资统发和实名制系统数据库的双联动。（区编办）

·老干部工作·

【概况】至2017年底，区委老干部局服务管理的离退休干部共计88人，其中，副区级以上离退休干部38人，其他离休干部42人，易地安置离休干部8人。

【老干部增添正能量活动】把握价值取向，精心设计主题，增添正能量活动取得成效。“畅谈十八大以来变化、展望十九大胜利召开”正能量活动是中组部为迎接中国共产党第十九次全国代表大会胜利召开，部署的一项全国性统一活动载体，区委老干部局精心谋划，周密组织实施。印发《关于在全区离退休干部中开展“畅谈十八大以来变化、展望十九大胜利召开”活动实施方案》，确保每个离退休干部党组织清晰地知晓活动内容、形式、进度、要求，达到全面统一思想，强化行动自觉的目的。全区共有100余名离退休干部参加“畅谈、展望、建言”活动，组织召开1次建言会、2次老干部党支部书记座谈会以及1次区涉老社团负责人畅谈会，个别上门23人次，提出涵盖党的建设、反腐倡廉、民生改善、城市建管、民主法制、经济建设、生态环境、教育医疗、征地拆迁以及社会综合治理等方面意见建议21条，10余名老干部还书写发言提纲或书面材料。围绕“喜迎十九大盛会”主题，依托老干部活动中心、老年大学、老年艺术团等，创作能够反映老同志真情实感的文艺作品，组织策划书画展览、曲艺表演、文艺演出等一系列活动，形成同声畅谈、同向发力、同心颂党的浓厚氛围。

【老干部党建创新】提高政治站位，创新工作理念，离退休干部党建工作取得新进展。区委老干部局自觉强化服务意识，注重创新驱动，以“组织建设、学用结合、示范引领”为抓手，不断在提高离退休干部党支部建设质量上用力，老干部党支部建设取得长足进步。注重方法创新，让党支部学习“动起来”。要求各支部每月组织离退休干部党员学习重要文件精神，并通过座谈研讨、体会交流等方式，让党的新政策、新举措入心入脑，不断增强老同志党员意识，确保他们政治上、思想上、行动上与党中央保持高度一致。全年结合喜迎中国共产党第十九次全国代表大会召开4次区级离退休干部节日座谈，取得良好成效。探索创新社区离退休干部党建工作新路径，以月安社区为试点，坚持“组织不分家，方便你我他”的工作理念，为外来离休干部党员在社区“落户”、为常年在外的建邺区离退休干部党员“找家”、为刚退出工作岗位的党员“安家”，社区试点工作得到南京市委老干部局充分肯定。

【老干部服务管理】建立长效机制，突出服务管理，老干部获得感幸福感不断增强。根据

11 月 22 日，区委老干部局组织离退休干部参观江苏大剧院。

（钱兆明　摄）

老干部工作的新形势、新特点、新需求，拓展服务方式，提升服务水平。完善和更新老干部个人台账，建立老干部信息库，根据基本信息，定期上门入户与老干部联系、交流，详细了解情况与需求，为老干部做好全方位服务。建立老干部健康状况档案。为 83 名离退休干部进行体检，对检查出有问题人员，及时联系医院进行治疗手术，主动做好各项服务工作。坚持走访慰问常态化。在坚持做到重大节日走访、老同志生病住院走访、家有大事走访的同时，对生活困难、长期卧病在床的老干部，专门安排人员进行跟踪走访慰问，及时掌握了解他们的思想动态和实际困难，解决他们问题。稳步提升生活待遇。按月及时足额发放离休干部生活费，按照政策及时做好离休干部生活费的核定、调整，提高离休干部护理费标准等工作，确保各项政策福利惠及每一位离休干部，全年共发放各种补贴 80 余万元。健全离退休干部医药费的保障机制。重点解决罹患大病的离退休干部医疗费用过高的问题，使用帮扶资金 17 万余元。

【老干部文化养老】聚焦文化养老，做好“四篇文章”，活动中心主阵地作用持续放大。做优“服务”文章，推行微笑服务、茶水供应、报纸杂志上架、器材更换添置做到及时。做活“活动”文章，老干部活动中心每年联合区老年大学、老干部书画协会和其他老干部社团组织，开展春节团拜会、老干部书画展、迎盛会文艺汇演等节庆活动。与此同时，经常性组织老干部们开展诗词歌赋、书画摄影、歌舞戏曲、文体竞赛、健身娱乐、辅导讲座等文化养老活动。做深“教育”文章，区老干部活动中心以老年大学为平台，有计划举办老干部保健、国画、电脑、音乐等文化养老、科学养生培训班，提高老同志活动兴趣和活动水平，让老同志在活动中愉悦身心、陶冶情操。做好“普惠”文章，区老干部活动中心对街道、社区老干部学习活动中心（室）进行常态化指导，全区 42 个基层老干

4月22日，区老干部书画研究会为江心洲街道"书香社区"创建活动捐赠书画。
（钱兆明 摄）

部活动中心（室）建设日趋规范，活动开展良好。

【老干部为社区居民写春联送祝福】1月，区委老干部局组织老干部书画协会开展义务为社区居民写春联系列活动。15位老干部先后在凤栖苑、双和园、积善等5个社区书写对联1000余套，向社会传递正能量。

【老干部情况通报会】1月，建邺区召开区负责老干部情况通报会。36名老干部对区委、区政府2016年在产业聚焦迈上新台阶、环境品质实现新提升、体制机制创新取得新成果、社会民生有新改善等4个方面取得的成绩表示肯定，同时，老干部围绕产业发展、新城建设、改革创新、富民工作、基层党建等5个方面提出意见建议6条。

【老干部书画展】7月，建邺区局联合区老年大学、区老干部书画研究会共同举办喜迎"十九大"老干部书画展，向中国共产党诞辰96周年、中国人民解放军建军90周年和中国共产党第十九次全国代表大会献礼。共展出作品80余幅，省书画研究会会长张秉铎到现场莅临指导。

【社区老干部党建试点】10月，顺应社会化服务管理大趋势，以兴隆街道月安社区为试点，老干部党建工作按照"一方隶属、多方管理"的原则，从落实各项措施、建立机制保障、规范经费使用等方面抓启动、抓落实，试点工作稳步推进。（黄　红）

·关心下一代工作·

【概况】截至2017年底，全区关工委机构总数130家（含区关工委），成立关工委的社区49家，成立关工委的民营企业总数21家，"五老"（老党员、老专家，老教师，老战士、老模范）4165人，2017年新成立关工委6家（园区2家、民企4家）。2017年全年开展各类活动450余场次，参与“五老”、青少年2.1万余人次。区关工委被评为“全省校外辅导站工作先进集体”，3次获南京市最佳组织奖、1次优秀组织奖、1次组织奖、南京市金金网优秀通联集体。

【青少年思想道德教育】坚持立德树人，青少年思想道德教育富有实效。坚持重点重抓，“12·13和平鸽网上放飞”、“爱我长城”夏令营、“喜迎十九大，童心永向党”老少同台演讲等重点工作氛围浓厚。老少同台演讲比赛中，22名选手参加区比赛，4名选手参加了南京市决赛，分获二、三等奖。注重弘扬传统，配合区文明办开展“中华优秀传统文化公益巡讲”。广泛开展以家风征集、诗词朗诵、非遗体验为主题的活动，引导青少年继承传统美德，弘扬民族精神。注重联动对接，与职能部门协同开展“学史立志，崇德向善”主题教育，联手开启序幕，联合推动落实，推进力度明显增强。

【青少年成长环境净化】参与社会治理，努力净化青少年成长环境。法制活动覆盖广泛，“关爱明天、普法先行”和“结对关爱、引领人生”开展深入，禁毒知识宣传走进学校、社区，全年开展各类法制教育83场，受教育青少年1.1万人次。发挥政法“五老”志愿者矫正中心的作用，在各派出所建立“关爱工作站”，结对帮教矫正青少年25名。网吧巡查常态开展，118名义务监督员对43家网吧、13家游戏室进行常态巡查。27名“五老”网吧义务监督员受市、区表彰。帮困助学更加精准，2017年募集助学金28.6万元，其中市资助13.6万元，区资助15万元，对222名困难学生进行帮扶。

【校外辅导平台搭建】顺应时代发展，搭建优质校外辅导平台。用好电子阅览室，推进优秀示范电子阅览室创建。依托电子阅览室深

5月23日，区关工委到洲岛家园幼儿园和莲花南苑幼儿园看望慰问小朋友。（陈彬彬　摄）

入开展各类活动，上传31450条新春寄语，580件作品获奖，电子小报比赛中9人获市一、二、三等奖。新建电子阅览室4家，投入20.8万元组建了机器人体验室、3D打印室、电脑绘画室、小苹果涂鸦室，提档升级红色收藏馆和雨花石科普馆。挖掘利用区域科技资源，与5家省、市展馆建立协作关系，在4家展馆建立青少年教育实践基地。校外辅导站成果丰富，2项活动在江苏省优秀活动推广项目和特色活动品牌征集活动中获特等奖，2项科研课题获得南京市科创大赛一、二等奖。用好校外辅导站专项建设经费，研究专项资金使用管理办法、考核实施细则，为校外辅导员发放进站补贴。

【关工委自身建设】聚焦能力建设，打造过硬关工堡垒。常态化开展中国共产党第十九次全国代表大会精神学习，组织收听收看开幕式、进行讨论，邀请南京市委党校教授开展专题辅导。对照中国共产党第十九次全国代表大会新的要求，组织参观研讨活动，谋划2018年工作。多层面推进组织建设，2个街道、系统调整充实成员，为各级关工委配备专兼职工作人员。成立科技园区关工委和5家民企关工委，探索在非公企业党群服务中心设立关工组织路径。全方位抓建骨干队伍，2次对“五老”队伍数质量内的摸底，有计划组织参观培训。发挥作用，形成意见征集、课题研究工作机制。多维度拓展宣传手段，利用自办媒体报道工作、宣传典型，2017年金金网刊发动态信息989条。10月中旬开通“建邺区关工委”微信公众号。为提高做好宣传工作的能力，12月下旬对全区61名关工委通讯员进行培训。

【“学史立志，崇德向善”主题教育活动】根据江苏省关工委关于在青少年中开展“学史立志、崇德向善”的主题教育活动通知精神，3月13日区关工委制定下发区主题教育方案。4月23日，在南苑街道国泰民安社区举办主题教育活动启动仪式，标志着主题教育活动正式拉开帷幕。全区上下严密组织、创新方法、狠抓落实，活动取得成效。尤其是进入暑期后，区关工委坚持“上下齐动、部门联动、老少互动、集中行动”，开展形式新颖、内容丰富的教育活动。9月25日召开区暑期教育总结表彰大会，20家关工委、144名同志因成绩突出荣获先进。

【“12·13和平鸽网上放飞”活动】为引导青少年铭记历史，区关工委根据市关工委部署，开展“12·13和平鸽网上放飞”活动。7月7日，区关工委、家教周报社、南京家庭教育网在侵华日军南京大屠杀遇难同胞纪念馆“胜利纪念馆”报告厅举办12·13和平鸽放飞启动仪式。为充分利用第四次公祭开展爱国主义教育，11月初，区关工委与教育有关部门召开推进会，从学校和社区2个层面进行再动员、再部署。社区关工委广泛依托电子阅览室开展活动，让青少年了解中华民族的苦难历史，增强家国情怀。

【“喜迎十九大，童心永向党”老少同台演讲比赛】7月25日，区关工委举办“喜迎十九大，童心永向党”老少同台演讲比赛。经过层层选拔，来自各个社区的22名选手参与演讲，4名选手参加南京市比赛，分获二、三等奖。

7月7日，区关工委、《家教周》报社、南京家庭教育网在侵华日军南京大屠杀遇难同胞纪念馆举办12·13和平鸽放飞启动仪式。（陈彬彬　摄）

【区“爱暖心田”帮困助学活动】经过社区全面摸底，街道审核申报，区关工委2017年对222名家庭困难学生进行帮扶。8月23日，区关工委、区工商联、区总工会、团区委、区妇联、区残联、区红十字会共同召开帮困助学座谈会，发放助学金。2017年募集助学金28.6万元。街道、系统、园区也筹措资金对207名困难学生进行结对帮扶，扶危济困、心理呵护、辅导学业多措并举，形成科学的帮扶局面。（陈彬彬）

·机关党的建设·

【概况】区级机关工委共有基层党组织55个。其中，党总支6个，一级支部49个。共有党员1970名，其中在职党员1482名，离退休党员488名。2017年，机关工委在区委、区政府正确领导下，通过工委全体干部共同努力，圆满完成区委、区政府下达各项目标任务。

【机关党的思想建设】抓好形势任务教育，专题学习“两学一做”（学党章党规、学系列讲话，做合格党员）常态化制度化推进会精神，征订《学习习近平同志关于机关党建重要论述》《习近平总书记视察江苏重要讲话学习资料》等一批学习辅导材料，把“两学一做”融入日常、抓在经常。把“两学一做”作为锤炼党性的基本功、必修课。先后举办团干部、入党积极分子、基层党务干部等主体培训班，培训入党积极分子50余人、党务骨干团干200余人。以问题为导向，加强党建理论调研。以新形势下区级机关基层党建提质创优为课题开展深入调研，形成一定成果。开展专题民主生活会，学习研讨、查找问题，落实问题整改，确保专题组织生活会见人见事见思想。

【机关党的组织建设】用好考核指挥棒，合理调整考核内容，设置机关党组织思想建设、自身建设、制度建设、作风建设四大内容，细化考核要求，提高考核对工作的促进和保障作用。推动机关党组织“三化”（机关党支部建设规范化、机关党建考核标准化和机关党组织、党员干部服务群众常态化）建设，出台《全面推进区级机关党支部建设规范化实施意见》《区级机关基层党组织活动经费使用管理暂行规定》等制度。同时，规范党组织设置，合理调整党组织隶属关系，成立区土地储备中心、区委研究室、区国资办党支部和区地税局机关党委，合并区档案局党支部、区地志办党支部。加强党员队伍管理，抓党员组织关系排查，推动党员信息采集工作，从源头上治理党员组织关系空挂、失联等现象。全年共完善党员电子档案1951份。严把党员入口关，突出入党积极分子推荐、培养考察、政治审查、转正审批等关口，全年发展党员6名。

【机关党的作风建设】把党内民主监督作为作风建设在严肃党内政治生活和组织生活的延伸、细化和深化，出台《加强区级机关党组织党内监督工作的通知》。落实党风廉政任务，根据相关规定，加强组织领导，履行一岗双责，抓好“两个责任”（落实党风廉政建设责任制，党委负主体责任，纪委负监督责任）落实，开展“四个专项、一个考评”（四个专项：开展“打铁还需自身硬”专项行动；开展腐败易多发重点领域整治专项行动；开展作风建设“防隐身防变异防反弹”专项行动；开展群众身边不正之风和腐败问题专项治理；一个考评：区纪委监察局机关、工作室、纪工委年度工作绩效考评办法）工作，围绕教育抓常、自查抓小、整改抓早，走好专项行动的每一步，确保机关各部门在专项治理工作中，坚持问题导向，多管齐下、即知即改。巩固作风建设成效，印发《建邺区机关工作作风问责暂行办法》，加大对机关工作作风监督检查和作风投诉件通报和问责力度。2017年，作风监督员明察暗访500余人次，发现并协调处理窗口工作作风及办公秩序问题30余起，接待居民来电、来信、来访和微信平台投诉15起；完成作风建设评议手机微信公众平台开发建设工作，整合区作风投诉微信受理、评价平台。

（万　涛）

【机关党建创先争优】在机关党组织和党员干部中持续开展“争创先进党组织、争当优秀共产党员”活动，结合庆祝建党96周年纪念活动，“七一”前夕表彰一批机关先进基层党组织、优秀共产党员和优秀党务工作者。推进大走访活动，区级机关全体党员负责干部对3万余居民、1000余家企业全部走访一遍，做到居民一户不漏、企业一个不落。通过走访，机关各部门共收集基层党建、民生服务等各类问题900余个，已全部解决回复，实现“件件有回应、事事有着落”的走访承诺。创新机关党建工作形式，为丰富机关党建内容、拓展机关党建交流互动平台。4月，创建建邺机关微信公众号，已累计发送文章80余篇，累计阅读1.5万余次。研究机关“党建+”思路，出台《区级机关开展“五微”活动实施方案》。（张学功）

表45　区级机关工委“七一”表彰名单

一、先进党组织（10个）	区委办党支部　区委组织部党支部　区委老干部局党支部　区委党校党支部　区发改局党支部　区财政局党支部　区物价局党支部　区检察院党总支部　区司法局党总支部　区地税局党总支部
二、优秀共产党员（65个）	孟　蕾　杨冬明　仓楠楠　朱梅宁　陶　飞　欧阳杰　朱　宁　葛闾乾　花　蕾　强成枝　任媛媛　江　勇　周　悦　张　曼　黄　红　马梦诗　刘杰功　李永奎　朱蓉蓉　刘俊青　刘从亮　许泽国　杨　平　董砺欧　庆　莹　黄　建　郑国宁　李　霓　杨一评　汪　江　王素伟　吴　丹　周家勇　唐盛春　丁友军　蔡苏蓉　汪雁茹　屈森虎　魏庆庆　邵春霞　朱　宏　李开宾　许　维　葛晓玲　郭美红　阎永强　马昌军　杨卫东　王永乐　黄剑斌　孙　蓓　仝铮铮　解　菁　刘　鎏　唐明红　苏振汉　王明静　邹　洪　任增瑶　宁振奎　范文瑜　陆敬松　孔祥君　杨建华　虞敏洁
三、优秀党务工作者（10个）	王元媛　于　龙　温耀东　朱玉荣　邢建华　陈　军　宗祥南　许胜伟　周　利　江　玲

（区级机关工委）

【区级机关工委主题党日活动】6月29日，区级机关工委在区文化馆举办“不忘初心跟党走，奉献建邺勇担当”主题党日活动。区委常委、区委副书记曹曙，区委常委、区委宣传部长周峰及机关部门党支部书记、副书记、组织委员等200余人参加。活动中，新党员与全体与会人员在党旗下重温入党誓词，牢记党的宗旨，不忘初心始终跟党走。区委常委、区

6月29日，区级机关工委举办迎七一主题党日活动。
（区级机关工委　供稿）

委副书记曹曙，区委常委、区委宣传部长周峰，区级机关工委书记张鉴冰为在奉献建邺建设发展中涌现的一批先进党组织和优秀个人进行颁奖。（万 涛）

【机关党内民主监督】抓实正常、经常、严肃、认真的组织生活，抓住负责干部"三重一大"（重大事项决策、重要干部任免、重要项目安排、大额资金的使用）事项监督。突破推动党组织质询制度落地，落实"一岗双责"（"一岗"就是一个负责人职务所对应的岗位；"双责"就是一个负责人既要对所在岗位应当承担的具体业务工作负责，又要对所在岗位应当承担的党风廉政建设责任制负责；也就是一个单位的负责人应当对这个单位的业务工作和党风廉政建设负双重责任）责任制，强化日常督察、巡查。培养机关各党支部养成"五个习惯"（各支部要发挥负责干部抓党建的关键作用，养成重要工作集体研究的习惯；书记要担起"一岗双责"担子，养成党建、业务工作一肩挑、两不误习惯；落实党支部基本制度，养成按制度落实的习惯。书记和负责干部要有情怀和胸怀，善于与部属打成一片，善听逆耳之言，养成自觉接受党内监督和群众监督的习惯）。调动和发挥本部门党员干部积极性、能动性，养成监督与信任习惯。

【区级机关各部门"大走访"行动推进】针对机关各部门在党员干部"大走访"活动前期开展过程中存在的重视不足、统筹不够、指导不力等问题，区级机关工委广泛动员，要求各单位把"大走访"与"两学一做"常态化统筹组织谋划、一并推进实施。把"大走访"当作作风建设的一面镜子，全面发动、引领机关党员干部参与到大走访活动中，实行对象对接、网格定位，确保人人参与。依据区走访办的工作要求，指导各单位排出走访计划和方案，列出任务清单，让每名党员干部清楚自己走访任务和职责内容；指导机关各单位健全台账资料，精确各类数据统计上报要求和时间节点，让每一份数据都及时准确，让每一份报表都真实可查；指导各单位记好走访纪实手册，让每一次走访都记录清晰，让每一次记录都成为一篇详细生动的民情日记；强调宣传典型，把机关各单位在走访中的先进做法和即知即改范例，宣传推广、营造氛围，以点带面、推动全局。按照"谁走访、谁负责"的原则，充分利用好政务管理平台，让问题从"来"到"去"都能清晰可查，从头到尾都能跟踪问效。加强督导督查，将作风巡查力量加强到"大走访"中，重点查纠走访中存在的问题，定期以通报的形式，点名道姓加压助力，在检查中促进、在督导中推动机关"大走访"活动务实、深入开展。

【机关"三防"专项工作】为深化机关各部门对"三防"（作风建设"防隐身防变异防反弹"）专项行动严肃性、重要性认识，区级机关工委结合要求，抓好机关各党组织分管纪检工作副书记和纪检委员教育学习，传达学习省、市、区各级纪检工作会议精神和通报情况，贯彻各专项活动行动步骤和具体要求，常抓常讲常提醒、明规明矩明责任，使机关各部门思想再统一、认识再提高、标准再明确，把“三防”行动摆在突出位置，不折不扣落实工作要求，防止行动走形式、搞变通、有松懈，紧好思想认识安全阀，确保机关各部门不发生违纪违规问题。机关各部门以自查为重点、以问题为导向，老老实实、不遮不掩地梳理本单位情况。尤其对那些问题苗头和隐患，做好自查，严谨细致、抓小慎微、以查代促，排除走过场和侥幸心理，确保自查全覆盖、无死角、零遗漏。针对前期“三防”专项行动自查自纠发现问题和巡察中发现问题，强调整改抓早，督促机关部门加大整改力度，确保即知即改即见效。结合“大走访”活动，推动机关党员干部深入基层、体察民情、倾听民声，听取基层群众对作风建设和群众身边不正之风反映，收集整理和解决处理问题。强化日常监管力度，用好作风投诉电话等监督平台和手段，加快审理、督办节奏，提升效果，确保把作风建设“三防”专项行动等工作持续深入、有效推进。（张　曼）

【机关文化建设】关爱青年成长，组织机关青年开展以“凝聚青春力量，服务中心发展”为主题教育实践活动。服务妇女发展，把增强机关妇女综合素质作为促进妇女发展基础性工作，精心筹划妇女素养提升、瑜伽培训等课程。关爱党员干部身心健康，举办机关干部户外拓展、登山赛、乒乓球赛、健康讲座、太极拳培训等各类形式多样文体活动，参与人数2500余人。完善党内关怀、帮扶、激励机制，加强对老党员、生活困难党员和生病党员关心爱护，2017年区级机关工委慰问生病人员300余人，慰问金额30余万元。

（万　涛）

【机关党务工作培训班举办】5月11日，区级机关工委在区委党校举办1期机关党务工作培训班。区委常委、区委副书记曹曙出席

5月11日，区级机关党务干部培训班在区委党校举办。
（区级机关工委　供稿）

开班式并授课。区级机关工委书记张鉴冰从工作角度，为参训人员解读《全面推进区级机关党组织建设规范化实施意见》《加强区级机关党组织党内监督工作》《机关党组织活动经费管理使用》等文件规定，明确职责担当和任务要求。培训还就《党支部工作手册》的使用提出具体要求，给党务工作者廉洁自律上一堂鲜活的党课。（张学功）

·党　校·

【概况】坚持“党校姓党”办学方向，深化教学改革，提高办学质量，加强培训组织管理。全年共举办各类培训班43次，共计培训学员7215人次。保障服务全区各部门在区委党校开展培训（会议）35期，培训人数3718人次。推进全区调研月课题，完成申报《党校发挥理论宣讲主体作用的实践和思考》课题。完成由区委组织部牵头全区组织工作重点调研课题《基层干部教育培训工作问题与对策研究》。完成南京市委党校系统《建邺区构建基层社会服务管理体系架构的调查和思考》和《建邺区失地农民社会保障问题研究》调研课题，并通过2018年立项《建邺区打造城市中央文化区（CCD）的发展机遇及路径选择》课题。围绕中国共产党第十九次全国代表大会、中国共产党第十八届中央委员会第六次全体会议及省、市、区党代会精神开设专题，深入机关、街道和社区等基层单位开展多种形式主题宣讲活动。全年开展各类宣讲90场，其中中国共产党第十九次全国代表大会精神宣讲33场，中国共产党第十八届中央委员会精神宣讲10场，组织区“宣德堂”之道德开讲社区巡回宣讲24场，党员冬训社区宣讲10场，基层培训上党课13场。成立大走访活动负责人小组，深入社区走访，11名在职党员干部都参加大走访活动。共走访3家企业、1家民办幼儿园、金穗花园社区20余次、城区居民家庭550户、困难家庭6户，收集问题2个，其中即知即改1个，区级协调解决1个。（王　军）

【党的十九大精神系列轮训】区委组织部牵头，区委宣传部、区委党校和区人社局共同组织开展中国共产党第十九次全国代表大会精神系列轮训工作，举办各级各类培训班次8期，2000余人参训。区委组织部、区委党校共同举办建邺区区管干部学习贯彻中国共产党第十九次全国代表大会精神专题轮训班，建邺区委书记、河西管委会主任、党组书记、市委宣讲团成员张俊出席开班动员会并作首场宣讲报告，区委党校邀请江苏省委党校教授，分别从“习近平新时代中国特色社会主义思想”“高举中国特色社会主义伟大旗帜，坚定四个自信”“提高保障和改善民生水平，加强和创新社会治理”“贯彻新发展理念，建设现代化经济体系”及“依法治国的若干理论与实践问题”5个方面作专题辅导报告，本次集中轮训分2期进行，每期2天，全体区管干部400人，社区党组织书记

58人参加轮训。区委组织部、区委党校和区人社局共同举办建邺区科级及以下公务员、基层党组织书记学习贯彻中国共产党第十九次全国代表大会精神专题轮训班，本次轮训分4期，每期时间为1天。区委副书记、区长闵一峰，区委副书记曹曙，区委常委、副区长夏晓燕，区委常委、副区长赵建国，分别为4期培训班学员作专题宣讲报告，南京市委党校副校长刘喜发等4位党校教授作专题讲座，全区1100余名科级及以下公务员、67名基层党组织书记参加轮训。区委组织部、区委党校共同举办驻区企业进党校参加中国共产党第十九次全国代表大会精神专题培训班，全区两新组织、各功能园区企业负责人、企业党组织书记、业务骨干200余人参加培训。区关工委、区委党校共同举办建邺区关工委学习贯彻中国共产党第十九次全国代表大会精神培训班，200余名区各级关工委工作者参加培训。（马梦诗）

12月8日，建邺区科级以下公务员基层党组织书记学习宣传贯彻党的十九大精神专题轮训班在区委党校举办。（区委党校 供稿）

【新任区管干部专题培训】 9月18~29日，建邺区举办新任区管干部专题培训班，45名区管副处干部参加培训。本次培训班为期2周，9月18~22日在区委党校集中培训，9月23~29日在龙岩古田进行异地教学。区委副书记曹曙参加开班仪式并做动员讲话。本期培训班针对新任处级负责干部特点，突出抓好党性锻炼和能力提升。围绕学习贯彻习近平总书记重要讲话精神、“一带一路”战略、文化建设、领导科学和领导能力、如何当好副职、依法行政、军事外交、党风廉政建设和反腐败斗争等内容，邀请党校教授、高校专家和区负责人进行专题辅导，同时还安排新闻发布会模拟教学，团队凝聚力拓展训练等互动课程，增强培训针对性和实用性。

培训班学员赴龙岩和瑞金两地进行党性锻炼，实地参观松毛岭战地遗址、古田会议遗址、毛泽东才溪乡调查纪念馆、“一苏大”会址、瞿秋白纪念馆、中央革命根据地历史博物馆和沙洲坝旧址群等红色遗址。聆听龙岩市委党校教授林炳玉《古田会议在建党建军中的重要作用》和瑞金干部学院教授刘良《中央苏区与苏区精神》，通过专题授课、现场教学、体验式教学等多种形式，缅怀革命先烈丰功伟绩，学员们受到思想洗礼，增强党性修养。（桂祈军）

【党的十九大精神宣讲】中国共产党第十九次全国代表大会刚刚闭幕，区委党校迅速行动起来，在传达学习贯彻中国共产党第十九次全国代表大会精神同时，研究学习宣传贯彻中国共产党第十九次全国代表大会精神宣讲工作方案，推动中国共产党第十九次全国代表大会精神在基层落地生根。一方面深入全区机关、街道、社区专题宣讲33场，另一方面结合宣德堂阵地宣讲34场，受众人数达2500余人，得到广大党员群众充分肯定和好评，取得预期效果。区委党校成立由南京市委党校专家教授、区委党校负责人及骨干教师组成中国共产党第十九次全国代表大会精神宣讲团。宣讲团成员先学一步，用习近平新时代中国特色社会主义思想武装头脑、实践。探讨交流，精心备课，宣讲人员紧扣上级下发宣讲提纲，采用查阅资料、撰写讲稿、集中备课、制作PPT课件、试讲评教等形式相互交流学习，有效提升备课质量。把握宣讲规律，讲究宣讲艺术，注重采用生动活泼语言，富有活力表达，把难点重点要点讲清讲透，使广大党员干部群众对中国共产党第十九次全国代表大会精神入脑入心。

【"宣德堂"巡回宣讲】区委党校在2016年组织全区"宣德堂"道德开讲之社区巡回宣讲基础上继续开展宣讲活动24场，党员冬训和党课教育33场，受众人数达5000多人，基本达到社区宣讲全覆盖。充实宣讲队伍，召开"宣德堂"推进提升工作暨阶段性成果展示大会，并举行"道德开讲"宣讲团讲师聘请仪式。发挥社会组织作用，围绕传承文明、弘扬美德、践行服务3大功能，致力塑造"群体整合、道德教化、心理调适、文化认同、社会治理"为目的民生需求，突出"在服务中宣德、在宣德中服务"理念，由社会公益服务性组织（简称社会组织），依托政府职能机构和社区实际充分发挥作用，弥补政府想管而又难以管到的盲区，并以成功实践案例进行广泛宣讲。根据形势任务发展变化，及时更新完善宣讲内容，在党员冬训和党课教育中与宣德堂同步进行。（石万寿）

【"大走访"活动】2月23日上午，区委党校常务副校长金光明带队，区委党校负责人赴结对共建单位沙洲街道金穗社区进行走访。金穗社区书记许发军详细介绍社区管理状况以及党支部建设基本情况，并陪同参观社区人大接待室、党员之家以及居家养老服务站等。区委党校负责人认真听取社区介绍，了解社区存在困难和需求，重点关注低保户和困难学生，对这两类人群数量、致贫原因详细了解，收集到社区关于增设清河南园、金穗花园2个小区机动车停车场出口意见1条。最后，区委党校负责人就2个单位合作共建提出具体建议，明确表示将在党员培训、社区氛围营造等方面给予金穗社区帮助。（朱玉荣）

【课题调研】为探索提升区委党校理论宣讲有效途径，更好发挥理论宣讲主阵地作用，区委党校向区委申报2017年度全区调研月课题《基层党校发挥理论宣讲主体作用的实践和思考》，成立由常务副校长任组长课题组。课题组对区委党校近5年，利用“宣德堂”等载体，深入各机关、企业、社区等，开展中国共产党第十八次全国代表大会、中国共产党第十九次全国代表大会和社会主义核心价值观、群众路线教育实践活动、“两学一做”“迎青奥、讲文明、树新风”等280余场系列宣讲活动进行认真梳理和总结。课题肯定区委党校在基层理论宣讲中通过强化组织、面向基层、严把质量、注重效果做法和取得成效。为推进区委党校理论宣讲工作再上新台阶，课题从构筑大宣讲格局、提高理论宣讲水平、创塑理论宣讲品牌等3个层面提出相应工作举措。（张卫东）

【科研咨政】做好已立项课题推进工作，课题组通过组织召开座谈会、问卷调查、深入基层等形式，对2016年立项《建邺区构建基层社会服务管理体系架构的调查和思考》与《建邺区失地农民社会保障问题研究》2篇课题，开展课题调研和撰写工作，2篇调研课题均按时结题，并通过结项评审。做好2017~2018年度调研课题申报，区委党校联合区文化局申报《建邺区打造城市中央文化区（CCD）的发展机遇及路径选择》课题，通过南京市委党校调研课题立项评审，为保证课题质量，党校邀请南京大学社会学院副教授胡晓武提供专业指导。组织开展科研成果评奖申报，区党校先后组织南京市第五届社科决策咨询优秀成果评奖和南京市党校系统第八届科研评奖申报工作。其中，南京市第五届社科决策咨询优秀成果评奖已经揭晓，区委党校申报课题《南京市建邺区社区协商民主的实践与探索》荣获三等奖。（杨　斌）

建邺区人大

【概况】建邺区十八届人大代表名额203名，2017年实有代表203名，其中：妇女代表78名，占38.42%；一线工人、农民、专业技术人员57名，占代表总数的28.08%；党政干部代表73名，占35.96%；非中共党员代表51名，占25.12%；少数民族代表7名，占3.45%。根据2016年《南京市建邺区人大机构编制设置方案》的通知，区人大专门委员会机构设2个（法制委员会、财政经济委员会）；区人大常委会办事机构设2个（区人大常委会办公室、区人大常委会研究室）；区人大常委会工作机构设6个：分别是教育科

1月4日，建邺区第十八届人民代表大会第一次会议在机关大礼堂召开。（区委宣传部 供稿）

学文化卫生委员会、环境资源城市建设委员会、民族宗教侨务台湾事务委员会、人事代表联络委员会、内务司法工作委员会、预算工作委员会。2017年共召开区人大常委会会议7次、区人大常委会主任会议14次；听取和审议“一府两院”（区政府、区检察院、区法院）专项工作报告7项，开展专题视察7次；作出决议、决定10项；依法任免国家机关工作人员90人次，82名被任命人员进行宪法宣誓；组织区人大代表参加各类培训学习、视察检查、调研座谈等活动1653人次，168件代表意见建议全部办结。

【预算执行监督】加强对目标计划、预算执行的监督。加强对年度计划目标执行情况、财政预算全口径以及预算问题整改的监督，督促政府相关部门和街道规范预算执行，严格预算管理。

【城建环保监督】加强对城市建设、环境保护的监督。听取和审议2017年城市建设项目启动情况、“门前三包”管理工作实施情况、莫愁湖公园景观升级提升工程情况、“两减六治三提升”专项行动（“两减”是指减少煤炭消费总量和减少落后化工产能。“六治”是指治理太湖及长江流域水环境、生活垃圾、黑臭水体、畜禽养殖污染、挥发性有机物和环境隐患。“三提升”是指提升生态保护水平、环境经济政策调控水平和环境执法监管水平）工作的汇报，推动更高品质建设现代化城市中心目标的实现。

【社会民生监督】加强对社会事业、民生实事的监督。专题视察并听取了区政府民生“十件实事”推进情况、全区智慧管网建设、档案资源建设和侨务、民族工作等情况的汇报，支持区政府及职能部门顺应群众意愿和期盼，解决群众关心关注的热点难点问题。

【司法监督】开展执法检查，根据南京市人大统一部署，组织代表和委员们对《南京市住宅物业管理条例》开展比较深入的执法检查，客观真实地掌握《南京市住宅物业管理条例》在区贯彻实施的现状，并就破解物业管理中的难题，提出建设性的建议。推进依法行政，听取区政府关于人民调解工作、全区知识产权工作推进与发展情况的报告，并提出有针对性意见建议。促进司法公正，听取区法院基本解决执行难工作情况、区检察院民事行政检察工作情况的报告，推动法检两院独立充分履行审判和检察职能，维护法律尊严，提高司法公信力。

【代表履职】重引导，不断提高代表履职水平。加强代表的履职培训，深入开展新代表走访工作，坚持为代表订阅专业报刊，拓展代表知情知政渠道。强基础，不断丰富代表活动内容。研究制定闭会期间代表履职的文件，动员组织代表踊跃参加活动，在科技园、河西CBD等功能园区相继建立“人大代表工作室”，继续深入开展“定向定点”视察、检查工作。深督办，不断提高建议办理实效。完善建议办理工作流程，168件代表建议实现办结率100%，满意和基本满意率100%，代表建议办成率有新提升，达到83.9%。谋创新，不断增强街道人大活力。在全市首家研究制定《街道人大工委工作规则》，为规范开展街道人大工作建立标准，各街道还坚持在规范中创新，增强街道人大工作的活力。

【区人大常委会机关建设】坚持党的领导有新举措，更加注重发挥人大党组在区人大常委会中的牵头抓总作用，新研究制定并出台《党组工作规则》，主动及时向区委请示报告工作。贯彻区委决策有新深化，坚决贯彻区委的决策部署，认真履行好宪法和法律赋予的职责，确保区委的主张经过法定程序转化为全区人民的共同意志。服务发展大局有新作为，坚持服务全区经济社会发展，通过开展视察调研，和全区一道破解发展难题，助推经济建设持续健康发展。决定重大事项有新规范，协助区委研究制定《关于健全人大讨论决定重大事项制度、区政府重大决策出台前向区人大报告的实施细则》，探索建立重大事项“年度清单”制度，先后对批准2016年财政决算、2017年区本级预算调整、地方政府债务限额等重大事项进行讨论决定。坚持提质增效，在密切联系群众、加强自身建设上重视加强制度建设。对《区人大常委会审查监督国民经济和社会发展计划暂行办法》《区人大常委会街道预算审查监督办法》等10项制度进行制定或完善，促进本届人大常委会履职更加规范。深入开展大走访活动。发挥密切联系基层、联系群众的优势，深入社区、走进企业、联系群众，为区人大常委会更好地履职提供第一手资料。全面提升履职能力，实行区人大常委会集体学习制度，提升人大干部理论认识和实际工作能力。深入开展“两学一做”教育实践活动，党员干部的思想认识得到升华。加大宣传调研力度，共撰写调研文章14篇，采编撰写人大代表风采22篇，被省、市人大网站采用各类信息457条，被《人民代表报》《人民与权力》《南京日报》《南京人大》等报刊刊用44篇通讯报道。

【区十八届人大常委会会议】1月23日下午，建邺区第十八届人大常委会召开第一次会议。会议由区人大常委会主任杨春燕主持，区人大常委会组成人员出席会议。列席会议的有：区政府副区长王国平，区人民检察院检察长于刚，区政府办公室副主任吴新益。会议讨论决定有关人事任免事项。区人民政府副区长王国平宣读“关于提请任命赵建国同志职务的议案”。依据宪法宣誓组织规程，被任命的区人民政府副区长赵建国宣誓。

3月17日，建邺区十八届人大常委会第二次会议举行，区十八届人大常委会组成人员出席会议。会议由区人大常委会主任杨春燕主持。列席会议的有：区长闵一峰，区人大负责人汤倩一，区政府副区长夏晓燕，区人民法院院长芮铭珍，区人民检察院检察长于刚，区政府办公室主任郁宁一、副主任陈理，区建设和交通局局长顾颖勤，区人大代表毛宏、缪爱霞、张瑞，还有邵瑞云、杨闵有、王丽福3位公民应邀旁听会议。会议共有4项议程：讨论决定有关人事任免事项。会议根据有关规定和区长闵一峰提请议案，对区政府工作部门负责人进行重新任命；根据区人民法院院长芮铭珍的提请议案，任免了2个庭长等职务；根据区人大常委会主任杨春燕提请议案，任免部分区人大机构工作人员。会议讨论通过设立区十八届人大常委会代表资格审查委员会及其组成人员名单。区人大常委会人代联委主任姜国忠就建议名单作说明。会议审议通过区人大常委会4个工作委员会和6个街道工作委员会委员名单。区人大常委会主任杨春燕宣读任命决定，并颁发任命书。会议举行宪法宣誓仪式。审议通过《区人大常委会2017年度议题及主要工作安排》。听取和审议区政府2017年城市建设项目启动情况的汇报。区建设和交通局局长顾颖勤报告2017年城市建设项目启动情况。听取区政府报告2017年度重大事项情况。根据上级有关规定和精神以及《建邺区人大常委会讨论决定重大事项的规定》，区委常委、区政府副区长夏晓燕就2017年度拟定的重大事项向区人大常委会会议作报告。

5月26日，建邺区十八届人大常委会第三次会议召开。会议由区人大常委会主任杨春燕主持。会前，区人大常委会全体组成人员进行知识产权法专题业务学习，南京知识律师事务所主任律师汪旭东为区人大常委会组成人员作题为《知识产权与科技创新》的授课。列席会议的有：区人大负责人汤倩一，区委常委、副区长赵建国，区人民法院院长芮铭珍，区人民检察院副检察长耿辉，区人大常委会办公室副主任石高发，区人大常委会环资城建委副主任徐建伟，区政府办公室副主任陈理，区民宗局局长张思根，区科技局局长朱振国，区人大代表马方剑、赵玲，公民缪秀华、沈美荣应邀旁听会议。会议共有 4 项议程：听取和审议区政府关于知识产权工作推进与发展情况的报告，区科技局局长朱振国代表区政府报告全区关于知识产权工作推进与发展情况。听取和审议区民族工作情况的报告，区民宗局局长张思根代表区政府报告全区民族工作情况。审议南京市人大建邺代表组 3 名代表履行代表职务情况，并进行满意度测评。根据南京市人大《关于组织市人大代表向原选举单位报告履职情况的办法》相关要求和区人大年度重点工作安排，本次区人大常委会安排戚鲁、徐传德、李建 3 名南京市人大建邺代表组代表向区人大常委会报告履职情况。区人大常委会人代联委主任姜国忠，结合走访调研情况，对 3 位代表参与人代会、代表组活动、闭会期间履职等工作情况，向常委会作意见汇总报告。会议依据南京市人大《关于组织市人大代表向原选举单位报告履职情况的办法》，对 3 位市代表综合履职情况进行满意度测评。讨论区人民法院有关人事任免事项。

7 月 27 日，建邺区十八届人大常委会第四次会议召开。会议由区人大常委会主任杨春燕主持。列席会议的有：区人大负责人汤倩一，区委常委、区政府常务副区长李方毅，区人民法院院长芮铭珍，区人民检察院检察长于刚，区政府办公室副主任陈理，区发改局局长吕刚，区财政局局长姚胜强，区审计局负责人顾晓振，区人大代表高波、马维珍，公民方广海、施桂英旁听会议。会议共有 5 项议程：听取和审议区政府关于 2017 年上半年国民经济和社会发展计划执行情况（含河西管委会项目）的报告。听取和审议区政府关于 2016 年财政预算和其他财政收支情况的审计工作报告；审查批准区政府 2016 年财政决算。听取和审议区政府关于 2017 年上半年财政预算执行情况的报告。听取和审议区政府部分部门和街道预算执行跟踪情况的报告。相关人事任免事项。

9 月 28 日，建邺区十八届人大常委会第五次会议召开，区十八届人大常委会组成人员出席会议。会议由区人大常委会主任杨春燕主持。列席今天会议的有：区人大负责人汤倩一，区政府副区长曹国圣，区人民法院院长芮铭珍，区人民检察院检察长于刚，区政府办公室副主任唐兵，区档案局局长祁玉梅，区城管局局长张超英，区环保局局长孙标，区人大代表王伟民、朱冰、王学明、姜叶慧、夏宏娟，公民张洁、刘玉梅应邀旁听会议。会前，区人大常委会组成人员听取区检察院副检察长张乾良作民事行政检察有关的法律知识讲座。本次会议议程安排 6 项：听取和审议区检察院关于民事行政检察工作情况的报告。听取和审议区政府关于加强档案资源建设情况的报告。听取和审议区政府关于门前三包管理工作实施情况的报告。听取和审议区政府关于全区环境状况和环境保护目标完成情况及“两减六治三提升”专项行动（“两减”是指减少煤炭消费总量和减少落后化工产能。“六治”是指治理太湖及长江流域水环境、生活垃圾、黑臭水体、畜禽养殖污染、挥发性有机物和环境隐患。“三提升”是指提升生态保护水平、环境经济政策调控水平和环境执法监管水平）工作的报告。审议通过区人大常委会相关制度规定。讨论决定有关人事任免事项。

11月28日，建邺区十八届人大常委会举行第六次会议，区人大常委会组成人员出席会议，会议由区人大常委会主任杨春燕主持。列席会议的有：区人大负责人汤倩一，区委常委、区政府副区长夏晓燕，区人民法院院长芮铭珍，区人民检察院检察长于刚，区政府办公室主任李祥森，区财政局局长姚胜强，区审计局负责人顾晓振，区人大代表王伟民、张娟、肖群、黄德智。公民宋星、杨秀梅应邀旁听会议。本次会议共有8项议程：听取和审议区政府关于代表建议办理情况的报告，区政府办公室主任李祥森作《关于区十八届人大一次会议代表建议办理工作的情况汇报》。听取和审议区政府关于审计意见落实整改情况的报告并进行满意度测评，区审计局负责人顾晓振代表区政府作《建邺区2016年度本级预算执行和其他财政收支审计发现问题整改和审计建议落实情况的报告》。听取和审议区政府关于2017年区本级预算调整方案（草案）的议案，区政府财政局局长姚胜强代表区政府作《关于提请审议〈南京市建邺区2017年区本级预算调整方案（草案）〉的议案》和《关于提请审议〈南京市建邺区2017年区本级预算调整方案（草案）〉的说明》，区人大财经委副主任委员、区人大常委会预算工委主任宣峥宣读《关于批准南京市建邺区2017年区本级预算调整议案的决定（草案）》。听取和审议区政府关于2017年地方政府债务限额的议案，区政府财政局局长姚胜强代表区政府作《关于提请审议建邺区2017年地方政府债务限额的议案》和《关于提请审议2017年地方政府债务限额议案的说明》，区人大财政经济委员会主任委员秦智平宣读《关于批准南京市建邺区2017年地方政府债务限额议案的决定（草案）》。听取和审议区法院关于推进“基本解决执行难”工作情况的报告，区法院院长芮铭珍作《关于推进“基本解决执行难”工作情况的报告》。审议通过《建邺区人大常委会讨论决定重大事项的规定（修订草案）》，区人大常委会研究室主任滕宏明就《建邺区人大常委会讨论决定重大事项的规定（修订草案）》作说明。讨论决定有关人事任免事项。讨论决定区人大代表增补事项，区人大常委会人代联委主任姜国忠作《关于提请补选建邺区人大代表的议案》。

12月26日，建邺区十八届人大常委会第七次会议召开，会议由区人大常委会主任杨春燕主持。列席会议的有：区人大负责人汤倩一，区政府副区长李方毅，区人民法院院长芮铭珍，区人民检察院检察长于刚，区委组织部副部长李存华，区政府办公室副主任唐兵，区发改局调研员杨一评，区财政局局长姚胜强，河西CBD管委会主任杨泗周，区人大代表马维珍、高波，公民方广海、金少杰应邀旁听会议。本次会议的议程安排6项：听取和审议区政府关于2017年国民经济和社会发展计划执行情况与2018年国民经济和社会发展计划（草案）编制情况的报告，区发展和改革局调研员杨一评作汇报，区人大财经委主任委员秦智平作《关于建邺区2017年国民经济和社会发展计划执行情况与2018年国民经济和社会发展计划（草案）的审查报告》。听取和审议区政府关于2017年财政预算执行情况和2018年财政预算（草案）的报告，区财政局局长姚胜强作汇报，区人大财经委副主任委员、常委会预算工委主任宣峥作《关于〈建邺区2017年财政预算执行情况和2018年财政预算（草案）的报告〉的预先审查报告》。听取区政府关于增资购买金融城产业载体和参与设立江苏疌泉毅达融京股权投资并购基金的报告，根据《建邺区人大常委会讨论决定重大事项的规定》相关要求，请河西CBD管委会主任杨泗周代表区政府作汇报。讨论通过部分代表资格审查报告，区人大常委会副主任、代表资格审查委员会主任委员洪国浩宣读《建邺区十八届人民代表大会常务委员会代表资格审查委员会关于部分代表的代表资格审查报告》（草案）。讨论决定有关人事任免事项，区人大常委会主任杨春燕宣读《关于提请谭大春等同志职务任免的议案》，区人民政府副区长李方毅宣读《关于提请任命顾晓振同志职务调整的议案》，会议举行奏唱国歌和宪法宣誓仪式。讨论决定区第十八届人民代表大会第二次会议有关事宜，区人大常委会办公室主任李彬作《关于区第十八届人民代表大会第二次会议筹备工作情况的报告》，区委组织部副部长李存华就区第十八届人民代表大会第二次会议有关建议名单情况，向常委会作介绍和说明，区人大常委会研究室主任滕宏明作《关于区人大常委会工作报告起草情况的说明》，区人大常委会办公室主任李彬宣读《关于召开区第十八届人民代表大会第二次会议的决定（草案）》，区人大常委会人代联委主任姜国忠就人大代表优秀建议评选情况及表彰决定（草案），向常委会作汇报。

表46　建邺区第十八届人民代表大会第一次会议代表建议一览表

代表团	序号	代表姓名	代表建议	建议类别
莫愁湖街道代表团（46件）	1	王　凌	关于加强违章停车管理的建议	环资城建
	2	申咏梅	关于对老旧小区监控维修更新、纳入平台统一管理的建议	民主法制
	3	朱长荣	关于修剪树木保障路灯照明功能建议	环资城建
	4	朱国美	关于进一步增加教师编制、教师职称评定指标全区统筹的建议	教科文卫
	5	巫明哲	关于尽快解决牌坊街片区道路破损、积水等问题的建议	环资城建

续表 46

代表团	序号	代表姓名	代表建议	建议类别
莫愁湖街道代表团（46件）	6	张　进	关于对任园（2–9幢）小区实施综合改造的建议	环资城建
	7	张　芳	关于合理规划水西门社区夜间停车位的建议	环资城建
	8	张　娟	引进专业物业管理公司解决老旧小区物业管理水平低下问题的建议	环资城建
	9	陈素琴	关于解决集庆门大街88号人行道雨天路面积水问题	环资城建
	10	赵玲燕	将拓园西小区进行改造，让老百姓享受好的生活环境	环资城建
	11	姚广秀	关于对明园社区25幢平改坡楼房进行维修解决渗、漏水问题的建议	环资城建
	12	顾　洁	关于老小区定期整改出新的建议	环资城建
	13	钱　锐	关于提升社区工作人员绩效和待遇建议	社区建设
	14	章金仓	关于帮助查找房屋产权单位并协调解决问题的建议	其他
	15	葛　倩	设立建邺区低收入人群大病门诊救助补助金	民生工作
	16	谢　娟	关于杜绝和整治老旧小区一楼住户私改房屋结构作商铺的建议	环资城建
	17	王伟民	加强纪念馆周边环境整治暨建立共同管理与联动机制	环资城建
	18	王华文	关于及时调整、优化社工工资待遇的建议	社区建设
	19	毛　宏	关于解决水西门大街玉塘街路口交通秩序问题的建议	环资城建
	20	纪　妹	关于落实居委会与社区医院基本公卫工作齐抓共管联动机制的建议	教科文卫
	21	李金萍	关于协调健全老旧小区专业物业公司管理的建议	环资城建
	22	李晓伟	加强爱国主义教育基地建设　提升民族爱国意识——传承并保护中国民族文化的非遗项目（云锦）持续发展	教科文卫
	23	杨　黎	关于公安机关在新老物业交接中给予协助的建议	其他
	24	肖　群	关于住宅小区沿街铝合金加工店噪音扰民的问题	环资城建
	25	何孝琴	关于群租房的人口管理问题建议	环资城建
	26	何孝琴	关于迅速开设银发餐桌的建议	民生工作
	27	何孝琴	加强对建邺区各养老机构的督查	民生工作
	28	何孝琴	关于南湖老旧小区在出新中实施平改坡的建议	环资城建
	29	何孝琴	对南湖公园应从严实施“长效管理”的建议	环资城建
	30	何孝琴	关于规范养狗、严格执法管理的建议	环资城建
	31	何孝琴	卡车占桥卖水果的应易地经营	环资城建
	32	何孝琴	关于检修、恢复南湖东路上座椅的建议	环资城建
	33	何孝琴	关于南湖菜场门口的违建拆除的建议	环资城建
	34	何孝琴	关于防盗门的维修问题的建议	民主法制
	35	何孝琴	关于大力治理“牛皮癣”的建议	环资城建
	36	张　瑞	关于南湖艺苑村市民健身设施更换的建议	教科文卫
	37	陆　俊	关于南湖路市政道路开口的建议	环资城建
	38	陆秋燕	关于改造梅花里小区停车位的建议	环资城建

续表 46

代表团	序号	代表姓名	代表建议	建议类别
莫愁湖街道代表团（46件）	39	陈永福	加强农贸市场食品安全监督抽检和快速检验	民生工作
	40	茆健强	关于修建渔业资源放流（放生）地的建议	环资城建
	41	范瑞东	关于对小区防盗门后期维修的建议	民主法制
	42	李祥森 骆　捷	关于在莫愁湖西路安装交通违法监控探头的建议	民主法制
	43	夏金城	关于建立环卫车队固定停车场地的建议	环资城建
	44	夏金城	关于抓好莫愁湖地区店家落实门前三包的建议	环资城建
	45	申　卫	关于对长虹路275号巷内牛羊肉交易市场开展环境综合整治的建议	环资城建
	46	缪爱霞	关于市政设施管养的建议	环资城建
兴隆街道代表团（28件）	1	查婉玲 诸　敏	关于尽快协调乐山路社区办公用房的建议	社区建设
	2	薛可悦	关于促进建邺区文化产业发展的建议	教科文卫
	3	崔　永	关于改善拆迁居民若干民生问题的建议	民生工作
	4	单宜虎	关于河北村城中村改造失地村民安置问题的建议	民生工作
	5	杨善平	关于加大建邺区部分河道水质污染综合治理的建议	环资城建
	6	俞丽丽	关于加强建邺区志愿者队伍建设的建议	其他
	7	赵振文	关于加速警辅改革提升警辅队伍整体素质的建议	其他
	8	诸　敏	关于建邺区促进文化消费创新试点工作的建议	教科文卫
	9	彭小虎	关于将“家长学校”纳入政府管建制度体系的建议	教科文卫
	10	赵振文	关于解决城市停车管理混乱加速智能化停车管理发展的建议	环资城建
	11	杨　毅	关于开展交通文明礼仪专项推广活动的建议	其他
	12	周忠胜	关于老旧小区绿化专项提升的建议	环资城建
	13	黄晓萍	关于社区助老服务的建议	民生工作
	14	夏　崴	关于提高社工工资待遇的建议	社区建设
	15	张霆辉	关于完善新经济形态下非公经济企业情况梳理工作的建议	经济建设
	16	赵　玲	关于完善正达社区宜居幸福圈配套设施的建议	民生工作
	17	邹　正	关于为基层派出所减负增效的建议	其他
	18	骆　巍	关于落实建邺区老年人助餐政策的建议	民生工作
	19	夏秀华	关于开展兴隆街道丹桂居小区出新的建议	环资城建
	20	宋爱菊	关于兴隆街道丹桂居小区早日新改造的建议	环资城建
	21	宋爱菊	关于学校为预防学生冬季锻炼后着湿衣容易感冒设立更衣室情况进行评估的建议	教科文卫
	22	余　圆	关于延长集庆门西延公交线路至清河路或增设清河路公交车站点的建议	环资城建
	23	唐延三	关于在河西划出租车临时停车泊位的建议	环资城建
	24	曹建春	关于在建邺区开通“区内文化体育直通车”的建议	环资城建

续表 46

代表团	序号	代表姓名	代表建议	建议类别
兴隆街道代表团（28件）	25	夏　崴	关于在金典社区设立菜市场或社区蔬菜副食品便民直销店的建议	环资城建
	26	马方剑	关于在社区对中老年人进行防范金融诈骗培训的建议	民主法制
	27	查婉玲	关于整治乐山路150号、158号门前道路车辆违停的建议	环资城建
	28	俞丽丽	关于支持规范性早教机构可持续发展的建议	教科文卫
南苑街道代表团（19件）	1	程　立	关于加强虹苑新寓通讯线缆管理的建议	环资城建
	2	程　立	关于在虹苑社区建设市民广场和地下停车场的建议	环资城建
	3	丁少山	关于为城市管理协管员办理住房公积金的建议	民生工作
	4	丁艳红	关于加大开办公办幼儿园或公益普惠性幼儿园力度的建议	教科文卫
	5	范　嵘	关于将建邺区卫计系统工作人员纳入医药费二次报销范畴的建议	教科文卫
	6	高　波　尤佳春　周志强	关于提高社工待遇、稳定社工队伍的建议	社区建设
	7	高　波　尤佳春　周志强	关于所街路南面污水管道整体改造的建议	环资城建
	8	韩翠银	关于要求对建邺区爱达花园小区东面河堤升级改造及增设安全监控设施的建议	环资城建
	9	梁　鹏	关于兴隆纺织公寓粉刷内墙的建议	环资城建
	10	马维珍	关于整顿南苑台畔路停车问题的建议	环资城建
	11	潘亚平　高　波　高宣颐	关于改进社区工作机制的建议	社区建设
	12	孙　琍	关于对职业教育编外专任教师给予政府专项财政补贴的建议	教科文卫
	13	孙　婷	关于加大关爱建邺环卫工人力度的建议	民生工作
	14	王启月	关于加强建邺老城区建设改造，提升老城区百姓满意度的建议	环资城建
	15	吴　捷	采取切实有效措施，提升垃圾分类工作的实际效果	环资城建
	16	张宁新	关于增设云锦路公交站点的建议	环资城建
	17	周志强	关于加强南京国家广告产业园建设的建议	经济建设
	18	宗守强	关于话园社区小区安装楼道灯的建议	环资城建
	19	张　辉	关于完善激励机制，提升城管待遇的建议	其他
沙洲街道代表团（41件）	1	曹爱家	关于解决沙洲街道莲花嘉园社区办公用房的建议	社区建设
	2	曹爱家	关于完善莲花、中和保障房片区菜场布点的建议	环资城建
	3	曹爱家	关于完善中和、莲花保障房片区公交出行的建议	环资城建
	4	曹爱家	关于进一步加强全区保障房和老旧小区消防安全管理的建议	民主法制
	5	黄　华	关于将中城社区拆分为两个社区的建议	社区建设
	6	姜叶慧	关于归还沙洲街道中奥社区办公用房的建议	社区建设
	7	姜叶慧	关于合理布局餐饮业业态的建议	环资城建

续表 46

代表团	序号	代表姓名	代表建议	建议类别
沙洲街道代表团（41件）	8	姜叶慧	关于打造家建邺区一流高中的建议	教科文卫
	9	刘　杨	关于解决中和二、三期保障房小区大门进出口安全隐患的建议	民主法制
	10	钱年华	关于尽快解决中胜社区“宋都沁园消防管网瘫痪”的问题建议	民主法制
	11	王红兵	关于解决金穗花园社区停车场进出道路狭窄问题的建议	环资城建
	12	王红兵	关于解决绕城公路莲花、中和保障房片区段车辆噪声严重扰民问题的建议	环资城建
	13	夏宏娟	关于建立中央商务区社区职工活动中心的建议	社区建设
	14	曹　毅	关于加强沙洲西河综合治理的建议	环资城建
	15	陈　旭	关于消除河西南部地区交通安全隐患的建议	环资城建
	16	陈　旭	关于消除新城科技园、江心洲洲岛交通安全隐患的建议	环资城建
	17	陈　旭	关于清理全区道路路口、缺口旁绿化遮挡问题的建议	环资城建
	18	陈　旭	关于进一步提升科技运用，扩大监控覆盖，提升电子警察纠违的建议	民主法制
	19	仇必胜	关于完善社会综合治税的建议	经济建设
	20	简　桥	关于增加鱼嘴湿地公园公交车辆的建议	环资城建
	21	李春景	关于加大对视障人群关爱力度的建议	其他
	22	李　巧	关于增设科技园社区公共自行车租赁点的建议	环资城建
	23	李仁民	关于利用地下空间解决建邺区停车难的问题建议	环资城建
	24	沈　琰	关于加强交通乱象治理问题的建议	环资城建
	25	孙　玲	关于整合资源、扩充信息发布渠道，提升社会服务，加强区域人文建设的建议	民生工作
	26	王金泽	关于适当增加河西地区城市公共厕所的建议	环资城建
	27	王金泽	关于有效利用河西地区部分小区内部停车位的建议	环资城建
	28	王　维	关于借力物联网加快“智慧新城”建设的建议	经济建设
	29	王学明	关于加大建邺区老年人精神文化事业发展的建议	教科文卫
	30	王　峥	关于进一步加强新城科技园积淹水片区整治的建议	环资城建
	31	吴兴莉	关于加强建邺区 0~3 岁婴幼儿早教机构管理的建议	教科文卫
	32	许　雯	关于规范运用社会组织力量推进区域内老人日间托养服务的建议	民生工作
	33	杨树亚	关于进一步放大社区资源教育功能的建议	教科文卫
	34	展　翔	关于加快老年人活动中心建设的建议	民生工作
	35	张　璇	关于加强中小学安全管理的建议	教科文卫
	36	赵允芳	关于建立建邺区统一移动新媒体平台的建议	其他
	37	周骏贵	关于促进全区电子商务产业持续健康发展的建议	经济建设
	38	周骏贵	关于提升校园塑胶跑道安全和环境健康质量的建议	教科文卫
	39	周骏贵	关于进一步加强学校食品安全工作建议	教科文卫
	40	周作建	关于加大对社区卫生机构资金扶持力度的建议	教科文卫
	41	钱胜春	关于加强城市亮化工程建设的建议	环资城建

续表 46

代表团	序号	代表姓名	代表建议	建议类别
双闸街道代表团（21件）	1	董文斌	关于加快仁恒江湾城片区社区卫生服务站点建设的建议	教科文卫
	2	董文斌	关于优化仁恒江湾城周边公交线路的建议	环资城建
	3	高海萍	关于科学合理设置道路信号灯的建议	环资城建
	4	回宏亮	关于采取有效措施发展实体经济的建议	经济建设
	5	回宏亮	关于进一步完善社会治理网格化管理的建议	民主法制
	6	姬　磊	关于鼓励辖区内企业建立和引进金融研究机构的建议	经济建设
	7	姬　磊	关于开展金融消费教育活动的建议	经济建设
	8	蒋丽云	关于奥南地区交通问题的建议	环资城建
	9	蒋丽云	关于低收入家庭患重大疾病门诊费用适当享受“大病救助”的建议	科教文卫
	10	马小平	关于加强城市农贸市场规划布局与建设的建议	环资城建
	11	马小平	关于如何解决新老小区停车难问题的建议	环资城建
	12	沈　飞	关于加强对河西南部闲置地块管理的建议	环资城建
	13	施　翔	关于加强河西南部交通建设的建议	环资城建
	14	施　翔	关于加强居民楼电动车充电线管理的建议	环资城建
	15	万　群	关于加强奥南地区公交车班次的建议	环资城建
	16	万　群	关于加强对奥南地区夜间施工车辆违章查处的建议	环资城建
	17	杨如军	关于加强对清荷园小区电动车停车、充电问题管理的建议	环资城建
	18	原　勇	关于综合治理行人闯红灯现象的建议	民主法制
	19	周　宁	关于尽快加装人行交通指示灯的建议	环资城建
	20	周　宁	关于尽快实施江湾社区中心建设规划的建议	社区建设
	21	朱　冰	关于区政府为保障会展建立联动机制的建议	其他
江心洲街道代表团（12件）	1	吴　湧	关于全面重新规划并布建江心洲物防、技防设施的建议	民主法制
	2	杨世琴	关于解决红星街悦江苑路段停车问题的建议	环资城建
	3	魏　巍	关于改善江心洲洲岛家园社区停车难的建议	环资城建
	4	谢玉强	关于加快江心洲北部地区公共交通配套建设的建议	环资城建
	5	张学虎	关于加快街道社区办公用房建设的建议	社区建设
	6	张学虎	关于加强江心洲街道交通安全组织的建议	环资城建
	7	仲为坤	关于加强江心洲道路交通管理的建议	环资城建
	8	张会胜	关于加强江心洲一期安置房周边道路交通秩序管理的建议	环资城建
	9	魏　宁	关于江心洲红光桥增加人行和慢车道的建议	环资城建
	10	周　怡	关于江心洲洲岛家园社区增加公共浴室和殡葬服务场地的建议	民生工作
	11	黄文广	关于提升江心洲地区教育水平的建议	教科文卫
	12	黄德智	关于民政部门调整春节慰问边缘困难家庭有关规定的建议	民生工作

（区人大办）

【区人大常委会与河西管委会和“一府两院”联席会议】2月8日，建邺区人大常委会召开与河西管委会和“一府两院”联席会议。区人大常委会各位负责人，区政府区长、副区长、副巡视员，河西管委会负责人，区法院院长，区检察院检察长出席会议。区人大各机构负责人、区政府办公室负责人参加会议。会议由区人大常委会办公室主任李彬汇报《区人大常委会2017年度议题及主要工作安排》编制的有关情况。随后，河西管委会及“一府两院”负责人根据各自职责分工，对《区人大常委会2017年度议题及主要工作安排》发表意见。区长闵一峰对区人大常委会为保障促进新城建设和发展作出的不懈努力表示感谢。也希望区人大常委会一如既往地对区政府下一步工作给予关心、支持和监督，双方共同努力，不断推进建邺各项工作迈上新台阶。同时，区政府要继续密切与区人大常委会的工作联系，向区人大常委会报告工作中的重要事项，自觉贯彻执行区人大常委会作出的决议、决定，认真接受区人大常委会提出的审议意见，完成区人代会通过的各项目标任务，认真做好人大代表议案、建议办理工作，支持人大代表的视察和调研活动，为区人大常委会开展工作以及区人大代表依法履职创造良好的条件。区长闵一峰建议区人大常委会2017年应着重围绕全区综合改革、城建重点工作和项目、社会治理深化、发动代表联系服务企业等方面开展有效的监督和工作。最后，区人大常委会主任、党组书记杨春燕对区人大常委会及其工作委员会提出3点要求。

【街道人大工委主任例会】3月3日，建邺区人大常委会召开人大街道工委主任例会。区人大常委会主任、各位副主任，区人大各工作机构负责人，各人大街道工委主任、联络员出席会议。会议由区人大常委会副主任洪国浩主持。会上，各人大街道工委主任，区人大各委员会、常委会各工作委员会主任等分别汇报近期主要工作情况，及下一步工作计划。区人大常委会主任杨春燕，以及各位副主任发表意见。

7月11日，区人大常委会街道工委主任例会在双闸街道会议室召开，区人代联委主任姜国忠主持会议。区人大常委会主任杨春燕、副主任洪国浩，区人大常委会办公室主任李彬、研究室主任滕宏明、人代联委副主任章金仓，各街道人大工委主任参加会议。例会的议程：交流工作推进中的问题和建议。围绕“1+4”文件座谈讨论，收集意见和建议，围绕关于健全区人大讨论决定重大事项制度、区政府重大决策出台前向区人大报告的实施方案的文件进行讨论，收集意见和建议。布置区人大工作理论研究会调研课题。

11日7日，建邺区人大街道工委主任例会在兴隆街道召开。会议内容：各单位交流“双定视察”工作情况。汇报区代表风采撰写情况。代表职务和工作变动、出缺情况。布置区人大十八届二次会议代表建议撰写工作。收集各部门、各街道需要市代表提交建议的素材；区人大十八届二次会议前代表大视察，年度工作总结，个别选区补选代表工作的预先准备，组织到选区参加报告评议，代表履职系统建立后的登记等工作。会议由区人代联委主任姜国忠主持，区人代联委副主任章金仓进行工作布置。各街道人大工委主任分别进行工作汇报和交流，区人大研究室主任滕宏明就代表风采采编撰写等工作进行补充。区人大常委会副主任洪国浩提要求。

【2017 年度全区建议提案交办大会】3 月 29 日，2017 年度全区建议提案交办大会召开。区委常委、副区长夏晓燕，区人大常委会副主任洪国浩，区政协副主席刘雯禾以及区委办、区人大办、区政府办、区政协办、各街道人大工委和区政府主要承办部门负责人参加会议，会议由区政协副主席刘雯禾主持。会上，区委常委、副区长夏晓燕总结 2016 年建议提案办理工作，并部署 2017 年办理任务。2016 年区政府共承办区人大代表建议 135 件，区政协提案 109 件，共计 244 件。在区人大、区政协的监督和帮助下，经区政府及 42 家承办单位的共同努力，所有建议提案均已办结，并逐件答复代表委员，满意和基本满意率达 100%。2017 年，区政府收到区人大代表建议 167 件，区政协提案 129 件，市转区办理的建议提案 3 件，建议提案总数为 299 件。夏晓燕就 2017 年建议提案的办理提出 3 点意见。区人大常委会副主任洪国浩对建议提案办理工作提出 3 点要求。

【2017~2018 年度“定向定点”视察检查工作部署会议】3 月 31 日，区人大召开 2017~2018 年度“定向定点”视察检查工作部署会议。区人大常委会副主任洪国浩、区人大常委会各工作委员会主任和各街道工作委员会主任、联络员，区政府办以及被视察检查的区城管局、区房产局、区卫计局、区体育局、区科技岛办等部门的分管负责人参加会议。会上，区人代联委主任姜国忠就 2017~2018 年度“定向定点”视察检查的方案作具体说明，为提高活动质量和实效，本轮“双定”工作为期 2 年，莫愁湖街道代表组、兴隆街道代表组、南苑街道代表组、沙洲街道代表组、双闸街道代表组、江心洲街道分别对区体育局开展全民健身健康群体活动、区房产局《南京市住宅物业管理条例》贯彻落实情况、区司法局社区矫正工作、区城管局全区河道整治工作（含河西管委会）、区卫计局家庭医生签约工作、科技岛办新加坡·南京生态科技岛全岛规划和项目推进情况进行“双定”视察检查。区人大常委会各街道工委负责本街道人大代表“双定”视察和检查活动的牵头工作，要加强与被视察和检查部分联系和沟通，精心组织，统筹安排活动。根据被视察和检查部门年度工作情况，制定活动计划（每年活动不少于 3 次），区人大常委会各工

8 月 17 日，区人大常委会主任杨春燕（前排左四）视察区交通管理情况。
（区人大办　供稿）

作委员会要与各小组保持联系沟通，协助做好代表和被视察检查部门的联系工作。区人大常委会各相关工作委员会、各街道工作委员会和 6 个被视察检查部门，都要分别指定 1 名联络员，将“双定”工作服务好、保障好。区人大各街道工委主任及各有关部门分管负责人分别就“双定”工作方案发表意见建议。

【建邺区南京市人大代表换届选举工作部署会】 10 月 27 日上午，建邺区人大和区委组织部联合召开建邺区南京市人大代表换届选举工作部署会，各党工委、直属总支分管负责人，各街道人大工委负责人，共 31 人参加。会议由区人大常委会办公室主任李彬主持，区人大人代联委主任姜国忠部署区市十六届人大代表提名推荐和选举工作，区委组织部副部长赵莉就关于做好建邺区南京市第十六届人大代表候选人初步人选推荐工作进行部署。区人大常委会副主任洪国浩对做好区市人大代表提名推荐工作提出 4 点要求。

【区政府民生“十件实事”实施及民生项目建设情况专题视察】 11 月 9 日，区人大常委会专题视察民生“十件实事”实施及民生项目建设情况。区人大常委会主任杨春燕，副主任许联潮、汤志平、洪国浩、申卫，各工作机构负责人，各街道人大工委主任，以及部分财经委委员、环资城建委委员参加活动。区政府副区长王国平，区发改局、区房产局主要负责人陪同。

【南京市人大建邺代表组听取市、区法检两院 2017 年度工作通报】 2017 年 11 月 16 日，在建邺区人民检察院，南京市人大建邺代表组听取市、区法检两院 2017 年度工作通报并进行座谈。会议由建邺区人大常委会主任杨春燕主持。代表组听取南京市人民检察院党组成员、政治部主任杨继栋汇报全市检察工作，观看建邺区人民检察院 2017 年度工作汇报片，听取建邺区人民检察院党组书记、检察长于刚汇报检察工作，8 名市代表对市、区检察院工作进行评议和座谈。代表们对市区检察院年度工作给予的高度评价。代表组听取南京市中级人民法院党组副书记、副院长孙道林通报代表审议意见办理情况，以及全市法院工作情况，听取建邺区人民法院党组书记、院长芮铭珍通报年度工作，8名市代表对市、区法院年度工作进行评议和座谈。

【区人大代表视察区政府2017年工作】12月6日，建邺区组织人大代表全面视察建邺区经济社会发展情况。区人大常委会各位主任以及160余名区人大代表参加视察，区委常委、副区长夏晓燕陪同。视察前，代表们阅读2017年区人大视察汇报材料，实地视察新城科技园科技创新综合体、莫愁职校南京非遗学院校区、河西中央商务区金融城、紫金农商行总部项目、江东商贸区河西金鹰世界。在各视察点，科技园管委会、区教育局、河西CBD管委会、江东管委会提前进行相关的视察点安排，并进行现场情况介绍。

（区人大办）

建邺区政府

·综　述·

【概况】经济体制改革方面，在全面深化街道、功能园区经济管理体制改革的基础上，优化国有资本布局，强化国有资产监管，国资、城建集团完成组建，城管水务、房产集团加快组建。政府机构改革方面，审计、环保、水务等机构改革有序推进，江苏南京生态科技岛经济开发区、南京建邺高新技术产业开发区机构正式获批。行政审批制度改革方面，深化“放管服”改革，在全市率先出台简政放权优化创业创新环境整改方案，梳理24个部门169项公共服务事项、7个部门16项涉及中介服务行政审批事项清单，并向社会公布。建邺区被国务院选为全国百家、全省7家、全市唯一1家基层政务公开标准化规范化试点单位，试点工作稳步开展。城市治理改革纵深推进，全面深化街道综合行政执法体制改革，打造建邺模式。成立6个街道综合行政执法检查大队，首批下放13个部门1368项行政检查执法事项，派驻127名执法人员，划分综合行政执法网格，形成网格责任体系。研发综合行政执法信息平台，完善执法流程，加强执法培训，强化执法考核，实现综合行政执法全程线上监管。利用互联网技术和大数据应用，研发“人民调解小助手”APP，引导专业法律力量参与矛盾化解，“人民调解信息平台”被江苏省司法厅在全省重点推广，社会矛盾调处工作迈上新台阶。社会管理改革探索创新，探索现代社区服务新模式，成立全国首家现代社区研究院，加快建设全国社区治理和服务创新实验区，以优异成绩通过国家中期评估验收。深化社区“三委一中心”改革，构建网格化社会服务管理体系，出台深化社区网格化服务治理文件，加快政务服务、城市治理、公共服务、社会治安多网融合，做优街道、做强社区、做实网格，形成“社区治理到门口、网格服务到家庭”的社区网格化服务治理新格局。成立建邺区“一家亲”巾帼志愿服务联盟，社会综合治理能力不断提升。

【河西鱼嘴区域首个大型地块出让】2月14日，全市举行2017年首场土地拍卖，位于河西南部鱼嘴G97地块的超级综合体被世界500强入股企业北京方兴亦城置业以73.4亿元摘得。该地块是河西鱼嘴区域首个出让的大型地块，标志着南京“鱼嘴”商务区正式启动。该区域已聚焦华侨城欢乐滨江、仁恒G84等4个百亿级超级综合体项目，宁和城际一期、地铁7号线、地铁2号线西延线等3条地铁线路相继穿过。

【江苏省首家民营银行江苏苏宁银行开业】6月16日，江苏省第1家获批设立的民营银行江苏苏宁银行开业启动仪式在南京市建邺区举行。现场，苏宁银行与建邺区政府签署入驻河西金融集聚区战略合作协议，与江苏省国税局、江苏省公共信用信息中心、南京市地税局、南京市公积金中心签署政银合作协议，同时与中国银行、交通银行、兴业银行、江苏银行等11家单位签署普惠金融合作协议。苏宁银行注册资本达40亿元，是由苏宁云商集团股份有限公司（持股比例30%）等省内7家具备条件的纯中资民营企业共同发起成立的省内首家民营银行。该行定位“科技驱动的O2O银行”，秉承“知识密集、科技密集、风控严密和低成本运营”的经营理念，以“研发能力、专业专注”为立行之本，立足南京、面向江苏、辐射全国，聚集零售金融、供应链金融、财富资管、科技金融、金融市场等5大业务领域，打造国内最具科技元素和竞争力的互联网银行。

（黄雪浩　仓楠楠）

【阿里巴巴江苏总部落户建邺】6月23日，南京市建邺区政府与阿里巴巴集团签署投资协议，阿里巴巴江苏总部项目正式落户建邺区。该项目是贯彻落实江苏省与阿里巴巴集团全面战略合作协议的重要举措，为推进双方具体合作业务有效落地迈出了坚实的一步。此次阿里巴巴江苏总部项目合作洽谈，创出该集团在与政府合作项目中的历史最高效率和最快推进速度，阿里巴巴对此高度认可和赞赏。该集团淘宝大学团队、阿里云团队已在建邺新城科技园选址办公，建邺与阿里已就“云尚建邺”项目开展合作。建邺区携手阿里巴巴江苏总部引入淘宝、天猫等成熟业务，推动传统产业变革和“五新”产业突破，即结合建邺区商务商贸龙头企业云集、交通物流便捷的特点，共同推动“新零售”变革；借助该区作为省市重点打造的泛长三角区域金融中心的突出优势，推动“新金融”变革，为中小企业提供更多普惠金融；

发挥充裕的科创空间和优越的创业环境，培育“阿里生态圈”，推动“新技术”变革；搭乘建邺开展国家智慧城市示范城区和全国基层政务公开标准化规范化试点机遇，推动“新资源”变革，共建以“互联网＋政务”为核心的“云尚建邺”项目；谋局建邺环域庞大的制造业规模，结合阿里人才和技术优势，推动“新制造”变革。（黄雪浩　余　杭）

【省食品安全示范区创建】7月5日，江苏省举行首批食品安全示范县（市、区）授牌仪式，南京市建邺区等16个县（市、区）被评为江苏省首批食品安全示范县（市、区）。区注重基层建设，形成区、街、社区三级监管体系，落实基层机构标准化、规范化建设，提升基层依法监管、科学监管能力。注重源头监管，加强种植监管、田头检测，引导农户规范农资经营和使用，开展专项整治。注重环节监管，细化对食品安全生产、流通、餐饮等各环节管理，稳步推进量化分级、明厨亮灶、动态电子档案、分级管理等监管措施。注重基础建设，加强全区农贸市场快速检测，以及检疫检验证明查验和公示制度；全区45个社区食品药品科普宣传站完成建设投入运行；严厉查处食品安全类案件，并通过食品应急演练提升处置应急能力。

（黄雪浩　金嘉璇）

【南京国际水务中心封顶】8月17日，南京国际水务中心封顶仪式在新加坡·南京生态科技岛举行。该项目是生态科技岛首个以生态环保、科技产业、研发创新与休闲生活为一体的纯产业综合载体项目，2016年3月正式开工，总用地面积5.6公顷，总建筑面积近7.6公顷，重点建有国际水务研发中心、水务产业总部办公楼等，打造成江苏省和南京市全新的顶级产业综合体，为全球环境问题提供创新的水务解决方案。（黄雪浩　掌少波）

【2017河西建邺“金洽会”专场活动】9月13日，建邺区借助“2017河西建邺‘金洽会’专场活动”，集中签下40个项目，包括美国TestAmerica亚太区总部暨研发基地、淘宝大学、北斗航天卫星导航科技有限公司等一批重量级项目落户河西建邺，总投资额达到510.8亿元，其中投资额亿元以上项目达28个。该40个项目中，有金融项目15个、软件和信息服务业项目13个、商务商贸项目3个、科学技术项目3个、行业服务机构项目3个、文化项目3个，建邺区推进“供给侧”改革，区域经济建设正朝着结构更趋合理、产业更具活力、增长更加稳健的方向发展。

（黄雪浩　赵宗博）

【小米科技华东总部落户建邺】10月9日，小米科技华东总部项目签约仪式在南京国际青年会议中心举行，张敬华等市负责人以及小米科技高管雷军、刘德等出席活动，南京市建邺区、河西管委会与小米科技有限责任公司现场签署小米科技华东总部项目投资协议和小米生态链项目合作协议。该项目是小米科技除北京总部以外最重要的产业总部基地之一，也是其在全国重要的战略性项目。小米依托南京及建邺的区位、产业、人才、配套、服务等方面优势，致力于新技术、新业态的突破和智能硬件、IOT（物联网）的发展，通过整合上下游产业和企业，全力打造小米生态链。同时，推动小米生态链上企业落户建邺。该项目已确定选址河西南部地块。

（黄雪浩　彭　宇）

【建邺地标性精品工程获“鲁班奖”】11月6日，由中国建筑业协会主办的“纪念鲁班奖创立30周年暨2016~2017年度创精品工程经验交流会”在北京钓鱼台国宾馆芳华厅召开。现场举行2016~2017年度中国建设工程最高奖“鲁班奖”颁奖活动，全国共238项工程获奖，其中南京市有10项工程上榜，河西建邺地区就占到6项，分别是交通银行江苏省分行新营业办公大楼、南京梅子洲过江通道接线工程——青奥轴线地下交通系统及相关工程、仁恒江湾城四期以及侵华日军南京大屠杀遇难同胞纪念馆三期工程、河西地区综合性医院（河西儿童医院）门诊医技病房楼和G14青奥城地块（会议中心）工程等3项自建工程。河西建邺围绕南京市委、市政府赋予的“高标准建成河西现代化国际性城市中心”发展定位，坚持高起点规划、高标准建设、高效能推进各项重点工程，打造一批具有国际水准国内一流的地标性精品工程，取得显著成效。河西建邺已经成为集中展现南京现代化建设成果的地标城区和窗口，并全面擎起和突出代表南京城市建筑工程质量领域的最高水平。

（黄雪浩　孙　俊　王绍卿　掌少波）

【全国首家政府层面设立非遗专业学院揭牌】11月18日，南京非物质文化遗产专业学院揭牌仪式在建邺区南京莫愁中等专业学校举行，这是由政府层面成立的全国首家非物质文化遗产专业学院。活动现场，首批16位国家及省、市级艺术家、非遗传承人和非遗大师被特聘为专业导师，同时举行南京博物院、南京图书馆、金陵刻经处、南京大学图书馆、南京观朴艺术博物馆、南京创意设计中心等6家实训基地授牌仪式，推动学院建成集“教学、培训、鉴定、生产、科研”为一体的实训基地。学院致力培养具有工匠精神和创新创业能力的非遗传人，建设非遗传承人群高职培养基地、非遗手工技艺传习体验基地、非遗创意产品研发打样基地、非遗国际交流培训中心、非遗“政校行企研”合作平台，打造立足江苏、辐射全国的中华文化传承与传播平台。该学院所依托建校的基础“南京莫愁中等专业学校”已连续13年开展古籍修复人才培养，在全国率先开办3年制中专古籍修复专业并升格为5年制大专，独创古籍修复“十八项技能”，制定古籍修复中级工、高级工考核标准，填补行业空白，成为让“私相传授”的古籍修复技艺与学校教育相结合的拓荒者。

（黄雪浩　赵宗博）

【南京首个国家体育产业示范基地建成】11月27日，在国家体育总局指导下，经江苏省、南京市体育部门推荐，建邺区入选成为南京市首个国家体育产业示范基地。区围绕高标准建成南京都市圈文化体育中心的目标，引进体育赛事、培育体育产业、发展体育事业，已拥有各级体育协会近60家，各类体育产业单位超过300家，基本形成以竞赛表演、场馆服务、体育培训、群众健身等为主的体育产业体系，培育南京边城、咪咕善跑等一批知名体育企业和品牌，集聚南京国际马拉松比赛、世界速度轮滑锦标赛、亚洲户外展、亚洲自行车展等一批国际一流的品牌体育赛事和展会，带动周边城市和都市圈体育赛事、体育会展、体育旅游等业态发展。区体育产业已实现增加值10.1亿元，占GDP比重达3.1%，正成为推动区域经济结构战略性调整的重要支点及转变经济发展方式的新增长点。

（黄雪浩　掌少波）

【建邺区获“2017中国最具品牌价值会奖目的地”大奖】12月5日，在第十届中国会议产业大会（CMIC）上，建邺区荣获“2017中国最具品牌价值会奖目的地”大奖，同时，区南京万达银燕航空国际旅游有限公司、南京满程会议服务有限公司荣获“2017中国最佳服务会议公司”称号，南京国际青年会议酒店荣获“2017中国最佳服务会议中心”称号。

（黄雪浩　赵滕健）

【海峡两岸交流基地设立】经中共中央台办、国务院台办批准，侵华日军南京大屠杀遇难同胞纪念馆被设立为“海峡两岸交流基地”，授牌仪式于12月13日下午举行。设立“海峡两岸交流基地”目的是为创建两岸交流合作平台，给两岸同胞提供更多回顾历史、品味文化、畅叙亲情和共同发展的机会。侵华日军南京大屠杀遇难同胞纪念馆自建成开放以来，不断加强与台湾各界以及青少年交流合作，曾先后接待中国国民党荣誉主席连战、台湾新党主席郁慕明等多个到大陆交流的台胞参访团，在对台交流中具有特殊的重要地位。

（黄雪浩　赵滕健）

【区域创新创业链打造】推进众创空间建设，主动走访在建的创业孵化载体，宣传扶持政策和建设要求，提高建设质量和服务水平，不断吸引创业企业和项目。即刻极客、盛世堂等4家企业新通过市级备案，C++青创空间、创客家新通过省级备案，奇思汇正在申请国家级众创空间备案。培养创新型企业家，梳理符合申报条件的企业，建立创新型企业家培育库，对入库企业实行“一企一档”，从创业导师辅导、核心自主知识产权开发、人才引进、企业融资等多方面为企业提供个性化服务，共推荐19家企业申报创新型企业家，推荐贝伦思马红兵与越博李占江申报国家高层次人才特殊支持计划和南京顶尖人才集聚计划。营造创新创业氛围，充分发挥区科技成果转化服务中心职能，先后组织政策培训、众创空间建设经验交流、金融服务科技创业等专场创业服务活动15场，营造创新创业的良好氛围，在全市科技创新大赛中，中路工程荣获二等奖。（黄雪浩　掌少波）

【"长三角创新创意中心"打造】建邺区主导产业地位不断巩固，新的经济增长点加快孕育，以互联网为代表的新兴产业迅猛发展，已成功打造"国家广告产业园""国家移动互联特色产业基地""中国（南京）游戏谷""国家电子商务示范基地""国家版权示范基地"等5个国家级特色产业园，引进各类互联网企业1628家，阿里巴巴江苏总部、小米科技华东总部等互联网高新项目相继落户建邺区，全区互联网产业主营业务收入已超200亿元，为现代服务业发展提供助力。

（黄雪浩　掌少波）

【"3550"改革推进】江苏省政府办公厅发布《关于全省推行"3550"改革的意见》，全面推行开办企业3个工作日内完成、不动产登记5个工作日内完成、工业建设项目施工许可50个工作日内完成的改革目标，以最大限度利企便民。建邺区高度重视，健全规章制度。多次召开专题会议，在全市率先出台《建邺区简政放权优化创业创新环境整改方案》，明确各项整改措施。优化审批服务，提高办理效率。开办企业方面，简化办理环节，推行全程电子化办理，合并企业名称登记与企业注册登记环节，冠南京市名开办企业由6个环节压缩至4个环节。统一申请材料标准，全程电子化办理、联网推送。施工许可方面，压缩职能部门审批时间，区内审批总时限控制在10个工作日以内。协调南京市有关职能部门，总时限控制在40个工作日以内。落实企业申报材料预审和一次性告知制度。加强队伍建设，提升综合服务水平。加强区政务中心和园区两级帮办代办人员的业务培训，推动"互联网+政务服务"，推进行政审批和政务服务事项向政务中心集中，完成672条审批事项应进必进。优化区政务中心功能布局，进行窗口布局优化。不断总结经验，打造"放管服"改革品牌。行政审批制度改革先行先试，推进企业设立"证照联办"、全程电子化登记、建设项目审批等事项的网络协同办理等工作，由办一个事项到办一件事情的路径转变，提供套餐式服务。推动审批权委托下放和审批全流程公开，做到"应上尽上、全程在线"。加快不见面审批（服务）、预审代办制、综合行政执法等方面的集成试点，追求改革叠加效应。开办企业范例：江苏玲悦昇科技有限公司2.5个工作日完成开办企业全流程，达省、市领先水平。施工许可范例：南京正荣G64地块项目，代表全市顺利通过国务院第4次大督查的核查；NO.2016G14葛洲坝项目32.5个工作日完成施工许可全流

程，招拍挂普通住宅房地产开发项目审批效率居全市前列。（黄雪浩　赵宗博）

·依法行政·

【概况】2017年，区人民政府共受理行政复议案件36件，组织行政复议案件听证14件，启动行政复议委员会审查、议决程序案件1件。依法受理案件率达100%，案件按时办结率达到100%。区政府行政应诉案件35件，开庭审理19件，胜诉19件，行政应诉案件胜诉率达100%。审核区政府重大合同15件、政府文件15件，重大决策征询区政府法律顾问意见47次，审核部门重大合同6件。共清理规范性文件24件，废止6件。

【法治政府建设】4月，根据《南京市法治政府建设实施规划（2016~2020年）》要求，制定《建邺区法治政府建设实施方案（2016~2020年）》，将《建邺区法治政府建设实施方案（2016~2020年）》重点工作细化为142项，具体分解落实到36个部门、6个街道、4个功能园区。7月，在全市率先召开全区深入推进依法行政，加快建设法治政府工作会议，对法治政府建设作出全面部署。编发6期《建邺法制》，让主要负责人即时了解最新法律法规信息，领会典型案例借鉴意义。

【决策机制完善】制定《建邺区重大行政决策听证办法》《建邺区重大行政决策风险评估办法》《建邺区重大行政决策程序规定（试行）》等7项配套制度，完善科学决策机制。公示2017年区政府重大行政决策目录事项，由区法制办指导责任单位按照重大行政决策5大程序要求将科学民主决策机制落到实处。

【法律顾问聘请】聘请新一届区政府法律顾问委员会成员18名，制定出台《建邺区法律顾

10月31日，建邺区举行新一届政府法律顾问委员会成员和特邀行政执法监督员授牌仪式。（唐明江　摄）

问委员会成员取酬标准（试行）》，规范区政府法律顾问委员会成员提供法律服务取酬行为，促进区政府法律顾问委员会全面参与政府重大行政决策合法性审查、重大区域突发性事件处理和协调等工作。

【行政执法规范】公示行政执法主体名单45个，对全区执法人员进行年检注册，新办执法证71人，共注册723人，因调离岗位、退休等注销28人。编定《建邺区街道综合执法手册》，将街道综合执法大队行政执法工作纳入全区执法监督考核检查体系。开展执法案卷评查工作，2017年，建邺区被南京市法制办评为年度行政执法案卷先进单位。

【执法监督】聘请30名新一届政府特邀行政执法监督员，充分发挥特邀行政执法监督员桥梁和社会力量监督作用。对建邺区“零处罚”（有行政处罚权的执法主体未实施行政处罚的）部门进行检查评估，印发《2016年度〈建邺区行政执法“零处罚”报告实施办法〉落实情况通报》，对评估排名靠后3家执法单位进行通报，并将评估结果向其分别反馈。

【“两法衔接”推进】各执法部门与司法部门相互合作，2017年共移交区公安分局案件15件，全部立案，并已录入“两法衔接”（指行政执法与刑事司法衔接）信息共享平台。其中“1·22特大生产销售有毒有害食品案”涉案价值约1300万元，涉及全国20余个省、市、自治区，被公安部挂牌督办，被国家食药总局评为优秀案例。

【学法活动】6月21日，建邺区举行政府主要负责人学法活动，邀请南京市委党校政法部主任张华民，开展题为《学习纲要精神、建设法治政府》专题辅导讲座，区委常委、常务

5月18日，建邺区举行政府领导干部学法活动，邀请南京市委党校政法部主任张华民专题授课。（唐明江　摄）

副区长李方毅主持会议。张华民对国务院《法治政府建设实施纲要（2015~2020年）》指导思想、总体目标、基本原则、衡量标准以及法治政府建设目标进行解读，对法治政府建设难点提出解决办法，内容充实、事例丰富。区政府各主要负责人及区各相关部门、办事处、功能园区主要负责人共60余人参加学习。

【综合行政执法培训】11月14~15日，区法制办组织各街道综合执法大队执法人员和协管员开展街道综合行政执法培训，邀请区政府法律顾问、汇丰锦律师事务所主任华冰及区环保局、区市场监管局、区安监局、区卫生计生局执法骨干就执法中实务问题等内容进行培训。全区各街道共552名执法人员及协管员参加培训。（区法制办）

·行政服务·

【概况】年度行政审批服务办理事项总数52785件，办结率100%，综合满意率91.08%；区政务热线54个成员单位，共办结热线投诉39071件，在南京市考核得分为970.63分，其中，按时办结率为100%，办结综合满意率为87.85%，作风满意率为85.91%，结果满意率为81.33%，办结提速率为90.91%。较2016年综合满意率上升5.32%，办结提速率上升7.64%，总体排名上升7名，工作保持良好的上升趋势。

延伸阅读18

建邺500余项审批“一门式”受理

为方便群众和企业办事，提升政务服务效能和服务质量，近日，建邺区政府对全区行政审批和公共服务事项进行逐项梳理，按照“应进必进”原则，将与群众和企业密切相关的事项，由原各机关部门集中迁入建邺区政务服务中心实行集中受理。自8月30日起，区公安分局、区环保局、区安监局、区市场监管局、区城管局、区卫计局、区国税局、区金融办等25家单位500余项事项将集中到建邺区政务服务中心受理（雨润大街99号双和园办公区），原区政府机关大楼相关部门业务科室不再受理。经过此次集中进驻，区政务服务中心受理事项由原先100余项增至500余项，基本实现政务服务事项“一门式”受理。下一步，建邺区将按照省、市统一部署，运用互联网技术，全面实施“互联网＋政务服务”工作，通过采取“外网受理、内网办理，全程公开、快递送达、网端推送、无偿代办”模式，使80%以上事项，实现“不见面”审批，不断提升政务服务的智能化水平，真正实现让群众“少跑腿”。

【“互联网＋政务服务”工作推进】制定下发《建邺区“互联网＋政务服务”工作方案》，全力推进落实政务服务事项集中进驻、“不见面”审批、办事指南标准化维护、电子证照上传、“一张网”APP推广等工作。紧扣“应进必进”原则，规范推进区人社局、区民政局、区档案局等3个政务服务分中心和各街道便民服务中心建设，政务服务体系不断完善。8月底前在全市率先完成部门和省、市下达的事项入驻工作，进驻部门由22家增至26家，事项由212余项增至563项，基本实现“一门式”受理。认真梳理“不见面审批”（服务）事项，涉及区6类464项“不见面”审批事项中，已实现不见面392项，不见面率达84.48%。推进“网上办”各项基础工作，证照上传率达46.13%，位列全市第一，江苏政务服务APP下载量达12696人，实名注册8131人，其他各项指标也在稳步提高。针对进驻部门、窗口、街道分类制定管理考核办法，按照月通报、季点评、年考核要求，抓好日常管理。优化升级中心窗口人员管理模式，使“审批权”和“受理权”相分离，将窗口人员划转至区政务办统一管理，启动“全科政务服务”改革，打破部门壁垒，破解窗口忙闲不均等问题，推动窗口人员由“一专多能”向“全科全能”转变。探索投资建设项目“预审代办”工作，完成区投资建设代办服务中心岗位设置、机构核准和人员到位工作，构建区、园区（街道）二级代办体系，以省、市重点项目和双创环评培育案例为重点，主动上门、市区联动，无偿代办各类项目16件，营商服务环境逐步提升。政务服务中心持续优化调整公共服务布局，引进紫金农商银行，现场服务企业开户，对办事群众开放免费无线WiFi、免费文印材料等服务，划定办事群众专用停车位区域等，服务环境不断优化。

【政务热线办理】修订完善区负责人热线带班、主协办工单、疑难问题定期会办和应急处置值班制度等工作机制，结合大走访工作强化工单派发和督办，牵头疑难工单协调会50余次，现场会办和整治90余次，重点解决爱达社区毁绿、南苑活禽市场、富春江西街餐饮油烟扰民、新安江街新疆烧烤等群众反映强烈的问题。制定下发“民意110”工作

7月19日，建邺区召开政务热线办理暨“民意110”工作推进会。
（区政务办　供稿）

方案和履职界定办法等文件，规范履职界定环节和流程。对全区53个行政部门实施民意跟踪监测，落实民意监测事项的录入、派发、回访和数据汇总。全年共界定工单3616件，部门之间推诿扯皮的现象变少，区整体办单速度明显加快。

表47　2017年度建邺区政务服务工作和12345政务热线工作先进单位、先进个人名单

一、政务服务工作先进单位（8个）			
区公安分局	区人社局	区环保局	区安监局
区市场监管局	区房产局	南苑街道	沙洲街道
二、12345政务热线工作先进单位（10个）			
区残联	区司法局	区环保局	区物价局
区市场监管局	区城管局	区房产局	科技岛办
兴隆街道	江心洲街道		
三、政务服务工作先进个人（20名）			
卞悦明	方淑涵	叶　琳	许炳军
朱文飞	朱平平	朱　鹏	阮晨晨
吴赛玉	张　梅	陆莉芳	陈　舟
杨　欢	赵　俊	赵　磊	徐维益
崔卫星	曾　睿	蒋苏娟	魏　静
四、12345政务热线工作先进个人（40名）			
马善隆	王晓宇	王　超	孔红玉
田　丽	朱　卉	刘思思	刘艳艳
许　娟	孙宏志	孙　蓓	苏雪松
张月胜	张　莹	张　圆	陈延庆
苗金波	季　洁	郑太菊	郑　杰
郑婷婷	孟正云	赵万平	赵秀莉
赵　璐	胡宝泉	姜一叶	格桑次仁
殷小娟	高　云	郭　璐	陶　靓
曹　康	曹　璐	葛　娟	韩　钰
韩　蓉	颜珊珊	穆云琴	魏宏蓉

（区政务办）

【全区重点工作跟踪督查】紧扣区委、区政府年度工作重点，围绕省、市重大项目推进、精细化管理、环保263行动、老旧小区加装电梯等专题，突出重要节点，精准选定督查重点，整合各方督查力量，建立上下贯通的督查工作网络，建立并完善面上督查和精准督查相结合、定期督查和节点督查相结合的督查工作机制。全年实地督查重点项目70余次，形成督查专报15期，督查通报4期，制作系列展板4期。认真抓好负责人批示件督

查，参加协调部署会30余次，协同处置省、市交办件15件，拟发相关督查专报5期，提出工作建议20条，现场帮助协调困难12个，为区委、区政府重大决策部署的推进落实提供监督保障。

【街道便民服务中心规范化建设】推进街道便民服务中心规范化建设，树立典型，示范推广，以江心洲街道筹建便民服务中心为契机，各方加强沟通衔接，严格按照市级标准采购硬件，对接市政务服务网络平台，承办各类便民服务事项，逐渐形成一套功能完备、设施齐全、风貌优良、纪律严明的窗口服务模式。区政务办牵头在江心洲街道召开现场会，总结提炼经验，及时向全区各窗口单位和街道进行示范推广。强化检查，督促规范运转，区政务办联合区作风办、区信息中心，不定期对街道便民服务中心工作进行监督考评，严抓首问负责、告知承诺、限时办结、全程代办、责任追究等制度落实，针对个别街道层级责任不明晰、未启用南京市政务服务系统办理便民事项等问题，制发2期督查通报，明确整改时限和要求，督促其有序规范运行。创新创优，拓展服务内涵，一方面加快“线上”改造，按照全市“互联网+政务服务”部署，对接省政务服务“一张网”建设，逐步实现重点事项和热点事项的全程网上运行；另一方面创新“线下”服务，如江心洲街道考虑到便民服务中心新址离居民区较远，购买2台电动车，电话预约、定时接送，方便群众办事，实现精准服务、贴心服务。

【热线平台管理运作】区政务办抓政务热线和三级平台监督管理和规范运作。修订区12345和三级平台考核细则，要求在第一时间接单、办理、回复和结案，强调落实首接负责制，提高办理提速率和办结满意度。区政务办与各成员单位签订热线监督管理责任书，对区热线严格监管的12种违纪违规行为要求落实单位主要负责人和分管负责人责任制，坚决杜绝弄虚作假。召开全区政务热线工作会议，总结教训，提出整改要求，部署全年热线工作。于3月在区委党校组织社区书记和社区事务中心负责人业务培训，对12345热线考核细则进行详细讲解，结合网格化管理工作着重强调发挥社管三级平台作用，降低热线投诉量，消化解决问题源，为基层社区减负的同时，促进区中心化、网格化和信息化治理体系运作更加成熟有效。

【省政务“一张网”宣传推广】及时动员部署，印发实施方案，区政务办第一时间制定印发《建邺区政务服务“一张网”推广实施方案》，迅速组织召开会议进行专题动员部署，将推广目标任务分解至全区主要业务部门、功能园区和街道。结合日常工作，营造浓厚氛围，在区政务服务大厅和各街道便民服务中心显著位置全部摆放宣传海报、桌签，并通过电子屏幕等载体播放江苏政务服务网宣传片，在业务高峰时段专人集中摆台宣传，定制配发大批特色礼品，激发群众下载注册热情，营造浓厚宣传氛围。发挥媒体优势，拓宽宣传渠道，区政务办充分利用全媒体、大平台、各渠道、多形式传播广、影响大的优势，通过“建邺播报”微信公众号刊载图文精美、内容丰富、易于操作的推广信息；通过建邺区政府门户网站加载下载链接，便于网民便捷、轻松加载浏览，有效提升宣传力度，扩大覆盖范围。加强跟踪督办，持续推广宣传，区政务办及时跟踪关注最新推广量，督促各相关单位建好工作台账，对推广目标任务实施情况及时自查，对各街道每周上报的实施进展情况及时汇总通报，并将此项工作纳入年度重点工作对各街道和相关单位予以考评。

【投资建设代办服务启动】区政务办全面启动投资建设代办服务工作提高行政服务效能。为方便群众和企业办事，提升政务服务效能，深化“放管服”改革总体部署，建邺区投资建设代办服务中心自成立起，明确工作职责，制定实施计划，推进落实。已全面启动区、街道、园区代办体制建设工作，抓紧构建“二级机构、三级功能”的代办服务网络，依照《南京市投资建设项目“预审代办”实施办法（试行）》等文件要求，深入研究建邺区投资建设项目“预审代办”的实施原则、主要范围和具体流程。坚持代办人员的在岗培训，以双创环评中“开办企业”“办理施工许可”的培育案例为抓手，组织代办人员认真学习区市场监管局、区住建局、区发改局、区环保局等重点部门审批事项、具体流程以及必备要件等相关知识，加强代办业务的实操化学习。同时，结合区政务办自身工作，充分运用互联网技术，全面实施“互联网＋政务服务”，通过采取“外网受理、内网办理，全程公开、快递送达、网端推送、无偿代办”的模式，建立起“前台全科受理、后台限时审批、前台窗口反馈”的“全科政务服务”模式，提升政务服务的智能化水平，真正实现一门受理、统筹协调、高效代办的工作目标，减轻企业负担、提高审批效率、缩短建设项目审批。

【区级负责人热线带班室设置】区政务办专门设置区级负责人热线带班室。区政务办专设区级负责人热线带班和疑难复杂问题会办室，每周五下午由区政务热线管理科负责将一周的疑难复杂问题办件梳理出来，对每件投诉的基本情况进行前期调查核实，把区政务办协调解决不了的问题形成办文单。这项制度自颁布以来，区负责人亲赴政务热线中心一线会办签批各类办件近500件，都得到较好的解决和落实。除此之外，区政务热线中心还每年定期梳理一批疑难问题提交区政府负责人集中会办，其中，呈报区委、区政府集中研究，通过各种渠道落实民生项目资金1661余万元，解决31个社区、125个小区、415条基层社区和居民反映的基层积压、长

期投诉和历史遗留问题，促使区相关部门制定出台《老旧住宅小区综合提升计划》，化解大量社会矛盾。（区政务办）

·信息化建设·

【概况】2017年，信息中心深入推进“智慧建邺”开发建设和深度应用，持续深化政务公开工作，协助推进综合改革，全面提升自身能力水平，各项工作迈上新台阶。3月，“中国南京建邺”政府门户网站在“2016年中国优秀政务平台推荐及综合影响力评估”中被评为“中国政务网站优秀奖”；5月，区被南京市政府办公厅评为“南京市2016年度政务公开优秀单位”；同时被国务院确定为“基层政务公开标准化规范化试点单位”；7月，“智慧建邺地理信息公共服务平台”项目获得“2017年中国地理信息产业优秀工程银奖”。

【“智慧建邺”建设与应用】全面推进“智慧建邺”建设与应用，在项目建设方面全面启动新建项目，围绕江苏发展大会节点，重点推进“建邺区智慧防汛系统”和“黄牌货车限行二期工程”建设。全面推进“智慧建邺政务云平台升级、智慧建邺视频监控云服务、智慧建邺河道水质在线监测管理平台、区财税综合管理平台二期工程、民意110系统、智慧建邺移动平台升级、智慧建邺微信企业号综合管理平台”等重点项目实施。推进“智慧建邺公共安全视频监控建设联网应用工程（雪亮工程）一期、综合行政执法平台、时空地理信息云服务平台、基层政务公开试点平台”等项目招投标。持续推进续建项目建设。全面推进“区电子政务内网一期工程、区公共WiFi网络一期工程、公安派出所监控设备搬迁和大屏建设、区机关大楼安防监控系统、智慧管线二期、建筑物二期、协同办公系统升级（含电子印章升级）、数字党建系统”等续建项目，基本完成项目建设。协助推进部门信息化建设，协助区机关工委全面推进“机关作风评议系统”招投标和项目实施，协助区国税局完成双和国税政务大厅弱电改造，协助区城管局全面推进城管会议室综合改造，协助区司法局完成全省司法调解现场会保障，协助区卫计局推进双链路备份、家庭医生、体检系统等项目建设，协助区管理中心推进“智慧后勤系统”项目建设，协助江心洲街道完成街道GIS平台建设，协助莫愁湖公园进行视频监控系统改造提升，协助区法制办推进“两法衔接”网络平台建设、法制建邺信息平台建设，协助区政务办推进部门政务大厅整合，协助区委政法委推进政法专网建设。全面推进“云尚建邺”项目建设，主要建设内容包括依托阿里云，升级区政务云平台，建设统一政务云管理平台，优化“互联网+政务服务”工程，对外以“江苏政务服务网”为基础，建设统一服务窗口平台（旗舰店）；建设“城市大脑”服务平台，升级城市公共信息平台；新建大数据支撑平台，夯实、完善数据基础，实现大数据有效存储、融合、检索、挖掘。项目已完成一期工程招投标，正在全力推进实施。在推广应用方面，全面推进“机关协同办公系统、数字党建系统、大楼无线政务网、移动政务平台”等系统深度应用。在运维保障方面，全面做好已建成“智慧建邺”项目的日常维护保障，全面做好机关大楼计算机机房、网络系统、电话系统、会议系统以及电梯厅信息发布系统维护保障。做好区重大活动负责人讲话PPT保障，牵头推进区域网络与信息安全工作，推进网络信息安全自查。

【基层政务公开标准化规范化试点】全面推进基层政务公开标准化规范化试点工作。完成团队组建，区层面成立试点领导小组和工作组，各试点部门均明确分管负责人和工作人员，抽调人员进行集中办公。召开全区试点工作推进会，建立周例会制度，每周召开会议，及时研究解决问题，部署工作。成立以高校专家、标准化主管专家和律师为核心的智库团队，为试点工作提供智力支持。完成方案编制，按照国家和省、市要求，研究制定《建邺区基层政务公开标准化规范化试点工作实施方案》，包括“政务公开、政务服务、政民互动、平台建设和制度建设”5个方面共16项重点任务。《建邺区基层政务公开标准化规范化试点工作实施方案》已正式上报江苏省、南京市政府办公厅备案。

【权力清单梳理】各试点部门正在加紧梳理和编制权力清单、责任清单、公共服务清单。在全省行政权力事项“三级四同”（省、市、县三级权力名称、编码、依据、类型相统一）基础上，明确权力事项监督方式和救济途径，更新权力事项办事指南。按照部门“三定方案”（定职能、定机构、定编制）推进编制责任清单。在已公布的便民服务事项基础上，对各部门以及相关国有企事业单位、中介服务机构公共服务事项进行全面梳理，形成公共服务事项清单。

11月17日，建邺区召开政务公开和门户网站建设推进会。

（区信息中心　供稿）

【平台建设】推进门户网站改版升级工作，按照国办网站建设

智慧建邺协同办公平台　　（区信息中心　供稿）

指引要求和市对区网站考核指标，结合全省“一张网”工作，对门户网站栏目进行优化调整。推进法治建邺信息平台建设，将法制政府建设相关要求与试点工作紧密结合，从而为社会公众提供更优质便捷的法制信息服务。同时，推进政务数据共享平台建设，结合政务信息系统整合共享和公共数据开放网站建设，探索建立数据可自由获取、社会与政府机构互动、API 接口开放的数据开放共享平台，向社会提供浏览、查询、下载等基本服务，鼓励企业发布基于政府数据资源开发的应用程序，提供社会需求的增值服务。

【智慧建邺协同办公系统】“南京市建邺区机关协同办公系统”是区机关各部门、各单位进行网上协同办公的统一工作平台。“智慧建邺”协同办公系统升级项目于 2016 年 7 月公开招标，2016 年 8 月正式启动建设，在保留原机关协同办公系统常用功能基础上，重点完善公文收发功能，实现网上全流程审批，同时根据南京市委机要局统一要求，集成方正电子印章系统，并支持移动 APP（安卓和苹果）和微信企业号应用。2017 年 4 月 18 日，该系统公文、通知、信息、通讯录等部分重点功能开始上线试运行，经过功能完善，系统已上线运行的功能稳定运行，项目于 12 月 2 日通过初步验收。

【智慧建邺财税综合信息平台】为加强财税管理，2011 年建邺区启动“建邺区财税综合信息平台”一期工程建设，整合区域财政税收相关信息，实现对全区及各园区项目落地和税收目标达成等信息跟踪服务链条。为不断深化财税体制改革，推进产业发展和提升，强化税源税基培育，适应营改增要求，2017 年启动“建邺区财税综合信息平台”二期工程，为推动全区经济社会各项事业稳步发展提供坚实的保障。该项目 3 月完成招投标，12 月完成项目初步验收。

【建邺智慧防汛系统】为应对气候变化所形成的短历时、高强度的暴雨特点，有效提升区域防洪防涝应急处理能力，在“南京市城区防汛遥测指挥系统”基础上，根据建邺区

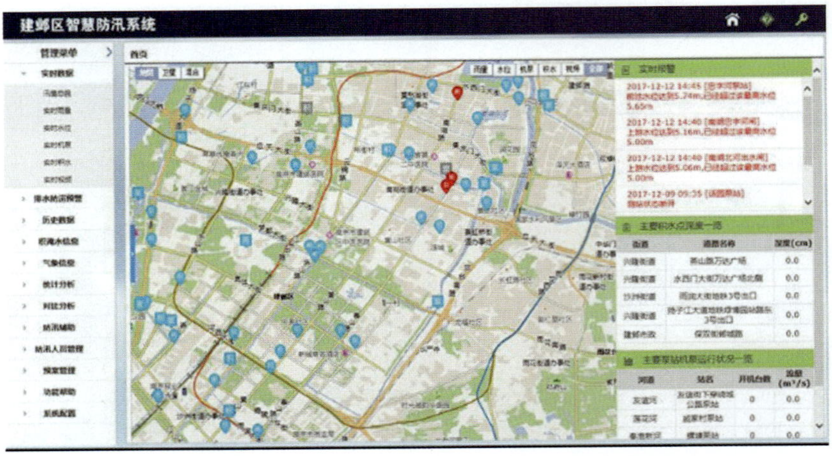

建邺区智慧防汛系统　　　　（区信息中心　供稿）

实际情况，优化在线监测点分布，建设防涝分析模型，提升智慧分析预警能力，全面推进“建邺区智慧防汛系统”建设。该项目于4月公开招投标，5月签订合同启动建设，9月通过初步验收，12月通过最终验收。项目根据合同要求，完成水雨情及工情采集与传输系统，城区排水防涝预警模型，城区防汛调度指挥系统等建设内容。建立覆盖区内河道、泵站、闸站、道路的雨、水、泵、积水等实时信息自动化采集和传输系统，形成采集自动化、处理实时化、决策智慧化、指挥可视化的建邺区智慧防汛系统。项目利用河道水位、泵站工况以及降雨预报数据来预测城区河道水位和道路积水的发展趋势，并给出闸门和泵站调度建议，为城区防汛排涝提供可靠技术支撑。自6月试运行，系统运行稳定可靠、人机界面友好、操作简捷便利，符合实际使用要求。

【智慧建邺视频监控云服务】随着南部区域不断建成，为实现视频监控全覆盖，保障全区治安和稳定，在前期建设基础上，通过“智慧建邺视频监控云服务”项目建设，建设奥体南部板块小区及道路监控点位，优化图像综合管理平台，建设视频存储平台，视频创新应用平台，实现社会治安和城市管理事件的智能识别、创新应用、协同处理等功能，不断提升河西新城社会管理、治安防控、应急处置和城市综合管理能力，打造宜居、和谐、平安、智慧的城市新形象。作为“智慧新城”重要组成部分，“智慧建邺视频监控云服务”项目采用服务租用方式，通过对奥体南部沙洲街道范围内主要社区及路面的点位建设，以高清视频监控技术为基础，结合视频云存储、智能视频行为分析技术、面向未来的视频创新应用技术，通过直观及时的视频报警信息，为功能园区、街道以及政法、公安、交警、城管、安监、环保等部门提供社会治理、治安防控、交通管控、城市管理、安全监管、环境监控等决策参考依据，有效提升河西新城综合管理水平，为建邺区的经济发展和民众生活提供先进可靠服务。

【智慧建邺政务云升级】为适应不断增长的业务需求，对政务云平台进行升级改造。项目通过对建邺区信息中心计算机网络机房扩容，增加机柜、精密空调、服务器和安全防护等设备，优化机房布局和布线，以满足建邺区信息中心一段时间内运行环境需求。项目于4月进行公开招标，于当月签订合同推进实施。12月通过初步验收，正处于试运行阶段。（米　苏）

·机关事务·

【概况】2017年，对照《机关事务管理条例》有关要求，加强队伍建设、优化管理方式、创新服务模式、提升保障能力。做好市民参观南京市政府大院的报名及组织工作，分别于1月1日、5月1日和10月1日，先后组织170余名居民参观南京市委、市政府大院，整个活动组织有序，安全顺利。结合区机关部门办公用房调整，对大楼总索引图及各楼层索引标牌以及房间的门牌号码进行统一标识，制作门牌580余块。购置证卡系统，制作建邺区工作证2400余张，为部门联络、群众办事提供很大便利。

【管理制度完善】根据区主要负责人指示，为有效提高全区干部职工干事创业的激情，从而为城市中心建设各项重点工作助力，年初区机关管理中心确立“让领导放心、让职工点赞”工作目标。为此，3月20日，区机关管理中心召开全体人员会议，统一思想、提高认识。并明确规范化管理、精细化服务的思路举措和具体要求。目标确立以后，中心及时从完善制度着手，狠抓工作作风。制发《管理中心工作例会制度》《管理中心考勤制度》，建立健全周例会、日考勤以及请销假管理规范，确保中心政令畅通、高效运作。厘清《管理中心各类人员岗位职责》，工作责任到科室、到岗位、到个人，杜绝慵懒散。先后出台安保、车队、健身中心等10余项工作规范，以制度管人管事。

9月28日，区级机关事务管理服务中心召开工会第一次会员大会。
（区管理中心　供稿）

【安全生产】区机关管理中心安全生产责任重大，涉及机关大楼安全保卫、消防安全、电梯安全、水电设施

5月26日，区级机关事务管理服务中心组织消防培训讲座。
（区管理中心　供稿）

设备安全以及食堂食品安全等方方面面。为此，区机关管理中心在监控值班室、食堂等重点部位显著标识、营造氛围。通过开展专题培训、消防演习、安保巡更等手段持续提高业务技能。累计受训人数310人次，自查自纠和消除安全隐患8处。

【餐饮保障】做优餐饮保障，严格落实区委区政府主要负责人要求，5月15日起，通过丰富创新菜品，调整收费标准，环境局部改善，就餐卡年审等组合拳，食堂管理、餐饮保障水平显著提升，广大机关干部职工对区委、区政府这项决策交口称赞。

【安保工作】加强安全保卫，建设“安全型机关”，加强安保人员教育管理、充实特勤值守力量。以监控系统升级改造为契机，机关大楼安全管理实现全时段、全天候、全覆盖。针对停车需求矛盾突出现状，通过停车年审把关、制定《区机关大楼停车场管理规定》以及加强车辆停放引导等方式，机关大楼停车场车辆停放秩序有明显好转。

【公共区域保洁】提升保洁水平，在加大公共区域保洁检查力度同时，对大楼卫生间、通风系统进行全面检查维修，放置除味香片，保洁工具实现定置化管理，楼层保洁员休息间统一配置，确保机关大楼环境整洁、清新明亮。

【公共设施完善】完善公共设施，为机关健身中心羽毛球馆、乒乓球室、瑜伽室、跑步机房、力量训练室等添置多组主流运动器材、配套辅助设施以及饮水机等生活设施。同时，主动延长服务时间，机关干部足不出楼就可以享受运动的快乐。对机关大礼堂国徽、党徽、政协徽、报告台、舞台幕布及10面红旗进行更换，会场环境焕然一新。

【管理信息平台建设】探索新技术应用，尝试对传统作坊式管理与服务进行流程再造，结合主要工作职责，先后建立“管理中心”QQ

群和微信群，"随报随修"微信群、"会务群"和"公务用车"微信群，有效提高服务质量和工作效率。为提高服务质效，6月，着手进行"智慧后勤"信息平台建设，该平台11月中旬试运行。

【物业交接】稳步推进区级机关事务统一管理工作，根据区主要负责人指示，自8月底开始，在区政府办的统一协调下，区机关管理中心主动与区建设交通局、新区办等相关单位对接，按照"分步实施、平稳过渡"原则，采取"集中管理、外包服务"管理模式，推进双和园办公区物业管理工作交接。为加快交接进度，每周进行定期研究和部署。管理人员已全部到位，园区停车系统升级改造等工作已进入实质性实施阶段，其他各相关工作也正在按序实施。同时，参与区综治中心建设。

【公共机构节能管理】开展区公共机构节能管理工作，区机关管理中心严格按照南京市机关事务管理局节能处要求，通过强化组织领导、完善制度建设、开展示范创建、推动节能改造、加强宣传教育等方式，狠抓区公共机构节能管理工作。累计更新改造楼内灯具1000余盏，协调2家区公共机构创建节能示范单位，组织50余家区公共机构开展节能数据现场核查。

【基建改造】做好机关小礼堂装修改造工作，按照区主要负责人要求，自7月底开始，区机关管理中心与区发改局、区建设交通局和南京市政府采购中心密切协调，开展小礼堂改造工作。小礼堂会议视频系统项目、会议室环境装修改造工程项目、主席台专用照明系统项目和会议室机械幕布系统项目已完成立项和招投标，11月中旬各项装修改造工作已正式开工。

（区机关管理中心）

·台侨事务·

【概况】组织开展春节、中秋台胞台属联谊会，加强在南京定居台胞和常驻台商的联谊交流。承办"南京—新北智慧社区论坛"，组织开展"港澳青年建邺行"活动，完成"2017两岸企业家紫金山峰会暨大陆台资企业产品展销会"属地保障任务。与台湾中和区开展互访，增进双方了解。率团赴英国、法国开展招商招才活动。组织召开驻区台商代表座谈会，认真听取建议意见，主动为台企服务，帮助他们解决实际困难，慰问大病、困难台侨眷属，区台侨办和侨联慰问困难归侨侨眷金额达4万余元。

【台胞台属中秋联谊会举办】9月25日，由区台办、河西CBD管委会主办、龙虎网承办的"情浓故乡月　人圆话中秋"区台商中秋联谊会在河西仁恒国际俱乐部举行，此次活动邀请明基医院、永丰银行、乡林集团、新光海航人寿等区内30家台资企业负责人和代表共60余人参加。南京市台办副主任李芬

9 月 25 日，建邺区台商中秋联谊会在河西仁恒国际俱乐部举行。
（区委统战部　供稿）

琴，南京市台协常务副会长、建邺分会会长洪明木，区委常委、区委统战部部长姜巧玲，副区长曹国圣等出席联谊会。洪明木介绍台协建邺分会工作情况，他代表台商对建邺亲商安商的良好环境表示满意。曹国圣向台商介绍全区经济社会发展情况，对台企贡献表示感谢。姜巧玲对台胞表达良好祝愿，并希望台商同胞能继续做好两岸和平发展的促进者、两地经贸往来的推动者和诚信守法经营的实践者。中秋联谊活动的开展不仅为在河西建邺居住和发展的台胞、台商提供一个互相交流和沟通的平台，也为政府与台企之间促进彼此了解和合作，增进共识、增强凝聚力提供有利契机。联谊活动融入传统汉文化元素，以“汉服汉礼”为主脉，开展传统文化展演及互动，让台商同胞近距离感受传统文化魅力。

【台侨眷属服务】开展各项活动，增强凝聚力，春节前，组织建邺台胞台属迎春联谊会，在南京台胞 50 余人参加活动，加强在南京定居台胞和常住台商的联谊交流，促进彼此了解和合作，增进共识，增强凝聚力。继续组织台侨眷属赴江宁、栖霞等地参观。联合南京市侨办为独居、困难老归侨办理购买社会服务工作，以老归侨、涉侨空巢家庭、涉侨残疾人家庭为重点，开展生活照料、心理健康咨询、精神慰藉等服务，受到老归侨一致好评。各街道、社区也纷纷开展各类联谊活动，为台胞台属、归侨侨眷提供各种便利服务，得到他们的好评。新学期前夕，主动加强与区教育局联系，协调解决台侨胞及其眷属、台企在子女入学入托等方面的困难和问题，帮助台胞子女 4 人、华侨子女 2 人出具入学证明。慰问大病、困难台侨眷属，把党和政府温暖送到他们身边。5 月，建邺区委统战部副调研员王国胜受部负责人委托，代表区委统战部、区侨办、区侨联对患重病老归侨、区侨联副主席黄琳金进行慰问，并送去慰问金 2000 元。6 月，区委常委、区委统战部部长姜巧玲慰问因严重心脏病入院治疗的区台胞台属联谊会副主席、台属何孝琴老人。

【台商服务】开展联络交友，增强建邺知名度。作为第二届"南京—新北智慧社区论坛"活动主场地，区配合南京市台办做好各类会议接待准备工作，并安排新北市各位里长担任社区见习主任，随同社区工作人员开展工作，让他们亲身体会区社区发展与进步，了解社区工作人员的素质与工作水平。11月，"2017两岸企业家紫金山峰会暨大陆台资企业产品展销会"在建邺召开，建邺区做好属地保障任务，建邺的市容市貌、文明礼仪给参加峰会台湾企业家和参展台商留下深刻印象。9月上旬，区政协副主席刘雯禾率队前往台湾新北市中和区参观访问，开展与台湾结对区各项交流活动，加深建邺区与中和区的联系与交流。10月，台湾新北市中和区原区长邱垂益率中和区参访团一行34人参观建邺区沙洲街道中胜社区，中胜社区在尊老爱幼方面所做的工作、更好服务社区居民的经验，以及社区硬件建设所取得成绩给台湾朋友们留下深刻印象。4月上旬，区台办结合党员干部大走访活动，邀请区国税局、区地税局、区法院与台资企业台新融资租赁有限公司、国旺国际融资租赁有限公司、永丰金融资租赁有限公司负责人及财务、法务人员一起，就涉及融资租赁经营活动中遇到的问题开展座谈，取得良好效果。9月中旬，区台办组织召开驻区台商代表座谈会，邀请建邺台协负责人和部分有代表性台商代表参加，认真听取他们建议和意见，区委常委、区委统战部部长姜巧玲全程参加，并作讲话。3月，云南省台办副主任段俐娟率昆明台资企业协会及云南省招商局、旅游委等政府部门相关负责人到建邺考察台资企业。他们对明基医院、永丰银行进行实地考察并与台湾企业家进行深入探讨，对南京、建邺在保护台资企业合法权益、保障台企员工生活条件方面所作的努力表示赞赏。6月，国台办副主任郑栅洁一行调研区台资企业明基医院。8月，山东省烟台市人大民族宗教侨务外事委员会主任张祖峡率考察团考察建邺区台资企业，考察团一行先后参观访问国旺国际融资租赁有限公司和明基医院，他们对区对台资企业的扶持力度表示赞叹。

【台侨资料基础调查】开展资料收集工作，夯实台侨工作基础，配合南京市台办台企名录制作，对全区台资企业进行全面摸底，区共有台资企业50家；对全区侨资企业现存情况进行调查，全区共有侨资企业73家，区侨办陆续对这些企业进行调研走访。结合区归国留学人员联合会换届工作，也对全区归国留学人员进行调查摸底。（周亚龙）

建邺区政协

【概况】政协建邺区第十二届委员会由十六个界别组成，202名委员中，中共委员80名，占委员总数的39.6%；非中共委员122名，占委员总数的60.4%。8个民主党派均有成员参加，共有委员60名，占委员总数的29.7%，其中，民革13人，民盟12人，民建9人，民进10人，农工党4人，致公党5人，九三学社5人，台盟2人。无党派人士62名，占委员总数的30.7%。妇女委员83名，占委员总数的41.1%；少数民族委员10名，占委员总数的5%。

【区政协第十二届委员会第一次全体会议召开】1月4日区政协十二届一次全体会议召开前，区委书记张俊主持召开区政协十二届一次会议党员大会。张俊要求，要充分认识开好政协全会的重要意义，认真听取和审议、协商和讨论好各项工作报告；要团结动员与会政协委员，认真履行委员的职责，结合2017年各项目标任务和具体工作部署，畅所欲言，多提建设性的意见和建议；要遵守会议纪律，保持会场秩序，推进会议议程，保证会议质量。1月4日，政协南京市建邺区第十二届委员会第一次全体会议隆重开幕。南京市政协副主席吴卫国，中共建邺区委书记、河西管委会主任、党组书记张俊，区委、区人大、区政府的全体负责人以及区法院、区检察院的主要负责人应邀到会并在主席台就座。开幕式由大会执行主席庄立主持。开幕式上，南京市政协副主席吴卫国代表南京市政协对大会的召开表示祝贺，对建邺区十一届政协工作给予肯定，结合新时期人民政协工作要求，希望新一届政协在中共建邺区委的领导下，围绕中心，服务大局，认真履行政协职能，为高标准建成现代化国际性城市中心作出新的更大贡献。中共建邺区委书记张俊出席会议并讲话，张俊对区十一届政协常委会在过去五年所做的工作给予充分肯定，并对新一届政协工作提出要求。区十一届政协主席庄立作《政协南京市建邺区第十一届委员会常务委员会工作报告》。区十一届政协副主席刘雯禾代表常委会作《政协建邺区第十一届委员会常务委员会提案工作

1月4日，政协南京市建邺区第十二届委员会第一次会议在区机关大礼堂召开。
（区政协办　供稿）

情况的报告》。1月7日，政协南京市建邺区第十二届委员会第一次全体会议在区机关大礼堂胜利闭幕。区委、区人大、区政府和区法院、检察院的各位负责人应邀出席会议。大会选举庄立为区十二届政协主席；刘雯禾、郁宁一、刘芝平、王善坤为区十二届政协副主席；茆峻峰为区十二届政协秘书长；王帆、王华、王瑄、王利波、丰志勇、仇波、方贵平、任琳、刘嘉、刘士坤、刘希开、刘晓章、孙达华、杨艳、杨雷、杨荣庆、沈洁、陈晖、陈辉、陈德勇、罗春寿、郑杰、陶化东、章泳、程湘宁、蔡跃军、廖闻剑等27人为区十二届政协常务委员。大会通过《政协南京市建邺区十二届委员会第一次全体会议决议》和《政协南京市建邺区第十二届委员会关于提案审查情况的报告》，宣读《给区十一届政协离任副主席、秘书长、常务委员、委员的致敬信》。

【区十二届政协第一～六次常委会议】2月24日，区政协主席庄立主持召开区十二届政协第一次常委会议。区政协副主席刘雯禾、郁宁一、刘芝平，区政协党组成员汪敏，区副巡视员罗春寿，区政协秘书长、全体常委以及政协各街道工委主任等出列席会议。会议审议通过《区政协2017年度工作要点》《区政协2017年度主席会议、常委会议议题安排》《区政协2017年度课题调研计划》《区政协2017年度各专门委员会工作计划》《区政协2017年度视察计划》《各街道政协工委2017年度工作计划》以及《政协建邺区委员会关于区政协委员履职考核的办法》（试行）；协商通过有关人事安排。会上，庄立就新一届政协常委会建设提出2点意见。

5月27日，区政协主席庄立主持召开区十二届政协第二次常委会议。区政府副区长宗仁应邀出席会议，区政协副主席刘雯禾、郁宁一、王善坤，区副巡视员罗春寿，区政协秘书长、全体常委、政协各街道工委主任以及区政府办、区政协办、区科技岛办、区建交局、中新公司等有关负责人出列席会议。会议听取区海绵城市试点示范建设工作情况通报，实地察看江岛新天地建设现状；会议认为生态科技岛海绵城市试点片区建设推进有力，进展迅速，为全区完成海绵城市建设目标积累经验，奠定较好基础。会议还围绕区海绵城市建设工作进行充分协商讨论，提出许多意见建议。会议还协商通过有关人事安排。

7月27日，区政协主席庄立主持召开区十二届政协第三次常委会议。区委常委、副区长赵建国应邀出席会议，区政协副主席刘雯禾、郁宁一、刘芝平，区副巡视员罗春寿，区政协秘书长、全体常委、政协各街道工委主任以及区政府办、区政协办、区发改局等有关负责人出列席会议。会议听取区2017年上半年国民经济和社会发展目标任务执行情况通报。区政协常委们结合工作实际进行充分讨论，并从医养融合、会展发展、租赁同权、产业创新和人才服务等方面提出许多意见建议。会上，围绕南京市委书记张敬华调研建邺的讲话精神和区委书记张俊提出的工作要求，庄立从4个方面就做好下半年的工作提出建议。

11月20日，区政协主席庄立主持召开区十二届政协第四次常委会议。区委常委、纪委书记侯峻，区政府副区级负责人杨薇应邀出席会议，区政协副主席刘雯禾、郁宁一、刘芝平、王善坤，区副巡视员罗春寿，区政协秘书长、全体常委、政协各街道工委主任以及区纪委、政协办等有关负责人出列席会议。会议听取区纪委关于全区党风廉政建设和反腐败工作情况的通报。会议认为，2017年全区各级纪检监察机关坚决落实上级纪委和区委各项决策部署，坚持全面从严治党，把纪律和规矩挺在前面，旗帜鲜明反对腐败，驰而不息正风肃纪，持续深化纪检体制改革，全区党风廉政建设和反腐败斗争取得明显成效。庄立在讲话中指出，党风廉政建设和反腐败工作是一项长期任务，要认真贯彻落实中国共产党第十九次全国代表大会精神，增强政治意识、大局意识、核心意识、看齐意识，多做宣传引导工作，凝聚反腐共识，汇聚反腐合力。要有效开展政协民主监督，运用好提案、反映社情民意、视察调研、协商民主在基层活动等有效形式，动员广大政协委员为党风廉政建设和反腐败工作献计出力。会议还听取关于《“三化联动”提升江东商贸区旅游经济活力的对策研究》和《建邺区推进旅游目的地建设的对策建议》重点课题调研情况报告，并进行协商讨论。

12月18日，区政协主席庄立主持召开区十二届政协第五次常委会议。区政协副主席刘雯禾、郁宁一、刘芝平、王善坤，区副巡视员罗春寿，区政协秘书长、全体常委、政协各街道工委主任等出列席会议。会议听取区十二届政协第二次全体会议筹备工作情况汇报；讨论并通过区十二届政协常委会工作报告（讨论稿）和区十二届政协一次会议以来提案工作情况的报告（讨论稿）；审议并通过区十二届政协第二次全体会议的议程、日程；讨论并通过表彰优秀区政协委员、优秀

12月20日，建邺区政协第六次常委（扩大）会议视察金融城、紫金农商行总部。
（区政协办　供稿）

提案和优秀社情民意信息的建议名单；会议还协商通过有关人事安排。

12月20日，区政协主席庄立主持召开第六次常委（扩大）会议。区委常委、副区长夏晓燕应邀出席会议，区政协副主席刘雯禾、郁宁一，区副巡视员罗春寿，区政协秘书长、常委及全体委员出列席会议。会议听取全区2017年度国民经济和社会发展建设主要目标任务完成情况通报，视察新城科技园科技创新综合体、莫愁职校南京非遗学院校区、金融城及紫金农商行总部等项目并现场听取情况介绍。

【区十二届政协第一～十一次主席会议】 2月24日，区政协主席庄立主持召开区十二届政协第一次主席会议。区政协副主席刘雯禾、郁宁一、刘芝平，区政协党组成员汪敏，区副巡视员罗春寿，区政协秘书长、全体常委以及政协各街道工委主任等出列席会议。会议审议通过《区政协2017年度工作要点》《区政协2017年度主席会议、常委会议议题安排》《区政协2017年度课题调研计划》《区政协2017年度各专门委员会工作计划》《区政协2017年度视察计划》《各街道政协工委2017年度工作计划》以及《政协建邺区委员会关于区政协委员履职考核的办法》（试行）；协商通过有关人事安排。会上，庄立就新一届政协常委会建设提出2点意见。

3月28日，区政协主席庄立主持召开区十二届政协第二次主席会议，视察区劳动法律法规贯彻执行和社会保障工作。区政府副区长曹国圣应邀出席会议，区政协副主席刘雯禾、刘芝平、王善坤，区政协党组成员汪敏，区政协秘书长、各专委会主任、部分政协委员以及区政府办、区政协办、区人社局等部门单位负责人出列席会议。会议先后视察兴隆街道劳动和社会保障所、南苑街道吉庆社区劳动保障站、建邺人力资源市场；听取副区长曹国圣、区人社局局长易善平所作的情况通报。会议认为区推动有关法律法规贯彻执行，把维护劳动者合法权益、构建和谐劳动关系作为重要内容来抓，为区经济社会持续健康发展提供强有力支撑。会议还围绕加强机构建设、促进就业创业、预防化解劳资纠纷、完善法规政策等方面进行协商讨论。

4月26日，区政协主席庄立主持召开区十二届政协第三次主席会议，视察区人防工作。区政府副区长宗仁应邀出席会议，区政协副主席刘雯禾、郁宁一，区政协党组成员汪敏，区副巡视员罗春寿，区政协秘书长、各专委会主任、部分政协委员以及区政府办、区政协办、区人防办等部门单位负责人出列席会议。会议先后视察人防工程；观看人防工作视频资料介绍；听取副区长宗仁对区人防工作的情况通报。会议认为区人防办围绕区委、区政府工作中心，以构筑“准军事化”建设为目标，坚持服务国防战略，融入经济发展，主动服务城市建设，保障社会民生，各项工作取得长足进步。会议还围绕推动人防工作在保民安、惠民生中发挥更大作用等方面进行协商讨论。

5月16日，区政协主席庄立主持召开区十二届政协第四次主席会议，督办重点提案《关于建邺区加快发展创新型经济，推动产业转型升级的建议》。区政府副区长曹国圣应邀出席会议，区政协副主席刘雯禾、郁宁一、刘芝平、王善坤，区政协党组成员汪敏，区副巡视员罗春寿，区政协各专委会主任、提案人、部分政协委员以及区政府办、区政协办、区发改局等部门单位负责人出列席会议。会议先后视察南京行狐电子商务有限公司、奥美传媒大厦；分别听取副区长曹国圣关于区加快发展创新型经济，推动产业转型升级的情况介绍，区发改局局长吕刚关于提案办理情况通报；提案人孔南刚对提案办理情况发表意见。会议对区政府提案办理工作成效给予认可，并就下一步如何引进培育创新龙头企业、抓好企业服务和优化人才配套服务、打造平台经济形成产业集聚、维护知识产权等方面进行协商讨论。

7月27日，区政协主席庄立主持召开区十二届政协第五次主席会议，听取民族宗教、港澳侨台和外事委《关于保障房集中地区社区治理情况的调研》课题报告，进行研究讨论。

8月24日，区政协主席庄立主持召开区十二届政协第六次主席会议，视察区黑臭河治理工作。区政府副区长宗仁应邀出席会议，区政协副主席刘雯禾、郁宁一，区副巡视员罗春寿，区政协各专委会主任、部分政协委员以及区政府办、区政协办、区城管局等有关负责人出列席会议。与会人员视察沙洲西河、奥体北河治理状况；观看黑臭河治理工作视频介绍；听取副区长宗仁和区城管局局长张超英对全区河道整治工作的情况通报。会议认为区政府和区城管（水务）局高度重视水环境治理，自加压力，主动作为，黑臭河整治工作有序推进，成效明显。会议围绕加强黑臭河整治工作进行协商讨论。

9月15日，区政协主席庄立主持召开区十二届政协第七次主席会议，视察区河西金融集聚区工作。区政府常务副区长李方毅应邀出席会议，区政协副主席刘雯禾、刘芝平，区副巡视员罗春寿，区政协各专委会主任、部分政协委员、经科委课题调研组部分成员以及区政府办、区政协办、河西CBD管委会等部门单位负责人出列席会议。与会人员视察金融城、同进广场C++青创空间，听取河西CBD管委会主任、区金融办主任杨泗周关于河西金融集聚区工作的情况通报。会议认为，区金融集聚成效显著，金融体系逐步完善，金融发展态势良好，已成为区举足轻重的主导产业。会议还围绕加快推进河西金融集聚区建设、金融风险防控等议题进行协商讨论。

10月30日，区政协主席庄立主持召开区十二届政协第八次主席会议，分别听取提案委员会关于《优化整合资源，扩展多元化养老路径，提升养老服务能力》调研课题和文史(学习)委员会《关于王汉洲故居保护与利用的调研》课题情况汇报。区政协副主席刘雯禾、郁宁一、王善坤,区副巡视员罗春寿,区政协秘书长、各专委会主任、部分政协委员出列席会议。会议还专题视察九如城养老护理中心,直观了解当前区设施条件最好的养老场所,并围绕两个课题调研报告,进行研究讨论。

11月2日,区政协主席庄立主持召开区十二届政协第九次主席会议,视察区老旧小区改造和背街小巷整治工作。区政府副区长宗仁,区政协副主席刘雯禾、郁宁一、刘芝平,区副巡视员罗春寿,区政协秘书长、各专委会主任、部分政协委员出列席会议。与会人员先后视察巴山路、厂圩街整治情况和爱达花园小区出新改造现场,听取区房产局、区城管局就老旧小区改造和背街小巷整治工作情况的通报。区政协主席庄立在讲话中指出,要把老旧小区改造和背街小巷整治工作打造成符合建邺特色的城市管理建设精品工程。

11月17日,区政协主席庄立主持召开区十二届政协第十次主席会议,视察建邺区集团化办学工作。区政府正区级领导高农生应邀出席会议,区政协副主席郁宁一、刘芝平、王善坤,区副巡视员罗春寿,区政协秘书长、各专委会主任、部分政协委员出列席会议。与会人员先后视察南京师大附中新城初中怡康街分校、致远外国语小学乐山路分校和致远幼儿园,分别听取区教育局关于区集团化办学工作情况的通报,及区政协教卫文体委员会《关于建邺区推进名校集团化办学的调查与思考》课题调研情况报告。区政协主席庄立在讲话中指出,集团化办学大幅提升区教育师资力量和办学成效,促进义务教育优质均衡发展。

12月18日,区政协主席庄立主持召开区十二届政协第十一次主席会议,听取区十二届政协第二次全体会议筹备工作情况汇报,并就区十二届政协第二次全体会议有关事项进行协商讨论。

【协商民主在基层活动】6月7日,政协南苑街道工委开展委员进社区履职暨协商民主在基层活动。区政协党组成员、副主席郁宁一,区副巡视员罗春寿参加活动。活动中,委员们深入吉庆社区、国泰民安社区、怡康社区和携才·泰山路社区居家养老服务中心,听取工作介绍,实地察看居家养老服务中心供餐和项目服务的实际运作情况。随后在南苑街道会议室召开以“今天,我们如何助老养老?”为主题的协商民主在基层活动。会上,政协南苑街道工委主任杨莉向区政协委员们通报2017年1~5月政协南苑街道工委工作情况,南苑街道办事处副主任、宣传委员虞欣就2017年街道工作及助老养老工作情况做简要介绍,与会委员从不同的角度对助老养老提出一系列的意见建议。

6月9日,建邺区政协主席庄立、副主席刘雯禾带领区政协委员到金穗花园、莲花嘉园社区开展沙洲街道“共商保障房小区管理、共建河西美丽社区”协商民主在基层活动。委员们先后视察莲花嘉园社区、金穗花园社区停车场积淹水消险工程、小区内部下水管网改造工程、社区门前绿化改造工程、小区垃圾分类等情况，听取街道物管办有关街道保障房社区管理情况，以及金穗花园和莲花嘉园社区工作情况介绍。委员与居民代表们围绕社区居民居住环境、社区配套设施建设等议题进行协商讨论，提出意见建议。

6月22日，政协江心洲街道工委在街道3楼会议室组织召开以“贴近居民群众就业创业需求，提升就业技能培训服务效能”为主题的“协商民主在基层”活动。区政协主席庄立、副主席刘雯禾、秘书长杨艳出席活动。区政协办、区政协城市建设与社会法制委员会、区人社局、江心洲街道政协工委负责人以及部分区政协委员、职业技术培训专家、人力资源公司负责人，驻岛公司、社区、居民代表近20人参加协商座谈。会议由江心洲街道工委副书记、办事处主任、政协工委主任刘天鹏主持。会议听取江心洲办事处副主任司明秀关于江心洲街道失地农民技能培训与就业工作情况的通报；与会人员围绕主题开展热烈讨论，并就加强失地居民就业培训、提高居民家庭收入、促进社会和谐稳定等方面提出许多意见和建议。区政协副主席刘雯禾对政协街道工委认真组织开展“协商民主在基层”活动给予充分肯定。区政协主席庄立最后指出，江心洲开发建设市区负责人高度重视，全市人民高度关注，在加快推进洲岛开发建设的同时，要高度关注失地农民就业创业工作。

6月23日，为不断提升江心洲街道居民道路交通行为文明程度，促进广大市民养成良好道路交通文明习惯，营造安全、文明、和谐的社会氛围，有效提升区域居民文明素养，政协江心洲街道工委组织开展以“加强宣传教育，促进市民道路交通文明习惯养成”为主题的“协商民主在基层”活动。区政协副主席刘雯禾、区政协城市建设与社会法制委员会主任蔡跃军以及街道主要负责人出席活动。区政协委员丰志勇、丛悦、张钺、黄国法，区委宣传部副部长董海兵、南京市交管局宣传科科长李鑫、区交警四大队江心洲中队队长王一冰、南京理工大学社科院教授李学斌和多位社区居民代表参加座谈会。活动由街道政协工委主任王宗培主持。会议听取关于这次“协商民主在基层”活动议题的确定和前期准备情况介绍；观看道路交通文明宣传教育片；与会嘉宾、专家聚焦议题，围绕江心洲的交通宣传、交通执法、交通设施建设、交通规划等方面进行协调讨论，提出意见和建议。区政协副主席刘雯禾在讨论中讲话，并对此次协商民主在基层活动成效给予肯定；街道工委副书记、办事处主任刘天鹏对整个活动做点评，表示将认真梳理各方面意见建议，加强研判，科学决策，促进协商成果的转化，以期提升居民文明程度和文化素养。

6月27日，政协兴隆街道政协工委“协商民主在基层”——金马郦城小区环境品质提升座谈会在乐山路社区召开。区政协负责人和部分政协委员，街道政协工委、社区、金马郦城业委会、碧瑶花园熙园物业、开发商，环卫所等单位以及居民代表，共计20余人参加会议。议事会主要以“小区品质提升”为主题开展，社区书记介绍小区当前及存在问题。业委会及居民代表分别表达自己的看法。物业负责人、开发商负责人及环卫所代表分别做出解答，并提出相关意见。与会政协负责人、委员就各方意见，结合物业管理措施及小区现状，分别从加强执法和宣传，提升物业管理水平以及社区加强监督管理协调等方面提出可行性建议。最后多方共同磋商，结合实际，达成垃圾桶中转点解决方案。

7月14日，政协南苑街道工委在国泰民安社区召开机动车停车位改造议事会，邀请4名区政协委员、街道相关负责人、物业管理公司负责人、社区民警和20名居民代表参会。国泰民安社区居委会主任向居民介绍机动车停车位改造的设想，区政协委员、街道相关负责人和居民代表都发表各方的意见，居民代表还就社区提出的机动车停车位改造方案进行票决。

8月29日，以“加强临时白事场地的规范管理”为主题的协商民主在基层座谈会在洲岛家园“政协委员工作室”召开，社区特邀区政协委员和社区居民代表参加此次座谈会。会上，社区党支部书记陈梅介绍白事场地的前期运转及建设情况，街道和社区在争取场地、协调各单位和居民群众等环节上做大量工作，为把好事做好，加强临时白事场地的规范管理，特召开座谈会听取委员和居民代表建议。随后由居民代表围绕议题发表自己的观点，区政协委员、建邺教育后勤建设管理服务中心王瑄，区政协委员、中新南京生态科技岛公司土地发展部冯双喜，区政协委员、江心洲街道办事处刘天鹏围绕一体提出很好建议。最后，区政协委员、区政协江心洲街道工委王宗培对此次协商民主在基层活动进行点评，并从宣传、引导和完善机制3方面提出建议。

9月20日，为更好开展社区服务，直面问题，妥善处理好民生事务，江心洲街道洲岛紫园社区筹委会组织开展“协商民主在基层”活动。区政协委员、江苏省海事局南京监管救助综合基地管理处主任黄国法，区政协委员、区政协江心洲街道工委主任王宗培，科技岛办、升龙地产、街道职能科室、居民代表约30人参加此次协商座谈。洲岛紫园社区筹委会辖区的升龙公园道楼盘，因交付房屋维修进度缓慢，前期的物业公司高力物业将于11月30日撤场，小区物业管理和服务质量得不到有效保障，居民投诉不断，为推进问题的解决，洲岛紫园社区筹委会主动牵头，邀请科技岛办、升龙地产、街道职能科室、政协委员、居民代表等召开座谈会，广泛听取居民的意见和建议。会上，首先认真听取居民代表的诉求，居民反映的问题主要集中在房屋漏水的维修、停车场的开放、物业更换期间小区管理等问题。随后，物业管理公司代表和地产公司针对居民诉求给予回应，并就具体问题的处理给出初步解决方案或反馈期限。街道相关职能部门就物业更换工作提出指导意见，支持和配合该项工作有序推进。区政协委员、江苏省海事局南京监管救助综合基地管理处黄国法肯定此次基层协商民主活动的形式有利于推进问题的解决，并围绕议题提出在物业更换的过渡期成立专门的部门或组织做好衔接工作、物业方提高服务意识和服务能力、多方加强沟通及时研究对策等建议。在随后的交流中，与会的代表进行充分交流，提出一些可行性实施方案，地产公司维修及物业负责人做很好表态性发言，居民代表希望地产公司能够按照会议上的方案付诸行动，将居民的诉求落到实处。最后，区政协委员、区政协江心洲街道工委主任王宗培对此次活动进行点评，并就问题解决提出建议。

10月25日，建邺区政协党组书记、主席庄立，政协党组成员、副主席郁宁一，副巡视员罗春寿，区民政局党组书记、局长张进发，南苑街道工委书记陈琎，南苑街道工委副书记、办事处主任徐新斌，政协南苑街道工委主任杨莉和22名政协委员，深入南苑街道怡康社区视察新近开放的社区老年人“居家康养馆”，实地了解老年人日常接受服务的情况，向30名低保困难老年人发放重阳节慰问品。区政协委员、区民政局负责人、社会组织代表、新闻媒体代表、居民代表和社区书记代表一起为下一步深入推进街道为老服务工作提出意见和建议。10月26日召开协商议事会，政协委员、社会养老服务组织代表、居民代表、媒体代表和社区书记等与会人员围绕“今天，我们如何助老养老？（二）”这一主题，从老年人需求、社会养老服务组织发展面临的困境、政府投入等多个方面进行讨论，普遍认为助老养老服务工作要满足多元化养老服务需求，开展差异性、个性化、多层次专业服务，以“居家养老为基础，社区养老为依托，机构养老为补充”三位一体的社会化养老服务体系。会后街道采取措施，强化为老服务工作力度。通过发挥社工+社会组织+社区的合力作用，完善为老服务项目；强化助老各项政策落实，及时收集老年居民的各项需求，做好常态化服务工作；继续尝试做优“养、医、康、教”“四位一体”养老服务模式，提升社区养老服务的运作效率，更好为老年人服务。10月25日，为推进保障房片区的民生服务水平，实现社区惠民项目普惠于民，沙洲街道协政协工委在莲花北苑社区举办协商民主专题议事会，社区党委与党员、居民代表、政协委员一起围绕“商讨惠民项目，服务保障民生”的主题协商议事。会前，与会人员还调研视察社区综治警务中心、事务服务中心、司法行政中心等场所，听取社区关于开展民政服务、不见面审批和司法调解等工作的情况介绍。协商会上，大家一致认为要紧扣居民日益增长的美好生活需要，解决保障房小区在基础设施建设、服务水平提升、民生工作改善等方面存在的问题，持续增强居民在生活中的幸福感，提升居民对社区工作的认可度。

11月3日，区政协江心洲街道工委组织委员和各界人士开展以“如何做好社区居家养老服务”为主题的“协商民主在基层”座谈会，广泛听取群众、委员、专家的意见和建议，梳理社区居家养老服务需求，探索适合江心洲的社区居家养老服务模式，促进社区建设路径创新，提升城市居民生活品质。区政协主席庄立，区政协副主席刘雯禾，区政协秘书长、办公室主任茆峻峰，区政协城市建设与社会法制委员会主任蔡跃军，江心洲街道党工委书记张学虎、江心洲街道办事处主任刘天鹏以及区政协委员江心洲组成员参加座谈。座谈会由政协江心洲街道工委主任王宗培主持。协商座谈会观看江苏省养老事业发展情况视频宣传片，介绍协商议题的确定和前期准备情况，分析岛内社区居家养老服务的需求和现状；与会社区代表反映居民在社区居家养老服务方面的实际需求；嘉宾、政协委员、老年问题专家聚焦议题，提出许多专业的意见和建议。区政协主席庄立、副主席刘雯禾分别在协商中讲话，并就议题提出做好关爱老人理念引导、注重“老有所为”等意见和建议。街道党工委书记张学虎对活动做点评，表示街道将更加重视提升社区建设，关注社区居家养老服务的完善，做好协商成果的消化吸收。

11月14日，“协商民主在基层”——如何降低区域停车压力，缓解辖区停车难问题议事会在兴隆街道召开。区政协负责人、政协兴隆街道工委主任、兴隆街道停车办主任、兴隆街道物业办主任、社区负责人和居民代表以及部分政协委员参加会议。会议紧密围绕现实停车难问题，深入探讨辖区停车管理存在的主要矛盾，提出相应意见建议。经过民主协商，达成共识。

12月19日，为提高救助资金使用效率，“关爱救助资金使用管理”协商民主议事会，在江心洲街道永定社区政协委员工作室召开。关爱救助资金是帮助和关爱特殊困难对象而设立的专项资金，是政府兜底保障的重要内容和精准帮扶的重要举措。与会人员就社区关爱救助资金的救助对象及标准、关爱救助范围、资金使用审批程序、资金管理等进行认真讨论，达成一致共识。部分区政协委员、街道社建科负责人、党员和居民代表出席议事会。

表48　2017年建邺区政协委员提案一览表

编号	标题	分类	委员姓名
1	以创建国家食品安全城市为契机，全面提升食品安全监管水平的建议	民生综合	王瑄（民盟集体提案）
2	关于加强新时期社会矛盾调解工作的建议	民生综合	王利波（民革集体提案）

续表 48

编号	标题	分类	委员姓名
3	关于加强对“失独家庭”养老扶助的建议	民生综合	黄艳（民盟集体提案）
4	关于尽快建成高标准智能化交通管理系统的建议	城管建设	蔡跃军（城建法制委集体提案）
5	关于保障胜诉原告退费选择权的建议	民生综合	王惠兵
6	关于加强女性社会组织培育发展的建议	科教文卫	刘俊青
7	关于完善园区、街道和社区一线干部培养，使用提拔激励机制的提案	经济建设	邓宁保
8	关于加强基层社会组织监管的建议	科教文卫	徐新斌、夏安雅
9	关于将建邺区建立为模范道德行政区的建议	民生综合	刘士坤
10	关于建邺区城市品牌传播建议杂谈	经济建设	张继
11	关于基层妇联干部担任人民陪审员的建议	科教文卫	刘俊青
12	功能园区的工会组织建设亟待加强	民生综合	宋炜
13	关于加快建邺区人才引进与集聚，协助人才企业解决基础性中间型人才住房问题的建议	民生综合	马红兵
14	关于进一步完善全民健康素养促进行动的建议	科教文卫	侯爵、谭大春
15	构建学校、家庭和社会“三结合”的心理健康教育网络	科教文卫	周勇
16	关于加快治理外来务工人员房屋群租问题的建议	民生综合	章泳
17	关于在建邺区试点主要道路路口划定行人及机动车等候区的建议	城管建设	章泳
18	关于大力推进建邺区青年就业创业工作的建议	民生综合	任心洁
19	关于垃圾分类需要综合配套实施的建议	城管建设	胡智勇
20	关于政府机关规范档案管理的建议	民生综合	薛丽利、支卉、刘一澎、陈世娥、曹晓丽
21	关于尽快将建邺区政协网站提档升级的建议	民生综合	薛丽利、支卉
22	关于对建邺新城区河道及周边整治的几点建议	民生综合	薛丽利、支卉、刘一澎
23	因为女教师的病假、产假问题，导致学校教师资源的紧缺，需要招聘大量的代课教师	科教文卫	蒋乐萍
24	进一步加强对学校周边饮食摊贩管控的建议	城管建设	刘晓章
25	关于将礼仪课程作为建邺区中小学必修课程的建议	科教文卫	方芳
26	进一步提高城市生活垃圾分类收集覆盖率的建议	城管建设	陈琳琳
27	关于为建邺区社工足额缴纳社会保险费的建议	民生综合	沈杰
28	关于在学生室内活动场所安装空气净化装置的建议	科教文卫	王利波、石建军、刘一澎、金邦建、张琲、支卉
29	继续加快建邺区河道环境整治	城管建设	单杰
30	关于组建会展保障队伍的提案	城管建设	邓宁保
31	关于配套建设扬子江大道慢车道及人行道的建议	城管建设	邓宁保

续表 48

编号	标题	分类	委员姓名
32	关于加强河西南部公共配套设施建设和交付进度的提案	城管建设	邓宁保
33	关于加大统筹力度，解决拆迁居民人户分离，按属地化管理的提案	民生综合	邓宁保
34	关于规范便民疏导点建设的提案	城管建设	邓宁保
35	关于对废弃穿堤涵闸消险加固的提案	城管建设	邓宁保
36	关于深挖细节，把建邺打造成高度均衡发展的教育强区的建议	科教文卫	崔琼
37	关于完善大学生租房福利政策的建议	民生综合	吴斌、樊谊
38	进一步优化建邺区新能源汽车充电基础设施建设	城管建设	杨海超
39	关于在江心洲海事监管救助综合基地设立公交站点的建议	民生综合	黄国法
40	关于扶持月安菜场清真专柜的提案	民生综合	沙宝松
41	关于加快绿化植物废弃物再利用建议	城管建设	吴斌
42	关于尽快对电化厂地块实施拆迁扫尾的建议	城管建设	金超
43	城市管理中占道经营问题及对策	城管建设	胡智勇
44	关于缓解老旧小区停车难的建议	民生综合	胡智勇
45	关于进一步做好门前三包管理工作的建议	城管建设	胡智勇
46	关于对居民小区消防隐患加强整治的建议	民生综合	胡智勇
47	建议建邺区各中小学幼儿园教室安装新风系统	科教文卫	单杰
48	关于加强建邺区儿科医务人员队伍建设，完善二孩政策实施后计生服务保障的提议	科教文卫	廖闻剑、刘杰
49	关于取消机关服务窗口午休时间的建议	民生综合	李庆辉
50	关于切实做好江心洲社区卫生服务中心异地重建标准化建设规划的建议	科教文卫	严加珍、孟照华、张璟、刘伏先
51	合理调整绿化高度　保证儿童交通安全	城管建设	褚红、张文清
52	关于尽早拆除秀山路 21 号前涟城建筑工棚的建议	城管建设	王向芳
53	南京垃圾分类工作情况及建议	城管建设	杨峥
54	关于优化我市公共自行车租赁的建议	城管建设	杨峥
55	提升建邺内涵建设（一）——关于群租房的人口管理问题	城管建设	费非、石建军
56	提升建邺内涵建设（二）——关于迅速开设银发餐桌的建议	民生综合	费非、石建军
57	挖掘潜力发挥优势，激励职教人才更好地服务区域经济发展的建议	科教文卫	俞琛、童春凤
58	提升建邺内涵建设（三）——加强对建邺区各养老机构的督查	民生综合	费非、石建军

续表 48

编号	标题	分类	委员姓名
59	建议大力推广建邺区莫愁湖街道“宣德堂”的服务模式　解决社区居家养老一大问题	民生综合	孔繁静、刘云
60	提升建邺内涵建设（五）——检修、恢复南湖东路上的座椅	城管建设	费非、石建军
61	建议将莫愁湖公园免费向市民开放	科教文卫	邵正光
62	反映江心洲商业网点布局太少，岛上居民生活不便	民生综合	邵正光、陈文杰
63	采取差异化政策引导推动建邺区实体经济发展	经济建设	丰志勇
64	加快实施老旧小区节能改造推进节能城市示范区建设	经济建设	丰志勇
65	解决文体企业融资难问题，促进文体企业发展	经济建设	金明
66	关于加快南京市儿童医院河西分院周边基础建设的提案	科教文卫	杨明
67	关于在小学实施课间餐的建议	科教文卫	曾凌
68	关于对建邺区婚姻登记处升级改造的建议	民生综合	支卉、薛丽利、于春丽
69	关于区政府行政楼楼层标识及时更新的建议	民生综合	支卉、薛丽利、于春丽
70	关于对路标门牌进行维护更换的建议	城管建设	支卉、薛丽利
71	关于完善怡康街沿线公共出行站点的建议	民生综合	徐新斌、夏安雅
72	关于试点引进商业保险，保障老年护理机制的建议	民生综合	支卉、张思根、王帆、于春丽、沙宝松、刘嘉、黄怡、仇波、方芳、陈卫、陈晓峰、傅捷、彭志刚
73	关于加快区属国资公司组建合并，服务并促进创新企业发展的建议	经济建设	刘士坤
74	关于试点建立居民健康管理自测大数据系统的建议	民生综合	支卉、仇波、于春丽、刘嘉、陈卫、傅捷、方芳、彭志刚
75	关于尽快改造扬子江大道的建议	城管建设	詹静
76	关于引入国内外知名高等院所的建议	科教文卫	徐静
77	关于在建邺区建设创业大学城的建议	科教文卫	石建军
78	关于加速建邺轨道交通建设的建议	城管建设	夏安雅
79	关于尽快将公共文化服务从行政“维护”向法律“保障”跨越的建议	科教文卫	詹静
80	关于统筹完善“婚姻登记与婚前医学检查一站式服务中心”的建设，加强公共卫生服务保障的建议	民生综合	刘伏先、张璟、孟照华、严加珍
81	依托民办校建立代课教师资源库，缓解区内在编教师缺口问题	科教文卫	汤晓婷
82	关爱失独家庭实现其“自我造血功能”的建议	民生综合	王昊

续表 48

编号	标题	分类	委员姓名
83	现代化国际性城市中心的城市管理更应注重细节	城管建设	李曼莎
84	关于响应国家低效用地利用政策，将西祠街区改造为互联网创新创业产业园的建议	城管建设	杨雷
85	积极构建多位一体金融风险防范化解机制，努力打造安全稳定健康发展的金融集聚区	经济建设	张革联
86	切实做好居民楼内公共环境治理	民生综合	仇波
87	关于加强莫愁湖西路及周边地区道路环境整治	城管建设	戴锦高
88	建议加强政策措施研究落实，促进全区养老服务体系特别是医养融合又好又快发展	民生综合	林旭东、陈德勇
89	关于增强建邺区青少年儿童素质教育若干方面建议	科教文卫	刘杰、廖闻剑、金邦建、张琲、周文琴、倪子雯、丛悦
90	加快建邺区“互联网＋政务服务”建设，积极运用大数据和互联网技术提升政府管理和服务能力	民生综合	林旭东
91	健全社会保障和社会救助体系，提高困难群体和经济薄弱地区居民生活水平的建议	民生综合	周文琴、金邦建、吴骏、刘一澎、张琲、廖闻剑、刘杰、丛悦、倪子雯、程玲
92	让区长政府报告当中“构筑企业服务体系”更加精准有力	经济建设	彭志刚
93	关于为多层无电梯住宅安装电梯的建议	民生综合	孟照华、张璟、严加珍
94	关于切实推进建邺区法律服务产业快速发展的建议	城管建设	张钺
95	关于进一步加强夹江饮用水源地保护的建议	民生综合	吴豪、方贵平
96	关于努力打造建邺区会展经济的意见	经济建设	沈亮
97	关于开展城市河道绿色管养的建议	城管建设	吴豪、方贵平
98	落实男女厕比例，让女性“方便”更方便	民生综合	李红梅、蔡跃军、李淑雯、韩勇
99	关于在滨江风光带增设公共体育设施的建议	民生综合	石峥映
100	关于解决已工作 3 年以上合同制检查员进入卫生执法队伍的建议	科教文卫	张璟、孟兆华、严家珍、刘伏先
101	关于恢复区文化馆公共文化服务载体的建议	科教文卫	仝铮铮、管庆、刘希开、刘士坤、徐文政、吴新益、朱春雷、张鉴冰、胡小武
102	部门街道应简政放权，民生服务“下沉”到社区	城管建设	李红梅、李淑雯
103	关于加强高层住宅小区消防安全的建议	民生综合	黄艳
104	关于加强食品安全监管的建议	民生综合	黄艳
105	关于提升建邺区商业办公楼宇物业品质的提升建议	民生综合	丛悦
106	关于低效用地再开发激励机制的建议	经济建设	李甦

续表 48

编号	标题	分类	委员姓名
107	关于解决广州路儿童医院看病拥挤的建议	民生综合	任琳
108	关于奥体中心、博览中心周边道路增设电子诱导屏的建议	城管建设	韩勇
109	关于进一步抓好众创空间建设的建议	经济建设	丁全炳
110	关于加强塑料垃圾分类回收的建议提案	民生综合	曹晓丽
111	关于企事业单位聘用农民工权益保障的建议	民生综合	王宜森、周爱顺
112	发挥国际城市中心的优势，促进全域旅游产业的发展	科教文卫	王宜森、周爱顺
113	关于智慧医疗推行改革建议	民生综合	倪子雯、张珏
114	进一步提高居民环保意识，大力提倡文明节约、低碳生活的建议	城管建设	黄怡
115	关于建邺区加快发展创新型经济推动产业转型升级的建议	经济建设	孔南钢
116	关于深化完善建邺区街道综合行政执法体制改革的建议	城管建设	周德荣
117	关于加强外来进城人员文化教育工作的提案	科教文卫	管庆
118	关于进一步完善残疾人托养政策的提案	民生综合	管庆
119	关于加强积贤街交通安全管理，提高城市管理水平提案	民生综合	朱鹏
120	关于全面推行师资轮换制，真正实现教育公平化的建议	科教文卫	金光明
121	关于河西新城人行道和市民广场地面破损情况的建议	城管建设	杨一评
122	关于加强政银合作　促进科技文化企业融资的建议	经济建设	杨青伟
123	关于切实提升建邺区国际化水平的提案	经济建设	胡小武
124	关于加强防范建邺区中小企业资金链断裂的建议	经济建设	张堃
125	加强城市道路建设和管理的建议	城管建设	孙达华
126	关于在建邺区设立“非遗文化交流窗口”，全面提升文化内涵的建议	科教文卫	周绮
127	把建邺区打造成国际知名旅游目的地的建议	科教文卫	孙达华
128	进一步促进中小微企业经济健康快速发展	经济建设	孙达华
129	关于金融人才安居、子女入学政策的建议	经济建设	丁菁
130	关于招收特殊师范学校毕业生进入普通学校，落实特殊儿童随班就读的建议	科教文卫	张文清
131	关于创办“建邺区特殊教育学校”的建议	科教文卫	张文清
132	关于加快打造河西金融创新街区的工作提案	经济建设	杨泗周
133	完善河西南部地区抗洪排涝设施建设的建议	城管建设	杨荣庆

续表 48

编号	标题	分类	委员姓名
134	关于进一步增强社区专职社工队伍稳定性的建议	民生综合	吴新益
135	关于聚焦富民，推进失地农民再就业的建议	民生综合	刘天鹏
136	关于高标准打造永定水梦小镇的建议	经济建设	刘天鹏
137	关于持续改善社区办公服务用房的建议	民生综合	赵莉
138	建议进一步优化万达广场附近的交通组织	城管建设	程玲
139	关于开设“建邺政协”微信公众号的建议	民生综合	任心洁

（区政协办）

【政协委员调研视察】3 月 15 日，区政协城市建设与社会法制委员会组织全体委员视察莫愁湖公园环境提升情况。区政协主席庄立、副主席刘雯禾、党组成员汪敏出席活动。委员们视察园区古建维护、环境提升项目，先后听取区建设和交通局局长顾颖勤、莫愁湖公园管理处副主任杨志军关于莫愁湖公园环境提升情况通报。委员们对公园克服困难、坚持特色发展所取得的成效给予肯定，并围绕公园技防、历史遗留问题、改建质量、园区文化等进行协商讨论。

3 月 21 日，区政协民族宗教、港澳侨台和外事委员会组织委员视察沙洲街道莲花、中和保障房片区有关配套设施建设情况。区政协副主席刘雯禾参加视察。委员们先后视察莲花南苑社区、九如城千手康养中心、莲花社区卫生服务中心、游坊城商业载体，听取街道负责人相关情况介绍。委员们认为沙洲保障房片区配套设施和物业管理日趋完善，较好满足当地各类居民群体的生活需求，并对街道、社区工作人员辛苦付出给予充分肯定。委员还就提高服务水平和居民满意度、幸福感提出意见建议。

4 月 20 日，区政协教卫文体委员会组织全体委员视察“半边天”女性社会组织的培育和发展情况。区政协副主席郁宁一出席活动。委员们先后视察南京建邺蒙正公益家庭服务中心、南京建邺巾帼创客家公益服务中心、南京市建邺区辣时花开生活社、建邺区“半边天”女性社会组织服务中心，听取区妇联主席俞丽丽关于区妇联女性社会组织培育发展情况的通报。委员们对区妇联在女性社会组织培育和发展方面所做的工作给予肯定，并就女性社会组织的培育和发展等议题进行协商讨论。

6 月 8 日，区政协城市建设与社会法制委员会组织委员视察区法院诉讼服务中心工作。区政协主席庄立、副主席刘雯禾、党组成员汪敏出席活动。视察活动由区政协城市建设与社会法制委员会主任蔡跃军主持。委员们先后视察区法院诉讼服务中心、审判法庭、法院警队文化长廊、视频监控室等工作场所，全面了解法院开展诉讼服务、审判活动、文化建设、信息化建设的工作情况；听取区法院院长芮铭珍关于区法院诉讼服务中心工作情况通报；对区法院以方便群众诉讼为出发点，在加强诉讼服务中心标准化建设，完善司法便民利民措施，提升司法服务群众的能力和水平等方面所取得成效给予肯定。委员们围绕法院诉讼服务中的立案登记、依法办案、智能建设等具体议题进行协商讨论，并提出意见建议。

7月20日，区政协经济科技委员会组织委员视察调研创新企业。区政协副主席郁宁一、区副巡视员罗春寿出席活动。委员们先后视察万得资讯、天泽星网科技公司，听取企业负责人相关情况介绍。委员们对万得资讯、天泽星网科技已建成国内较为完整、较为准确的以金融证券数据为核心的大型金融工程和财经数据库，给予充分肯定。

8月22日，区政协城市建设与社会法制委员会组织委员视察南湖停车场人防工程建设情况。区政协副主席刘雯禾参加视察。委员们视察南湖停车场人防工程建设工地，分别听取区人防办、建设单位建华开发公司有关负责人关于停车场人防工程建设情况通报。委员们对这一服务于周边群众的民生工程建设成效给予肯定，并围绕停车场人防工程建设后续运营与管理等议题进行协商讨论，提出意见建议。

【政协委员进社区】5月17日，区政协城建法制委与政协江心洲街道工委联合组织政协委员开展“政协委员进社区”活动，视察新加坡·南京生态科技岛科创中心、观看江心洲街道宣传片；先后听取江心洲街道工作情况介绍、街道政协工委2017年年度工作计划和区政协委员进社区工作安排；走进永定、洲岛家园、洲岛紫园3个社区“政协委员工作室”视察。

【协商议政】紧扣中心工作，充分履行政协职能。主席会议、常委会议围绕推进综合改革、加快金融中心建设等议题听取通报、协商建言；各专门委员会组织委员开展20余项协商议政活动，促进部门工作效能提升；遴选出15名政协委员成立3个督查小组，对莫愁泵站进水渠等整治情况进行专项监督；另推荐20余名委员担任特约监督员，为完善执法、司法等部门工作发挥作用；先后开展18次视察调研和协商议政活动，就提升养老服务能力、CBD建设进程中金融风险有效控制等方面的问题，形成8项专题调研报告。

【社情民意信息】关注群众期待，促进民生改善。围绕人民群众普遍关注的热点问题，就文化旅游、交通管理、污水处理等开展专项视察，推动一系列有关民生问题的解决与落实；全年编报《社情民意信息》126期，报送的社情民意信息部分等，区委、区政府领导分别作出批示，有关部门认真研究落实，促进一些事关群众切身利益问题的解决；区政协全体党员干部参与大走访活动，政协各街道工委认真组织辖区委员开展履职活动，区政协委员热心社会公益事业，通过各种渠道捐款捐物近200万元。

【政协机关自身建设】加强自身建设，不断提升工作水平。出台《政协建邺区委员会关于区政协委员履职考核的办法（试行）》，加强委员履职管理；建立街道政协工委主任例会制度，定期听取街道政协工作情况汇报；建立社区委员工作室制度，引导委员走进群众收集和反映民情民意；向全体委员赠阅《人民政协读本》《政协委员手册》等学习资料；举办3期委员培训班，倡导新老委员结对帮带，帮助新委员尽快进入角色，取得明显成效；开通区政协微信公众号、更新区政协网站、建立委组微信群，及时将政协工作动态及有关政策信息传递给委员；邀请区政府和相关部门向区政协委员通报工作情况，为委员参政议政创造条件；打造“委员之家”，增进委员之间的联系。（区政协办）

中共建邺区纪委

【概况】2017年，全区各级纪检监察机关坚决落实上级纪委各项决策部署，坚持全面从严治党，把纪律和规矩挺在前面，旗帜鲜明反对腐败，驰而不息正风肃纪，不断深化纪检体制改革，党风廉政建设和反腐败斗争取得新的明显成效。

【“两个责任”落实检查】严明政治纪律和政治规矩，压紧压实“两个责任”（落实党风廉政建设责任制，党委负主体责任，纪委负监督责任）。把握全面从严治党政治责任，层层签订党风廉政责任书，健全主体责任报告、评议、反馈、整改、督查、追责的闭合回路。修订完善“五项清单”（主体责任清单、领导责任清单、监督责任清单、问题清单、整改清

1月21日，中共建邺区纪委第十一届第二次全体（扩大）会议召开。
（区纪委　供稿）

单），增加党风廉政建设责任制考核分值权重，强化考核作用，推动压力层层传导。出台《干部监督谈话实施办法》，约谈13名区管负责人。实施“一案双查”（严格执行问责机制，既要追究当事人责任，又要倒查追究相关领导责任，包括党委和纪委的责任）问责2人。加强警示教育，营造风清气正的政治生态。

【“四个专项”行动开展】深化标本兼治，开展“四个专项”行动（“打铁还需自身硬”专项行动、腐败易发多发重点领域整治专项行动、作风建设“防隐身防变异防反弹”专项行动，以及群众身边不正之风和腐败问题治理专项行动）。围绕“打铁还需自身硬”专项行动，查找风险点304个，制定整改措施457条，梳理问题线索11个，查处1人。围绕腐败易发多发重点领域整治专项行动，抓住教育、卫生、工程建设领域，以社区民生资金和公房管理作为方向，梳理问题线索127条，立案39件39人，建章立制26项。在民生资金重点领域，严肃查处莫愁湖街道蓓蕾社区原主任刘佩茹等人违纪案件，立案12人。在公房出租重点领域，严肃查办原区征收办主任张宝林、办公室主任白理君违纪案件。围绕作风建设“防隐身防变异防反弹”专项行动，通过拉网排查、专项检查、带案检查，发现问题218个，查实61个，通报曝光4批13起20人，持续保持强烈震慑。围绕群众身边不正之风和腐败问题专项治理工作，开展惠民资金专项监督检查，结合“大走访”活动、区委巡察和信访件“大起底”，梳理汇总问题线索135条，办理南京市纪委挂牌督交办件19件，维护群众利益。

【“四种形态”运用】用好“四种形态”（第一种：党内关系要正常化，批评和自我批评要经常开展，让咬耳扯袖、红脸出汗成为常态；第二种：党纪轻处分和组织处理要成为大多数；第三种：对严重违纪的重处分、作出重大职务调整应当是少数；第四种：而严重违纪涉嫌违法立案审查的只能是极少数），始终保持惩治腐败高压态势。坚持纪严于法、纪在法前，由“惩治极少数”向“管住大多数”拓展。准确把握“树木与森林”关系，实践运用“四种形态”处置174人次，其中，运用第一种形态101人次，占比58%；第二种形态62人，占比35%；第三种形态8人，占比5%，第四种形态3人，占比2%，实现良好政治效果、法纪效果和社会效果。全年立案100件，同比增长37%，其中自办件50件，同比增长127%，处级干部9件；处分87人，其中采取“两规”（中国共产党的党组织在纪律整肃中，对违反党内法规的党员所采取的特别调查措施）审查措施4人，移送司法机关2人，暂扣涉案款物143万元，为国家挽回经济损失4617万元。建立完善“三位一体”工作机制，即以纪检监察室为办案核心，工作室（纪检组）为核查主体，街道纪工委为基础力量，定期开展问题线索会诊，研究把握执纪审查走势。发挥反腐败工作协调小组作用，强化协作，形成合力。健全信访举报工作机制，推进重信重访化解稳控等工作。加强执纪审理和申诉复议复查工作，纪律审查质效提升。

【纪律检查体制改革】强化党内监督，全面实施纪律检查体制改革。把深化巡察监督和派驻监督作为加强党内监督重要举措，推动全面从严治党向基层延伸。加强巡察机构和力量建设，实现巡察组组长、副组长、联络员专职配备，规范巡察准备、了解、报告、反馈、移交、整改、归档7大环节，保障工作开展。对江苏省委两轮巡视发现问题举一反三、自查自纠，制定整改措施112条。突出巡察政治定位，完成3轮对24家单位巡察，发现问题429条，提出整改意见181条，移交问题线索84个。全面实施派驻机构改革，撤销4个纪检监察工作室，设置6个派驻纪检组，实现对57家区一级党和国家机关监督全覆盖。加强派驻机构统一管理，出台工作意见和考核办法。

11月9日，十一届区委第四轮巡察工作动员部署会在区机关多媒体会议室召开。（区纪委　供稿）

【街道纪工委工作绩效考评】加强组织领导，成立区纪委监察局绩效考评工作领导小组，领导小组下设办公室，负责具体实施绩效考评工作。制定考评办法，结合南京市纪委考评要求和建邺工作实际，制定《区纪委监察局机关、工作室、纪工委（纪检组）年度工作绩效考评办法（试行）》，确保取得实效。强化部署推进，召开由区纪委机关全体人员和各纪工委（纪检组）负责人参加的绩效考评推进会，明确责任，强化落实。开展调研指导，区纪委书记带队调研街道纪工委执纪审查工作、谈话室等建及纪工委干部配备等情况，推进市区纪委年度重点任务有效落实。

【党内监督强化】区委先后多次召开书记会、常委会，部署全面从严治党工作，区委常委带队对10家单位责任制落实情况重点检查考核，压实管党治党责任。出台《干部监督谈话办法》，区委、区政府主要负责人约谈提醒区管负责人，推动“咬耳扯袖、红脸出汗”成为常态。结合“四个专项”行动，要求各单位深入开展自查自纠。严肃问责机制，用问责倒逼各级党组织和负责人履行好主体责任。突出政治巡察工作定位，始终把巡察焦点对准党组织的政治责任，确保见人、见事、见真章。

【监督体系建设】统筹推进国家监察、派驻监督、巡察监督和基层监督一体化建设，全面实施派驻机构改革。深化政治巡察，完善巡察监督网络，初步建立起巡察制度体系，提高发现问题的能力水平。深化监察体制改革试点工作，按照党中央制定的时间表和路线图，稳妥做好监察体制改革试点工作。

【纪检监察干部队伍建设】突出自身建设，打造过硬纪检监察干部队伍。按照推进“两学一做”（学党章党规、学系列讲话，做合格党员）学习教育常态化制度化工作要求，走访群众2122户，企业103家，解决问题201个。加大轮岗交流、上挂下派力度，组织参与业务培训33批664人次，选派33人次参与上级轮训调训。围绕年度绩效考评工作，强化对基层纪工委的动态考核和履职评估。

【廉洁文化建设】以体系建设为支撑，提高教育引导力。围绕“弘扬主旋律，传递正能量”，加快廉洁文化软硬件建设，深入开展廉洁文化主题活动，建设“凝聚、激励、导向、约束”的纪检文化阵地。以主题活动为抓手，提高品牌影响力。深入推进“老石说纪·基层行”系列活动，拓展线上线下两种形式，突出“勤廉兼优”“敬廉崇洁”“廉洁诚信”“和谐邻里”“清廉家风”等主题，组织实施好“观、宣、悟、行、评”各环节活动。以硬件建设为载体，提高文化凝聚力。重点新建廉政教育载体，加强对全区各级各类廉政教育载体分类指导和动态管理，发挥好已有载体警示教育作用。

5月，清荷广场建成开放。（区纪委　供稿）

延伸阅读 19

"清荷广场"建成开放

6月7日，城市廉洁文化广场"清荷广场"建成开放，吸引众多机关党员干部、社区居民和外地游客关注。该广场位于河西CBD绿轴核心区域，在原有河西CBD核心绿轴休闲广场基础上建设而成，南起奥体大街、北至新安江街，占地面积约1.2万平方米，包括地面主体建筑和下沉式广场2个部分，分为"学之屏""思之塑""践之柱""悟之廊"4个区域，旨在丰富河西新城廉洁文化内涵，营造干事创业浓厚氛围。"清荷广场"的命名，源自河西管委会纪检组、建邺区纪委共同制作的系列警示教育动漫片《老石说纪》中的形象卡通人物"青青""荷荷"。"清荷广场"是河西·建邺廉洁文化载体"一点"（建邺区人民检察院廉政文化建设示范点）、"一线"（清荷广场）、"一片"（《老石说纪》系列动漫片）的组成部分之一，是河西新城区廉洁文化载体建设的新探索。该广场是河西·建邺廉洁文化建设在理念与实践上的又一创新。融入其中的优秀传统文化与廉洁元素，赋予休闲广场新内涵，提升其功能品质。（区纪委）

表49　2017年建邺区作风建设先进单位名单

序号	单位	序号	单位	序号	单位
1	区纪委	8	区检察院	15	区国资办
2	区委组织部	9	区建设交通局	16	建邺国税局
3	区委宣传部	10	区司法局	17	建邺地税局
4	区委统战部	11	区审计局	18	区机关管理中心
5	区妇联	12	区物价局	19	河西中央商务区
6	区残联	13	区安监局	20	兴隆街道
7	区公安分局	14	区市场监管局	21	江心洲街道

（区委　区政府）

表50　2017年建邺区作风建设示范岗名单

序号	单位	序号	单位
1	区投资建设代办服务中心窗口	11	区法院诉讼服务中心窗口
2	区环保局窗口	12	江心洲街道"心连心"便民服务直通车
3	区卫计局窗口	13	莫愁湖街道计划生育服务窗口
4	区建设交通局窗口	14	南苑街道残疾人保护事务窗口
5	区国税防伪税控岗	15	区人社局人才交流服务中心职称代收窗口
6	区市场监管局企业名称核准窗口	16	兴隆街道人力资源和社会保障服务所
7	区公安分局出入境窗口	17	区图书馆读者服务岗
8	区公安分局身份证窗口	18	沙洲街道全科社保窗口
9	区地税局征收税务所咨询辅导窗口	19	双闸街道劳动和社会保障窗口
10	区检察院举报中心窗口		

（区作风建设工作领导小组）

社会团体

·建邺区总工会·

【概况】2017年全区工会战线涌现出一批受省、市表彰的先进单位和个人。南京市建邺地方税务局获得省级五一劳动奖状，江苏毅达股权投资股份有限公司基金管理部、南京越博动力系统股份有限公司机构组获得省级“工人先锋号”；江东商贸区总工会推选企业代表担任兼职副主席的做法被南京市总工会评为创新工作三等奖，大连万象美物管公司工会、莲花北苑社区工会联合会、建邺区实验幼儿园工会、南京耐威特瑞科技有限公司等10余家基层工会分获市级“模范职工之家”“微创新”成果奖、“双创”立功竞赛先进等荣誉。张春芳、赵海宁、孙亚明、陆大勇、李光福、郑艳等数十名个人被南京市总工会表彰。

【基层服务】2017年为全区455名困难职工发放物品合计23.5万元，为困难职工子女101人发放助学金10.7万元，为455名建档的困难职工办理享受重大病住院医疗自费部分85%的医疗补助。开展对街道、系统、功能园区中间层次近50余家非公企业调研走访活动，对街道、功能园区范围内的企业建会情况进行深入调研，基本摸清区域内入驻企业、职工状况。推进油坊城综合体成立联合工会，一次吸纳会员近800余人。确定中新公司、天泽星网软件等企业为建会重点，有序推进非公企业建会。结合全市开发(园)区工会建会、民营企业建会现场会精神，完善建会工作措施。

【劳动关系协调服务】结合开展企业工资集体协商工作，推进民主管理、厂务公开制度，健全职代会制度，确保协议的合法性，确保工资协商得到有效落实。开展“春季要约”行动，发出要约书1000余份。规模企业工资集体协商建制率达90%以上，女职工专项保护协议签订率在97%以上。坚持源头参与企事业单位改制工作，规范企业职代会运作，跟踪指导区景宏园林、新城房地产管理有限公司等单位改制后工会工作，指导完善职代会制度，维护企业职工合法权益。推动街道、园区工会法律援助站建设，基本完成职工法律援助工作全覆盖。选派5名仲裁员、调解员参加全市业务技能竞赛，南苑街道工会调解员朱福辉荣获全市调解员技能竞赛第2名。发挥区总工会法律援助律师作用，共有14件职工法律援助案件结案。

【职工文化活动】深入宣传政策法规，开展法律咨询活动2场，现场发放职工维权宣传手册1000余份。围绕“庆五一、建新城、促发展”主题，组织全区600余名职工开展登山活动。启动“周周乐”莲花社区广场电影放映活动，持续推进南京市文化宫“周周乐”

4月27日，区总工会在区文化馆举办建邺区庆“五一”国际劳动节职工文艺汇演活动。（区总工会　供稿）

品牌效应。与区级机关工会联合举办区第三届职工篮球比赛，并组织职工参加南京市总工会第三届职工篮球比赛，获第3名好成绩。协同区红十字会、CBD总工会继续开展关爱职工健康的“红色心跳”活动。举办2期以插花艺术为主题的女职工培训班。联合区体育局开展“国缘杯”2017首届南京业余羽毛球邀请赛。会同区妇联联合开展“四季相亲会”活动，会同区教育、科技园、建邺公安分局工会在河西缤润汇组织“幸福建邺·热恋在河西”联谊活动，约400人参加。

【区总工会六届九次全委（扩大）会议】4月11日区总工会召开六届九次全委（扩大）会议。替补六届工会委员会委员9人，对区总工会主席、副主席进行替补，推进中间层次工会换届及规范化建设，加强对全区工会工作的组织领导。

【第二届“大众创业、万众创新”立功竞赛活动总结部署会】11月24日，区总工会隆重召开建邺区第二届“大众创业、万众创新”立功竞赛活动总结部署会，大会对创业、创新先进单位和个人进行表彰和奖励，区总工会主席汤志平对全区第二届“双创”立功竞赛活动作总结部署，区创业创新服务导师团专家徐青对活动的开展作点评，受表彰的单位和个人代表也作分享发言。区委书记张俊对开展好“双创”立功竞赛活动提出明确要求，南京市总工会主席臧正金在会上对区“双创”立功竞赛活动给予肯定，并做相关指示。

【劳模疗养体检活动】5月16~17日，区总工会在南京市职工疗养院组织开展劳模疗养体检活动。全区在岗46位各级劳模、五一劳动奖章获得者参加身体健康检查，进行拓展训练，游览牛首山风景区和石塘竹海等活动。

【“春风送岗”进社区入万家惠民行动暨现场招聘会】3月28日，区总工会以“深入推进大走访，牵手企业送春风”为主题的“春风送岗”进社区入万户惠民行动暨现场招聘会在沙洲街道莲花北苑社区隆重举办。区总工会与南京市总工会职工援助服务中心、区人社局、沙洲街道工委进行沟通协商，同时与家政、物流、医药等30余家公司进行接洽，特别是与国内知名企业——红星美凯龙欧洲城店进行协调，向社区居民群众提供近千个工作岗位。现场参与招聘活动居民群众有1200余人。现场总计有300余人与聘用单位签订意向性用工合同，有200余人参加南京市总职工援助服务中心的小额贷款活动，为他们下岗再就业提供很好的创业资金来源，有100余名居民群众参加现场免费医疗便民服务。

【中国梦·劳动美建邺区庆“五一”职工文艺汇演】4月27日，区总工会举办中国梦·劳动美建邺区庆“五一”职工文艺汇演活动。活动通过职工文艺汇演的方式，弘扬“劳动光荣，劳动伟大”的劳模精神，表达区委、区政府和工会组织对职工群众的节日问候和期望，展现广大职工积极向上、奋发有为的精神风貌，体现各级工会在组织、教育、动员职工参与城市中心建设中的重要作用。南京市总工会副主席刘辉，区委常委、组织部长刘玉民，区人大常委会副主任、总工会主席汤志平，区政府副区长杨晨，区政协副主席郁宁一出席此次活动。

【“幸福建邺·热恋在新城”联谊活动】5月26日，区总工会联合区教育工会、科技园总工会、建邺公安分局开展“幸福建邺·热恋在新城”联谊活动。本次活动为每个参与者提供一个全面展示自我的平台。通过互动性强的小游戏，为素不相识的相亲者提供相互交流的机会，通过现场活跃的气氛拉近人与人之间的距离。活动现场设置婚恋服务区，为参与者答疑解惑或疏导心理等相关问题，并在此过程中宣扬正确的现代婚恋观。还邀请多家媒体进行宣传报道。

7月31日，区总工会开展以高温一线职工为主要走访慰问对象的“清凉一夏、幸福安康”送清凉活动。（区总工会　供稿）

【“清凉一夏、幸福安康”送清凉活动】7月31日，区总工会开展以高温一线职工为主要走访慰问对象的“清凉一夏、幸福安康”送清凉活动。建邺区区委常委、副区长夏晓燕，区人大常委会副主任、区总工会主席汤志平参加活动。一行先后到中铁八局承建的南京博览中心三期工程工地以及双闸街道，分别向一线建筑工人，街道城管队员、环卫工人赠送防暑降温慰问用品。

【关爱外来务工人员“城市建设一线行”慰问活动】8月16日，区总工会联合南京市总工会开展2017年关爱外来务工人员“城市建设一线行”慰问活动。莲花北苑社区是区总工会的结对共建社区，通过前期的“大走访”活动，发现该社区外来务工人员、基层一线工作人员较多。了解到这一情况后，区总工会联系南京市总工会联合组织开展此次活动。活动现场向该社区的外来务工人员、基层一线工作人员发放了室外防护和洗化用品的“爱心包”100份；为该社区的20户困难家庭就学子女送上关爱助学慰问金，每户800元；邀请莲花社区卫生服务中心和南京爱尔眼科医院的医生进行义诊和免费眼科检查。

【工会财务经审干部培训班】为加强区基层工会财务和经审工作，规范基层工会财务收支管理，提高工会财务和经审干部的业务水平，区总工会于11月9日举办2017年建邺区总工会财务经审培训班，此次培训班邀请南京市总工会经审处处长宋长星授课，对各基层工会主席，部分企业工会主席以及工会经审干部集中培训业务知识。培训主要详细解析工会经费使用的文件规范，以及基层工会经审实务。培训中还发放《工会经审工作文件汇编》，结合培训内容进行讲解。针对工会经费使用方面，详细解析经费使用注意点，使用范围，要求工会财务人员在实际工作中，对照文件规定，履行好财务的监督职能，保证工会经费使用合规合法。（区总工会）

·共青团建邺区委员会·

【概况】2017年，建邺共青团胜利完成区第十六次团代会换届工作。全区共组织开展主题队日活动37场、主题中队会748场、雏鹰假日小队寻访实践活动2700余场；全区少先队员共撰写心愿、感悟、建议1.8万余条，亲手制作心愿卡、手抄报近3000张，绘制儿童画560余张，拍摄活动视频74个。全区93名团干部共常态化联系青年3985人，开展线上互动644次，组织线下活动332次，上传活动照片351张，撰写基层感悟315篇，实现从联系青年向活跃工作转变、从活动交流向有效服务转变、从制度约束向行动自觉转变，让团干部成为广大青年想得起、找得到、靠得住的力量。

【志愿服务】作为第一届江苏发展大会主会场所在区域的团组织，带领200余名志愿者，完成大会植树活动、晚宴、灯光秀表演等多

3月5日，江苏省暨南京市志愿服务主题月活动在建邺区举办。
（团区委　供稿）

场重大活动志愿服务任务。开展志愿服务主题活动，联合兴隆街道共同打造江苏省青年社会组织创新中心河西分中心，引入南京圆梦志愿者服务中心、大爱之家公益事业发展中心等青年社会组织承接运行。创新中心通过专业化、项目化的运作，引导社会组织打造精品志愿服务项目，提高志愿者服务能力，依托辖区内奥体中心、金陵图书馆、南京市妇儿活动中心、绿博园等公共载体开展文化娱乐、法律服务、环保宣传等民生志愿服务活动20余场，服务群众800余人次，并承办江苏省暨南京市学雷锋志愿服务大行动，先后接待省、市负责人调研考察参观等30余批。开展“青梦起航”——建邺区公益领袖培养计划第三季，拿出30万元专项资金面向全市招募遴选南京雨薇青年公益服务中心等11个青少年公益服务项目引入街道社区开展服务，开展公益活动177次，服务人次达2700余人次。

【基层组织建设】非公团建“扩量提质”，新媒体行业、青年社会组织团建填补空白，非公团建累计增长20家。加强团队干部队伍建设，组织开展少先队辅导员风采展示活动和团队干部培训班，提升团干部和少先队辅导员工作水平和业务技能，落实从严治团新要求，逐年降低入团比例、提高入团门槛。开发全区积分入团微信平台，量化入团标准，提升共青团员先进性。开展全区团支部书记“双述双评”（村干部既向乡镇党委述职又向群众述职，既接受组织评价又接受群众评价）和基础团务工作督察，加强基层团组织组织规范化建设。

【青少年服务】上门对重点青少年家庭情况进行核实，做到面对面听期盼，一对一解难题。组织40名外来工子女开展公益夏令营，丰富他们的暑期生活。帮助2名困境青少年对接大学生志愿者提供免费课业辅导，为3名贫困大学新生申请到“圆梦行动”助学金1.5万元，为青少年解决实际困难。继续开展“青年之家”载体建设。实现全区每个街道“青年之家”全覆盖，全年共开展活动576场次，服务青少年7400余人次。按照“平台+队伍+组织+项目”运行模式，关注青少年共性和个性需求，不断提升共青团组织的服务能力，全力打通共青团联系服务青年的“最后一公里”。为帮助困难家庭子女解决生活、工作、学习中遇到的困难和问题，2月，团区委运用“1+100”联系群、“青年之声”平台等渠道，广泛收集青少年需求、困难，争取相关部门支持，整合社会资源，开展有针对性服务，共给98名困难学子送去温暖，发放慰问金3.78万元。

【“梦想合伙人”第二季项目揭牌仪式】10月12日，团区委举行“梦想合伙人”第二季项目——社区营地揭牌仪式。该营地是团区委、区少工委与南苑街道怡康社区共同打造的青少年校外教育实践基地，结合社区实际构建“一体五翼”（“一体”是指团区委、区少工委即将发布的全国第一本青少年校外活动指导纲要《青少年校外教育实务手册》，该手册将设置党建牵手少先队、三生教育伴身边、困境儿童手牵手、雏鹰飞翔在社区、我做城市小主人、社区是我家6大课程体系，覆盖社会生活实践、农林劳动实践、工艺技术实践、科技创新实践、地方特色实践5个基本领域，用于指导社区营地开展丰富多彩的实践活动；“五翼”是指社区营地开展的五彩社区主体活动）的校外教育新模式。开展“强国梦、强军梦”党建牵手少先队、“保护母亲河”“同片蓝天话童年”梦想伙伴手牵手、“美丽社区，幸福密码”亲子教育大型讲座等主体活动，引导青少年树立远大理想，深化社会主义核心价值观教育，培养他们坚忍不拔、奉献社会、厚德载物的品质，提升他们的情商和沟通协作能力。

【团区委十五届七次全委（扩大）会议召开】2月23日，团区委召开十五届七次全委（扩

10月12日，建邺区举办庆祝第68个少先队建队日活动暨“梦想合伙人”第二季项目启动仪式。
（团区委 供稿）

5 月 3 日，团区委第十六次代表大会召开。 （区委宣传部　供稿）

大）会议。区委常委、组织部部长刘玉民出席并作重要讲话。团区委常委、各直属团组织负责人、各中小学少先队大队辅导员、社区团支部书记和社会组织代表等近 100 余人参加会议。会上，团区委副书记彭超总结 2016 年全区共青团工作并对 2017 年工作任务进行部署，2 家团组织负责人和一家社会组织代表进行交流发言。刘玉民就做好新形势下共青团工作提出要求。

【区第十六次团代会召开】5 月 2~3 日，共青团南京市建邺区第十六次代表大会胜利召开。出席此次大会的代表共有 160 名，代表着全区 6000 余名团员青年、共青团工作者和社会各方面关心支持共青团事业的人士。全体与会代表共商未来 3 年建邺共青团发展大计，并选举产生新一届团区委委员。5 月 3 日，团代会在建邺区政府大礼堂隆重开幕。区委书记张俊、团市委书记林武平以及区有关负责人参加开幕式。会上，林武平对建邺区共青团工作给予充分肯定。张俊向广大团员青年提出殷切希望。下午共青团建邺区第十六次代表大会胜利闭幕，区委常委、组织部部长刘玉民，区委常委、区政府副区长夏晓燕，区人大副主任洪国浩、区政协副主席郁宁一等出席闭幕式。会上通过工作报告决议，选举产生 19 名共青团建邺区第十六届委员会委员。

【区少先队小干部研学体验夏令营】6 月 28~29 日，团区委举办了“喜迎十九大——建邺区少先队小干部研学体验夏令营”社会实践活动，来自建邺区各小学 400 余位少先队员参加此次活动。本次研学体验第 1 天以“寻访强军梦，传承红色情”为主题，从武器装备、军事训练、团队拓展、榜样力量、感恩教育、文化教育若干方面，让少先队小干部们深度感受国防力量、体验军人军纪，发挥团队中榜样力量，以实际行动喜迎中国共产党第十九次全国代表大会，关注强军梦，共圆中国梦。第 2 天活动以“大众创新、万众创业”为主题，从财商教育、团队应变、沟通表达、团结互助等方面，让小干部们体验创业艰辛，培养财商意识，学习创业之道，埋下善于理财、敢于创新、勇于表达的种子。

【第68个建队日活动启动仪式】10月12日，团区委在南湖一小隆重举行“喜迎十九大，我向习爷爷说句心里话”庆祝第68个建队日活动暨“梦想合伙人——社区营地”项目启动仪式。团市委副巡视员曲征宇、南京市教育局副巡视员杨林国在建邺区委常委、组织部部长刘玉民等陪同下出席活动，并向全区少先队员送上节日祝福和殷切希望。团区委、区教育局、南苑街道主要负责人，区“梦想合伙人”项目合作单位负责人，全区各小学校长、大队辅导员以及南湖一小一年级到五年级全体师生参加活动。活动现场，各位负责人、嘉宾与全体少先队员们一起佩戴鲜艳的红领巾，举行建队日庆祝活动，集体为光荣的少先队“过生日”。大家观摩南湖一小具有示范意义的少先队建队仪式和红色旗帜传递仪式，并观看建邺区“喜迎十九大，我想习爷爷说句心里话”主题活动视频。

【建邺共青团学习党的十九大精神座谈会举办】10月31日，团区委召开建邺共青团学习中国共产党第十九次全国代表大会精神座谈会，团区委常委、团干部代表、团员青年代表等20余人参加此次座谈会。大家围绕中国共产党第十九次全国代表大会报告内容，结合各自工作学习实际，谈学习心得、体会及贯彻落实中国共产党第十九次全国代表大会精神的具体举措。会上首先传达中国共产党第十九次全国代表大会会议主要情况、报告的形成过程和主要内容、《中国共产党章程》的修改情况，随后来自基层街道工作人员、社会组织负责人以及学生代表等纷纷结合工作实际畅谈感想，最后彭超对此次座谈会作总结，并就如何提升团的核心竞争力和服务水平，谋划好工作提出要求。（毛　颖）

·建邺区妇联·

【概况】2017年建邺区有女性人数168498人，妇联组织78个（包社区、非公有制经济组织中各类妇女组织），女性社会组织28个。

【妇女创业就业】推广妇女小额担保贷款，逐步扩大政策覆盖面，优化妇女创业融资环境。组织企业参加“创响江苏”江苏省巾帼创业创新大赛。区河西中央商务区南京福佑在线电子商务有限公司申报的福佑卡车项目蝉联江苏省、南京市巾帼创业大赛2个一等奖。推荐南京行狐电子商务有限公司获得南京市巾帼电商服务站示范基地、江苏省巾帼电商服务示范基地2个称号。

3月8日上午，在区就业管理服务中心开展“三八架金桥，春风送岗位”女性专场招聘会，组织用人单位18家，提供就业岗位475个。联合培训部门，设立政策咨询窗口，发放政策宣传手册，向求职者和企业提供劳动政策宣传、职业指导、技能培训等一系列就业帮扶服务，促进妇女就业率与就业质量不断提高。

以“巾帼心向党、奉献在岗位”为主题，隆重举办国际劳动妇女节活动，推出若干女性群体典型，号召全区女性向她们学习。在全区范围内宣传省级“巾帼文明岗”创建申报活动，建邺区档案馆查档服务窗口、建邺区莲花实验学校初一年级组和南京市公安局建邺分局指挥室110女子接警组荣获“江苏省巾帼文明岗”称号。

【“最美家庭”评选】广泛寻找“最美家庭”。将寻找“最美家庭”、宣传最美家庭活动作为区妇联贯彻落实习近平总书记重要讲话精神的举措。3月全区举办最美家庭表彰大会，对60户充满美德真情，积极向上向善的区级“最美家庭”予以表彰颁奖。推选12户家庭获得南京市最美家庭，推选艾荣华家庭荣获江苏省最美家庭。在寻找“最美家庭”的基础上，不断丰富新时期家风建设内涵，举办“喜迎十九大，颂扬好家风”最美家庭事迹报告会，江苏省、南京市最美家庭代表获得者宣讲自己的家风故事并播放宣传视频，各界群众180人汇聚一堂，共同聆听最美家庭故事，弘扬优良家风。

【巾帼志愿服务联盟】为全面推进区巾帼志愿服务工作，整合资源，建立长效机制，将区巾帼志愿者品牌做大做强，区妇联在做好调查摸底基础上，于6月成立全区“一家亲”巾帼志愿服务联盟。该联盟由110支巾帼志愿者队伍组建而成，其中，女性社会组织巾帼志愿服务队38支、社区妇联巾帼志愿服务队50支、各级巾帼文明岗巾帼志愿服务队17支、高校巾帼志愿服务队5支，实现社区、社会组织、企事业单位、高校巾帼志愿者服务的四轮驱动。制定《关于成立建邺区“一家亲”巾帼志愿服务联盟的指导意见》，明确交流机制、协调机制等6大项机制，确

8月18日，区妇联在桃园居社区举办“党员干部大走访，志愿服务一家亲”巾帼志愿服务联盟社区行活动。（区妇联 供稿）

7月11日，建邺区召开2017年度妇女儿童工作会议。

（区委宣传部　供稿）

立联盟成员单位以“邻里守望·姐妹相助·与爱同行”为主题，每年开展不少于8次志愿服务活动的量化指标。结合“大走访”活动，分别在桃园居、香山路等社区开展了“党员干部大走访，志愿服务一家亲”联盟组团式服务。

【《建邺区“十三五”妇女儿童发展规划》编制】编制实施《建邺区“十三五”妇女儿童发展规划》。在广泛征求意见基础上对《建邺区“十三五”妇女儿童发展规划》反复修改，经区长办公会及区委常委会审议通过，区于7月由区政府正式发文发布规划。妇女发展规划提出76项主要目标和79项主要措施，共涉及量化指标50个。儿童发展规划提出66项主要目标和73项主要措施，涉及量化指标51个。2个规划共有11个指标优于市规划，26个指标优于省规划。规划坚持顶层设计，统筹规划，在区现代化国际性城市中心定位中谋划妇女儿童发展，更加重视优化妇女儿童的发展环境，更加重视增强妇女儿童获得感和幸福感，更加注重创新服务妇女儿童手段和方法。区政府召开妇女儿童工作会议，区长出席会议并提要求，分管区长与成员单位签署责任书。

【家庭服务】做好家庭服务工作，举办“情定建邺”四季公益相亲会。紧扣大龄单身男女婚恋的热点问题，与建邺区幸福之家婚姻家庭服务中心合作，定期开展婚恋相关公益服务活动。举办“春暖建邺，情聚南苑”“激情一夏，缘在兴隆”2场大型相亲会，为广大青年朋友提供相互认识、相互交流、发展友谊、收获爱情的平台，服务青年男女1000余人次。

做好婚姻家庭法律服务，联合区公安分局、区检察院、区法院和区司法局在虹苑社区广场举办主题为“爱Ta护家，共享和谐”的建邺区纪念《中华人民共和国反家庭暴力法》实施一周年法治宣传主题活动。邀请南京“宁姐工作访”服务进社区讲师团到街道、社区开展妇女权益保护知识讲座。8月，配合江苏省、南京市妇联在区南湖广场开展“万家学法，法润万家”江苏省暨南京市“法律进家庭”启动仪式。多元合作完善妇女维权网络，区妇联做好日常性信访接待工作，共接待妇女群众来访17件。同时，与以律师为主体的建邺区“家和婚姻调解工作室”合作，于每周一和周四2个下午在区婚姻登记中心指派专门律师为群众开展婚姻家庭方面的法律咨询。

推进家庭教育指导服务工作，组织开展“走进千万家——家庭教育社区巡讲”。贯彻落实习近平总书记关于“注重家庭、注重家教、注重家风”的重要指示精神，在全区家庭传播文明家风，普及科学家教理念和方法，提高家长立德树人、为国教子的能力水平，优化区未成年人健康成长家庭环境，在所有街道共举办6场巡讲活动。开展“书香家庭”评比活动。持续推进各类亲子阅读活动，委托社会组织在妇联所属南苑幼儿园重点开展亲子阅读示范活动，受到家长欢迎。联合教育、文化等部门以“倾听朗读者，同悦书墨香”为主题开展“书香家庭”表彰活动，共评选出20户“书香家庭”。举办“喜迎十九大，童心永向党”老少同台演讲比赛。来自教育系统和各街道的11组22名老少选手参加比赛。

深入实施困难家庭关爱服务行动，春节期间，承接全区“情暖建邺”活动中对困难女性的帮扶慰问，为500余户边缘困难家庭发放慰问金（品）共计35万余元；走访慰问低保和低保边缘户之外的50户贫困母亲，为每户送去600元的慰问金；母亲节期间，携手社会组织慰问特困家庭，在林大生态园欧月基地举办“花娇人更美”——2017年母亲节暨“姐妹相助，与爱同行”志愿服务活动，为部分单亲贫困母亲送去节日礼物；暑假期间，联合江苏大剧院举办困难家庭亲子“艺术研学之旅”夏令营，惠及30户家庭；与区关工委、团区委等部门联合筹集资金15万元，开展“爱暖心田”活动，为全区220余名学子送去关爱。

【妇联改革】推进妇联改革落地见效，区妇联认真贯彻学习各级群团改革会议精神，争取党委支持，召开多场座谈会开展调研，全面梳理区在妇联改革工作中需推进和解决的问题，按照加强群团组织“政治性、先进性、群众性”要求形成《建邺区妇联改革工作方案》（初稿）。推进街道区域化改革工作，召开全区各街道分管负责人和妇联干部共同参加的全区街道妇联组织区域化改革推进会，要求各街道在组织、力量、阵地、制度4个方面推进改革，对标补差。推进基层妇联组织构建区域化网络。指导街道社区妇联开展换届选举和增补执委工作，严格按照市妇联要求保质保量配备街道妇联、社区负责人，把普通妇女的优秀代表吸纳到基层妇女工作队伍中，壮大基层工作力量。截至10月底，各街道妇联全部完成换届选举，共配备妇联主席5名，专兼职副主席39名，执委220名，扩大街道妇联的力量。全区51个社区通过增补共配备专职副主席51名，兼职副主席107名，执委777名。同时，推进江心洲科技岛办管委会妇联的筹建，实现四大功能园区妇联组织建设全覆盖，加强与组织部关于党群服务中心建设的联络，委派相关社会组织落地开展服务。

【女性社会组织培育发展】2017年是以促进区女性社会组织枝繁叶茂为理念的“半边天”女性社会组织服务中心正式运转的第2年，依然采取政府购买服务形式聘请有高校背景的社会组织承接运行。国际劳动妇女节期间，开展“公益暖阳，建邺芬芳”活动，向全区宣传和展示女性社会组织的服务和项目。2017年“半边天”女性社会组织服务中心新培育女性社会组织1家，正在发展3家，入驻服务中心的社会组织达到10家，领域涉及家庭教育、法律服务、婚姻服务、全职妈妈服务、国学公益服务、职业女性服务等多个类别。“半边天”女性社会组织服务中心还以“遇见更好的自己”为主题开设茶艺、摄影、心理、社会知识等女性课堂38次，服务区内各类女性500余人次。创建“建邺半边天”女性课堂沙龙群，开展线上交流。夏季，“半边天”女性社会组织服务中心还开设夏令营2期。“建邺半边天”微信公众号定期发布消息，作为南京市妇联“新媒体项目”成员单位，每月向南京市妇联新媒体平台提供不少于2次的活动报名。微创投工作进入第5个年头，2017年，共征集微创投项目16个，大多数落地在社区妇女儿童之家，全部由社会组织承接，投入扶持资金及督导资金约40万元。由于区妇联参与各项社会治理工作成效显著，在8月区社建工委联席会上做《搭建平台，集聚引领，彰显服务妇女儿童

3月10日，建邺区女性社会组织庆“三八”暨第一届风采展示活动在南京市妇女儿童活动中心举办。
（区妇联 供稿）

新作为》的交流发言。

【家庭建档工作】与区档案局合作开展2017年度家庭建档工作，重点面对最美家庭、特色家庭和有迫切需求的家庭服务，收集整理这些家庭事迹，有利于家庭史料的积累和家风的传承，有利于家庭文化品位的提高，完成120户家庭建档工作。

【书香家庭评选表彰及风采展示活动】为贯彻落实习近平总书记关于“注重家庭、注重家教、注重家风”的指示精神和南京市、建邺区关于建设“书香城市”“书香建邺”要求，有效推进世界读书日活动，于4月19日在南苑幼儿园举办由建邺区文明办、区妇联、区文化旅游局主办，建邺区南苑幼儿园、沙洲街道中城社区、南京市建邺区守护稚翼家庭服务中心、南京市建邺区辣时花开生活社协办的“倾听朗读者，同悦书墨香”书香家庭评选表彰及风采展示活动。全区6个街道妇联分管负责人、妇联干部，相关社会组织，获奖的20户“书香家庭”，南苑幼儿园小班、中班、大班小朋友及家长们约300余人参会。同时，特邀南京市妇联副主席魏群出席会议并讲话。区妇联自2016年开启“我爱我家，同悦书香”亲子阅读活动启动仪式后，就在全区范围内通过专栏、专题、宣传海报、公益广告、微博微信等多种形式，宣传阅读重要意义，提倡在家庭中大兴读书之风，以书怡情、以书增智、以书营造良好的家风。2017年，区妇联又以“倾听朗读者，同悦书墨香”为主题，在全区开展“书香家庭”评选表彰活动。全区6个街道响应，在部分街道、社区、小学、幼儿园中开展各类亲子阅读活动，吸引各类家庭关注活动，并参与其中，活动做到常态化。经过层层推荐下，全区共评选出20户“书香家庭”。特别在风采展示的9个节目中，其中有7个节目是由“书香家庭”获得者们与孩子们一起走上舞台共同表演的，场面温馨又感人。活动现场，孩子家长的代表以演讲的方式分享她们对“书香家庭”阅读心得体会。

【科技亲子夏令营】7月13日，由建邺区妇联、兴隆街道桃园居社区主办，建邺“半边天”女性社会组织服务中心承办的“探秘航空航天——桃园居社区亲子夏令营活动”在南京航空航天大学圆满结束，共18组家庭参与此次夏令营，活动目的在引导父母与孩子以动手制作、实地体验等方式，对科学知识与技术有更感性的认识。为保证夏令营的安全进行，建邺区妇联副主席安鹰向孩子与家长介绍活动当中安全注意事项，并代表区妇联向参与家庭赠送电影票。桃园居社区与建邺“半边天”女性社会组织服务中心社工们做好相关后勤保障工作，包括紧急医疗物品、防蚊用品、饮用水，并在区妇联支持下，安排摄像与拍照团队全程服务。小朋友们与家长共同学习、制作固定翼皮筋飞机模型，制作完成后进行飞机模型试飞比赛。在对航模有一个非常基础的接触和了解后，小朋友们先后来到航空航天展馆、逸夫馆前，近距离接触真实客机、战斗机、直升机，并观看高端精彩航模飞行表演。此次夏令营活动，在飞机模型制作、午餐等环节等环节都积极引导亲子互动，以增强亲子之间的情感联系，使孩子在多元环境体验中得到更加全面的发展和完善。

【“艺术研学之旅”夏令营】8月24日，建邺区妇联与江苏大剧院联手开展“艺术研学之旅”夏令营，意在“涵养德性，则莫如提倡美育”。此次夏令营活动是针对全区6个街道的30户单亲贫困或困难家庭的亲子活动。南京工艺美术大师、市级非遗传承人颜蕾讲解脸谱的历史与文化，并手把手教现场的孩子与家长绘画脸谱。

【公益相亲活动】11月4日，百余名单身男女齐聚建邺区万达广场参加“相聚金秋，情定建邺”联谊会，活动由建邺区妇联，建邺区总工会、建邺区兴隆街道主办、大连万象美物业南京建邺分公司、建邺区幸福之家婚姻家庭服务中心共同承办，是一场针对机关、企事业单位职工、自主创业者等未婚单身男女举办的集中交友联谊活动。为女性、为家庭服务是妇联的工作职责，婚恋服务也是妇联的一项重要社会服务内容。区妇联把青年人的婚恋问题想在心上，抓在手上，充分发挥“半边天”女性社会组织服务中心阵地作用，成立幸福之家婚姻家庭服务中心，专门负责婚恋交友、婚姻家庭咨询和指导工作，为婚姻牵线，为家庭服务。精心策划的这场愉快、轻松的单身派对交友联谊活动，设置“亮出你自己、爱情初体验——‘绑的就是你’”、幸福大传递、抢板凳、浪漫表白等多个相亲互动环节。区妇联主席俞丽丽致辞，现场氛围热烈，多次爆出现场意向表白、向意中人赠送礼物的环节，获得全场祝贺掌声。

12月24日下午，由建邺区妇联、区总工会、莫愁湖街道联合主办的“相约莫愁，爱在暖冬”活动南湖广场举办。建邺区妇联主席俞丽丽、莫愁湖街道主任管庆、建邺区妇联副主席刘俊青、莫愁湖街道副主任颜艳等负责人出席。在本次活动中，单身男女们不仅可以自由交流，还可以参与各类有趣的互动游戏。数十位单身青年男女在浪漫温馨的氛围中度过这个美好的下午。本次相亲会为各位单身男女免费提供一个为相遇相知相爱的相亲平台，通过这次活动，有更多年轻人相识相知，最后找到属于自己的港湾。

【“反对家庭暴力，构建和谐家园”宣传活动】11月24日，由建邺区妇联、兴隆街道、融侨社区在建邺区兴隆街道融侨社区环宇广场联合举办主题为“反对家庭暴力，构建和谐家园”的主题宣传广场活动。参加这次活动的有区妇联主席俞丽丽、区妇联副主席刘俊青、兴隆街道妇联主席马莉等以及建邺区法院、建邺区检察院、兴隆派出所、兴隆街道司法所的工作人员和汉宇律师行的公益律师、社区巾帼志愿者共20余名，参与此次活动的群众约300名。活动现场区妇联主席俞丽丽致辞，强调反家暴宣传的重要性，倡导广大妇女尊法学法，守法用法，弘扬社会公德、职业道德、家庭美德，创建平安家庭，共同营造“反对家庭暴力，构建和谐家园”的良好社会氛围。本次活动中社区居民表演以反家暴为主题的京剧选段《妇女当自强》、以宣传法律知识为主题的三句半《遵守交通法规，守护平安幸福》。同时，还有服装秀、大合唱、扇子舞等精彩纷呈的表演。另外，现场还提供法律咨询、法律援助、健康咨询和修车、修鞋、修伞、磨刀等民生服务。台下各个咨询台摆放宣传展板，向群众发放《妇女维权法律知识包》《“爱Ta护家 共建和谐社会”反家暴法宣传手册》等宣传资料近400册，环保宣传袋300个。为提高群众的参与热情，现场还穿插反家暴知识有奖问答，进行台上台下互动。

【妇联干部座谈会】11月16日和20日下午，建邺区妇联分别召开建邺区巾帼志愿服务队负责人座谈会和建邺区街道、社区妇联干部座谈会。参加2次会议的有8支优秀巾帼志愿服务队的负责人代表和巾帼志愿服务工作开展比较出色的街道、社区代表，有常年为辖区弱势群体开展社区志愿服务和妇女儿童家庭等社会工作服务的兴隆街道一家亲巾帼志愿者服务队，也有为社区妇女、社区弱势群体提供法律咨询、进行普法文艺演出和普法宣传的沙洲街道中城社区“伍大姐普法工作室”巾帼志愿者服务队，更有巾帼志愿服务工作开展得红红火火的兴隆街道奥体社区妇联巾帼志愿服务队和结对开展服务的宝贝家育儿园巾帼志愿服务队等等。座谈会上大家畅所欲言，热情高涨，分别介绍了队伍近半年来开展的巾帼志愿服务活动情况，并就如何共同做好“一家亲”巾帼志愿服务联盟，助力河西新城社会治理发表看法。最后，区妇联副主席安鹰对会议情况进行总结并对下一步巾帼志愿服务工作提出了建议。

【妇联干部培训班】11月22日，建邺区三级妇联干部培训班于建邺区委党校正式开班。此次培训班为期2天，全区系统（园区）、街道、社区妇联干部及女性社会组织代表共150余人参加培训。开班动员上，建邺区妇联主席俞丽丽对此次培训学员提出了要求。随后，南京市委党校哲学与文化教研部副教授胡晶晶、江苏宁嘉律师事务所主任汪雯、南京邮电大学人文学院社会工作系主任崔效辉为学员们进行《新时代的男女平等基本国策：理论与实践》《婚姻家庭法律风险管理》《社会治理创新中妇联的角色与作用》培训授课。23日上午，南京市委宣传部南京发布内容生产负责人赵伊汉讲述《政务微博管理和运营中的几点体会》，23日下午，南京师范大学金陵女子学院杨玲通过案例分析、现场练习、即时点评等方式为学员们讲授《沟通

技巧与公共危机处理》。最后，由建邺区妇联主席俞丽丽主持建邺区2018年妇女儿童“微创投”项目发布会。（区妇联）

·建邺区残联·

【概况】2017年，全区共有持证残疾人5576名，其中，视力残疾838名、听力残疾584名、言语残疾32名、肢体残疾2429名、精神残疾791名、智力残疾754名、多重残疾148名。在第五次全省残疾人事业工作会议中，区政府被评为“‘十二五’江苏省残疾人工作先进区”。区残联被江苏省残疾人福利基金会评“2017年省残疾人福利基金会公益助残先进单位”。成功保障江苏省残疾人联合会重点工作推进会参观交流工作，并就“残疾人之家”建设经验作大会交流发言。在全省残疾人田径运动会和特奥会上，共获得7金2银好成绩。

【残疾人救助慰问】2017年，全区有1281名困难残疾人享受生活补贴，有1857名重度残疾人享受护理补贴，核发率均达100%。下拨10万元临时救助款到街道，让有困难、有需求残疾人家庭在第一时间得到及时救助。元旦、春节期间，区残联共筹措发放慰问资金147.1万元。其中，走访特殊困难残疾人3000余名，发放慰问金28.4万元。走访残疾人专门协会、残疾人托养、康复机构和残疾人工作特色社区22家，发放慰问金18.7万元。慰问低保边缘户、无固定收入重度残疾人99.8万元，另发放惠民券补贴7万元。为全区246名就业年龄段无劳动能力未缴纳任何社会保险残疾人全额购买城镇居民医疗和养老保险，补贴9.7万元，同时为全区持证残疾人连续购买“残疾人免费乘车意外伤害保险”和“残疾人意外伤害保险”。全年为211名符合条件残疾人机动轮椅车主发放燃油补贴计5.5万元，为3名符合条件残疾人机动轮椅车主更换新车。开展“阳光伴我行”集善明门儿童轮椅项目，为7名脑瘫儿童配发儿童轮椅，为6名残疾儿童办理郭氏爱心助学金。

【残疾人就业创业】在全区就业年龄段3042名残疾人中，对从未安置就业678人（其中，无就业能力和愿望629人）开展就业需求调查，确定对有就业需求和有就业能力49名残疾人开展就业帮扶。与涵月楼酒店、金鹰国际、金陵饭店物业公司、金陵饭店、费尔蒙酒店等大中型企业达成残疾人岗位预留协议，确保有就业愿望和有就业能力残疾人及时就业，2017年共完成42名残疾人实现实名就业（超额完成南京市36人目标任务117%）。对有就业愿望残疾人，开展送岗位、送技能培训、送就业信息、送创业扶持“四送”活动7场、就业招聘会6场。组织参加移动终端微商营销、盲人医疗按摩职业技能培训4场，共有700余名残疾人得到相应技术培训和就业援助。实现新增残疾人辅助

5月21日，南京市"助残千家关爱行动"启动仪式在建邺区举办。
（区残联　供稿）

性就业146人（南京市目标任务是110人），超额完成目标任务。拓展"益智多残疾人服务中心"和"原生艺术工作室"辅助性就业社会效应，扩大全区已实现辅助就业73名精神、智力残疾人跟踪和帮扶力度，指导机构能更多吸纳辅助性就业，实现辅助性就业63名。对有创业愿望和创业能力残疾人，进行创业辅导，帮助落实创业场地。除"残疾人自主创业且有效经营满1年的，给予一次性创业奖励5000元"外，加大协调落实小额信贷及贴息等扶持政策，为3名自主创业残疾人申请2.4万元远东助残项目创业补助资金。

【残疾人康复服务】按照"一年打基础、两年谋规范、三年见成效"思路，区残疾人就业管理中心入驻残疾人综合服务中心办公，同时引进华澳听力言语发展研究中心和方舟启智中心2家专业培训机构，为70多名残疾儿童开展康复服务，受到家长和社会一致好评。残疾人文体艺展能中心建设，为全区有各项特长和技能残疾人提供展现自我平台，残疾人综合服务中心全年共接待参观交流团8批130余人次，举办各类培训、会议讲座60余场。出台《建邺区残疾儿童基本康复项目绩效考评方案》，全区有141名残疾儿童在机构接受康复训练。为400户（名）残疾人家庭提供辅具适配和无障碍环境改造工作，为10户残疾人家庭提供国家彩金家庭无障碍改造项目，完成贫困白内障患者免费手术27人，儿童矫形器6人，适配儿童助听器3人，成人假肢（矫形器）11人，每月定期为精神病人免费给药176人，低视力筛查康复服务57人，举办盲人定向行走50人次，提高残疾人生活质量实效性。制定《建邺区残疾人精准康复服务行动实施方案》（2016~2020年），成立区残疾人精准康复服务行动领导小组和专家技术指导组，有需求残疾人接受服务比例高达92.99%，位列南京市残疾人联合会第一方阵前列。与卫生部门联合制定《关于进一步加强残疾人社区康复工作的意见》，在南苑街道社区卫生服务中心和沙洲街道莲花南苑社区卫生服务中心试点残疾人开放康复服务。签订《残疾人社区康复服务协议》，为残疾人康复服务提供最大程度便捷，为正在机构182名托养残疾人签订家庭医生合约，为他们提供免费体检和建立个人健康档案。

【残疾人托养服务】完成4个残疾人之家年度项目建设任务，全区共有8个残疾人之家，区残联在开展项目建设同时，重点对残疾人之家内涵和外延进行研究定位，为残疾人提供农疗、医疗、娱疗、康复训练和日间照料五位一体托养服务模式，在全省残联重点工作推进会上，区“残疾人之家”建设经验作大会交流发言，得到江苏省、南京市残疾人联合会负责人充分肯定和与会市县理事长一致好评。

【残疾人参与社会生活】注重残疾人5个专门协会建设，召开肢残人协会、盲人协会、聋人协会、智障亲友协会和精障亲友协会工作座谈会，充分发挥协会在政府和残疾人之间桥梁作用，掌握残疾人动态和需求，确保残疾人机动轮椅车专项整治、爱耳日、助残日等活动顺利进行。注重6个街道和43个社区残疾人专职委员队伍建设，扎实开展残疾人基层组织网络延伸到社区建设，使残疾人需求信息传达更顺畅，业务工作推进有力。专职委员培训由任务导向型向需求服务型转变，加强业务知识与开展服务双同时培训模式，提升专职委员为残疾人提供各类保障和服务能力水平。残疾人杨昇在全省计算机软件设计比赛中获得第3名，残疾人缪露露在全省残疾人就业指导业务比赛中获得第3名，残疾人毛敏荣获第8期全省优秀残疾人专职委员培训“优秀学员”，区盲协主席穆宝琴在“书香南京”——第三届金陵图书馆读者节获得“优秀盲人读者”称号。

【全国助残日系列活动】2017年是第二十七次全国助残日，活动主题是“推进残疾预防，健康成就小康”，建邺区完成江苏省南京市助残日广场活动暨“助残千人行动计划”启动仪式承办任务。围绕主题，区、街道、社区、协会和机构5个层面开展活动20余场。莫愁湖街道、双闸街道、沙洲街道举办助残日主题广场活动。兴隆街道举办“关心支持残疾人共建幸福大家园”文艺演出。南苑街道、江心洲街道组织残疾人亲友及助残志愿者参加“残健融合趣味运动会”。凤栖苑、水西门等社区开展残疾预防、健康讲座。国泰民安、泰山路等社区举办特奥趣味运动会和“关爱残疾人　温情满社区”为主题助残日活动。区残疾人5个专门协会组织江北水墨大埝一日游、无障碍体验等助残日活动。（区残联）

·建邺区红十字会·

【概况】区红十字会基层组织数81家，会员8842人，志愿者2970人。开展人道救助，全年发放救助款物266.8万元，救助困难家庭5000余户，受助人员6500余人。以莫愁湖街道“莫愁博爱家园”为龙头，推进全区红十字博爱家园系列化、品牌化、精准化建设。在全区推进江苏省“红十字博爱光明行”项目实施，实现全区所有社区全覆盖。公益行动救助贫困白内障手术患者51例，红十字医疗队进入社区开展眼病义诊、眼保健知识宣讲普及活动等。建立1支10人红十字养老照护志愿者队伍，全年开展上门志愿服务50次，共50户，为社区居民开展养老照护知识讲座11场，培训居民550人。深入开展红十字青少年工作，南京江东门小学创成“江苏省红十字示范校”，建邺实验小学分校、中华中学上新河初中创成“南京市红十字示范校”。为30所中小学校8000名学生开展应急避险知识普及培训。全区12所中小学1万名学生参加“红十字青少年红十字会会法知识竞赛”答题活动。2017年，建邺区红十字会在中国红十字总会举办的《中华人民共和国红十字会法》暨全国红十字应急救护知识竞赛活动中荣获一等奖。荣获南京市红十字会“2011~2016年度红十字会系统先进集体”。

10月26日，区红十字会开展机关干部职工应急救护知识培训。
（黎飞　摄）

【心肺复苏公益活动】 3月24日，由中国心胸血管麻醉学会、南京市第一医院共同举办的“心手相连，点亮生命”心肺复苏大型全城公益活动（分会场）在南京市第一医院河西院区（建邺医院）启动，区委常委、副区长夏晓燕出席开幕式并讲话，区红十字会会长杨艳、副会长俞宁以及著名表演艺术家斯琴高娃作为此项活动的形象大使出席启动仪式。在启动仪式现场，区红十字会组织全区150余名社区百姓代表、城管人员代表和社区工作人员代表参加心肺复苏技能培训，来自国内一流的心肺复苏专家亲临现场，向所有受训人员普及最新心肺复苏方法，并进行现场演练教学。南京市第一医院麻醉、急诊、心血管等临床重点专科的30余名心肺复苏专家一一对每名受训人员进行技术辅导。

【群众性救护培训】区红十字会制定《2017 年群众性救护培训工作计划》，救护培训各项工作有序推进。全年共培训 1.17 万人，其中初级救护员 200 人，普及培训 1.15 万人，全区各中学及重点单位救护培训工作实现全覆盖。

【造血干细胞及遗体捐献】推进无偿献血、造血干细胞捐献、遗体（器官）捐献宣传工作，7 月 14 日，区红十字会联合区卫技局在建邺医院组织开展造血干细胞志愿捐献者血样采集和无偿献血活动，85 名志愿者报名捐献造血干细胞，最终，成功采集造血干细胞志愿者血样 58 人。新增登记成为遗体器官捐献志愿者 30 人。

【红十字博爱送万家活动】根据区委、区政府工作部署，区红十字会开展 2017 年元旦、春节期间“红十字博爱送万家”活动。此次活动，筹集款物共计 181.6 万元，其中，南京市红十字会下拨款物 5.66 万元，区财政拨发 162.75 万元，区红十字会自筹款物 11.2 万元。救助困难家庭 3746 户，受助人员 5200 余人。

【博爱校园行活动】区红十字会联合区教育局继续在全区中小学校开展以“传递爱心，播种希望”为主题的“博爱校园行”宣传募捐活动，全区有 9 所中小学校开展博爱校园行活动，筹集善款 4.7 万元，并资助贫困学生 3 名，发放救助金 1.7 万元。

【博爱周系列活动】为纪念第 70 个“世界红十字日”，区红十字会联合区科技局、区教育局、莫愁湖街道等部门在世界红十字与红新月日、全国防灾减灾日期间，开展“红十字博爱周”系列活动。世界红十字与红新月日，结合“走千企入万户、助发展促富民”大走访活动，联合莫愁湖街道北圩路社区在梅花里社区广场举行纪念第 70 个世界红十字与红新月日活动；全国防灾减灾日期间，联合区科技局、区民政局、南湖消防中队、南湖派出所、莫

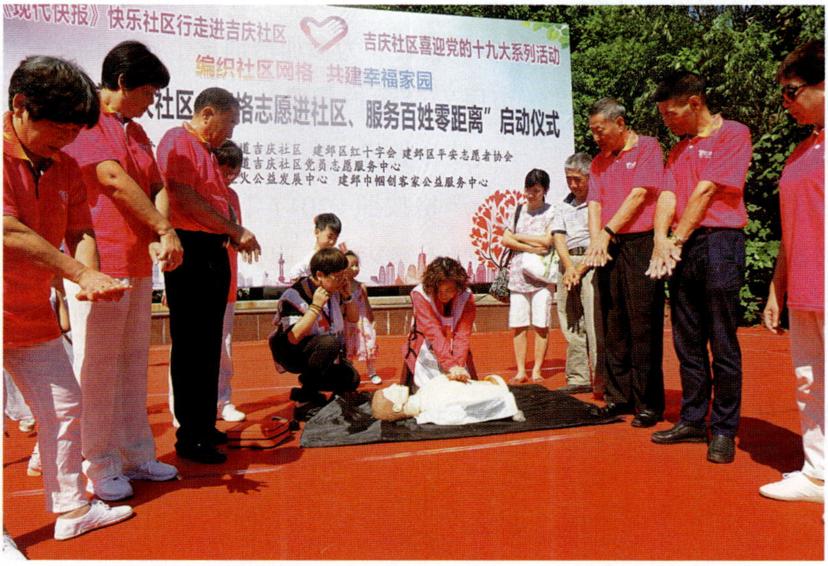

9 月 16 日，区红十字会“急救常识我知我会”社区推广小组在吉庆社区广场进行急救技术教学。（俞宁 摄）

愁湖街道在水西门社区开展防震减灾应急疏散演练；联合区教育局在南师附中新城初级黄山路分校为全校师生讲授地震发生时如何避险逃生的知识；联合区科技局在全区6个街道举办"防震减灾应急避难与救护"巡回讲座，开展防震应急避险和应急救护实用讲座6场次，受益居民1200人次。

【金秋助学活动】8月23日，区红十字会联合区工商联、区关工委、区总工会、团区委、区妇联、区残联等部门在建邺区多媒体会议室举行建邺区金秋助学救助金发放仪式。此次活动，由区红十字会和区关工委组织牵头，共筹集资金15万元，资助全区120名在校家庭困难大、中、小学生。

【世界急救日志愿活动】9月6日，区红十字会联合莫愁湖街道凤栖苑社区举办红十字志愿服务活动，以呼应世界急救日主题"急救与家庭意外伤害"。此次志愿服务活动内容主要包括免费造血干细胞捐献宣传、捐献人体（器官）宣传、艾滋病等传染病预防知识宣传、红十字会知识宣传等。发放避险逃生应急手册、红十字献血宣传手册、约200份、同时急救经验丰富的医师为到场群众讲解了心肺复苏知识及外伤包扎知识，还邀请现场群众参与到现场模拟演练中了解各种家庭意外伤害。

【世界艾滋病日宣传活动】12月1日，为纪念第30个"世界艾滋病日"，区红十字会联合区疾控中心、区妇幼保健所、兴隆社区卫生服务中心与南湖社区卫生服务中心到江苏城市职业学院校园开展系列宣传活动。在宣传期间发放数据线、抽纸等小礼品共计400余份。

【高一新生应急救护培训】8~12月，区红十字会联合区教育局在南京市建邺高中、南京市中华中学、金陵中学河西分校、南京市莫愁中等专业技术学校等4所高、职学校为正在军训的2400余名高一新生开展应急救护知识培训。为确保培训质量，按每20名学生配备1名授课教师，对授课老师开展规范授课内容集中培训，并给每位老师配备一台教学扩音器。为参加培训学生每人准备一本《市民安全救护手册》、一套绷带、三角巾和一次性呼吸膜。为提高培训实效性，区红十字会严格按照《2017年中学生救护知识普及教学大纲》要求，强调理论与实操相结合，增强培训实战性与趣味性。通过不断练习，让学生们初步掌握在危机时刻实施现场急救的操作技能。（区红十字会）

街道社区

Subdistrict and Community

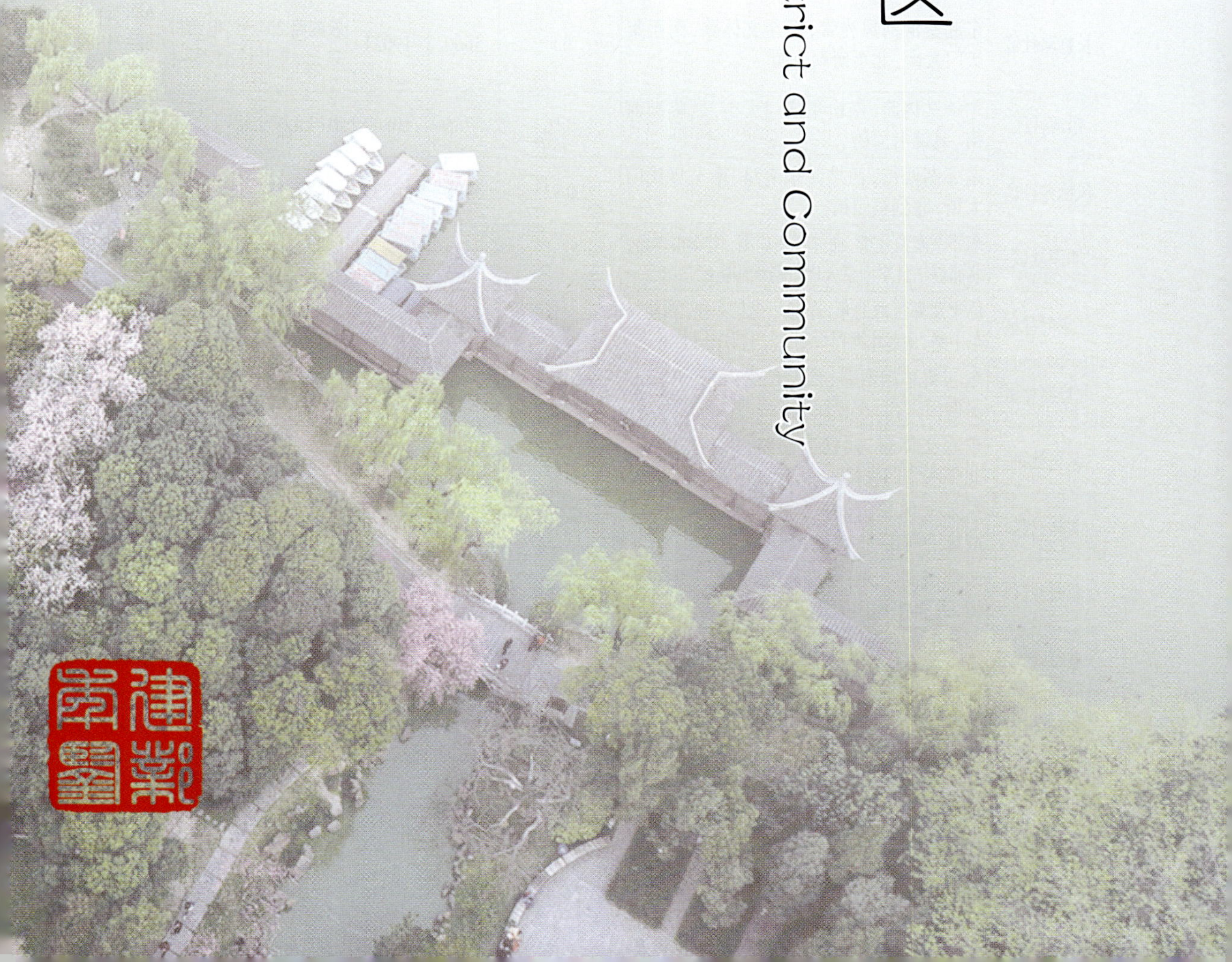

莫愁湖街道

【概况】莫愁湖街道辖区面积4.3平方千米，下辖13个社区。2017年，全街道共有常住居民51689户14.56万人，其中60周岁以上老人约占人口总数21.66%。2017年，先后获得“全国综合减灾示范社区”“江苏省和谐社区建设示范社区”“省级社区综合文化服务中心建设先进单位”等多项荣誉称号。

表51　2017年莫愁湖街道下辖社区情况一览表

社区名称	地理位置	面积（平方千米）	户数（户）	人口（人）	办公地点	服务电话
莫愁湖社区	东临外秦淮河西侧，西靠莫愁湖西路与玉兰里社区相邻，南临水西门大街，北沿汉中门大街与鼓楼区毗邻	0.56	5660	11513	莫愁湖东路32号2楼	86602855
水西门社区	东临秦淮河，南至南湖东路与长虹路社区相邻，西到文体路与艺苑社区相伴，北至水西门大街与莫愁湖公园隔街相望	0.36	3750	10240	长虹路后街50号	68871829
长虹路社区	东起秦淮河风光带，西至文体路，南至集庆门大街，北至南湖公园	0.5	5600	19021	长虹路251号，电站村33号，东升村55号-1	68871884 68871882 68871927
沿河社区	东倚文体路，南沿集庆门大街，西临湖西街，北接沿河街	0.16	3766	10100	沿河五村9号	68872706
凤栖苑社区	东邻湖西街，西接江东南路，南至集庆门大街，北到福园街	0.32	5998	16725	凤栖苑131号	86417827
明园社区	东邻茶南商业街，西邻江东南路，南邻福园路，北邻侵华日军南京大屠杀遇难同胞纪念馆	0.5	3205	9260	明园11幢29号-1	86614929
江东门社区	位于建邺区西北角，东起纪念馆东路，西至江东中路，南起水西门大街，北至汉中门大街	0.7	3785	8778	茶亭东街268号	86511358
北圩路社区	东起莫愁湖西路，西至纪念馆东路，南至水西门大街，北至汉中门大街	0.5	4307	13559	北圩路25号	86510163
艺苑社区	东起文体路，西到南湖路，南接蓓蕾街，北邻水西门大街	0.15	3321	8494	水西门大街123号	68871856
文体社区	东临文体路，西至南湖路，北接蓓蕾街，南靠沿河街	0.15	2896	9634	文体西村36号，康福村57号	68871975
蓓蕾社区	东邻南湖路，南至沿河街，西起玉塘东街街，北至水西门大街	0.2	2886	8697	车站南村10号	68871870
茶亭社区	东起玉塘东街，西至湖西街，南临沿河街，北靠水西门大街	0.1	3292	9782	茶亭村31号	68871920
兆园社区	东起湖西街，西至茶南大街，南至福园路，北至水西门大街	0.1	3223	9769	湖西街兆园1号	86600517

（莫愁湖办事处）

【城市管理】结合环境整治项目，以"三片一带"环境综合整治为重点（南湖片区、茶南片区、江东门片区、秦淮河风光带），完成9条背街小巷整治、南湖东路占道集中区域和文体路经营疏导点整治。配合区城管（水务）局完成茶南片区整治，完成35家企事业单位和7个居民小区排水达标创建任务，并对17条街巷进行出新整治。配合区征收办完成北圩路8号城中村改造和长虹大市场东北角环境整治，配合区商务局完成茶南农贸市场整治。配合区房产局完成莺歌苑57~79号、文体村11幢、利民村等3个老旧小区整治，对文体村、长虹路后街、仁园等5个小区进行出新，对长虹路、莫愁湖东路、南湖东路、汉中门大街建筑立面进行出新。通过环境综合整治，全年共拆除院落违建600余处9000余平方米，改善街巷面貌和老旧小区人居环境。街道完成7个垃圾分类示范小区（莫东12号、文体西村、碧云居、聚锦苑、建盛丽庭、芙蓉里、天安花园）建设。有序组织夏季防汛排涝和冬季扫雪防冻工作，保障人民群众生命财产安全。城管执法队员全部换装，协管员制服也统一规范，城管队伍建设逐步加强。抓城市精细化长效化管理，重拳整治夜间市容环境，持续改善城市容貌，稳步提升城市品质，为江苏发展大会、南京国际马拉松、国家公祭日等重大活动提供良好环境保障。

【民生服务】继续坚持"以民为本、为民解困、为民服务"工作宗旨，履行维护民利、解决民生、落实民权基本职责，民生服务水平逐步提升。2017年街道在册低保共1293户1944人，全年累计发放1622.7万元，累计新进61户90人，停发125户234人。城乡困难居民医疗救助234人次、累计31.19万元，临时救助777人次、累计28.13万元。低收入人群认定受理309件，符合条件309户。精简老职工原城镇户口生活补助3人，累计发放生活补助各1.356万元。低保垃圾费返还累计4.05万元，低保水费返还6.59万元。办理共有产权房41户、公租房257户、租赁补贴11户，根据南京市房改办要求，复审公租房198户。为11名南京大屠杀幸存者发放生活补贴共计1.7万元。共发放残疾人证117本，为389人发放"四类残疾人专项补贴"（困难残疾人生活补贴、重度残疾人护理补贴、康复补贴和社会保险补贴）45.34万元，非重度残疾人居民保险缴费补贴发放2.3万元，残疾人燃油补贴发放2.9万元，残疾人车更新补贴0.4万元，为680名残疾人发放重残护理补贴8.92万元，助残服务61人2.44万元，为548名无固定收入困难残疾人发放生活补贴25.21万元，助残日期间为残疾人申请发放轮椅11个、电视机32台、洗衣机19台、小家电66个、台式电脑7台。

街道共有居家养老服务中心13个，社区老年人助餐点9个，街道老年人日间照料中心3个，中心厨房1家，社区居家养老刷卡服务老年人数34598人街道、社区老年协会建成14个，发放助餐补贴累计1.6万元，尊老金补贴4024人23.63万元。社区老年大学2个，参加学习老年人比例90%，75岁以上独居老人安装紧急呼叫终端561人9.12万元。

为2009年后企业退休职工办理计划生育一次性奖励登记工作，单位转财政发放19家457人，一次性奖励人员登记公示、审核提交941人，死亡、非从业人员发放28人10.08万元，为2017年度辖区无业人员及机关、城管队员、社区工作人员2159人发放12.95万元。发放特扶人员中秋慰问金366人3.66万元。办理独生子女证173份298本，办理再生育一个孩子生育证4本，发放公益金55户11.2万元。

表52　2017年莫愁湖街道低保救助一览表

序号	名称	户数（户）	人数（人）	发放金额（万元）
1	低保救济	1293	1944	1622.7
2	低保垃圾费返还			4.05
3	低保水费返还			6.59
4	医疗救助		234	31.19
5	临时救助		777	28.13
6	精简老职工生活补助		3	1.356
7	大屠杀幸存者生活补贴		11	1.7
	总计		2969	1695.716

（莫愁湖办事处）

表53　2017年莫愁湖街道养老服务一览表

序号	名称	个数（个）	人数（人）	发放金额（万元）
1	居家养老服务中心	13		
2	社区老年人助餐点	9		
3	街道老年人日间照料中心	3		
4	中心厨房	1		
5	社区居家养老刷卡服务		34598	
6	社区老年协会	14		
7	助餐补贴			1.6
8	尊老金补贴		4024	23.63
9	社区老年大学	2		
10	75岁以上独居老人安装紧急呼叫终端		561	9.12
	总计		39183	34.35

（莫愁湖办事处）

表 54　2017 年莫愁湖街道公租房办理情况一览表

序号	名称	户数（户）
1	共有产权房	41
2	公租房	257
3	租赁补贴	11
4	复审公租房	198
	总计	507

（莫愁湖办事处）

表 55　2017 年莫愁湖街道残疾人救助一览表

序号	名称	人数（人）	发放金额（万元）
1	发放残疾人证	117	
2	"四类"残疾人发放专项补贴	389	45.34
3	非重度残疾人居民保险		2.3
4	残疾人燃油补贴		2.9
5	残疾人车更新补贴		0.4
6	重残护理补贴	680	8.92
7	助残服务	61	2.44
8	困难残疾人发放生活补贴	548	25.21
	总计	1795	87.51

（莫愁湖办事处）

【信访维稳】推进综治中心试点建设，共接待群众来函来访 1236 人次，解决问题、矛盾 371 起，处理网上信访件 133 起，已经办理完结 130 起，省、市、区等部门转发群众信访件 189 件，均已办结。落实大排查大整治工作，拉网式排查 2157 家企事业单位及生产经营场所，确认隐患 245 处，全部落实督查整改和责任追究。联合滨湖、南湖派出所，集中开展出租房、群租房整治，共走访登记 4378 户，存在安全隐患的 143 处，已全部整改到位。推进老旧小区单元防盗门安装，持续加强巡防、夜防和门卫力量投入和管理，2017 年入室盗窃案同比下降 29%，电动车盗窃案件下降 21%。街道司法所接待外省参观学习 16 次，省内 11 次。配合建邺区推广"社区普法联盟"工作，全面推行"一社区一律师事务所一社会组织"法律顾问模式，组织开展法治教育主题活动 4 次，受教育群众 2600 人次，开展广场法治宣传教育活动 26 次，发放法治资料 12000 余份。调处各类矛盾纠纷 875 件，预防化解群体性纠纷 6 起。组织社区服刑人员集中学习 62 次，集中劳动 56 次。请江苏省司法厅、南京市司法局、区公安分局、区检察院和区法院对社区服刑人员开展警示教育 7 次。街道法律援助站为居民提供法律咨询和免费申请法律援助，共接待法律咨询68人，给予法律援助26人。

【安全生产】开展安全大检查，做好企业隐患自查自改工作，全年共检查3083家企业，组织人员6166人次，负责人带队检查182人次，共排查一般隐患353处，已整治323处，整改率达91.5%，对6家存在安全隐患企业负责人进行约谈。与区消防大队、职能部门、辖区派出所开展16次联合执法行动，关闭取缔1家餐饮单位，专项检查350家用气企业并全部安装燃气报警装置，为669户独居老人安装家用燃气报警器。加强安全生产知识普及，全年共悬挂横幅516条，发放安全生产宣传资料45120份。营造创国家及江苏省食品安全城市浓厚氛围，定期更换食品药品宣传橱窗，普及食品药品知识，全年共制作横幅300条，展板40块，发放食品药品安全防范一封信6万份，张贴宣传画1500张。

【劳动保障】街道加强对进城务工和失业人员就业服务，改善民工就业服务环境，依法维护其合法权益。先后组织7场“搭建供需平台 促进就业转移”专场招聘会，通过发放宣传资料、现场讲解劳务知识、提供用工信息、开展劳动维权咨询等方式，为失业劳动力提供帮助和服务。街道新增城镇就业人员4170人，帮扶困难人员再就业383人，实现再就业2750人，新增高技能人才75人。完成技能培训479人、创业培训210人，培育自主创业者526人，带动就业人数4476人。此外，街道以社区为单位，定期开展创业宣传等活动，重点支持未就业的大学生创业，根据政策给予帮扶，万名青年大学生创业已完成129人。蓓蕾社区、北圩路社区创建“省级创业型社区”。

【双拥优抚】全面落实优抚安置政策，城乡优抚对象抚恤补助52人。发放无军籍职工退休金49人累计334.83万元。街道双拥工作站挂牌2家，社区拥军工作站挂牌13家。街道双拥办节日期间分别走访慰问辖区94994部队和辖区武警中队，给部队官兵送去慰问金和米、油等慰问品。此外，街道组织各社区，和67名重点优抚对象结成帮抚对子，及时关心了解他们的工作生活，帮助解决他们所需所求，解除官兵后顾之忧。

【人大工作】莫愁湖街道人大工委根据实际情况，制定第十八届区人大代表履职第一年的工作计划，按照要求制定社区代表工作室年度活动内容，重新制作代表照片展板、各种活动计划展板、新成立的街道人大工委展板等内容，更新“人大代表之家”触摸屏内容。13个“代表工作室”确保“六有”：活动有阵地、工作有计划、规范有制度、落实有台账、管理有队伍、经费有保障。街道人大开展闭会期间各项活动，认真履行代表职责。组织代表学习培训，先后组织代表参加市、区人大“预算审查监督培训”“预算审查监督外出培训”及系统学习人大业务相关知识。组织视察调研活动，共组织代表参加区人大组织的听取政府报告、视察区政府重点工程建设、全区建设启动情况等视察活动、座谈会10余次，参加代表120人次。参加庭审旁听，根据区人大工作安排和区人民法院、区人民检察院邀请，组织10余名代表到法院旁听江心洲拆迁案等庭审活动。走访社区，安排代表每人每年至少1次走访社区、接待选民，了解民情，倾听民声。对代表们在接待选民期间收集到的120条建议及时向有关部门反映，解决存在问题。了解辖区困难群众生活困难，免费向困难群众提供20套燃气灶具，人大代表陈亮、杜献宁、顾洁等企业家直接参与社区一日捐和年终慰问活动。

【妇联工作】街道妇联加强妇女权益保障知识宣传。3月，街道妇联邀请江苏宁嘉律师事务所律师汪雯，为辖区13个社区妇联主席、干事、社区居民等近80人开展1期妇女权益保障法律知识讲座；8月，在南湖中心广场举办“江苏省暨南京市‘法律进家庭’”活动，为广大妇女提供法律咨询。组织辖区内单亲贫困母亲参加区妇联组织的活动，8月，街道组织辖区内8对单亲贫困母亲参加区妇联举办的“艺术研学之旅”活动，并长期对这些困难群体进行“一对一”帮扶。在妇女维权和居民调解中发挥作用，街道妇联在日常工作中结合社区矛盾纠纷排查以及居民调解委员会努力为广大妇女提供多种形式维权服务，及时化解矛盾纠纷，做到“纠纷不出社区”，2017年，为街道辖区内妇女维权5起。

【关工委工作】开展青少年教育活动，组织辖区内青少年参加南京市关工委等多部门开展的2017年新春寄语活动，共上传新春寄语3000余条，获得一等奖6名，二等奖12名，三等奖1名，入围奖34名。举办“喜迎十九大，童心永向党”老少同台演讲选拔赛，蓓蕾

3月2日，莫愁湖街道在仁园广场开展庆祝“三八”妇女节暨莫愁湖街道“最美家庭”表彰活动。（莫愁湖办事处 供稿）

7月27日，市委常委、政法委书记徐锦辉（前排右一）调研莫愁湖街道水西门社区家风家训教育基地，区委书记张俊（前排右二）陪同调研。
（莫愁湖办事处　供稿）

社区4岁半小选手朱梓涵脱颖而出，代表街道参加区关工委举办的演讲比赛荣获一等奖，参加南京市演讲比赛获得二等奖。7月，在沿河四村青少年活动中心举办科幻画培训，13个社区共40余名中小学生参加。8月，在区青少年活动中心开展“电子百拼”活动，指导40名青少年独立完成自己电子作品制作。在凤栖苑社区举办为期4周的“轮滑运动进社区”暑期活动，邀请建邺区轮滑协会国家级轮滑教练为青少年传授轮滑技能。在茶亭社区开展“扎染”“捏面工坊”特色活动，邀请南京非遗传承人钱老师为青少年讲解扎染历史，手把手传授扎染技术。在茶亭社区举办“传统文化在身边——金陵非遗捏面工坊”活动，在北圩路社区开展“汇聚设计灵感，分享创造喜悦”手工课程，在艺苑社区举办“扇子的艺术”绘画创意活动等。

【社会群团组织】街道成立社会组织发展中心，通过政府购买服务形式，整合社会组织资源，重点开展社会组织培育、扶持和引进工作，为居民提供更好的服务。开展“莫愁湖街道社会组织服务与居民需求调研”“莫愁湖街道服务型社会组织专题调研”，共扶持社会组织10家，辅导6家社会组织申报建邺区公益创投项目9个。建立社会组织联席会，定期开展社会组织联席会议，为社会群团组织更好的服务社会搭建合作平台。

【民兵队伍建设】对182名基干民兵进行重新整组，对35岁以上等不适宜继续留队的基干民兵办理退队手续，补充部分退伍军人入队，先后建立应急分队、人防专业队等9个分队和2个预备分队。做好对基干民兵的政治审查工作，确保政治上合格。按照11个连的编制，重新梳理编制民兵花名册，直属连以城管队员为主，为完成上级和配合街道中心工作提供组织保证。完善治安防暴、抗洪抢险等12种应急预案，建立相应应急分队、抗洪抢险突击队、人防专业分队等8

个民兵分队和3个预备分队，其中抗洪抢险突击队30人，党团员占90%以上，文化程度均在中专以上（大专以上占队员总数85%）。为配合预案实施，人武部准备抗洪器材，有计划将队伍拉出去进行演练，提高突击队队员战斗意识，保证队伍突发事件拉得出，打得响。

【环保工作】街道以专项行动为抓手，对辖区工地开展高频次巡查，强化施工现场管理，严格控制扬尘污染。对辖区内423家餐饮服务经营单位的油烟净化设施进行全面排查，督促安装油烟净化设施，对少数不配合店家开展联合执法，下发责令整改通知书90余份，确保油烟排放符合相关规定。对5家辖区内汽修店和印刷企业废气排放进行排查整治，除晓庄学院印刷厂年底停业之外，其余4家已经整改完成。此外，街道重点做好投诉信访工作，办结各类投诉工单317件。配合省级环保督察下沉，12件交办单按时办理、及时回复。

【12345热线政务服务】明确政务热线平台人员分工，落实信息报送、工单办理、跟踪管理专人负责制，明确各级工单办理AB岗，完善工单的签收、联系、处理、办结回复等工作流程，制定并实施《莫愁湖街道12345政务热线工作绩效考核办法》《莫愁湖政务热线应急值班和处置制度》，健全责任体系和工作机制，在占道经营、建筑垃圾清理、油烟扰民等市容管理，以及物业管理、小区卫生、绿化管养、公共设施维修等社区管理方面，保证工单办理满意率的同时，提高办结提速率。12345平台共接收工单5847件，除去退单和待回访，实际已办结5841件（表扬件14件），工单按时办结率100%，办结提速率80.87%，作风满意率87.03%，结果满意率81%。网格化综合治理平台（社会治理）共处理工单134件，其中，源自市民网格员41件，社区上报29件，均已办结。

【停车管理】针对辖区内老旧小区相对集中导致停车难的问题，充分发挥道路资源，改善辖区道路停车秩序。对出新后的芙蓉里小区、玉塘村小区、莺歌苑小区内车位进行重新规划，新增有效车位73个。在兆园东小区、江东中路工艺装备厂、江东中路金泽楼门口设置安装43个隔离桩，杜绝机动车违停。针对日益增多的网络租赁单车停放秩序混乱的现象，3月，停车办在重点路段、地铁口、大型商超及景点周边组织施划非机动车示范点区域81块、共计1040平方米，9~12月，又新增非机动车停放区域40块、共计663平方米。协调配合交警、城管部门，对违停车辆进行严控、严处。对违停机动车张贴告知单1.2万余张，查处“僵尸车”49辆。制定支路街巷停车秩序整治方案，采取交警、城管、特勤联合整治的办法，对违停现象严重的蓓蕾街、江汉路、福园街、沿河街、牌坊街等进行集中整治，拆除占位杂物、私装的地锁等，使停车秩序有很大改善。全年还清拖共享单车近6000辆，无主废旧社会单车389辆，辖区停车环境得到明显改善。

【增设电梯工作】推进居民住宅小区电梯增设工作。作为南京市2017年年度主要惠民工程，街道成立既有住宅增设电梯工作推进小组，组织学习相关文件和政府优惠政策，提前了解申请的基本操作流程，为居民咨询申请做好前期准备。印制各类政策、操作流程的宣传品1000余张在各小区张帖，社区人员上门宣传政策、调查摸底，让更多居民了解政策，自发参与到这项工作中来。2017年街道13个社区共有68个单元提出申请，其中通过初审单元43个，已领到规划许可证38个，施工许可26个，已经有22个单元进入实质施工阶段。

【党建工作】街道持续推进"两学一做"常态化制度化，及时制定实施方案，明确具体工作安排。党员领导干部、基层党支部书记认真开展党课教育，各基层党支部重温习近平总书记系列重要讲话和党章党规党纪，开展系列专题讨论，认真落实"三查三改"、"四查四改"和"五查五改"（"三查三改"：查找分析组织生活是否经常、认真、严肃，党员教育管理监督是否严格、规范，团结教育服务群众是否有力、到位，切实整改政治功能不强、组织软弱涣散、从严治党缺位等问题。"四查四改"：查找分析是否坚决维护党中央权威、做到令行禁止，是否落实全面从严治党主体责任，是否坚决执行党的理论和路线方针政策，是否认真坚持民主集中制，切实整改党的领导弱化、党的建设缺失、党的制度执行不力、管党治党宽松软等问题。"五查五改"：查找分析理想信念是否坚定、对党是否忠诚老实、大是大非面前是否旗帜鲜明、是否做到在思想上政治上行动上同以习近平同志为核心的党中央保持高度一致、是否充分发挥先锋模范作用，切实整改党的意识不强、组织观念不强、纪律规矩意识不强、宗旨意识不牢、作用发挥不够等问题）。各级党员主动作为、服务争先，将党员干部大走访活动和扶贫帮困、片区改造、小区出新以及文明城市创建紧密结合，全年共走访城乡居民家庭51617户，收集解决问题1147个。创建党员先锋岗，持续开展送关心、送慰问和送帮扶等服务；在水西门社区打造党员教育实境课堂，在文体社区创建张龙英书记工作室，为广大基层党员接受教育提供生动鲜活的身边课堂，充分发挥先进典型示范引领作用，提升学习教育针对性实效性。持续深化"领导干部立家规、共产党员正家风"主题活动，提升水西门社区家风家训教育基地，全新打造老物件展示馆，通过实景展示，配合精彩讲解，激发社区党员群众学习、传承家风的热情。

【群众性文体活动】街道有全民健身路径12处，器材120件。全年完成区级国民体质监

4月13日，舞动莫愁"走千企 入万户"文化惠民广场舞（鼓乐）大赛在凤栖苑广场举行。
（莫愁湖办事处 供稿）

测603人次，市级国民体质监测112人次。

街道文化站围绕"精彩365·快乐每一天"及"四季莫愁"惠民文化活动，共开展各类大型文体活动13场，小型活动135场。金陵图书馆莫愁湖分馆共接待来馆读者0.68万人次，外借图书1万册，开展各类阅读活动27场次，为街道社区工作人员办理借书证236张。持续推进"一街一品""一社区一特色"建设，组织莫愁湖、江东门、沿河、水西门、明园、凤栖苑、蓓蕾7家社区参加南京市"社区综合文化服务中心"创建工作；收集120幅书画作品参加各类展示活动30场，选送58幅作品参加区文联组办的书画展活动获得一等奖、优秀组织奖、入围奖等多个奖项，选送作品到街道"家风家训"展示基地参展，丰富街道居民的业余文化生活。加强对辖区7处不可移动文物的防火、防盗、防人为损毁情况检查，配合文保单位向居民宣传文保知识。2017年文化站共荣获省级一等奖1次，市级一等奖1次，区级一等奖9次，二等奖8次，三等奖8次，优秀奖2次，优秀组织奖3次。

（莫愁湖办事处）

·兴隆街道·

【概况】建邺区兴隆街道地处南京河西新城中心区域，东起江东中路、南至河西大街、西至长江夹江、北至汉中门大街，兴隆街道面积7.01平方千米，下辖仁河、积善、桃园居、月安、正达、金典、奥体、乐山路、香山路、苍山路、融侨11个社区，河南、河北2个社区筹备组。总户籍数27899户，户籍总人口78200人。2017年，街道先后荣获“全国综合防灾减灾示范社区”“江苏省平安家庭创建活动示范社区”“江苏省民主法治示范社区”等市级以上荣誉30项，接待国内外100余批次的参观访问。

表56 2017年兴隆街道下辖社区情况一览表

社区名称	地理位置	面积（平方千米）	户数（户）	人口（人）	办公地点	服务电话
仁河社区	夹江中间线以东，汉中门西大街以南，乐山路以西，应天大街以北	0.5	1560	4172	清河路81号	86301626
积善社区	南京河西新区，毗邻南京奥林匹克体育中心，东至江东中路，南至应天大街，西至燕山路，北至集庆门大街	0.62	3831	10000	江东中路128号睦和园8幢	86452096
桃园居社区	东至睦和路，西至乐山路，南至应天大街，北至积贤街	0.22	1676	4811	应天大街942号桃园居小区11幢桃园居11幢	86451976
月安社区	月安花园小区、莱蒙水榭春天小区、汇锦国际小区和凌江府小区，东起燕山路、南抵月安街、北达应天大街、西至扬子江大道	0.11	4045	8600	月安街28号月安花园小区	86462335
正达社区	东临江东中路，西接燕山路，南至兴隆大街，北以应天大街为界	0.11	1335	4000	建邺区应天大街915号，泰达新寓小区内	8645422
金典社区	南至集庆门大街，东至江东中路，北至汉中门大街，西到燕山路	0.26	2648	5800	集庆门大街218号万达西地二街区6栋1单元2楼	8444938
奥体社区	河西新城中心区域	2.0	4104	13000	兴隆大街188号	51865870 51865832
乐山路社区	东起阿里山路，西至夹江，北邻奥体大街，南至河西大街	2.0	2680	8038	奥体大街199号金马郦城16幢	51871308
香山路社区东	东至江东中路，西至燕山路，南至梦都大街，北至兴隆大街	0.3	2464	7000	紫鑫中华广场8幢	86696636
苍山路社区	兴隆街道西部，东至乐山路，西至长江夹江，南至梦都大街，北至月安街	0.59	1537	8779	南京市建邺区兴隆大街209号好邻居广场3楼	51865991 51865992
融侨社区	东至巴山路，西至苏宁滨江一号路，南至河西大街，北至奥体大街	0.3	2019	4000	奥体大街177号融侨环宇广场C2楼	87881227

（兴隆办事处）

【城市管理】攻坚克难，突出综合执法，区域城市形象全面提升。按照2017年建邺区环境综合整治工程、建邺区城市精细化建设管理10项行动目标和街道年初城市治理考核任务，加强城市环境问题整改，解决一批城市管理中的重点和社区反映的热点问题。综合执法实现新突破，按照《建邺区全面深化综合行政执法体制改革实施方案》要求，成立兴隆街道综合行政检查执法指挥部，下设综合协调工作组和市容管理、环境卫生、环境保护、安全生产、食品安全（市场监管）、综合治理、文化教育7个专项工作组。2017年开展综合行政执法200余次，解决69起涉及多部门、执法难的疑难杂症，解决金马郦城45号楼违法施工、河北大街环境脏乱差、积善社区绿化无人管养、上海建工工地周边流动摊点占道经营等问题。市容治理再上新台阶，改善睦和路、巴山路、阿里山路等6条背街小巷沿街环境，在全区率先对背街小巷临街门面店招及道路景观等进行出新改造。数字城管考核菜单整改及时到位25623件，违规广告整改拆除62处，面积5197.78平方米，清运垃圾约180万千克，暂扣流动餐车200余台，完成7个小区生活垃圾分类示范小区创建，19家标准化建设达标单位顺利通过验收。

【民生服务】开拓创新，服务民生保障，社会管理水平稳步提高。深化社区管理体制改革，推进社区网格化服务治理及社区特色创新试点工作，提升社区自治治理水平和为民服务质量，做好各项民生惠民工作。社会治理水平提升，深化社区建设，划分为11个一级网络和58个二级网格，规范全街1240个网格公示牌。建立3+N网格服务团队，每个网格由网格负责人、网格长、网格员组成主要力量，吸纳社区民警、物业人员、综合执法队员、楼栋骨干等参与网格服务。深化社工队伍建设，实施街道社区网格员绩效考核，提升社工网格服务意识。

社会保障能力提升，初次尝试街道级公益创投项目，市、区、街三级公益创投项目35个，投入资金159万，涌现出“时间银行”“一元早餐”等优秀项目。打造兴隆街道东方颐年养老综合体，开创由政府主导、企业运作、社会参与的居家养老新模式。全面完成2017年度“惠民实事工

3月3日，兴隆街道正达社区和南京电视台联合开展“迎三八”广场文娱活动。
（兴隆办事处　供稿）

程”，慰问低保户家庭241户285万元，临时救助148人次发放救助金4.38万元，慈善救助206人次发放救助金3.96万元，发放困难残疾人生活补贴1627人次7.83万元，资助困难家庭子女上学2户，受理住房申请30户。

5月26日，兴隆街道劳保所开展“创响南京”创业就业政策宣传会活动。（兴隆办事处 供稿）

公共服务内涵提升，实现“一窗受理”“一口办理”全科服务理念，试点设立“小全科窗口”，即设立社会保障全科窗口，民政事务全科窗口。成立兴隆创客中心和新南京人服务中心，累计办理外来人员就业创业证1162人，办理新南京人首次失业金申领62名，扶持83名外来务工人员实现自主创业。加快互联互通，推行网络政务，“江苏政务”APP推广工作完成注册量1987个。承办南京市12345政务热线工单5657件，办结率100%，办结提速率93.89%，综合满意率86%。

【信访维稳】突出重点矛盾调处，信访重点人员矛盾排查调处，化解积案5户，回复网上信访件22件，调处群体性矛盾14起，钝化紫鑫中华广场小区消防整改、观澜苑小区业委会更换物业、月安花园小区社区用房、德盈大厦商务区招商等重大群体性矛盾。在重要节点，对所有重点群体实施信息动态掌握。

【安全生产】实施重点领域排查，开展安全生产“拉网式、全覆盖”巡查，巡查生产经营单位安全生产、特种设备、消防安全800余家，督促生产经营户自主整改隐患82处，其中重大隐患7起已全部整改到位，联合执法整改隐患问题18处。加大认清非法集资宣教，排查涉嫌非法集资3起，南京钱道生物科技有限公司、南京新京新能源公司及江苏国宾轨道交通装备有限公司，已全部转由公安部门处置。夯实平安建设基础，强化人防、技防、物防建设，推动“社区治理一体化信息平台”信息采集试点工作，采集信息123155条。推动重点问题整改，针对五洲制冷技工学校、南京电化厂2处安全隐患点，五洲制冷技工学校清理群租户12户，南京电化厂清理群租户51户，搬离130人，清除煤气钢瓶56只，与河西指挥部顺利完成剩余地块交接手续。依法查处出租房违法违规行为，建立登记出租房"一户一档"806户。对安全隐患较多出租场所或群租房，进行彻底整治。针对融侨片区高层建筑钢瓶液化气安全隐患，整改19家，对6家拒不整改经营户进行钢瓶收缴，督促生产经营户承诺整改到位。

【环保工作】环境保护取得新进展，采取公众监督污染的方式，逐步建立和完善环保"110举报联动制度""环保有奖举报制度""企业环境行为信息公开制度"，引导群众参与环境保护。推进环保督查，整治餐饮店298家，落实自查、交办任务60余件，完成江苏省环保督察主办、协办任务34件，推动辖区环境全面协调可持续发展。深入推进污染源整治和黑臭河道治理工作，落实河长制管理，协调推进错接混接点整改工作，整改南部片区、中部片区排污点77个，推进应天大街以北8个单元点的雨污改造工程。

【司法工作】加大依法行政力度，成立6个社区普法联盟和街道调解工作室，广泛开展法律知识培训和法律服务咨询进社区活动，签订法治创建目标管理责任书30份，开展普法宣传20场，受教育群众5000余人。依托融侨法治文化广场和融侨社区司法工作站，提供法律咨询和法律援助，以法治文化建设推动社区民主法治建设，促进社区和谐。

【重大活动属地保障】真抓实干，落实属地责任，重大会议活动保障顺利完成。街道按照区委、区政府要求部署，圆满完成江苏发展大会、南京国际马拉松、第四次国家公祭等重大会议、活动保障任务。及时组织召开部署会、推进会，成立街道保障领导小组，主要负责人担任指挥长和第一责任人，分管负责人、科室联系社区、筹备组，将保障任务层层分解落实到具体单位和责任人，制定各项保障方案12份，成立专项督查小组，全程跟踪督查，推进落实。重要活动期间，街道全体干部放弃双休，动员社区工作人员以及居民志愿者3500余人次，发扬连续作战精神，开展治安巡逻，倡导文明出行，共同维护社会秩序。围绕重要赛事、会议期间的市容环境保障要求，实施网格巡防管理，强化管理执法，对奥体中心场馆、万达广场、融侨环宇广场、江苏大剧院等重点区域开展联合执法整治，保障活动场地周边环境卫生、市容市貌以及安全稳定。各类保障期间，累计拆除违规广告店招29处，整治流动摊点、占道经营56起，拆除违建5处60平方米，清运垃圾12万余千克，对辖区内18家在建工地进行全面夜查。开展社会矛盾和安全隐患大排查大整治行动，强化预警预判预报，排查群体性矛盾12起，其中，物业类矛盾6起，涉嫌非法集资类矛盾2起，民事经济纠纷2起，工程建设类矛盾1起，拆迁补偿类引发矛盾1起。始终保持安全生产高压态势，严格检查督查，抓隐患整改，全面开展高密度、多层次、全方位的安全生产排查管控工作，发现整治安全隐患60余处。

【物业管理】坚持以相关法律、法规、条例为准绳，制定物业管理考核办法，协调观澜苑、宏普捷座等6个小区业委会做好新老物业交接及矛盾协调工作，指导舒心苑、海棠园成立业委会，完成美丽嘉园、翠杉园等5个小区完成业委会改选。对积善社区办公房进行督促整改和加固消险，协助做好德盈大厦、丹枫园等7个小区的二次供水改造工作。推进老旧小区多层楼房电梯加装工作，1个单元即将完工，1个单元取得施工许可证，8个单元取得规划许可证。

【党建工作】推动学习教育深入开展，按照"两学一做"学习教育常态化制度化工作要求，落实双重组织生活制度，组织"旗帜鲜明讲政治"专题研讨，推选表彰"志愿之星"和优秀党支部书记，集中展现"两学一做"学习教育成效。认真学习贯彻中国共产党第十九次全国代表大会精神，带头下社区上党课，认真开展"党的十九大精神学习交流"，邀请南京市委常委、政法委书记徐锦辉为街道党员群众解读中国共产党第十九次全国代表大会精神。抓好基层党建重点环节，夯实"三会一课"党建基础，落实党建各项制度。推动"五微"数字化党建平台建设，发布信息411条，认领微心愿4715条。

"大走访"活动取得实效，坚持党建引领群团工作，将党建工作融入社会治理和社会建设活动中，走访辖区企业302家，城乡居民家庭23207户，帮助群众、企业解决问题377个，问题即知即改率为100%。推出"宜居兴隆"公众微信号，宣传中国共产党的的方针政策，拓宽与居民群众沟通交流的有效途径。

认真落实领导干部党风廉政责任制和一岗双责制，加强反腐倡廉教育和廉

7月1日，兴隆街道开展纪念建党96周年活动。 （兴隆办事处 供稿）

政文化建设，继续规范行政行为，促进依法行政，不断增强服务功能。落实党风廉政责任。签订党风廉政建设责任书35份，全面开展作风建设"三防"专项行动、腐败易发多发重点领域整治专项行动、"打铁还需自身硬"专项行动以及群众身边不正之风和腐败问题专项治理。通过观看廉政警示教育片，参观莫愁湖"家风家训"廉政文化广场、江心洲"江岛清风"廉政展厅，开设廉政党课，拓展党风廉政教育形式方法，坚持党员干部思想教育常态化。提高作风建设效能。结合区委第四巡察组巡视反馈意见，梳理出3大类25项问题，制定街道巡查整改方案，明确责任领导、责任单位和责任人以及完成时限，推动整改工作有效落实。围绕党员干部作风建设，充分运用民主评议、行政投诉、效能督查等多种形式，加强督查工作的有效性和针对性，开展各项督查活动26次，编发《督查通报》6期，通报问题整改37件次，推动各项重点工作任务完成。

（兴隆办事处）

·南苑街道·

【概况】南苑街道面积7.68平方千米，辖12个社区。南苑的总户数43340户，总人口120795人，人口出生率8.87‰，死亡率3.55‰，自然增长率5.32‰。

表57　2017年南苑街道下辖社区情况一览表

社区名称	地理位置	面积（平方千米）	户数（户）	人口（人）	办公地点	服务电话
国泰民安社区	东至南湖路，南至幸福河，西至湖西街，北至集庆门大街	0.5	4864	15000	安康村13号	86433497
兴达社区	东至黄山路，西至江东中路，北至应天大街，南至怡康街	1.25	4200	11365	云锦路157号	86493316
虹苑社区	东至泰山路，南至怡康街，西至黄山路，北至应天大街	0.6	3864	10081	应天大街787号	86411563
爱达社区	东至长虹路，南至应天大街，西临南河，北至集庆门大街	0.48	3276	10483	长虹路389号	52413164
健园社区	东至西城路，西至文体路，南至健园北路，北至集庆门大街	0.35	3454	9998	健园小区11幢	86431693
话园社区	东至文体路，西至南湖路，南至幸福河，北至集庆门大街	0.41	3482	10041	南苑新村真园13幢车棚旁	86453169
鹭鸣苑社区	东至湖西街，南至幸福河，西至江东中路，北至集庆门大街	0.41	4175	12100	集庆门大街鹭鸣苑小区内	86403919
吉庆社区	东至西城路，西至湖西路，南至应天西路，北至幸福河	0.6	4300	15000	文体路109号	86461810
庐山社区	东起黄山路，西至江东中路，北起怡康街，南到梦都大街	0.48	3704	8842	兴隆新寓兴宏园8幢西侧庐山社区	86475684

续表 57

社区名称	地理位置	面积（平方千米）	户数（户）	人口（人）	办公地点	服务电话
怡康社区	东近西城路，南至怡康街，西邻泰山路，北靠应天大街	1	3050	6200	怡康街 11-2 号	86411561
泰山路社区	东至泰山路，南半段西至黄山路，北半段至庐山路，东半段南至梦都大街，西半段至兴隆大街，北至怡康街	0.6	2942	5943	怡康街 19 号怡康新寓南门内 2 楼	58073586
黄山路社区	东至泰山路，南半段西至黄山路，北半段至庐山路，东半段南至梦都大街，西半段至兴隆大街，北至怡康街	1	2029	5742	黄山路 19 号苏建艳阳居南门	58073597

（南苑办事处）

【城市管理】按照城市治理现代化示范区新要求，修订完善《南苑街道城市管理考核办法》，强化长效管理，加大综合执法频率。共立案查处一般程序案件 25 起，简易程序案件 100 起，未发生一起行政复议或行政诉讼案件。完成厂圩街、康泰街、台畔路、泰山路等 10 条街巷整治工作。结合小区环境综合整治和街巷整治工作，加大存量违建拆除力度，实现新增违建零目标。开展环保巡查和整治工作，有效解决群众反映强烈的油烟扰民和扬尘管控问题。探索解决老旧小区物业管理难问题，严格规范“两清扫全天保”制度，明确责任，强化措施。组织开展既有住宅电梯增设工作，街道已获得规划许可的有 24 台，正在受理的有 2 台，在走送检程序的有 2 台。组织开展河道蓝线整治工作，严格落实河长制，做好每天巡查报告工作。根据辖区汛期受淹情况，组织人员 24 小时防汛值班，时刻关注雨水汛情，做到第一时间发现险情，第一时间组织处理，确保辖区安全度汛。

【民生服务】注重优化民生服务，打造宜居幸福南苑。依托街道综合行政执法大队，整合街道资源，融合区政务平台和其他功能载体，形成社会治理和民生服务合力，推进各类综合执法，运用智能化、信息化手段，严格落实相关责任和考核，全面提升街道综合执法效能。2017 年共发生市级菜单 3138 条，区级菜单 1 万余条，通过开展综合执法整治，结案率为 100%。在此基础上，按照全区统一部署，推进街道社区体制改革，建立健全定位准确、职能清晰、权责统一、分工合理、服务高效、执行有力的组织架构和服务管理体制机制。拓宽渠道，做优街道社区管理新模式，探索街道便民服务中心一体化建设。按照网格化管理、社会化服务的方向，突出社区自治功能建设，优化社区治理结构，构建以基层党组织为核心，与社会资源、社会组织及社工队伍良性互动的社区治理新格局。规范社工队伍建设，充分发挥志愿者队伍作用，严格落实网格化管理责任。国泰民

12月5日，由区文联、区文旅局、南苑街道主办，虹苑社区承办的“贯彻十九大　文化惠民生”艺术家走进建邺专场演出活动在虹苑广场举行。
（区文旅局　供稿）

安社区“24小时书屋”、吉庆社区“创客家”工作室、怡康社区居家养老等一批社区服务品牌已经形成。

突出在民生服务上提质量、增效能。按照社区改革要求，完善街道和社区网络，实现布局合理、功能健全、实用高效的公共服务体系。按照民生服务网格化要求，优化整合资源，构建相互配套、协调一致的完善服务制度体系，做到社会治理服务关口前移，服务居民零距离，真正把群众事和基层事当成第一位的事，做到高效便捷热心服务。深化和完善社会保障与救助体系建设，做好老、少、困、残、特等不同群体的服务保障。拓宽为老服务载体，发挥各类社会组织作用，探索独居、空巢老人由社会组织承载服务的路径。注重提高社工队伍的能力素质，严格落实社区网格化管理要求，完善激励考核机制，不断提高为民服务能力。注重抓好为民服务专项资金使用管理，制定《南苑街道为民服务专项资金管理使用办法》，严格落实项目申报审批和资金使用程序，全年共梳理街道民生服务项目79项。

【信访维稳】结合街道实际，认真落实综治信访包案制度和负责人接访制度，年度共调处矛盾纠纷15件，调解率达100%，调解成功率达100%；受理各类信访件15件，其中，区信访局转办件7件、街道信访办受理8件，办结率100%。强化区域内人口管理和服务，建立以志愿者服务为主体的服务队伍，落实对流动人员和出租房的全方位、全覆盖服务和管理。围绕敏感时期要求，严格落实属地稳控责任，筑牢防线，联动约谈，主动攻坚。针对5号地拆迁遗留问题，主动担当属地稳控责任，化解各类矛盾。严格落实“党政同责、一岗双责”制度，加大对辖区重点企业和“城中村”拆迁地块安全生产和消防安全的检查，发现问题及时整改。深入排查老旧房屋安全隐患，跟踪监测安如村、爱达花园等处险房，做好房屋消险工作。推进辖区养老院整治工作，取缔安如托老所消防不合格养老院，确保辖区安全稳定。

【安全生产】结合街道实际，街道主要负责人与各分管负责人签订安全工作责任书，明确主管行业领域，细化责任，分担压力。组织召开南苑街道2017年街道安全工作大会，与各社区党委书记及辖区内1400余家生产经营单位也签订相关责任书，通过安全责任书的签订，以书面形式层层落实安全责任，强化各单位安全意识。广泛开展专项检查，街道制定各类专项安全检查方案，并严格按照方案有序推进各项整治工作落实。组织推进会16场，负责人带队检查28次，出动900余人次，检查1050家企事业单位（包括九小场所及人群聚集场所），发放隐患告知书190份，发现各类安全隐患共930处，整改完毕的有850处，整改率91.3%，余80处还在督促整改中，同时严格落实每月“安全生产检查日”制度，街道书记、主任亲自带领副职及职能科室，对辖区内重点企业、重点区域进行拉网式检查、督导，确保辖区安全生产形势持续稳定。在区安监局指导下，街道安监科与第三方安全技术咨询公司协做，由技术公司每个月派出4人次专家协助街道安监科和社区开展检查，提升街道执法检查中发现隐患的能力。

加强联合执法，提升整改效果。加强重点区域监管，提高防范能力。强化应急演练和救援知识、应急技能的培训，提高预案的针对性、科学性和实用性。组织各单位及各社区不定期开展应急预案的演练，强化应急预案演练，防患于未然。街道注重加强各类安全宣传教育，通过宣传不断增强广大企事业单位和居民群众的安全防护意识，营造人人关注安全的浓厚氛围。

【劳动保障】街道对劳动保障工作人员合理分工，加强业务学习，继续实行“首问负责制”和“限时办结制”，针对12345投诉工单，及时调解，确保满意率。强化考核评比，落实目标责任。对照年初制定分解的目标责任书，按照《社区协理员考核奖励实施细则》，逐月对12个社区工作进行讲评，按季度对社区协理员工作绩效进行考核，推进工作。

扣紧全年绩效目标任务抓落实。围绕新增城镇就业人数、新增高技能人才培训、就业技能培训、大学生创业和普通创业等绩效目标，齐抓共管，多举措推进工作，完成新增城镇就业2368人，高技能人才培训50人，大学生创业395人，培育自主创业者1293人，较好完成年度区政府下达的各项绩效目标任务。突出就业帮扶工作，全面推进创业带动就业。开发空岗促就业，继续加强与区域内用人单位联系，为不同需求的失业人员，提供空岗信息帮扶就业。用好用足社会保险补贴等惠民政策，累计每季度为1200余名困难人员申办并领取社保补贴。举办招聘活动促就业，3月中下旬，邀请用人单位16家，分别在虹苑社区、区人社局各开展2场“春风暖人心，送岗进社区”就业招聘活动。抓培训促就业，广泛宣传，积极落实，及时将培训各类奖励补贴经费发放到位。全年累计组织468名失业人员开办GYB、日式料理、养生饮品、西式烹饪、西式面点、保健按摩、农家乐菜系、艾灸等12期技能培训班。抓创业促就业，从区工商部门查询并掌握区域内创业人员信息，按属地进行梳理分解，上门跟踪走访。同时，突出大学生创业工作，一方面对近年来未就业高校毕业生进行实名制调查，并录入省级网络平台，开展专项走访和座谈；另一方面加强与区、街人才办的沟通联系，与大学生创业人员建立对接和服务关系，宣传和落实创业优惠政策，鼓励其利用一技之长自主创业。深化创业工作，形成地区创业特色品牌。按创业型社区创建标准指导并督促吉庆、虹苑2个社区，按序时进度顺利完成创业型示范社区创建工作。

统筹兼顾，抓好社会保障和劳动监察工作。对纳入社区管理服务的1.6万名企业退休人员，组织9200余名退休老人参加免费健康体检，发放各类慰问金（生日、重病、死亡）达30万元，及时为每位退休人员发放好“夏送清凉”慰问品。及时有效落实好政府出台的一系列社保政策，使相关人员及时享受到失业金、养老金等待遇。为符合条件的居民申办参保和领取城乡居民养老保险补助待遇，全年申领失业金1100余人。做好城镇居民医疗保险工作。全年为近56名新进低保人员和原低保未参保人员办理参保手续，制作和发放市民卡1686张，零星报销医药费达100多万元。强化劳资监管和调处，对属地近1000余家企业单位（含税源户）上门走访，宣传政策法规，发放2017年度书面审查和缴费基数申报相关资料，按时完成区监察部门下达的书审工作，配合调解劳动争议案件。

表58　2017年度南苑街道劳动保障主要指标完成情况

目标、任务	全年指标	完成情况	完成进度
新增城镇就业人数	2200	2368	108%
实现再就业	1200	1225	102%
援助困难人员再就业	180	226	126%
培育自主创业者	260	1293	497%
创业带动就业	2000	2119	106%
大学生创业人数	75	395	527%
大学生创业入选优秀项目	3	3	100%
创业培训人数(GYB)	150	151	101%
城镇失业人员技能培训/其中技能培训人数	660/310	684/317	105%/102%
新增高技能人才数	50	50	100%

续表 58

目标、任务	全年指标	完成情况	完成进度
第四轮周期免费健康体检人数	8800	体检：8283 人 放弃：1005 人	105%
城乡居民基本养老保险参保缴费人数	300	240	80%
集体合同审查数	155	155	100%
联动平台举报投诉录入数	40	无投诉 无录入	
劳动保障书面审查通知发放数	800	1409	176%
市民卡新制卡发卡数	2200	1686	77%

（南苑办事处）

【双拥工作】加强思想政治建设，做好党管武装工作，组织全体人员认真学习中国共产党第十九次全国代表大会精神。确保中国共产党的路线、方针、政策在民兵部队中坚决贯彻落实，确保国防后备力量始终牢牢掌握在中国共产党手中，确保广大民兵永远忠于中国共产党、忠于人民。围绕中心抓好经常性教育。坚持召开武装工作例会，讨论部署年度党管武装和国防动员工作，研究重难点问题。结合形势任务要求，认真落实基干民兵季课教育和普通民兵时事教育。每半年召开一次民兵干部例会，通报学习有关文件精神、汇报阶段工作情况；结合民兵整组、训练、征兵等工作，适时组织召开民兵连长会议，讲评工作、部署任务、表彰先进。不断建立健全民兵政治生活制度，强化民兵政治生活的日常管理。加强国防法律法规宣传教育，深入学习《全民国防教育大纲》，在全街道范围内营造人人关心国防、支持国防的良好氛围。不断加强与地方部队联系，开展与部队官兵座谈、组织参观军营等一系列军民共建活动，增强爱军拥军、自觉参与支持武装工作的意识。充分发挥武装系统尤其是民兵优势，认真开展街道武装部正规化建设、国防教育、民兵军事训练、民兵整组、民兵点验、兵役登记等工作，健全民兵战备值班、政治教育、军事训练等各项规范化制度，确保制度落实和责任到位。2017年度149名民兵全部按编落实到位，在全区整组检查验收工作中，成绩名列前茅。落实民兵应急排战备值班制度。坚持以应急任务为牵引，紧贴“急、难、险”突发战备任务，依托街道办事处全勤综治队伍，及时调整街道民兵应急排，配置基本装备，实行重点时段24小时战备值班制度，发挥民兵应急排收得拢、拉得出、用得上、起作用的良好效果。全年，率领民兵执行各类任务10余次，出动民兵100余人次，在抗震救灾、应急维稳、防汛等重大活动中，充分发挥民兵应急队伍整体优势，勇挑重担，为维护社会治安和人民生命财产安全发挥作用。抓好兵役登记和征兵工作。本年度街道做好兵役登记站的设立工作，营造浓厚征兵氛围，充分利用传统宣传方和微信、QQ等媒介，做好适龄青年应征报名的初检和预审工作，主动协助体检组搞好体检工作，严格按照要求做好走访、政治考核工作，高质量完成征兵任务。输送新兵中尚未出现一例身体退步、思想退兵等问题，确保新兵质量。主动为新兵家庭排忧解难，充分利用节日，对新兵家庭进行走访慰问，解决新兵后顾之忧。

【人大工作】规范街道“人大代表之家”和12个社区“代表工作室”建设。完善制度化建设，结合工作实际，制定《区人大南苑街道工委关于加强区人大代表与选区选民联系的意见》，意见要求每位代表在选区搭配相对固定的选民代表和联络员不少于5名，即社区干部、社区积极分子、社区居民、企业人员、困难群众等，每年与联系人联系不少于2次，有效畅通代表与选民双向沟通的渠道。加强规范化建设，依据规定要求，结合街道实情及时完善、及时更换“人大代表之家”和社区“人大代表工作室”标牌等规章制度，及时更新电子台账。制作《建邺区第十八届人民代表大会代表联系选区选民登记册》。定期接待选民，规定各选区每月10日为代表接待日，代表在“人大代表之家”和“人大代表工作室”接待选民，妥善处理选民反映的意见和问题，在社区现场参与社区市长信箱督办、12345政府服务热线投诉、邻里矛盾调解等，既为基层解决矛盾，又贴近了选民，联系群众。2017年共有29名代表到自己的选区联系选民86次，计367余人。结合2017年街道民生工作重点，依法组织人大代表开展视察和监督工作。组织区人大代表视察“省级创业示范社区”活动。针对老旧小区群众看病难问题督促解决。对辖区内300多名环卫工人（大部分为流动人口），提供“健康体检亲情大礼包”，让环卫工人享受公共服务均等化服务政策。对街道、区法制办财政预算执行情况进行审查，规范财经制度，有效监督资金使用效率。

为全面了解区司法局社区矫正工作情况，根据《关于增强区人大代表开展定向定点视察和检查活动的意见》要求，2017~2018年度区人大南苑街道工作委员会和区司法局对接负责对区司法局社区矫正工作的推进情况进行定向定点视察调研活动。制定调研活动计划。2月，街道人大工委与区司法局进行对接，制定定向定点视察和检查方案，并报区人大内司委审定。深入了解情况，6月，区南苑街道代表组组织第一次活动，对2017~2018年度定向定点视察工作进行动员部署，重点介绍活动目的意义、责任分工、视察和检查内容、时间及内容安排，随后，与会代表一致通过工作方案。实地视察社区矫正自助式社区服务工作，9月，区人大南苑代表组15位人大代表视察建邺区社区矫正自助式社区服务工作情况。代表们参观司法行政惠民服务窗口、调解室、律师工作室、法律图书角、法治放映室等场所，详细了解司法站的日常工作情况，查看相关台账资料。参观结束后，代表们进行座谈交流并提出建议。认真开展矫情分析，11 月 17 日在对社区矫正工作有初步了解情况下，对全区矫正人员进行矫情分析，通过细致分析增强社区矫正工作的针对性，提高矫正的实效性。

为增强闭会期间各位人大代表履职的积极性和履职成效，街道人大努力做好服务，为代表履职提供便利。开展“五个一”活动，即提一项有价值的建议，进行一次述职活动，结对一户困难家庭，参加一次社区活动，为民或社区办一件实事。坚持做好议案建议督办工作，在闭会期间，始终把督办代表议案、建议、批评和意见作为发挥代表作用，为代表行使民主权利创造条件的一项重要工作来抓，力求实效。街道人大工委仍然严格按照相关规定要求参与绝大多数建议的回访过程，代表对建议、批评、意见的办理工作非常满意。组织开展“进选区送温暖”活动，2 名市代表、9 名区代表走访慰问 58 户困难家庭，有针对性地开展帮扶工作，充分体现人大代表走进社区，知民情，解民忧的社会责任感。加强新代表履职能力培训，4 月 20 日与沙洲街道人大代表组联合举办新代表能力提升培训班，请安徽省委党校吴梅芳做题为《提高领导干部群众工作能力》的专题培训，2 个街道代表组 60 多位代表参加。

【环保工作】建立网格化环境监管体系，制定“4+1 网格管理模式”，“4”是按区域将辖区分为 4 个社区网格，“1”是将辖区内在建工地和闲置地块内、停车场编为 1 个扬尘管控网格。做到环境监管不留死角、不留盲区、不留隐患，使网格内各重点排污单位、主要环境问题得到有效监管。共出动工作人员 6720 余人次，累计排查单位 542 家。共解决问题 381 个，协调部门解决的问题 97 个，已整改到位问题 373 个。

加强建设工地扬尘污染防治，街道辖区内共有在建工地 13 家，分布范围广，管理难度大。明确工地防尘达到 100% 满足要求的基本目标，要求每个工地签订 1 份管理责任书，建立 1 个微信工作平台沟通信息，在每个季度评选 1 个优秀工地，每个月召开 1 次扬尘管控工作会议，以实际行动赢回蓝天。

加强餐饮油烟排放监管，加强辖区餐饮油烟排放的监管，对问题集中区域实行专项治理，严格按照要求安装油烟净化设施，实现达标排放。6~12 月，街道成立由城管、环保、水务等部门组成的环境监察小组，每天组织 30 余人，由科室负责人带队，自 18：00~23：00 对文体路、庐山路、泰山路、健园北街等重点路段餐饮、烧烤开展夜间餐饮油烟专项整治行动。辖区内 4 个网格分别建立餐饮店铺店主工作群，做到及时沟通，资源共享，规范合法经营行为。

加强机动车污染防治，借助世界环境日开展以“节能减排、绿色出行”为主题广场宣传活动，同步开展由30名环保志愿者参与的绿色骑行宣传活动，倡导居民低碳生活、绿色出行。

加强汽车修理行业污染防治，不断提升汽修行业的管理与问题整改力度，对汽修集中区域进行专项整治，规范经营行为，严禁露天喷漆。整合有关部门组建综合巡查组，以网格为单位对辖区内汽修店铺占道经营、露天喷漆行为、危险废弃物是否违规存放以及废弃机油是否按规定合理回收等情况进行联合巡查，及时发现并消除环境安全隐患。同时，普及危险废物管理知识，规范处置行为。

强化完善环境风险防控体系建设，全面开展环境安全隐患排查整治，加大环境安全达标建设宣传力度，监督企业严格安全生产，防控安全生产事故引发环境污染。

【党建工作】注重加强党的建设，筑牢基层战斗堡垒。组织开展“喜迎十九大、深化学与做”主题党日活动，同时从安全稳定、环境整治、氛围营造等方面做好保障工作。坚持把学习贯彻中国共产党第十九次全国代表大会精神，特别是习近平新时代中国特色社会主义思想作为首要政治任务，深入开展多形式、分层次、全覆盖的学习宣传教育活动。多次召开街道工委会、中心组学习会，专题传达学习中国共产党第十九次全国代表大会精神。

坚持科学谋划，落实好“两学一做”常态化制度化。负责干部严格落实“一岗双责”，制定社区党组织书记履职责任清单、问题清单和任务清单。开展党建述职评议考核，落实双向述职评议。制定中心组学习计划，确保计划和“两学一做”目标同向，负责干部以普通党员身份参加双重组织生活，坚持行政工作、党建工作同布置、同安排、同督导，带头到联系点参加主题党日活动、讲党课，带头遵守学习教育各项要求，带头都做好表率，推进“两学一做”学习教育常态化

10月18日，南苑街道组织机关全体人员观看中共十九大开幕式。
（南苑办事处　供稿）

10月12日，南苑街道廉政文化教育基地揭牌。　（南苑办事处　供稿）

制度化。

坚持精确拓展，推动“互联网+”党建。街道工委探索运用现代网络技术提升基层党建，开拓“互联网+基层党建”的新路径，打造“南苑家园”社区党建智慧平台，实现基层党建工作向网上拓展延伸。平台已汇集不同领域党员和志愿者，粉丝量达1万余人，实现与居民群众的零距离、实时对接，形成互联、互通、互动、互助的特色党建服务体系。区委“五微服务”数字党建平台推出以来，街道组织辖区党员，通过上门入户宣传、现场扫描二维码、微信朋友圈传播等多种方式，予以推广使用，并根据自身专长，初步形成“工作在单位、服务在社区、奉献双岗位”的党员服务机制。平台累计发放微心愿927条，党员群众自愿认领微心愿并提供微服务927条，自愿认领服务100%。解决群众反映强烈问题28件，建立民情台账1000余份。

坚持精心设计，形成“一社一特”工作模式。鼓励支持各个社区党组织依据自己的特色创新党建活动，探索“一社一特”的特色党建。每个社区都形成良好工作基础，街道工委在深入调研基础上，帮助每个社区进行认真梳理，充分调动社区抓好党建创新的积极性，一批具有鲜活基层生命力的党建工作创新项目脱颖而出。如国泰民安社区“五大中心”建设进一步充实完善，话园社区党委“三爱在话园”被评为全市社会建设创新“十佳案例”，吉庆社区党委“网格志愿进社区，党员群众魅力秀”、怡康社区党委“打造家门口的红色基地、创建有温度的多彩社区”等都已形成新的品牌特色。

坚持精细服务，做实“大走访”凝聚合力。结合“大走访”活动，利用社区党建服务网格，深化“党旗在心中、服务在手中、实干惠民生、宜居在南苑”主题活动，大力推进基层服务型党组织建设，深入开展街道社区党员履职服务、居民党员志愿服务、在职党员进社区认岗服务。街道社区层面的120名党员下沉网格开展服务，街道负责干部作为联系点负责人，与社区书记共同承担社区党建和民生服务的责任。各社区党委成立以离退休居民党员为主体的各类志愿者队伍约3500余人，围绕群众需求，广泛开展志愿服务，2000余名区以上机关党员和领导干部进社区报到，在“大走访”活动中，根据自己的特长、爱好等在社区进行认领岗位开展服务，帮助社区和居民群众、企业和社会组织解决工作和生活上的困难和问题。（南苑办事处）

·沙洲街道·

【概况】沙洲街道北至梦都大街与南苑街道接壤，东、南临南河与雨花台区相望，西起江东中路毗邻双闸街道，总面积11.7平方千米。下辖11个社区、1个社区筹备组。共有户籍数53029户，总人口158673人。

表59　2017年沙洲街道下辖社区情况一览表

社区名称	地理位置	面积（平方千米）	户数（户）	人口（人）	办公地点	服务电话
科技园社区	东至南河堤，南至雨润大街，西至泰山路，北至梦都大街	4.82	1100	3500	建邺区小青路34号	86805587
中奥社区	社区范围东至泰山路，西至庐山路，南至河西大街，北至奥体大街	1	5323	20600	建邺区黄山路128号	82220806
清荷北园社区	社区范围东至和平路，南至友谊街，西至中和路，北至和平路	0.1	4680	13000	建邺区中和路69号	87750679
莲花南苑社区	东临莲池路，西至荷塘路，南至莲花河，北至平良大街	0.03	3995	11553	建邺区平良大街41号	86651858
中城社区	社区范围东至泰山路，西至庐山路，南至奥体，北至梦都大街	1	8500	25000	建邺区黄山路99号好邻居广场2楼	86802687
莲花北苑社区	社区范围北至绕城公路，南至友谊街，西至绕城公路，东至南河堤路	0.5	5426	17000	建邺区友谊街46号-2	86801272
双和园社区	东至泰山路，西至庐山路，南至江山大街，北至雨润大街	0.6	4731	13000	建邺区金沙江东街18号	86805815
金穗花园社区	社区范围东至绕城公路，南至平良大街，西至中和路，北至友谊街	0.07	4879	15000	建邺区中和路101号-12	87771272
中胜社区	东至泰山路，西至庐山路、南至雨润大街，北至河西大街	1	3393	9300	建邺区雨润大街88号	86801182
中央商务区社区	东至庐山路，西至江东中路，南至江山大街，北至梦都大街	2	4100	8220	建邺区奥体大街128号奥体名座裙楼101室	86780558
莲花嘉园社区	东至莲池路，西至荷花路，南至平良大街，北至友谊街	0.14	4702	15000	建邺区平良大街40号小区物业办公楼一楼	85597708、85597718
中瑞社区筹备组	东至中和路，南至螺塘路，西至二号路，北至莲花河	0.4	2200	7500	建邺区中和路126号（暂未正常使用）	87750883

（沙洲办事处）

【城市管理】街道坚持建设美丽沙洲，在环境提升上不断发力。小区整治出新，街道共组织联合执法146次，取缔店家倚门出摊、占道堆放700余处，依法开单暂扣经营车辆240余辆。建立富春江东街门前三包示范点、对10条背街小巷进行整治。双和园广场、河西CBD文化广场及仁恒国际小区被评为市级标准化示范单元。完成沙洲东河、沙洲西河环境整治工程。居住环境改善，辖区内安装油烟净化器的餐饮餐饮店达93%，完成45个排污口截污工作，剩余15个正在推进。完成金穗花园环境改造工程、有序推进莲花嘉园环境提升计划。保障房片区物业费收取率80%，公摊水电费收缴率80%，停车费收缴率100%，居民满意率达90.825%。

1月20日，沙洲街道开展"最美青春故事分享会"活动。

（沙洲办事处　供稿）

【民生服务】聚焦热线工单办理和为民实事项目，全面提升街道居民幸福指数。立足满意率办好热线工单，全年街道共受理12345热线工单3000余件，办结回复率为100%，满意率超过90%，列全区第三。立足获得感办好民生实事，2017年完成为民办实事项目28个。为民服务资金项目立项88个均按计划有序推进，并规范资金使用流程。引进10个社会组织，拓展公共服务外延。富民增收卓有成效，坚持在富民增收工作上下功夫。就业创业水平显著提升，2017年全街新增城镇就业1700人，实现再就业700人，完成自主创业170人，带动1100人就业，落实3个大学生创业项目。完成创业型街道创建工作，有效推进1个创业型社区创建工作。人才引进力度不断加大，2017年度区级"创业南京"人才计划街道申报20个项目，均通过资格审查，其中11个通过技术评审，6个项目通过综合评审。推荐10个项目申报"青年大学生创业"项目。

【信访维稳】信访稳控措施得力，先后妥善化解和钝化双和园公共维修基金使用、莲花北苑房产证办理延期、新城科技园加油站建设等群体性矛盾，未出现重复越级集访。成功劝返进京访人员，成功化解数起信访积案。

6月28日，沙洲街道纪念建党96周年表彰大会暨"为建设居民满意的新沙洲做贡献"演讲比赛举办。
（沙洲办事处　供稿）

【安全生产】安全稳定责任有效落实，街道坚持不断强化属地化管理职责，安全稳定工作水平不断提升。安全管控高效有序，整改建筑工地消防隐患11处。排查辖区生产经营单位705家，对194处安全隐患要求限期整改并开展回头看。开展燃气安全专项整治，符合燃气自动报警装置安装条件的商户中202家已安装到位。开展群租房安全专项治理，确保群租房安全告示牌悬挂到位、《房屋租赁及消防安全告知书》签订到位。

【综合行政执法改革】紧抓"三化"建设，持续推进综合行政执法改革工作。日常管理制度化，作为全区最早开始综合执法改革试点的街道，相继制定人员考核、学习培训、信息报送等制度，实现制度先行。综合执法常态化，健全综合执法机制，8~10月，开展16次综合执法，有效解决一批疑难问题。问题处理高效化，综合执法大队月上报自处置案件500余件，工作效率实现有效提升。

【"不见面审批"（服务）开展】"不见面审批"（服务）有序开展，从组织领导和运行机制上共同发力，确保居民受益。有序组织保落实，6月，街道工委成立领导小组，制定实施方案，梳理44项不见面审批（服务）清单和23项见一次面审批（服务）清单，8项业务可由快递送达。创新机制显成效，通过"网格化"分级服务、"大走访"上门服务、"互联网+"政务服务，全面加强服务能力。健全急事急办、特事特办、主动服务、上门服务机制。700余件公共服务事项经"不见面审批"（服务）得到办理。

【网格化服务】网格化服务治理体系初具成效，结合工作实际，有效推动街道网格化服务治理水平显著提升。两级互动全覆盖，全街划分11个一级网格，105个二级网格，建立纵向到底、横向到边的社区网格化治理体系。多元参与强服务，将街道联系点负责人、社区党组织书记和社会组织负责人纳入一级网格，形成共建共赢的良好态势；将社区网格员、执法人员、志愿者、楼栋长等力量充实进二级网格，网格服务的覆盖面拓展。规范运行惠民生，结合实际，制定《沙洲街道社区网格员绩效考核办法（试行）》，落实网格员“一日双巡”，及时发现处理网格中发现的问题，有效提升网格服务的工作效率。

【党建工作】基层党建基础不断强化，街道工委坚持落实管党治党责任，基层党建工作水平提升。抓整改建制度，街道工委先后6次召开工委会，研究整改方案，制定《沙洲街道党员发展实施办法》《沙洲街道党费收缴、管理实施办法》《沙洲街道保障房自管物业维修（维保）项目监管办法（暂行）》等规章制度。紧抓走访解难题，“大走访”活动中，全街共走访居民50213户，实现100%全覆盖。落实“访办反馈一体”责任制，解决一批民生热点问题。抓意识形态领域工作，把意识形态工作作为民主生活会和述职报告的重要内容，注重宣传引导，提升精神文明建设。抓执纪强作风，对7名违纪党员立案审查，街道党风政风有显著改善。（沙洲办事处）

·双闸街道·

【概况】双闸街道位于建邺区西南部，辖区面积17平方千米，下辖8个社区、2个社区筹备组。街道总户数11346户，户籍总人口28390人，其中男10802人，女11660人，人口出生率10.8‰，死亡率5.3‰。

表60　2017年双闸街道下辖社区情况一览表

社区名称	地理位置	面积（平方千米）	户数（户）	人口（人）	办公地点	服务电话
红旗社区	东至江东中路、西至夹江、南至邺城路、北至金沙江东街	2.2	1020	1930	西善桥交通27-18号	86808684
五星社区	东至江东中路、西至夹江和邺城路、南至平良大街、北至江山大街和友谊街	1.4	550	1700	金沙江东街18-7号	86808952
双闸社区	东至永初路、西至邺城路、南至龙王大街、北至平良大街	2.2	1379	3352	泰山路18号	86808751
天保社区	东临沙洲街道、南临秦淮河、西北临长江	2.3	1200	2800	中和路110-1号	86808611
江南社区	东至龙王街、西至秦淮新河、南至江东南路、北临长江	1	1000	2200	金沙江东街18-10号	86808003

续表 60

社区名称	地理位置	面积（平方千米）	户数（户）	人口（人）	办公地点	服务电话
双闸街社区	东临五星社区、西临江南社区、南临双闸社区	1	190	559	金沙江东街 18-9 号	86807202
江湾社区	东临奥体中心、西临青奥会议中心、南至江东中路、北至扬子江大道	3.03	2200	5100	乐山路 198 号	86510615
青奥筹委会	东至金沙江西街、西至平良大街、南至江东南路、北至扬子江大道	1.5	107	249	双闸街道办事处裙楼 2 楼	86806732
新亭社区	东至龙王大街、南至汇东南路、西至保双街、北至扬子江大道	1.5	2500	6500	云珑湾 4 幢 101 室	87754585
新月筹委会	东至学园路，西至九号支路，南至秦淮新河，北至庐山路	0.87	1200	4000	五矿崇文金城物业服务中心 2 楼	86607202

（双闸办事处）

【城市管理】通过常态化举措，不断加强城市管理，全年清理偷倒建筑垃圾 90 余处，总计 45 万余千克。拆除太清路、高庙路 2 个便民疏导点，在 21-10 地块上新建临时疏导点，配合社区拆除平良大街披棚，拆除违建 1.2 万平方米，按序时进度完成各项整治项目。拆除违规店招 4 处，面积 150 平方米。新签门前三包责任书 30 份，处罚违规店铺 15 家。

【民生服务】不断优化街道综合服务功能，把工作力量向一线倾斜，全街道 80% 以上工作人员都下沉到管理一线和服务窗口，选派 12 名机关干部直接下沉到社区基层任职挂职。高标准运行街道便民服务中心，改建 400 平方米，街道便民服务中心一站式办理 7 大类 104 项民生服务事项。建成 600 平方米的青奥文化交流中心、托老服务站和青少年活动室。打造国际化高端人文社区，明确江湾、青奥、新亭等高端社区定位，搭建社区短信、QQ、论坛、微博、微信等平台，引进幸福市集、327 戏剧工作室、守护之翼、益汇青年公益服务中心等社会组织，举办江湾赶集日、“五彩斑斓、伴我成长”“心灵启航”等特色活动和各类进社区、进工地文体活动 50 余场。开展民生保障和就业帮扶。村改居社区就近设立服务站，组织 220 余人参加各类招聘会 9 场，实现再就业人数 566 人，完成全年任务的 141.5%。培育自主创业人数 153 人，完成全年任务的 109%。援助困难人员就业 64 人，完成全年任务 106%。创业带动就业 836 人，完成全年任务的 119%。充分发挥街道社管平台服务功能，建立领导批办、督办工单制度，迅速调整适应新的考核办法，不断提高 12345 工单办理综合满意率。

9月22日，由区市场监管局主办、双闸街道协办的“民生质量社区行”质量月主题活动在双闸街道举办。（邢丽莉　摄）

【信访维稳】在重要时间节点，建立维稳信息员队伍，建立与信访、公安、铁路的联动机制，重要时间节点对重点人头实行24小时监管。保障重大会议信访维稳，分类管控重点人员，24小时掌握动态信息，注意做好工作记录，同时在安全生产、食品安全等领域加强管控。化解拆迁遗留矛盾，成功解决滨江大道、江东路南延、鱼嘴地块、剩余地块等项目9户遗留问题。同时，解决群体矛盾，有效控制群访问题。开展平安志愿巡防，组建300人的街道治安巡防中队和平安志愿者工作站，组织平安巡防专业力量和志愿者队伍，保障重大活动20余场次，确保辖区平安稳定。

【安全生产】通过服务外包，全面做好安全生产工作。对辖区的2家加油站、1家加气站、39家建筑施工单位、85家沿街门店、3处便民疏导点定期进行安全检查，对辖区企事业单位和建筑项目工地的检查过程中共发现2816处安全隐患已落实整改。组织消防安全教育讲座1次，安居防火教育1次，消防演练3次，人员密集场所消防培训1次，职业病防治培训1次，从业人员执法证培训1次。全年共组织消防应急演练8次，悬挂安全生产主题横幅（安全生产、消防安全、质量安全、食品安全等）126条，下发安全手册3900余份，出安全生产月橱窗2期，食品安全法宣传橱窗6期。通过综合执法，保障重大活动，保障南京国际博览中心活动98场，各类重大活动32次，出动执法人员4000人次，执法车辆380台次，在市容环境、安全稳定等方面没有产生任何负面影响。

【环保工作】通过多项举措，做好环保工作，全年对工地开展检查2800人次，下发整改通知书50份，上报问题工地28家，开展夜间联合检查15次。在专项行动中，处罚违规施工单位5家,处罚金额15万元。

【党建工作】推进“两学一做”学习教育常态化制度化。负责干部率先垂范,持续深入学党章党规、学系列讲话,按照区委要求认真开展3次专题讨论,严格落实基层支部“三会一课”制度,。认真开展“走千企入万户、助发展促富民”大走访活动。坚持街道机关、社区(筹委会)党员干部全覆盖,走访对象全覆盖,累计走访辖区居民3630户、企业35家,解决问题84条。严格抓好党员干部教育管理,贯彻“坚持标准,保证质量,改善结构,慎重发展”,开展“两聚一高”先锋行动,深化党员“亮身份、树形像”,在社区推行“党员家庭(党员户)”挂牌,以“宣德堂”为载体,深化“领导干部立家规、共产党员正家风”主题活动。深入拓展社区党建,坚持“党员活动日”“党员固定学习日”制度,会同沙洲街道在中和、莲花等保障房片区开展“五联三结对”共建活动,发挥党员正面作用。按照社区“大党建”工作思路,吸收辖区单位党员负责人、居民党员兼任社区党总支委员,构建上下联动、横向互动的基层大党建组织领导体制,把社区党组织变为联络机关、企业、两新党组织及工、青、妇群团组织的枢纽。打造服务型社区党组织,依托“党群联络工作站”和“党员之家”,开展“走基层、听心愿、办实事、悦幸福”系列活动,全面了解居民需求,不断拓宽服务内容。坚持“党员活动日”“党员固定学习日”制度,通过定期举办专题党课、远程教育学习周,加强对党员的思想政治、政策法规教育,通过组建绿色家园、平安巡防等党员志愿服务队,组织辖区党员担任社区网格员,充分发挥党员参与社区建设的积极性。破解拆迁异地安置党员教育管理难题,会同沙洲街道在中和、莲花等保障房片区开展“五联三结对”共建活动,引导拆迁党员增加对常住地社区党组织的归属感,发挥党员在信访维稳、志愿服务等方面的正面作用。

【防汛工作】通过前置落实,全面做好防汛工作,对长江江堤段和泵站定期进行现场检查,汛期做到每日巡查,防汛责任人一线驻守。对辖区部分破损的江堤进行维修,加强新埂、罗塘等机站电器设备的保养,汛期前对险工险段和薄弱环节进行再检查、再消除,彻底查清各类隐患,逐一落实整改措施。

(双闸办事处)

·江心洲街道·

【概况】江心洲街道陆地面积15平方千米,下辖6个社区,即永定社区、白鹭社区、洲泰社区、洲岛家园社区、洲岛紫园社区(筹建阶段)和洲岛绿园社区(筹建阶段)。2017年,全街道共有11128户,总人口17543人,其中,男8278人,女9265人,自然增长率0.51‰。

表 61　2017 年江心洲街道下辖社区情况一览表

社区名称	地理位置	面积（平方千米）	户数（户）	人口（人）	办公地点	服务电话
洲泰社区	江心洲北部	4.16	1866	3000	洲泰社区原红卫小学旁边	86420906 86420900
洲岛家园社区	红星街 86 号	0.2	5020	8000	邻里中心三楼	83263722
白鹭社区	江心洲段南部，东至永定社区，南至洲头公园江堤围合，北与洲岛家园接壤，西至大江侧江堤	4.51	1530	3000	江苏省南京市建邺区江堤路中共营盘组支部委员会	86331969
永定社区	江心洲中部，永西南紧邻白鹭村，北接洲岛家园，东与绿博园、奥体隔江相望	4.31	2412	6836	江心洲幼儿园旧址（江心洲派出所对面）	86333773
洲岛紫园社区（筹备组）	东至小江边堤埂，南至规划 8 号路，西至大江边堤埂，北至规划 15 号路	0.8	180	400	绿水街 16–5 号	58782456
洲岛绿园社区（筹备组）	东至汇岛新天地北侧小江边堤埂，南至规划待建 5 号路，西至已建好的 5 号路，北至纬七路长江隧道连接线高架	1.02	120	300	洲岛家园绿洲苑 19 幢 104 室	58832667

（江心洲办事处）

【**城市管理**】街道围绕北部疏导群，集中疏导和整治流动摊贩、占道经营，成立环境卫生处理“应急小分队”，巡查全岛环境卫生，全年清运建筑垃圾 50 万立方米，覆绿拆迁区域 54 万平方米。拨付 4 个社区共 45 万元经费，整治清理垃圾 60 万余千克。对非机动车乱停乱放集中整治，共清拖无主机动僵尸车 22 辆、非机动僵尸车 90 余辆。取缔流动摊点、夜排档 1800 余起。清除牛皮癣 1200 余处。维修民俗街、施工便道、中棚桥、果园路、洲泰路等路段破损道路 2.9 万平方米。全年完成 10 个标准化验收。

【**民生服务**】以社会保障体系为依托，面向困难弱势群体救困扶弱。街道自筹资金 200 万设立“心连心”党群关爱基金，帮扶救助因大病、入学教育和突发灾害家庭，该项关爱基金惠及全岛 5000 余户原住民。拨付每个社区 10 万元，专门用于社区困难家庭的帮扶救助。街道专门向区红会捐助慈善资金 20 万，用于辖区因大病、突发意外等致贫家庭的帮扶救助。利用苏果超市慈善救助平台帮扶困难群众 100 余人。春节期间，走访慰问辖区低保、五保、大病、困难家庭 491 户，共发放慰问金 39 万余元。协调社区卫生服务中心成立爱心医疗巡诊服务队，主动上门为社区群众，特别是身患残疾、大病卧床、行动不便的独居空巢老人提供医疗服务。

【**安全生产**】落实“党政同责、一岗双责”，落实 24 小时安全值班和安全工作零报告制度，设立社区安全生产专项经费，采取“周小结、月点评、季考核”的办法，年终兑现奖惩。通过服务外包方式提升安全生产查改成效。突出消防安全，加强基层微型消防站建设，为4个社区和2个筹委会各配备消防电动巡防车2辆，开展社会矛盾和安全隐患大排查活动，妥善化解个人极端事件1起，群体性事件3起，排查整改隐患50余个。邀请第三方技术服务公司专家全面排查辖区安全情况，出动技术专家12人次，检查企业单位100余家，并提出针对性整改意见。

【劳动保障】实施失地农民就业帮扶工程，健全保障体系。全年共完成新增就业岗位667人，实现再就业300人，帮扶困难人员再就业49人，培育自主创业67人，创业带动就业564人。开展失地农民就业专场招聘会2场，提供就业岗位200余个。先后举办西式面点、健康调理、中式烹饪、创业能力和新增高技能人才培训班6期，培训人员达320余人。

【环保工作】环保工作创新思路，推出雾炮、PM2.5监测仪、环保地图、路长制、星级工地、工地互评等扬尘管控办法。督办、处理扬尘污染30起，召集所有建筑工地负责人会议17次，组织岛内外工地观摩3次，在各类媒体进行环保正面宣传175篇次，组织环保宣教活动23场。扬尘管控考核总分位列全区第一。

【拆迁工作】创新拆迁方法，推进项目建设。围绕影响生态科技岛民生项目大江侧江堤

9月28日，江心洲街道与清华大学签订社会治理项目协议，并为清华大学江心洲研究基地揭牌。
（黄弈杰　摄）

建设、市政道路建设以及影响二期安置房10户遗留户，开展攻坚扫尾，确保工程项目顺利开工建设。1~2月，街道创新实践非建设区村民自愿签订房屋拆迁和放弃土地承包权申请书、承诺书，以土地流转方式破解难题，100%完成“两书”签订任务。第六期拆迁前7天实现交拆房98%，实现江心洲全部民房拆迁的圆满收官。充分利用河道消险，先后扫尾约80户，保障项目建设需要。完成274套小产权房调查工作，调查269套，占98.18%。发挥社区书记的引领作用，选调精兵强将参与扫尾。扫尾民房42家，工企18家，征地2家，有效保障生态科技岛项目建设需要。完成第六期拆迁，交拆房98%，扫尾民房42家、工企18家、征地2家。

【依法治街】打牢依法治街工作基础，促进社会安全稳定。结合“七五”普法工作，组织开展送法进社区、进校园、进教堂、进工地等活动，促进居民学法、懂法、守法。开通并公开法律咨询电话，尽可能满足人民群众的法律需求，减少各类矛盾纠纷及上访事件的发生。打造省级法制文化园，设立集思想性、艺术性、观赏性为一体的公共艺术，营造“日常学法、心中有法、办事循法”的法治氛围。加强阵地建设。将法治文化建设与生态科技岛建设同接轨、同规划、同打造，先后投入160余万元创建占地5000平方米的法治文化园，设置15个法治教育景点，21组主题宣传作品，以102幅小饰作品为依托，确保知识性、专业性、观赏性和可读性兼具。完善教育模式，在法治文化园建设过程中引入法律沙龙、法律动漫、法律交流等群众喜闻乐见的形式，并与党的建设、廉政教育有机结合，形成具有江心洲特色的“党、廉、法”三位一体的宣传教育模式。丰富教育活动，组织岛内居民、服务对象及街、村工作人员分批次到法治文化园免费参观、学习和交流，增强其自身法纪意识和依法办事的规矩意识，达到人人接受法治教育、个个增强法纪意识、件件依法办事的目的。强化全面覆盖，对已建成社区、小区和相关绿地等，引进新加坡元素，结合法律和江心洲发展实际重点打造法治文化小品、墙绘等，法治宣传教育全覆盖，带动全社会形成崇德向善、尊法守法的良好氛围。充分发挥平安志愿者队伍作用，做好重点值守和邻里守望，提升街道公众安全感和群众满意率。

【防汛工作】及时启动防汛各项准备工作，制定防汛工作意见，完善防汛预案，成立防汛专项工作组和抢险队。街道联合相关单位举办防汛抢险演练，开展针对性较强的业务技术培训。根据防汛总体形势，加强防汛物资储备和管理，共储备专用编织袋4000条、麻袋2.78万条、铁锹60把等防汛物资。协调清除施工区域20余处河道堵点，开挖排涝便沟4000余米。强化巡查值守，时刻注意水情变化，加大巡查力量和频次。主汛期巡堤查险人员200余人，24小时巡堤查险，

300名抢险队员随时待命，确保安全度汛。

【社区居家养老服务】发放200份《居民社区居家养老服务需求》调查问卷，深入了解辖区居民居家养老现状与需求，组织开展“协商民主在基层”座谈会，广泛听取群众、委员、专家的意见和建议，梳理居家养老服务需求。强化配套设施建设，在第一期安置房小区周边建设南京AAAAA级居家养老服务中心，为提供小区老人助餐、助浴、助娱、助医等服务打下基础。丰富为老服务活动，为老年人提供上门送家政和医疗服务，开展黄梅戏等演出，组织成立太极队、乒乓球队，免费为独居老人安装燃气泄露报警器，申报独居孤寡老人关爱服务公益创投项目。加大宣传倡导养老新理念，加强孝老敬老、关爱老人的理念引导，倡导“尊老爱幼”的中华民族优良传统和养老新理念，注重“老有所为”，让老年人活的有价值，为老年人创造机会发挥余热，促进社会和谐发展。

【文化惠民工程打造】高度重视群众在“大走访”中反映的精神文化需求，多次召开专题会议谋划思路、研讨方案、指明路径，经多方沟通协调最终与南京艺术学院达成文化艺术合作意向，用文化艺术能量引领群众思想、陶冶群众情操、丰富群众生活、凝聚群众力量。抽调精兵强将加入街道文化站，全力做好与南京艺术学院的沟通对接、文化活动的组织开展、主流媒体的宣传报道等，打造继江心洲葡萄节之后的全新节庆品牌，提升江心洲知名度、美誉度和居民的获得感、幸福感。借力南京艺术学院的艺术能量，打造电影节和“洲岛梦”文化艺术节，努力实现

8月23日，《电影的面孔》电影人物肖像作品展开幕式在江心洲街道白鹭社区文化活动中心举行。
（黄弈杰　摄）

"一年打造成为江苏省文化品牌、两年打造成为全国文化品牌"工作目标，在2年内培养和组建20支由社区居民组建的文化艺术团队，提前做好江心洲中小学、幼儿园艺术特长生培养。按照"周周有电影、周周有培训、月月有展演、月月有讲座、年年有节庆"文艺惠民工作要求，已成功举办纪念中国共产党建党96周年文艺演出、"一江水、洲岛情"江心洲文化惠民工程暨纪念中国人民解放军建军90周年文艺演出等活动，连续每周五晚放映电影20余场，洲岛居民在家门口就能享受到经典的精神盛宴和优越的品质服务。

【政协工作】街道建立"政协委员之家"，完善政协委员接待室，结合实际选取3个社区设立"政协委员工作室"，相关制度和委员信息上墙，打造轻松舒适的活动环境。明确街道政协联络员1名，面向街道工作人员和社区热心群众聘请社情民意信息员15名，加强培训提升信息搜集和写作能力，搭建信息员网络，第一时间反映社情民意。街道建立"洲岛委员之家"微信群，及时上传通知、文件等，强化交流与学习，及时提出意见和建议；结合委员与社区实际情况，委员分组联系3个社区，各组由组长协调开展委员活动。联合区政协城建法制委组织启动以"听民声、知民情、促和谐、谋发展"为主题的委员进社区活动，密切政协委员与社区、群众的联系，注重实效，充分发挥政协委员主体作用。

【党建工作】强化党性教育，科学制定学习计划，落实定期集体学习、党支部"三会一课"、书记上党课制度，组建5个微信交流群，"线上＋线下"双向交流，依托"江岛清风"和区党员干部教育基地等平台确保党员教育全覆盖。强化能力提升，加强"两学一做"教育实践和"大走访"活动常态化，制定针对全体党员干部的能力提升培训计划，内容涵盖城市管理、民生保障、社会治理、环境保护等内容，提升党员干部工作能力，满足生态科技岛建设和群众需求。强化监督管理，将干部监督管理与拆迁扫尾、青苗兑付、积案化解等重街道中心工作相融合，与重点时间节点相融合，让干部监督的红线和底线成为传统节日、资金审批等容易发生问题环节的护栏，与群众监督相融合，实现群众监督党员促规范，党员引领群众共参与的良性互动。强化制度创新，整合街道纪工委、督查办、财政所等多方资源，结合"大走访"协调解决群众诉求，创新干部教育监督方式，对失职失责渎职问题启动问责程序，全面建立群众监督、线索排查、资金管理、追责问效"四位一体"监督体系，以更大决心推进基层干部监督和反腐败工作基层一线延伸。

（江心洲办事处）

人物荣誉

Personages and Honor

新任区级领导

杨春燕

女，汉族，1963年3月出生，江苏南京人，1991年9月加入中国共产党，1984年7月参加工作，党校研究生学历。2017年1月任南京市建邺区人大常委会主任、党组书记。

历任南京市审计局人事教育科干部；南京市审计干部培训中心科员；南京市审计干部培训中心副主任科员；南京市审计局外资运用审计处副主任科员；南京市审计局综合处副主任科员；南京市审计局综合处主任科员；南京市审计局综合处副处长；南京市审计局人事教育处副处长；南京市审计局人教处处长（其间：挂职任雨花台区区长助理）；南京市工交纪工委书记、市委工交工委委员；南京市经济和信息化委员会纪工委书记、市委经济和信息化工作委员会委员；中共南京市白下区委常委、纪委书记；中共南京市建邺区委常委、纪委书记；中共南京市建邺区委常委、纪委书记，兼任河西新城区开发建设管委会党组成员、纪检组组长；建邺区人大常委会党组书记。

赵建国

男，汉族，1971年1月出生，江苏兴化人，2003年3月加入中国共产党，1994年9月参加工作，大学学历，助理工程师。2017年1月任中共南京市建邺区委常委、区政府副区长、党组成员（挂职）。

历任中船重工南京船舶雷达研究所助理工程师；江苏省科委综合计划处副主任科员；江苏省科技厅发展计划与财务处主任科员；江苏省科技厅发展计划与财务处副处长；江苏省科技厅发展计划与财务处处长；中共南京市建邺区委常委（挂职）。

许联潮

男，汉族，1960年1月出生，陕西武功人，1985年6月加入中国共产党，1985年7月参加工作，大学学历。2017年1月任南京市建邺区人大常委会副主任、党组副书记。

历任中国船舶工业总公司南京船舶工业学校团委副书记（主持工作）；中国船舶重工集团公司第七二四研究所党委办公室干事

(副科级);中共南京市委组织部干部;中共南京市委组织部组织处副科级组织员、正科级组织员;中共南京市委组织部办公室文字秘书(正科级);中共南京市委组织部干部调查审理处副处级组织员、副处长;南京市委组织部干部监督处副处长、副处长(主持工作);中共南京市委组织部干部教育处处长;中共南京市委组织部办公室主任;中共南京市建邺区委常委、组织部部长;南京市建邺区人大常委会党组副书记。

汤志平

男,汉族,1962年2月出生,江苏丹阳人,1988年12月加入中国共产党,1984年8月参加工作,大学学历,在职硕士学位。2017年1月任南京市建邺区人大常委会副主任、党组成员,区总工会主席。

历任南京市第39中学教师、教务处副主任;南京市第39中学副校长;南京市下关区教育局副局长;南京市下关区教委副主任(主持工作);南京市下关区教委主任;南京市下关区教育局局长;南京市下关区建宁路街道工委书记、人大工委主任;下关区委办公室主任;中共南京市下关区委常委、统战部部长;中共南京市鼓楼区委常委、区总工会主席;中共南京市建邺区委常委、宣传部部长;南京市建邺区人大常委会党组成员。

洪国浩

男,汉族,1963年11月出生,江苏南人,1990年6月加入中国共产党,1981年8月参加工作,大专学历。2017年1月任建邺区人大常委会副主任、党组成员。

历任南京西善桥中心小学教师;南京市雨花台区教育局办公室副主任;雨花台区委办公室副科级秘书;中共南京市雨花台区委办公室党群科科长;中共南京市雨花台区委办公室主任助理、党群科科长;中共南京市雨花台区委办公室副主任;南京市雨花台区江心洲镇镇长、副书记;南京市建邺区江心洲镇党委书记;南京市建邺区江心洲街道工委书记;南京市建邺区江心洲街道工委书记、人大工委主任;南京市建邺区科技局调研员,新城科技园管委会副主任、办公室主任;南京市建邺区科技局调研员,新城科技园工委副书记、管委会副主任、办公室主任;南京市建邺区人事局局长、机构编制委员会办公室主任;南京市建邺区人力资源和社会保障局局长、工委副书记、公务员局局长;南京市建邺区人力资源和社会保障局局长、工委副书记、公务员局局长、区机构编制委员会办公室主任;南京市建邺区人力资源和社会保障局局长、工委副书记、公务员局局长；中共南京市建邺区委组织部副部长、党史办主任；南京市建邺区人大常委会党组成员，中共南京市建邺区委组织部副部长、党史办主任；南京建邺区人大常委会副主任、党组成员，中共南京市建邺区委组织部副部长、党史办主任。

申　卫

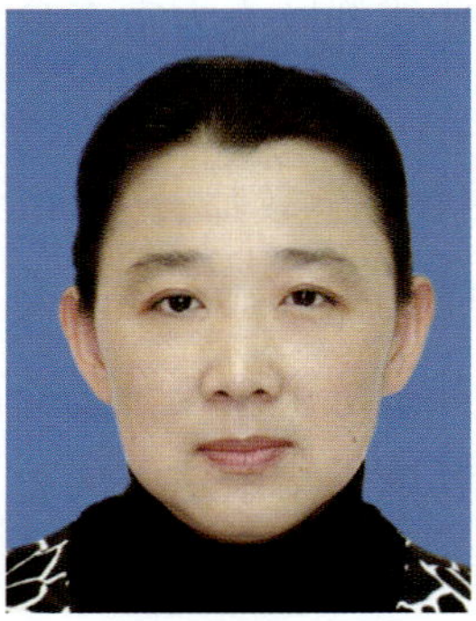

女，汉族，1967年2月出生，江苏南京人，民盟成员，1990年10月参加工作，大学学历。2017年1月任南京市建邺区人大常委会副主任。

历任南京市建邺区司法局人民调解科、办公室、法律援助科科员；南京市建邺区司法局法律援助工作科兼法律服务管理科副科长；南京市建邺区司法局法律援助工作科科长；南京市建邺区双闸街道主任助理（正科职）；南京市建邺区双闸街道副主任；河西中央商务区管委会办公室副主任；南京市建邺区发展和改革局副局长；南京市建邺区政府法制办公室主任；南京市建邺区人大常委会副主任、区政府法制办公室主任。

杨　晨

男，汉族，1973年8月出生，江苏泗洪人，2001年6月加入中国共产党，1994年8月参加工作，党校研究生学历。2017年1月任南京市建邺区政府副区长、党组成员，中共南京市建邺区委办公室主任；2017年3月任南京市建邺区政府副区长、党组成员。

历任南京市第24中学教师（其间：借用至南京市建邺区政府办公室任秘书）；南京莫愁职业高级中学教师；南京市建邺区教育局办公室副主任；南京市建邺区民政局局长助理；南京市建邺区民政局副局长、工委委员；南京市建邺区政府办副主任；南京市建邺区政府党组成员、办公室主任；中共南京市建邺区委办公室主任。

郁宁一

男，汉族，1962年11月出生，江苏南京人，1993年5月加入中国共产党，1985年5月参加工作，党校大学学历。2017年1月任南京市建邺区政协副主席、党组成员，建邺区政府党组成员、办公室主任；2017年3月任建邺区政协副主席、党组成员。

历任南京511厂电气设计员、助理工程师；南京市建邺区标准计量管理所助理工程师；南京市建邺区标准计量局标准计量管理所副所长、工程师；南京市建邺区政府办公室秘书（副科）；南京市建邺区技术监督局副局长；南京市建邺区物价局副局长；南京市建邺区政府办公室副主任兼朝天宫地区管理办公室主任（正处职）；南京市建邺区兴隆办事处主任、工委副书记；南京市建邺区新区建设办公室（区河西建设办公室）党支部书记（正处职）；南京市建邺区审计局局长；南京市建邺区兴隆街道工委书记；南京市建邺区发展和改革局局长；南京市建邺区政府党组成员、办公室主任；南京市建邺区政府党组成员、办公室主任，区政协党组成员。

王善坤

男，汉族，1966年9月出生，江苏东海人，民革成员，1989年8月参加工作，研究生学历，硕士学位。2017年1月任南京市建邺区政协副主席（不驻会）、南京市司法局副局长。

历任南京师范大学历史系教师；南京师范大学《文教资料》编辑部编辑；南京师范大学后勤实业中心行政人事部主任、总经理助理；南京师范大学后勤实业中心副总经理（副处职）（其间：2002.12—2004.12兼接待中心总经理）；江苏南京师大教育发展有限公司常务副经理；江苏南京师大教育发展有限公司总经理；南京市旅游局副局长（副局）；南京市旅游园林局副局长；南京市旅游委副主任；南京市司法局副局长。

先进人物

·全国文明家庭·

韩守训家庭 韩守训，男，汉族，1940年10月出生，江苏赣榆人，中共党员，南京市建邺区军休所军休干部，家住建邺区兴隆街道月安社区，家庭成员5人。韩守训家庭是军人之家、党员之家、慈善之家，坚持把“以德立家、以爱聚家、以俭持家、以严治家、以学养家”作为家风家训来传承。韩守训曾担任建邺区军休所管委会副主任、艺术团团长、讲师团副团长、党总支委员，任职期间工作认真负责，成绩突出，深受军休干部和工作人员的爱戴和尊敬，曾被评为江苏省先进军休干部。韩守训及其家庭成员乐于助人、乐善好施，先后向汶川地震和玉树地震灾区捐款5000元；设立家庭爱心基金，凡有固定收入的家庭成员，每月向家庭爱心基金账户捐存50元，积累一定数额就捐给红十字会、希望工程，9年来累计捐款近10万元。2014~2016年，韩守训家庭先后获南京市“五好”文明家庭、江苏省“五好”文明家庭标兵、全国“五好”文明家庭、南京市十大最美家庭标兵、江苏省最美家庭、全国最美家庭称号。2016年12月12日，韩守训家庭获第一届全国文明家庭称号。

·全国模范人物·

王　毅　男，汉族，1971年3月出生，安徽芜湖人，中共党员，1993年9月参加工作，大专学历，中级职称，现任南京建邺新城房产经营管理有限公司组长。王毅参加工作20年来，由一名普通的技术工人成长为负责重点工程的组长，为旧城改造、小区出新、环境整治奉献青春和汗水，用踏实苦干的实际行动为民解忧，在平凡岗位做出社会认可、群众满意的工作实绩。先后参与组织完成安康村等75个片区、1100余幢房屋、120余万平方米的小区整治工程，水西门大街等主次干道沿线500余幢沿街立面整治工程以及城西纺织公寓等126个片区、占地170余万平方米的小区雨污分流工程，工程累计金额达8亿元，受益居民达10万人。王毅廉洁自律，遵守工作原则，在与施工队伍等各方面工作交往过程中，从未有利用手中权力讲人情、托关系、开绿灯等情况。2017年，获全国住房城乡建设系统劳动模范称号。

易　婕　女，汉族，1957年10月　出生，江苏南京人，中共党员，1975年7月参加工作，大专学历，现任南京市建邺区社会福利院党支部书记、院长。易婕从事老年服务管理工作20余年，有丰富的养老服务管理和实务经验，具备中国老年保健师教师、高级养老护理师、社会工作者资质，多次参与民政部、省、市养老服务相关标准研讨和制定，并受邀就养老机构运营管理、标准化建设、养老服务评估等进行理论授课和培训指导。先后获全国孝亲敬老之星、全国敬老爱老助老模范人物、中国好人、全国民政系统创先争优“优秀服务标兵”、江苏省民政工作先进个人、南京市道德模范、南京好市民、南京市三八红旗手、南京市老龄工作先进个人等荣誉称号。2017年，获全国敬老爱老助老模范人物称号。

·江苏最美家庭·

艾荣华家庭　艾荣华，女，汉族，1957年3月出生，辽宁沈阳人，1978年3月参加工作（已退休），高中学历，现任南京市建邺

区兴隆街道积善社区居委会委员，家庭成员4人。艾荣华家庭以“勤俭持家、尊老爱幼，修身利行、明事知礼，学补不足、行道利世”为家风家训，常年无偿为社区残疾人服务，用自身的爱心和行动为残疾人及其家庭带来幸福。艾荣华与其丈夫刘正远退休以来，负责位于积善社区的兴隆街道残疾人之家日常工作，该残疾人之家主要招收患有智障、精神障碍、自闭症等疾病的特殊人群，绝大部分来自低保、因残致贫等困难家庭。艾荣华夫妇帮助残疾人进行康复训练；开展残疾人手工艺术培训班，多次带领残疾人参加省、市残疾人创业就业工艺品展销会；连续7年定期上门为残疾人家庭提供服务，帮助解决生活上的困难；组建“天使之翼”残疾人表演艺术团，自编自导适合残疾人表演的舞蹈节目，并参加“爱在金陵”等多场助残慈善公益演出，让残疾人的生活更加丰富多彩。2017年10月，艾荣华家庭获江苏最美家庭称号。

·江苏好人·

余婷婷　女，汉族，1986年12月出生，江苏徐州人，中共党员，2008年5月参加工作，本科学历，现任南京众享社会工作服务中心主任。余婷婷自2008年从医学院校毕

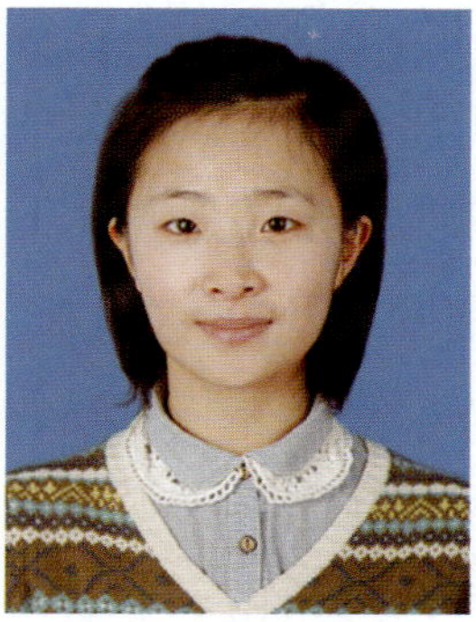

业后，已在建邺区社会福利院工作9年。在此期间，她白天在护理部照顾老人，晚上在办公室完成行政管理工作，每天工作10余个小时；节假日坚守工作岗位，将回家探亲的机会留给其他同事。2011~2017年，先后获全国优秀老年社工、建邺区十佳为老服务之星、建邺区优秀养老护理员、建邺区民政系统优秀共产党员、建邺区道德模范、南京市岗位学雷锋标兵等称号。2017年，在区民政局和区福利院的支持下，余婷婷注册成立专业第三方评估组织——南京众享社会工作服务中心，开展养老服务项目评估、专业培训、社区服务等项目。2017年6月，余婷婷获江苏好人称号。

杨　莉　女，汉族，1982年6月出生，四川绵阳人，2006年3月参加工作，本科学历，现任南京文华国际旅行社出境领队。2016年9月20日，一名中国游客在泰国游玩时受伤，急需手术，因伤者血型是罕见的“熊猫血”（RH阴性AB型血），当地找不到血源，伤者团队在网上发起求助。9月22日晚，刚刚带团搭乘飞机回国的杨莉看到求助信息，立即与泰

国当地医院取得联系，并于次日凌晨飞往泰国，成功捐赠450毫升“熊猫血”。CCTV4华人世界、CCTV2晚间新闻、江苏卫视、中央人民广播电台、江苏省广播电台及《南京日报》《中国旅游报》《泰国中文报》等媒体对其事迹均有报道。2016年，杨莉获中国旅游十大新闻人物、江苏省优秀导游员、南京市最美导游（领队）、感动南京人物、南京好人、建邺好人等称号；2017年，获江苏好人称号。

组织机构名录

中国共产党南京市建邺区委员会

书　记：张　俊
副书记：闵一峰　曹　曙
常　委：李方毅　夏晓燕（女）
　　　　周　峰　张瑞国
　　　　侯　峻　姜巧玲（女）
　　　　周　迅　刘玉民
　　　　赵建国（1月20日任，挂职）

南京市建邺区人民代表大会常务委员会

主　任：杨春燕（女，1月8日任）
党组书记：杨春燕（女）
副主任：许联潮（1月8日任）
　　　　汤志平（1月8日任）
　　　　洪国浩（1月8日任）
　　　　申　卫（女，1月8日任）
党组副书记：许联潮

南京市建邺区人民政府

区　长：闵一峰（1月8日任）
党组书记：闵一峰
巡视员：孙康龙
正区级：高农生
副区长：李方毅（1月8日任）
　　　　夏晓燕（女，1月8日任）
　　　　赵建国（1月20日任）
　　　　宗　仁（1月8日任）
　　　　王国平（1月8日任）
　　　　曹国圣（1月8日任）
　　　　杨　晨（1月8日任）
党组副书记：李方毅
副巡视员：褚　俊
副区级：杨　薇（女）

中国人民政治协商会议南京市建邺区委员会

主　席：庄　立（1月7日任）
党组书记：庄　立
副主席：刘雯禾（女，1月7日任）
　　　　郁宁一（1月7日任）
　　　　刘芝平（女，1月7日任）
　　　　王善坤（1月7日任）

党组副书记：刘雯禾（女，1月20日任）
副巡视员：罗春寿
秘书长：茆峻峰（1月7日任）

中国共产党南京市建邺区纪律检查委员会

书　记：侯　峻
副书记：彭卫芳（女）
　　　　李祥森（8月22日免）
常　委：杨春燕（女）　彭卫芳（女）
　　　　李祥森（8月22日免）
　　　　杨海超　瞿　东（女）
　　　　游海兵　祁　勇

区纪委内含机构

办公室
主　任：翁　侃
纪检监察干部监督管理室
主　任：（暂缺）
党风政风监督室
主　任：谢洪玲（主持工作）
信访室
主　任：戴玉明（4月14日免）
　　　　陈荣发（4月14日任）
纪检监察一室
主　任：祁　勇
纪检监察二室
主　任：周　健
案件审理室
主　任：周辉丽（女，3月9日任）
副处级纪检监察员：徐树友（8月25日免）
　　　　王晓东（8月25日任）
纪检监察第一工作室
主　任：郑明静（8月25日免）
副主任：谢洪玲（女）
纪检监察第二工作室
主　任：颜筱娟（女，8月25日免）
副主任：陈荣发（4月14日免）
纪检监察第三工作室
主　任：杨海超（兼，3月9日免）
　　　　黄玉红（3月9日任，8月25日免）
纪检监察第四工作室
主　任：瞿　东（女，8月25日免）

区纪委派驻机构

派驻纪检组
一组组长：瞿　东（女，8月25日任）
二组组长：颜筱娟（女，8月25日任）
三组组长：游海兵（8月25日任）
四组组长：宣国校（8月25日任）
五组组长：郭升松（8月25日任）
六组组长：朱　宁（8月25日任）

区委巡查机构

区委巡查办公室
主　任：杨海超（3月9日任）

副主任：张晓进（3月9日任）

区委巡查组

一组组长：郑明静（8月25日任）

一组副组长：刘东海（3月9日任）

二组组长：黄玉红（8月25日任）

二组副组长：徐建生（3月9日任）

三组组长：孙大保（8月25日任）

三组副组长：徐树友（8月25日任）

四组组长：赵宗龙（8月25日任）

四组副组长：靖国翔（8月25日任）

南京市建邺区人民武装部

政　委：张瑞国

副部长：汪显文

南京市建邺区人民法院

院　长：芮铭珍（女）

副院长：张革联（正处职）

朱　骅（女）　李保兵

政治处主任：陆预婷（女）

纪检组长：郭升松（8月25日免）

执行局局长：刘　俊（副处职）

专职委员：马梅琴（女，副处职）

陈　潇（11月25日任）

黄克强（11月25日任）

副处级：陈　潇（11月25日免）

副调研员：黄克强（11月25日免）

王亚明

南京市建邺区人民检察院

检察长：于　刚（2月21日任）

副检察长：詹　静（女）　耿　辉

张乾良　　李　勇

政治处主任：卞　工

纪检组长：朱　宁（8月25日免）

反贪局局长：张震东

专职委员：马旭昇（11月25日任）

朱晓凌（11月25日任）

副处级：马旭昇（11月25日免）

副调研员：朱晓凌（11月25日免）

李　涛

区委工作部门

办公室

主　任：杨　晨（3月9日免）

熊　俊（3月9日任）

副主任：徐文政　裴　勇

林　海（3月9日任）

调研员：杨　莉（女，3月9日免）

研究室

主　任：徐文政

副主任：狄　芸（女）

组织部

部　长：刘玉民

副部长：洪国浩（5月24日免）

李存华（5月24日任）

翟一峰　孔南钢

赵　莉（女）

调研员：孙志全

党史办公室（与组织部合署）

主　任：洪国浩（兼，3月9日免）

刘晶磊（3月9日任）

副主任：舒光怡（3月9日任）

副调研员：刘策国

区委直属工委

副书记：崔　勇

人才工作办公室

主　任：孔南钢

副主任：梁妍妍（女）

宣传部

部　长：周　峰

副部长：徐　凌（女）　董海兵（3月9日任）

副调研员：韩　兵　王永琪

精神文明建设指导委员会办公室（在宣传部挂牌）

主　任：徐　凌（女，兼）

统一战线工作部

部　长：姜巧玲（女）

副部长：张思根　樊　谊

副调研员：王国胜

台湾工作办公室（与统一战线工作部合署）

主　任：樊　谊（兼）

区工商业联合会

党组书记：樊　谊（兼）

副会长：陈　莹（女，3月9日免）

政法委员会

书　记：周　迅

副书记：孙　辉（3月9日免）

董　宁（3月9日任）

朱寒松

副调研员：张德亮

社会治安综合治理委员会办公室（与政法委员会合署）

主　任：孙　辉（兼，3月9日免）

董　宁（兼，3月9日任）

副主任：林　琳

机构编制委员会办公室

主　任：林旭东（3月9日免）

董志波（3月9日任）

副主任：蒋志云（女）　郑　铖（女）

副调研员：余　泳

事业单位登记管理局（在机构编制委员会办公室挂牌）

局　长：蒋志云（女，兼）

区级机关工作委员会

书　记：张鉴冰

副书记：陈怀健（3月9日免）

项　莉（女，3月9日任）

纪工委书记：陈怀健（兼，3月9日免）

项　莉（女，兼，3月9日任）

副调研员：张学功

区委部门管理机构

保密委员会办公室

主　任：杨　莉（女，兼，3月9日免）

刘　琴（女，3月9日任）

机要局（与保密委员会办公室合署，挂区国家保密工作局牌子）

局　长：裴　勇

密码管理局（与机要局合署）

局　长：裴　勇（兼）

老干部局

局　长：翟一峰

副局长：陈翠凤（女）

关心下一代工作委员会办公室

主　任：陈晓琼（女）

信访局

局　长：董　宁

副局长：刘杰功

副调研员：张　军（女，3月9日免）

崔广宏（3月9日免）

袁丝路

廖礼银（3月9日任）

区委直属事业单位

党　校

常务副校长：金光明

副校长：张冬清（女）

吴　琳（女）

区委派出机构

建设和交通局工作委员会

书　记：顾颖勤

副书记：陈拥军（4月14日免）

戴玉明（4月14日任）

纪工委书记：陈拥军（兼，4月14日免）

戴玉明（兼，4月14日任，8月25日免）

教育工作委员会

书　记：张石明（3月9日免）

肖　东（女，3月9日任）

副书记：易善平（3月9日免）

张石明（3月9日任）

程东红（女）

纪工委书记：程东红（女，兼，8月25日免）

民政局工作委员会

书　记：唐　坤

副书记：张进发

纪工委书记：唐　坤（兼，4月14日任，8月25日免）

人力资源和社会保障局工作委员会

书　记：陈伟宁（11月25日免）

副书记：李存华（3月9日免）

易善平（3月9日任）

市场监督管理局工作委员会

书　记：吴　骏

副书记：范　清　陶　勇

纪工委书记：陶　勇（兼，8月25日免）

城市管理局工作委员会

书　记：张超英

副书记：周德荣

纪工委书记：周德荣（兼，8月25日免）

住房保障和房产局工作委员会

书　记：洪　彪

副书记：宣国校（8月25日免）
纪工委书记：宣国校（兼，8月25日免）

商务局工作委员会

书　记：谭大春（11月25日免）
　　　　朱　毅（11月25日任）
副书记：朱　毅（11月25日免）
纪工委书记：谭大春（兼，8月25日免）

卫生和计划生育局工作委员会

书　记：王石城（兼）
副书记：孙大保（8月25日免）
纪工委书记：孙大保（兼，8月25日免）

非公有制企业和社会组织工作委员会

书　记：赵　莉（女，兼）
副书记：崔　勇

河西中央商务区工作委员会

书　记：缪昌根（11月25日任）
副书记：杨泗周（11月25日任）
　　　　熊晓华（11月25日任）
纪工委书记：熊晓华（兼，8月25日免）

江东商贸区工作委员会

书　记：吴　非（11月25日任）
副书记：郑知邦（11月25日任）
　　　　李江萍（11月25日任）
纪工委书记：李江萍（兼，8月25日免）

新城科技园工作委员会

书　记：李方毅（11月25日任）
副书记：高　峰（11月25日任）
　　　　刘　臻（11月25日任）
纪工委书记：刘　臻（兼，8月25日免）

区委直属党组织

公安分局党委

书　记：汪　冰
副书记：秦必高
纪委书记：朱　清

建华房地产综合开发总公司党总支

副书记：黄　峰（女）

区人大专门委员会机构

法制委员会

主　任：杜国平

财政经济委员会

主　任：秦智平（12月26日免）
副主任：宣　峥
调研员：秦智平（11月25日任）

区人大常委会办事机构

办公室

主　任：李　彬
副主任：石高发

研究室

主　任：滕宏明

区人大常委会工作机构

教育科学文化卫生委员会

主　任：高海萍（女，12月26日免）
　　　　谭大春（12月26日任）

环境资源城市建设委员会

主　任:夏秀华(女)

副主任:徐建伟(3月17日任)

民族宗教侨务台湾事务委员会

主　任:张　芳(女,12月26日免)

陈伟宁(12月26日任)

调研员:张　芳(女,11月25日任)

人事代表联络委员会

主　任:姜国忠

副主任:章金仓(3月17日任)

内务司法工作委员会

主　任:杜国平

预算工作委员会

主　任:宣　峥

区政府工作部门

办公室

主　任:郁宁一(3月17日免)

李祥森(3月17日任)

党组书记:李祥森(4月5日任)

副主任:唐　兵　陈　理

黄　韬

调研员:郝朝阳(3月9日免)

吴新益(女,3月9日免)

应急办公室(在区政府办公室挂牌)

主　任:郝朝阳(3月9日免)

唐　兵(3月9日任)

外事办公室(在区政府办公室挂牌)

主　任:吴新益(女,3月9日免)

陈　理(3月9日任)

发展和改革局

局　长:吕　刚

党组书记:吕　刚(4月5日任)

副局长:郑知邦(3月9日免)

陈峰飞

徐志成(8月25日免)

调研员:杨一评(11月25日免)

副调研员:吕文俊　杨昌元

龚建华　侍得广

吴耀霞(女)

经济和信息化局(在发展和改革局挂牌)

局　长:杨一评(兼,11月25日免)

建设和交通局

局　长:顾颖勤

党组书记:顾颖勤(4月5日任)

副局长:陈万文　陈　玮

丁玉君(女)

熊　俊(3月9日免)

副调研员:李玉美(3月9日免)

孔祥君

房屋征收管理办公室(在建设和交通局挂牌)

主　任:钱　明

副主任:虞敏洁(女)

科学技术局

局　长:朱振国

党组书记:朱振国(4月5日任)

副局长:夏泽华(女)　李　圆(女)

调研员:朱国华(1月30日免)

副调研员：钱海俊

知识产权局（在科学技术局挂牌）

局　长：夏秀华（女，兼，正处职）

科学技术协会

副主席：夏泽华（女）

教育局

局　长：易善平（3月17日免）
　　　　张石明（3月17日任）

党组书记：张石明（4月5日任）

副局长：肖　东（女，3月9日免）
　　　　马　峰
　　　　杨　阳（3月9日任）
　　　　杨　勇（3月9日任）

教育督导室主任：易善平（兼，3月9日免）
　　　　　　　　张石明（兼，3月9日任）

民政局

局　长：张进发

党组书记：张进发（4月5日任）

副局长：谢思旭　孙　枫（女）
　　　　蒋国富

副调研员：许华强

司法局

局　长：严兴中

副局长：杨建勇　胡　光

调研员：张　荣（4月30日退休）

副调研员：邹卫东（3月9日免）
　　　　　佴宝良

财政局

局　长：姚胜强

党组书记：姚胜强（4月5日任）

副局长：梁子厚　张　瑾（女）
　　　　陈　革

调研员：雷　慷（女）

国有资产监督管理办公室

主　任：刘　凌（女）

党组书记：刘　凌（女，4月5日任）

副主任：李立文（女，3月9日任）
　　　　于吉磊（3月9日任）

调研员：赵建传

副调研员：王向阳（3月9日任）

人力资源和社会保障局

局　长：李存华（3月9日免）
　　　　易善平（3月9日任）

党组书记：易善平（4月5日任）

副局长：钱春晖（3月9日任）

副调研员：张　欣　马来宝
　　　　　陈晓东（3月9日任）

公务员局（在人力资源和社会保障局挂牌）

局　长：李存华（兼，3月9日免）
　　　　易善平（兼，3月9日任）

环境保护局

局　长：孙　标

副局长：张明浩　李昌浩（3月9日免）

副调研员：王庆国

审计局

局　长：顾晓振（12月26日任）

副局长：朱德洪

调研员：顾晓振（11月15日免）
　　　　白福冰（3月9日免）
　　　　韩少勇

副调研员：姜彦虎

统计局

局　长：於金勇

副局长：赵　辉　梅　彬

调研员：朱　斌

物价局

局　长：李烽炜

党组书记：李烽炜（4月5日任）

副局长：徐旭东　潘　骏

副调研员：倪　明　鄢学平

市场监督管理局（挂食品药品监督管理局牌子）

局　长：范　清

党组书记：范　清（4月5日任）

副局长：陈仪敏
俞　宁（3月9日免）
赵　燕（女）　刘应龙
田江莉（女）　陈永福
张　虹（女）

调研员：吴　建
郭兴德（9月26日退休）
黄兆伟（6月27日退休）
沈五成（1月29日退休）

副调研员：徐建生（3月9日免）
顾林祥　任玉青　周绍智

安全生产监督管理局

局　长：梁加报

党组书记：梁加报（4月5日任）

副局长：张新平　刘　刚　胡　波

调研员：刘永元　顾太鹏

城市管理局（挂城市管理行政执法局牌子）

局　长：张超英

党组书记：张超英（4月5日任）

副局长：王富贵　周　革
黄元祥

调研员：李培良

副调研员：章锡根　陆　杲
顾美龙（10月1日退休）

城市管理行政执法局

局　长：张超英（兼）

住房保障和房产局

局　长：洪　彪

党组书记：洪　彪（4月5日任）

副局长：徐　新　刘　凯　张华才
金吴松（3月9日任）

副调研员：陆建龙
金吴松（3月9日免）
周观青　岳海学

商务局

局　长：朱　毅

党组书记：朱　毅（4月5日任）

副局长：蓝金林　汤立群　沈　杨

调研员：严宝强

副调研员：高　掌（3月9日免）
陆隽峰　赵春明（3月9日免）

文化旅游局

局　长：陈　瑛（女）

党组书记：陈　瑛（女，4月5日任）

副局长：章体忠　仝铮铮（女）
赵敬之

副调研员：卢久凤　王高峰

卫生和计划生育局

局　长：王石城

党组书记：王石城（4月5日任）

副局长：严秀云（女）　沈　瑜

　　　　刘春生　　　岑　岚（女）

调研员：周秦汉（10月25日退休）

　　　　江汉高

　　　　龚建平（12月21日退休）

　　　　董　寒（女）

副调研员：徐宝茂（3月9日免）

　　　　　刘玉龙

人民防空办公室

主　任：孙　辉（3月17日任）

副主任：李兆秋

副调研员：门中权

法制办公室

主　任：刘　嫣（女，4月1日任）

副主任：苗　兰（女）

副调研员：崔少华

监察局（与区纪委合署）

局　长：彭卫芳（女）

民族宗教事务局

局　长：张思根（兼）

党组书记：张思根（4月5日任）

副局长：何　雁（女）

　　　　金叔阁（1月1日任）

　　　　张　军（女，3月9日任）

侨务办公室（在民族宗教事务局挂牌）

主　任：樊　谊（兼）

区政府派出机构

政务服务管理办公室

主　任：黄玉红（3月9日免）

　　　　吴新益（女，3月9日任）

副主任：史学伟（3月9日任）

副调研员：王洪林

区政府事业局

体育局

局　长：莫肖斌

副局长：朱晓华（女）

副调研员：王建功

档案局

局　长：张兴春（3月9日免）

　　　　祁玉梅（女，3月9日任）

副调研员：王燎军（3月9日任）

档案馆（与档案局合署）

馆　长：张兴春（兼，3月9日免）

　　　　祁玉梅（女，兼，3月9日任）

副馆长：董海燕（女，副处级）

地方志办公室（与档案局合署）

主　任：祁玉梅（女）

副主任：张远桃（女）

区政府直属事业单位

信息中心

主　任：邵爱菊（女）

副调研员：赵春明（3月9日任）

区级机关事务管理服务中心

主　任：牛和利（3月9日免）
　　　　郭震怀（3月9日任）

副主任：顾竹珺（女）　胡立新

南京市建邺区河西建设指挥部办公室

主　任：顾颖勤

副主任：孔祥君　陈拥军（4月14日任）

河西中央商务区管委会

主　任：杨泗周

副主任：夏秀华（女，正处职）
　　　　赵宗龙（正处级，8月25日免）
　　　　蒋仲群（正处级）
　　　　侍得广　赵梦春（3月9日任）

江东商贸区管委会

主　任：刘　嫱（女，3月9日免）

副主任：万沐虎（正处级）
　　　　鲁世法（正处级，3月9日免）
　　　　管杰岭　陆隽峰
　　　　朱　辉（3月9日免）　朱立安
　　　　吕金民　谢建春

区政府其他单位

新城科技园管委会

主　任：高　峰

副主任：赵永平　范广富（3月9日免）
　　　　卢　宏　喻华林（女）
　　　　朱金虎　孙国良
　　　　郑　军　沈　蓉（女）

南京建邺城市建设集团（3月6日成立）

董事长、总经理：黄　峰（女，3月9日任）

副总经理：李昌浩（3月9日任）

南京建邺国有资产经营集团（3月6日成立）

董事长、总经理：秦念奇（3月9日任）

副总经理：李　鹰（3月9日任）

建华房地产综合开发总公司

总经理：黄　峰（女）

副总经理：张　鑫　刘　炜

南京江岛投资发展有限公司

总经理：张素兰（女，正处级）

市属区管单位

新加坡·南京生态科技岛管委会办公室

主　任：曹　曙（兼）

常务副主任：生京宁

副主任：李　甦（女，兼）
　　　　孙善福　杨建中
　　　　熊慧勤

副调研员：曹国君　岳海学
　　　　　朱克斌　陈　慧（3月9日任）

建邺区土地储备中心

主　任：李　甦（女）

区政协机关

办公室

主　任：茆峻峰（2月24日任）

副主任：丁宇玫（女，2月24日任）

丁　伟(2月24日任)

副调研员:茆宽祥(3月9日任)

提案委员会

主　任:陈德勇(2月24日任)

副主任:周爱顺(兼,2月24日任)

胡小武(兼,2月24日任)

文史(学习)委员会

主　任:刘希开(2月24日任)

副主任:徐文政(兼,2月24日任)

仝铮铮(女,兼,2月24日任)

经济科技委员会

主　任:郑　杰(2月24日任)

副主任:廖闻剑(兼,2月24日任)

樊　谊(兼,2月24日任)

李　圆(兼,2月24日任)

城市建设与社会法制委员会

主　任:蔡跃军(2月24日任)

副主任:张革联(兼,2月24日任)

周德荣(兼,2月24日任)

教卫文体委员会

主　任:杨　艳(女,2月24日任,5月27日免)

傅毅彬(5月27日任)

副主任:张石明(兼,2月24日任)

孙大保(兼,2月24日任)

刘俊青(女,兼,2月24日任)

民族宗教、港澳侨台和外事委员会

主　任:王　帆(2月24日任)

副主任:张思根(兼,2月24日任)

支　卉(女,兼,2月24日任)

社会团体

总工会

主　席:汤志平(1月20日任)

党组书记:汤志平(4月5日任)

常务副主席:林旭东(3月9日任)

副主席:宋　炜(女)　吴爱军　黄海涛

共青团建邺区委员会

书　记:彭　超(3月9日任)

副书记:任心洁(女)

妇女联合会

主　席:俞丽丽(女)

党组书记:俞丽丽(女,4月5日任)

副主席:刘俊青(女)　安　鹰(女)

残疾人联合会

理事长:周爱顺

副理事长:杨　俊(3月9日免)　陈　杰

副调研员:葛红顺

红十字会

会　长:傅毅彬(3月9日免)

杨　艳(女,3月9日任)

副会长:俞　宁(3月9日任)

副调研员:王月阳(3月9日免)

街　道

中共莫愁湖街道工作委员会

书　记:刘晶磊(3月9日免)

王国平(兼,3月9日任)

副书记:管　庆　王　彬

纪工委书记：金　新
宣传委员：颜　艳（兼，3月9日任）
人武部部长：王结权
统战员：葛庆有（副处级）
副调研员：王燎军（3月9日免）
　　　　曹庆瑜（1月1日任）

区人大莫愁湖街道工作委员会

主　任：王加龙
副主任：章金仓

莫愁湖办事处

主　任：管　庆
副主任：王结权　张志刚
　　　　翁崇美（3月9日免）
　　　　邹　强　沈剑峰
　　　　颜　艳（3月9日任）

区政协莫愁湖街道工作委员会

主　任：管　庆（5月27日免）
　　　　郝朝阳（5月27日任）

中共兴隆街道工作委员会

书　记：邱文标
副书记：金　超　杨　洁
纪工委书记：张永兵
宣传委员：马　莉（兼，3月9日任）
人武部部长：高　掌（3月9日任）
统战员：高　掌（3月9日任）
副调研员：郑朝华　刘向阳
　　　　徐坚韧（1月1日任）
　　　　刘　璐（女，3月9日任）

区人大兴隆街道工作委员会

主　任：王爱军

兴隆办事处

主　任：金　超
副主任：圣汉勋　寇承武　马　莉
　　　　孙志国　叶　文

区政协兴隆街道工作委员会

主　任：胡智勇（5月27日任）

中共南苑街道工作委员会

书　记：陈　琎
副书记：徐新斌　王宗培（3月9日免）
　　　　陈怀健（3月9日任）
纪工委书记：王灏晓
宣传委员：虞　欣（兼，3月9日任）
人武部部长：余德洲（兼，3月9日任）
统战员：孙东亮（副处级）
调研员：王文宁（3月9日免）
副调研员：腾衍福　叶建军
　　　　胡有璋（1月1日任）

区人大南苑街道工作委员会

主　任：司明秀
副主任：刘东海（3月9日免）

南苑办事处

主　任：徐新斌
副主任：赵国平　范慰民　李世民
　　　　李　一　虞　欣　余德洲

区政协南苑街道工作委员会

主　任：徐新斌（5月27日免）
　　　　杨　莉（女，5月27日任）

中共沙洲街道工作委员会

书　记：孙　无
副书记：陈晓峰　翟晓黎

纪工委书记：许敬阳
宣传委员：任竞春（兼，3月9日任）
人武部部长：邹卫东（3月9日任）
统战员：石松园（副处级）
副调研员：陈　玉　田爱民
余华师（11月25日免）
曹爱家　李　伟（1月1日任）
宋新亚（3月9日任）

区人大沙洲街道工作委员会

主　任：钱年华

沙洲办事处

主　任：翟晓黎
副主任：戴小燕（女）　陈　鹏
任竞春　周巧宝

区政协沙洲街道工作委员会

主　任：陈晓峰（5月27日任）

中共双闸街道工作委员会

书　记：陈朝晖（女）
副书记：吴坤明　董志波（3月9日免）
汤　峻（3月9日任）
纪工委书记：史宏伟
宣传委员：刘向玉（兼，3月9日任）
人武部部长：刘向玉
统战员：刘向玉
调研员：张翠兰（女）
副调研员：李继光　倪　戎
王晓东（8月25日免）
秦　军（1月1日任）

区人大双闸街道工作委员会

主　任：施　翔

双闸办事处

主　任：吴坤明
副主任：赵春年
胡晓勇
侯　健
朱跃灵（女）
朱　栋（9月19日免）
张奎林（9月19日任）

区政协双闸街道工作委员会

主　任：邓宁保（5月27日任）

中共江心洲街道工作委员会

书　记：张学虎
副书记：刘天鹏　郭震环（3月9日免）
纪工委书记：刘雪涛
宣传委员：周月江（3月9日任）
人武部部长：周月江（3月9日免）
王月阳（3月9日任）
统战员：周月江（3月9日免）
王月阳（3月9日任）
副调研员：李世举　顾方平（1月1日任）

区人大江心洲街道工作委员会

主　任：谢玉强
江心洲办事处
主　任：刘天鹏
副主任：赵晓明　梁晓冬
周月江（3月9日任）
朱明翔

区政协江心洲街道工作委员会

主　任：刘天鹏（5月27日免）
王宗培（5月27日任）

市垂直领导部门

南京市公安局建邺分局

局　长:钱胜春

政　委:秦必高

副局长:潘　卫

高　立

朱　清(12 月 29 日免)

邵　明

秦雪峰(12 月 29 日任)

监察室主任:王　锋

南京市建邺区国家税务局

局　长:田　园

副局长:石庆华　仇必胜

彭远娣(女)　朱　剑(女)

纪检组长:王少华

南京市建邺地方税务局

局　长:马玉宁

副局长:郝永宁　高文莉(女,7 月 3 日免)

王　颖(女)

孔志刚(7 月 3 日任)

副调研员:岳有铭　卜兴耀　赵　红(女)

11 月 13 日,建邺区党员干部学习贯彻党的十九大精神专题培训班首场辅导在区机关大礼堂举行。
(区委宣传部　供稿)

附录

Appendix

建邺区关于全面推进富民惠民工作的行动计划

为深入贯彻落实区第十一次党代会精神，进一步聚焦富民惠民工作，促进城乡居民收入持续较快增长，高标准建成和谐共享型幸福城区，现提出如下行动计划。

一、总体要求

（一）指导思想

深入贯彻党的十八大和十八届三中、四中、五中、六中全会以及省、市党代会精神，紧扣“两聚一高”和“一个高水平建成，六个显著”目标要求，坚持民生导向，坚持聚焦富民惠民，以切实提高居民收入为主要任务，以鼓励创业扩大就业为主要抓手，以激发重点群体活力为有效途径，以提高基本公共服务水平为有力保障，推动富民增收与经济增长互相促进，提高人民群众的生活质量，高标准建成和谐共享型幸福城区。

（二）主要目标

全区富民惠民战略成效显著，实施居民收入“双倍增”计划，城镇居民人均可支配收入年均增长9%，居民收入在地区生产总值中的比重逐步提高。收入分配格局进一步优化，中等收入者比重上升，低收入者收入明显增加。社会民生各项事业优质、均衡、协调发展。基础设施和公共服务的均等化水平得到明显提高，一体化社会保障体系更加健全。民主法治建设不断加强，社会服务管理创新走在省、市前列，人民群众的归属感和幸福感不断增强。到2020年基本社会保险覆盖率达98%，群众安全感达95%，群众幸福感显著增强。

二、主要任务和举措

围绕上述指导思想和发展目标，富民惠民行动要抢抓机遇、抓紧行动、落实措施。紧紧围绕高标准建成现代化国际性城市中心的目标，积极探索，围绕“收入、教育、健康、保障、住房、文化”6个方面履行20项富民惠民行动清单。

（一）实施收入倍增计划

1. 推动实现更高质量的就业。把促进充分就业作为经济社会发展优先目标，放在更加突出位置。坚持分类施策，重点做好高校毕业生、就业困难人员等群体的就业服务，对农村转移就业劳动者和城镇登记失业人员，实行实名制动态管理和分类帮扶，做好“零就业”家庭帮扶工作；做好退役军人就业安置工作。不断改善劳动条件，规范劳动用工制度，落实职工带薪年休假制度。严禁各种形式的就业歧视。规范就业中介服务，健全劳动关系协调机制，加强劳动保障监察和争议调解仲裁，维护职工合法权益，保障非正规就业劳动者权益，全面治理拖欠农民工工资问题，建立和谐劳动关系。到2020年累计新增就业5万人，实现再就业1.7万人，实现更加充分、更高质量的就业。

2. 提高公共就业创业服务能力。完善就业创业服务体系，落实就业创业扶持政策，推行终身职业技能培训制度。开展贫困家庭子女、未升学初、高中毕业生、农民工、失业人员和转岗职工、退役军人和残疾人免费接受职业培训行动。完善高技能人才职称评定、技术等级认定等政策。完善就业、失业统计指标体系，健全失业监测预警机制，发布城镇调查失业率数据，强化对部分地区、行业规模性失业的监测和应对。提高公共就业创业服务信息化水平，推进各类就业信息共享开放。到2020年，培育自主创业累计达到5000人，创业带动就业人数达到3.6万人，累计创业培训人数1500人，新生劳动力培训人数1500人，在职职工培训人数4万人，培育新增高技能人才累计达到2000人。

3. 促进企业创新和居民增收。加大产业政策兑现力度，通过分级管理、集中办理以及科学考核，兑现“1+N”产业扶持政策。围绕“3+3”产业发展目标，扶持引导重点产业、企业的发展壮大。发挥企业创新主体作用，引导和支持区内企业建立研发机构，大力引进国内外知名企业研发中心和科研机构，探索通过财政投入、企业资助和社会化运作等方式，建立健全政策扶持、创业服务、创业培训“三位一体”的工作机制，着力提升全区企业的创新力和竞争力，促进企业增收提效，职工收入稳步增长。优化居民收入结构，提高财产性收入比重，加快居民财产向资本转化，实现城镇居民人均可支配收入年均增长9%。

（二）实施教育惠民计划

4. 提高基础教育优质化水平。“十三五”期间，新建成开办中小学20所、幼儿园10所。并根据新城发展需要，适时调整教育布局和建设计划，促进教育优质均衡发展。到2020年力争新建中小学15所。全面深化素质教育，为广大学生的全面健康成长创造良好的教育环境。高水平普及15年基础教育，推进义务教育优质均衡发展，入学率、巩固率达100%，省义务教育阶段学生学业水平检测合格率达95%以上，优良达40%以上。符合条件的进城务工人员随迁子女100%在公办学校就读。推进高中教育优质多样发展，毛入学率达98%以上，学业水平合格率达到95%以上。办好国际学校，加强国际交流，提升国际影响力。建成高位均衡、内涵丰富、特色鲜明、质量一流的现代化国际教育名区，努力成为全国基础教育综合改革的先行区、教育现代化先进区、优质基础教育聚集区。

5. 全力发展学前教育。把发展学前教育作为推进现代化教育的重要内容，坚持政府主导、社会参与、公办民办并举，建立全覆盖、布局合理的学前教育公共服务体系。加大财政投资力度，大力发展公办和普惠幼儿园，积极扶持民办幼儿园，努力实现数量充足、条件达标，充分满足适龄儿童的入园需求，确保3~6岁幼儿接受学前教育率达100%；0~3岁婴幼儿接受教育率达98%以上。推进学前教育普惠优质发展，毛入园率达100%，在公办和民办惠民幼儿园就读的幼儿比例达90%以上。

6. 坚持发展多元化教育。以就业为导向，完善与建邺经济社会发展相适应、中等职业教育与高等职业教育相衔接、职业教育与普通教育协调发展的区域现代化职教体系。积极发展社区教育、职业培训、继续教育、老年教育，做好成人高等教育和自学考试工作，建设居民终身教育平台，推进终身教育开放互动发展。加强学习型城市建设，满足市民多样化的终身学习需求。全区6个街道社区教育中心100%达省标准化社区教育机构标准，100%社区居民学校达省级标准。完善“三通两平台”建设，国家教育信息化达标率95%以上，建成“人人皆学、处处能学、时时可学”的教育信息化体系。

（三）实施健康建邺计划

7. 优化卫生功能布局。加大宏观调控和统筹协调力度，逐年增加卫生事业经费，保障卫生配套设施建设到位。“十三五”期间，河西南部建设4个社区卫生服务中心、6~7个社区卫生服务站，生态科技岛建设2个社区卫生服务中心、5个社区卫生服务站，河西中北部地区建设1个社区卫生服务中心、4个社区卫生服务站。建立起以社区卫生服务中心为主体、社区卫生服务站为补充的城市社区卫生服务网络，进一步完善新城“15分钟健康服务圈”。着力建设综合性医院、国际性医院等高水平医疗机构，整合市第一医院和建邺医院，打造全国一流的心血管病医院。对疾控中心、妇保所、卫生监督所3家公共卫生单位实施异地新建。整合资源，开办一所区属二级综合性医院、一所国际医院。

8. 广泛开展全民健身运动。实施全民健身战略，全面提升后青奥时代居民体育健身意识和科学健身素养。加强全民健康教育，提升健康素养。大力推进公共场所禁烟。深入开展爱国卫生运动和健康城市建设。加强群众营养计划和心理健康服务。发展体育事业，加强省级公共体育服务体系示范区建设，加强群众健身活动场地和设施建设，推行公共体育设施免费或低收费开放。实施青少年体育活动促进计划，培育青少年体育爱好和运动技能，推广普及足球、篮球、排球等运动，完善青少年体质健康监测体系。发展群众健身休闲项目，鼓励实行工间健身制度，实行科学健身指导。促进群众体育与竞技体育全面协调发展。鼓励社会力量发展体育产业。

9. 保障食品药品安全。提高食品安全标准，强化源头治理，全面落实企业主体责任，实施网格化监管，提高监督检查频次和抽检监测覆盖面，实行全产业链可追溯管理。参与国家食品安全城市、省级食品安全示范区等创建行动。深化药品医疗器械审评审批制度改革，探索按照独立法人治理模式改革审评机构。推行药品经营企业分级分类管理。加快完善食品监管制度，健全严密高效、社会共治的食品药品安全治理体系。加大农村食品药品安全治理力度，完善对网络销售食品药品的监管。加强食品药品进口监管，确保食品药品安全可靠。

（四）实施保障无忧计划

10. 做好全民参保登记工作。动态跟踪、及时疏理未参保人员情况，逐步建立全面、完整、准确的参保基础数据库，形成每个人唯一的社保标识，实现管理模式从以单位为依托向以社区为依托、以个人为对象的转变，进而为社保覆盖全民和精确管理提供有力支撑，确保应保尽保。

11. 全面推进社保体系全覆盖。加快推进进城务工人员与城镇职工平等参加养老、医疗、失业、工伤、生育保险等社会保障。以基本医疗保障制度建设为依托，建立健全商业保险与社会保险、医疗保险、社会救助等有机结合的社会保障体系。健全社会保险费征收机制，引导和鼓励符合条件的各类人群参加社会保险，稳步提高城乡居民养老保险待遇水平。

12. 构建全覆盖的生活保障机制。加快发展慈善事业，提升对城乡低保户和特殊困难群体的保障能力，规范低收入、住房困难家庭住房救助和低保边缘人群救助等专项救助工作，切实保障困难群众基本生活。充分利用财政转移补贴，科学安排，集中建立一批脱贫重点项目与工程，帮助困难群众和弱势群体实现"自我造血"功能。

13. 完善养老服务建设规划。将养老基础设施建设纳入全区国民经济和社会发展规划，纳入年度经济社会发展目标，纳入政府目标管理和绩效考核。规划新建一批养老机构，按照人均用地不少于0.2平方米的标准，分区分级规划设置养老服务设施，新建住宅小区按每百户20至30平方米配套建设社区居家养老服务用房，与住宅同步规划、同步设计、同步验收、同步交付，已建成住宅小区按每百户15至20平方米的标准配套完善。加快推动养老机构规模化、标准化、现代化、智能化建设，规范养老机构运行机制，制定养老机构分类管理标准，完善老年人进出养老机构的健康评估标准，健全老年康复护理制度和服务标准，完善养老机构监管制度。着力推进"医养融合"，各养老机构医疗卫生服务覆盖率达到80%以上，社区居家养老服务中心医疗卫生服务覆盖率达到75%以上，形成"养老、医疗、康复、护理"一体化的服务体系，为区域老年人提供专业化、正规化、优质化的居家养老服务。

（五）实施住房安居计划

14. 加强公共住房保障。增加保障房供给，加大危旧房改造力度，解决拆迁户住房保障问题，紧紧围绕全市住房供应体系建设，采用货币补贴、住房租赁、产权共有等保障品种，为保障对象提供多种保障选择，实现应保尽保。

15. 重点加大公共租赁房屋建设。通过公共租赁住房保障方式解决符合条件的新就业人员、外来务工人员等群体的住房需求，为建立和谐稳定的人居环境奠定坚实的基础。

16. 加强保障房配套建设。完善中和村、莲花村、洲岛保障房片区配套设施建设，基本建成中和村、江心洲、河北村800亩保障房片区，实现城镇家庭住房成套比例达95%以上。

（六）实施文化惠民计划

17. 实现基础文化设施全覆盖。进一步优化完善区、街道（园区）、社区三级公共文化体育设施网络化建设，优化完善“10分钟文化活动和体育健身圈”设施建设，建设标准化社区室内文化设施和公共健身场所，构建城市慢行系统。

18. 实施文艺精品战略。推进原创性文艺作品创作，打造打响莫愁烟雨文化节、和平文化节、中华云锦服饰国际文化节、青奥文化节等文化品牌。加强对重点文化场所的保护、开发和利用，充分发挥莫愁湖公园、云锦研究所、侵华日军南京大屠杀遇难同胞纪念馆、青奥公园、江苏大剧院及各类图书馆、文化馆、文化站、文化室等载体作用，打造文化工作品牌。

19. 提升文化产业发展能级。进一步完善资金扶持政策，引导文化产业发展方向。充分利用文化金融服务平台，做好文化企业金融服务工作。进一步完善全区文化产业名录库，及时掌握全区文化企业状况。着力培育发展龙头骨干文化企业，倾力打造一批有实力、有活力、有竞争力、有影响力的文化企业和企业集团。重点引进各类文化创意产业人才，加快培养一批具有较强创新能力的文化科技领军人物。依托文化产业基础与南京数字文化产业公共技术服务平台等载体，进一步加大文化与科技、金融等资源要素融合力度，加快发展数字动漫、数字影视和数字出版产业，大力发展文化传媒与广告创意产业，着力提升南京国家广告产业园、中国（南京）游戏谷的影响力与辐射力，进一步确立建邺区文化产业在全市、全省的优势地位。

20. 提升文化建设社会参与度。进一步转变政府独家办文化的思路，鼓励和支持社会各界积极参与地方文化建设。进一步开放文化市场、规范文化管理，建立政府管理、市场主导和社会参与的不同层次的文化事业和产业发展平台，鼓励民间资本进入文化事业和文化产业，有效盘活政府文化引导资金，积极探索政府、企业、个人多渠道投入的新模式。大力推进文化社区、文化校园、文化企业、文化机关的建设，积极释放基层文化建设的活力和动力，使广大人民群众参加文化建设的参与度逐年提高。开展创建特色文化社区和文化团队评比活动，努力形成“一街道一品牌”“一园区一品牌”“一社区一特色”的格局。继续实行图书馆、文化馆、体育馆、文化站、文化室等文化设施免费开放，为广大居民创造一个良好的文化活动、读书学习环境。

三、保障措施

（一）强化组织领导

区委、区政府成立富民惠民工作领导小组，及时研究实施富民惠民工作的重大事项，强化组织领导和督促推进。区有关部门要增强全局意识，强化责任落实，形成政策合力。各部门要根据实际情况，制定富民惠民工作的具体方案，确保任务的顺利完成。

（二）强化责任落实

各相关单位要按照本意见的要求，逐项分解任务、落实责任，确保层层抓落实、件件见实效。要做好年度评估、中期评估及总结评估，提交评估分析报告，适时调整目标、分析发展趋势；区委、区政府将定期听取责任单位的工作汇报。

（三）强化舆论保障

发挥各类新闻媒体和宣传阵地的作用，营造鼓励富民增收的良好环境，做好创业带动就业、依法保护产权、保障和改善民生等方面的舆论引导，大力弘扬勤劳致富精神，激发全体劳动者的积极性、主动性、创造性。

建邺区不见面审批（服务）改革实施方案

为加快推进“放管服”改革，提高行政审批和政务服务效率，切实方便企业和群众办事，根据省委、省政府《关于深化行政审批制度改革加快简政放权激发市场活力的意见》（苏发〔2016〕42号）和市委、市政府《关于全市深化行政审批制度改革加快简政放权激发市场活力重点任务分解的通知》（宁委发〔2017〕3号）等文件精神，结合建邺区实际，现就加快推进不见面审批（服务）改革，制定本实施方案。

一、总体目标

牢固树立新发展理念，按照“网上办、集中批、联合审、区域评、代办制、不见面”的改革目标，以优化企业创业创新环境、满足群众对政务服务需求为导向，建立“互联网+”政务服务、“网格化”分级服务、“大走访”上门服务三大体系，打造区政务服务中心、街道便民服务中心、社区事务服务中心三大平台，综合采用“外网受理、专网办理、全程公开、快递送达、网端推送、无偿代办”等方式优化行政审批和政务服务流程，积极构建“区街两级联动、项目清单管理、全程网上办理、综合窗口受理、网格代办帮办、多种途径送达”的不见面审批（服务）模式，努力做到“不见面审批（服务）是原则，见面审批（服务）是例外”，让数据多走路、让材料多走路、让干部多走路、让群众少跑腿，致力打造“网上政府”和“便民政务”，使企业和群众的获得感进一步增强，政府办事效率进一步提升，创业创新的发展环境进一步改善。

建立“互联网+”政务服务体系。全面对接省、市政务服务“一张网”，加快区、街网上政务平台建设和应用，建立高效便民的不见面审批（服务）网络平台，实现网上政务服务，让数据多走路、群众少跑腿。

建立“网格化”分级服务体系。建立区级、街道（园区）、社区三级代办员队伍，大力推行网格员代办制度，充分发挥街道网格、社区网格、社区子网格在不见面审批（服务）中的主体作用，有效联动、无缝衔接，让网格员多跑动、老百姓少烦神。

建立“大走访”上门服务体系。建立“走千企入万户、助发展促富民”的长效机制，推动机关党员干部和社区网格员走进居民楼栋、走入企业楼宇，促使“大走访”向“大服务”转变，打造具有建邺特色的网上办、快递办、代理办、协助办、上门办的“五办服务”模式。

二、基本原则

1. 系统梳理，积极推进。结合部门和街道工作实际，全面梳理部门、街道两级行政审批（服务）事项清单，将与企业和群众生产生活关系最紧密的事项率先实现“不见面”办理，因地制宜、积极推进。

2. 网上服务，优化流程。整合政务服务、审批服务、公共服务职能，优化全网在线申请、同步受理审查、证照快递送达等不见面审批（服务）流程，推进办事材料目录化、标准化、电子化，缩短办理时限，降低企业和群众办事成本。

3. 网格服务，分级负责。依托区级、街道（园区）、社区三级网格，充分发挥街道（园区）代办员和社区网格员的服务主体作用，实施动态化、全方位服务，推行辅导办、协助办、代理办，免去企业和群众奔波之苦。

4. 全科服务，综合办理。加强区政务服务中心、街道便民服务中心、社区事务服务中心三级平台建设，变“专科”服务为“全科”服务，实现“一口清”导办、“一门式”受理、“一站式”办结，提升服务效能。

5. 强化监管，稳步实施。以信用体系建设为基础，以“双随机一公开”为手段，加强事中事后监管，将部门专业执法和街道综合执法紧密相结合，与不见面审批（服务）同步衔接，确保“不见面、批得了、管得住”。

三、主要任务

（一）全面梳理事项清单。对照部门权力事项清单和公共服务事项清单，全面梳理区、街两级不见面审批（服务）事项清单，明确项目名称、办理要件、申请材料、办理流程、办理时限、收费标准以及具备网上审批的条件和要求等。除涉密、法律法规规定和暂不具备条件网上办理的事项外，能够实现网上审批的事项，全部纳入事项清单，进行标准化管理。街道要将能够实现网上办理的便民服务事项，全部纳入不见面审批（服务）

清单管理，完善不见面审批（服务）事项办事指南，取消没有法律法规依据的证明和盖章环节。（牵头单位：区编办，责任单位：各相关部门、街道）

（二）推进网上全程办理。依托省、市政务服务“一张网”平台，落实区政务服务“三集中三到位”，做到数据资源共享，优化审批流程，全面推行“在线咨询、网上申请、网上审批、网端推送、快递送达”的办理模式，缩短办理时限，降低企业和群众办事成本。凡能通过网络共享复用的材料，不得要求提交；凡是能通过网络核验的信息，不得要求重复提供；凡是能实现网上办理的事项，不得要求现场办理。开展网上监督评价、办理进度、结果实时查询。依托“中国南京建邺”政府门户网站、微门户和市“12345”、区“86512345”政务热线，接受群众和企业咨询到政府办理的行政审批事项和公共服务事项，详细了解办事流程、所需材料和其他相关事项。（牵头单位：区政务办，责任单位：区编办、区信息中心、各相关部门、街道）

（三）推行项目预审代办。借鉴先进地区“预审代办制”经验，制定区“预审代办制”实施方案，公布代办事项目录，实行首问负责制、限时办结制、服务承诺制等制度，建立代办服务评价制度，建立企业联系卡制度，为办事企业提供咨询、指导、无偿代办服务。对暂时不能实行全程网上审批及服务的事项，逐步推行代办服务。加强代办队伍专业培训和内部管理，建立健全各项规章制度，做好工作激励与风险防控，逐步提高代办服务的规范化与标准化水平。发挥区投资建设代办服务中心作用，完善区、园区两级项目代办制度，将企业、群众办事的过程变成政府内部为企业、群众服务的过程，审批结果自主选择就近取件或快递投送，打通服务群众、企业“最后一公里”。（牵头单位：区政务办，责任单位：区编办、各相关部门、街道、园区）

（四）提升网格服务能力。以居民需求为导向，以“现代社区向上攀登、民生服务向下扎根”为主线，完善街道和社区网格物理边界、职责边界和服务边界，做优做强网格服务，形成“社区管理到门口、网格服务到家庭”的网格服务格局。建立街道、社区、社区子网格三级便民服务代办员队伍，健全急事急办、特事特办、主动服务、上门服务等服务内容，对有特殊需求的群体开辟“绿色通道”。加强街道便民服务中心综合窗口和社区事务服务中心全科社工建设，大力开展全科窗口工作人员和全科社工的系统培训，为不见面审批（服务）提供优质的人才保障。（牵头单位：区民政局，责任单位：区政务办、各相关部门、街道）

（五）落实监管评价措施。加强批管衔接，加强不见面审批（服务）、综合行政执法、网格化治理等信息集成，打通信息壁垒，实现共用共享，为推行批管同步提供技术保障和数据支撑。编制全科政务服务标准，完善窗口一线、网格一线和服务一线人员的激励措施和考核办法，有效激发和调动审批（服务）一线人员的工作热情。遵循“谁首接，谁负责”的原则，严格责任追究，建立健全不见面审批（服务）责任制度，规范不见面审批（服务）行为。推行“民意110”，健全居民投诉跟踪处理机制，对多次投诉对象实行预警机制，并及时开展专项检查。（牵头单位：区编办，责任单位：区政务办、区信息中心、区民政局、各相关部门、街道）

四、实施步骤

1. 方案制定阶段（2017年5月~6月）

出台不见面审批（服务）改革实施方案，梳理制定区级和街道首批不见面审批（服务）事项清单。

2. 试点运行阶段（2017年7月~8月）

在市场监管局等区级部门和沙洲街道率先试点推行不见面审批（服务），在探索中总结，在摸索中完善。

3. 全面推行阶段（2017年9月~11月）

完善不见面审批（服务）事项目录，扩大不见面审批（服务）覆盖范围，全面推行不见面审批（服务）工作。

4. 巩固深化阶段（2017年12月）

系统总结、提升完善不见面审批（服务）工作，使不见面审批（服务）流程更加完善、更加便捷。

五、保障措施

（一）加强组织领导。不见面审批（服务）改革是一项复杂的系统工程，涉及面广、工作量大、技术要求高。为保证工作顺利推进，成立由区政府分管领导任组长，区委办、区政府办、区委研究室、区监察局、区作风办、区编办、区政务办、区法制办以及有关行政审批（服务）部门、各街道负责人为成员的领导小组。各相关部门要落实分管领导和具体经办人，精心组织，周密部署，确保各项工作任务落到实处。

（二）加强推进落实。涉改部门和街道的主要领导作为不见面审批（服务）改革第一责任人，负责审核提交本单位不见面审批（服务）事项。区相关职能部门要加强指导监督，对确定的不见面审批（服务）事项要实行量化考核，区政府办、区编办、区政务办等部门定期督促检查部门、街道不见面审批（服务）改革任务落实情况，确保改革举措落地见效。

（三）加强督查考核。建立不见面审批（服务）改革督查制度，对于不认真履行职责、工作明显滞后的部门，启动约谈、问责机制。将不见面审批（服务）改革列入部门、街道绩效考核，作为重要指标，加大分值比重，强化考核激励和刚性约束，确保改革顺利推进。

（四）加强宣传引导。涉改部门和街道要及时准确发布改革信息并进行不见面审批（服务）宣传，正确引导社会预期，以打造优良营商环境和人居环境为目标，坚持问题导向，转变工作理念，优化审批服务，积极回应社会关切，创新社会参与机制，拓宽公众参与渠道，凝聚各方共识，营造良好氛围。

附件：

1. 建邺区政府部门不见面审批（服务）事项清单（第一批）

2. 建邺区政府部门见一次面审批（服务）事项清单（第一批）

附件 1：

表 62 建邺区政府部门不见面审批（服务）事项清单（第一批）

序号	事项名称		事项类型	服务对象	受理部门	不见面审批服务方式	审批部门
1	公司设立登记		许可	公司	政务服务中心	网上办理	市场监管局
2	企业法人设立登记		许可	企业法人	政务服务中心	网上办理	市场监管局
3	合伙企业设立登记		许可	合伙企业	政务服务中心	网上办理	市场监管局
4	个人独资企业设立登记		许可	个人独资企业	政务服务中心	网上办理	市场监管局
5	企业名称核准		许可	企业	政务服务中心	网上办理	市场监管局
6	个体工商户名称核准		许可	个体工商户	各分局	网上办理	市场监管局
7	个体工商户设立登记		许可	个体工商户	各分局	网上办理	市场监管局各分局
8	营业执照邮寄		服务	各类企业	政务服务中心	快递送达	市场监管局
9	企业投资项目备案		其他	企业	政务服务中心	网上办理	发改局
10	企业技术改造项目备案		其他	企业	政务服务中心	网上办理	发改局
11	已开放档案资料查阅利用服务		服务	公民、法人、组织	政务中心（档案局分中心）	网上办理	档案局
12	对利用档案馆未开放档案的审查同意		服务	公民、法人、组织	政务中心（档案局分中心）	网上办理	档案局
13	对外国人或者外国组织利用中国已开放档案的同意		服务	外国人、外国组织	政务中心（档案局分中心）	网上办理	档案局
14	重大活动（事件）的档案登记		服务	机关、组织、企业	政务中心（档案局分中心）	网上办理	档案局
15	重大活动档案目录的报送		服务	组织、企业	政务中心（档案局分中心）	网上办理	档案局
16	有重要保存价值的非公有制经济组织和民办非企业单位的档案的目录报送		服务	组织、企业	政务中心（档案局分中心）	网上办理	档案局
17	重点工程项目基本概况的备案、档案登记		服务	组织、企业	政务中心（档案局分中心）	网上办理	档案局
18	党政机关文件材料归档范围和文书档案保管期限表的审核		服务	党政机关	政务中心（档案局分中心）	网上办理	档案局
19	国有企业文件材料归档范围和文书档案保管期限表的审核		服务	国有企业	政务中心（档案局分中心）	网上办理	档案局
20	不（公 开）招标项目的批准	不宜公开招标项目的批准	许可	法人	政务服务中心	网上办理	建交局
		应招标工程不招标的批准					

续表 62

序号	事项名称	事项类型	服务对象	受理部门	不见面审批服务方式	审批部门
21	对各类房屋建筑及其附属设施的建造和与其配套的线路、管道、设备的安装项目和市政工程项目的招投标活动的监督	其他	法人	公共资源交易中心	网上办理	建交局
22	建设工程各类合同备案	其他	法人	公共资源交易中心	网上办理	建交局
23	招标文件备案	其他	法人	公共资源交易中心	网上办理	建交局
24	招标人自行办理施工招标事宜的备案	其他	法人	公共资源交易中心	网上办理	建交局
25	招投标情况书面报告备案	其他	法人	公共资源交易中心	网上办理	建交局
26	12345 政府热线服务	服务	群众	政务办	网上办理	政务办
27	三级平台	服务	群众	政务办	电话答复	政务办
28	医师（执业医师、执业助理医师）备案	许可	群众	政务服务中心	网上办理	卫计局
29	招标投标情况书面报告备案	许可	企业	科技岛办政务服务中心	网上办理	生态科技岛管委会
30	招标文件备案	许可	企业	科技岛办政务服务中心	网上办理	生态科技岛管委会
31	招标人自行办理招标备案	许可	企业	科技岛办政务服务中心	网上办理	生态科技岛管委会
32	高校毕业生住房租赁补贴	服务	个人	区劳动就业管理中心	网上办理	人社局
33	稳定岗位补贴	服务	单位	区劳动就业管理中心	网上办理	人社局
34	按比例安排残疾人就业年审	其他	残疾人	政务服务中心	网上办理	残联
35	对民办学校招生简章和广告的备案	服务	企业	政务服务中心	网上办理	教育局
36	民办学校修改章程的备案	服务	企业	政务服务中心	网上办理	教育局
37	幼儿学前一年免费	许可	群众	政务服务中心	网上办理	教育局
38	网上申报	服务	企业	国税局	网上办理	国税局
39	发票“网上申领邮寄配送”	服务	企业	国税局	网上办理快递送达	国税局
40	再生育一孩审批	许可	群众	政务服务中心	代办	卫计局
41	老年人优待证的办理	服务	老年人	民政局	代办	民政局
42	最低生活保障和专项救助政策咨询	服务	群众	政务服务中心	电话答复	民政局
43	防灾减灾政策咨询宣传	服务	群众、企业或社会组织	政务服务中心	电话答复	民政局
44	慈善政策咨询	服务	公民、企业或社会组织	政务服务中心	电话答复	民政局
45	老龄政策、养老服务政策咨询	服务	群众、企业或社会组织	政务服务中心	电话答复	民政局
46	困境儿童、孤儿基本生活保障政策、临时遇困流动人员救助政策咨询	服务	群众	政务服务中心	电话答复	民政局

续表 62

序号	事项名称	事项类型	服务对象	受理部门	不见面审批服务方式	审批部门
47	行政区划、地名属性和地名文化信息服务咨询	服务	群众、企业	政务服务中心	电话答复	民政局
48	殡葬政策咨询宣传	服务	群众	政务服务中心	电话答复	民政局
49	退役士兵、军休人员、无军籍职工接收安置政策咨询	服务	群众	政务服务中心	电话答复	民政局
50	社会组织政策咨询	服务	公民、社会组织、社会团体	政务服务中心	电话答复	民政局
51	社区志愿者服务政策咨询	服务	公民、企业、社会组织、社会团体	民政事务服务中心	电话答复	民政局
52	福利彩票站点申请、管理及维护服务	服务	群众、企业	福彩办	电话答复	民政局
53	婚姻登记、收养登记政策咨询	服务	群众	婚姻登记处	电话答复	民政局

附件 2：

表 63　建邺区政府部门见一次面审批（服务）事项清单（第一批）

序号	事项名称	事项类型	服务对象	受理部门	不见面审批服务方式	审批部门
1	固定资产投资项目节能评估和审查	许可	企业、政府部门	政务服务中心	见一次面	发改局
2	企业投资项目核准	许可	企业	政务服务中心	见一次面	发改局
3	企业技术改造项目核准	许可	企业	政务服务中心	见一次面	发改局
4	政府出资的投资项目建议书审批、可行性研究报告审批和初步设计及概算审批	其他	政府部门	政务服务中心	见一次面	发改局
5	法律援助机构设立	其他	群众	司法局	见一次面	司法局
6	对房屋建筑和市政基础设施工程质量的监督管理	其他	法人	政务服务中心	见一次面	建交局
7	建设工程安全监督	其他	法人	政务服务中心	见一次面	建交局
8	房屋建筑和市政基础设施工程竣工验收备案	其他	法人	政务服务中心	见一次面	建交局
9	建筑起重机械设备安装和拆除情况的备案	其他	法人	政务服务中心	见一次面	建交局
10	绿化工程竣工验收备案	其他	法人	政务服务中心	见一次面	建交局
11	施工起重机械和整体提升脚手架、模板等自升式架设设施登记备案及验收合格的登记及注销	其他	法人	政务服务中心	见一次面	建交局
12	采取协议方式选聘具有相应资质的物业管理企业的批准	其他	企业	政务服务中心	见一次面	住房保障和房产局
13	排放污染物许可	许可	企业	环保局	见一次面	环保局
14	环保治理设施查处或闲置核准	许可	企业	环保局	见一次面	环保局
15	区级事业单位登记管理	许可	事业单位	编办	见一次面	编办
16	医师（执业医师、执业助理医师）执业注册、变更	许可	群众	政务服务中心	见一次面	卫计局

续表 63

序号	事项名称	事项类型	服务对象	受理部门	不见面审批服务方式	审批部门
17	对纳税人延期申报的核准	许可	企业	政务服务中心	见一次面	国税局
18	对纳税人变更纳税定额的核准	许可	企业	政务服务中心	见一次面	国税局
19	增值税专用发票（增值税税控系统）最高开票限额审批	许可	企业	政务服务中心	见一次面	国税局
20	对采取实际利润额预缴以外的其他企业所得税预缴方式的核定	许可	企业	政务服务中心	见一次面	国税局
21	企业投资项目备案	许可	企业	科技岛办政务服务中心	见一次面	生态科技岛管委会
22	外商投资项目核准	许可	企业	科技岛办政务服务中心	见一次面	生态科技岛管委会
23	政府投资项目的项目建议书、可研报告	许可	企业	科技岛办政务服务中心	见一次面	生态科技岛管委会
24	建筑工程施工许可核发	许可	企业	科技岛办政务服务中心	网上办理见一次面	生态科技岛管委会
25	建设工程质量监督手续	许可	企业	科技岛办政务服务中心	见一次面	生态科技岛管委会
26	建设工程安全监督备案	许可	企业	科技岛办政务服务中心	见一次面	生态科技岛管委会
27	结合民用建筑建设防空地下室及易地建设防空地下室审批	许可	企业	政务服务中心	见一次面	人防办
28	按比例修建的防空地下室面积及区域标注服务	服务	企业	政务服务中心	见一次面	人防办
29	人防工程竣工报告和认可文件的备案	服务	企业	政务服务中心	见一次面	人防办

建邺区关于建立“三位一体”模式推进基层法治建设的实施意见

为进一步落实依法治国基本方略，运用法治思维和法治方式创新基层治理，推进“法治建邺”建设，根据十八届四中全会《中共中央关于全面推进依法治国若干重大问题的决定》，现从构建法律顾问体系、创新法治文化建设、化解社会矛盾纠纷三个层面出发，就全区建立“三位一体”模式推进基层法治建设制定以下实施意见。

一、建立“三位一体”模式的重要意义

（一）建立“三位一体”模式是推进依法治区战略、创新基层社会治理的重要保证。十八届四中全会审议通过的《中共中央关于

全面推进依法治国若干重大问题的决定》，是我党历史上第一个关于加强法治建设的专门决定，明确提出了全面推进依法治国的指导思想、总体目标、基本原则和重大任务，首次提出建设中国特色社会主义法治体系，表明法治建设将更为深入地渗透和影响到国家建设、市场发展、社会生活的各个领域和各个层面。近年来，建邺区法治建设取得了显著成绩。2015 年，建邺区率先出台了《建邺区人民政府关于普遍建立法律顾问制度的意见》，组建了由 40 名执业律师和 6 家律师事务所组成的覆盖区政府领导、机关部门、功能园区和街道的政府法律顾问体系，促进了政府依法行政和依法管理能力的提升。2016 年，在沙洲街道中城社区试点培育了“伍大姐普法工作室”。通过基础型社会组织，结对一家律师事务所，吸收一批社会志愿者，开展法治宣传教育，提供法律咨询服务，依法化解矛盾纠纷等，获选为“南京市社会建设创新十佳案例”，促进了基层法治理念和自我治理能力的提升。2017 年，研发了“人民调解小助手”，实现了调解工作全程智能化，并在全省推广，促进了矛盾纠纷预防与化解能力的提升。因此，建立法律顾问、社区普法联盟、人民调解平台“三位一体”法律服务模式是新形势下提高党委政府依法执政、依法行政水平，提升企事业单位及基层社会组织依法办事能力的有效途径，有利于完善法律风险防范机制、提升突发情况依法处置能力，是全面实现社会依法治理、维护社会和谐稳定、推进法治建设的重要举措。

二、建立“三位一体”模式的指导思想和目标任务

（二）指导思想。深入贯彻党的十九大精神，围绕法治政府、法治社会建设目标，着力推进法律顾问、社区普法联盟、人民调解平台“三位一体”模式的建立，加强社区治理体系建设，推动社会治理重心向基层下移，发挥社会组织作用，实现政府治理和社会调节、居民自治良性互动，切实增强党委政府依法决策、依法行政和全社会依法办事的能力水平，为打造共建共治共享的社会治理格局奠定良好的法治基础，促进全区经济、社会健康发展。

（三）目标任务。以建立政府法律顾问制度为示范，引领和推动党委政府、企事业单位、社会组织法律顾问制度的普遍建立和完善，并建立“一社区一法律顾问一社会组织”的社区普法联盟。同时，依托“小助手”平台，形成与经济社会发展和公众法律服务需求相适应的法律服务体系，满足社会各层次的法律服务需求。

到 2017 年底，党委政府、企事业单位、社区等普遍建立法律顾问制度，配备律师法律顾问，形成全覆盖的法律顾问体系；部分社区建立“一社区一法律顾问一社会组织”；“小助手”完成技术升级，“三位一体”法律服务模式初步形成。

到 2018 年中期，法律顾问机制运行常态化、制度化；所有社区建立“一社区一法律

顾问一社会组织”，并在此基础上建立普法社会组织、律师事务所、基层法律服务所、公证处和法律援助中心组成的社区普法联盟；“小助手”全面应用，“三位一体”法律服务模式彰显优势。

三、建立“三位一体”模式的具体内容

（四）全面覆盖的法律顾问机制。从政府层面积极推行法律顾问制度全覆盖，提升区域法治水平。一是推进建立党委法律顾问制度。为区委领导和区委部门配备法律顾问，在区委作出重大决策、制定重要文件、处置重大事件时，开展研究论证和法律风险评估，为区委依法执政、依法决策、依法履责提供优质高效服务。二是推进建立系统法律顾问制度。在教育、卫生、文化、环保等系统内普遍建立法律顾问制度，在与人民群众切身利益相关事项方面提供精准法律服务，及时化解并有效预防矛盾纠纷。三是推进建立企业法律顾问制度。在企业以及社会矛盾纠纷与群体诉求较为集中的单位普遍建立法律顾问制度，提升全社会依法办事的能力和水平。

（五）创新治理的社区普法联盟。由律师事务所牵头在社区培育基层社会组织，以社会组织为平台组建法律服务队伍，开展普法教育活动，并将社会组织建设纳入民主法治示范区创建。同时，依托法律服务产业园，最终形成由各社区普法社会组织、律师事务所、基层法律服务所、公证处和法律援助中心组成的社区普法联盟。一是以社会组织为平台。通过整合各方资源建立社区治理和服务新平台，为社区居民区域内外共享资源参与社区治理和服务提供实体支撑。二是以专业队伍为载体。发挥律师等法律专业人才的优势，吸收一批法律服务志愿者，形成党员引领、人才支撑、群众参与的合力，开展形式多样的法治宣传教育活动。三是以服务群众为目标。通过“互联网 +”的形式开展心理咨询疏导、法律咨询、法律服务和矛盾纠纷调解等，打通为群众提供法律服务的“最后一公里”，确保法律服务便捷惠民、优质高效。

（六）高效便捷的调解信息化平台。全面提升“小助手”兼容性和人工智能化水平，运用科技创新手段，推动矛盾纠纷由传统防范控制型向以法治思维和法治方式预防化解型转变，夯实平安建设基层基础。一是提高“小助手”的兼容性。构建三调联动（人民调解、行政调解、司法调解）信息采集和数据交换平台，降低社会治理成本，发挥人民调解在化解矛盾、解决纠纷、维护稳定、促进和谐方面的“第一道防线”的作用。二是提高“小助手”的智能化水平。开发“小助手”自动检索和自动推送功能，在调解案件过程中，“小助手”能根据案件个性特征，自动弹出相关的法律法规条文和相似案例，供调解员、当事人学习借鉴，提高依法化解矛盾纠纷的能力和水平。三是提高人民调解的公信力。运用“小助手”与法院数据平台实现终端互联，建立人民调解协议司法确认网上通道，强化人民调解协议的司法公信力，提高调解案件的质量和效率。

四、建立“三位一体”模式的组织领导和工作保障

（七）组织领导。成立由区领导为组长，区各部门、园区、街道、社区等为成员的“三位一体”模式推进工作领导小组。领导小组下设办公室，办公室设在区司法局。办公室主任由司法局局长兼任。区司法局承担联络、协调和管理职能。

（八）工作机制。要建立健全“三位一体”模式的相关配套制度，规范工作程序，明确工作职责，落实工作责任。将“三位一体”模式建设工作纳入区法治建设目标责任制考核范围，健全绩效评价和奖惩机制，建立工作档案，加强检查指导，有效发挥“三位一体”模式在推进基层法治建设中的作用。区司法局作为律师工作管理部门，要切实加强对聘用法律顾问的管理，引导他们把维护人民群众合法权益、维护社会和谐稳定作为工作的根本出发点和落脚点，正确处理经济效益和社会效益、竞争和协作、咨政和服务的关系；要加强对社区律师法律顾问队伍的管理和指导，对社区普法社会组织履职情况实施监督，加快推进社区普法联盟的建立；要全面推进“小助手”平台的优化，确保矛盾纠纷及时有效化解，为建邺现代化国际性城市中心建设营造良好的社会法治环境。

（九）经费安排。担任区委领导和区委部门法律顾问并提供法律服务的，参照政府法律顾问模式由区财政予以经费保障；教育、卫生、文化、环保等系统和企事业单位自主选聘法律顾问，协商定价；社区普法联盟组建运行经费，除接受公益事业捐赠外，由政府购买公共服务的形式予以大力支持；“小助手”升级研发经费由区财政保障。各单位要把建设“三位一体”模式与提高依法执政、依法行政、依法治理水平联系起来，既要借助法律顾问的力量，又要注重自身依法办事能力的提高，不断提高与履行职务相适应的法律素质，通过增内力和借外力更好地推进基层法治建设。

南京市建邺区土壤污染治理与修复规划

（2017~2020）

南京市建邺区环境保护局

一、规划背景和依据

（一）规划背景

为全面贯彻落实《国务院关于印发土壤污染防治行动计划的通知》（国发〔2016〕31号）、《省政府关于印发江苏省土壤污染防治方案的通知》（苏政发〔2016〕169号）、

《南京市土壤污染防治行动计划》(宁政发〔2017〕67号)和《建邺区土壤污染防治行动计划2017年度实施方案》(建环委办〔2017〕6号)要求,切实加强土壤污染防治,稳步推进土壤污染治理与修复,逐步改善建邺区土壤环境质量,制定本规划。

建邺区为南京市主城区核心组成部分,为高度城市化地区,不涉及农用地,故本次规划对象为重点行业企业在产和关闭搬迁企业地块。

本规划是指导建邺区开展土壤环境保护与治理修复的战略性、纲领性文件。

(二)规划依据

1.《国务院关于印发土壤污染防治行动计划的通知》(2016)

2.《污染地块土壤环境管理办法(试行)》(2016)

3.《省政府关于印发江苏省土壤污染防治方案的通知》(2016)

4.《江苏省土壤污染治理与修复规划编制要点》(2017)

5.《南京市土壤污染防治行动计划》(2017)

6.《南京市土壤污染防治行动计划2017年度实施方案》(2017)

7.《南京市环境总体规划纲要(2016~2030年)》(2017)

8.《2016年南京市环境状况公报》(2017)

9.《建邺区土壤污染防治行动计划2017年度实施方案》(2017)

10.《建邺区国民经济和社会发展第十三个五年规划纲要》(2016)

11.《河西·建邺水污染防治行动计划2017年度实施方案》(2017)

12.《河西·建邺"两减六治三提升"专项行动2017年工作计划》(2017)

13.《市政府关于第六批关闭南京六合雄州化工有限公司等23家化工生产企业的决定》(2008)

二、规划目标与期限

(一)规划目标

到2020年,全区土壤环境质量总体保持稳定,建设用地土壤环境安全得到基本保障,土壤环境风险得到基本管控,人居环境安全得到有效保障。

到2020年,全区污染地块安全利用率达到90%以上。

(二)规划期限

2017年至2020年。

三、规划区域基本概况与存在的问题

(一)自然条件与经济社会发展状况

1. 自然条件

(1)地理位置

建邺区位于南京市区西南部,东、南紧邻外秦淮河和秦淮新河,西临长江,北止汉中门大街,中心位置位于北纬32°0′19.45″,东经118°43′34.42″;总面积80.87平方千米。建邺区是南京市的中心城区,是国家东部地区的金融服务中心,华东地区商务商贸中心，长三角会展中心、文体中心和创新创意中心，长三角北翼金融中心。

（2）气候条件

建邺区属北亚热带湿润气候带和季风环流的海洋性气候区，季风显著，冬冷夏热，四季分明，日照充足，水资源充沛。建邺区常年气温平均为 15.7℃，最高气温 43℃（1934 年 7 月 13 日），最低气温 –16.9℃（1955 年 1 月 6 日）。一年中，日最低气温≤ –10℃的日数平均为 1 天，日最高气温≥ 30℃的日数平均为 75 天，日最高气温≥ 35℃的日数平均为 16 天。全年日照时数约为 2100 小时，年日照率在 47% 左右，无霜期为 7 个月，在江苏省处于中等偏少的水平。建邺区年降水量 1106 毫米，最大平均湿度 81%。降水日数年平均在 110 天左右，以降液态的雨水为主，占全年降水的 90% 以上，间有少量的雪、冰雹等固态水降落。最大风速 19.8 米 / 秒。土壤最大冻结深度 –0.09 米。夏季主导风向为东南、东风，冬季主导风向为东北、东风。无霜期 237 天。每年 6 月下旬到 7 月中旬为梅雨季节。多年平均蒸发量在 1000 毫米左右，6–9 月蒸发量占总蒸发量的一半左右，年际变化也较大，从多年资料分析，本区蒸发量略小于降水量。

（3）土壤类型

建邺区土壤类型复杂多样，按不同的地貌分布，可分为低山丘陵区土壤、岗地区土壤和平原（含洲地）区土壤分布三大类。低山丘陵区土壤多分布在海拔 50 米以上地区，其成土母质为基岩风化的坡积和残积物，发育的土壤以普通黄棕壤为主，另有少量的岩性土（紫色土）。岗地区土壤多分布在海拔 10~50 米地区，其成土母质一部分为下蜀黄土，另一部分属基岩的风化物，其上发育的土壤有水稻土和粘盘黄棕壤。平原区土壤多分布在海拔 5~8 米的低平地区，其成土母质为江河冲积物，绝大部分的自然土壤经人类长期耕地开垦后已成为耕作土壤，以水稻土和灰潮土为主。

（4）水文地质

建邺区地表水资源丰富，水系众多。其中长江夹江境内段长 13.6 千米，宽约 400 米，水流平缓，现已封航。秦淮河内段长 4.4 千米，宽 100 多米。区内主要湖泊为莫愁湖和南湖，莫愁湖位于水西门外侧，水域面积 24.4 万平方米，南湖与莫愁湖隔水西门大街相望，水域面积 6 万平方米。

建邺区位于长江夹江东南岸，属长江古河道漫滩地貌区，地势平坦，自然地面标高 6~8 米，江边设防洪堤，堤顶标高 11.5~12.0 米。漫滩地层岩性以全新统灰色、灰褐色粉质粘土、粉土及淤泥质土为主，经人工改造后填土普遍分布。南京长江漫滩地区土层厚度 50~60 米，局部深度大于 70 米。上部广泛分布有 10~30 米厚的漫滩相淤泥、淤泥质粘土、淤泥质粉质粘土，常有粉砂、粉土夹层；中部一般为中密粉土、粉砂层，为全新世海侵盛期沉积层，厚度一般较大，因水动力条件变化，局部有软土夹层，韵律较明显；下部主要为早全新世中密－密实粗粒砂土、砾砂、圆砾等。

2. 经济社会发展状况

（1）人口

建邺区是南京的核心城区，辖莫愁湖、兴隆、南苑、沙洲、双闸、江心洲6个街道。2015年，建邺区总人口45.45万人。

（2）经济产业

“十二五”期间，建邺区主要经济指标基本实现了翻番。GDP突破320亿元，年均增长10.9%，为五年前的2.2倍，实现了总量翻番的历史性突破；一般公共预算收入年均增长19.4%，为五年前的2.4倍，政府为民办实事的能力不断增强；全社会固定资产投资累计达1637亿元，为前五年的2.3倍；社会消费品零售总额年均增长12.1%；实际利用外资12.7亿美元，主要经济指标增幅始终位居全市第一方阵。成功打造了国家广告产业园、国家电子商务示范基地、国家移动互联特色产业基地、中国（南京）游戏谷、国家版权示范园等5个国家级产业平台，金融、创意、游戏动漫等产业加快集聚。集聚各类金融及准金融机构350余家，金融法人总部和外资机构数量实现翻番，超过全市总量的2/3。集聚电子商务企业近300家，广告创意企业400余家，游戏动漫企业100余家，现代商贸企业4000余家，现代服务业成为全区产业发展的特色所在，服务业增加值年均增长12.2%，占GDP比重达83%。新加坡·南京生态科技岛作为南京对外经济技术合作中规模最大的开发片区，成功获批省级经济开发区，全岛开发建设全面展开。

（二）环境状况

1. 大气环境质量现状

建邺区环境空气中的三项污染物指标SO_2、NO_2、可吸入颗粒物达到国家环境空气质量二级标准。

2. 地表水环境质量现状

2016年，长江南京段水质总体稳定，水质良好，除总磷指标处于三类水平外，其他指标均达到二级标准。

2016年，外秦淮河水质为劣V类，主要污染指标为氨氮和总磷。与上年相比，水质无明显变化。

3. 声环境质量现状

2016年，建邺区交通噪声均值为68.2分贝，同比下降0.1分贝，其中达标路段（低于70分贝）占总监测路段的82.3%，同比上升6.1个百分点。

2016年，建邺区区域环境噪声均值为53.7分贝，同比下降0.2分贝，控制在55分贝标准以下较安静的覆盖面积占比为74.5%，同比上升1.8个百分点。

4. 污染企业整治现状

“十二五”期间，建邺区落实全市环保工作方针，积极推进生态文明建设，大力加强生态环境保护工作。2008~2010年间，先后实施了市政府第五批和第六批化工生产企业和涉重企业的关闭搬迁工作，如南京普天化工材料厂、南京双闸化工厂、南普天蓝木业有限公司。2011~2014年间，先后实施了对部分“三高两低”企业的整治工作，同时也实施了对部分工业生产型企业的搬迁，如南京玉林船舶有限公司、南京江心有色金属合金有限公司、南京奥能锅炉有限公司、南京第二机床厂有限公司等16家企业。2016~2017年间，在前述工作基础上，补充完善了建邺区工业企业退役地块重点名单，补充的企业包括南京天亮喷塑有限公司、南京金陵化工合成试剂厂。

（三）存在问题

从行业类型来看，建邺区现存工业企业所属行业类别主要为：锅炉及辅助设备制造、卷烟制造等，可能会造成重金属、石油烃、二甲苯、烟碱、焦油、亚硝胺类物质等潜在土壤污染。

从空间分布上看，由于建邺区位于南京主城区，多年的快速城市化进程下，工业地块大多已实现“退二进三”，现存潜在土壤污染风险的工业用地主要集中在滨江沿线、泰山路以东区域。

四、加强土壤污染源头防治

（一）严防工业企业污染

1. 强化空间布局管控

将建邺区生态保护红线与空间开发保护管理相衔接，在红线区域实施最严格的土地用途管制。将建邺区滨江沿线和泰山路以东区域具有潜在污染风险的在产和关闭搬迁企业地块与土地利用规划相结合，开展建设项目布局论证，充分考虑土壤环境承载能力，合理确定区域功能定位、空间布局和建设项目选址。提高建邺区土地节约集约利用水平，减少土壤污染。结合建邺区推进新型城镇化、产业结构调整和化解过剩产能等工作，有序搬迁或依法关闭对土壤造成严重污染的企业。根据建邺区区域功能定位、居民区等敏感对象的分布，结合土壤污染防治需要，科学布局生活垃圾处理、危险废物处理处置、废旧资源再生利用等设施和场所，确定合理的防护距离。（牵头单位：区发改局；责任单位：区建设和交通局、区环保局）

2. 防范建设项目新增污染

建邺区不再新建或扩建电镀、化工、制革、石油加工、有色金属冶炼、有色金属矿采选、焦化、医药制造、铅酸蓄电池制造、废旧电子拆解、危险废物处理处置和危险化学品生产、储存、使用等行业及排放重点污染物的其他行业建设项目；需要建设的土壤污染防治设施，要与主体工程同时设计、同时施工、同时投产使用。环境保护部门要做好相关措施落实情况的监督管理工作。（牵头单位：区环保局；责任单位：区发改局、区建设和交通局）

3. 加强土壤环境重点监管企业管控

结合建邺区实际，推进节能和淘汰低端低效产能工作，加强工业企业污染防治，提升区域环境质量。（牵头单位：区发改局；责任单位：区环保局、区建设和交通局）

区内土壤环境重点监管企业每年要控制有毒有害物质排放、防止有毒有害物质泄漏、渗漏、遗撒、扬散；每年要按照相关规定和监测规范，依法对其用地进行土壤环境自行监测或委托第三方监测，并将结果向社会公开。重点监管企业在接受环境保护等部门现场检查时，要如实反映情况，提供必要的资料。（牵头单位：区环保局；责任单位：区发改局、区建设和交通局、各街道办事处、各管委会）

环境保护等有关部门要定期对重点监管企业周边土壤中镉、汞、砷、铅、铬等重金属和多环芳烃、挥发性有机物、石油烃等有机污染物进行监测，监测数据要及时上传土壤环境信息化管理平台，结果作为环境执法和风险预警的重要参考。自2017年起，按照我省要求，各区（街道、园区）要与重点监管企业签订土壤污染防治责任书。（牵头单位：区环保局；责任单位：区发改局、区建设和交通局、各街道办事处、各管委会）

4. 深化无证照污染企业排查整治

按照“整治完善一批、清理取缔一批”的原则，环保、工商、安监、公安、城管等部门开展联合执法行动，全面排查整治无证照污染企业，严厉打击非法排污行为。各社区要落实属地监管原则，充分发挥协同监管队伍作用，加强对无证照污染企业的巡查，巩固无证照清理成效，防范无证照经营行为反弹。全部取缔不符合国家产业政策的“十小”生产项目，并建立长效机制，防止回潮。［牵头单位：区环保局；责任单位：区城管（水务）局、区公安分局、区安监局、各街道办事处、各管委会］

5. 严厉打击环境违法行为

将土壤污染防治作为环境执法的重要内容，充分利用环境监管网络，加强土壤环境日常监管执法，严厉打击非法排放有毒有害污染物、违法违规存放危险化学品、非法处理处置危险废物、不正常使用污染治理设施、监测数据弄虚作假等环境违法犯罪行为。对严重污染土壤环境、群众反应强烈的企业进行挂牌督办。（牵头单位：区环保局；责任单位：区公安分局、区安监局、区建设和交通局、区发改局、各街道办事处、各管委会）

（二）加强未利用地土壤环境管理

按照科学有序原则开发区内未利用地，防止造成土壤污染。发现土壤污染问题的，相关责任方要及时采取防治措施。（牵头单位：区发改局；责任单位：区建设和交通局、区环保局）

（三）减少生活污染

建立政府、社区、企业和居民协调机制，统筹建设建筑垃圾、餐厨废弃物、农贸市场有机垃圾、园林绿化垃圾等的末端处理设施及收运体系，通过分类投放收集、综合循环利用，促进垃圾减量化、资源化、无害化。构建以社区为主、办事处负责、政府部门指导的社区环境长效管护机制，完善城乡统筹生活垃圾处理体系。深入实施“以奖促治”政策，扩大社区环境连片整治范围，加快社区生活污水处理。［牵头单位：区城管（水务）

局；责任单位：区环保局、区发改局、区建设和交通局、区财政局］

提高环卫行业信息化管理水平。排查简易垃圾填埋（堆放）场，开展规范化封场整治，全面治理积存垃圾，对土壤和地下水造成污染的，应立即采取管控措施。［牵头单位：区城管（水务）局；责任单位：区环保局、区建设和交通局］

加强对生活垃圾中废氧化汞电池、镍镉电池、铅酸蓄电池和含汞荧光灯管、温度计、血压计等有害垃圾分类收集，建立完善分类储运体系，交有资质的危险废物处置企业处置。［牵头单位：区城管（水务）局；责任单位：区环保局、区发改局、区建设和交通局］

五、开展重点行业企业用地土壤污染状况详查

（一）重点行业企业名单核实确定

在国家提供的重点行业企业名单的基础上，结合省、市、区三级环境保护重点监控企业名单及地方掌握的已关闭搬迁企业名单，经完善核实和空间位置确认，拟定本辖区内重点行业企业在产企业地块名单（附表1）和关闭搬迁企业地块名单（附表6）。（牵头单位：区环保局；责任单位：区建设和交通局、区发改局）

（二）重点行业企业用地信息采集

根据《重点行业企业用地调查信息采集技术规定（试行）》（2017），由南京市建邺区环境保护局委托专业机构，通过资料收集、现场踏勘和人员访谈等手段，收集建邺区重点行业企业在产和关闭搬迁企业地块企业基本信息、污染源信息、迁移途径信息、敏感受体信息、地块已有的环境调查与监测信息。地块信息采集工作通过手持终端实施，由专业机构和相关企业共同完成。地块信息采集工作于2018年11月底前完成。（牵头单位：区环保局；责任单位：区建设和交通局、区发改局）

（三）在产企业和关闭搬迁企业地块风险筛查与风险分级

根据《在产企业地块风险筛查与风险分级技术规定（试行）》（2017）和《关闭搬迁企业地块风险筛查与风险分级技术规定（试行）》（2017），开展在产企业和关闭搬迁企业地块的风险筛查与风险分级，初步掌握建邺区在产企业和关闭搬迁企业地块环境风险情况。

风险筛查阶段，由南京市建邺区环境保护局委托专业机构，采用基于“源—途径—受体”风险三要素构建的风险筛查指标体系和评估方法，评估在产企业和关闭搬迁企业地块的相关风险水平，确定在产企业和关闭搬迁企业地块的高、中、低关注度。风险筛查阶段工作于2018年11月底前完成。

风险分级阶段，由南京市建邺区环境保护局委托专业机构对全部的高度关注和部分中度、低度关注地块进行初步采样调查。采样调查应按照《重点行业企业用地调查疑似污染地块布点技术规定（试行）》（2017）和《重点行业企业用地调查样品采集保存和

流转技术规定(试行)》(2017)执行。依据初步采样调查结果与地块相关信息,采用基于“源—途径—受体”风险三要素构建的风险分级指标体系和评估方法,评估在产企业和关闭搬迁企业地块的相关风险水平,确定建邺区在产企业和关闭搬迁企业地块的高、中、低风险等级。风险分级阶段工作于2020年11月底前完成。(牵头单位:区环保局;责任单位:区建设和交通局、区发改局)

(四)优先管控名录建立

综合考虑在产企业和关闭搬迁企业地块的风险等级、土地规划用途、行业特征、社会影响等因素,根据管理部门的需求建立污染地块优先管控名录、动态项目库及其开发利用的负面清单,并进行动态更新。优先管控名录建立工作于2020年11月底前完成。(牵头单位:区环保局;责任单位:区建设和交通局、区发改局)

六、在产企业和关闭搬迁企业地块土壤污染治理与修复工作思路

按照“底线思维、有限目标、突出重点、风险管控”的原则,根据建邺区位于南京主城核心、是南京市国际化滨江新城区的特征,将在产企业地块风险管控、关闭搬迁企业地块全过程环境管理和污染地块再开发利用准入管理相结合,分别开展风险管控和治理修复工作。

(一)在产企业地块风险管控

建邺区重点行业在产企业包括南京奥能锅炉有限公司、江苏中烟工业有限责任公司南京卷烟厂。针对上述行业特征,开展锅炉及辅助设备制造、烟草制品业土壤环境能力建设试点示范,建立重点行业在产企业土壤和地下水长期监测机制,提升建邺区土壤污染防治管理、监测和防控能力;针对上述行业涉及的生产工艺,建立风险管控示范技术,防止污染物(重金属、石油烃、二甲苯、烟碱、焦油、亚硝胺类物质等)在产生、扩散、迁移、贮存的过程中对土壤环境造成污染。(牵头单位:区环保局;责任单位:区发改局、区建设和交通局)

加强对原油、成品油和涉及危化品仓库、储罐、生产、运输等区域地面防渗、地下设施等的监督,严禁出现渗坑、渗井或无防渗措施的临时贮存区。(牵头单位:区环保局;责任单位:区公安分局、区安监局、区建设和交通局、区发改局)

(二)关闭搬迁企业地块全过程环境管理

1.加强企业关闭搬迁污染防治

建邺区重点行业关闭搬迁企业涉及化工企业3家,分别为南京普天化工材料厂、南京双闸化工厂、南京金陵化工合成试剂厂;冶炼企业1家,南京江心有色金属合金有限公司;有机材料合成企业1家,南京合成材料厂;金属表面处理企业1家,南京天亮喷塑有限公司;使用含砷防腐剂木材加工企业1家,南普天蓝木业有限公司;船舶修理企业1家,南京玉林船舶有限公司;机床生产企业1家,南京第二机床厂有限公司。上述企业地块可能造成厂区及周边土壤与地下水重金

属、有机、石油烃污染问题。

针对关闭搬迁企业地块，在拆除关闭搬迁企业生产设施设备、构筑物和污染治理设施时，应当按要求制定残留污染物清理和安全处置方案，并报环境保护部门备案；要严格按照有关规定实施安全处理处置，规范生产设施设备、构筑物和污染治理设施的拆除行为，防范拆除活动污染土壤与地下水。（牵头单位：区环保局；责任单位：区发改局、区建设和交通局、区安监局、各街道办事处、各管委会）

2. 建立强制调查评估制度

建邺区现存潜在土壤污染风险的在产和关闭搬迁企业地块主要集中在滨江沿线和泰山路以东区域。区内所涉及的重点行业企业用地，拟收回土地使用权的或用途拟变更为居住、商业、学校、医疗、养老机构等公共设施的，由土地使用权人负责开展土壤环境状况调查评估，并将调查评估结果报市环保局、市规划局、市国土局备案。（牵头单位：区环保局；责任单位：区发改局、区建设和交通局）

对建邺区已收储地块，由土地储备部门负责开展土壤环境调查评估，2018 年底前完成污染识别工作，筛查出潜在污染地块。在地块出让前完成土壤环境调查评估，并将调查评估结果报市环保局、市规划局、市国土局备案。（牵头单位：区建设和交通局；责任单位：区发改局、区环保局）

3. 强化治理与修复过程管理

针对区内调查结果地块污染严重需治理修复的，治理与修复过程中产生的废水、废气、固体废弃物等，应当依法进行处理处置，防止二次污染，倡导绿色可持续修复。治理与修复工程原则上在原址进行，需要转运污染土壤的，责任单位要确保污染土壤得到有效处理处置，严防二次污染，并将运输时间、方式、线路和污染土壤数量、去向、最终处置措施等提前向区环保局报告。治理与修复工程施工期间，责任单位要设立公告牌，公开工程基本情况、环境影响及其防范措施；区环保局对治理与修复工程环境保护措施落实情况定期进行督查。工程完工后，责任单位要委托第三方机构对治理与修复效果进行评估，结果向社会公开。实行土壤污染治理与修复终身责任制。（牵头单位：区环保局；责任单位：区发改局、区建设和交通局）

4. 探索建立修复后地块土壤污染风险长期监控监督机制

开展治理修复效果评估，加强修复工程的后续监督管理，完善污染地块回填区域风险管理，建立污染地块修复后评估和地下水长期监测机制。（牵头单位：区环保局；责任单位：区发改局、区建设和交通局）

5. 定期上报土壤污染治理与修复进展

区环保局定期向市环保局报告辖区内土壤污染治理与修复工程进展，每年 11 月底前向市环保局报送辖区内土壤污染治理与修复项目清单。（牵头单位：区环保局；责任单位：区发改局、区建设和交通局）

（三）污染地块再开发利用准入管理

根据建邺区污染地块风险评估结果，并结合污染地块相关规划，有针对性地实施风险管控。符合相应规划用地土壤环境质量要求的地块，可进入用地程序；不符合相应规划用地土壤环境质量要求的地块，可通过调整规划或进行治理修复，确保达标后再进入用地程序。未经治理修复或治理修复不符合相关用地要求的，不得用于住宅、商业、学校、医疗、养老机构等开发利用。（牵头单位：区环保局；责任单位：区建设和交通局、区发改局）

暂不开发利用或现阶段不具备治理修复条件的污染地块，由区（街道、园区）组织划定管控区域，设立标识，发布公告，开展土壤、地表水、地下水、空气环境监测；发现污染扩散的，有关责任主体要及时采取污染物隔离、阻断等环境风险管控措施。（牵头单位：区环保局；责任单位：区建设和交通局、区发改局）

七、在产企业和关闭搬迁企业地块土壤污染防治能力建设

（一）提升土壤环境保护基础能力

1. 建立土壤环境质量监测网络

开展土壤环境质量监测网络体系建设。按照国家、省和市相关要求，确定建邺区土壤环境质量国控监测站点和风险监控点位。2017年底前完成土壤环境质量监测网络建设，2020年底前实现土壤环境质量监测点位辖区内全覆盖。（牵头单位：区环保局；责任单位：区发改局、区建设和交通局）

2. 建立土壤环境基础数据库

充分利用国土资源、环境保护等部门数据，整合重点行业企业在产企业和关闭搬迁企业地块土壤环境质量调查结果，建立土壤环境基础数据库。加强数据共享，完善共享机制，明确共享权限和方式，发挥土壤环境大数据在污染防治、城乡规划、土地利用中的作用。（牵头单位：区环保局；责任单位：区发改局、区建设和交通局）

3. 加强土壤环境监测能力建设

以环境监测机构垂直管理为契机，进一步推动建邺区环境监测机构标准化建设，强化土壤重金属、有机污染物监测设备的配置，拓展土壤监测项目。加强土壤环境监测人才队伍建设，加大人才引进和培养力度，结合省、市土壤环境监测培训，提升建邺区土壤环境监测能力。（牵头单位：区环保局；责任单位：区科技局）

4. 加强土壤环境监管执法能力建设

加强土壤环境日常监管，严厉打击非法排放有毒有害污染物、违法违规存放危险化学品、非法处置危险废物、不正常使用污染治理设施，以及检测数据弄虚作假等环境违法犯罪行为，加强行政执法与司法衔接。加强对土壤污染治理和修复工程的环境监管。（牵头单位：区环保局；责任单位：区公安分局、区安监局、各街道办事处、各管委会）

结合建邺区土壤污染状况详查工作，对重点行业企业地块开展土壤污染防治专项环

境执法，对严重污染土壤环境、群众反映强烈的企业重点督办。（牵头单位：区环保局；责任单位：各街道办事处、各管委会）

加强土壤环境行政管理、技术保障和执法监管队伍建设。对相关人员每年开展1次土壤污染防治专业技术培训，为土壤污染防治工作提供有力保障。增强土壤污染检测能力建设，为执法监管人员配备土壤污染快速检测等必要的执法装备。（牵头单位：区环保局；责任单位：区财政局、各街道办事处、各管委会）

（二）建立土壤污染应急机制

增强土壤应急能力建设。将土壤污染防治内容纳入突发环境事件应急预案，2018年底前，完善建邺区突发环境事件应急预案。强化环境应急救援能力建设，加强土壤环境应急专家队伍管理，提高突发环境事件快速响应及应急处置能力。对于突发事件造成土壤污染的，责任主体应及时开展土壤环境调查与评估，采取措施防止污染扩散，必要时开展土壤污染治理与修复。（牵头单位：区环保局；责任单位：区公安分局、区安监局、区建设和交通局、区发改局、各街道办事处、各管委会）

（三）完善土壤污染防治管理制度

逐步建立建邺区土壤环境管理体系。全面落实国家、省、市土壤环境保护相关的法律法规。根据建邺区污染地块再开发利用实际需求，制定南京市建邺区土壤污染防治修复工作指南及相关管理细则，加强污染地块再开发利用全过程风险管控。（牵头单位：区环保局；责任单位：区建设和交通局、区发改局）

按照“谁污染，谁治理”“谁损害、谁赔偿”的原则，造成土壤污染的单位或个人要承担治理与修复的主体责任。责任主体发生变更的，由变更后继承其债权、债务的单位或个人承担相关责任；土地使用权依法转让的，由土地使用权受让人或双方约定的责任人承担相关责任；责任主体灭失或责任主体不明确的，由区人民政府依法承担相关责任。（牵头单位：区环保局；责任单位：区建设和交通局、区发改局）

未按照规定进行调查评估、并制定治理与修复实施方案的，环境保护部门不得批准其涉及修复部分的再开发利用建设项目环境影响评价文件；国土资源部门不得办理其用途改变或土地使用权流转等相关手续；规划部门不予发放建设工程规划许可证。未经治理与修复效果评估或效果评估不符合要求的污染地块，住房城乡建设部门不得审批其开工建设与治理修复无关的任何项目。（牵头单位：区建设和交通局；责任单位：区环保局、区发改局）

建立环境保护、国土资源、住房城乡建设、城乡规划等部门间的信息沟通机制，实行联动监管。各街道、国土资源、住房与城乡建设、环境保护部门，要加强土地规划、供地、建设、环评等环节的审查把关，防止未按要求进行调查评估、风险管控不到位、治理修复不符合相关要求的污染地块被开发利用，切实保障人居环境安全。（牵头单位：区环保局；责任单位：区发改局、区建设和交通局）

八、重点工程项目

（一）调查评估类项目

本区拟开展建邺区11家重点行业企业用地土壤污染状况调查项目（附表7-1）。

（二）治理修复类项目

本区暂无治理修复类项目。

（三）风险管控类项目

本区暂无风险管控类项目。

（四）能力建设类项目

为切实提升建邺区土壤污染防治能力、土壤环境监测能力、土壤环境监管执法能力，开展土壤环境调查和执法装备采购项目，为执法人员配备土壤环境调查和执法装备。

（五）建立土壤污染防治动态项目储备库

根据《关于印发〈江苏省环保项目储备库管理办法（试行）〉的通知》（苏环办〔2016〕308号）文件要求，立足本区实际，结合本区正在开展的重点行业企业土壤污染状况详查工作，分类别确定调查评估类项目、治理修复类项目、风险管控类项目、能力建设类项目，后续完善项目储备库，并动态更新项目储备库。

九、保障措施

（一）组织管理保障

落实地方政府属地责任。按照“国家统筹、省负总责、市县落实”原则，由区政府统筹协调，将土壤污染治理与修复任务按各街道、园区逐一进行分解，加强组织领导，健全工作机制，完善政策措施，加大资金投入，创新投融资模式，强化监督管理，抓好工作落实，确保工作顺利推进。（牵头单位：区人民政府；责任单位：区环保局、区发改局、区建设和交通局、区财政局、各街道办事处、各管委会）

建立各部门协调联动机制。建立区土壤环境保护工作协调机制，定期研究解决土壤污染防治重大问题及涉及多个部门任务内部衔接问题，做好建邺区土壤污染防治工作，定期向市环保局汇报建邺区的土壤污染防治工作进展。（牵头单位：区环保局；责任单位：区发改局、区建设和交通局、区财政局、各街道办事处、各管委会）

落实企业土壤污染防控责任。按照“谁污染、谁治理”“谁损害、谁赔偿”原则，落实企业土壤环境保护与污染防治的主体责任。2017年12月底前，环保部门确定、公布建邺区土壤环境重点监管企业名单，与列入名单的企业签订土壤污染防治责任书，并督促企业自行或委托第三方机构对其用地进行土壤和地下水环境监测，结果向社会公开。（牵头单位：区环保局；责任单位：各街道办事处、各管委会）

（二）资金投入保障

强化政府主导保证资金投入。区人民政府统筹环境污染防治资金，支持土壤污染防治工作，用于建邺区土壤环境调查与监测评估、土壤环境质量监测网络及监测能力建设、土壤环境执法能力建设、土壤污染防治技术应用试点项目以及土壤治理与修复示范区建设等。积极争取市级新兴产业引导专项资金，支持重点行业企业对落后生产工艺和设备进行技术改造，并积极争取国家专项建设基金的支持。（牵头单位：区财政局；责任单位：区环保局、区发改局、区建设和交通局）

探索土壤污染防治市场机制。通过政府和社会资本合作（PPP 模式），发挥财政资金撬动功能，按照“谁投资、谁受益”的原则，带动更多社会资本参与土壤污染防治。加大政府购买服务力度，推动以政府为责任主体的污染地块治理与修复。积极发展绿色金融，发挥政策性和开发性金融机构引导作用，引导银行业金融机构加大对土壤污染防治项目的信贷支持，为重大土壤污染防治项目提供支持。积极推动重点行业企业环境污染强制责任保险试点。（牵头单位：区环保局、区财政局、区发改局；责任单位：区金融办、区建设和交通局）

（三）技术人才保障

借助国家、省、市科技专项、基金等，开展建邺区典型污染地块土壤污染成因分析，推进符合建邺区的土壤风险管控、治理修复关键技术研究。引进消化土壤风险识别、土壤污染物快速检测、土壤及地下水污染阻隔、土壤与地下水布点采样方法等先进技术和管理经验。鼓励开展采用先进技术进行的土壤与地下水污染治理修复中试工程。（牵头单位：区科技局；责任单位：区财政局、区环保局、区发改局、区建设和交通局）

利用在宁科研院所、高校以及企业人才资源，2018 年底前建立建邺区土壤污染防治人才库和专家库。（牵头单位：区环保局；责任单位：区发改局、区建设和交通局）

建立高层次土壤环境管理、科研、监测、调查评估以及治理与修复等专业人才培养与引进机制，培养高水平的土壤污染防治综合人才队伍。[牵头单位：区环保局；责任单位：区委组织部（人才办）、区人社局、区科技局、区财政局、区发改局、区建设和交通局]

加强土壤环境行政管理、技术保障和执法监管队伍建设，结合省、市土壤污染防治专业技术培训，为土壤污染防治工作提供有力保障。（牵头单位：区环保局；责任单位：区城管（水务）局、区建设和交通局、区发改局）

（四）推动治理与修复产业发展

采取激励措施和优惠政策，培育具有土壤环境调查、分析测试、风险评估、治理修复等综合实力的环保科技企业。规范土壤污染治理与修复从业单位和人员管理，建立健全监督机制。发挥“互联网 +”在土壤污染治理与修复全产业链中的作用，推进大众创业，万众创新。（牵头单位：区发改局；责任单位：区财政局、区科技局、区环保局、区建设和交通局）

（五）完善信息公开制度

自 2017 年起，辖区内重点行业企业要依据有关规定定期向社会公开其产生污染物的名称、排放方式、排放浓度、排放总量，以及污染防治设施建设和运行情况，并公布有关环境监测结果（牵头单位：区环保局；责任单位：区建设和交通局）

（六）提高公众土壤环境保护意识

制定实施土壤环境保护宣传教育计划，充分利用广播电视、报刊杂志、网络以及专业展馆等方式，结合世界地球日、世界环境日、世界土壤日、世界粮食日、全国土地日等主题活动，大力宣传土壤环境保护的法律法规政策、相关科学知识，推动形成绿色发展方式和生活方式。将土壤环境保护的内容作为环境教育的重要内容，把土壤环境保护宣传和培训工作融入党政机关、学校、工厂、社区等的环境宣传和培训工作。依托土壤治理与修复工程，采取组织参观、制作宣传手册、设置展馆等形式，开展土壤污染防治宣传教育活动。鼓励企业自觉开展环境公益活动，不断增强企业环保社会责任意识。（牵头单位：区环保局；责任单位：区委宣传部、区建设和交通局、区教育局、区文化局、区科技局，各街道办事处、各管委会）

强化公众参与，建立公众参与土壤环境管理决策的有效渠道和合理机制，鼓励公众通过“12369”环保举报热线等途径，举报污染土壤环境行为，对乱排废水、废气、废渣、污泥等污染土壤的环境违法行为进行监督。鼓励科学团体、公众参与到土壤污染防治的决策等工作中。通过公开听证、网络征集等形式，充分听取公众对重大决策和建设项目的意见。（牵头单位：区环保局；责任单位：区委宣传部、区建设和交通局、各街道办事处、各管委会）

（七）严格目标评估考核

实施目标责任制，按照省、市的要求，2020年底对本规划实施情况进行考核，评估和考核结果作为土壤污染防治工作的重要指标，作为综合考核评价、自然资源资产离任审计的重要依据。（牵头单位：区委组织部；责任单位：区环保局、区审计局）评估和考核结果作为省、市级土壤污染防治专项资金分配的参考依据。（牵头单位：区财政局；责任单位：区环保局、区建设和交通局）

十、附表

1. 南京市建邺区土壤污染重点监管企业名单

2. 南京市建邺区已完成的污染地块调查评估项目基本情况表

3. 南京市建邺区已开展的污染地块风险管控项目基本情况表

4. 南京市建邺区已完成的污染地块治理与修复项目基本情况表

5. 南京市建邺区土壤污染问题突出区域信息统计表

6. 南京市建邺区已关闭搬迁重点行业企业遗留地块信息统计表

7. 南京市建邺区重点项目表

8. 南京市建邺区动态项目储备库清单

9. 南京市建邺区年度实施计划表

附表 1

南京市建邺区土壤污染重点监管企业名单

序号	所在县（市、区）	企业名称	地理位置（镇 / 街道）	经度	纬度	行业大类别	行业小类别
1	南京市建邺区	江苏中烟工业有限责任公司南京卷烟厂	梦都路 30 号	118.756406°E	32.00894°N	烟草制品业	卷烟制造
2	南京市建邺区	南京奥能锅炉有限公司	泰山路 139 号	118.750752°E	32.006265°N	锅炉及原动设备制造	锅炉及辅助设备制造

附表 2

南京市建邺区已完成的污染地块调查评估项目基本情况表

序号	所在县（市、区）	项目名称	项目基本内容	项目责任单位	项目实施单位	完成时间	投资额（万元）
1							
2							
3							
4							
5							
…							

说明：本区暂无已完成的污染地块调查评估项目。

附表 3

南京市建邺区已开展的污染地块风险管控项目基本情况表

序号	所在县（市、区）	项目名称	项目基本内容	项目责任单位	项目实施单位	完成时间	投资额（万元）
1							
2							
3							
4							
5							
…							

说明：本区暂无已开展的污染地块风险管控项目。

附表 4

南京市建邺区已完成的污染地块治理与修复项目基本情况表

序号	所在县（市、区）	项目名称	项目基本内容	项目责任单位	项目实施单位	完成时间	投资额（万元）
1							
2							
3							
4							
5							
…							

说明：本区暂无已完成的污染地块治理与修复项目。

附表 5

南京市建邺区土壤污染问题突出区域信息统计表

序号	所在县（市、区）	问题区域名称	问题区域地址	问题区域中心坐标（经纬度）	问题区域简要背景情况介绍	备注
1	南京市建邺区	泰山路以东区域	选取代表性地址：梦都路30号	118.756406°E，32.00894°N	泰山路以东问题区域涉及卷烟制造企业1家，江苏中烟工业有限责任公司南京卷烟厂；机械设备生产企业2家，南京奥能锅炉有限公司、南京第二机床厂有限公司；化工企业1家，南京金陵化工合成试剂厂；使用含砷防腐剂木材加工企业1家，南普天蓝木业有限公司。上述企业地块可能造成厂区及周边土壤与地下水重金属、有机、石油烃污染问题。建邺区位于南京主城核心，是南京市国际化滨江新城区。根据建邺区土地利用规划显示，上述企业地块未来土地利用方式主要为商业和住宅用地。为保障生态和人居环境安全，有必要对上述重点行业在产和关闭搬迁企业地块开展风险筛查和风险分级工作，为后续地块治理修复和开发利用提供决策依据。	拟对该区域内其它关闭搬迁企业开展重点行业企业地块风险筛查和风险分级工作。
2	南京市建邺区	滨江沿线区域	选取代表性地址：双闸街道江南村寿代4组	118.683195°E，31.984609°N	滨江沿线问题区域涉及船舶修理企业1家，南京玉林船舶有限公司；有机材料合成企业1家，南京合成材料厂；冶炼企业1家，南京江心有色金属合金有限公司；化工企业2家，南京双闸化工厂、南京普天化工材料厂；金属表面处理企业1家，南京天亮喷塑有限公司。上述企业地块可能造成厂区及周边土壤与地下水重金属、有机、石油烃污染问题。建邺区位于南京主城核心，是南京市国际化滨江新城区。根据建邺区土地利用规划显示，上述企业地块未来土地利用方式主要为商业和住宅用地。为保障生态和人居环境安全，有必要对上述重点行业关闭搬迁企业地块开展风险筛查和风险分级工作，为后续地块治理修复和开发利用提供决策依据。	拟对该区域内关闭搬迁企业开展重点行业企业地块风险筛查和风险分级工作。

附表 6

南京市建邺区已关闭搬迁重点行业企业遗留地块信息统计表

序号	所在县（市、区）	企业名称	地理地址（镇 / 街道）	经度	纬度	行业大类别	行业小类别	疑似污染物	地块面积（m^2）	地块现状
1	南京市建邺区	南京第二机床厂有限公司	南苑街道兴隆大街 50 号	118.755701°E	32.014051°N	通用设备制造业	金属切削机床制造	复合	40952	已停产，未拆除
2	南京市建邺区	南京普天蓝木业有限公司	沙洲街道雨润大街 8 号	118.736223°E	31.982813°N	木材加工和木、竹、藤、棕、草制品业	锯材加工	复合	3732	已拆除，待开发
3	南京市建邺区	南京金陵化工合成试剂厂	沙洲街道雨润大街 7 号	118.737345°E	31.982793°N	化学原料和化学制品制造业	专项化学品制造	有机物	8679	已拆除，待开发
4	南京市建邺区	南京玉林船舶有限公司	江心洲街道江堤路洲尾 158 号	118.733313°E	32.071803°N	金属制品、机械和设备修理业	船舶修理	复合	21337	已停产，未拆除
5	南京市建邺区	南京合成材料厂	兴隆街道上新河新河口 31 号	118.724207°E	32.032209°N	化学原料和化学制品制造业	其他基础化学原料制造	有机物	7341	已停产，厂房出租
6	南京市建邺区	南京江心有色金属合金有限公司	江心洲街道东寿 105 号	118.704043°E	32.015918°N	黑色金属冶炼和压延加工业	铁合金冶炼	重金属	5587	已拆除，待开发
7	南京市建邺区	南京双闸化工厂	双闸街道江南村寿代 4 组	118.683195°E	31.984609°N	化学原料和化学制品制造业	其他基础化学原料制造	复合	25043	已拆除，待开发
8	南京市建邺区	南京天亮喷塑有限公司	双闸街道天保村（普天化工厂内）	118.68372°E	31.981312°N	金属制品业	金属表面处理及热处理加工	复合	普天化工内，具体不详	已拆除，待开发
9	南京市建邺区	南京普天化工材料厂	双闸街道天保村龙王 1 组	118.68372°E	31.981312°N	化学原料和化学制品制造业	其他基础化学原料制造	复合	4542	已拆除，待开发

附表 7

表 7-1 南京市建邺区重点项目表（调查评估类）

序号	所在县（市、区）	项目名称	项目基本内容	责任单位	实施期限	投资估算（万元）
1	南京市建邺区	建邺区重点行业企业用地土壤污染状况调查项目	结合省、市土壤污染状况详查部署，结合环保部颁布的重点行业企业用地调查 5 个技术导则，对建邺区 11 家重点行业企业地块进行信息采集、风险筛查和风险分级工作，确定建邺区污染地块优先管控名录。（具体地块名单详见附表 1、附表 6）	南京市建邺区环境保护局	2017~2020	250

表 7–2　南京市建邺区重点项目表（风险管控类）

序号	所在县（市、区）	项目名称	项目基本内容	责任单位	实施期限	投资估算（万元）
1						
2						
3						
4						
5						
…						

说明：本区暂无风险管控类重点项目。

表 7–3　南京市建邺区重点项目表（治理修复类）

序号	所在县（市、区）	项目名称	项目基本内容	责任单位	实施期限	投资估算（万元）
1						
2						
3						
4						
5						
…						

说明：本区暂无治理修复类重点项目。

表 7–4　南京市建邺区重点项目表（能力建设类）

序号	项目类型	项目名称	建设地点（县、市、区）	建设内容	建设规模	建设年限	资金来源	总投资（亿元）	责任单位
1	土壤环境监管执法能力建设	土壤环境调查和执法装备采购项目	南京市建邺区	配备地质勘探采样器套装、半圆凿钻套装、GPS、手持式挥发性有机化合物（VOCs）气体检测仪	各配置1套	2018	区财政	0.001	南京市建邺区环境保护局

附表 8

南京市建邺区动态项目储备库清单

序号	项目类型	地市	区县	承担单位	项目名称	建设内容、规模、目标	总投资（万元）		资金需求（万元）				实施周期	项目进展	项目批复文件（文件号）	项目成熟度	是否采用PPP模式	备注
							合计	其中在建项目已投入金额	申请中央资金	地方政府资金	企业（或项目单位）自筹	其他						
一	农用地详查																	
二	重点行业企业用地详查																	
三	农用地土壤污染治理与修复																	
1	项目 1																	
2	项目 2																	
	…																	
四	污染地块治理与修复																	
1	项目 1																	
2	项目 2																	
	…																	

说明：结合本区正在开展的重点行业企业土壤污染状况详查工作，后续完善项目储备库，并动态更新项目储备库。

附表 9

南京市建邺区年度实施计划表

序号	项目名称	2017 年	2018 年	2019 年	2020 年
1	土壤环境调查和执法装备采购项目		开展并完成土壤环境调查和执法装备采购项目		

序号	项目名称	2017年	2018年	2019年	2020年
2	建邺区重点行业企业用地土壤污染状况调查项目第一阶段（5家企业地块）		开展建邺区重点行业企业用地土壤污染状况调查项目第一阶段工作	完成建邺区重点行业企业用地土壤污染状况调查项目第一阶段工作	
3	建邺区重点行业企业用地土壤污染状况调查项目第二阶段（6家企业地块）		开展建邺区重点行业企业用地土壤污染状况调查项目第二阶段工作		完成建邺区重点行业企业用地土壤污染状况调查项目第二阶段工作
4	建邺区土壤污染治理与修复总结报告				向市环保局提交建邺区土壤污染治理与修复总结报告

6月14日，河西·建邺推进"两学一做"学习教育常态化制度化工作座谈会在区机关小礼堂召开。
（区委宣传部　供稿）

索引

Index

说 明

一、本索引采用内容分析法编制，按主题词汉字拼音字母（同音字按声调）顺序排列，音调相同按下一字的音序排列。

二、索引主题后的数字表示内容所在的页码，数字后的 a、b 分别表示该页码的左、右栏。

三、重复出现的主题，索引中只排列 1 次，页码中间以空格分隔，按顺序排列。

四、文献、大事纪要、统计资料等未作索引。

A

B

C

H

J

K

Y

Z

约在江苏 共筑梦想

江苏发展大会
Jiangsu Development Summit

江苏发展大会由江苏省委、省政府主办，每2~3年举办1次，旨在增进与海内外江苏籍和在江苏学习、工作过的各领域知名人士的联系、交流和合作。2017年5月20日，以“约在江苏，共筑梦想”为主题的首届江苏发展大会在位于南京市建邺区的江苏大剧院隆重开幕，众多海内外嘉宾聚焦主题，在交流中碰撞思想火花，在集聚中分享真知灼见，共同谋划未来江苏发展的新路径、新空间。

江苏发展大会开幕式　　乐涛/视觉江苏网

在首届江苏发展大会开幕式上，省委书记、省人大常委会主任李强发表题为《共同谱写江苏未来的锦绣篇章》的主旨演讲，1200余位海内外知名乡贤受邀参会。大会开幕式后举行7场江苏发展论坛，分别为紫金传媒论坛、紫金文化论坛、江苏教育现代化论坛、健康江苏高峰论坛、金融创新与实体经济论坛、城乡空间特色塑造专题论坛、侨智侨力创未来论坛。

海内外知名乡贤受邀参会
肖勇/视觉江苏网

江苏发展大会志愿者“小流苏”笑迎宾朋 刘松/视觉江苏网

老乡相聚留个影 肖勇/视觉江苏网

参会的江苏籍大咖云集 肖勇/视觉江苏网

加个朋友圈 肖勇/视觉江苏网

会场气氛轻松愉快 肖勇/视觉江苏网

嘉宾步入会场　　刘松/视觉江苏网

嘉宾步入会场　　刘松/视觉江苏网

嘉宾步出会场　　乐涛/视觉江苏网

嘉宾步出会场　　乐涛/视觉江苏网

嘉宾步出会场　　乐涛/视觉江苏网

亚洲基础设施投资银行行长金立群 肖勇/视觉江苏网

美国纽黑文大学终身教授李昌钰 肖勇/视觉江苏网

香港江苏社团总会会长唐英年 肖勇/视觉江苏网

联想控股董事长、联想集团创始人柳传志
肖勇/视觉江苏网

美国纽约贝氏建筑事务所总裁贝建中
肖勇/视觉江苏网

珠海格力电器公司董事长、总裁董明珠
肖勇/视觉江苏网

台湾华新丽华公司董事长焦佑伦　肖勇/视觉江苏网

新东方教育科技集团董事长俞敏洪　肖勇/视觉江苏网

南京大学学术委员会主任、江苏社科名家洪银兴
肖勇/视觉江苏网

诺贝尔物理学奖获得者、美国科学院院士、中国科学院外籍院士、东南大学吴健雄学院名誉院长丁肇中
肖勇/视觉江苏网

江苏乡贤林碑铭　　　　范晓林/视觉江苏网

2017年5月19日上午，参会嘉宾到江苏乡贤林共同挥锹种植树苗。江苏乡贤林位于建邺区青奥森林公园，在公园的中央设置半岛作为植树主场地。江苏乡贤林既象征江苏人才辈出、基业常青，也为祖园山河添绿增美、荫及子孙。

嘉宾亲手种下树苗　　　　范晓林/视觉江苏网

2017年5月20日上午，江苏邮政特别发行邮票纪念封一套一枚，作为首届江苏发展大会永久的见证和纪念。白色信封上大写的苏字正是大会会标“锦绣苏”，下方以连续的织锦图案象征着锦绣江苏延绵不断、永远向前。“锦绣苏”图案由携手共进的人、鱼、禾苗等元素组成，其中，“人”代表江苏人杰地灵、人才济济、人文荟萃，“鱼”象征鱼米之乡，“禾”寓意风禾尽起、国泰民安。

志愿者展示江苏发展大会纪念封　　万程鹏/视觉江苏网

江苏发展大会纪念封首发式　　万程鹏/视觉江苏网

"家在江苏"专场文艺演出现场　　余萍/视觉江苏网

2017年5月19日，江苏发展大会"家在江苏"专场文艺演出在位于建邺区的江苏大剧院举行。演出由《难忘的乡音》《悠悠的乡愁》《永远的乡情》3个篇章组成，以浓浓的江苏元素为根，通过丰富多元的演绎方式，为参加江苏发展大会的海内外嘉宾呈现出一台融"江苏味"与"现代韵"于一体的晚会。

“家在江苏”专场文艺演出现场　　余萍/视觉江苏网

“家在江苏”专场文艺演出现场　　余萍/视觉江苏网

“家在江苏”专场文艺演出现场　　余萍/视觉江苏网

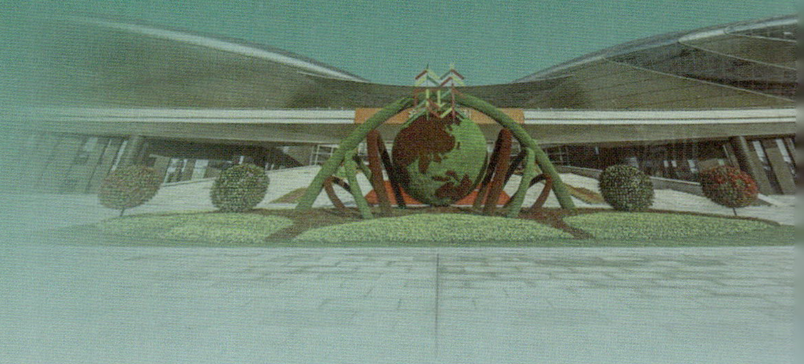

江苏是一方不断创造发展奇迹的热土，江苏人是江苏发展最宝贵的资源。江苏发展大会立足江苏人文资源优势，搭建起一个联络感情、对话交流、共谋发展的平台，全面深化江苏对外交流合作，为建设“强富美高”新江苏汇智聚力，推动江苏经济社会又好又快发展。

“小流苏”们在南京眼步行桥上留影　万程鹏/视觉江苏